佛教常識百科

下

佛敎常識百科

下

洪思誠 主編

불교시대사

차 례

【상권】

【하권】

제11장

불교의 수행법

제11장

●

불교의 수행법

慧　潭

● **안거(安居)**

불교의 수행자인 비구(比丘)를 운수납자(雲水衲者)라 부르기도 한다. 낡은 천을 모아서 누덕누덕 기워 만든 옷을 입고, 구름처럼 흘러다니며 수행하는 사람이라는 말이다. 그런데 이렇게 머문 바 없이 유행하며 수행하는 데는 지역적인 특성에 따라서는 여러 가지 곤란을 겪지 않을 수 없었다. 특히 인도라는 나라는 여름의 비가 많은 기간이 되면 돌아다니기가 불편할 뿐만 아니라 가령 다닌다고 해도 대지에 기어다니는 작은 벌레들을 밟아 죽일 염려가 있었다. 이 까닭에 비가 많이 내리는 여름의 석 달 동안은 유행을 중단하고 일정한 장소에 머물면서 연구와 정진 등의 수행에 힘쓰게 되었는데, 이것을 안거(安居)라 한다.

《사분율(四分律)》 제37권에서는 불교교단에 안거가 생기게 된 연유를 다음과 같이 자세히 밝히고 있다.

여섯 명의 비구들이 봄·여름·겨울 할 것 없이 언제나 세간을 놀러다녔다. 이 때문에 여름철에 소나기가 와서 홍수가 나면 의발·방석·

바늘통 따위를 물에 떠내려 보내는가 하면, 살아 있는 초목을 밟아 죽이기도 하고 남의 목숨을 끊기도 하였다. 재가의 거사들이 이들을 보고, 부처님의 제자들은 부끄러움을 모르고 초목을 밟아 죽인다고 비난하였다. 이러한 소문을 전해들은 부처님께서는 그 여섯 명의 비구들을 꾸짖으신 뒤에 여러 비구들에게 말씀하셨다.

"너희들은 봄·여름·겨울 없이 언제나 세간으로 돌아다니지 말아라. 지금부터 비구들은 여름 석 달 동안은 안거를 하도록 하라."

그러나 불교가 중국으로 전래되면서 무더운 여름뿐만 아니라 추운 겨울에도 안거의 필요성을 느끼게 되었다. 그래서 여름철인 음력 4월 보름부터 7월 보름까지 석 달 동안의 하안거(夏安居)와 겨울철인 음력 10월 보름부터 다음해 1월 보름까지 석 달 동안의 동안거(冬安居)를 제도화하였으며 우리나라도 이것을 그대로 받아들였다.

우리나라에서는 이러한 안거의 행사가 선원(禪院)을 중심으로 행해지는데, 안거를 시작하는 것을 결제(結制)라 하고 안거를 마치는 것을 해제(解制)라 한다. 특히 안거 중에 외출하는 것을 파하(破夏)라 하는데, 마치 어린아이가 달이 차기 전에 어머니 배를 가르고 나온 것과 같다고 하여 엄히 다스리고 있다.

● 포살(布薩)

불교교단을 지탱하며 유지해 가는 집단을 표현하는 대표적인 것으로서 승가(僧伽, Saṃgha)라는 말과 사부대중(四部大衆)이라는 말이 있다. 여기서 말하는 승가란 화합중(和合衆)·화합승(和合僧)의 의미를 담고 있는 것으로 기본적으로 출가 수행자인 비구와 비구니가 주체가 되어 있는 반면, 사부대중이란 불법에 귀의한 재가의 남자신도와 여자신도를 포함시킨 말이다.

이러한 교단의 구성원이 원만한 수행을 하기 위해서는 공동체를 청

정하게 유지시킬 수 있는 일정한 규범이 필요한데, 이것을 계율이라
한다. 따라서 이 계율은 불교교단을 유지해 나가는 기반이 되는 것으
로서, 이것은 구성원 각자의 생활이 실제로 어떻게 바르게 행해지느냐
에 달려 있는 것이라고 할 수 있다.

포살(布薩)이란 이렇게 교단 구성원의 생활이 실제로 계율에 입각
하여 바르게 행해져서 청정성이 유지되도록 하기 위하여 구성원들이
한곳에 모여서 자신의 행위를 반성하고 죄가 있으면 고백·참회하는
행사이다.

《대지도론》 제13권에는 포살에 관하여 이렇게 말하고 있다.

> 성심(誠心)으로 참회하여 몸을 청정히 하고 입을 청정히 하며 마음을
> 청정히 하여 팔계(八戒)를 받아 행하는 것을 포살이라 한다. 재가의 신
> 도가 육재일(六齋日)에 팔재계(八齋戒)를 받아 지니는 것을 포살이라
> 한다.

즉 이 포살의 행사는 출가한 스님들에게는 보름마다 한 번씩 즉 매
월의 15일과 30일(혹은 29일)에 행해지는 것이 관례이지만 이와는 달
리 재가신도의 포살이란 한 달에 6일 동안만이라도 팔재계를 지키면
서 깨끗한 마음으로 생활하는 것이다.

포살하는 방법은 동일 지역 내의 스님들이 포살당(布薩堂)이나 혹
은 일정한 장소에 모여서 계율을 잘 아는 스님을 청하여 바라제목차
즉 계본(戒本)을 설하게 하고, 만약 스님 중에서 지난 보름간에 계율
로 정해진 것을 범한 이가 있으면 대중 앞에서 고백한 후에 참회하는
것이다. 물론 큰 죄를 범한 비구는 별도의 처분을 받으며 이 자리에
나오지 않는다. 즉 여기서는 비교적 가벼운 범계를 고백하고 참회하는
것이다.

현재 한국불교에서는 대체로 안거기간에만 행해지고 있다.

● 자자(自恣)

자자(自恣)라는 것은 3개월에 걸친 여름의 안거생활이 끝나는 날인 7월 15일에 안거를 함께 한 스님들이 모여서 각자가 자기 스스로 지난 안거 기간 중에 자신에게 범계(犯戒) 등의 허물이 있었다면 무엇이든 지적해 달라고 동료인 스님들에게 청하는 의식이다. 즉 차례가 된 사람이 대중 앞에 합장하고 나서 말한다.

"저는 스스로 나와서 청합니다. 여러분, 저의 행위와 언어에 무엇인가 잘못된 것이 있다면 지적해 주십시오."

이때 만약 지적할 것이 있으면 지적해 주고, 지적할 것이 없으면 대중은 가만히 있으면 된다. 서로간에 허물을 지적해 주고, 지적받은 사람은 그것을 고백하고 참회함으로써 승가 본연의 청정성을 유지하는 것이다.

《우란분경》에 다음과 같은 부처님의 말씀이 있다.

> 선남자야, 만일 비구·비구니·남자신도·여자신도·국왕·태자·대신·재상·만민·선인들로서 자비로운 효행을 행하는 이는 모두 현재의 부모나 과거의 7세 부모를 위하여 7월 15일 불환희일(佛歡喜日)·승자자일(僧自恣日)에 백 가지 맛있는 것을 우란분에 담아 시방의 자자하는 스님에게 베풀고, 현재의 부모를 위해서는 수명 백 년의 무병과 일체 고뇌와 근심이 없기를, 그리고 과거의 7세 부모를 위해서는 아귀의 고통을 떠나서 사람과 하늘에 태어나서 복과 즐거움이 무궁하기를 발원해야 한다.

불교에서 매년 행하고 있는 우란분재 행사는 바로 이 《우란분경》에서 연유하고 있는데, 스님들이 자자를 행하여 모두가 청정해졌기 때문에 이들에게 올리는 공양은 그만큼 큰 공덕을 갖는다는 의미를 담고 있다.

이렇게 자자를 하는 날을 자자일이라고 하는데, 구율(舊律)인 《사분율》과 《오분율》에서는 7월 15일로, 신율(新律)인 《십송율》과 《근본설일체유부율》에서는 8월 15일로 하고 있다.

● 탁발(托鉢)

출가 수행자의 생활수단은 그 방법에 엄중한 규율이 정해져 있다. 이 가운데 대표적인 것이 12가지 두타행(頭陀行)인데, 번뇌의 티끌을 제거하고 의·식·주를 간편히 하여 수행정진하게 하는 열두 가지의 행법이다.

이 12가지 두타행 중에 상행걸식(常行乞食)과 차제걸식(次第乞食)이라는 조항이 있다. 즉 항상 밥을 걸식하여 생활할 것과 가난한 집과 부잣집을 가리지 않고 차례로 걸식해야 한다는 것이다. 발(鉢)이라는 것은 보통 발우라 부르는 것으로 12가지 두타행의 하나인 걸식을 행할 때 얻어진 음식물을 담는 그릇이다. 따라서 탁발(托鉢)이란 목숨을 발우에 기탁하는 의미를 가지고 있어서 걸식과 같은 뜻으로 사용된다.

이렇게 출가하여 수행하는 비구는 생산활동에도 장사에도 종사하는 것이 금지되어 식생활은 오로지 걸식하여 얻어진 음식에 의해서만 하게 되어 있다. 그런가 하면 또한 두타행 중에도 일좌식(一坐食)이라든가 부작여식(不作餘食)이라는 규칙이 설해져 있다. 일좌식이란 비구는 오전 중에 거리에 나가 음식을 얻는데, 탁발해서 얻은 음식을 오전 중에 한 끼만 먹는 것으로 오후에는 식사를 하지 않는 것이다. 부작여식이란 생명을 지탱할 수 있을 만큼만 먹는 것이다. 만약 걸식한 음식이 많을 때는 이것을 다른 사람에게 주어야 한다.

이렇게 탁발을 생활수단으로 정한 데는 두 가지의 종교적 의미가 담겨져 있다. 첫째는 수행을 방해하는 가장 큰 독소인 아만과 아집을 없애는 것이고, 둘째는 보시하는 이의 복덕을 길러주는 공덕이 있는 것이다.

　이러한 탁발의 제도는 부처님 당시부터 비구들이 행하던 것이었고, 지금도 남방의 불교권에서는 시행되고 있다. 그러나 북방 불교권에서는 생활의 수단으로서가 아니라, 수행의 한 방편으로 탁발이 가끔씩 행해지고 있을 뿐이다. 우리나라에서는 사이비승려의 피해를 막기 위해서 종단적으로 탁발행위를 금하고 있다.

● **단식(斷食)**

《대당서역기》 제9권에 다음과 같은 말이 있다.

　정사(精舍) 한가운데에는 관자재보살상이 있다. 몸체는 작지만 위엄이 있다. 손에는 연화(蓮華)를 들고 머리에는 불상을 이고 있다. 항상 여러 사람이 단식 서원하면서 보살을 친견하고자 하는데, 7일·14일 혹은 한 달 동안 한다. 감응이 있는 사람은 관자재보살이 나타나 그 사람을 가르치는 것을 경험하기도 한다.

　위의 인용문에서 알 수 있듯이, 불교에서 단식(斷食)이란 어떤 기원의 성취를 위하여 일정한 기간 동안 음식을 섭취하지 않고 정진하는 것을 말한다. 따라서 단식을 수반하는 정진은 어떠한 목적을 달성하기 위하여 불보살에게 정성을 드리는 기도수행(祈禱修行)에서 자주 보이고 있는데, 이렇게 단식하면서 기도하는 것을 단식기도라고 한다. 그러나 이 단식은 불교의 독특한 수행법이라고는 생각되지 않는다. 널리 알려져 있는 것처럼 부처님은 성도하기 전 6년의 고행 기간 중에도 당시 인도의 수행법에 따라서 몇 개월을 먹지 않는 단식수행을 하기도 했다. 그렇지만 그러한 고행이 깨달음을 얻는 진정한 길이 아님을 알고는 중도행(中道行)을 말씀하셨다.

　다만 후기불교의 대표라고 할 수 있는 밀교(密敎)에서는 단식을 행하는 경우가 많은데 《소실지갈라경》 하권에 이렇게 설하고 있다.

널리 기원을 청하는 법칙을 설한다. 2월 8일, 14일, 15일이나 혹은 일식이나 월식 때에 하루 종일 먹지 않고 3일이나 혹은 7일을 지내면서……, (중략) 존상을 생각하여 염하면 꿈속에서 자부주(自部主)나 진언주(眞言主) 혹은 명왕(明王)을 본다. 마땅히 알아야 하니, 이 상(相)은 성취의 상인 것이다.

이러한 까닭에 밀교에서는 비법(秘法)을 닦기 위해서는 몸을 청정히 해야 하며 이를 위해 단식을 수행한 것이다.

● 용맹정진(勇猛精進)

일반적으로 정진이라고 하면 악함을 끊고 부지런히 착함을 향해 용기있게 매진하는 행위를 통틀어서 말하고 있다. 그러나 불교의 본래적 의미에서 보면 성불을 향해서 수행을 게을리하지 않고 용맹스럽게 나아가는 것이다. 따라서 육바라밀의 한 항목으로 정진바라밀이 있고 팔정도의 한 덕목으로 정정진(正精進)이 있는 것처럼, 정진이야말로 불교 그 자체라고 말할 수 있다. 그래서 불교의 모든 수행법에는 염불정진 · 참선정진 · 기도정진 등의 정진이라는 말이 따라다닌다.

그러나 한국불교가 선불교(禪佛敎)적 입장에 서면서부터 정진이라는 어휘는 다분히 참선, 그 중에서도 좌선(坐禪)을 부지런히 하는 것을 표현하는 것으로 되었고, 여기에 덧붙여 좌선을 어떤 모습으로 얼마만큼 하는가 하는 것을 구분하여 일상적인 정진과 가행정진(加行精進) · 용맹정진(勇猛精進)으로 부르게 되었다.

지금 현재 우리나라 선원에서 말하고 있는 용맹정진이란 일정한 기간 동안 자리에 눕지 않고 잠자지 않으면서 참선하는 것이다. 따라서 이 기간에는 졸음을 막기 위하여 서로 마주보면서 좌선을 하는가 하면, 책임자가 장군죽비를 가지고 다니며 졸고 있는 사람을 경책하기도 한다.

　이러한 것이 용맹정진이기 때문에 그 기한을 너무 오래 할 수는 없다. 대개 한 안거 동안에 1회 정도 하게 되는데, 하안거 때는 해제날의 7일 정도 전에 마칠 수 있게 그리고 동안거 때는 부처님이 성도한 날인 섣달 초여드레에 마칠 수 있게 날짜를 정하고 기한은 주로 7일이나 보름간이다.

　이렇게 용맹정진을 하는 이유를 보통 땅에 말뚝을 박는 데 비유하고 있다. 즉 말뚝을 땅에 박을 때 계속해서 크게 해머질을 할 수는 없다. 몇 번은 살살 두드리고 다시 힘을 모아서 크게 내려칠 때 말뚝은 땅속으로 깊이 박히게 된다. 참선도 이와 같아서 평상의 정진에 의해서 얻어진 힘의 바탕 위에 용맹정진을 통하여 선정의 힘이 크게 증장되는 것이다.

● 좌선(坐禪)

　인간들은 하루 종일 여러 가지 활동을 하고 있지만, 그러나 활동을 만들어 내는 주인공인 나 자신의 근원을 묻게 되면 말이 막히게 된다. 결국 우리는 온갖 일을 하되 온갖 일을 하는 주인공이 누구인가에 대해서는 명확하게 알지 못하는 것이다. 여기서 사람들은 자기가 무엇인지 모르고서 한낱 욕망이나 관습이나 환경 조건에 적응해 가면서 굴러가다가 마침내는 알 길 없는 죽음을 맞이하는 존재밖에 되지 못한다. 이러한 자기 상실의 인간에게 참된 자기를 회복시키고, 인간과 천지만물의 근원을 밝혀내며, 인간의 참된 주체성을 곧바로 열어서 인간과 진리의 참모습을 온전히 드러내는 공부를 참선(參禪)이라고 한다. 따라서 참선이란 원래 서고 앉는 데에 있는 것이 아니다. 그러나 서고 앉는 데에 걸림이 없이 공부를 지어가자면 불가불 조용하게 앉는 데서 힘을 얻어야 한다. 즉 참선하는 데 있어서는 앉아서 참선하는 것이 최상의 방법이 되는 것이고, 이렇게 앉아서 참선하는 것을 좌선(坐禪)이라 말하는가 하면 참선 그 자체를 좌선이라고 부르기도 한다.

좌선 방법은 선종(禪宗)의 종파에 따라서 자세히 규정하고 있지만, 종색(宗賾)선사가 저술한《좌선의(坐禪儀)》에는 이렇게 밝히고 있다.

좌선을 할 때는 고요한 곳에서 두꺼운 방석을 깔고, 허리띠를 너그럽게 매고, 위의를 단정히 한 후에 결가부좌를 한다. 먼저 오른쪽 발을 왼쪽 무릎 위에 놓고, 왼쪽 발을 오른쪽 무릎 위에 놓는다. 혹 반가부좌하는 것도 좋으나, 다만 왼쪽 발로 오른쪽 발을 누른다. 다음은 오른쪽 손을 왼쪽 발 위에 놓고, 왼쪽 손바닥을 오른쪽 손바닥 위에 놓아, 두 엄지 손가락 끝을 서로 맞대고, 서서히 몸을 일으켜 전후좌우로 여러 번 움직여서 몸을 바르게 하여 단정히 앉는다.

현재 우리나라의 선원에서 행하고 있는 좌선의 자세는 대체로 이《좌선의》의 방법을 택하고 있으며, 보편적으로 결가부좌보다는 반가부좌를 취하고 있다.

● 간화선(看話禪)

심즉시불(心卽是佛)이라는 말이 있다. 마음이 바로 부처님이라는 말이다. 앞의 항목(좌선)에서 인간과 천지만물의 근원을 밝혀내며, 인간의 참된 주체성을 곧바로 열어서 인간과 진리의 참모습을 온전히 드러내는 공부를 참선이라 했는데 이것은 마음이 바로 부처님인 것을 깨달을 때 얻어지는 경계이다. 이러한 깨달음을 얻기 위해서 참선을 행한다고 해도 그 마음가짐에는 여러 가지 방법이 있을 수 있다.

간화선(看話禪)이란 그러한 여러 가지 방법 중에서 말하자면 우주 인생의 근원을 철저히 규명해 나가는 데 있어서 화두(話頭)라는 문제 의식을 가지고 공부해 나가는 참선법이다. 다시 말하면 화두라고 하는 정형화되어 있는 어떤 사항을 참구하면서 수행함으로써 평등일여(平等一如)한 경지에 도달할 수 있다는 것이다. 또한 이것을 글자대로 해석하면 간(看)은 본다는 것이고, 화(話)는 공안(公案)이라는 것으로서, 즉 공안을 보고 그것을 참구하여 마침내 크게 그리고 철저하게 깨닫는다는 선(禪)이다.

간화선의 완성자라고 할 수 있는 대혜종고(大慧宗杲, 1089~1163) 선사는《대혜보각선사서》제26에서 이렇게 밝히고 있다.

다만 망상으로 뒤바뀐 마음, 사랑하고 분별하는 마음, 삶을 좋아하고 죽음을 싫어하는 마음, 보고 아는 마음, 고요함을 추구하고 시끄러움을 싫어하는 마음을 일시에 놓아버리고, 그 놓은 곳에 나아가 하나의 화두를 보라. 어떤 스님이 조주에게 묻기를, 개도 불성이 있습니까 없습니까? 조주가 대답하기를, 무(無)라고 했다. 이 한 글자는 곧 수많은 나쁜 지견과 잘못된 깨달음을 부셔버리는 기장(器仗)이다.

간화선은 묵조선(默照禪)이라고 대혜종고선사에 의해서 나쁘게 평해지는 조동종(曹洞宗)의 선풍에 대한 임제종(臨濟宗)의 선풍을 일컫는데, 현재 우리나라 선원에서 행해지고 있는 선법(禪法)은 이것이 주종을 이루고 있다.

● 묵조선(默照禪)

묵조선(默照禪)은 조동종(曹洞宗)의 선법인데, 묵조(默照)란 말은 마음자리의 본래 그대로의 체(體)를 반조해 본다는 뜻이다. 따라서 묵조선이란 어떠한 문제의식인 화두와 같은 것을 갖지 않고 그냥 있는 그대로 비추어 보는 선, 즉 고요히 묵묵히 앉아서 모든 생각을 끊고 참선하는 선법이다. 이러한 묵조선의 입장을 한마디로 표현하는 것에 지관타좌(只管打坐)란 말이 있다. 여기서 지관이란 '오직 한길'의 의미이고 타는 '강조', 좌는 '좌선'의 뜻으로서 잡념을 두지 않고 오직 성성적적한 마음으로 좌선할 따름이라는 말이다.

묵조선을 하는 입장에서는 자신들이 정통적인 선이라고 주장하고 있듯이, 묵조선은 간화선(看話禪)처럼 새롭게 생긴 선법이 아니다. 사실 보리달마(菩提達磨)조사가 선법을 중국에 전한 이래 임제선사에 이르기까지의 선(禪)의 수행법은 공안을 지자에게 직접 주어서 공부시키지는 않았다. 제자가 의문 나는 점을 물어오면 그에 대해서 일러줄 따름이었다. 왜냐하면 선이란 본래 불립문자 교외별전(不立文字 敎外別傳) 즉 문자를 세우지 않고 교 밖에서 달리 전한 것이라 하여, 가르치거나 배우는 것이 아니기 때문이다.

이 묵조선이라는 이름은 묵조선가(默照禪家) 자신들이 부르기 시작한 것이 아니다. 묵조선의 대표적인 거장은 천동굉지(天童宏智, 1087~1157)선사이다. 선사는 조동(曹洞)의 10세 법손이요 후세에 길이 알려진 단하천연(丹霞天然)의 제자로서 그 당시 임제종(臨濟宗)의 대혜선사와 쌍벽을 이루는 대종장이다. 그는 가풍이 치밀하고 위의가 정중한 종사로서 일시적으로 쇠퇴하던 조동종을 다시 부흥시켰다. 대혜선사가 그의 가르침이 '오직 앉아서 묵묵히 말을 잊고 쉬어가고 쉬어가게 한다.'하여, 이를 비난하기 위하여 묵조사선(默照邪禪)이라고 지칭한 데서 비롯된 것이다.

● 비파사나(Vipaśyanā)

불교의 궁극적인 목적이 부처님이 되는 '성불'에 있다는 것은 말할 필요도 없을 것이다. 그런데 이 성불을 목적으로 한다는 것은 동시에 인간이 더러움으로 가득한 현재의 상태를 응시하는 것이기도 하다. 불교는 바로 이 인간의 현 상태를 온갖 욕망 등의 번뇌에 얽힌 존재라고 하고, 이 번뇌는 성불의 길을 실천하는 사람들을 한없이 방해한다고 설한다. 따라서 불교의 수도(修道)란 한없는 번뇌의 응시와 그것을 극복하는 길이라고도 할 수 있다. 부처님께서는 가르침을 듣는 사람들의 성격이나 환경에 맞추어서 가르침을 설하셨다. 번뇌를 극복하고 퇴치하는 방법도 또한 각자의 번뇌에 알맞는 것이 설해졌는데, 불교의 수도론이 여러 가지로 전개된 이유의 하나가 바로 여기에 있다.

비파사나(Vipaśyanā)는 이러한 여러 가지 수행법 가운데서 가장 적극적이고 실질적인 명상법으로서, 한역(漢譯)에서는 관(觀) 혹은 능견(能見)·정견(正見)·관찰(觀察) 등으로 번역하고 있다. 여기서 말하는 관(觀)이란 지혜로써 객관의 경계를 관찰하여 비추어 본다는 뜻으로, 가령 부정관(不淨觀)이라 하면 인간의 육체가 추하고 더러운 것임을 생각으로 관하여 탐욕의 번뇌를 멸하는 것이다. 또한 이 수행법으로 가장 널리 알려지고 대중적이며 실제적인 것으로 수식관(數息觀)이 있다. 가능하면 좌선하는 자세로 앉아서 자신의 마음을 숨을 내쉬고 들이쉬는 데 집중하여 이것을 세는 것에 의해서 마음을 가라앉히는 것이다.

이렇게 비파사나는 마음을 하나로 전심(專心)하여 지혜로써 불(佛)과 법(法)의 일정한 대상을 관찰하고 생각으로 염하여 깨달음을 얻기 위해서 노력하는 것인데, 위에서 말한 부정관처럼 여러 가지 형상적인 생각을 마음에 떠올려서 관하는 초보적인 것에서부터 형상적인 것에 기탁된 교의(敎義)나 불교의 철리를 관하는 것에 이르기까지 그 내용은 다양하다.

● 화두(話頭)

화두(話頭)를 공안(公案) 혹은 고칙(古則)이라고도 하는데, 여기서 말하는 공안이라 하는 것은 본래 관청에서 사용되는 문서라는 의미를 가지는 말로서 공정하여 범치 못할 법령이라는 뜻이 있고, 고칙이란 옛 어른들이 남겨 놓은 법칙이라는 뜻이다.

이러한 의미에서 규봉(圭峰)선사는 《규봉광록산방야화》에서 다음과 같이 풀이하고 있다.

공(公)은 옛날 덕이 높은 어른들이 도를 행한 흔적으로서 천하의 길을 보이는, 더 이상 덮을 수 없는 가장 큰 이치를 말함이고, 안(案)이란 옛날의 덕이 높은 어른들이 보인 그 진리를 기록한 문서이다.

이 화두는 진리를 깨친 부처님이나 조사의 말씀이기도 하고 몸짓이나 그 밖의 방법으로 이루어지기도 한다. 그러나 이것은 말씀이나 몸짓으로 보이되 실로는 단순한 말이 아니다. 거기에는 범부의 생각이나 말로써는 어림댈 수 없는 불조(佛祖)의 깨달은 법, 진리 자체를 온전히 드러내 보여 주고 있다. 따라서 일종의 참선공부의 문제지라고 할 수 있는 이 화두는 참선하는 이에게 끊임없이 문제의식을 제공하고, 이 문제의식을 놓치지 않고 수행하면 반드시 깨달음에 도달할 수가 있는 것이다.

이렇게 참선 수행자에게 큰 의심을 품게 하여 깨달음에 이르게 하는 화두 즉 공안에 1천 7백 가지를 말하고 있는데, 그 가운데 가장 유명하고 널리 참구되는 것으로 '무(無)자 화두'가 있다. 어느 때 어떤 스님이 조주에게 묻기를, '개도 불성이 있습니까 없습니까?' 조주가 대답하기를 '무(無)'라고 했다. 그런데 사실상 없다란 말은 무자(無字)를 풀이한 말이다. 조주선사는 풀이로 말한 것이 아니라, 단지 '무'라고 대답했을 뿐이다.

《열반경》에서는 '일체중생이 모두 불성이 있다.'라고 했다. 그래서 어떤 것에도 모두 불성이 있다는 것을 듣고서 개에게도 불성이 있느냐고 물었다. 조주선사는 '무'라고 대답했다. 이 무자는 아무것도 없다는 뜻이지만, 조주선사의 무는 그런 의미가 아니다. 여기서 무엇 때문에 무라고 했는가를 뚫어내는 문제가 화두다.

● 삼매(三昧)

불교의 목적인 열반세계에 도달하고자 하는 사람은 누구나 배워서 행해야 할 세 가지 극히 필요한 일이 있다. 이것을 삼학(三學)이라 하는데 계(戒)와 정(定)과 혜(慧)이다. 삼매(三昧)란 산스크리트어 삼마디(Samādhi)의 음역으로 삼학의 하나인 정(定)을 말하고, 마음의 움직임을 쉬어 안정된 상태를 의미한다. 또한 이 삼마디는 등지(等持)라고도 번역되는데, 등(等)은 마음이 들뜨고 가라앉음을 여읨으로 평등하여 편안한 것이며, 지(持)란 마음을 하나의 대상에 머무르게 한다는 뜻이다. 곧 마음이 하나의 대상에 집중해서 산란하지 않는 상태를 가리킨다.

삼매는 감각적 자극의 영향이나 그 자극에 대한 일상적 반응을 초월하기 위한 수행 방법이다. 따라서 삼매의 경지를 얻기 위해서는 규정된 방식에 따라 자신의 의지력으로 일정한 시간 동안 정신을 집중시키는 것이 요구되는데, 이러한 까닭에 이 정신의 집중이라는 삼매 즉 정(定)을 닦기 위해서는 그 전초 단계로 계(戒)가 있는 것이다. 다시 말하면 수행자가 감각적 욕망이나 악의·나태·무감각·흥분과 혼란 등과 같은 해로운 성향을 억제할 수 있을 때 비로소 그로부터 초연해지며, 자신의 모든 사고를 특정한 대상에 집중시킬 수 있는 것이다. 계란 바로 이렇게 산란을 일으키게 하는 여러 가지 요소를 제거하여 삼매라는 물을 담는 그릇과 같은 것이다.

이러한 그릇과 거기에 담겨진 물과 같은 정신집중의 결과 바람이 자는 곳에서 파도가 일어나지 않는 것처럼 마음이 안정되게 되고, 마음을 집중하는 동안 그것을 산란시키는 모든 것으로부터 멀리 떠나 있기 때문에 감정은 고요한 상태에 있게 되는 것이다. 흔히 간경삼매(看經三昧)라든가 염불삼매(念佛三昧)라는 말을 많이 쓴다. 이것은 간경 즉 경전을 독송한다거나 염불을 할 때에 자신을 둘러싸고 있는 일체의 환경을 놓아버리고 오직 독송이나 염불 그 자체에만 정신을 통일시킴에 의해서 마음이 산란하지 않아 고요한 상태가 계속되는 것을 말하는 것이다.

● 법담(法談)

《금강경》 사구게(四句偈)의 하나로 '만약 형상으로 나를 보려거나 음성으로 나를 찾는다면, 이 사람은 사도(邪道)를 행함이니 여래를 능히 보지 못하리라(若以色見我 以音聲求我 是人行邪道 不能見如來).'라는 말이 있다. 여래 즉 깨달음의 경계는 어떤 정형화된 모양이나 소리 혹은 생각이나 분별로써 알 수 없다는 말이다. 왜냐하면 참된 진리의 법(法)은 언설(言說)로써 표현될 수 있는 것이 아니기 때문이다. 따라서 어떤 사람이 어떠한 수행을 통하여 증득한 경지인 참된 깨달음(이것을 禪家에서는 見性)은 말이나 생각으로 헤아려지지 않는 것이기 때문에 깨달은 사람만이 알 수 있을 뿐이고, 범속한 사람으로서는 미치지 못하는 장소라고 할 수 있다. 그래서 고래로 견성의 경계는 견성한 사람만이 안다고 해서 '어떤 사람이 물을 마심에 그 차고 더움은 마신 사람만이 안다.'고 표현하고 있다.

그런데 여기서 두 가지 문제가 대두된다. 첫째는 어떤 사람이 견성을 했다고 했을 때, 그 사람이 과연 견성을 했는지 어떤지를 제삼자가 확인하고자 했을 때이다. 이때 그 확인이라는 것은 아직 견성을 하지 못한 분상에서는 범접하지 못하는 곳이다. 이러한 이유에서 부득이 견성한 사람이 견성했다고 하는 그 당사자를 시험하여 진위를 가리는 수밖에 없게 되었다. 그리고 그 진위를 가리는 방법으로는 언어가 사용될 수도 있고, 어떤 행동으로 표현될 수도 있다. 둘째는 견성한 사람의 경계가 범부의 경계와는 다르기 때문에 견성한 사람끼리의 진리에 입각한 법문의 문답이 있을 때이다.

이러한 두 가지 상황이 생겼을 때 서로간에 주고 받는 대화를 선가에서는 법담(法談)이라 하고, 특히 행동을 수반하는 법담을 법거량이라 부르기도 한다. 물론 법담에서 대두되는 언어나 행동은 범부의 사유나 관념을 초월하고 있을 뿐만 아니라, 때로는 괴이하게 여겨지기도 한다. 그러나 피차가 견성한 선사(禪師)들이라면 바로 이곳에서 깨달은 곳이 확인되고 진리가 드러나는 것이다.

● 인가(印可)

인도에서 발생한 불교가 중국에 전래되자, 중국의 불자들은 이 불교를 완전히 중국화(中國化)시켰다. 그 중에 대표적인 것이 바로 선불교(禪佛敎)이다. 그러나 중국의 선사(禪師)들은 이러한 선불교의 연원을 석가모니 부처님 당시로 소급시켜서 설명하고 있다. 즉 부처님은 깨달음의 내용을 말씀으로 남겼는데 이것이 교(敎)라는 것이고, 이 말씀 외에 달리 깨달음의 마음을 전했는데 이것이 선(禪)이라고 밝히고 있다. 그런데 이 깨달은 마음이라는 것은 말로써는 전할 수 없고, 오직 마음에서 마음으로밖에 전할 수 없다는 것이다. 이것을 이심전심(以心傳心)이라고 한다.

선가(禪家)에서 최초의 이심전심은 부처님과 제자인 가섭존자 사이에서 일어난다. 어느 때 부처님께서는 여러 대중 앞에서 법문은 하시지 않고, 단지 연꽃을 들어서 보이기만 했다. 다른 많은 대중들은 그 의미를 몰라서 잠자코 있었지만 가섭존자는 가만히 미소를 지었다. 이때 부처님께서는 가섭존자의 깨달은 마음을 인정하고 그 마음을 전했다는 것이다. 이것을 법을 전했다고 말한다.

여기서에서 지나칠 수 없는 것은 지금 부처님과 가섭존자의 예에서 볼 수 있는 것처럼 이심전심(以心傳心)으로 법, 즉 깨달은 마음을 전하기 위해서는 마음을 전하는 스승과 마음을 전해 받는 제자의 깨친 경계가 동일해야 한다는 것이다. 그리고 마음을 전해 받는 제자로서는 자신이 깨달음을 얻었다는 것과 그 내용이 스승의 깨달음과 동일하다는 사실을 스승으로부터 증명받아야 하고, 마음을 전하는 스승 또한 제자를 증명하여 인정했을 때 전법(傳法)은 가능해진다. 이렇게 스승이 제자의 깨친 마음을 증명하고 인정하여 법을 전하는 것을 인가(印可)라고 한다.

선종사(禪宗史)에서 보면 부처님께서는 가섭존자 한 제자만을 인가하며 그 징표로서 의발(衣鉢)을 함께 전하였고, 이러한 형태는 33대째인 혜능(慧能)조사까지 계승되었다. 그러나 혜능조사 이후에는 의발을 함께 전하는 것이 폐지됨과 동시에 인가하는 제자의 숫적인 제한도 없어졌다.

● 울력

수행과 울력의 관계에 대하여 살펴보기 전에 우선 울력이라는 말 자체에 대하여 고찰해 보는 것도 의미가 있으리라 생각된다. 현재 한국의 사원에서 말해지는 이 '울력' 이라는 단어 그 자체의 표기 및 의미에 관하여서는 통일이 되어 있지 않다. 필자는 '여러 사람이 힘을 합하여 하는 일'을 의미하는 순수한 우리말로 '울력' 이라고 표기했지만, 어떤 이는 '많은 사람이 구름같이 모여서 일을 한다.'는 의미로 '운력(雲力)' 혹은 '함께 힘을 기울인다.'는 의미로 '운력(運力)'이라 표기하기도 한다.

그 표기와 의미가 무엇이든 간에 사원에서 대중들이 함께 모여 육체적 노동을 하는 것을 울력이라 말하고 있다. 그렇다고 하여 이 육체적 노동이 삶의 한 방편으로 행해지는 것은 아니다. 어디까지나 수행의 한 일과(日課)로서 다른 대중과 더불어 행해지는 노동이다. 이러한 수행의 하나로 행해지는 울력을 가장 잘 나타낸 것으로 중국 당나라 때의 스님인 백장(百丈)선사가 남긴 '일일부작 일일불식(一日不作一日不食)'이라는 유명한 말이 있다. 이 말은 백장선사가 90세가 되어서도 다른 대중들처럼 울력을 하므로 제자들이 어느 날 그의 농구(農具)를 감추었더니, 단식을 하며 그때 '하루 일하지 않으면 하루 먹지 않는다.'고 한 것이다.

사실 수행을 하여 도를 깨닫는다는 것은 어떠한 형식에 있는 것이 아니다. 따라서 수행자의 행(行)·주(住)·좌(坐)·와(臥)는 그대로 수행과 직결된다. 아침 공양이 끝나고 나면 전 대중이 비를 가지고 도량을 깨끗이 청소하는 울력을 한다. 이때 마당뿐만 아니라 각자의 마음속에 있는 번뇌라는 티끌도 함께 쓸어낸다. 이러한 울력의 전통은 많은 대중이 모여 있는 총림(叢林)뿐만 아니라 크고 작은 모든 사원에서 행해지고 있다. 스님들이 밭에 나가 김매고 거름을 주며, 길을 보수하고 건물을 수리하는 이 모든 것이 바로 울력이다. 그러나 울력은 육체적 노동이 지나쳐서 그 자체가 수행을 방해할 정도로 되어서는 안 된다.

● 칭명염불(稱名念佛)

염불(念佛)이란 부처님을 염하는 수행으로 여기에는 크게 두 가지 의미가 내포되어 있다. 첫째는 가장 원형적인 것으로 염불(念佛)·염법(念法)·염승(念僧)의 하나인 염불이다. 이것은 정토종을 제외한 불교 일반에 통용되고 있는 염불인데, 부처님에게 귀의하고 예배 찬탄하며 부처님의 공덕을 생각하면서 그 명호를 부르면, 번뇌가 일어나지 않고 마침내 열반의 도리를 얻게 된다는 것이다. 둘째는 깊은 삼매에 들어 아미타불을 염하면 아미타불의 원력에 의해 죄가 소멸되고 부처님을 보며 극락세계에 왕생한다는 정토종의 염불방법이다.

이 두 가지 가운데 두번째의 의미를 보다 부각시키고 있는 것이 칭명염불(稱名念佛)인데, 이것은 글자 그대로 아미타불의 명호를 부르며 부처님을 생각하는 염불법이다. 《관무량수경》 '하품하생(下品下生)'에서는 다음과 같이 설한다.

선지식이 말씀하시기를, '그대가 만약 부처님을 생각할 수 없으면 무량수불을 칭하여라.' 한다. 이와 같이 지극한 마음으로 소리가 끊어지지 않게 하여 십념(十念)을 구족하여 나무아미타불을 부르는 까닭에 생각 생각 가운데 팔십억 겁의 생사의 죄를 제거하게 된다. 그리고 목숨을 마칠 때는 태양과 같은 황금의 연꽃이 그 사람 앞에 머물러 있는 것을 보고, 곧 한 생각 사이에 극락세계에 왕생함을 얻는다.

즉 칭명에 의해 지은 바 죄가 멸해지고 정토왕생함을 설하고 있다. 현재에는 일반적으로 염불이라 하면 주로 칭명염불을 가리키고 있지만, 칭명염불에도 여러 형태가 있다. 깊은 마음에서 염불하는 정심염불(定心念佛)과 산란한 마음으로 염불하는 산심염불(散心念佛)의 구별이 있는가 하면, 또한 염주 등을 이용하여 칭명염불의 횟수를 세는 염불법과 일정한 시간을 정하여 그 시간 동안 하는 염불법이 있다. 중국이나 일본의 정토종에서는 주로 횟수를 세는 염불법을 택했지만, 우리나라에서는 하루에 몇 차례 일정한 시간을 정하여 하는 염불법을 택하고 있는 경향이 짙다.

● 관상염불(觀想念佛)

정토종에서의 염불은 아미타불에 생각을 응집시켜, 그 광대한 구제의 대비원력에 의해서 극락에 왕생하고자 하는 행이다.

이러한 염불의 행에는 아미타불의 법신(法身)을 염하는 실상염불(實相念佛)과 아미타불의 상호와 그 공덕을 생각하여 염하는 관상염불(觀想念佛)과 아미타불의 이름을 부르는 칭명염불(稱名念佛)이 있다. 이 중 실상염불은 법신불로서의 아미타불을 염하는 것이기 때문에 차원 높은 종교체험의 영역에 속하여서 평범한 수행으로는 미칠 수 없고, 사람들의 일상 생활과는 거의 관계가 없는 것으로 인식되어 있다. 이러한 관계로 자연히 염불이라 하면 관상염불과 칭명염불을 가리키는 것이 되었고, 이 두 가지 염불이 정토왕생의 중요한 행이 되었다.

관상염불이란 고요한 곳에서 정신을 통일하여 부처님의 단정하고 장엄한 상호의 모양 등을 연상하고, 거기에 깃들어 있는 공덕에 생각을 응집시키는 염불법이다. 이렇게 염불하여 삼매에 들면 분명히 부처님을 친견할 수 있고, 한 부처님을 보게 되면 모든 부처님을 볼 수 있으며, 일체의 업장(業障)이 소멸되어 극락왕생한다는 것이다.

《관무량수경》에서는 이렇게 생각을 두는 중요한 대상으로 13가지를 들고 있다. 즉 ① 일상관(日想觀) ② 수상관(水想觀) ③ 보지관(寶地觀) ④ 보수관(寶樹觀) ⑤ 보지관(寶池觀) ⑥ 보루관(寶樓觀) ⑦ 화좌관(華座觀) ⑧ 상상관(像想觀) ⑨ 진신관(眞身觀) ⑩ 관음관(觀音觀) ⑪ 세지관(勢至觀) ⑫ 보관(普觀) ⑬ 잡상관(雜想觀)이다.

이 중 제① 일상관부터 제⑦ 화좌관까지는 정토에 있는 풀·나무·국토 등의 장엄을 생각하여 관하는 것을 밝힌 것으로 의보관(依報觀)이라 하고, 제⑧ 상상관 이하를 정보관(正報觀)이라 한다. 그리고 이 가운데서 제① 일상관과 제② 수상관의 두 가지 관법은 이 사바세계의 해가 지는 모습과 얼음이 어는 모습을 관찰하는 방법이고, 제 ⑧ 상상관은 불상을 생각하여 관하는 방법이기 때문에 이것을 준비관(準備觀) 혹은 가관(假觀)이라 하며, 다른 것을 진관(眞觀)이라 한다

● 주력(呪力)

한역(漢譯) 경전에서 주(呪)라고 번역되어 있는 산스크리트어는 만트라(mantra)·다라니(dhāraṇi)·비드야(vidyā)의 세 종류이다. 물론 주 외에도 만트라는 진언(眞言), 다라니는 총지(總持)·능지(能持), 비드야는 명주(明呪)라고 번역되기도 한다. 이 세 종류의 말이 함께 주(呪)라고 번역되는 것은 이 말에 비밀어(秘密語)의 의미가 있기 때문이다.

《유가사지론》 권45에는 주(呪)의 설명을 이렇게 하고 있다.

무엇이 보살의 주다라니인가?
보살이 삼매자재(三昧自在)를 획득해서 이 자재에 의해 중생의 재환을 없애는 주문에 가피를 입히면, 그러한 주문이 최고의 신령스러운 영

험으로 허무하지 않은 영험을 나타내어 모든 재난을 없앤다. 이것을 보살의 주다라니(呪陀羅尼)라 한다.

이렇게 재난을 없애고 복을 부르며, 어떤 재해로부터 몸을 지킨다는 진언 혹은 다라니를 마치 참선을 할 때 화두를 참구하듯이 항상 외우고, 이것을 수행의 요체로 삼는 것을 우리나라에서는 주력(呪力)이라 부르고 있다. 그러나 이 말은 한국불교에서 통용되는 것일 뿐, 중국이나 일본에서는 진언을 외우는 수행법을 주력이라고 말하지는 않는다. 원래 진언을 외우는 것은 밀교(密敎)의 수행법이다.

밀교에서는 부처님의 삼업(三業) 즉 몸으로 짓는 행위, 입으로 짓는 행위, 뜻으로 짓는 행위는 중생으로서는 미치지 못하는 불가사의한 것이라 하여 삼밀(三密)이라 한다. 중생의 삼업 또한 본성에서는 부처님의 삼밀과 다름이 없기 때문에, 중생이 성불을 하기 위해서는 중생의 삼업이 부처님의 삼업과 서로 걸림이 없이 융화되어 평등일체가 되어야 한다. 이것을 밀교에서는 즉신성불(卽身成佛) 즉 현세의 이 몸 그대로 성불한다고 하는데, 이러한 부처님과 중생이 서로 융합하는 경지에 들어가기 위해서는 중생은 손으로 인(印)을 맺고(身密), 입으로 진언인 주문을 외우며(口密), 생각으로 부처님과 중생이 하나임을 관(意密)해야 한다는 것이다.

● 기도(祈禱)

불교에서 기도(祈禱)란 일반적으로 불보살의 도움에 힘입어 재앙을 덜고 복을 더할 것을 기원하는 종교심으로 인식되고 있다. 그렇지만 이러한 일반적인 관념과는 달리 불교는 원래가 깨달음의 가르침을 말하는 종교다. 진리를 깨달아 바른 마음, 바른 행으로써 인간과 국토의 완성을 추구하는 종교다. 그런데도 불교를 믿으면 재난이 없어진다든가 병이 낫는다든가 불행한 사태가 호전된다는 등 현세적 이익이 있는 것을 말하고, 이러한 것을 얻기 위하여 염불하는 정진을 기도한다고 말한다. 이렇게 기도라는 말이 가지는 보편적인 의미와 불교의 근본 가르침 사이에 괴리가 있기 때문에 일부 식자(識者)들 간에는 기도를 부정적인 시각으로 보는 사람도 있다.

그러나 기도에 대한 이런 부정적인 시각은 불교에서 말하는 수행으로서의 기도에 대한 인식의 부족이라고 할 수 있다. 왜냐하면 본래 불교에서 기도란 깨달음의 진리를 행하는 것이기 때문이다. 깨달음이란 완전 무결한 궁극적인 법이다. 생명과 존재의 실상이다. 그러므로 진리에는 불행도 괴로움도 일체 재난이란 말조차 없다.

기도란 불교를 믿는 사람들이 그 가르침을 믿고 마음으로 받아 행으로 닦아 가는 데서 본래 완전한 진리의 공덕이 자신과 환경에 나타나게 하는 기술이다. 바로 진리를 알면 생명력을 속박하여 나타났던 병도 사라지며, 자기 능력을 속박해서 가난했던 빈궁도 사라진다. 진리의 말씀을 믿고 행하며 깨닫는다는 것은 그대로 스스로가 바뀌고 환경을 진리공덕으로 장엄하게 되는 것이다. 다시 말하면 불보살에게 구하여 얻겠다는 것이 기도가 아니라, 자신의 마음을 원만구족한 불보살님의 마음으로 회복시키는 것이 기도라는 것이다.

이렇게 구한다고 얻어지는 것이 아니라, 본래 갖추어져 있는 부처님의 생명을 회복함에 의해서 일체를 성취하는 것이 기도이기 때문에, 불교의 기도는 염불을 하여 마음을 맑게 하는 것이고 부처님의 은혜에 감사하는 것이다.

● 삭발(削髮)

승려가 되기 위해 출가하여 불문(佛門)에 들어가서 머리를 깎고 승복을 입는 것을 삭발염의(削髮染衣)라 하고, 머리를 깎고 승려가 되는 것을 삭발위승(削髮爲僧)이라 한다. 이처럼 승려와 삭발은 불가분의 관계가 있어서 승려들은 반드시 삭발해야 하는 것으로 되어 있다. 《불본행집경》 제18권에서는 부처님이 삭발하고 승복으로 고쳐 입은 후 '나는 이제 비로소 참 출가인이 되었다.'고 표현하고 있다. 또한《사분율》 제51권에는 부처님이 머리가 긴 어떤 비구를 보고, '깎으라. 스스로 깎든지 남을 시켜 깎든지 하라.'고 하신 계율이 있다.

원래 인도에서는 예로부터 머리카락을 자르는 것을 가장 큰 치욕으로 생각하여, 이것을 큰 죄를 지은 죄인에게 형벌의 하나로 시행했다. 그럼에도 불구하고 부처님은 스스로 머리를 깎고 가사를 걸쳤으며, 모든 제자들로 하여금 이 법을 행하게 하였다. 그렇다면 불교의 출가 수행자인 비구가 머리를 깎는 데는 어떤 의미가 있는가.

먼저《과거현재인과경》 제2권에는 부처님의 삭발에 대해, "태자가 칼을 가지고 스스로 수염과 머리를 깎고 '이제 머리와 수염을 깎아서 일체의 번뇌와 습인(習因)을 남김없이 없애기를 발원하노라.'고 하셨다"하여 머리와 번뇌를 연결시키고 있다. 다음으로 머리털을 교만심과 연관시켜서 밝힌 것이 있는데, 《비니모경》 제3권에 '머리를 깎는 이유는 교만을 제하고 스스로의 마음을 믿기 위함이다.'라고 했으며, 《대지도론》 제49권에는 '나는 머리를 깎고 승복을 입고 발우를 가지고 걸식을 한다. 이러한 것은 교만을 부수는 법이다.'라고 했다.

흔히 절에서는 머리카락을 무명초(無明草)라 한다. 수행을 방해하는 근원인 아만과 교만 그리고 온갖 유혹의 감정은 무명(無明)에서 기인한다. 삭발을 함에 의해서 외형적으로나마 우선 원초적인 무명을 없애는 것이다. 바로 이러한 정신에 따라서 출가 후 득도식(得度式)의 의식을 따라 삭발을 하고, 그 뒤에는 보름마다 한 번씩 삭발하는 것을 통례로 하고 있다.

● 연비(燃臂)

《경덕전등록》 제3권에는 달마(達磨)조사와 그 제자인 혜가(慧可)의 만남을 이렇게 기술하고 있다.

달마조사가 소림굴에서 9년 간 벽을 보고 수행을 하고 있을 때, 신광 (神光)이라는 젊은이가 그곳을 찾았다. 천하를 주유(周遊)하며 눈 밝은 선지식을 찾고 있던 중 달마조사에 대한 애기를 들었던 것이다. 그가 소림굴을 찾아갔을 때는 그 해 12월 9일이었는데, 마침 큰 눈이 왔다. 법을 묻다가 쫓겨나온 신광은 마당에 꼼짝도 않고 서 있었기 때문에 새 벽녘에는 눈이 무릎에 차도록 쌓였다. 달마조사가 물었다.

"네가 눈 속에 오래 섰으니 무엇을 구하는가?"

신광이 슬피 울면서 사뢰었다.

"바라옵건대 화상께서 감로의 문을 여시어 여러 중생들을 널리 제도 해 주소서."

이에 달마조사가 법을 구하는 마음이 간절하다면 믿음(信)을 표하라 고 했다. 신광이 이 말을 듣고 슬며시 칼을 뽑아 왼쪽 팔을 끊어서 조사 의 앞에 놓으니, 조사가 비로소 그가 법기임을 알고는 이름을 혜가로 고쳐주고 법을 일러주었다.

어떤 사람을 막론하고 자기에게 가장 소중한 것은 자신의 몸뚱이 다. 그러나 불법의 진리를 구하고자 함에 있어서는 믿음이 가장 중요 하다. 그러한 믿음은 때로 도(道)를 위하여 혜가처럼 자기 육신의 일 부를 바칠 수도 있는 것이다. 그러나 평범한 중생들로서는 이와 같은 일은 쉽지 않다. 이 까닭에 불법에 대한 믿음과 일체중생을 제도하겠 다는 서원의 표징으로 팔뚝의 일부나 혹은 손가락을 불에 태우는데, 이것을 연비(燃臂)라고 한다.

팔뚝의 일부분을 태우는 연비는 출가자의 경우에는 예외 없이 행해 지는데, 득도식을 할 때 참회와 서원을 하면서 초심지에 불을 붙여 살 갗을 태우는 것이다. 재가자의 경우에도 오계를 수지할 때 연비를 하 지만, 요즈음에는 향불로 따끔하게 지지는 것으로 간략히 행하고 있 다.

● 경책(警策)

좌선(坐禪)하는 자세에 관해서 종색(宗賾)선사는 《좌선의(坐禪儀)》에서 이렇게 말하고 있다.

좌선을 할 때는 왼쪽으로 기울거나 오른쪽으로 기울거나 앞으로 구부러지거나 뒤로 자빠지지 말고, 허리와 척추·머리와 목의 골절을 서로 버티어 모양이 부도와 같이 하라. 또 몸을 지나치게 곤두세워 호흡을 급하게 하여 불안케 하지 말고, 귀와 어깨는 상대케 하고, 코와 배꼽을 상대케 하며, 혀는 위턱에 대고 입은 다물고, 눈은 조금 떠서 잠이 오지 않게 하라. 만약 선정을 얻으면 힘이 크게 넘칠 것이다. 옛날 선정을 닦던 고승(高僧)이 앉아서 항상 눈을 떴는데, 법운원통(法雲圓通)스님도 또한 눈을 감고 좌선하는 사람들을 꾸짖기를, '컴컴한 산이요, 귀신의 굴이라'고 했다.

위의 인용문에서 알 수 있는 것처럼, 좌선을 함에 있어서는 무엇보다 앉는 자세가 중요하고 특히 졸음은 절대 금물이다. 그래서 졸음을 수마(睡魔)라고 부르기까지 한다. 그러나 실제로 좌선을 하다보면 자세가 흩어지고 눈이 저절로 감겨지기 마련이다. 그때는 부득이 누군가가 이것을 지적하여 올바른 자세로 좌선하게끔 해 주어야 하는데, 이때 사용하는 기구가 경책(警策)이다. 경책의 생김새는 납작하고 평평한 긴 판자 모양의 막대기로 길이가 약 4자 정도, 위폭이 아래보다 약간 넓은 2치 정도인데, 현재 우리나라 선원에서 사용하고 있는 경책은 주로 재질이 부드러운 버드나무로 만들고 있다.

경책을 사용하는 데는 정해진 법이 있다. 경책을 쥔 사람이 걸어 다니면서 흐트러진 자세를 보고는 소리나지 않게 지적하고, 그런 연후에 어깻죽지 부분을 이것으로 두세 번 때려서 자세를 바르게 하거나 졸음을 쫓게 한다. 이러한 것을 경책한다고 말한다. 그런 까닭에 경책

(警策)이 꾸짖는다는 의미인 경책(輕責) 혹은 경책(警責)으로 비쳐지기도 하는데, 경책(警策)과 경책(輕責) 혹은 경책(警責)은 이렇게 큰 차이가 있는 것이다.

● 포행(步行)

참선을 하는 데는 원래 정해진 자세가 있는 것이 아니다. 그래서 앉아서 하는 것을 좌선(坐禪), 걸어다니면서 하는 것을 행선(行禪), 누워서 하는 것을 와선(臥禪)이라고 한다. 다만 앉아서 하는 것이 가장 효과적이기 때문에 일반적으로 참선이라고 하면 좌선을 지칭하고 있다. 그런데 좌선을 한다고 해서 무한정으로 앉아 있을 수만은 없다. 그래서 좌선 중에 피로도 풀고 졸음을 쫓기 위하여 일정한 주위를 왕복하여 걷는 시간을 가지는데, 이것을 포행(步行) 혹은 경행(經行)이라 부른다.

이러한 포행의 제도는 승가에서 이미 부처님 당시부터 있었던 것으로, 《대당서역기》 제8권에는 이런 구절이 있다.

보리수 북쪽에 부처님이 경행하던 곳이 있다. 여래는 깨달음을 얻은 다음에도 자리에서 일어나지 않고 7일 동안 망념을 쫓는 가운데 선정에 들어 있었다. 그러다가 일어나자 보리수 북쪽으로 가 7일 동안 경행하고 동서로 왕래했다. 걸어다닌 10여 보에는 진귀한 꽃이 발자국을 따라 18개가 피었다. 후세의 사람들이 여기에 기와를 쌓고 3척 남짓한 기초를 만들었다.

또한 《사분율》 제50권에서는 다음과 같이 계율로써 경행할 것을 정하고 있다.

그때에 비구들이 한데서 경행하다가 바람과 비를 맞고 볕에 쪼여 병이 나니, 부처님께서 말씀하시되 '경행당(經行堂)을 지으라.' 하셨다. 어떻게 지을지 모르니 부처님께서 말씀하시되 '길게 지으라.' 하셨다. 그리고 집 지을 재료를 주라고 하셨다. 이때에 상좌가 늙고 병들고 약해서 경행하다가 넘어지니 부처님께서 말씀하시되 '새끼줄을 양쪽에 매고 그것을 잡고 경행하라.' 하셨다.

《사분율》 제59권에서는 일종의 운동법으로서 경행의 이점을 다음과 같이 쓰고 있다.

경행에 다섯 가지 이익이 있다. 원행(遠行)에 견딜 수 있고 능히 사유할 수 있으며, 병이 적어지고 음식이 소화되며 선정에 오래 머물 수 있다.

이와 같은 이유로 현재 우리나라 선원에서는 보통 50분 좌선 후에 10분씩 선방 안을 줄을 서서 둥글게 도는 것으로 행하고 있다.

● 결사(結社)

불교를 크게 나누어 소승불교와 대승불교로 구분하고 있지만, 인도불교사를 더듬어 볼 때 대승불교운동이 일어난 것은 부처님이 열반한 후 거의 300년이 지난 뒤였다. 왜 이렇게 대승불교가 새롭게 일어나지 않으면 안 되었는가 하는 점에 관해서는 여러 가지 이론이 있을 수 있다. 그러나 대체로 그 기원을 '부처님의 근본정신으로 돌아가자는 신앙운동'이라고 보는 견해가 지배적이다. 즉 부파불교의 비구들이 사원에 틀어박혀 일신만의 해탈을 바라는 소극적인 수행만 했기 때문에, 이러한 그릇된 불교를 일체중생을 구제한다는 본래의 불교사상으로 회귀시키고자 하는 운동으로 대승불교가 일어난 것이었다.

이렇게 시대의 흐름에 따라서 생기는 불교 내부의 잘못을 혁신하고

자 하는 사상운동은 비단 인도뿐만 아니라 불교가 전파되는 모든 나라에서 일어나게 되고, 이러한 사상운동에 의해서 불교는 그때마다 새롭게 태어났다. 우리나라에서도 불교가 전래된 이후 삼국시대, 고려시대, 조선시대를 통틀어 나름대로 불교의 새로운 사상운동이 일어났는데, 특히 고려시대에 부패한 불교를 반성하고 불교의 혁신을 부르짖으며 태동한 것이 결사(結社)라는 운동이다.

고려는 건국 초기부터 불교를 국교화하였고, 이에 따라 불교의 수행자인 스님들은 왕실과 결탁하여 세속의 명예를 얻는 데 급급하였다. 자기 수행을 통한 중생구제라는 부처님의 가르침을 망각하고 선종과 교종이라는 명분을 지키고 세속에서 개인의 명리를 구하는 것으로 본분을 삼고 있었다. 이러한 시대 상황에 대하여 몇몇 뜻있는 스님들이 수행자 본래의 정신으로 돌아가자는 자정(自淨)의 혁신운동을 제창하고, 함께 수행할 동지를 규합하여 그 이름을 결사라 하였다.

유명한 결사로는 요세(了世)에 의한 천태종의 백련결사(白蓮結社)와 보조국사 지눌(知訥)의 정혜결사(定慧結社)가 있다. 특히 보조국사는 수선사(修禪社 ; 현재의 송광사)에서 정혜결사를 하면서 그의 《정혜결사문》을 통하여 속화된 호국·기복·미신불교의 타파와 타락한 형식불교의 척결 및 성불도생의 수행불교·정법불교를 주창하였다.

● 지계(持戒)

불자가 지켜야 할 생활규범을 계율이라 한다. 몸과 말로써 악한 것을 막고 잘못된 것을 멈추게 하는 청정행의 기본이다. 그래서 계(戒)는 불자가 반드시 지켜야 할 기초가 되는 것이고, 계를 지키지 아니하면 어떠한 공덕도 이룰 수 없고 설사 고행하고 정진한다 하더라도 불도를 이루지 못하게 되는 것이다. 이러한 까닭에 불법에서의 계율은 밖에서 처벌이 따르는 강제성보다 주로 자발적인 노력으로 지키게 되는 특성을 가지고 있는데, 이렇게 부처님이 정한 계율을 자발적으로 지켜서 파하지 않는 것을 지계(持戒)라고 한다.

그러나 계를 지킨다는 것은 지계 그 자체에 목적이 있는 것은 아니다. 수행하는 사람이 그 행실에 계행이 없으면 마음이 흔들리고 거칠어져서 고요하고 맑은 본성을 보지 못하게 되며, 마음이 흔들리고 맑지 못하면 지혜가 없어 옳고 그름과 선악을 분별 못하여 수행이 성장하지 못하기 때문이다. 이러한 수행과 지계의 관계에 관하여《수능엄경》제6권에는 이렇게 밝히고 있다.

음란하면서 참선하는 것은 모래를 쪄서 밥을 지으려는 것과 같다. 살생하면서 참선하는 것은 귀를 막고 소리를 지르는 것과 같다. 도둑질하면서 참선하는 것은 구멍난 그릇에 물을 붓고 차기를 바라는 것과 같다. 거짓말하면서 참선하는 것은 분뇨를 깎아서 향을 만들려는 것과 같다.

이렇게 수행과 지계는 불가분의 연관성을 가지고 있는데, '온갖 나쁜 짓을 하지 않고 일체의 착한 일을 받들어 행하여 스스로 그 마음을 청정히 하는 것이 바로 모든 부처님의 가르침이다(諸惡莫作 衆善奉行 自淨其意 是諸佛敎).'라는 칠불통계게(七佛通誡偈)가 이것을 잘 표현하고 있다. 불교에서 수행이란 다른 것이 아니라 스스로 자신의 마음을 청정히 하는 것인데, 이것을 위하여 무엇보다 몸과 말로써 악한 것을 막고 선을 행하라는 것이다. 즉 불교의 목적인 본래의 청정한 마음을 회복하기 위하여 몸과 말을 다스리는 것이 지계가 되는 것이다.

● 참회(懺悔)

불교에서는 사람들이 자기가 짓는 죄과(罪過)를 여러 사람들 앞에 숨김없이 공개하고 용서를 구하는 것을 참(懺)이라 하고, 그 죄과를 뉘우치고 부처님이나 또는 스승·대중 앞에서 고백하고 사과하는 것을 회(悔)라 하며, 이 두 가지를 합해서 참회(懺悔)라 부른다.

의정(義淨)이 지은 《유부비나야》 권15의 주석서에도 참(懺)은 용서를 비는 것이며, 회(悔)는 다른 사람에게 자기의 죄과를 고백하고 죄를 제하게 하는 것이라 하였다. 이러한 참회는 수행하는 사람이 지켜야 할 조건으로 대단히 중요하게 취급되는 것으로, 부처님은 항상 제자들이 죄를 범하였을 때에는 그때마다 참회하게 하였다. 그리고 정기적으로 참회의 기회를 마련했는데, 보름마다 행하여 지는 것을 포살(布薩)이라 했고, 1년마다 행하여 지는 것을 자자(自恣)라 하였다.

이 참회의 방법에는 대·소승의 차이는 있으나, 율의 주석에 정해진 것으로는 ① 시방의 불보살을 영접하고 ② 경주(經呪)를 암송하며 ③ 자기의 죄명을 고백하고 ④ 서원을 세우며 ⑤ 가르침대로 증명을 받는다는 참회의 다섯 가지 조건을 구비해야 하는 것으로 되어 있다.

참회는 출가의 수행자뿐만 아니라 재가의 신도에게도 필수적으로 따르는 수행문인 것이다. 《관보현경(觀普賢經)》에서는 재가자의 참회법으로 ① 불·법·승 삼보를 비방하지 않고 육념(六念)을 수행하며 ② 부모에게 효도하고 스승을 존경하고 ③ 정법으로 나라를 다스리어 사람들을 바르게 하며 ④ 육재일(六齋日)에 살생을 하지 않고 ⑤ 인과를 믿고 일실도(一實道)를 믿어서 부처님의 정법을 신봉하는 것의 다섯 가지를 들고 있다.

참회할 때 외우는 것을 참회문이라 하며, 지금 현재 우리나라에서 많이 행해지고 있는 것으로 《화엄경》〈보현행원품〉의 '지난 동안 지은 바 모든 악업은 무시 이래 탐진치로 말미암아서 몸과 말과 뜻으로 지었사오니 제가 이제 그 모두를 참회합니다(我昔所造諸惡業 皆由無始 貪瞋癡 從身口意之所生 一切我今皆懺悔).'라는 참회게가 있다.

● 간경(看經)

우리의 마음을 밝히려고 좌선을 하는 것은 선종(禪宗)의 일관된 수행법이다. 그러나 좌선을 하기 위해서는 먼저 선(禪)이란 무엇이며 어떻게 하는 것인가 하는 해설서 또는 입문서인 선서(禪書)가 문제가 된다. 물론 선에는 인도적인 것과 중국적인 것이 있어서 서로 상당한 차이를 보여주고 있다.

중국에서 이루어진 선종의 주장을 보면 불립문자(不立文字) · 교외별전(敎外別傳)이라 하여 소의(所依)경전을 부인하고 있지만, 불교 종파의 하나인 선종에 그 사상적 근본이 되는 경전이 없을 수는 없다. 그래서 선을 사상적으로 표현할 때는 그 논서가 성립되기도 하고 혹은 선에 관한 특정의 경전이 권장되기도 한다. 가령 중국 선종의 초조(初祖)인 달마대사는 선(禪)을 실천하였을 뿐만 아니라, 선의 이론가로서 《관심론》 등의 여러 가지 선서를 지었으며, 특히 《능가경》을 애독하였다는 것이 여러 기록에 전해지고 있다. 또한 5조 홍인(弘忍)은 《능가경》과 《금강반야경》을 소의로 해서 종풍을 펼쳤으며, 6조 혜능(慧能)조사는 《금강경》의 '마땅히 머문 바 없이 그 마음을 낼지니라(應無所住 而生其心).'라는 부분의 경문(經文)에서 본성을 깨친 것으로 되어 있다.

이렇게 불립문자를 표방하지만 선의 사상과 실천을 이해하기 위하여 선가(禪家)에서 경전을 보는 것을 간경(看經)이라 한다. 여기서 경전을 본다는 것은 소리를 내지 않고 눈으로 읽는다는 것이다. 따라서 간경은 많은 경전에서 권하고 있는 경전의 독송(讀誦)과는 엄밀한 의미에서 그 뜻을 달리하고 있다. 그리고 불법의 교리를 공부하는 것이 목적이 아니기 때문에 이 경전 저 경전을 섭렵하는 것이 아니라, 하나의 경전을 수행삼아 오랫동안 마음으로 읽는 것이다.

오늘날 한국의 선원에서는 대부분 결제 기간에는 간경이 금지되어 있고, 해제 기간이라 하더라도 대중이 함께 기거하는 선당(禪堂)에서는 간경하지 않는 것이 관례로 되어 있다. 따라서 간경은 해제 중에 혼자서 지대방 같은 곳에서 주로 하고 있다.

● 사경(寫經)

사경(寫經)이란 경문(經文) 즉 경전의 내용을 그대로 필사하는 것을 말한다. 물론 부처님 당시부터 이러한 것이 있었던 것은 아니다. 왜냐하면 부처님의 교설에 대한 경전의 결집은 먼저 구송(口誦)으로 되었고, 이렇게 3백여 년 간 내려오다가 대승의 선구경전인 《반야경》 계통의 경전이 문자화되면서 비로소 사경이 시작된 것으로 볼 수 있기 때문이다.

이렇게 경전이 문자화됨에 따라 많은 대승경전에서는 이것을 전파하기 위하여 경문을 필사하는 것에 특히 큰 뜻을 갖게 되었으며, 사경의 공덕을 아주 높이 평가하게 되었다. 《대품반야경》〈대품명〉제32에는 이런 구절이 있다.

선남자·선여인이 반야바라밀을 단지 서사(書寫)해 책으로 만들어 집에서 공양만 하고 기억도 하지 않고 읽지도 않으며, 외우지도 않고 설하지도 않으며 바르게 사유하지 않는다 하더라도, 현세에 이와 같은 공덕을 얻게 된다.

그러나 대승경전에서 말하는 경전의 서사란 단순히 경을 옮기는 일이 아니고 그 이면(異面) 정신에는 깊은 신앙과 정진력이 깃들어 있다. 왜냐하면 경전의 서사 그 자체가 바로 신앙의 행위요 생활이기 때문이다. 물론 오늘날에는 인쇄문명의 발달로 인해 경전을 서사한다는 의의가 다소 상실된 것은 사실이지만, 그러나 그것은 전법의 공덕 부분이고 그 자신의 신앙과 수행 또는 인격 형성을 위해서는 여전히 절대로 필요한 의식으로 계승되었다. 이것을 사경이라 부르는 것이다. 이 까닭에 사경은 다만 경을 쓰며 이해하는 것을 초월한 하나의 신행으로서 행해지지 않으면 안 된다. 이 신행은 그 경의 뜻을 이해하는 데서 구현되기도 하지만, 그것보다는 자기의 원력과 신앙을 이 사경

속에 집어 넣어 힘을 키워가는 데 더 목적이 있다. 사경을 하다보면 자연 한자 한자에 마음을 쏟아 산란심이 없어지고 정신이 집중되는데, 이러한 경우 사경은 그대로 염불이요 기도요 참선이 될 수 있다. 때문에 사경은 글자 한자에도 소홀함이 없어야 하고, 또한 법답게 진행되는 사경의식에서는 반드시 사경에 앞서 염불·축원 등의 의식이 따르기도 하는 것이다.

● 보시(布施)

보시란 베풀어 준다는 뜻이다. 재물을 베풀고 진리의 가르침을 베풀고 두려움을 덜어 주는 힘과 지혜를 베풀어 주는 것이다. 이렇게 보시는 재물이나 깨달음이나 혹은 힘을 베풀어 주는 것이지만, 베풀어 준다는 것은 마음의 문을 여는 것이다. 마음의 문을 열음으로써 진리와 막힘없는 상태가 이룩됨으로 베푸는 자도 도리어 진리에 다가 설수가 있는 것이다. 그러므로 보시는 오직 지혜와 자비의 표현으로서 자연스런 인격의 발로여야 한다. 보시를 할 때는 아끼는 마음이 없어야 하고 바라는 바가 없어야 하며 조건이 없어야 한다. 이러한 행위에 의해서 진리의 문은 조건 없이 활짝 열리며 공덕의 물결 또한 조건 없이 한없이 흘러드는 것이다.

《대품반야경》〈무생품〉 제26에는 참된 보시에 대하여 이렇게 말하고 있다.

무엇을 세간 밖의 보시바라밀이라고 하는가? 소위 세 가지 보시에 필요한 요소의 청정함(三分淸淨)입니다. 무엇을 세 가지라 하는가 하면, 보살마하살은 보시를 할 때에 자기를 붙잡지 않고, 받는 이를 붙잡지 않고 베푸는 물건을 붙잡지 않으며, 또한 과보를 바라지도 않으니, 이것을 세 가지 보시에 필요한 요소가 청정한 보시바라밀이라고 말합니다. 또한 사리불이여, 보살마하살은 보시를 할 때에 일체중생에게 베풀어 주지만 중생을 붙잡지도 않고, 이 보시로써 아뇩다라삼먁삼보리에 회향하지만 미세한 법의 모양까지도 보지 않습니다. 사리불이여, 이것을 세간 밖의 보시바라밀이라고 말합니다.

이 삼분청정을 흔히 삼륜청정(三輪淸淨)이라 하는데, 이렇게 삼륜이 청정한 보시는 그에 대한 대가를 바라는 것이 아니고, 보시 그 자체가 바로 깨달음의 행이 된다. 즉 보시는 주는 것이로되 실제로는 진리의 몸으로 사는 한 방법이기도 한 것이다. 그것은 보시가 자신의 큰 생명을 움직인 것이며, 주는 자와 받는 자의 사이에 있었던 개체 관념을 초월하여 큰 자기에 서 있기 때문이다. 그래서 보시는 본질적으로 진리를 움직이는 행위가 되는 것이다.

● 인욕(忍辱)

사람은 누구나 자기에게 이롭게 하고 칭찬을 하면 좋아서 기뻐하고, 해를 끼치고 모욕을 주면 싫어서 화를 낸다. 불교에서는 이러한 사람을 가리켜 범부(凡夫)라 하고, 이런 범부 인간들이 살고 있는 이 세상을 사바세계(娑婆世界, Saha-loka-dhātu)라고 부르고 있다. 여기서 말하는 '사바'란 말의 산스크리트 'Saha'는 의역(意譯)해서 인토(忍土)라고 한다. 인내를 강요당하는 세간, 인내를 하지 않으면 안 되는 세계라는 말이다. 즉 사바세계란 일체가 생각대로 되지 않기 때문에 인내하면서 살지 않으면 안 되는 세계라는 말이다.

이렇게 인간들이 인내하지 않으면 안 되는 곳에서, 자기의 생각대로만 일을 처리하기 때문에 충돌이 있고 마찰이 있으며 다툼이 생기는 것이다. 여기에서 사람들은 성을 내고 원한을 가지며 질투를 한다. 그러나 불교에서는 어떠한 모욕이나 고통·번뇌나 또는 박해를 받고도 능히 견디고 참아서 마음을 흐트리지 않고 평안하게 하여 자기 본래의 면목을 밝히는 데 힘쓰라고 가르치고 있다. 이것을 인욕(忍辱)이라 한다. 이것은 말로는 누구나 행하기 쉬운 듯하나, 실천에 옮기기에는 지극히 어려운 것이기 때문에 부처님은 이를 간곡히 권했고, 수행하는 필수요건으로서 이 인욕을 두고 있다. 또한 원효스님은 《발심수행장》에서 '스스로 받을 수 있는 모든 욕과 즐거움을 헌신짝같이 버린다면 사람들은 그를 성인이라 믿고 존경할 것이며, 사람으로서 행하기 어려운 것을 참고 견디어 행한다면 부처님같이 존중할 것이다.'라고 말하고 있다.

　이렇게 인욕은 수행의 필수요건이다. 《대지도론》제6권에는 두 가지의 인욕을 말하고 있다. 첫째는 생인(生忍)으로서 중생의 박해나 천대를 받더라도 그러한 온갖 경계에 걸리지 않고 참으며 또 중생이 본래 공(空)한 줄을 알아 삿된 소견에 떨어지지 않는 것이고, 둘째는 법인(法忍)으로서 온갖 것이 공(空)이며 실상이라고 하는 진리에 사무쳐 마음을 편안히 하여 움직이지 않는 것이다.

제12장 ∴ 불교의 의식

제12장
●
불교의 의식

韓 定 燮

1. 예경의식

● 도량석(道場釋, 木鐸釋)

사찰에서 예불 전에 도량을 청정히 하기 위하여 행하는 의식이다. 도량이란 불도를 수행하는 장소 즉 절이나 포교당·암자를 말한다. 대개 절에는 사원청규(寺院淸規)가 있어 대중들이 일정한 규칙 속에서 생활하기 마련이다. 저녁에는 10시에 자고 아침에는 3시에 일어난다. 잘 때는 취침종을 울리고 아침에는 도량석을 하여서 잠을 깬다.

부전스님이 먼저 일어나 큰 법당에 향과 촛불을 켜고 삼배를 한 뒤 법당 앞으로 나와 목탁을 낮은 소리로부터 점차 높은 소리로 올렸다 내리는 것을 세 차례하고 목탁석에 맞추어 《천수경》〈사대주〉〈약찬게〉〈참회게〉〈참선곡〉 등 필요에 따라 택하여 송하면서 도량을 돈다. 선방에서는 조용히 목탁만 울려 잠을 깨우는 경향이 있고 《증도가(證道歌)》나 《금강경》을 많이 읽으며, 일반 사원에서는 종파에 따라 〈화엄경약찬게〉〈보현행원품〉을 외우고, 법화종에서는 〈여래수량품〉

〈관세음보살보문품〉을 외우며 어떤 데에서는 〈지장보살참부다라니(地藏菩薩讖蒲陀羅尼)〉〈관음보살사십이수주(觀音菩薩四十二手呪)〉를 외우기도 한다.

법당을 돌아서 염불을 마칠 즈음에는 법당 앞 정면에 이르게 된다. 이때 목탁을 세 번 내리치고 마친다. 절 안의 대중들은 도량석을 듣고 모두 일어나 예불 준비를 한다.

인도에서는 처음에 석장(錫杖)을 울리며 돌았고 나중에는 방울·요령 등이 사용되다가 현재의 목탁으로 바뀌었다고 한다. 이때 외우는 염불은 경·율·논의 어느것이나 좋다. 하루 일과 중 도량 내의 최초 의식으로 도량을 맑게 하고, 도량 안팎의 호법신장이 예불심을 일으키게 되어 모든 잡귀를 몰아내며, 주위의 짐승과 미물에 이르기까지 피해를 입지 않도록 안전한 장소로 들어가게 하는 자비스러운 뜻도 있다. 우리나라에서는 보통 새벽 3시에 도량석을 한다.

● 종송(鍾頌, 쇳송)

종을 치며 하는 독송으로 새벽종송(朝禮鍾頌)과 저녁종송(夕鍾頌)이 있다. 새벽종송은 도량석이 끝나는 것과 동시에 작은 소리로부터 큰 소리로 점차 높이 울린 다음 게송을 하면서 종을 치게 된다. 그 의미는 아미타불의 위신력(威神力)과 극락세계의 장엄을 설하여 지옥의 고통받는 유주무주의 중생들이 종송을 듣고서 불보살님께 귀의 발원하여 왕생극락하도록 구제하는 데 있다. 저녁종송은 저녁예불 전에 타종 다섯 번을 하면서 송하는데 그 내용은 일체의 번뇌를 끊고 지혜를 길러 보리심을 냄으로써 지옥을 파하고 삼계를 벗어나 성불하여 모든 중생을 구제하도록 하는 것이다.

종송은 게문(偈文)과 더불어 이를 송하는 음악적 의미를 중요시한 말이다. 예로부터 종송에는 경산송(京山頌)과 팔공산송(八公山頌)이 있었다. 경산송은 서울을 중심으로 행해지던 것으로 경쾌한 느낌을 준

다고 하며, 팔공산송은 영남지역 등에서 행해지던 것으로 유연한 느낌
을 준다고 하여 전통적으로 팔공산송이 유명하다. 파계사를 중심으로
오랫동안 전승되어 오다가 오늘날에는 전해지지 않는다.

종송의 음률은 범패의 일종으로서 그 음악적 의미는 한국 전통음악
의 특수한 선율을 지니고 있어 중요시된다.

● 조석예불(朝夕禮佛)

절에서 아침과 저녁에 부처님께 예배하는 의식으로 수행의 공식적
인 시작이며 하루를 반성하고 마감하는 의식이다. 절의 모든 대중은
이 의식에 꼭 참석해야 한다.

먼저 아침예불 때에는 도량석을 돌 동안 대중은 모두 일어나 세면
을 하고 법당에 들어가 우선 불전에 삼배를 드리고 조용히 앉는다. 도
량석이 끝나는 것과 함께 낮은 소리로부터 종송이 시작되고 이어서
사물(四物)이 여법하게 울린다. 대개 북을 치고 대종을 아침 28회, 저
녁 33회 타종하고 목어와 운판을 친다. 상단에 예불할 때에는 차나 옥
수(玉水)를 공양하고 다게례(茶偈禮)를 한다.

다게례를 한 다음 온 대중이 함께 예불문에 맞추어 삼보에 귀의하
다는 장엄한 예불을 드리게 된다. '지심귀명례(至心歸命禮)'라는 지극
한 마음으로 자기의 생명을 던져 불교에 귀의한다는 뜻으로 귀투신명
(歸投身命)·예불(禮佛)·귀명정례(歸命頂禮)라고 한다. 예불문의 내
용은 삼보에 귀의하고, 문수보살·보현보살·지장보살에 귀의하고,
전등(傳燈)해 온 일체 선지식께 귀의하며, 그 덕을 찬탄하고 원을 세
우며, 온 중생에 회향하는 것으로 되어 있다. 이어 축원문을 낭독하게
된다.('축원'항 참조)

중단에는 대개 《반야심경》을 독송하여 끝나게 된다. 이후는 각 사
찰에 맞게 참선과 정근 등 절의 일정에 따라 행한다.

저녁예불은 저녁종송을 하고, 오분향례에 이어 예불문에 맞추어 예

불하고, 중단에는 《반야심경》을 하고 끝낸다.

아침예불에는 다게례, 저녁예불에는 오분향례를 행하는 것이 원칙이지만 요즘은 아침예불에 오분향례를 하는 경우도 많다.

① 다게례(茶偈禮) : 의식에서 차를 올리며 아뢰는 게송을 다게라 하는데 각 전(殿)에 따라 조금씩 다르다.

향수해례·소예참례·강원상강례 등에서는 '아금청정수(我今淸淨水) 변위감로다(變爲甘露茶) 봉헌삼보전(奉獻三寶殿) 원수애납수(願垂哀納受)'를 송하고, 관음예문례에서는 '금장감로다(今將甘露茶) 봉헌증명전(奉獻證明前) 감찰건간심(監察虔懇心) 원수애납수(願垂哀納受)'라고 송하고, 신중단에서는 '청정명다약(淸淨茗茶藥) 능제병혼침(能除病惛沈) 유기옹호중(唯冀擁護衆) 원수애납수(願垂哀納受)'이며 또 삼보통청에서는 '공양시방조어사(供養十方調御士) 연양청정미묘법(演揚淸淨微妙法) 삼승사과해탈승(三乘四果解脫僧) 원수자비애납수(願垂慈悲哀納受)'라고 송한다. 이를 풀이하면 다음과 같은 뜻이다.

저희가 이제 맑은 물을	我今淸淨水
감로다로 변하여서	變爲甘露茶
삼보전에 올리오니	奉獻三寶前
거두어 주시옵소서.	願垂哀納受

불교에서는 아침마다 부처님께 차를 달여 올린다. 그런데 그 차는 맑고 깨끗한 물을 떠다가 차를 달여 감로다로 만들기 때문에 '변위감로다'라고 하는 것이다. 조주(趙州, 778~897)는 언제나 강물을 떠다가 백 가지 차를 달여 공양하였으므로 아래와 같이 말하였다.

백 가지 풀 나무를 새롭게 맛을 내어	百草林中一味新
조주스님은 항상 수많은 사람들에게 헌다하였네.	趙州常勸幾千人

돌솥에 강물을 펄펄 끓여   烹將石鼎江心水
모든 혼령들은 마시고 윤회의 고통에서 벗어나라.   願使亡靈歇苦輪

불가에서는 몸을 윤택하게 하고 업의 불을 꺼서 각기 해탈을 얻게 하는 약으로서 향과 차를 사용하므로 등불과 향과 차를 3대 공양물로 치고 있다.

이것을 보고 듣고 마시는 이는 마음속의 간탐을 제거하고 더러움을 없애 원만한 상호를 갖추게 되며, 모든 공포를 여의고 열반적정을 얻어 맺혔던 목구멍이 확 트인다고 한다. 민간에서는 청정수를 떠다가 신께 바치나 불교에서는 차를 달여 부처님과 중생이 함께 해탈을 얻게 하는 것이다. 관음보살은 이 물을 감로병에 담아 마군(魔軍)을 세탁하고 열뇌를 녹여 세상 사람들에게 청량한 서기를 얻게 하였다.

②오분향례(五分香禮) : 오분법신례 · 오분법신향례라고도 한다. 불자들이 부처님께 예배드릴 때 향을 꽂고 먼저 오분향을 한다.

계향(戒香) 정향(定香) 혜향(慧香) 해탈향(解脫香)
해탈지견향(解脫知見香) 광명운대(光明雲臺) 주변법계(周遍法界)
공양시방무량불법승(供養十方無量佛法僧)
헌향진언(獻香眞言) 옴 바아라 도비야 훔.

'계향'이란 윤리 도덕의 향이다. 부처님의 계를 서리처럼 청정하게 지키고 살면 그 몸에서 계의 향기가 쏟아져 나온다. '정향'이란 선정의 향이다. 선을 닦아 마음이 안정되면 평화스러운 향기가 그 몸에서 풍겨 나온다. '혜향'은 지혜의 향이다. 보고 듣고 깨닫고 알아 정(正)과 사(邪)를 판단하고 어리석고 슬기로움을 가리게 되면 몸에서 저절로 지혜의 향기가 풍겨 나온다. '해탈향'은 자유의 향이다. 업과 장애로부터 벗어나 언제 어느 곳에서나 자유를 얻게 되는 것을 말한다. '해탈지견향'은 일체 모든 것을 보는 대로 듣는 대로 대자유인이 되게 하는 능력을 가진 것을 말하니 해탈향이 자기 자신 한 사람의 경우에 이루어지는 것이라 한다면 해탈지견향은 사회와 국가 전체가 그 영향을 받아 자유화되는 것을 말한다.

계(戒)에서 정(定, 三昧)이 생기고, 정에 의하여 지혜(慧)를 얻고, 지혜로써 해탈(解脫)에 도달하며, 해탈에 의하여 해탈지견(解脫知見)을 알게 된다. 부처님은 이 공덕으로 불신을 형성하기 때문에 이를 오분법신(五分法身)이라 하는 것이다. 이것은 대승·소승의 무량위 즉 부처님과 아라한들이 갖추는 다섯 가지 공덕인데 이 공덕을 다섯 가지 향에 비견하여 예배하고 공양한 것이다.

● 송주(誦呪)

불자들이 항상 외워야 할 불교의 게송(偈頌) 다라니(陀羅尼)를 말하는데 아침송주와 저녁송주가 있다. 원래 주(呪)란 범어 dhāraṇi의 번역으로 선법을 모두 지녀서 잃어버리지 않고 악법을 막아서 일어나지 않게 하는 부사의한 힘이 있고 또 이를 성취시킨다고 하여 번역하지 않고 그대로 독송한다. 그러므로 송주는 단순한 독송의 의미보다 독송에 신비한 효력을 더한 신앙적 의미가 있다. 대개 짧은 범문으로 구성되어 있다.

아침송주는 아침예불 때 독송하는 것으로 입으로 지은 업을 깨끗이 하는 정구업진언(淨口業眞言), 동·서·남·북·중 5방의 신중(神衆)을 안위시키는 오방내외안위제신진언(五方內外安慰諸神眞言), 경을 보기 앞서 마음을 가다듬는 게송인 개경게(開經偈), 불법의 법장을 여는 개법장진언(開法藏眞言), 이어 정본관자재보살여의륜주(正本觀自在菩薩如意輪呪), 불정심관세음보살모다라니(佛頂心觀世音菩薩姥陀羅尼), 불설소재길상다라니(佛說消災吉祥陀羅尼) 등을 독송한다.

저녁송주는 저녁예불 때 독송하는 것으로 정구업진언에서 개법장진언까지 하고 천수다라니(千手陀羅尼) 등을 독송한다.

● **각단예불(各壇禮佛)**

불보살께 예참하는 의식이다. 《석문의범(釋門儀範)》에 보면 큰 법당(大雄殿)에서 드리는 예불문과 각 전각(殿閣)에서 드리는 예불문이 있다. 큰 법당에서 드리는 예불문으로는 향수해례(香水海禮)·오분향례(五分香禮)·칠처구회례(七處九會禮)·사성례(四聖禮)·대예참례(大禮懺禮)·관음예문례(觀音禮文禮) 등 아홉 종류가 나온다. 그리고 각 전단에서 드리는 예불문도 극락전(極樂殿)·팔상전(八相殿)·약사전(藥師殿)·용화전(龍華殿)·대장전(大藏殿)·관음전(觀音殿)·나한전(羅漢殿)·명부전(冥府殿)·신중단(神衆壇)·산왕단(山王壇)·조왕단(竈王壇)·칠성단(七星壇) 등이 있다.

향수해례란 연화장엄세계에 두루 계시는 모든 불보살의 명호를 부르면서 15배의 절을 하는 것이고, 대예참례와 소예참례는 시방삼세 부처님의 명호와 이력을 낱낱이 부르면서 예참하는 것이다. 오분향례는 계향·정향·혜향·해탈향·해탈지견향의 오분향으로써 예불을 드리기 때문에 오분향이라 하는데 이것은 오분법신을 향에 비유한 것으로 인격형성의 다섯 가지 과정을 상징한 것이다. 칠처구회례는 《화엄경》에서 아홉 번 설법한 것(80권본 화엄경)을 낱낱이 기억하여 예배드리는 것이다. 사성례는 극락세계에 있는 아미타불과 관세음·대세지·일체청정대해중보살님께 예배드리는 것이다. 강원상강례는 학인들이 강의받기 전에 예배드리는 의식이다.

① 극락전(혹은 彌陀殿) : 극락전에서는 극락세계에 계시는 성현(주존불은 아미타불이며 좌우보처는 관음보살과 세지보살이다.)들을 모시고 예배드린다. 의식은 아미타 삼존불께 지심으로 귀의하는 예배를 하고 찬게를 한다. '무량광중화불다(無量光中化佛多) 앙첨개시아미타(仰瞻皆是阿彌陀) 응신각정황금상(應身各挺黃金相) 보계도선벽옥라(寶髻都

旋碧玉螺)’ 찬게를 하고 ‘고아일심귀명정례(故我一心歸命頂禮)’하며 마친다.

② 팔상전 : 팔상전에서는 부처님의 일대기를 8가지 모습으로 나누어 그려 모시고 거기에 낱낱이 예배드린다. 석가모니불과 좌보처 화가라보살, 우보처 미륵보살께 예배하고 찬한다. ‘진묵겁전조성불(塵墨劫前早成佛) 위도중생현세간(爲度衆生現世間) 외외덕상월륜만(巍巍德相月輪滿) 어삼계중작도사(於三界中作導師)’

③ 약사전 : 약사전에서는 동방만월세계 약사불을 모시고 예배드린다. 동방만월세계 약사유리광여래(藥師琉璃光如來)와 좌보처 일광변조소재(日光遍照消災)보살, 우보처로 월광변조식재(月光遍照息災)보살께 예배드리고 찬한다. ‘십이대원접군기(十二大願接群機) 일편비심무공결(一片悲心無空缺) 범부전도병근심(凡夫顚倒病根深) 불우약사죄난멸(不遇藥師罪難滅)’

④ 용화전(혹은 彌勒殿) : 용화전에서는 장차 오실 미륵보살님께 예배드린다. 현재 도솔천에 계시는 미륵존 여래불, 복록이 날로 수승하고 수량이 무궁하신 미륵존 여래불, 원력이 장엄하고 자비가 광대하신 미륵존 여래불께 예배하고 찬하여 마친다.

이외에도 대장전에서는 대장경을 봉안하고 예배드린다. 또 관음전은 관세음보살을, 나한전(혹은 靈山殿, 應眞殿)은 십육나한·오백나한·천이백나한을 모신 곳이며, 명부전은 염라국의 십대왕과 지장보살을 모신 곳이다. 그리고 신중전에는 화엄신중을, 산왕단에는 산신을, 조왕단에는 조왕을, 칠성단에는 칠성을, 독성단에는 독성을, 현왕단(現王壇)에는 보현왕여래를 각각 모시고 예불을 드린다.

2. 공양의식

● 불공(佛供)

부처님께 공경하는 마음으로 향·등불·꽃·차·과일 등의 공양물을 올리는 것이다. 부처님 당시에는 생존해 계신 부처님과 스님들께 공양을 올렸으나 입멸하신 후에는 부처님의 사리탑이나 불상·탱화 등을 숭배의 대상으로 하여 거기에 공양을 올렸다. 공양의식은 불공의 대상에 따라 미타청(彌陀請)·약사청(藥師請)·미륵청(彌勒請)·관음청(觀音請)·지장청(地藏請) 등 여러 종류가 있다. 각각의 부처님과 보살·호법신을 따로따로 모시어 공양을 청하는 것을 각청(各請)이라 하고 이를 모두어 전체적으로 일컬어 제불통청(諸佛通請)이라 한다. 제불통청은 불·법·승 삼보를 통괄적으로 초청하여 공양을 올리는 의식이므로 삼보통청(三寶通請)이라고도 한다.

먼저 《천수경(千手經)》과 정삼업진언(淨三業眞言)·개단진언(開壇眞言)·건단진언(建壇眞言)·정법계진언(淨法界眞言)을 외우고, 거불(擧佛)·보소청진언(普召請眞言)·유치(由致)·청사(請詞)를 한 뒤 꽃과 향으로 청하는 향화청(香花請)을 하고, 다음에 부처님을 찬탄하는 가영(歌詠)을 한다. 진리를 안내하는 헌좌진언(獻座眞言)과 정법계진언을 하고 차를 올리는 다게를 한다. 그리고 진언으로써 공양을 권하는 진언권공(眞言勸供)을 하는데 공양물에 대한 여러 가지 설명을 드리는 사다라니(四陀羅尼)를 외운다. 이어 불공에 참석한 사람들을 낱낱이 소개해 올리고 인사를 드리는 예참을 한 뒤, 그 날의 초청 주인공의 명성을 칭송하는 정근을 한다. 공양이 다 끝나면 공양재자(供養齋者)를 찬탄하는 축원을 한다. 이것은 부처님 당시 공양청을 갔던 사람들이 불승들을 찾아가 예배를 드리고 모시게 된 연유를 밝힌 뒤 청공대중의 숫자를 아뢴 것으로부터 시작된 것인데 거불과 보소청진언·유치·청사도 모두 그러한 연유에서 발상된 것이다.

'거불'은 불타부중(佛陀部衆)과 달마부중(達磨部衆)과 승가부중(僧伽部衆)께 삼배의 예를 올리는 것이고, '보소청진언'은 모시러 온 것을 아뢰는 것이다. '유치'는 모시게 된 까닭을 밝히는 것이며 '청사'는 여러 불보살님께 공양받기를 받들어 청하는 내용이다. 끝으로 '축원'은 몇명을 중심으로 그들의 숫자와 소원을 아뢰는 것이다. 그리고 불공을 드리기 전에 《천수경》의 정법계진언을 외우는 것은 청공대중들을 모실 장소를 청결히 하고 거기에 단을 배설하고 건립한 것을 명시한 것이다. '정삼업진언'은 몸과 입과 뜻을 청정히 하는 것이고, '개단진언'은 단을 긴립하는 깃이며, '정법계진언'은 도량을 깨끗이 하는 깃이다. 기타의 청(請)도 이에 준하여 행한다.

사찰에서는 매일 아침 9시부터 11시 사이에 불공을 드리는데 이를 사시불공(巳時佛供)또는 사시마지(巳時摩旨)라 한다.

● **진언권공(眞言勸供)**

불보살께 불공을 올릴 때 진언으로 공양을 권하는 것이다. 사다라니와 운심공양진언(運心供養眞言)·보공양진언(普供養眞言)·보회향진언(普回向眞言)·원성취진언(願成就眞言)·보궐진언(補闕眞言) 등이 있다.

'사다라니'란 향기로운 음식들을 널리 나열해 놓고 그 음식공양이 원만히 성취되기 위하여 불보살의 특별한 가호를 기대하면서 외우는 진언인데 변식진언(變食眞言)·시감로수진언(施甘露水眞言)·일자수륜관진언(一字水輪觀眞言)·유해진언(乳海眞言)의 사다라니이다.

변식진언은 '나막 살바다타 아다 바로기제 옴 삼바라 삼바라 훔'으로 한량없는 부처님의 자재한 위덕과 과명 및 뛰어난 묘력으로 음식이 갖가지로 변하게 되기를 기원하며 외우는 진언이다. 말하자면 불보살에게는 불보살대로, 사람에게는 사람대로, 아귀에게는 아귀대로 알맞도록 음식의 양과 질을 변하게 한다. 시감로수진언은 ‘나무소로바야 다타아다야 다냐타 옴 소로소로 바라소로 바라소로 사바하’로 음료수를 감로수로 되게 하는 것이고, 일자수륜진언은 ‘옴 밤밤밤밤’으로 음식을 질서 있게 성향에 따라 먹게 하는 진언이며, 유해진언은 ‘나무사만다 못다남 옴 밤’으로 먹는 음식이 소화가 잘되어 젖처럼 되게 하는 진언이다.

운심공양진언은 ‘나막 살바다타 아제뱍미 새바모계 배약살바타캄 오나아제 바라혜맘 옴 아아나깜 사바하’인데 공양드실 마음을 내도록 하는 진언이다. 마음을 돌려 참회하고 공양의 뜻을 고하게 된다.

이것을 만약 현대 부폐식에 적용한다면 변식진언은 음식을 변하게 해서 먹게 가르치는 것이니, 사과는 깎아서 먹고 바나나는 껍질을 벗겨 먹으며 회는 양념과 같이 먹어야 된다는 것을 알리는 것이다. 시감로수진언은 음료수 먹는 방법을 가르쳐 준 것이고, 일자수륜관진언은 죽·국·밥·떡·과자·차·과일 등을 순서에 맞게 먹도록 일러주는 것이다. 유해진언은 소화가 잘되게 하여 진짜 영양소가 되도록 일러주는 진언이다.

이렇게 준비가 다 되었으면 이제 접시를 들고 음식을 가져오도록 권하는 것이 운심공양진언이고, 이제 다 같이 공양을 들도록 권하는 것이 보공양진언 ‘옴 아아나 삼바바 바아라 훔’이다. 음식을 생각대로 더 많이 잡수시라고 하는 것이 출생공양진언(出生供養眞言) ‘옴’이고, 음식을 깨끗이 드시라고 일러드리는 것이 정식진언(淨食眞言) ‘옴 다가바라 훔’이다. 다 잡수셨는지 여쭈어 확인하는 것이 보회향진언 ‘옴 사마라 사마라 미만나 사라마하 자가라바 훔’이고, 부족한 것이 없는지 여쭙는 것이 보궐진언 ‘옴 호로호로 사야목계 사바하’이다. 원하는 대로 해드리겠다는 것이 원성취진언 ‘옴 아모카 살바다라 사다야 시베 훔’이다.

● 축원(祝願)

축원은 삼보에 귀의하고 지금까지 닦아 온 공덕을 보리와 중생과 실제에 회향하여 부처님의 본원과 공양자의 소원이 속히 성취되기를 염원하는 의식이다. 그러므로 불교의 축원은 무조건적인 기복이 아니라 예불과 예참을 통하여 자신의 마음과 몸을 청정히 하고 난 후에 불보살님의 가피를 발원하는 것이다. 여기에도 자신만의 안위와 이익이 아니라 일체공덕을 모든 중생에게 회향하고 자타가 더불어 이익과 행복을 추구하는 발원이다. 아침 저녁으로 하는 예불 때 드리는 행선축원(行禪祝願)과 각단의 불공 때 드리는 각단축원(各壇祝願)이 있다.

행선축원도 여러 양식이 있으나 그 중 하나를 소개하면 다음과 같다.

조석으로 향과 등불을 불전에 살라	朝夕香燈獻佛前
삼보께 귀의하여 부처님께 예배하오니	歸依三寶禮金仙
나라간 안녕하고 전쟁은 소멸하여	國界安寧兵革消
천하가 태평하여 법륜을 굴리게 하소서.	天下太平法輪轉
원하옵건대 저희들이 세세생생 나는 곳마다	願我世世生生處
항상 반야지혜에서 물러나지 아니하게 하시고	常於般若不退轉
석가모니 부처님의 용맹한 지혜를 얻고	如彼本師勇猛智
노사나불의 큰 깨달음을 얻게 하시며	如彼舍那大覺果
문수보살의 큰 지혜를 찾게 하시며	如彼文殊大智慧
보현보살의 광대한 원행과	如彼普賢廣大行
지장보살의 가없는 몸과	如彼地藏無邊身
관세음보살의 삼십이응신을	如彼觀音三二應
시방세계 어디든지 나투지 않음이 없으시어	十方世界無不現
널리 중생들을 무위도에 이끌게 하소서.	普令衆生入無爲
나의 이름 듣는 이는 다 삼도의 괴로움 여의고	聞我名者免三途
나의 모습을 보는 이는 다 해탈을 얻게 하소서.	見我形者得解脫

이와 같이 교화하여 무량토록 제도하여　　　　如是教化恒沙劫
구경에는 부처님과 중생 이름조차 없어지이다.　畢竟無佛及衆生
산문은 조용하고 엄숙하여 근심 걱정 여의고　　山門肅靜絕悲憂
절에는 재앙이 영원히 소멸하며　　　　　　　寺內災厄永消滅
땅과 천룡이 삼보를 옹호하며　　　　　　　　土地天龍護三寶
산신과 국사는 정상을 도우소서.　　　　　　　山神局司補禎祥
꿈틀거리는 미물까지도 피안에 오르게 하시고　蠢動含靈登彼岸
세세생생 항상 보살도를 행하여　　　　　　　世世常行菩薩道
구경에는 일체종지를 이루고　　　　　　　　究竟願成無上覺
큰 반야지혜 이루어지이다.　　　　　　　　　摩訶般若波羅蜜
나무석가모니불 나무석가모니불　　南無釋迦牟尼佛 南無釋迦牟尼佛
나무시아본사석가모니불　　　　　南無是我本師釋迦牟尼佛

각단축원은 각단에 예배하고 예배하는 사람의 원에 맞게 축원하여 부처님의 가피력과 호법신중의 가호를 입게 하는 의식이다. 상단축원의 내용은 '시방의 불보살님께 우러러 지극한 마음으로 예배 찬탄하고, 부처님의 자재하신 방편으로 고해중생을 살피셔서 간절히 부처님의 은혜를 청하는 어느 도량 누구누구 등이 세세에 지은 악업을 모두 소멸하고 소원을 성취하게 하시며, 마음속에 자비광명으로 임하사 공덕의 등불이 되게 하소서.'라고 하는 것이다.

이외에도 각 재와 제사에 행하는 영가축원(靈駕祝願)이 있는데 대상이 영가이고, 그 내용이 영가의 극락왕생을 발원하는 것이 다를 뿐이다. 중단축원(中壇祝願)은 화엄회상 모든 현성께 청하여 모든 곳에 신통한 힘을 내시어서 지극한 마음으로 청하는 어느 도량 누구누구 등을 가호하셔서 모든 재난을 없게 하고 바라는 바가 원만히 성취되도록 원하는 것이다.

● **각단불공(各壇佛供)**

　각각의 불보살님을 청하여 공양드리므로 각청(各請)이라고 한다. 그 대상에 따라 미타청·관음청·약사청·지장청·나한청·칠성청· 신중청(중단권공과 동일)·산신청·조왕청·독성청 그 밖에 여러 청이 있다. 의식절차는 거의 비슷하고 각청의 대상에 따라 그에 해당하는 의식으로 바꾸면 된다.

　① 미타청(彌陀請) : 거불(擧佛)은 극락도사 아미타불과 좌보처 관세음보살, 우보처 대세지보살께 예배한다. 유치(由致)에서 아미타불께 누구누구가 무슨 연유로 청하는지를 아뢰며, 청사(請詞)에서 청하는 말씀을 드린 후 향과 꽃으로 청하는 향화청(香花請)을 한다. 자리로 안내하는 헌좌진언, 법계를 정갈하게 하는 정법계진언을 하고, 차를 드리는 다게를 한다. 진언권공에서는 나열된 공양을 권하고 변식진언으로 드시기에 알맞은 법식으로 변화하게 한다. 공양은 시감로수진언·유해진언·운심공양진언에 이어 공양예불을 드리고 보공양진언· 보회향진언·원성취진언·보궐진언을 한 후 아미타불정근을 한다. 이어 아미타불본심미묘진언을 하고 축원하여 마친다. 약식은 거불· 유치·향화청·가영(歌詠)으로 하는 수도 있다.

　② 관음청(觀音請) : 거불은 원통교주 관음보살, 도량교주 관음보살, 원통회상 불보살께 예배한다. 유치에서 관음보살께 누구누구가 무슨 인연으로 청하는지를 아뢰고 청사·향화청 등은 미타청에서와 같고 다만 공양문에서 '지심정례공양(至心頂禮供養) 보문시현(普門示現) 원력홍심(願力弘深) 대자대비(大慈大悲) 관세음보살(觀世音菩薩), 지심정례공양 심성구고(尋聲求苦) 응제중생(應諸衆生) 대자대비 관세음보살, 지심정례공양 좌보처 남순동자(南巡童子) 우보처 해상용왕(海上龍王), 유원(唯願) 대자대비 관세음보살 수차공양(受此供養) 원공법계제중생(願共法界諸衆生) 자타일시성불도(自他一時成佛道)'라고 하고 정근은 관세음보살정근을 한다.

③ 지장청(地藏請) : 거불은 유명교주이고 남방화주이며 대원본존 지장보살께 예배하고 유치를 하여 연유를 아뢴 다음, 공양을 청하는 청사를 한다. 이하는 미타청과 같고 공양의식만 지장보살 공양의식에 따라 지장원찬(地藏願讚) 이십삼존(二十三尊) 제위여래불과 지장보살 그리고 좌우보처 도명존자(道明尊子) 무독귀왕(無毒鬼王)에 공양한 다. 정근에는 지장보살정근을 한 후 축원하고 마친다.

④ 신중청(神衆請) : 거불은 금강회상(金剛會上)불보살과 도리회상 (忉利會上) 성현중(聖賢衆)과 옹호회상(擁護會上) 영기등중(靈祇等衆) 께 예배한다. 예적대원만다라니(穢跡大圓滿陀羅尼)를 한다. 십대명왕 본존진언 · 소청삼계제천진언 · 보소청진언 · 유치에서 헌좌진언까지 하 고, 정근은 화엄성중을 한다. 정법계진언 · 다게 · 진언권공 · 변식진언 · 유해진언까지 하고 예참(禮懺)을 한다. 보공양진언 · 금강심진언을 하고 향화청 · 가영 · 축원을 한 후 마친다.

⑤ 중단권공(中壇勸供) : 다게를 하고 예배공양을 하는데 욕계 · 색 계 모든 천중과 팔부사왕중(八部四王衆)과 호법선신중(護法善神衆)들 께서 자비로 도량을 옹호하고 모두 함께 보리심을 내어 불사를 베풀 고 중생을 제도하시길 특별히 향 · 등불 · 다과 · 쌀 등으로 공양한다. 다음에는 보공양진언 · 금강심진언을 하고 예적대원만다라니를 한다. 항마진언 · 제석천왕본존진언을 하고 십대명왕본존진언 · 소청팔부진 언 · 보회향진언 · 원성취진언 · 보궐진언 · 탄백(嘆白)을 하고 축원하 여 마친다.

탄백이란 화엄성중을 찬탄해 아뢰는 게송으로 다음과 같다.

화엄성중 지혜로운 영감이 밝아서	華嚴聖衆慧鑑明
사주의 인간사를 한꺼번에 아시고	四洲人事一念知
중생을 아기처럼 사랑하시니	哀愍衆生如嫡子
그러기에 제가 이제 경례드립니다.	是故我今恭敬禮

3. 수행의식

● 수계의식(受戒儀式)

계(戒, śila)란 삼장 중 율장에서 설한 것으로 잘못된 것을 막고 악을 그치게 하여 날로 선을 증장시킨다고 하여 계학·정학·혜학의 삼학 중에 계학에 넣어 중시하고 있다. 계의 양상에 따라 소승계와 대승계가 있고 대승계에는 삼귀계(三歸戒)·삼취정계(三聚淨戒 ; 섭율의계·섭선법계·섭중생계)·십중금계(十重禁戒)·48경계 등의 재가계와 비구의 250계·비구니의 348계·사미계·사미니계가 있다.

계를 받기 위해서는 3사(師) 7증(證)의 덕이 높은 스님을 모신다. 삼사란 계를 주는 계화상(戒和尙, 戒師)과 계단에서 구족계를 받는 이에게 지침이 되는 스님인 갈마사(羯磨師 ; 소승에서는 학덕과 법랍을 갖춘 스님으로 하고 圓頓敎에서는 문수보살을 갈마사로 삼기도 한다.) 그리고 수계하는 제자의 위의 작법 등을 가르쳐 주는 스님인 교수사(敎授師)를 말하며 칠증은 덕이 높은 일곱 분의 스님으로서 수계를 증명해 주는 법사다.

절차는 계를 받기 전에 하는 예경으로 정구업진언·거불·보소청진언을 독송하고 유치에서 수계의 취지를 부처님께 아뢰고, 부처님께서 강림하셔서 증명해 주시고 공양을 받으시라는 청사로부터 헌좌진언·정법계진언·다게까지를 한다. 설계(說戒)에서는 계사가 계단에 올라 계를 주는데 먼저 계를 받아 불퇴전하라는 법문의 청사를 하는 중에 수계자는 불전에 분향 삼배하고, 국가에 삼배하고 이어 부모에 삼배하고 무릎 꿇고 앉는다. 이어 출가자는 속의(俗衣)를 벗고 부모에 재차 허락을 청하는 삼배를 하고 수계사가 승려가 될 뜻을 묻는 데에 답한다. 승명(재가자는 佛名)을 받고 가사를 받은 다음 계를 받는다. 계를 받을 때는 한 조목 한 조목씩 설하여 받게 되며 다 받았으면 회향게를 하여 수계의식을 마친다. 다음에는 낳아서 출가시켜 준 부모에게 배례하며 부모는 반배례를 하고 이어 불전에 상공축원을 한다. 이 중에서 각각에 맞는 계를 받고 그에 따라 절차도 가감한다.

● 청법의식(請法儀式)

불자가 법사님께 법을 청하는 의식이다. 《사분율(四分律)》에서는 옷을 걷어붙인 사람, 가사를 목에 두른 사람, 머리를 덮은 사람, 뒷짐 지고 있는 사람, 가죽신·나막신을 신고 있는 사람, 수레나 말·코끼리 등을 타고 있는 사람에게는 법을 설하지 말라고 하였고, 또한 청법자는 앉아 있는데 설법자는 서 있거나, 청법자가 누워 있는데 설법자가 앉아 있으면 설법하지 말고(환자나 부득이한 경우는 제외) 청법자는 높은 자리에 있는데 설법자는 낮은 곳에 있을 때 청법자는 자리에 있으면서 설법자는 자리가 아닌 곳에 있을 때 청법자는 앞서가고 설법자가 뒤서갈 때 법을 청한다든지 청법자는 길에 있으면서 설법자는 길 아닌 곳에 있다든지 하면 법을 설하지 말라고 하였다.

또 《사미율의(沙彌律儀)》에서는 청법자는 시간에 맞추어 법당에 들어가 의복을 정돈하고 단정히 앉아 쓸데없는 이야기나 큰 기침소리를 내지 말고 법문을 들으라고 하였다. 법문을 청할 때에는 대중이 다 같이 일어나 삼배의 예를 올리면서 간청의 송(頌)을 한다.

이 경전의 깊고 깊은 뜻을	此經甚深意
대중들이 목마르게 기다리고 있으니	大衆心渴仰
오직 원컨대 법사님께서는	惟願大法師
널리 중생을 위해 설법해 주소서.	廣爲衆生說

요즈음은 이 말을 해석하여, '덕 높으신 스승님 사자좌에 오르사 사

자후를 합소서. 감로법을 주소서. 옛인연을 이어서 새인연을 맺도록 대자비를 베푸사 법을 설하옵소서!'라고 한다. 이렇게 하면 법사는 법 단에 올라 다음과 같이 설법을 시작한다.

나에게 한 권의 경전이 있으니	我有一卷經
종이와 먹으로 이루어 지지 않았네.	不因紙墨成
한 글자도 쓰지 않으나	展開無一字
항상 대광명을 놓고 있도다.	常放大光明

● **결제(結制) / 해제(解制)의식**

출가수행승들이 일정기간 동안 교화행을 중지하고 수행처에 머무는 것을 안거(安居)라고 하고, 이 안거에 들어가는 것을 결제, 안거를 끝 내는 것을 해제라 한다. 안거는 범어 varṣa의 번역으로 결제의 뜻이다. 인도의 수행자들은 여름의 우기에는 활동에 제약이 있고, 이때 무의식 적으로 저질러지는 살생을 막기 위해 일정한 수행처에 모여 출입을 삼가하였다.

남방불교에서는 여름 한차례만 하는데 북방 불교에서는 여름 3개월 의 하안거(夏安居)와 겨울 3개월의 동안거(冬安居)가 있다. 결제와 해 제의 시기에 관해서는 《행사초(行事鈔)》에 4월 16일 결제하여 7월 15 일에 해제한다고 한 것을 따라 하안거로 삼고 있고, 10월 16일 결제하 여 이듬해 1월 15일 해제하는 동안거를 채택하여 행하고 있다. 안거기 간 중에는 한곳에서만 수행하도록 되어 있고 몇 안거를 지냈느냐가 승려의 이력이 된다.

안거는 각 본산의 사찰별로 시행하는데 대중은 대분심(大憤心)·대 포고(大怖苦)·대용맹(大勇猛)·대정진(大精進)만으로 수행하라는 내 용의 간단한 법요식을 갖고 안거에 들어간다. 결제방을 작성할 때는 안거자 명단과 안거 중 맡는 소임을 증명(證明)·회주(會主)·선덕(善

德)에서부터 찰중(察衆)·입승(立繩)·유나(維那)에 이르기까지 각각 정하고 결제일을 명기한다. 안거중 부득이한 경우 7일 간의 출타가 가능하지만 만약 이 기간 안에 돌아오지 않으면 파화합승(破和合僧)과 마찬가지로 법랍이 성립하지 않는다. 이는 안거를 충실히 지키지 않았기 때문이라고 《사분율》에서는 밝히고 있다. 이 안거중에는 좌선·간경 등의 수행·정진에 몰두한다.

해제일은 바로 백중(百中)인데 안거를 끝내고 그 동안의 수행을 스승께 물어 깨달음을 얻고, 그 깨달은 바를 대중에게 알리기도 하여 백중일(白衆日)이라고도 하는 것이다.

● 강원상강례(講院上講禮)

불교전문 강원에서 불경을 강의하기 전에 행하는 의식으로 대웅전에서 행한다. 불교의 은혜를 입게 해 주신 비로자나불·노사나불·석가모니불·아미타불·미륵불 및 경의 제불보살님께 예배하여 고마움을 표시하고, 불경을 볼 수 있게 해 주신 제론의 결집상사·번역주·경론의 소초주(疏鈔主)께도 예배하고 앞으로의 강의가 보다 훌륭하고 법답게 성취되기를 발원한다.

먼저 종을 한 번 쳐서 의식의 시작을 알리고 게송을 창(唱)한 후 다시 종을 쳐서 다게를 한다. 다음 거불이 있다. 청정법신 비로자나불에서부터 당래교주 미륵보살까지와 강론의 대상이 되는 경전들이 설해진 화엄회상·법화회상·원각회상·능엄회상·반야회상의 불보살을 부른다. 이어 기신론주 마명보살·결집상사 아난해보살·번역주 삼장법사·주석서를 쓴 모든 조사들을 찬탄한다. 예배문 중 도량교주 관세음보살과 유명교주 지장보살을 할 때는 종을 살려 한번 쳐서 그치고 회향하여 끝낸다.

744

4. 점안·이운의식

● 점안의식(點眼儀式)

불교신앙의 대상에다 생명력을 불어 넣어 주는 의식으로 개안의식(開眼儀式)이라고도 한다. 불상이나 불화·만다라·석탑·불단 등을 새로 만들거나 개수하였을 때 반드시 이에 공양하고 불구(佛具)의 근본서원을 나타내기 위하여 여법하게 점안의식을 행한다.

《석문의범》점안편에는 불상점안과 나한점안·시왕점안·천왕점안·조탑점안·가사점안 등 예닐곱 가지가 나온다. 모든 불상이나 탑은 종이·돌·천·나무의 천연물에 불과하다. 그 자연물에 조각을 하거나 그림을 그리고 바느질을 하면 일종의 예술품이 된다. 그런데 그 예술품을 신앙의 대상으로 인정하고 살아 계실 때의 불보살의 위신과 영감을 불어 넣게 되면 같은 돌·나무·천이라 할지라도 그 속에는 부처님의 영험과 신통력이 들어가게 되어 있다. 그래서 모든 불구에는 가능한 한 점안의식을 베푼다.

① 불상점안(佛像點眼) : 불상의 점안에는 팔부신장을 청하여 도량을 옹호하게 하고 시방의 불보살님께 오늘의 불상·탱화에 대한 내력을 설명한다. 도량을 청정히 한 다음 부처님부와 연화부·금강부 등을 초청하여 오늘 이 도량에서 점안을 거행함을 아뢰고 증명해 주실 것을 간절히 청한다. 육안·천안·혜안·법안·불안·십안·무진안을 원만히 성취하도록 빌고 권공·예배한다. 오색실을 사용하여 부처님의 천안통과 천이통·타심통·신족통·숙명통·누진통·신통력·용맹력·자비력·여래력이 청정하게 성취되기를 기원한 뒤 불상의 눈을 붓으로 그리게 된다. 개안광명진언(開眼光明眞言)·안불안진언(安佛眼眞言)·관욕진언(灌浴眞言)·시수진언(施水眞言)·안상진언(安相眞

言) 등으로 부사의한 힘을 얻게 된다.

나한점안・사천왕점안・시왕점안 등도 불상점안에 준하여 행하며, 다만 상호의 특징에 따라 발원이 다르다. 이러한 절차가 끝나면 비로자나불을 비롯한 삼신불께 증명을 받는 불상증명창불로 마친다.

②조탑점안(造塔點眼) : 탑을 조성하면 불상과 마찬가지로 점안을 한다. 점안의식은 불상점안과 같다. 유치에서 오색사리를 칠보함에 넣어 몇 층 무슨 탑 속에 넣으니 삼신(三身) 사지(四智)와 오안(五眼) 십호(十號)를 구족하여 시방 삼보같이 영험 있는 탑이 되기를 빈다.

③가사점안(袈裟點眼) : 가사는 법을 설할 때 착용하는 법의(法衣)로 여법한 점안절차를 거쳐야만 비로소 법을 설하는 권위를 얻게 되고 부처님을 대신하여 지와 덕이 갖추어진 정의(淨衣)가 될 수 있다. 점안절차는 거불에서 법신・보신・응신의 삼신불께 예경하고 보소청진언을 한 다음 유치를 한다. 여래상복(如來上服)에 보살의 큰 옷을 입은 자는 능히 큰 복전이 되므로 시방삼세 모든 불보살의 증명을 구해 점안한다. 팔부신장이 항상 옹호한다. 발원자에게는 천 가지 재해가 소멸되고 조성자에게는 백 가지 복이 일어난다고 찬탄하고 일심으로 제불보살을 청하여 증명하기를 아뢴다. 이어 헌좌게・다게・진언 권공을 한 다음 가사정대게(袈裟頂戴偈)를 하고 가사를 받는다. 정대게에 보면, '어진 마음 청정한 손으로 모든 중생을 섭취하여 일체 액난 중에서 구해 안온하게 하고저 이 복전을 지으니 살아서는 재해가 없어지고 오곡이 풍성하며 죽어서는 왕생극락하게 될 것이다.'라고 하였다. 이어 가사이운을 하고 가사통불문을 하고 3화상(指空・懶翁・無學)을 청하여 증명을 받고 가사점안 피봉식으로 가사점안이 끝난다.

● **이운의식(移運儀式)**

일정한 장소에 안치되어 있는 괘불이나 가사・사리 등을 의식집행을 위해서 다른 장소로 옮길 때 행하는 의식이다. 그 종류로는 괘불이운·불사리이운·승사리이운·금은전이운·경함(經函)이운·법신이운·시주(施主)이운 등이 있다.

① 괘불이운(掛佛移運) : 괘불이운은 재 등을 위해서 괘불을 내어 걸 때 행하는 의식이다. 우선 팔부신중들이 와서 도량을 옹호하는 옹호게(擁護偈)를 하고, 부처님의 덕을 찬탄하는 찬불게(讚佛偈)·출산게(出山偈)를 하고, 염화게(拈花偈)를 한 뒤 꽃을 뿌리고 '나무영산회상불보살'을 3회 염한다. 등상게(登床偈)·사무량게(四無量偈)·영산지심(靈山至心)으로 귀의정례하고, 헌좌게(獻座偈)로 좌를 마련하고, 우선 차를 올리는 다게를 한다. 수설대회소(修設大會疏)를 읽어 괘불을 이운하게 된 동기를 밝히고 축원하여 소망을 아뢰고 그 성취를 기원하게 된다. 이후의 절차는 각각의 재의식을 따라 행한다.

② 가사이운 : 처음에는 옹호게를 하고 다음에 가사송(袈裟頌)을 한다. '불조전래지차의(佛祖傳來只此衣) 아손천재신귀의(兒孫千載信歸依) 열봉조엽분명재(裂縫條葉分明在) 천상인간하자희(天上人間荷者稀)'를 한다. 꽃을 뿌리고 법고를 3번 치고 요잡(繞匝)한 후 헌불게·헌좌게·다게를 하고 마친다.

③ 불사리이운 : 옹호게는 시방의 모든 현성과 범천왕, 도량의 팔부신중을 청해 옹호케 하고, 사리게를 하여 부처님 사리를 찬탄하고, 염화게를 하고 꽃을 뿌리며 부도에 이른다. 헌좌게로 좌를 마련하고 차를 마련해 사리탑에 드리는 다게를 하여 마친다. 고승사리이운은 행보게(行步偈)로 '정대낭함입보련(頂戴琅函入寶輦) 선동전인범륜수(仙童前引梵倫隨) 악음찬패헌산학(樂音讚唄獻山壑) 화우종천만점수(花雨從天滿點垂)'를 하고 등상게·헌좌게·다게를 하여 마친다.

④ 금은전／경함(經函)／법사／시주이운 : 금은전이운은 이운게·헌전게를 하여 각기 해당되는 시왕께 금은전과 경전을 바친다. 경함이운도 마찬가지로 이운게·동경게(動經偈)를 한다. 법사이운은 종을 치고 바라를 울린 뒤 칠보게·입산게를 외우고 헌좌게를 하여 자리를

드린 뒤 차를 올리는 다게를 하고 등상게로 상에 오르고 좌불게(坐佛偈)를 한다. 시주이운은 옹호게 · 헌좌진언 · 다게 · 행보게를 하고 꽃을 뿌린 뒤 인로왕보살을 3번 찾고 염화게를 한다. 그리고 요잡 축원하여 마친다.

5 장례 · 천도의식

● 시다림(尸陀林)

죽은 이를 위해 장례전에서 행하는 의식이다. 원래 인도의 시타림(śita-vana, 寒林)에서 연유한 말로 추운 숲, 시체를 버리는 곳이란 뜻이다. 왕사성 옆에 있던 곳으로 죽은 시신을 이 숲에 버리면 독수리 떼들이 날아와 먹어 치우는 조장(鳥葬)에서 유래한 말이다.

뜻이 바뀌어 우리나라에서는 망자를 위하여 설법하는 것을 시다림이라고 하고 이를 시다림법문이라 한다. 신라시대 이후로 관습화되어 고려시대와 조선시대에 성행하였고 오늘날에도 불자들의 가정에서 관습으로 행해지고 있다. 《석문의범》에 보면 사람이 죽으면 영단과 오방번을 설치한 뒤 오방례를 올린다. 그리고 무상계를 일러주고 입관하기 전에 삭발 · 목욕의식을 행해 준다. 경은 보통 《금강경》《반야심경》 등을 독경하고 아미타불이나 지장보살을 염송한다.

오방례(五方禮)란 동 · 서 · 남 · 북 · 중앙에 있는 화장세계 노사나불과 동방 만월세계 약사불과 서방 극락세계 아미타불과 남방 환희세계 보승불, 북방 무우세계 부동존불(不動尊佛)께 예배드리고 영가를 부탁하는 것이다. 불교는 다른 종교와 달리 극락세계가 일정한 장소 한곳에만 있는 것이 아니라 시방세계 어느 곳이나 부처님 없는 곳이 없으나 특히 오방세계의 관념 속에 사는 사람들에게 오방 부처님을 안내해 주고 어느 곳으로 가든지 걱정하지 말고 그곳의 부처님께 귀의하도록 일러주는 것이다. 무상계는 무상의 원리를 깨닫도록 법문을 일러주는 것이다.

삭발·목욕편에 이어 세수·세족으로 유체를 청결히 하고 속옷과 겉옷을 입혀 주는 착군(着裙)과 착의·복건을 쓰는 착관(着冠)을 행하고 정좌시식이 있다. 모든 의식을 집행할 때에는 거기에 알맞은 법문이 있게 되는데 정좌편에서는 '영가시여! 신령스러운 빛이 홀로 드러나 근진(根塵)을 벗고 또렷하게 나타나 있으니 문자와 언어에 구애될 것이 없다. 참다운 성품은 물듦이 없이 본래부터 원만하니 단지 망념만을 여의면 곧 부처님의 경지이다.'라는 법문이 있고 안좌게를 한 후 입관하게 된다. 영결식을 한 뒤 화장장이나 매장장에 이르는 의식을 함으로써 시다림을 완수하게 된다.

● 영결식(永訣式)

죽은 사람을 전송하는 의식으로 발인식(發靷式)이라고도 한다. 임시로 단을 만들고 제물을 정돈한 뒤 영안실에 모셨던 영구를 모시고 나와 제단 앞에 모신다. 법주가 12불을 외우면서 극락세계 아미타불과 좌우보처 관음·세지 대성인로왕보살들께 예불을 하고 제문을 낭독한다.

유세차 모년 모월 모일 재자(齋者) 누구누구는 삼가 다과의 전을 올려 모당 대화상을 청하오니 이 자리에 내려오셔서 저희들의 정성을 받으소서. 몸은 부평초와 같아 소리를 질러도 들을 수 없게 되었으니 효도와 신찬(神贊)의 정성도 효험이 나타나지 않게 되었습니다.

제주가 잔을 올리면 법주가 착어를 한 후 '보방광명향장엄(普放光明香莊嚴) 종종묘향집위장(種種妙香集爲帳) 보산시방제국토(普散十方諸

國土) 공양일체대덕존(供養一切大德尊)' 등을 하며 다장엄(茶莊嚴)·
미장엄(米莊嚴)을 통하여 영가와 고혼들께 올리고 '법력난사의(法力難
思議) 대비무장애(大悲無障礙) 입립변시방(粒粒遍十方) 보시주법계(普
施周法界) 금이소수복(今以所修福) 보첨어귀취(普沾於鬼趣) 식이면극
고(食已免極苦) 사신생락처(捨身生樂處)' 법문을 일러준다. 대중이 다
같이 《반야심경》을 독송한 뒤 추도문을 낭독하고 동참자들이 순서대
로 소향한다. 소향은 먼저 상제부터 하여 가까운 일가친척 친지 순으
로 하고 꼭 올려야 할 분이 있으면 잔을 올리기도 한다.

   그런데 요즘의 장례식은 개식·삼귀의례·약력보고·소향·헌다·
독경·추도의 노래·발원문 낭독·사홍서원의 순서로 하기도 한다.
발인재가 끝나면 인로왕번을 든 사람이 앞장서고 명정·사진·법주·
상제·일가친척·조문객의 순으로 따라간다.

● 다비의식(茶毘儀式)

   불교 장례의식 가운데 특히 화장(火葬)의식을 이르는 말이다. 범어
jhāpita로서 사비·사유·사비다라 음역하고 분소(焚燒)·연소(燃燒)
라 번역하니 곧 시체를 화장하는 일이다.

   다비는 나무와 숯·가마니 등으로 화장장을 만들고 거기에 관을 올
려 놓은 뒤 거화편을 외운다. '이 불은 삼독의 불이 아니라 여래일등
삼매(如來一燈三昧)의 불이니…, 이 빛을 보고 자성의 광명을 돌이켜
무생을 깨달으라.'

   불은 5월·9월에는 서쪽부터 거화하고 2월·6월·10월은 북쪽부터
놓으며 3월·7월·11월에는 동쪽에서부터 놓고 4월·8월·12월에는
남쪽에서부터 놓는다. 불이 타면 미타단에서 불공을 드리고 영가를 일
단 봉송한 뒤에 위패를 만들어 창의(唱衣)한다.

   시신이 어느 정도 타면 뼈를 뒤집으며 기골편(起骨篇)을 하고 완전
히 다 타서 불이 꺼지면 재 속에서 뼈를 수습하며 습골편(拾骨篇)을

하고, 뼈를 부수면서는 쇄골편(碎骨篇)을 하고, 마지막 재를 날리면서 산골편(散骨篇)을 한다. '한번 뒤집으니 허망한 몸뚱이가 마음대로 구르며 찬바람을 일으킨다. 취해도 얻지 못하고 버려도 얻지 못하니 이것이 무엇인가. 뜨거운 불 속에 한줌의 황금뼈를 이제 쇠소리가 찡그렁하며 뼈들을 부수어 청산 녹수에 뿌리노니 불생불멸의 심성만이 천지를 덮고도 남음이 있습니다.' 이렇게 법문을 외우면서 환귀본토진언(還歸本土眞言) '옴 바자나 사다모'를 하여 마지막으로 보련대(寶蓮臺)에 오르도록 권한다.

법신은 온 세계에 가득 차서	法身遍滿百億界
인간과 천상을 비추고 있습니다.	普放金色照人天
물 따라 달 그림자 못 속에 나타나듯	應物現形潭底月
바른 몸을 연대에 앉히소서.	體圓正坐寶蓮臺

● 천도의식(薦度儀式)

망자의 영혼을 좋은 극락으로 보내기 위한 의식이다. 주로 독경·각종 법회·시식·불공 등으로 행해지며 그 종류도 49재·100일재·연년기제·소상·대상 등 정기적 천도재와 수륙재, 특별히 필요에 따라 시설하는 부정기적인 천도재 등이 있다. 정기적인 재의 경우 7일부터 7·7일재와 100일재·소상·대상을 합하여 10번을 하는데 이는 명부시왕(冥府十王)에게 심판을 받는다는 명부왕 신앙에 근거한 것이다. 이 중에서도 49재를 가장 중시하는 것은 명부시왕 중에서 가장 대표적인 염라대왕이 49일째 되는 날 심판하기 때문이라고 한다.

행하는 의식절차에 따라서 상주권공재(常住勸供齋)·각배재(各拜齋)·영산재(靈山齋) 등의 몇 가지로 나눈다. 가장 일반적인 것이 상주권공이고, 여기에 명부신앙 의례를 첨가한 것이 각배재이며 법화신앙을 가미한 것이 영산재이다.

절차는 시련(侍輦)에서 영가를 맞아들이고, 대령(對靈)에서는 영가를 간단히 대접하여 예배케 한다. 관욕에서 불보살들을 맞이하기 위하여 영가를 목욕시키고 신중작법으로 불법의 도량을 잘 수호하도록 모든 신중들을 맞아들인다. 상단권공에서 불단에 공양드리고 법식을 베풀어 받게 한다. 각 시식으로 영가를 대접하고 봉송편에서 불보살을 배송하고 영가를 배송한다.

① 대령(對靈)

대령은 각종 재의식에 앞서 영가에 대하여 설하는 모든 법문으로, 영단 앞에 서서 상단을 향하여 행한다. 거불로 아미타불과 좌우보처 관음·세지보살·인로왕보살을 모시고, 대령소를 하여 영가에게 이 의식이 어느 재인지를 알리고 불법의 가피력을 입도록 어서 이 도량에 와서 법식의 공양을 받도록 스님이 아뢴다. 다음은 영가를 청하는 청혼·착어·진령게·보소청진언을 하고 고혼청·향연청 등으로 불러서 영가가 공양을 받는데 부처님께 지심으로 예배하고 법문을 듣도록 아뢰는 의식이다.

② 관욕(灌浴)

영혼을 목욕시키는 의식이다. 수설수륙대회소(修設水陸大會疏)의 욕실방에 보면 '감로의 향탕에서 다생의 죄구를 씻고 청정한 법수로써 누겁의 진로를 씻는다.'라고 하였다. 관욕을 행하는 곳은 사람들이 보이지 않도록 병풍으로 둘러치고 밖에는 관욕방이라 써서 붙이고 관욕단에는 남신구(男身軀)·여신구를 먹으로 써서 병풍에 붙인다. 관욕수는 두 대야를 준비하여 하나에는 버드나무 발을 걸치고 기왓장 위에 종이 옷을 준비하며 위패 주위에 촛불을 밝혀 관욕수에 비치도록 한다.

관욕의 절차는 먼저 목욕탕으로 안내하는 인예향욕편(引詣香浴篇)과 불보살의 힘을 빌어 목욕하는 가지조욕편(加持澡浴篇) 그리고 영혼의 옷을 갈아 입히는 가지화의편(加持化衣篇), 목욕탕을 나와 성현을 뵙는 출욕참성편(出浴參聖篇)의 네 가지 절차가 있다. 인예향욕편에서는 대비주(大悲呪)와 《반야심경》을 외우고, 길을 인도하는 정로진언(淨路眞言)과 욕실에 들게 하는 입실게(入室偈)를 한다. 다음 가지조욕편에서는 직접 목욕을 시키는 목욕진언(沐浴眞言)과 이를 닦고 입을 헹구는 작양지진언(嚼楊枝眞言)·수구진언(漱口眞言)을 하고 손을 씻고 얼굴을 씻는 세수면진언(洗手面眞言)을 한다. 이어 가지화의편에서는 종이로 만든 옷을 태워 영혼의 옷을 만든 뒤 옷을 입게 하는 수의진언(授衣眞言)·착의진언(着衣眞言)·정의진언(整衣眞言)을 외우고, 출욕참성편에서는 불단을 일러주는 지단진언(指壇眞言)을 외우면 인로왕보살이 나타나 인도하게 된다.

법주가 각 진언을 외우면 관욕단의 법사는 각기 거기에 해당하는 인지를 나타내어 그때 그때의 동작을 행한다. 뜰을 지나 법당문을 열고 불단을 향하여 삼보께 예배를 드린다. 이렇게 출욕참성편이 끝나면 법성게를 외우며 도량을 돌아 본래의 영단에 자리하고 제사를 받는다. 대개 이 의식을 집행할 때에는 천수바라와 나비춤을 추는데 특별히 영혼을 위해 명바라(冥鉢羅)를 울리는 경우도 있다.

③봉송(奉送)

도량에서 법식을 받은 영가를 전송하는 의식이다. 주인공 영가와 그 시식에서 청하여 같이 공양을 받은 일체 유주무주 고혼 영가들에게 법력에 힘입어 법다운 공양을 하고 법문을 들었으니, 이제 극락세계로 떠나야 할 것임을 알리는 차례이다. 이 편에서는 도량의 제불보살님께 하직인사를 드리고 가족의 인사를 받은 후 소대(燒臺)의 위패를 불사름으로써 마친다.(위패를 절에 모실 때에는 봉송게와 법성게를 하고 마친다.)

의식은 봉송게를 하여 일체 고혼을 전송하고, 보례삼보로 불단에 하직인사를 하며 행보게·산화락·법성게를 하여 소대를 향한다. 소대에 다다르면 마지막으로 영가에게 전송하는 의식으로 삼보에 귀의

하여 염불·독경의 공덕으로 이런 저런 인연과 속세의 번뇌를 끊고
무릇 극락왕생하도록 축원하고 법문을 들려 주어 왕생을 기원한 다음
소전진언과 함께 위패를 태운다. 이어 상품상생진언·보회향진언·회
향게로 일체의 의식이 끝나게 된다. 회향게는 다음과 같다.

불로 소탕하고 바람으로 흔들어 천지 무너지나   火蕩風搖天地壞
고요하고 당당히 흰구름 사이에 있네.   寥寥長在白雲間
한소리에 금성의 벽을 흔들어 부수고   一聲揮破金城壁
오직 부처님 앞 칠보산으로 향하도다.   但向佛前七寶山

● 시식(施食)

죽은 자를 천도하여 극락정토에 왕생시키기 위해 재를 올리고 법식
(法食)을 주면서 법문을 들려 주고 경전을 읽어 주며 염불을 해 주는
의식 또는 스님에게 재식(齋食)을 공양하는 것과 아귀(餓鬼)에게 음
식을 베풀어 먹이는 의식 등을 말한다.

그 유래는 《소아귀경(召餓鬼經)》에 '아난존자가 길을 나섰다가 돌
아올 때 갠지스 강가에서 아귀들이 불타 죽는 것을 보고 부처님께 여
쭈니 다라니의 법식으로 그들에게 시식을 베풀면 모든 귀신들이 주림
을 벗고 포만을 얻어서 해탈할 수 있다.'고 한 데서 연유한다.

일반의 재인 경우 그 의식절차는 먼저 사찰의 입구에서 죽은 이의
영가를 맞아들이는 시련(侍輦)을 하고, 먼 곳에서 온 영가에게 우선
간단한 다과를 대접하고 예불하게 하는 대령을 행하고, 다음으로는 영
가가 세세생생에 걸쳐 생사업보의 때를 씻고 법문을 듣는 관욕을 한
다. 이어 시식을 통하여 법식을 받는다. 이때 일체의 아귀·유주무주
고혼도 함께 청하여 법식을 받도록 한다. 끝으로 봉송편에서는 불전에
하직인사를 하고 유족의 인사를 받고 극락에 돌아가도록 한다.

그 종류로는 전시식(奠施食)·관음시식(觀音施食)·화엄시식(華嚴

施食)·구병시식(救病施食)이 있다. 전시식은 일체의 외로운 영혼을 지장보살의 위신에 의탁하여 음식을 베푸는 것이다. 시식은 영혼에 올리는 불교식 제사의례로서 반드시 시식 전에 불보살께 귀의하는 일반적인 의식을 하고 나서 하단(靈壇)에서 행한다.

① 관음시식(觀音施食)과 화엄시식(華嚴施食) : 관음시식은 선망부모·친속·일체 고혼을 위해서 사명일(四明日 ; 불탄일·성도일·열반일·백중일)·재일(齋日 ; 49재·백일재·忌日) 그 밖에 좋은 날을 택하여 행하며, 화엄시식은 관음시식과 마찬가지이나 화엄신앙을 바탕으로 하고 초하루나 보름에 간단히 의식을 집행한다. 관음시식의 절차는 관세음보살께 귀의하는 거불 축원을 하고, 영가에게 생사의 영원한 진리를 일러주는 착어, 법문을 듣고 그 가피로 진리를 깨치도록 영가에게 설하는 진령게, 천수다라니, 파지옥진언을 한다. 이어 불보살들을 청하는 보소청진언, 정례·증명청을 차례로 하고 불덕을 찬하는 향화청, 불보살을 청하여 보리좌에 앉히는 헌좌진언을 한다. 영가에게는 고혼청·향연청 등을 하고 수위안좌진언·변식진언 등 사다라니를 한 후에 성스러운 불명을 칭념하여 영가가 법식을 잘 받고 정토에 왕생할 것을 발원한다. 다음으로 여러 귀신에게 널리 재식을 베풀고 회향한다. 이러한 시식으로 영가가 왕생하게 되므로 이제 아미타불과 그 공덕을 찬탄하는 염불 및 여래십호를 하고 마친다.

② 구병시식(救病施食) : 병든 사람을 구원하기 위하여 귀신들에게 베푸는 시식이다. 옛사람들은 병의 깊이와 원인을 잘 판단하지 못하고 있었기 때문에 사람 이외의 어떤 특수한 것(귀신)의 침범으로 병이 생겼다고 생각하여 굿을 하여 물리치거나 시식을 하여 귀신을 쫓아내기도 하였다.

아난존자에 의하여 비롯된 불교의 시식은 배고픈 귀신들에게 법식을 통해 포만을 알게 하는 의식이지 귀신을 쫓아내거나 겁을 주는 행위가 아니다. 반면에 유교와 도교에서는 귀신을 불러 응징하기도 하고 또 귀신의 포악으로 사람이 당하는 일도 종종 있었으며, 무속에서는 귀신의 한을 풀어주거나 무섭게 하여 쫓아내거나 독경으로 귀신을 가두는 의례를 행하였다.

《석문의범》에 보면 구병의식은 삼귀의로부터 시작된다. 그리고 대자대비하신 관세음보살께 귀의하여 그의 위신력으로 책주귀신영가(嘖主鬼神靈駕)를 천도한다.《천수경》을 외우고, 멸악취진언을 하여 악취로부터 아귀들을 불러내어 병자의 내력을 유치로 설명한다.

상에는 오방신들을 상징하여 다섯 접시의 밤과 찬 그리고 삼색 과일을 놓고 간절하게 시식을 베푼 다음 노자 몇 푼과 함께 채반에 음식을 부어 문 밖에서 봉송한다. 이 음식은 동네 개들도 잘 먹지 않으나 갔다 놓자마자 무엇인가가 먹어서 없어지면 병이 속히 낫는다고 생각하였다. 이제 영혼에게 드리는 노래(香花請 歌詠)를 들어 보면 아래와 같으며 전생의 빚을 갚고 원한을 푸는 것이 구병시식임을 알 수 있다.

빚진 사람 원수가 되어	債有主人冤有頭
사랑하고 미워하는 마음 그치지 못해	只因憎愛未曾休
지금 시식을 베풀어 법식을 제공하니	如今設食兼揚法
무릇 깨달아 원한을 푸소서.	頓悟無生解結讐

● 49재(四十九齋) / 100일재(百日齋)

49재는 사람이 죽은 날로부터 매 7일째마다 7회에 걸쳐서 49일 동안 개최하여 죽은 자의 극락왕생을 비는 천도의식이다. 사람이 죽으면 49일 동안 중음신(中陰神)으로 활동하게 되는데 이 기간에 다음 생이 정해질 때까지 불공을 드리고 재를 올려 선근공덕을 지어 주면 좋은 곳에 태어난다고 한다.

재를 지내는 절차는 시련(侍輦)을 하여 영가와 신중과 제불보살들을 모셔 재장으로 향한다. 재장에 이르러 극락도사 아미타불과 좌우보처 관음·세지보살께 예불드리고 재를 지내게 된 동기를 밝힌다.

생사의 어두운 길은 부처님의 등불을 의지하여야만 밝힐 수 있고 고해의 깊은 파도는 진리의 배를 타야만 건널 수 있습니다. 사생육도가 진리에 어두워 개미가 쳇바퀴 돌듯하고 팔난삼도가 뜻을 방자히 하여 누에가 제 집 속에 안주하여 죽어가는 것 같습니다. 슬픕니다. 생사의 멀고 먼 감옥이여! 마음의 근원을 깨닫지 못하였으니 어떻게 능히 벗어날 수 있겠습니까? 부처님의 힘을 빌리지 아니하고는 벗어나기 어려우므로 지금 사바세계 모소에서 누구누구가 49재를 지내 영가를 천도하고자 하오니 한 생각 분명히 하여 이 도량에 내려오셔서 저희들의 공양을 맛보시고 전생 빚을 갚고 깨달음을 얻으소서!

이렇게 소(疏)를 읽어 재의 내용을 밝힌 뒤에 대령·착어를 하고 요령을 흔들어 고혼을 청한다. '인연은 모였다 흩어지는 것, 툭 터진 마음으로 왕래가 자재하여 부처님의 가피로써 법공을 받으소서.'하고는 꽃을 올리고 차를 대접한 뒤 관욕을 하여 전생에 지은 모든 업의 때를 씻는다. 이어 부처님께 예배하고 법문을 듣고 불공을 드린 뒤 시식을 한다. 시식이 끝나면 앞서 시련으로 영가를 모시듯 다시 연대에 싣고 봉송장에 이르러 봉송을 하게 된다.

그러므로 49재는 시련으로 시작하여 관욕·청법·불공·시식으로 끝나는 긴 의식이 집중적으로 행해져 바라춤이나 착복(나비춤)·하청(下請)을 하지 않아도 상당한 시간이 걸린다. 전반적인 불교의식이라 볼 수 있으나 이 속에 민속신앙도 가미되어 있는 장엄한 재의식이다. 100일재는 100일 만에 49재에 준하여 행한다.

● 제사(祭祀)와 영반(靈飯)

신령에게 음식을 바치며 기원을 드리거나 돌아가신 이를 위해 추모의식을 갖는 것이다. 옛사람들은 천지 자연의 변화에 대하여 경이로움을 갖고 여기에 초월자 또는 절대자를 상정하고 삶의 안락을 기원하기 위하여 제사를 지냈으며, 하늘과 땅·해와 달·별과 산·강에도 초인적인 힘이 있다고 믿고 거기에 안녕과 복을 빌었다. 또 인간이 죽은 뒤에는 혼령(魂靈)이 있다고 하여 혼령을 숭배하였는데 이로부터 조상숭배의 의식이 생기게 되었다. 그래서 부여에서는 영고(迎鼓), 고구려에서는 동맹(東盟), 예맥에서는 무천(舞天) 등의 제천의식이 유행하였고, 국가의 형태를 갖춘 뒤에는 사직과 종묘·원구(圜丘)·방택(方澤)·선농(先農)·잠단(蠶壇)에서 제사를 드렸으며 사가(私家)에서는 초하루와 보름에 사당에 신위를 봉안하고 분향하였다.

　불교에서는 윤회를 믿기 때문에 조상이나 영가의 위패를 절의 법당에 모시고 조석예불에 독경을 빼지 않고 있으며 7월 백중에는 이들을 위해 특별 법회를 열기도 한다. 이것은 목련존자가 그 어머니를 천도한 우란분재(盂蘭盆齋)에서 연유된 것이지만 불교에서의 제례의식은 장엄하고도 장중하다. 대령(對靈)·관욕(灌浴)은 물론 법사스님들을 초청하여 법문을 일러주는 경우도 있고 가족이 함께 독경하여 영혼의 길을 밝혀 주기도 한다. 제사의식은 유교와 비슷하나 독경의식이 더 있고 유교처럼 형식을 강조하지 않고 정성을 중시하고 있으며, 제사시간도 특별히 밤과 낮을 구별하지 않고 행한다.

　출가자인 승려의 제사는 일반 속인의 제사와 구분하여 영반이라 한다. 영반에도 종사영반(宗師靈飯)과 일반적인 상용영반(常用靈飯)이 있다. 먼저 종사영반은 거불로 시작하여 종사의 혼을 청한다. 착어와 진령게·소청진언을 하고 제자들이 청하오니 강림하셔서 공양을 받으시라고 아뢴다. 향화청·가영·다게를 하여 공양에 소홀함이 없도록 하고 《반야심경》으로 공양하고 여러 진언을 한 뒤 소대 앞에 이르러 귀령편(歸靈篇)을 한다. 상용영반의 거불과 청혼은 종사영반과 같고 착어를 한 뒤의 진령게 등도 그 순서는 종사영반과 같으나 그 내용이 조금 다르다. 도량에 와서 법식을 받고 극락왕생하라는 내용으로 돼 있다.

6. 재의식

● 재(齋)

49재·100일재와 같이 때를 맞추어 청정한 마음으로 불승(佛僧)께 공양을 올려 공덕을 닦는 의식이다. 재의 어원은 범어 uposadha에서 유래되었는데 스님들의 공양의식을 뜻한다. 대개 공양은 집안의 경사나 상사(喪事)·제사 때 이루어지므로 나중에는 제사의식으로까지 인식되었다. 《목련경》에는 공양을 받은 스님들의 숫자에 따라 백승재·오백승재·천승재의 명칭이 나오고 있고, 중국에서는 양무제가 사람의 숫자에 제한하지 않고 누구나 자유로이 동참할 수 있는 무차대회(無遮大會)를 열었다고 한다. 우리나라에서는 고려시대에 반승(飯僧)이라는 명칭으로 곳곳에 나오고 있다.

원래 이 재는 스님들에게 공양하는 것이 목적이므로 간단히 불전의식을 집행하고 공양에 임했으나 그것이 점차 큰 법회의식으로 발전하면서 인왕백고좌도량(仁王百高座道場)이니 금강명경도량(金剛明經道場)이니 하는 호국법회의 형식으로까지 번져나갔으며 나중에는 수륙재(水陸齋)·영산재(靈山齋)·49재·백일재에 이르기까지 산 사람이나 죽은 사람을 위해 베풀어지는 일체의 행사를 통칭하는 말로 되었다. 그런데 재공의식에는 반드시 몸과 입과 마음을 정재하고, 또 만드는 음식도 청정해야 하므로 음식을 준비하는 곳을 정재소(淨齋所)라 한다. 일을 각기 분담하는 것을 재시용상방(齋時龍象榜) 또는 육색방(六色榜)이라 하여 그 명목을 색색의 종이에 써서 붙였다.

인도의 재는 각기 자기 집에서 준비한 공양물을 초대소로 옮겨 공양하거나 절로 가지고 가서 공양하였으나 우리나라의 경우는 깊은 산속에 절이 있고 또 시중에 있다 하더라도 운반하기가 번거로워 절에다 맡겨 재공을 하게 하므로 이와 같은 전문적인 육색방이나 용상방이 생긴 것이다. 아무튼 불교에서 재는 출가승려들의 공양대접으로부터 기도·불공·시식·제사·낙성 기타 법회에 이르기까지 다양하게 사용되고 있다.

● 영산재(靈山齋)

49재 중에 장엄하게 치러지는 영가 천도의식이다. 이는 석가모니 부처님의 영산회상을 재현하여 영가에게 장엄한 법식을 베풀어 극락왕생하도록 하는 것이다.

먼저 도량을 장엄하는데 영산회상을 상징화하여 법당 밖에 괘불(掛佛)을 시설하고 의식에 범패 등의 불교음악을 공양으로 장엄한다. 괘불을 내어 단에 모시는 것을 괘불이운이라 하는데 이때 괘불 앞에서 제신중에게 도량호법을 청하는 옹호게(擁護偈)를 하고 불덕을 찬탄하며 영산에서 부처님을 도량으로 모셔 오고 차공양 의식을 행한다. 이때도 범패와 의식무용이 있다. 단의 구성은 법당과 같이 상단은 괘불 앞에 설치하고 향·차·꽃·과일·등불·쌀 등을 공양하고, 중단은 신중단이고, 하단은 그 날의 영혼에게 제사드리는 영단(靈壇)이다. 의식을 행하는 스님들도 용상방(龍象榜)을 구성하는데 증명법사, 설법을 맡는 회주, 의식을 집행하는 법주, 의식무와 반주를 하는 어산승(魚山僧)으로 태징 2인·바라 4인·고수·종두와 범패승·범음승이 있다. 법의를 입은 의식승이 앞에 앉고 뒤에 신도들이 자리한다.

그 절차는 49재와 마찬가지로 시련에서부터 시작하여 의식단 앞에 이르고 잠시 정좌한 뒤 각단마다 권공예배를 하고 기원을 아뢰고 가피력을 기원한다. 영단에 이르러 시식을 하고 회향하게 되는데 의식승을 선두로 모든 의식에 참가한 대중이 의식도량을 돌면서 독경 등을 행한다.

이때 행렬을 십바라밀정진을 나타내는 원형·반월형·실낱형·우물자형·쌍환형 등으로 돈다. 끝으로는 봉송편이 있다. 이 의식은 자득자수(自得自修)라는 수행의례에서 나아가 기원(祈願)·회향(廻向)·추선공양(追善供養)이라고 하는 교리적 발전과 함께 발전된 의식이며, 우리나라 전통음악과 무용이 한데 어우러져 있고 민간신앙까지도 수용한 불교의식이자 우리의 무형문화재이다. 잘 계승하고 발전시키려는 노력이 절실하다.

● 수륙재(水陸齋)

물과 육지에서 헤매고 있는 외로운 혼령들에게 법과 음식을 베풀어 구제하는 의식이다. 이 의식은 중국 양나라 무제에 의하여 시작되었다고 한다. 양무제는 평생 수백 채의 절과 수만 구의 불상을 조성하고 매일 수천 명의 스님들에 반승을 하였는데, 유주무주의 고혼들을 위해 수륙재를 지내면 큰 공덕이 있다는 말을 듣고 금산사에서 큰 재를 베풀었다. 그 뒤 송나라 때에 동천(東川)의 《수륙문(水陸文)》3권이 나와 더욱 성행하였고, 우리나라에서는 고려 때 갈양사(葛陽寺)에서 광종 21년(970)에 처음 베풀었다. 선종 때에는 태사국사 최사겸(崔士兼)이 《수륙의문(水陸儀文)》을 송나라에서 들여와 보재사(寶齋寺)에 수륙당을 열었고, 혼구(混丘)는 《신편수륙의문(新篇水陸儀文)》을 찬술하여 더욱 성하였다.

조선시대 숭유배불 정책으로 불사에 어려움이 많았으나 태조는 진관사(津寬寺)를 나라의 수륙재를 여는 사사(寺社)로 지정하고 견암사·석왕사·관음굴 등에서 고려 왕씨들을 위한 수륙재를 베풀었다. 이 수륙재는 유신들의 많은 폐지 상소에도 불구하고 매년 2월 15일에 거행되었으나, 태종 15년(1415)부터는 1월 15일로 바뀌어 중종 10년(1515)까지 시행되다가 결국 유생들의 반대로 폐지되었다. 성할 때는 효령대군이 시주가 되어 한강에서 개설하였고, 선조 39년(1606)에도 창의문 밖에서 행하였는데 양반과 평민이 길을 가득 메워 인산인해를 이루는 무차대회를 이루었다고 한다.

수륙재의 절차는 《범음집(梵音集)》《산보집(删補集)》《작법귀감(作法龜鑑)》《석문의범(釋門儀範)》이 조금씩 차이가 있으나 그 취지는 같다. 《석문의범》에서는 수륙무차평등재의(水陸無遮平等齋儀)라고 하여 모든 영혼을 평등하게 천도받게 한다고 한다. 그 내용은 재를 지내는 동기를 밝히는 소가 있고, 영혼들이 불보살님께 설법을 들어 깨달음의 마음을 일으키게 해 주며, 다음으로 명부사자를 초청하여 분향 공양을 하고 축원을 한다. 이어 오방신장과 명부사자 호법선신께 공양하고 영혼을 목욕시킨 뒤 불보살께 나아가 법문을 듣고 불공 축원한 후 시식을 베풀어 유주무주 고혼을 천도한다. 이때 의식은 범패와 법무가 중심이 되고 태징·요령·목탁·북·피리·젓대 등 다양한 소리가 조화를 이루어 높은 예술성을 느끼게 한다.

● 예수재(預修齋)

살아 있을 때 사후를 위하여 공덕을 쌓아서 지옥고를 받지 않고 극락 왕생하도록 법의 공덕을 저축하는 의식이다. 원래는 중국 도교의 시왕신앙(十王信仰)을 불교에서 수용한 것이라고 한다. 이 의식은 《예수시왕생칠재의(預修十王生七齋儀)》라는 의식집에 근거한다. 의식문에는 다신교적인 내용이 많이 포함되어 있는데 명부시왕과 그 권속이 신앙의례의 절차에 많은 양을 차지하여 지장신앙과 관계되어 있다.

또 설단 양식으로 보면 삼신불단을 법당 안에 설치하고 동쪽에 지장단을, 서쪽에 호법선신중단을, 법당 밖에 염도대제 이하 명부시왕단을 설치한다. 또 법당의 동쪽에 하단위(下壇位), 서쪽에 추루단(醜陋壇), 그 아래쪽에는 차례대로 고사단·종관단·마기단을 설치한다. 이와 같은 단의 배열은 밀교적 신앙구조를 나타낸 것이다. 이것은 생전에 미리 명부시왕전에 복을 많이 쌓아서 사후 명부의 시왕을 만나면 극락에 갈 수 있는 심판을 받도록 하는 데 있다. 명부시왕은 도교적 신앙으로 죽은 뒤에는 10번 지은 바 죄의 과보에 따라 심판을 받는다는 데에서 온 것이다.

의식의 절차는 이미 설치한 단에 공양 예경하는데 살아 있을 때 자신의 생년월일에 따라 갚아야 할 빚이 있어서 부지런히 경을 읽고 보시를 행해야 한다. 즉 갑자생의 경우 빚이 5만 3천 관이고 읽어야 할 경전이 17권이며 내야 될 곳은 명부의 제 3곳간 육조관(六曹官)이다. 이 빚은 예수재에 경전을 읽어서 갚게 되고 또는 필요한 경전을 구입하여 불단에 올리는 것으로 갚는다. 보시는 만들어진 지전(紙錢)을 각자에 맞는 금액을 시왕전에 바치고, 영수증을 받아 한 조각은 태우고 나머지는 잘 보관하였다가 죽은 뒤에 가지고 가서 시왕전에 바친다. 이를 금은전이라 한다. 금은전의 유래는 《예수천왕통의(預修天王通儀)》에 다음과 같이 나타나 있다.

《명도전(冥道傳)》에 이르기를 유사대국의 왕 빔비사라가 15세에 등극하여 25년 동안 예수시왕칠재(預修十王七齋)를 49번 하였는데, 갑자년 12월 8일 경신 야밤에 갑자기 명부의 사자가 와서 따라갔는데 가는 도중 풀과 나무가 없는 흰 산이 있어 물으니, 이는 남염부 제중생들이 법답게 은전을 만들지 못하고 정성이 부족한 파전들이 버려져 저 산을 이루었다고 하므로 왕은 돌아와 정성껏 금은전을 조성하고 점안의식을 성대히 거행하여 전생의 빚을 갚음으로써 장수하였다.

12생 상속의 죄인들이 명부시왕께 올리는 금은전을 보면 다음과 같다. 자생(子生)에는 갑자생은 5만 3천 관, 병자생은 7만 3천 관, 무자생은 6만 3천 관, 경자생은 11만 관, 임자생은 7만 관으로 각각 원조관(元曹官)·왕(王)·윤(尹)·이(李)·맹조관(孟)에게 바친다. 이렇게 육십갑자 자기의 해당 생년에 따라 값이 정해져 있어 이에 맞게 시왕께 바친다. 금은전은 49재나 100일재 등에서도 이용된다. 이 의식은 개인의 발원에 의하여 행하지 않고, 많은 대중이 동참하여 행하는 공동체적인 종교의식이다.

● 무차대회(無遮大會)

승속과 노소·귀천을 가리지 않고 누구나 자유롭게 참여하여 법문을 듣고 잔치를 열어 물건을 베푸는 일종의 법회이다. 수륙재가 수륙무차평등재의(水陸無遮平等齋儀)라고 하여 물과 육지의 모든 유주무주 고혼에게 평등하게 시식을 베풀어 주는 것과 일맥상통하는 의미로 모든 중생에게 불법의 공덕이 골고루 미치도록 잔치를 즐기고 시주가 물건을 베풀며 불경을 강의하고 불교의 이치에 대하여 의견을 제시하는 법회였다. 이는 보시정신에 근거하여 부처님의 덕을 모두에게 나누어 주는 신앙적 의미도 있었다. 또 이 대회를 통하여 왕은 백성들의 어려운 생활을 달래 주고 민심을 수습하려는 의도에서 국가가 시주가 되어 베풀기도 하였다.

고려 태조 23년(940)의 신흥사 공신당 신축 때 무차대회가 있었고, 고종 3년(1216)에 미륵사 공신전 중수 후, 광종 때의 무차대회, 의종 19년(1165)의 궁중 무차대회의 기록이 보인다.

7. 연중행사

● 통알(通謁, 歲謁)

새해가 되어 덕을 입고 있는 교주이신 석가모니 부처님을 비롯 삼보와 호법신중과 인연 있는 일체대중에게 세배드리는 의식이다.

온 대중이 대웅전에서 우선 불전에 '대중은 업드려 청하옵니다. 일대교주 석가모니불이시여(伏請大衆一代敎主釋迦世尊前)' 하고 세알 삼배를 한다. 계속해서 시방삼세의 불보와 법보와 승보 전에 삼배를 하고, 명부시왕 호법신중 내지 산신들에게 세알 삼배 하고, 국가와 시주 등 먼저 돌아가셨거나 살아 계신 스승님과 부모와 친척 일체 고혼에게 삼배하고, 끝으로 같이 거주하며 수행하는 도반들께, 강원 대중께 세알 삼배를 한다.

통알은 세속의 세배와 달리 삼보로부터 은혜를 입고 있는 모든 이들에게 통괄적으로 그 동안의 은덕에 감사드리고 모두에게 부처님의 자비광명이 함께할 것을 기원하는 의식이다.

● 불탄절(佛誕節)

봉축법회(奉祝法會)는 불교의 4대 명절에 행해지는 법회로 부처님 오신날 봉축법회(4월 8일)·출가절(2월 8일)·성도절(12월 8일)·열반절 봉축법회(2월 15일)가 있다.

불탄일의 기원은 《불소행찬(佛所行讚)》에는 4월 8일로 되어 있고, 《유행경(遊行經)》에는 2월 8일로 되어 있는데 우리나라는 음력 4월 8일설을 채택하고 있다. 성탄법회는 ①타종(33번)을 하고 ②개회에 이어 ③삼귀의례 ④찬불 ⑤독경 ⑥헌공 ⑦기념사 ⑧청법가 ⑨입정 ⑩설법을 하고 ⑪법문이 끝나면 축사 ⑫석가모니불정근을 하고, ⑬발원찬탄해 마치면 관불을 한다. ⑭사홍서원 ⑮산회가를 하고 폐회한다. 출가법회도 성탄법회에 준하여 행하고 출가의 참뜻을 되새기고 마음을 가다듬기 위해 참회의 의식을 넣어 108참회를 하기도 한다. 출가일을 보통 '발심의 날'로 정하고 오후에는 불식(不食)하는 불자도 있다. 성도일법회는 성탄법회와 마찬가지이고, 정근은 아미타불정근을 한다. 승려나 신도는 자신의 신행을 확인하여 참회하고 철야 정진한다. 이는 성도재를 산림식(山林式)이라 하여 수행과정을 거쳐 결국 성도한다는 상징적인 의미를 부여한 수행법의에서 나온 것이다. 열반일법회도 성도일법회와 같고 부처님의 뜻을 깊이 추모하는 뜻으로 묵언수행을 한다.

① 관불의식(灌佛儀式) : 석가모니 부처님의 탄생을 기념하여 탄생불을 장엄하고 관정하는 법회이다. 욕불회(浴佛會)·용화회(龍華會)·석존강탄회(釋尊降誕會)·불생회(佛生會)로 불린다. 《보요경(普曜經)》에 의하면 부처님이 탄생하셨을 때 용왕이 공중에서 향수를 솟아나게 하여 신체를 세욕시켰다고 한 데서 유래한다. 또《관세불형상경(灌洗佛形像經)》에는 이 의식에 대하여 초파일은 만물이 모두 새로 생하되 아직 독기는 나타나지 않으며 춥지도 덥지도 않은 시절로 관불에 적당하다는 것이다.

이 의식은 탄생불을 불단에 모시고 룸비니 동산의 화원을 상징하는 꽃바구니를 만들고 향탕수 즉 감로다를 정수리부터 쏟는다. 먼저 욕불게(浴佛偈)를 하면서 법사가 행하면 신도들이 따라서 행하여 공덕을 쌓는다. 관불은 부처님을 목욕시켜 드린다는 뜻이 담겨 있어 감로수를 뿌리는 것이 향수를 뿌리는 것과 같고 불상을 씻어 드리는 것과 같아서 한량없는 공덕이 있다고 한다. 우리나라에서는 초파일이 연등회·팔관회와 더불어 중요한 행사이다.

② 연등회(燃燈會) : 불전에 등불을 켜고 세상을 밝히는 의식이다. 부처님 당시에는 빔비사라왕이 불전에 1만 등을 켜서 공양한 예가 있고 가난한 여인이 한 등을 켜서 임금님의 1만 등을 능가하는 정성을 보이기도 하였다. 촛불이 제 몸을 태워 세상을 밝히듯 우리도 이 몸을 태워 가정과 사회·세계를 빛나게 하는 인물이 되겠다고 하는 서원으로 각종 행사에 공양한다. 등공양은 향공양과 함께 중시되었는데 그것은 불전에 등을 밝혀서 자신의 마음을 맑고 밝고 바르게 하여 불덕을 찬양하고 대자대비하신 부처님께 귀의하는 의미가 있다.

신라 때는 사월 초파일에 가까운 절에 가서 재를 올리고 등을 켰으며 절과 여염집 및 관청에 이르기까지 모두 등을 달아 밝혔다고 한다.

또 연등을 보면서 마음을 밝히는 것을 간등(看燈)·관등(觀燈)이라 하는데 관등은 갖가지의 등을 만들어 강에 연등배를 띄워 온누리가 환한 축제를 이루었다. 연등회는 신라 진흥왕 12년(551)에 팔관회의 개설과 함께 국가적 행사로 열렸다. 《삼국사기》 신라본기에는 관등행사가 매년 정월 15일에 있었다고 한다. 고려시대에 와서 특히 성했는데 의종 때 백선연(白善淵)이 4월 8일 점등한 이후로 궁중에서 서민층에 이르기까지 초파일에 연등을 달았다. 조선시대 초기까지도 연등회가 성하여 소회와 대회로 나누어 이 의식을 거행하였다. 이 연등회의 사무를 담당하기 위해서 연등도감(燃燈都監)을 설치하기도 하였다. 이와 같이 연등회는 일종의 민속이었고, 이때는 국가적 축제행사였다.

등불이 갖는 불교적 의미는 자못 크다. 스승과 제자가 법을 전하는 것을 등불로 상징하고 있다. 그러므로 할등게(喝燈偈)에는 단지 등을 켜는 이상의 의미를 등에 부여하고 있다. 게송은 다음과 같다.

달마대사께서 등불로써 생명을 삼은 것은	達磨傳燈爲計活
종사들에게 밝은 불을 밝혀 가풍을 형성하라는 뜻	宗師秉燭作家風
등과 등이 상속하여 꺼지지 아니하면	燈燈相續方不滅
대대로 유통하여 조사와 종사의 가풍을 떨칠 것이다.	代代流通振祖宗

또한 연등게(燃燈偈)는 아래와 같다.

큰 원으로 심지를 삼고 사랑으로 기름을 삼으며	大願爲炷大悲油
희생과 봉사로써 법다운 불을 모아	大捨爲火三法聚
깨달은 마음으로 법계를 비추면	菩提心燈照法界
모든 중생의 원대로 성불할 것이다.	照諸群生願成佛

③ 탑돌이 : 탑돌이는 불교가 전래되면서부터 시작되었다. 《삼국유사》에도 김현감호(金現感虎)조에 초파일부터 보름까지 서울(경주)의 남녀가 다투어 탑돌이를 한 기사가 보인다. 불교명절이나 큰 재가 있을 때 많은 신도들이 참가하여 행하였다. 스님을 따라 염주를 들고 탑을 돌면서 염불을 하고 부처님의 공덕을 찬양하고 아래로는 자신의 소원을 빌며 등을 밝히고 극락왕생을 기원하였다. 불교의 대중화에 따라 이 의식은 민속놀이로 바뀌었다. 신도뿐만 아니라 일반 서민들도 불덕을 빌고 국태민안과 개인의 가호를 바라는 뜻에서 모두 참가했다. 이때는 범종·북·운판·목어를 쳤고 삼현육각을 연주하고 포념(布念)·백팔정진가(百八精進歌)·민요 등이 불려졌다.

의식은 삼귀의례를 한 후 십바라밀정진도에 따라 탑을 돈다.

● **성도절(成道節)**

성도재는 부처님이 보리수 아래에서 성도하신 것을 기념하기 위해서 행해지는 의식이다. 이 날은 부처님께서 행하신 수행을 되새겨 용맹정진하고 우리도 부처님처럼 생사의 고해에서 벗어나 열반을 얻어 일체대중을 교화하고 불국토를 건설하겠다는 서원을 세운다.

전통의례로 하는 성도재는 모게송(慕偈頌)·송자(頌子)·참회게·참회진언 등으로 동참 대중은 마음을 청정히 하고 영산회상·미타회상의 불보살을 거불하고, 다시 조송게(朝頌偈)·송자 등으로 부처님을 찬탄한다. 그 뒤 입지게(立志偈)로 자신의 수행의 의지를 굳게 세운 뒤 입지발원과 참회진언을 하고 입산게·염불게·출산게 등을 하여 마치고 십바라밀정진 천 배를 하기도 한다.

법회는 성탄법회와 마찬가지로 5번의 타종으로 법회를 열어 법사의 법문을 듣고 아미타불정근을 한다. 철야정진을 하기도 하고 십바라밀정진을 하기도 한다. 십바라밀정진은 교리의 의미에 따라 보시는 보름달형으로 돌고, 지계는 반달형, 인욕은 신날형, 정진은 전자형(剪字

形), 선정은 구름형, 지혜는 금강저형, 방편은 좌우 쌍정형(雙井形), 원(願)은 전후 쌍정형, 역(力)은 탁환이주형(卓環二周形), 지(智)는 성중원월형(星中圓月形)으로 돈다. 또 의상의 법계도에 따라 돌며 정진하기도 한다.

● 열반절(涅槃節)

석가모니 부처님의 열반을 기념하기 위하여 열반재를 행한다. 열반은 불기(佛忌)·상락(常樂)·열반기(涅槃忌)라고 한다. 부처님의 열반에 관해서는 많은 설이 있지만, 우리나라는 《중성점기(衆聖點記)》에 기록되어 있는 기원전 486년 설과 《대반열반경》의 2월 15일 설을 쓰고 있다. 열반일 기념회는 인도에서부터 행해진 것으로 《대당서역기》에 부처님의 열반상전에서 무차대회를 열었다고 한 데서도 알 수 있다.

오늘날 불교의 3대 명절 중 하나로서 연중행사로 이어 오고 있다. 확실한 의식절차는 전하지 않고 등을 달기도 하고 법요식을 갖는다. 법회는 성탄법회와 절차가 같고, 정근에서 아미타불정근을 하며 묵언 수행을 하기도 하여 부처님의 뜻을 길이 추모한다.

● 우란분회(盂蘭盆會)

백중(百衆)·백종(百種)·망혼일(亡魂日)이라 한다. 우란분회의 범어 ullambana에서 나온 말인데 《불설우란분경》에 의하면, 대목건련이 육신통을 얻은 후 부모를 찾아 보니 어머니가 아귀도에서 고통을 받고 있음을 알게 되어 부처님께 구제할 방법을 물었다. 부처님은 지금 살아 있는 부모나 7대의 죽은 부모를 위해 7월 15일에 음식·의복·등촉·평상 등을 갖추어 시방의 대덕 고승들에게 공양하면 고통에서 구할 수 있다고 하여 그대로 행한 데에서 유래한다.

우리나라에서는 《형초세시기(荊楚歲時記)》에 중원일(中元日)에 승려·도사·속인들이 모두 분(盆)을 만들어 모든 절에 바쳤다고 했고, 신라시대에는 왕녀가 7월 16일부터 6부의 여자들을 데리고 베짜기 대회를 하여 8월 15일에 마치면서 진 편이 이긴 편에 주식을 대접하고 즐겼다는 데서 백종절(百種節)이라 하였다. 이 날이 되면 재를 올려 조상의 영혼을 위로하고 백성들은 서로 놀이와 가무로 즐기는 풍속이 있다. 고려 때에는 예종 1년(1106) 숙종의 명복을 빌고 천도를 하며 이 재를 행하였고, 공민왕 때에도 내전에서 시설하는 등 많은 우란분재가 행해졌다. 조선시대에도 초파일의 연등과 7월 망일의 우란분재를 일년 중 가장 큰 행사로 여겼다. 이때는 절에 불공을 드리고 돌아가신 영가를 천도하는 재를 올렸으며 승려들은 중생을 위하여 탁발을 베풀었다고 한다.

오늘날에는 조상에 재를 올리고 스님·어버이·불우노인들을 모시고 법회를 열고 대중공양을 하기도 한다. 우란분절 봉축법회는 불탄일 봉축법회와 같은 절차로 행하는데 다만 고혼 영가와 조상을 천도하는 의례가 첨가된다.

8. 법회의식

● 법회의식

법회는 불법을 설하기 위한 모임이나 불사를 행하기 위한 모임이다. 삼국시대부터 행해 오던 많은 불교행사도 엄격히 보면 이 법회에 포함된다. 불사(佛事)·법사(法事)·팔관회·연등회·방생회·각종 재·점찰법회·결사에 이르기까지 수없이 많다.

오늘날의 법회도 그 목적하는 바에 따라 갖가지로 나뉜다. 크게는 법사가 법문을 설하고 법문을 청해 듣는 일반법회와 사찰 및 불교단체에서 불경을 강의하고 교리를 설하는 정기법회, 여러 불교명절에 행해지는 축일법회, 특별히 시설되는 특별법회 등이 있다. 사찰에서 열리는 대표적인 법회로는 화엄 관음회·미타회·지장회·화엄신중·용화회·영산재회·수륙재회·예수재회·방생회 등이 있다.

현재 일반적으로 통용되는 법회의식은 촛불과 향공양을 한 뒤 삼배를 올리고 자리에서 정진을 하다가 법회를 알린다. ①타종(5회) ②예불 ③헌다(혹은 헌화·헌향)하고 ④《천수경》혹은《금강경》을 봉독한 뒤 법회가 열림을 사회자가 알리고 ⑤삼귀의례를 한다. ⑥찬불 ⑦《반야심경》을 봉독하고 ⑧입정에 들어 마음을 가라앉히고 선정에 든다. ⑨법사가 등단하고 법을 청하는 청법의식(청법게 혹은 청법가)을 하면 ⑩법사가 설법한다. ⑪대중들은 법을 실천할 것을 다짐하면서 찬탄의 예를 한다. ⑫이어 대중이 알아야 할 법회 내외의 문제를 공지하고, ⑬정근을 할 때는 각 법회에 맞도록 석가모니불, 관음, 아미타불 정근 등을 택하여 행하고 보시를 한다. ⑭다음에는 발원 ⑮사홍서원 ⑯산회가를 하고 법회를 끝마친다.

가정이나 직장의 법회는 일반법회를 설법위주로 줄여서 하는데 ①불단을 마련하고 삼귀의를 한다. ②찬불 ③《반야심경》을 봉독하고 ④약 5분 간의 입정에 든다. ⑤법사가 설법하고 ⑥설법이 끝나면 정근과 보시를 한다. ⑦이어 법회의 목적과 법회 회원의 소원 성취를 발원하고 ⑧사홍서원 ⑨산회가로 끝나게 된다.

이외에 생일·취임·이임·승진 등에 맞는 법회를 하는데 그 절차는 일반법회에서 필요한 것을 중심으로 가감한다.

● 방생의식(放生儀式)

방생은 생명의 존엄성을 깨우쳐 주는 의식이며 선업을 짓는 적극적인 자비의 행이다. 죽어 가는 산 물고기들을 놓아 주는 의식을 통하여 죽음에 처한 생명을 구제하고, 나아가서 질병과 굶주림에 고통받는 이웃을 도우며, 생사고해에서 윤회하는 중생을 구제하는 데에 이르기까지 방생의 의미는 매우 깊은 것이다. 부처님께서 살생은 과거의 부모형제를 살해하는 것이고 미래의 부처님을 죽이는 행위로서 생명의 기본질서를 파괴하는 큰 죄악이라 하셨다. 생명의 가치와 인간의 존엄성을 깨우쳐 주는 것은 불교의 사명으로 최근 생태계를 위협하는 환경문제와 함께 생각해 볼 때 방생의 정신을 실현하는 것은 불교인의 사명이라 할 것이다. 언제 어디서나 불안과 공포에 처한 중생계의 생명을 삼보께 귀의하고 구도의 뜻을 일으키도록 하는 것이 바로 보살행이다.

적석도인(赤石道人)은 방생의 공덕을 다음과 같이 설하고 있다. 첫째 자식을 원하는 자는 방생하라. 남을 살게 해 주는 것이 나를 생하게 하니 자식의 경사가 있게 된다. 둘째 자식을 배면 방생해야 한다. 방생은 만물을 보호하니 산모도 반드시 보호를 받게 된다. 셋째 기도할 때에 방생한다. 기도함에 방생의 공덕이 크기 때문이다. 넷째 예수재를 할 때에도 방생부터 행한다. 방생으로 불보살님의 감동을 받으면 큰 복을 받기 때문이다. 다섯째 재계를 할 때, 여섯째 출세를 구하려할 때, 일곱째 염불할 때도 방생을 행하라는 것이다.

방생회의 절차는 불보살을 청하는 봉청의식(奉請儀式)을 하고 《반야심경》(혹은 신묘장구대다라니)을 독송하고 삼보의 위신력으로 누대의 업을 참회하여 멸하는 의식을 한다. 이어 생명을 불법(佛法)에 귀의시키는 의식을 한다. 다음에는 미리 준비한 방생할 생명을 석방하고 불설왕생정토진언과 관음정근을 한 후 축원을 하여 마친다.

9. 생활의례

● 식당작법(食堂作法)

불자가 식당에서 공양할 때 행하는 의식이다. 우선 공양을 하게 해주신 부처님의 공덕을 찬탄하고 마음을 가다듬어 공양을 함에 부끄러움이 없는 자세를 갖고자 하며 아울러 시식을 겸하여 아귀를 구제하는 뜻도 내포한다.

공양을 알리는 명종(鳴鐘)을 다섯 번 치고 시작한다. 먼저 발우를 펴면서 전발게(展鉢偈 ; 如來應量器 我今得敷展 願共一切衆 等三輪空寂 옴 발다나야 사바하)를 하고 《반야심경》을 외우고 십념(十念)을 외운다. 공양을 돌리고 봉발게를 한다.

음식을 먹게 되면 선열(禪悅)로써 법회식을 하겠습니다. 가부좌를 맺으면서 선근을 굳게 가져 흔들림이 없는 경지를 증득하겠습니다. 빈 발우를 보면서 온 마음을 청정하게 가져 번뇌가 일어나지 않게 하겠습니다.

이렇게 발원하고 나서 불삼신진언(佛三身眞言 ; 옴 호철모니 사바하)·법삼장진언(法三藏眞言 ; 옴 불모규라혜 사바하)·승삼승진언(僧三乘眞言 ; 옴 수탄복다혜 사바하)·계장진언(戒藏眞言 ; 옴 흐리부니 사바하)·정결도진언(定決道眞言 ; 옴 합부리 사바하)·혜철수진언(慧徹修眞言 ; 옴 나자바니 사바하)를 외운 뒤 막제게(莫啼偈)·오관상념게(五觀想念偈 ; 음식에 깃든 공덕을 다섯 가지로 관찰하고 음미하는 게송)를 하고 공양이 발우에 가득 차는 것을 보고 원을 세운다. 이 의식에서 중심이 되는 것은 오관게로서 식사 때 마음을 가다듬는 수행의례의 하나다. 오관게는 생반게(生飯偈)·정식게(淨食偈)·삼시게(三匙偈)·절수게(絶水戒)·수발게

(收鉢偈)이며 이때 5명의 승려가 사물(四物)을 울린다. 이어 타주(打柱)가 바라춤을 추고 법고춤이 이어진다.

　일체 선법을 구족하고 음식 조절을 잘하여 향기롭고 아름다운 음식들에 대하여 집착하지 않겠습니다. 저희들이 받은 음식 위로는 삼보님께 공양하고 아래로 모든 중생에게 베풀어 주노니 목마름과 주림을 없애고 무상도를 이루기 바라옵니다. 나의 몸 가운데 8만 4천 충이 있고 낱낱의 털구멍에 9억의 충이 들어 있으니 내가 저들을 살리고저 이 음식을 받으나 반드시 먹고 도를 이루어 저들을 먼저 제도하겠습니다.

　출생게(出生偈 ; 귀신에게 공양하는 게)에 이어 헌식하고 절수상념게(絶水想念偈 ; 발우를 씻은 물을 마시며 아귀가 고통에서 벗어나기를 비는 게송)를 한 뒤 식필상념게(食畢想念偈 ; 이웃들에게 공양의 은혜에 보답할 것을 다짐하는 게송)를 하고 '나무동방해탈주'를 외우고 일어난다. 이 식당작법은 범패와 의식무 등 다양한 불교예술의 종합된 의식절차로 구성되어 있다.

● 발우공양(鉢盂供養)

　식당작법이 큰 재를 올릴 때 대중들의 공양의식이라면 발우공양은 평상시 공양의식이다. 발우는 불제자가 가지는 밥그릇으로 옛날 부처님께서 세 가섭의 집에 모셔진 용에게 항복받은 밥그릇이라 하여 항용발(降龍鉢)이라고도 하고 중생의 근기에 따라 양대로 채워지는 밥그릇이라 하여 응량기(應量器)라 부르기도 한다.

　그릇은 모두 4개로 구성되어 있는데 작은 그릇이 큰 그릇 속에 들어가 하나의 탑을 이룬다. 첫번째 그릇은 찬그릇이고 두번째는 청수그릇이며 세번째는 국그릇이고 제일 큰 그릇은 밥그릇이다. 옛날 임금님이 만발공양(滿鉢供養)을 할 때 제일 큰 밥그릇에 밥을 가득 차게 담

앉으므로 어시발우(御侍鉢盂)라 하여 밥그릇에는 물이나 국을 받아 먹지 않으며 비벼 먹지도 않는다. 밥그릇은 자기 무릎의 왼쪽 바로 앞에 놓고 국그릇은 오른쪽 바로 앞에 놓으며 찬그릇은 밥그릇 앞에 놓고 물그릇은 국그릇 앞에 놓는다. 공양을 알리는 목탁(혹은 종) 소리가 나면 대중방으로 와 조실 혹은 주지스님이 어간(중앙문)에서부터 좌우로 가부좌하여 앉는다.

발우를 펴는 데에는 전발게(展鉢偈)를 하고 죽비소리에 따라 발우를 편다. 다음에 《반야심경》을 외우고 십념(十念) 공양을 돌리고 봉발게를 한다. 부전스님이 죽비로 신호하면 조용히 발우를 순서대로 편다. 행자가 청수물을 돌리면 큰 그릇에 물을 받아 국그릇 찬그릇으로 헹구어 청수물 그릇에 부어 놓는다. 밥과 국이 분배되면 각각 공양을 받아 놓되 자기 역량대로 덜어서 남거나 적지 않게 한다. 분배가 다 이루어지면 《반야심경》을 생각하면서 다음 글귀를 외운다. '한 방울의 물에도 천지의 은혜가 스며 있고 한 알의 곡식에도 만인의 노고가 담겨 있습니다. 이 음식을 먹고 건강을 유지하여 사회대중을 위하여 봉사하겠습니다.' 공양이 끝나면 밥그릇 국그릇 찬그릇을 깨끗이 씻어 고추가루 하나라도 밖으로 나가지 않게 하여 마시고 그릇을 닦아 원래대로 쌓아 놓는다. 이는 질서 있고 청결하고 근검·엄숙한 수행의식으로 옛날의 임금들도 이 발우공양을 통하여 국민의식을 고양하였다.

● **화혼의식(華婚儀式)**

결혼식을 화혼식이라고 하는데 결혼식을 할 때는 먼저 촛불을 켜서 어두운 것과 귀신을 쫓아내므로 화촉(華燭)을 밝힌다고 한다.

요즈음 결혼식에서는 ①신랑신부 입장 ②맞절 ③선서 ④주례사 ⑤신랑신부 내빈께 경례 ⑥퇴장의 순서로 되어 있으나, 불교 화혼의식에는 불교의식이 부가되어 있다.

그 절차는 다음과 같다. ①개식은 종이나 목탁으로 하고 각종 악기를 연주하는 가운데 신랑신부가 식장 안에 들어와 대기하고 있으면 ②주례법사가 화동(花童)·화녀(花女)의 선도로 등단한다. ③신랑신부가 화동화녀의 안내로 입장하면 ④주례법사는 신랑신부의 약력을 간단히 소개한다. ⑤주례법사가 향을 꽂고 삼귀의를 창하면 대중일동이 모두 일어나 예를 올린다. ⑥이때 주례법사는 고유문을 읽는다. '대자대비하신 부처님께 아뢰옵니다. 모도 모군 모소에 사는 청신사 누구와 청신녀 누구는 약혼을 하고 이제 삼보 사중의 증명하에 결혼식을 올리려 하오니 증명하여 주시옵소서!'라는 내용이다. ⑦고유문이 끝나면 신랑신부의 맞절이 있고 ⑧부처님께 헌화한다. 미리 별단에 일곱 송이의 꽃을 준비해 두었다가 신랑이 다섯 송이를, 신부가 두 송이를 각각 헌화한다. ⑨주례의 집전에 따라 혼인서약을 한다. '신랑 신부는 일심합력하여 가정을 정돈하고 나쁜 일을 하지 않고 착한 일을 받들어 행하며 나라에 충성하고 부모에 효행하며 형제에 우애하고 가정에 화목하는 백 년의 혼약에 굳은 신념을 가지고 맹세합니까? 9족 친척에 항상 화목하고 또 금생으로부터 억겁에 이르기까지 부부의 연을 더욱 깊이 하고 언제나 정법을 믿고 계율을 지켜 사견에 빠지지 않고 각행원만(覺行圓滿)의 불도를 실천하여 성불하고 중생을 제도하는 데 앞장서겠습니까?' 하여 신랑 신부가 서약을 마치면 주례는 결혼이 원만히 성취되었음을 선언하고 찬불송으로 부처님을 찬탄한 뒤 간단히 주례사를 한다. 그리고 내빈축사와 축전을 낭독하고 사홍서원으로 의식을 마친다.

  이와 같이 불전의 화혼의식은 고유문과 헌화의 순이 다르고 처음의 삼귀의와 사홍서원이 다를 뿐 일반의식과 큰 차이는 없다.

10. 기타

● 사리회(舍利會)

부처님의 사리에 공양하고 그 공덕을 찬탄하는 법회로 사리강(舍利講)이라고도 한다. 오늘날 사리회는 부처님의 진신사리와 고승의 사리를 친견하고 예배 찬탄하는 법회이다.

사리는 육바라밀이나 계·정·혜를 닦아 훈수(熏修)에 의해 생기기 때문에 매우 희귀한 것으로 제일의 복전이며 신앙의 대상이 되었다. 전신사리(全身舍利)·쇄신(碎身)사리·생신(生身)사리·법신(法身)사리 등으로 나눌 수 있다. 전신사리는 다보불과 같이 전신이 그대로 사리인 것이고, 쇄신사리는 부처님과 고승들의 몸에서 나온 낱알의 사리이며, 생신사리는 여래가 열반에 든 뒤 전신사리나 쇄신사리를 남겨 두어 인(人)·천(天)이 공양하게 한 것이며, 법신사리는 법신의 사리로 대소승의 일체경전을 말한다.

사리는 사리함에 넣어 사리탑에 봉안한다. 고승이 돌아가시고 난 뒤 나오는 사리도 부도(浮屠)에 장치하여 수행의 거울로 삼기도 하며 신앙의 대상이 된다.

의식절차는 전하는 것이 없으나 사리이운으로부터 시작하는데 불사리와 고승사리 각각에 해당하는 의식을 하고 나서 정근을 하거나 조용히 합장하면서 순서에 따라 사리 앞에 이르러 예를 올리고 친견한다.

● 사경회(寫經會)

불교경전의 경문을 베껴 쓰는 것으로 신앙적 의미를 가진 공덕경(功德經)이다. 불교신앙에서 경전은 불멸 후 정법의 보고로서 중요시되었는데 사경 및 석경(石經)·송경(誦經)·강경(講經)의 형식으로 신앙되었다. 사경이란 경전의 법문을 한자 한자 정성을 다하여 손수 쓰면서 그 의미를 익히고 실천하는 것이고, 석경은 사경이 종이나 좋은 비단과 같은 재료를 쓰는 것인 데 반해 바위 · 석굴 등의 돌에 새기는 것이다. 석경은 중국에서 법난으로 불법이 피폐해지자 불법을 비밀히 전하고자 깊은 산 동굴이나 바위에 새겨 숨겨 둔 것이 그 예이다. 송경이란 아침 저녁 지극한 마음으로 독송하고 외우는 것이며, 강경은 경전의 뜻을 이해하고 남에게 가르치기 위해 강의하는 것이다.

사경의 목적은 초기에는 불경을 후대에 길이 전하고, 승려가 독송하고 연구를 하기 위해서, 또는 서사의 공덕을 위해서 행해지는 등 주로 경전의 전달과 널리 경을 유포시키는 것이 주였으나, 목판본과 활자의 발명으로 경전의 유통과 보급이라는 실질적인 면보다는 서사공덕을 강조한 신앙적인 면이 강조되었다. 우리나라에서는 경덕왕 때 《백지묵서대방광불화엄경》 권43이 있는데 장식경 · 공덕경의 최초이다. 고려시대에는 사경이 성하여 전문 사경승(寫經僧)과 사경지(寫經紙)가 만들어졌다. 특히 고려대장경을 주조하기 위해서도 많은 사경이 행해졌다.

사경은 《법화경》과 《화엄경》이 주를 이루고 있고 《아미타경》《금강경》《부모은중경》 등 여러 경을 대상으로 하였다. 《법화경》이 특별히 사경에 많이 쓰인 것은 이 경의 서사수지하는 법화신앙과 경탑신앙에서 나온 것으로 보인다. 또 쓰는 재료에 따라서 금분(金粉)으로 하는 금자(金字)사경, 바늘로 수를 놓아 가는 수예사경, 흔히 많이 행하는 묵으로 쓰는 사경 등으로 다양하다. 특히 왕실에서 국가의 호국을 위해서나 왕실의 종친이 죽었을 때 극락왕생의 발원과 왕실의 번영을 기원하기 위하여 행해졌고, 일반사찰에서도 일체의 액난을 면하고 수명수복과 소원성취를 발원하는 신앙에서 행해졌다.

고려시대에서 조선 초기까지 크게 성행하다가 점차 사라졌는데 다행스럽게도 근래에 사경법회가 다시 재현되고 있다. 병풍 · 도자기 ·

불구(佛具)에 이르기까지 다양하게 사경이 행해지고 있다.

● 복장(腹藏)

불상을 조성하고 나서 불신력을 상징하는 불사리·다라니·경전과 여러 가지 유물을 불상의 배 안에 봉안하는 것을 말한다.

처음 탑 안에 넣어 신앙하던 사리는 점차 사리신앙이 퍼져나간 뒤에는 탑뿐만 아니라 불경이나 불화에도 봉안하였고 불상의 배 안에도 장치하게 되었다. 우리나라에서 발견된 탑의 복장으로 유명한 것은 불국사 석가탑에서 사리함과 함께 나온 경덕왕 때의 목판본인 《무구정광대다라니경(無垢淨光大陀羅尼經)》이 그 예이다.

《조상량도경(造像量度經)》에 의하면, 초기에는 불상의 머리 부분에 봉안했던 것을 점차 배 안에 봉안한 것으로 보인다. 일반적으로 복장에 쓰이는 사리·오곡이나 오색실·불경과 의복·다라니와 만다라·복장기와 조성기를 머리와 배의 빈 부분에 가득 채워 넣는데 이는 바로 《조상경》의 법식에 따른 것이다.

우리나라에서 본격적인 복장의 형태를 갖추어 행해진 것은 고려시대부터로 추정하고 있다. 이 복장물은 당시 불교신앙의 경향, 사경·미술·불상조성의 유래, 작가·발원자들의 신분 등을 이해할 수 있는 귀중한 자료이다.

제13장 ∴ 불교의 예절

제13장
●
불교의 예절

金 吉 原

● 절에 갈 때의 예절

우리가 절에 들어가기 위해서는 여러 개의 문을 통과해야 한다. 본사와 같은 큰 절의 경우를 예로 든다면 일주문·불이문·천왕문·금강문·해탈문을 지나게 되는 것이 통례이다. 그런데 이러한 문 이외에도 그 절의 중앙 건물인 큰 법당에 이르는 길은 여러 개가 있을 수 있다. 그러나 절에 들어가기 위해서는 다른 길로 들어가지 말고 정해진 출입문을 통해서 들어가야 한다.

일주문은 절의 입구에 있는 첫번째 문으로서 절 경내가 시작되는 곳이다. 양쪽에 기둥을 하나씩만 세워서 만든 문이기 때문에 일주문이라 한다고 하지만 절에 따라서는 양쪽 기둥을 하나 이상씩 세운 것도 있으므로, 기둥을 일렬로 세워서 만든 건축물이기 때문에 일주문이라고 한다는 말이 더 합당할 것 같다.

속세의 미혹에 젖어서 나의 참생명을 잠시 잊고 바쁘게 움직였더라도 지금부터는 삼보 도량에 발을 들여 놓는 것이며 참생명의 본 바탕을 되찾아야 하기 때문에 잠시 마음 정돈이 필요하다.

이곳 일주문에 이르러서 합장하고 법당 쪽을 향하여 공손하게 반배를 올리는 것부터 절의 출입예절이 시작된다. 대부분의 절에는 불자가 아닌 일반 관광객의 출입도 많기 때문에 자칫 예절이 문란해질 우려가 있는데, 우리 불자가 이러한 기강을 바로잡아야 할 것이다.

일주문에서 법당 쪽을 향하여 반배를 하는 것은 특정한 대상을 향한 예배라기보다는 절 경내에 들어오면서 행하는 의례적 행동이기 때문에 합장한 채 서서 반배로 일배만 하여도 무방할 것이다.

천왕문에 들어서면 좌우에 사천왕상이 모셔져 있는데 각각 반배로 삼배한다. 아직 법당에 모셔진 부처님께 예배를 드리지는 않았어도 경의를 표할 대상을 만나는 경우에는 절을 하여야 한다.

대개의 경우 일주문·천왕문·해탈문을 지나서 곧바로 올라가면 그 절의 중심건물 마당에 이르고, 그 마당에 봉안된 답전에 예배를 마치고 계단을 올라가서 법당에 이르게 된다.

● 절 안에서의 예절

절문에 들어왔으면 집에 돌아갈 때까지 계속 경건한 마음가짐을 가지고 매사를 조심스럽게 행동하여야 한다. 절에서 행동할 때 법당 안에서나 밖에서나 법당의 중앙에 위치하는 것은 가급적 피해야 한다. 삼보님을 모시고 수행하는 도량으로서의 절에서 재가신도는 자기를 가장 낮은 위치에 두어야 하며 모든 이를 공경하여야 한다.

뒷짐을 지거나 주머니에 손을 넣지 않고 신발이 끌리지 않도록 주의하며 길 한쪽을 택하여 걷는데 일반적으로 보행자의 방향인 좌측통행이 무난할 것이다. 급하다 하여 뛰어서도 안 된다. 혹 평소에 잘 아는 사람을 만나더라도 반갑다고 큰소리로 웃거나 떠들어서는 안 되며 경건하게 합장 반배한 후 조용하게 이야기하도록 해야 한다. 만일 법당에 이르기 전에 역대 조사 스님의 부도를 지나게 되면 선 채로 합장 반배하여야 하며 길에서 스님이나 법우를 만나는 경우에도 합장하고 반배를 한다.

　법당 앞의 탑은 부처님 사리를 봉안한 신성한 곳이며 설혹 실제로
사리가 모셔져 있지 않더라도 부처님전과 마찬가지로 생각하고 서서
반배로 삼배를 올린다. 그리고 탑을 도는 경우가 있는데 공경하는 대
상을 가운데 두고 그 주위를 도는 관습에서 유래된 요불·요탑의 예
경으로서 자기의 오른쪽에 탑이 위치하도록 하고 돌아야 한다. 이것은
왼쪽보다 오른쪽을 중요시하는 인도의 고대 관습에서 비롯된 것이라
할 수 있다.

　지금은 삿갓이나 지팡이를 소지하고 다니지 않기 때문에 불전 벽에
삿갓을 걸거나 지팡이를 기댈 일이 없으나 비오는 날에 우산을 가지
고 절에 갔을 때에는 우산을 법당 벽에 기대어 놓지 않도록 하여야 할
것이다.

　절의 경내에 들어와서는 화급을 다투는 중대한 용무가 있는 경우를
제외하고는 먼저 법당에 들어가서 부처님전에 참배를 드려야 한다.

　법당에 올라가는 계단은 중앙 계단과 좌우의 계단이 별개로 있는
경우도 있고 넓은 중앙 계단 하나만 있는 경우도 있는데 중앙 계단을
피하여 오른쪽 또는 왼쪽 계단을 이용하여 올라가야 하며 계단이 하
나만 있는 경우에는 중앙에 위치하지 않도록 한쪽으로 올라가야 한다.

●**법당에 들어가는 법**

　법당으로 들어가는 문은 여러 개가 있다. 법당의 정면 벽에 중앙문
이 있고 양쪽 옆에도 각각 하나씩 문이 있으며 법당 좌우의 측면 벽에
또 문이 하나씩 있는 것이 우리나라 법당건물의 일반적 특징이다.

　법당의 내부 구조를 보면, 가운데 상단이 마련되어 있어서 불보살
님을 모시었고 그 좌우에 신중단이 설치되어 있는데 상단의 주좌(主
座)를 기준으로 가운데 통로를 어간(御間)이라 하고 법당의 정면 벽
으로 난 가운데 문을 어간문이라고 한다.

　법당에 들어갈 때에는 가운데의 어간문을 이용해서는 안 되며 측면

으로 난 문을 이용하거나 어간문이 아닌 좌·우쪽의 문을 이용하여야 한다. 법당에 들어가기 위해서는 신발을 벗어야 하는데 우리가 마음을 정돈하고 절에 들어왔던 것처럼 벗어 놓은 신을 정돈하여야 한다. 법당 앞에 가지런히 정돈된 신발에서 우리의 불심을 읽을 수가 있다. 신발은 나갈 때 신기 편하도록, 즉 신발코 끝이 밖을 향하도록 가지런히 정돈되어야 한다.

법당은 부처님을 모시고 스님과 불자들이 정진하는 신성한 장소이므로 항상 정숙을 요한다. 문을 열 때에 요란한 소리를 내게 되면 다른 불자들의 기도정진에 방해가 되기 때문에 소리가 나지 않도록 문을 열어야 하겠다. 그러기 위해서는 왼손으로 오른손의 손목을 받쳐 잡고 오른손으로 문고리를 잡은 다음 약간 들어올려서 문을 열어야 한다. 법당의 왼쪽 문으로 들어갈 때에는 왼쪽 발을 먼저 들여놓아야 하고 오른쪽 문으로 들어 갈 때에는 오른쪽 발을 먼저 들여 놓아야 하는데, 왼쪽·오른쪽 방향은 법당 상단의 주불로서 모셔진 부처님을 중심으로 하여 판정한다.

부처님의 오른쪽에 서 있을 경우 만일 부처님을 향하여 왼쪽 발을 먼저 내딛게 되면 신체의 구조상 자연히 부처님을 등지게 되므로 옳은 방법이 아니다. 그러나 오른발을 먼저 내딛게 되면 가슴 쪽이 부처님을 향하게 된다. 그러므로 오른발 또는 왼발을 먼저 들여 놓는다는 것은 결국 자세에 있어서 부처님을 가슴으로 감싸 안아야지 등을 돌리는 자세가 되어서는 안 된다는 것이다.

● **법당에서 행동하는 법**

법당에 들어와서는 먼저, 상단의 부처님을 향하여 합장하고 반배한다. 이때 주의할 것은 부처님께 합장 반배하는 데 몰두하여 다른 법우들이 법당에 들어올 수 없도록 문을 막고 서 있지는 아니한가를 점검하여 보는 일이다. 그러므로 법당에 들어와서는 문의 가운데를 피하여 다른 법우들의 통행에 지장이 없도록 약 한 발자국쯤 앞으로 나아가서 부처님전에 반배를 올려야 한다.

그리고 법당에 들어간 목적에 따라 공양을 올리기 위하여 불전으로 가든지 또는 예배를 하기 위하여 적당한 자리를 찾아가든지 하는데 법당 내에서는 합장한 자세로 보행을 하여야 한다. 소리가 나지 않도록 발뒤꿈치를 들고 조용히 걸어야 하며 부처님전에 절을 하고 있는 다른 법우의 머리맡을 지나지 않도록 하고, 다른 법우들에게 방해가 되지 않도록 각별히 유의하여 자기 자리로 가야 한다.

법당 상단의 주좌를 중심으로 하여 가운데 통로인 어간에는 절대로 위치해서는 안 되며 부득이 어간을 지나갈 때에는 합장한 자세로 허리를 굽히고 신속히 통과하여야 한다.

법당에서 밖으로 나올 때에는 먼저 법당 안에 다른 법우들이 남아 있게 되는지를 확인한다. 자기가 최후로 법당을 나오게 되어서 법당 안에 사람이 없게 되는 경우에는 촛불을 끄고 각 기물을 확인하여 화재 등의 예방에 만전을 기해야 한다.

불을 끄기 위하여 불전에 나아갈 때에도 합장하고 조용한 걸음으로 나아가 약 1~2보 전방에서 멈추어 서서 반배한 다음 가까이 다가가서 입으로 불지 않는 방법으로 불을 꺼야 하며 촛불을 끈 다음 다시 뒤로 물러서서 합장 반배하고 나올 때에도 들어갈 때와 마찬가지로 합장 자세로 법당의 옆문으로 와서 상단의 부처님전에 합장 반배한 후 뒷걸음으로 법당 문을 나온다.

● 합장하는 법

합장은 불자의 기본자세로서 두 손바닥을 마주 합하는 모양을 말한다. 합장은 손바닥을 합함으로써 나의 마음을 모으고 나아가서 나와 남이 따로 없이 하나의 진리 위에 합쳐진 동일 생명이라는 무언의 선언이기도 하다.

합장에는 손을 연꽃 모양으로 마주 합하는 연화합장과 손가락을 교차하여 마주하는 금강합장이 있다. 연화합장의 손모양을 먼저 설명하면 두 손바닥이 밀착하여 빈틈이 없어야 한다. 그리고 두 손 각각 다섯 개의 손가락이 연꽃잎처럼 서로 밀착되어 있어야 한다. 특히 엄지손가락 또는 새끼손가락이 따로 떨어지는 경우가 많으므로 떨어지지 않도록 유의하여야 한다. 또한 오른손의 손가락과 왼손의 손가락이 서로 어긋난 것은 올바른 연화합장이 아니고 금강합장에 해당한다.

손가락만을 합하고 손바닥을 합하지 않는 것은 마음이 거만하고 생각이 흩어진 것으로 여긴다. 합장한 두 손은 손끝이 곧바로 위를 향하도록 하여야 하며 손이 지나치게 밑으로 처지지 않도록 유의하여야 한다. 이때 팔꿈치를 몸에 너무 붙이지 말고 합장한 손으로부터 자연스럽게 내려뜨린 기분으로 하여 팔이 겨드랑이에서 약간 떨어지게 한다. 그리고 합장한 두 팔은 일직선에 가깝도록 하며 손과 가슴의 간격은 주먹 하나가 들어갈 정도로 유지한다.

금강합장은 합장차수라고도 하며 합장하여 손가락을 교차하는 것을 말한다. 합장은 앞에서 말한 바와 같이 경건한 의미가 담겨진 자세이므로 손을 받들어 모신다는 생각으로 조심스럽게 유지하여야 하며 불필요하게 좌우로 움직인다든가 위아래로 흔드는 등의 동작을 삼가해야 한다. 절을 할 때에도 처음에 취한 합장의 자세가 흩어지지 않도록 하여야 한다. 또 불필요하게 큰 원을 그려 손을 이마 높이까지 올렸다가 합장을 하는 행동은 올바른 합장 순서라고 할 수 없다. 간단하면서도 정확한 동작의 연속으로 합장 자세를 취해야 한다.

● 법당에서 앉고 서는 법

법당에서는 법회가 진행되는 동안 의식의 순서에 따라 앉았다 섰다 하는 경우가 있고 또 혼자 예배를 드리는 때에도, 부처님께 절을 마친 후 잠시 혹은 오랫동안 앉아 있기 위하여 자리에 앉는 경우도 있다.

또는 앉아 있다가 절을 하기 위해서, 혹은 부처님전에 향·초 등의 공양을 올리기 위해 일어서는 일이 자주 있다. 이러한 자세의 변화를 가져오는 동작은 자칫 잘못하면 경박하거나 오만하게 보이는 수가 있고 정돈된 마음을 산란하게 만들기 쉬우므로 특히 주의하여야 한다.

앉고 설 때에는 반드시 절을 하고 앉고 선다는 생각을 가져야 한다. 법당에서 우리의 행동을 잘 관찰하면 처음에 반배하는 동작부터 시작하여 모든 행동의 시작과 끝이 절로 이어지는 것이므로 앉거나 서기 전에 대부분 반배를 마친 동작이 된다. 그러나 앉고 설 때에는 그렇게 자연스러운 동작에 의하여 이미 반배를 마쳤다 하더라도 앉는 동작 또는 서는 동작의 일부로서 머리를 조아리는 동작을 별도로 하는 것이 원칙이다.

앉을 때에는 선 자세에서 그대로 큰절을 하여 두 손과 이마를 땅에 댄 후 상체만을 일으키면 앉아 있는 자세가 된다. 물론 무릎을 꿇고 앉아 있는 자세가 되는데 그 후에는 형편에 따라 가부좌 또는 반가부좌의 상태로 자세 변환을 할 수가 있다. 앉아 있다가 설 때에는 앉아 있는 형태가 여러 가지이므로 먼저 무릎을 꿇고 합장한 자세를 취한 다음에 일어서야 한다. 무릎을 꿇고 합장한 자세에서 그대로 허리를 굽혀 합장한 두 손을 펴서 땅을 짚고 이마를 두 손 사이의 땅에 대면 큰절이 완료된 상태가 되는데 이 상태로부터 일어서야 한다.

이러한 예법을 복잡하고 불필요한 동작이라 생각할지 모르나 한결같은 마음을 유지하기 위해서도 필요하고 삼보를 공경하는 마음의 표현을 위해서도 필요하며, 자기를 철저히 낮추는 동작이므로 꼭 지켜서 행하여야 한다. 처음에는 어려운 것 같아도 습관이 되면 자연스럽게 이루어진다.

● **법당에서 앉는 자세**

불자의 모든 자세는 불자가 아닌 사람의 자세와 비교할 때 여러 가지로 다른 점이 있지만 이 중에서 앉아 있는 자세에 가장 두드러진 특징이 있다고 할 수 있다. 즉, 허리를 지면으로부터 수직이 되도록 쭉 펴고 앉아 있는 늠름한 자세야말로 누가 감히 범접할 수 없고, 고고한 기품을 드러내어 보이는 불자의 자세인 것이다.

이것은 하루 아침에 익숙해질 수 있는 자세는 아니다. 합장·차수·앉고 서는 동작·올바른 절은 그 행동의 시간이 길지 않은 것이기 때문에 짧은 시간의 연습에 의하여 숙지되는 것이나 앉아 있는 자세는 비교적 장시간을 필요로 하기 때문에, 가능한 한 오래 앉아 있을 수 있는 인내심을 기르는 것이 필요하다. 앉아 있는 자세는 선방에서 용맹정진하시는 스님들의 좌선자세를 배우는 것이 가장 좋다.

앉아 있을 때에는 두 귀와 어깨가 지면으로부터 평행이 되고 코와 배꼽이 나란히 되도록 자세를 바로 유지하고 턱을 약간 당겨서 염불 또는 독경할 때를 제외하고는 입을 꼭 다물도록 한다. 옆에서 볼 때에는 지면과 몸이 수직이 되도록 곧은 자세를 취하는데, 너무 힘을 주어 뒤로 젖히거나 또는 반대로 앞으로 굽은 자세가 되어서는 안 된다. 앉아 있을 때의 손은 서 있을 때의 차수 자세를 그대로 유지하여 하복부에 붙이면 된다. 즉, 두 손을 가볍게 마주 잡거나 오른손 위에 왼손을 올려 놓은 채로 아래로 내려서 다리와 몸통의 경계가 되는 하복부에 댄다.

독경·염불시에는 꿇어앉는 자세가 좋다. 장시간의 지속이 어려운 자세이나 예경·축원을 할 때는 적합한 자세이다. 《천수경》을 독경할 때에는 꼭 꿇어앉는 습관을 기르도록 하여야 한다. 꿇어앉는 경우에도 허리를 곧바로 세우고 몸의 평형을 유지하여야 한다.

● **좌선하는 법**

좌선의 대표적인 자세는 결가부좌이다. 결가부좌의 자세는 오른쪽 발을 왼쪽 넓적다리 위에 올려 놓되 발을 끌어당겨서 발바닥이 위를 향하도록 복부 쪽으로 당기고, 또 그 위에 같은 요령으로 왼쪽 발을 오른쪽 넓적다리 위에 교차시켜 얹어 놓는 자세이다. 두 발은 같은 각도로 교차되어야 하고 두 무릎이 바닥의 좌복에 밀착되어야 하며 두 발은 모두 바짝 당겨 하복부에 가까이 붙여야 한다. 둔부의 중심과 두 무릎이 삼각형을 이루며 바닥에 밀착되어 금강과 같이 견고하므로 일명 금강좌라고도 한다.

그러나 이 자세는 아무나 쉽게 익숙해질 수 있는 자세가 아니다. 결가부좌보다 조금 수월한 자세가 반가부좌인데 이것은 결가부좌의 자세 중 다리 모양만 다르게 취하는 자세이다. 결가부좌는 두 다리를 교차시키는데 반가부좌는 같은 자세에서 왼쪽 또는 오른쪽의 어느 한쪽 다리를 밑에 깔고 그 위에 다른 한 쪽의 다리를 반대편 넓적다리 즉 밑에 깔려 있는 다리 위에 올려 놓는다. 이 자세에서도 두 무릎이 바닥에 밀착되어야 하나 밑에 깔린 다리 때문에 두 무릎이 바닥에 완전히 밀착되기는 힘든 자세이다.

결가부좌나 반가부좌의 하나를 택하되 참선의 경험이 없는 불자는 몸에 무리가 가지 않도록 반가부좌의 자세를 선택하는 것이 좋다.

손은 '법계정인(法界定印)'을 맺는데 왼쪽 발을 오른쪽 다리 위에 올려 놓은 반가부좌의 경우를 예로 설명하면 두 손을 하복부에 붙이되 오른손 손바닥이 위로 향하도록 왼발 위에 놓고 역시 왼손 손바닥도 위로 향하도록 오른손 손바닥 위에 손가락 부분이 포개어지도록 놓은 다음 두 엄지손가락을 살짝 맞댄다. 이때의 엄지손가락은 꽉 붙이면 안 되며 손 전체의 원형을 유지하도록 한다. 이와 같은 손의 모양을 법계정인 또는 '대삼마야인'이라 하며, 정신이 흩어지면 손의 모양이 잘 이루어지지 않는다.

● 입정하는 법

입정(入定)이란 정(定)에 들어가는 것 또는 선정(禪定)에 들어가는 것, 마음을 한 경계에 정하고 고요히 생각하는 것이라고 풀이한다. 법회시의 입정은 법문을 듣기 위한 준비단계로서 우리가 입정을 할 때에는 마음에 흔들림이 없고 동요가 없도록 가다듬고 부처님의 모든 법문을 송두리째 섭수하겠다는 자세로 임하여야 할 것이다.

입정의 시작은 죽비를 세 번 치는 것을 신호로 삼는데 죽비가 없을 때에는 목탁을 짧게 굴려서 세 번 치기도 한다. 입정의 신호가 끝나면 몸은 좌선자세를 취한다. 꿇어앉은 상태에서 입정을 해도 상관이 없다. 법회시 입정신호가 울리면 대부분의 불자들은 합장을 하면서 반배를 하기도 하지만 이것은 불필요한 동작이다. 불교의식의 모든 동작이 절(拜)로부터 시작하고 절(拜)로 끝나는 것은 사실이나 입정할 때 굳이 절을 하고 입정할 필요는 없을 것 같다. 대중과 호흡을 함께하는 측면에서 통일성 유지가 어렵게 되기 때문이다.

입정 끝을 알리는 신호는 입정 시작의 신호와 같게 한다. 죽비를 세 번 치거나 목탁을 세 번 울리는 것으로 입정을 끝내는데 역시 시작할 때와 마찬가지로 입정 끝 신호와 함께 반배하는 것은 순서에 없는 동작이다.

입정 중에는 장내가 매우 고요하다. 많은 대중이 모였으므로 대중 가운데에는 어린이를 동반하여 그 어린이가 시끄럽게 우는 경우도 있을 것이고 또는 폭소를 자아내게 하는 여러 가지 경우도 있을 수 있다. 또는 늦게 입장하는 법우의 발소리를 들을 수 있다. 엄숙한 법회장 분위기의 조성을 위해서는 이러한 일이 없도록 하여야 할 것이나, 재가의 일상생활을 하면서 바쁜 시간을 쪼개어 법회에 동참하다 보면 어린이를 동반하여야 할 때도 있고 법회장에 늦게 도착할 수밖에 없는 경우도 있다. 따라서 불자는 이러한 일에 대하여 얼굴을 찌푸리거나 싫어해서는 안 된다. 그리고 입정이 끝났을 때에 끝나자마자 마치 억압에서 풀린 것처럼 몸을 앞뒤로 움직이거나 기침을 큰소리로 하면서 자세를 무너뜨려서는 안 된다. 법회순서로서의 입정은 끝났으나 계속 정(定)의 상태를 유지해야 한다.

● **반배하는 법**

불자가 삼보께 예경 올리는 절은 오체투지(五體投地)의 큰절이 원칙이지만 다음과 같이 장소의 사정에 의하여 큰절을 할 수 없는 경우, 큰절을 시작하기 전과 큰절을 마친 후, 그리고 공양을 올리거나, 앉았다 서는 등 동작의 변화가 있을 때에는 반배를 한다. 반배하는 경우의 예를 들면 다음과 같다.

① 절의 입구에서 법당을 향하여 절할 때
② 길에서 스님이나 법우를 만났을 때
③ 옥외에서 불탑에 절을 할 때
④ 야외법회시
⑤ 옥내법회라 하더라도 동참 대중이 많기 때문에 큰절을 올리는 것보다 반배가 적합하다고 판단되는 경우
⑥ 큰절, 예를 들어 3배・7배・21배・108배・1,080배 등의 절을 하기 전과 절을 마친 후
⑦ 불전에 나아가 헌화를 하거나 향・초 기타의 공양물을 올리기 직전과 올린 후
⑧ 법당에 들어가서 바로 또는 법당에서 나오기 직전
⑨ 기타 필요시

서서 반배를 하는 경우, 합장을 한 자세로부터 시작되며 그대로 상체를 90도 각도로 앞으로 숙여 예배하는 자세가 바로 반배이다(合掌曲躬). 보통의 경우 60도 내지 90도의 각도로 숙여서 절을 하게 되나, 공손하고 깊은 절을 하기 위해서는 90도로 굽힌다는 생각으로 절을 해야 한다. 그러나 90도 이상으로 몸이 지나치게 숙여지지 않도록 하여야 한다.

앉아서 반배하는 경우에도 서서 반배할 때와 마찬가지로 앉은 채로

허리를 깊이 숙여 절을 한다. 이때에는 꿇어앉아서 하는 것이 원칙이다. 그리고 반배할 때 손끝이 위를 향하도록 하며 합장이 흩어지지 않아야 한다. 그러므로 몸과 손이 일체가 되어서 움직여야 하며 손을 흔든다든가 몸과 손이 각각 움직이면 안 된다.

● 큰절

불자가 삼보께 올리는 오체투지의 큰절은 우리나라 재래 예법인 큰절의 원형을 그대로 유지하되 반드시 몸의 다섯 부분이 땅에 닿아야 한다. 이때 오체(五體)라 할 수 있는 몸의 다섯 부분은 왼쪽 팔꿈치·오른쪽 팔꿈치·왼쪽 무릎·오른쪽 무릎·이마를 말한다.

이 오체투지의 예는 자신을 무한히 낮추면서 상대방에게 최대의 존경을 표하는 몸의 동작으로서 가장 경건한 예법이다. 진정한 예배는 마음속의 교만함이 없어야 하는데 이 오체투지의 예는 교만과 거만을 떨쳐 버리는 행동 예법이라 할 수 있다.

큰절하는 동작을 순서대로 구분하면 대개 무릎을 꿇는 동작, 오른손부터 땅을 짚는 동작, 왼손과 이마를 땅에 대는 동작, 손바닥을 위로 하여 부처님을 받드는 동작으로 나눌 수 있다. 먼저 무릎을 꿇고 오른손을 땅에 댈 때에는 땅에 딛고 있는 발을 펴서 발등이 땅에 닿도록 놓되, 오른발이 아래에 놓이고 그 위에 왼발이 놓여져서 'X'자가 되게 한다. 동시에 합장한 손을 풀어 오른손으로 오른쪽 무릎 앞의 땅을 짚되 이마가 땅에 닿을 위치를 고려하여 적당한 거리를 잡은 다음 왼손과 이마를 땅에 댄다. 앞의 동작에서 이미 오체투지의 큰절을 할 모든 준비가 완료되었으므로 이 동작에서는 허리를 더 깊이 숙이면서 가슴 근처에 남아 있는 왼손을 오른손과 적당한 간격으로 나란히 하여 왼쪽 무릎 앞에 놓고 머리를 그대로 숙여서 이마를 두 손 사이의 땅에 닿도록 한다. 이때 몸을 숙이는 반동에 의하여 둔부가 발에서 떨여져서는 안 된다.

삼보에 대한 예경으로서의 절을 함에 있어서 우리는 자기자신을 철저하게 낮추고 상대방을 공경한다는 마음자세를 오체투지로 표시한다. 그리고 이 인도의 예법은 상대방의 발을 받드는 접족례(接足禮)에서 유래되었기 때문에 완전히 오체투지가 이루어진 후에 두 손을 뒤집어(仰向) 약간 들어올려서(承虛) 부처님 발을 받듦(佛足接)과 같은 동작을 취한다.

● 오체투지(五體投地)

완전히 오체투지(五體投地)가 이루어진 상태에서는 무릎을 꿇고 땅에 닿은 이마의 양편에 두 손이 가지런히 놓이며 두 팔꿈치가 자연스럽게 땅에 닿아 있어야 한다. 이때 둔부가 발에서 떨어져 몸의 뒷부분이 높이 올라가지 않도록 자세를 낮추어야 한다. 그렇게 되기 위해서는 발을 무릎을 중심으로 완전히 하나가 되도록 접고, 그 발을 둔부로 밀어서 깔고 앉아야 된다.

이 자세는 올바르게 무릎을 꿇고 앉은 자세에서 허리만을 굽히면 되는데 허리를 굽힐 때에 그 반동으로 몸이 들리는 것만을 저지하면 된다. 물론 몸이 굳어서 허리가 잘 굽어지지 않는다든가 하는 신체적인 문제점이 제기될 수 있지만 연습에 의해 극복될 수가 있다.

그리고 오체투지의 큰절을 할 때에는 손바닥이 위를 향하도록 젖혀서 부처님 발을 받드는 모양을 하는데 이 동작의 의미를 바로 알고 정확한 자세를 취하여야 한다. 막연하게 손바닥만 위로 하여 앞으로 내미는 자세를 취하여, 마치 복을 달라고 애걸하는 자세처럼 보이게 하거나, 연꽃 모양 또는 자기 머리를 두 손으로 감싸는 것과 같은 부정확한 자세를 취하지 말아야 할 것이다.

오체투지의 자세에서 땅을 짚고 있는 두 손을 뒤집어서 손바닥이 위를 향하도록 한 다음 귀 높이까지 약간 들어올린다. 이때에는 손바닥이 곧게 펴진 상태를 그대로 유지하여 손의 모양이 흩어지지 않게 들어올려야 하며 왼손과 오른손이 엇갈려서 올라가서도 안 된다. 즉, 위를 향한 두 손바닥에 부처님의 발이 놓여지고 조심스럽게 들어올린다는 생각을 가져야 자세가 흩어지지 않는다. 이때 팔꿈치은 무릎 끝에 닿게 하고 두 무릎이 닿는 것이 불편한 경우에는 두 무릎 사이를 한 뼘 이내로 떨어지게 하며 손과 손목을 똑바로 편다. 왼 발등으로 오른발바닥을 누르고 둔부를 발 위에 붙여서 몸의 자세를 낮게 한 상태를 계속 유지하여야 한다.

● 고두배(叩頭拜)

불자는 신구의(身口意) 삼업을 던져서 절을 하는 것이므로 기본적으로 삼배를 올린다. 부처님께 대한 예경에는 우리가 몸으로 공경의 뜻을 표시하는 공경례(恭敬禮) 이외에 실상례(實相禮)와 무상례(無相禮)의 형태가 있다.

법을 보는 자야말로 부처님을 뵙는 것이며 예경하게 되는 것이니 이것은 실상례라고 할 것이며, 법의 이치를 깨달아 부처님과 같은 평등성지에 머무는 것을 무상례라고 할 것이다. 따로 형상을 취하여 절하는 것이 아니기 때문이다. 그러나 법을 깨닫지 못한 사람은 부처님의 지혜와 덕성과 뜨거운 자비, 가없는 서원력을 우러러 합장하고 일심이 되어 몸을 굽혀 지극 존경의 뜻을 나투게 되는데 이것이 우리가 취하는바 공경례에 해당한다. 그러므로 몸이 공경의 뜻을 나타내고 그 마음이 부처님의 한량없는 공덕을 향하며 그 생각이 일심일 때 비록 범부의 예경일망정 부처님께 예경하는 의의를 갖게 되는 것이다.

그러나 몸으로 아무리 무수히 절을 한다고 하여도 부처님에 대한 지극한 예경의 뜻을 다 표현할 수는 없다. 따라서 예배의 마지막 끝에 고두(叩頭)를 하게 되는데 유원반배(惟願半拜)라고도 하며 무수히 예경하고픈 심정은 간절하나 절을 이것으로 마치게 되는 아쉬움을 표하는 예법이라 할 수 있다.

고두배는 큰절의 마지막번째 절을 마치고 일어서기 전에 한다. 그러므로 3배인 경우에는 세번째 절, 7배인 경우에는 일곱번째 절, 그리고 108배인 경우에는 108번째 절을 마친 후에 한다. 만일 일배밖에 할 수 없는 피치 못할 경우가 생길 때에는 일배 후 곧 고두배를 하게 된다. 마지막 큰절을 완료하여 몸이 오체투지의 상태가 되고 두 손바닥이 부처님을 받들기 위하여 위로 향한 자세에서 고두를 하기 위해서는 일어설 때와 마찬가지로 먼저 손바닥이 땅을 향하도록 뒤집은 다음 엎드린 자세에서 팔꿈치을 들지 말고 머리와 어깨만을 들고 합장하였다가 다시 두 손과 이마를 땅에 댄다.

● 헌향하는 법

부처님전에 향이나 초를 공양하기 위하여 향과 초를 준비한 경우에 이미 촛불이 켜져 있거나 향이 피워져 있으면 준비한 향과 초를 그대로 부처님전에 올려 놓는 것으로 공양을 대신하여야 한다. 향이 이미 꽂혀 있는 데에도 불구하고 몇 개씩 피워 연기를 너무 많이 낸다든가 다른 사람이 켜 놓은 촛불을 끄고 자기의 초에 다시 불을 붙여서 꽂으면 안 된다.

부처님전에 향을 피워 올리기 위해서는 먼저 합장한 자세를 그대로 유지하여 부처님전으로 조용히 발뒤꿈치를 들고 걸어서 나아간다. 그래서 부처님과의 적당한 거리(1~2보 전방)에 이르게 되면 중앙을 피하여 멈추어 서서 공양을 올리기 전에 반배를 올린다. 그리고 다시 앞으로 나아가서 향합에서 향 한 대를 오른손으로 꺼내 집되, 향의 중심부를 오른손 손가락 끝으로 모아들고 불을 붙인 다음 향에 붙은 불을 흔들어서 끈다. 향에 불을 붙일 때에는 성냥불을 켜서 붙이는 것이 원칙이나 관습상 촛불을 이용하여 불을 붙이는 경우가 있다. 향에 붙은 불을 끌 때에는 입김을 불어서 불을 끄면 안 되며 흔들어서 끄든가 기타 다른 방법으로 조용하고 경건하게 꺼야 한다.

이렇게 향의 불꽃이 꺼지면 향연(香煙)이 피어 오르는데 불붙은 쪽이 위로 가도록 두 손으로 받쳐 잡되, 오른손은 향의 가운데를 잡고 왼손은 오른손 손목을 받쳐 잡는다. 다음에는 향든 손을 이마 높이 이상으로 들어올려 경건한 마음으로 공양의 예를 표한 다음 향로에 꽂는다. 그리고는 합장 자세로 작은 걸음으로 뒤로 3보 물러서서 반배를 올림으로써 향공양이 끝나는 것이다.

헌향 후 자리로 갈 때에는 부처님께 등을 보이지 않게 하기 위하여 뒷걸음으로 가야 한다. 만일 자리까지의 거리가 멀어서 뒷걸음이 불가능한 경우에는 최소한 5보까지만이라도 뒷걸음으로 가야 한다.

● **헌화하는 법**

법회의식 중 부처님 전(前) 또는 스님께 헌화의 절차가 있으면 이러한 때에는 의식을 엄숙하게 진행하기 위하여 여법한 헌화의 동작을 필요로 한다.

헌화의 순서가 되면 여법하게 자리에서 일어나 곧바로 헌화할 꽃바구니가 준비된 곳으로 합장한 채 걸어나아가 꽃을 받들어 올릴 수 있는 지점에 머물러서 부처님을 향하여 반배한 다음 꽃을 두 손으로 받쳐 든다.

그리고 다음과 같은 동작 순서대로 헌화를 하도록 한다.

① 합장한 채로 자세를 낮추어 앉되 좌측 무릎은 곧게 세우고 우측 무릎은 땅에 대어 우슬착지(右膝着地)의 자세를 한다.

② 앉은 채 두 손으로 꽃을 안듯이 받쳐든 다음 받쳐든 꽃을 이마 높이까지 올린다.

③ 자세를 그대로 유지하면서 일어서서 부처님전으로 나아간다.

④ 부처님의 정면은 피하고 옆으로 약간 비껴서 멈춘 다음 잠시 머물러 헌화하는 간곡한 정성을 표한다. 이때에는 꽃바구니가 무겁기 때문에 꽃을 높이 든 상태에서 부처님전에 반배를 할 필요는 없다.

⑤ 꽃을 부처님 앞의 적당한 장소를 택하여 올린다.

⑥ 합장하고 뒤로 물러서서 반배를 한다. 삼배를 원칙으로 하는데 법회 진행의 시간 관계상 일배를 하기도 한다.

헌화의식은 대부분 모든 대중의 대표로서 헌화하는 것이고 이때 법회를 진행하는 인례자가 목탁을 쳐서 모든 대중이 다 함께 절을 하게 되는 경우도 있다. 이러한 때에는 헌화자가 먼저 절을 하지 말고 목탁 소리를 기다렸다가 다 함께 절을 하여야 하며 일배 또는 삼배의 결정은 인례자의 목탁소리에 따르면 된다. 법회의식에 헌화의 순서가 있는 경우에는 헌화자(獻花者)가 각각 헌화를 끝내고 절을 하는 것보다 인례자의 목탁에 맞추어 다 같이 절을 하도록 정하는 것이 좋고 일배로 끝내는 것이 좋으리라 생각한다.

● **공양 올리는 법**

헌공 법회시에는 공양물을 준비하고 그것을 부처님전에 올리는데 공양물을 어떤 것으로 얼마만큼 할 것인가는 자기가 성의껏 결정한다.

절에서 주최하는 일반적인 불공의식에 동참하는 경우에는 자기의 능력에 따라 적당한 범위로 정하면 좋을 것이고 각자의 사정에 따라 주최하는 개별적인 행사인 경우에는 자기와 절의 사정을 감안하여 각각 정하면 될 것이다. 우리가 공양하는 물건은 불공의식이 끝난 후에 다른 대중을 위하여 요긴하게 쓰여진다는 것을 상기하면 참고가 될 것이다.

공양금을 올리는 경우 절의 규칙대로 따르면 되는데, 신도관리 및 통계를 위해서 헌공자의 성명과 금액을 접수부에 기록하는 경우가 많다. 그러나 봉투에 넣어서 복전함에 넣어도 무방하다. 부처님이나 스님께 공양하는 행위는 자기가 복을 받는 행위이니 공양을 받는 대상은 복밭이 되므로 복전(福田)이라 하는 것이다. 금전으로 공양하는 것을 공과금을 납부하는 것으로 생각하는 사람은 없을 것이나 자기가

798

다른 사람보다 많이 공양한다고 하여 우월감을 가져서도 안 되고 다른 사람보다 적게 공양한다고 열등의식을 가질 필요도 없다. 그러니까 다른 사람 눈치를 볼 필요가 없이 자기가 공양하고 싶은 만큼 공양금을 봉투에 넣어서 복전함에 넣도록 한다. 가장 바람직한 것은 즉흥적으로 공양금을 준비하지 말고 집에서부터 새 돈을 봉투에 준비하여 법회에 참석하는 일이다.

향과 초를 공양물로 올리는 경우 향과 초를 여러 대 피워 올리게 되면 향과 초가 연소되는 화학작용에 의해 법회장 내의 공기가 탁하게 된다. 그러므로 부처님전에 올려진 촛대는 그 수가 정하여져 있고 그 촛대에 이미 촛불이 켜져 있으면 자기가 준비한 초는 다음 공양시에 사용하도록 부처님전에 그대로 올려 놓으면 된다. 굳이 다른 사람이 공양하여 올려진 촛불을 끄고 자기가 준비한 초에 불을 붙여서 올린다든가 초에 불을 붙이지 못하여 애석한 마음을 가질 필요가 없다.

●영단에 헌다하는 법

시식(施食)의식 중에는 영가에게 잔을 올리는 헌다(獻茶)의 순서가 있다. 향기로운 백 가지의 신비로운 풀로 조제한 차를 돌솥에 고이 달여서 영가에게 권하는 것이다. 영가는 이 차를 들고 안락하게 마음을 가라앉혀 불법을 경청하게 되는 것이다. 대부분 차를 준비할 수가 없어서 청정수를 올리게 되는데 이러한 경우에도 감로다로써 청정수를 올리는 것이다. 영가를 부르는 청혼과 청혼절차가 끝난 후에 잔을 올려야 하며 대부분 영단 앞에서 헌다의 시중으로 봉사할 분이 계시므로 이의 안내에 따라서 행하면 된다.

헌다와 함께 공양금을 올리는 것이 관례이다. 영가로 하여금 마음이 편안하도록 찻잔을 올리는 의미 깊은 시간에 영가를 위하여 공양금을 올려 불사 공덕을 짓게 하고 내가 공양한 공덕이 영가에게 회향되기를 기원하는 것이다.

공양금은 헌다 순서가 되기 전에 미리 준비하여 봉투에 넣어서 정중하고 정성스럽게 합장한 손에 포개어 들고 일어서서 앞으로 나아간다. 영단 앞이나 옆에 설치된 복전함으로 가서 먼저 반배를 올린 후에 공양금 봉투를 두 손으로 받들어 함에 넣고 다시 반배한다. 그리고 영단 앞에 준비된 헌다석에 꿇어앉는다. 단정히 꿇어앉아서 잔을 두 손으로 공손히 잡아서 차를 따를 수 있도록 똑바로 든다. 자기 쪽에서 보아서는 왼쪽이지만 영단을 중심으로 보면 오른쪽에 있는 잔을 먼저 잡는 것이 자연스러운 순서가 된다.

헌다의 봉사원이 잔에 차 또는 청정수를 가득 채우면 두 손으로 찻잔을 받쳐들고 약간 높이 들어서 향로의 향연기 위에 수평으로 회전시킨다. 향의 연기는 우리의 간절한 정성을 가득 싣고 마음이 향하는 곳에 이르러 우리의 뜻을 펴 준다. 그러므로 향로 위의 향연기에 잔을 수평으로 회전시키는 것은 영가에게 잔을 올리는 간절한 정성을 향연에 실어서 보내고자 하는 우리의 표현이다.

잔을 회전시키는 방향은 오른쪽이다. 시계바늘이 도는 방향으로 잔이 움직이도록 회전시키는 것이 합당하다고 생각된다. 옆에서 보조하는 분에게 찻잔을 넘기면 영단에 올리게 된다. 영단에 잔을 올리고 나서는 조용히 일어서서 절 하기 좋을 만한 자리를 찾아 뒷걸음으로 간다. 절 하기 적당한 장소는 법당 사정에 따라 영단으로부터 1.5보 내지 3보 후방이 좋을 것이다. 그곳에서 영단을 향하여 재가의 식대로 세 번(또는 두 번) 절을 한다. 영단에 잔을 올리고 절을 한 다음에는 그 자리에서 자리를 바꾸지 말고 방향만 바꾸어서 시식의식을 진행하시는 스님을 향하여 큰절 삼배 혹은 서서 반배로 삼배를 올린다.

스님께서 행하시는 시식의식은 영가를 향한 높은 법문이고 그것은 살아 있는 우리에 대한 법문이기도 하다. 우리의 조상을 천도해 주시는 스님께, 조상뿐 아니라 모든 영가에게 설법하시는 스님께 감사와 존경을 표하는 것이다. 이것은 또한 영가를 대신한 인사이기도 하다.

● 법회에 참석할 때의 예절

어느 장소에서 어느 법회가 봉행되든지 법회에 참석하고자 하는 경우에는 하루를 부처님께 바친다는 생각으로 일찍 절에 도착하여 시간이 이르면 108예경을 한다든지 좌선을 하여 법회에 동참할 수 있는 마음의 자세를 닦은 다음, 미리 법회장에 들어가서 자리를 정하여야 한다.

법회장에 들어갈 때에는 법당 출입 예절에 어긋남이 없이 행동하여야 하며 특히 어간에 앉지 않도록 하여야 한다. 법당 앞 어간문을 지날 때에는 신속하고 유연하게 허리를 굽힌 채 합장하고 통과하여야 한다. 법당 앞 한가운데 중앙문(어간문)에서 법당을 향하여 예배해서는 안 된다. 그리고 특정한 사람을 위하여 자리를 잡아 놓고 다른 사람이 앉지 못하게 한다든가 서로 좌복을 먼저 차지하려고 하는 행위들이 있어서는 절대로 안 된다.

만일, 법회의 동참 법우가 많아서 자리가 협소한 경우에는 솔선하여 일어서서 자리를 정돈할 수 있는 용기를 가져야 하며, 좁혀 앉아서 모든 법우가 다 같이 동참할 수 있는 법회장의 분위기를 만들어야 한다. 설사 오체투지의 큰절을 못하고 반배로 대신하는 한이 있어도 모든 이가 다 같이 동참하는 데 법회의 의의가 있다고 하겠다. 자리에 앉을 때에는 자기가 앉을 자리가 예의가 어긋나는 곳이 아닌가를 살핀 다음 자리를 정하여야 한다. 법회의 동참 불자가 많아서 좁은 경우에는 어간을 조금만 떼어 놓으면 되며, 아주 복잡하여 어간을 남겨 놓을 자리가 없을 경우에는 어간에 앉아도 된다.

자기의 자리가 정하여 졌으면 기본 예의에 따라 삼배를 올리고 자리에 앉는데 자리가 협소한 경우에는 서서 반배를 세 번 하고 자리에 앉아야 한다. 만일, 법회가 시작된 후에 입장하게 되는 경우에는 간단하게 합장하고 반배로써 일배한 후에 진행되고 있는 법회의식에 자연스럽게 동참하는 것이 좋다. 특히 법사의 법문이 진행되는 때에 들어

가는 경우에는 자기의 행동이 법사에게 지대한 영향을 줄 수가 있으
므로 모든 개인 행동을 생략하고 곧바로 앉아서 법문을 들어야 한다.

● 법문을 들을 때의 예절

법회시에는 일정한 의식이 진행된다. 그런데 법사스님의 법문을 듣
기 위하여 법회장에 왔으나 의식진행을 귀찮게 생각하여 소홀히 한다
든지, 법문만 듣기 위해서 늦게 입장하였다가 법문이 끝나기가 무섭게
다른 의식에는 동참하지 않고 가는 일이 있어서는 안 된다.

설법을 위한 법회에서는 법사에게 법문을 부탁하는 의식이 있는데
이것을 청법(請法)이라고 한다. 전통의식 절차에 의하면 인례자가 청
법게(請法偈)를 낭송하고 대중이 법사에게 법을 청하는 뜻으로 삼배
를 올린다.

위없이 심히 깊은 부처님 법문, 대중이 목마르게 기다리오니, 엎드려
바라건대 법왕이시여, 널리 중생 위해 설해 주소서(此經甚深意 大衆心渴
仰 唯願大法王 廣爲衆生說).

근대식 청법절차는 대중이 악기 반주에 맞추어 청법가를 부름으로
써 청법을 하고 있다. 법사가 등단하면 대중은 법사와 부처님을 향해
서 기립한 채 합장하고 경건하게 노래를 부른다. 앉으면서 잡담을 한
다든가 불필요하게 뒤를 돌아본다든가 소지품을 이리저리 옮기는 동
작을 삼가해야 하고 앞과 옆의 줄이 맞는가를 살펴본 다음 정돈해서
앉는다.

법문을 들을 때에는 좌선 자세를 하고 허리를 곧게 편 다음 단정하
게 앉아 있어야 한다. 손은 차수자세로 가볍게 마주잡은 다음 무릎 위
에 올려 놓는데 법문의 내용을 필기하기 위해 필기도구를 잡고 글을
쓸 수도 있다. 설법을 듣는 도중에 졸음이 오는 것은 신체상의 문제이

기 때문에 어쩔 수 없는 것이나 법문 듣는 것도 수행의 하나이기 때문에 정진력으로 잠을 쫓도록 하여야 한다. 법사에게 조는 모습을 보이는 것은 법사에 대한 예의가 아닐 뿐 아니라 강요하지 않는 자리에 참석하여 법문을 듣지 않고 잠을 잔다는 것도 이치에 맞지 않는 일이다.

● 스님에 대한 예절

우리가 귀의하고 존경하는 삼보 중에서 가까이 대화하고 가르침을 받고 친근할 수 있는 대상이 스님이다. 그래서 자칫하면 일상 사회에서 어른들 대하는 예절 그대로 하면 되는 것으로 가벼이 생각하여 결례를 범하게 되는 경우가 더러 있다.

스님이 사회의 연령으로 자신보다 어리다 하더라도 삼보이기 때문에 공경을 하여야 한다. 우리는 분명히 삼보전의 예경으로서 절을 하는 것이므로 부처님전에 절하는 것이나 스님께 절하는 것이나 다를 바가 없어야 한다. 설사 자기의 자식이 출가하여 스님이 되었더라도 불자의 예의를 지켜야 한다. 스님을 존경함에 있어서 사람으로서의 됨됨이를 구별하여 존경할 만한 스님이면 존경하고 존경할 만한 인품이 아니면 존경하지 않는다는 분별심을 일으켜서는 안 된다. 스님은 본래 태생인 속세를 떠나서 부처님께 귀의한 삼보 중의 하나, 승보인 까닭에 인간적인 성품이나 인격을 따질 수 없으며 모든 것을 버리고 출가하였다는 사실 하나만으로도 우리는 존경하고 예경하여야 한다.

그리고 스님께는 필요 없이 사회 애기를 한다거나 스님의 개인적인 신상질문을 하여 분위기를 흐리게 해서는 안 되며, 스님의 학식이나 교양을 평가하기 위한 질문을 하여 시험을 하면 안 된다.

화상이나 아사리를 대할 때에는 스님들도 부처님 대하듯 하고 있는 바, 재가신도가 모든 스님을 부처님과 똑같이 대하여야 하는 것은 당연한 일이다.

재가불자는 스님들의 수도생활에 불편함이 없도록 물심양면으로 도와드려야 한다. 위로부터 보리를 구하고 아래로 중생을 제도하는 스님이 신도들로부터 물질적 보시를 받는 것은 당연하다. 스님께 공양물을 올리든지 스님을 집으로 초청할 때에는 사중의 모든 스님에게 똑같이 공평하게 하여야 한다.

● 큰스님 친견

큰스님을 찾아 뵙고 가르침을 받고자 하는 경우에는 다음과 같은 순서에 따라야 할 것이다.

스님 방에 들어갈 때에는 법당에 들어갈 때와 똑같이 행동하여야 한다. 문 밖에서 가볍게 손가락을 세 번 퉁겨 노크를 한 후 오른손으로 문고리를 잡고 왼손은 오른쪽 손목을 받쳐 든 상태로 문을 약간 들어 소리가 나지 않도록 조용히 열고 들어가서 곧 스님 쪽을 향하여 합장하고 반배를 올린다. 그리고는 스님 앞으로 나아가 절을 하는데, 스님이 좌선을 하시거나, 공양을 드시거나, 누워 계실 경우에는 절을 하지 말아야 한다. 스님께 절을 할 때에는 부처님께 절할 때와 마찬가지로 삼배를 올려야 하는데 만일, 스님이 한 번만 하라고 하시면 삼배를 고집하지 말고 한 번만 절을 하여야 한다.

스님께서 앉으라는 말씀이 계시면 자리에 앉되 불전에서 앉을 때와 마찬가지로 큰절을 올리는 동작처럼 두 손과 이마를 땅에 대어 머리를 조아린 후에 앉아야 한다. 스님과의 대화에 오랜 시간이 소요될 것이 예상되어 스님께서 편히 앉으라는 말씀이 계시면 그 자리에서 합장하고 머리를 숙였다 들면서 편히 앉는다. 꿇어앉은 자세가 편하여 견딜만 하면 그냥 있어도 되며 또 편히 앉으라는 말씀이 없더라도 계속 꿇어앉아 있기가 불편한 경우에는 합장하여 머리를 숙이고 편한 자세로 앉아도 된다.

스님과의 용무가 끝나서 일어설 때에는 역시 불전에서와 마찬가지로 머리를 조아리고 일어서야 한다.

물러가는 인사로 절을 할 때에는 한 번만 해도 좋다. 삼배를 올리면 스님께서 기다리셔야 하기 때문에 간소한 인사가 어울리며 다음 차례의 친견불자에게 시간을 할애하기 위함도 된다. 절을 한 번만 할 때에도 반배를 먼저 하여야 하고 큰절을 한 번 한 후에 바로 고두배를 하고 일어서서 반배를 한다.

절을 마치고 문까지 뒷걸음으로 와서 나가기 직전에 또 반배를 하고 문을 열고 나오되 스님께 등이 보이지 않도록 뒷걸음으로 나와야 한다.

●예불 참석 예절

예불은 불자들이 삼보님 전(前)에 아침 저녁 두 차례에 걸쳐 예경 드리는 의식을 말한다.

절에서는 아침과 저녁 예불을 올리기 전에 타종을 하여 종소리가 온 법계에 울려 퍼지도록 한다. 또 종·북·목어·운판을 사물이라고 하는데 이 사물을 예불시에 울리기도 한다.

새벽 예불과 종송을 하기 전에 도량을 돌면서 아침 송주를 낭송하는 도량석(道場釋)이라는 의식이 있다. 중생의 잠을 깨워서 부처님의 위신력에 귀의하는 싱그러운 주(呪)를 들려주는 데 그 목적이 있다. 절에서 자게 되는 경우 새벽에 도량석의 목탁 소리가 울리면 빨리 자리에서 일어나 세수를 하고 예불에 참여할 준비를 하여야 한다. 물론 도량석에 참여하여 송주를 외면서 스님의 뒤를 따라 도량을 돌면 더욱 좋다.

법당에서 타종과 종송이 진행될 때에는 예불드리는 장소의 자기 자리에 좌선 자세로 허리를 곧게 펴고 손을 합장 또는 법계정인의 수인을 맺고 앉아서 스님이 낭송하시는 종송의 내용을 마음으로 관(觀)한다. 소리를 내어 염불을 하거나 부처님께 절을 하여 주위를 소란스럽게 해서는 안 된다. 종송을 끝내고 예불이 시작될 때까지는 조용히 입정하고 있어야 한다.

헌공의식을 진행할 때에는 부처님전에 마지와 과일 등 특별히 준비한 공양물을 올리지만 예불을 올릴 때에는 평상시에 준비되어 있는 꽃·초·향만을 공양하고 새벽예불시에는 이 이외에 청정수를 공양한다. 그러나 부처님께 공양을 올림에 있어서 특정한 시간을 따질 필요가 없으므로 법당에서 행하는 예불의식에 동참하는 경우 과일과 같은 간단한 공양물을 준비하여 올리는 것은 상관 없으나 형식을 갖추어 마지를 올리지는 않는다. 예불의식에 재가신도가 참석할 때에는 예의에 합당한 좌석을 정하여 예경을 하여야 한다.

예불 시작을 알리는 목탁소리가 울리면 예법대로 동작하여 자리에서 일어선다. 특히 엄숙한 의식이므로 여법하게 행동하여야 한다. 아침예불은 청정수를 올리고 다게(茶偈)에 이어서 예불이 시작된다.

●예송(禮誦)하는 법

대중과 함께 경전이나 예경문을 낭송할 때에는 한 사람이 소리를 내는 것처럼 음률이 맞아야 한다. 천수경과 같이 음의 길고 짧음이 통일된 경전 말고는 낭송(朗誦)할 때에 반드시 한 글자 한 글자를 연속적으로 이어서 하여야 하며, 한 경전 안에서는 모든 소리가 같아야 하고 각 글귀마다 사이를 끊어서는 안 된다. 그래야만 모든 대중이 같은 음률로 낭송할 수 있다. 또한 경전 등을 낭송할 때에는 청정한 소리가 일정하게 나도록 하고 소리가 높거나 낮거나 하여 평형을 잃어서는 안 되며 괴상한 소리나 색다른 소리를 내서도 안 된다.

또한 목탁을 칠 일이 있을 때에는 법도에 맞게 목탁을 잡고 자세를 바르게 한 다음 대중이 염불이나 독경을 편안히 하도록 일정하게 소리를 내야 한다. 소리를 너무 가볍게 울리거나 너무 무겁게 울리거나 또는 너무 빠르거나 너무 느리게 울려서 산란하게 해서는 안 된다.

예송할 때에는 경건한 마음가짐으로 하여야 한다. 입으로는 예송을 하면서 사방을 두리번거리고 돌아보아서는 안 된다. 대중과 함께 법당 또는 예경장소에 들어갈 때에는 미리 손수건을 준비하였다가 필요한 때에 눈물을 닦거나 침을 받아야 한다.

예불이나 불공을 올릴 때에 대중과 함께 예배하는 의식이 많은데 이때에는 일제히 일어나고 일제히 무릎을 꿇어야 한다. 다른 사람보다 먼저 하거나 늦게 하여서는 안 된다. 그리고 반배할 때에는 허리를 깊숙히 숙이되 지나치게 구부려서 보기 흉하게 하거나 모자라게 구부려서 거만하게 보이는 일이 없도록 한다.

합장은 연화합장을 해야 하므로 열 손가락이 가지런하여야 하며 손가락이 어긋나거나 손바닥 속이 비어서는 안 된다. 손은 가슴 높이로 하여 높지도 낮지도 않게 하여야 하며 합장하면서 손으로 몸을 긁는다든가 손가락으로 귀나 코를 후비는 행동을 해서는 안 된다.

예송이 끝나고 밖으로 나갈 때에는 차례로 줄을 서서 나가야 하며 먼저 나가려고 다른 사람을 제치고 나가거나 다른 사람이 다 나갔는데도 뒤에 처졌다가 늦게 가려고 해서도 안 된다.

● **대중공양**

사찰에서 스님들과 함께 발우공양에 참석하거나 또는 발우공양은 아니더라도 여러 대중과 함께 공양할 때에는 평상시의 식사와는 다른 각오를 가지고 행동하여야 한다. 공양시간은 기도의 연속이지 단순히 식도락을 즐기기 위한 시간이 되어서는 안 된다.

공양시간을 알리는 종소리 또는 목탁 소리를 들으면 웃옷을 정돈하고 동참하여 정해진 자리에 앉아야 한다. 자리의 배열은 재가의 풍습과는 달리 부처님과 마주하는 자리가 상석이니 문 앞이라 하여 재가불자가 모르고 앉는 일이 있어서는 안 된다. 그러므로 스님이나 선도자가 정해주는 자리에 앉는 것이 무관하다.

배식은 담당자가 있으니 배식의 소임을 맡지 않았으면 가만히 있어야 한다. 가만히 앉아서 먹기가 미안하다 하여 일을 도운다고 일어서서 왔다 갔다 하면 오히려 공양질서에 해가 되니 불필요한 동작은 삼가고 입을 다물고 반가좌의 자세로 앉아서 신호를 기다려야 한다.

공양게송을 외울 때에는 공경히 하여야 하고 음식을 좋다 궂다 탓하지 말아야 하며 음식을 가까운 사람에게 덜어주거나 또는 떼어서 개를 주거나 하는 등의 행위를 해서는 안 된다. 공양시에는 절대로 말을 해서는 안 된다. 따라서 배식시에 밥의 양이 많거나 받기 싫으면 '안 먹어요' 하지 말고 손으로 사양의 표시를 한다.

공양 중에 머리를 긁어서 더러운 것이 음식 그릇에 떨어지게 해서는 안 되며 음식을 입에 물고 말을 한다거나 웃고 이야기한다거나 혹은 음식 씹는 소리를 내서는 안 된다. 그리고 잇새를 쑤시려거든 옷소매로 입을 가리고 하여야 하며 혹 음식에 벌레가 있거든 아무도 모르게 치워 버려야 한다. 공양시에는 자리를 옮겨다니며 음식을 먹지 말고 앉은 자리에서 식사를 끝내야 한다.

식사시간은 너무 빨라도 안 좋고 너무 느려도 안 좋다. 배식이 늦다고 짜증을 내서는 안 되며 필요한 것이 있으면 손짓으로 해야지 소리를 질러서는 안 된다.

● **대중과 수행할 때의 예절**

여러 법우들이 함께 절에 가서 기도 정진하는 경우에는 다 같이 정성 들여 기도를 할 수 있도록 서로 노력하여야 하며 기도할 때나 쉬거나 공양할 때에 자리를 다투는 일이 있어서는 안 된다. 대중 속에 다소 예의에 어긋난 자가 있어도 이를 나무라지 말고 그 나쁜 것을 감추어 주고 좋은 점을 나타내어 주도록 노력하여야 한다. 또한 공과를 가릴 때에도 타인의 노고를 칭찬해야 하지 타인의 노고를 묻어 두고 자기의 공로를 나타내어서는 안 된다.

잠을 잘 때에도 다른 사람보다 먼저 자서는 안 되며 다른 사람보다 늦게 일어나지 않도록 하여야 한다.

또 산에 있는 절에서는 밖에서 우물물을 퍼서 세수를 하게 되는데 이때 물을 많이 쓰지 않도록 하며 양치질할 때에 물을 뿜어서 다른 사람에게 튀지 않도록 머리를 낮추어서 물을 흘려 내려야 한다.

코를 풀 때에 큰소리를 내면서 풀거나 음식 등을 뱉어서는 안 되며 법당이나 불탑의 깨끗한 땅 혹은 깨끗한 물에 코를 풀거나 음식을 뱉어서는 안 된다. 반드시 사람이 없는 곳으로 오물을 버릴 만한 곳에 가서 손에 종이나 헝겊 등을 쥐고 하여야 한다.

우스운 일이 있어서 큰 웃음이 나거나 하품이 날 때에는 반드시 옷소매로 입을 가리고 하여야 한다. 또 급하게 걷지 말고 등불 같은 공공의 기물을 개인의 사용(私用)으로 쓰지 않도록 하여야 한다.

대중과 이야기할 때에 속세의 이야기보다는 불법에 관한 이야기를 하도록 노력하며 사소한 일로 다투거나 고집을 부려서는 안 된다.

다른 사람이 부처님께 예경하는 것을 보았으면 그 사람의 머리 앞으로 가지 않도록 하며 다른 사람이 불경을 읽고 있을 때에는 그의 책상 앞을 지나가지 않도록 하여야 한다. 취침하기 위하여 불을 끌 때에는 반드시 다른 사람에게 불이 더 필요한지를 물어 보고 필요하지 않다고 할 때에만 꺼야 하는데 손으로 퉁기거나 바람을 내어서 꺼야지 입으로 불어서 끄지 않도록 한다. 방안에 사람이 자고 있을 때에는 기물을 두드리거나 서로 부딪치는 소리가 나지 않도록 하여야 한다.

● 절에서 잡무 보는 법

대중과 함께 절에서 기도 정진하면서 함께 자고 또 함께 공양하면서 생활을 하는 경우에는 잡다한 일을 같이 하게 되는 경우가 많다. 이때 자칫 잘못하면 자기 혼자만 생각하고 행동하여 남에게 불쾌감을 주거나 기도하는 마음에 흠을 주는 결과를 초래할 수 있으니 조심하도록 하여야 한다.

　　대중과 생활하면서 잡무를 보는 경우 여러 사람들을 고생시키고 나만 안일하도록 일을 해서는 안 된다. 또 남을 힘들게 하고 자기는 쉬운 것을 한다든가 남에게 많은 일을 시키면서 자기는 일을 적게 하여서도 안 된다. 일이 생겼을 때에 고의로 남을 먼저 시키고 자기는 나중에 하여 일을 남에게 떠맡겨 버려서도 안 된다.

　　공양을 준비하기 위하여 채소를 씻을 때에는 물을 세 번 갈아야 한다. 그리고 산에 있는 절에서는 도심에서와 같이 수돗물을 사용하지 않고 우물의 물을 길어서 사용하는 경우가 많은데 물을 길을 때에는 반드시 손을 먼저 씻고 물을 길어야 하며 더러운 손으로 물을 길어서는 안 된다. 음료용 또는 채소나 과일을 닦기 위하여 물을 사용할 때에는 벌레가 있는지 없는지를 살펴보고 물을 잘 걸러서 사용하여야 한다. 추운 겨울에는 너무 일찍 물을 긷지 말고 해가 뜬 다음에 물을 긷도록 한다.

　　산사에 있어서의 취사용 연료로는 아직도 기름이나 가스가 아니고 산에서 해온 나무를 쓰고 있는 경우가 많다. 부엌에서 불을 지필 경우에는 썩은 나무를 태워서는 안 된다. 그리고 음식 만드는 소임을 맡았으면 손톱에 때가 끼지 않도록 짧게 깎고 일을 해야 한다.

　　그릇 씻은 물이나 청소한 물을 버릴 때에는 길에 마구 버리지 않도록 하여야 하며 손을 높이 들고 물이 멀리 가게 버리지 않도록 한다. 땅에서 약간 뜨게 하고 천천히 물을 버려야 한다.

　　비를 들고 마당을 쓸 때에는 바람에 거슬려서 쓸어서 먼지를 피워서는 안 되며 바람부는 쪽으로 부드럽게 쓸어야 하고 쓰레기를 문짝 뒤에 두면 못 쓴다. 여름철에는 물을 담았던 그릇을 반드시 엎어 놓아 물기가 빠지도록 하여야 한다.

● **화장실 사용법**

　　요즘 집 안의 화장실은 방 안에 마련된 수세식이 대부분이지만 절에 있는 화장실은 절 건물에서 멀리 떨어진 곳에 위치하고 있으며 나무로 만든 가건물에 여러 개의 변소를 만든 재래식 화장실이 대부분이다. 그러한 화장실의 사용에 익숙하지 않은 사람은 화장실 가기를 꺼려하여 웬만하면 참고 가지를 않는데 참게 되면 건강에도 좋지 않을 뿐 아니라 잡념이 생겨서 기도에도 일심을 기울일 수가 없다. 따라서 대소변이 마려우면 곧 용변을 보아야지 오래 참다가 급히 서두르지 말아야 한다. 스님들은 화장실에 가는 신발이 따로 있어서 신발을 갈아 신으나 재가신도는 이를 준비하지 않았으면 조심해서 가야 한다.

화장실에 들어갈 때에 문을 노크하여야 하는 것은 재가의 예의와 다름이 없으며 사람이 있을 때에 급하다 하여 빨리 나오라고 재촉을 하면 안 된다. 화장실에 앉아서 용변을 볼 때에는 가만히 앉아서 다음과 같은 내용을 염하여야 한다.

버리고 또 버리니 큰 기쁨일세
탐진치 어둔 마음 이같이 버려
한 조각 구름마저 없어졌으니
서쪽에 둥근 달빛 미소지으리

용변을 볼 때에는 머리를 숙여서 변이 떨어지는 것을 보아서는 안 된다. 그리고 풀이나 나무조각을 들고 땅에 낙서를 해서도 안 되며 힘쓰는 소리를 내서도 안 된다. 옆의 화장실에 있는 사람과 잡담을 해서도 안 되며 침을 뱉지 않도록 한다. 출입시에 사람을 만났을 때 인사를 하지 않는 것이 올바른 예법이며 몸을 한쪽으로 피하여 길을 열도록 하여야 한다.

화장실에 다녀와서는 반드시 손을 씻어야 하며 손을 씻기 전에 다른 물건을 만지지 않도록 한다. 손을 씻을 때에는 다음과 같은 게송을 생각한다.

더러움 씻어내듯 번뇌도 씻자, 이 마음 맑아지니 평화로움뿐
한 티끌 더러움도 없는 이 세상, 이생을 살아가는 한 가지 소원
활활활 타는 불길 물로 꺼진다, 타는 눈 타는 경계 타는 이 마음
맑고도 시원스런 부처님 감로, 화택을 건너 뛰는 오직 한 방편

● 부처님 존상을 모실 때의 예절

불자가 부처님의 존상을 보았을 때에는 조각으로 모신 불상이나 탱
화로 모신 상(像)을 막론하고 반드시 옷을 단정히 하고 읍(揖)을 하
거나 합장하는 예배를 하여야 한다. 법당(法堂)이나 경당(經堂)에서
부처님 존상을 보았을 때에는 반드시 절(拜)로써 예배하여야 한다.
그리고 마음속으로 다음과 같은 게송(偈頌)을 염한다.

빛나올사 거룩하신 석가모니불, 시방세계 무엇으로 견주어 보리.
이 세간 모든 것을 다 보았지만, 부처님만 하온 어른 다시 없어라.
(天上天下 無如佛 十方世界 亦無比 世間所有 我盡見 一切無有 如佛者)

부처님 존상을 모시자면 원칙적으로 점안작법(點眼作法)을 해야 한
다. 점안(點眼)은 개안(開眼)이라고도 하며 존상의 눈에 동자를 그리
는 일이다. 집에서 부처님상을 모시는 것이 좋지 않다는 말을 하는 이
가 있다. 그러나 그 말들의 출처를 찾아가 보면 점안식을 올린 부처님
에 대해서는 여법한 의식절차에 의하여 모셔야 한다는 것이고, 따라서
그렇게 할 수 없는 가정에서는 점안식을 올린 부처님을 모시기 어렵
다는 이유에서이다. 또 세간에서 말하기를 부처님 존상에 점안을 하지
않으면 잡신이 붙어 그 불상이 사불(邪佛)이 된다고 하는 말이 있으
나 사진을 모시든 그림을 모시든 법신불로서의 부처님이란 본래 상이
없기 때문에 사불 운운하는 것은 언어도단이다.
만일, 불자가 어떤 곳에 이르러 불상이나 경전 혹은 '불(佛)'이라는

글자 하나라도 정결하지 않은 곳에 있는 것을 보았을 때에는 두 손으로 잘 받들어 모시고 깨끗한 곳에 안치하여야 한다. 혹 다른 사람이 불상이나 경전을 불경스럽게 대하는 것을 보았을 때에는 자세하게 공경하는 법을 가르쳐 주어야 한다.

● 독경하는 법

경전을 읽는 것은 수행을 위한 전경(轉經)과 경전의 내용을 공부하기 위해서 읽는 두 가지로 분류할 수 있다.

전경(轉經)은 독경(讀經)이라고도 하며 법문(진리)을 굴린다는 뜻이 있다. 부처님의 가르침에 깊은 마음을 내고 감사하고 환희하는 마음으로 목소리를 내어 일심으로 경전을 읽는 것이다. 독경을 할 때에는 빠르지도 않고 느리지도 않게 정성껏 읽어가야 한다. 여기에는 부처님의 크신 법문을 열고 법문의 광명을 굴리는 뜻이 있으며 동시에 전경을 통하여 참된 부처님의 목소리를 듣게 되는 것이다.

독경할 때에는 경건히 합장하는 마음으로 모든 망념을 쉬어야 한다. 즉, 마음을 비워야 한다. 그렇게 하기 위해서는 독경에 앞서 한동안 좌선이나 염불을 하는 것이 좋다. 일체의 망념을 떨어낸 맑은 마음이 중요하기 때문이다. 경전을 독송하는 것은 내가 읽는 것이지만 경전을 통해서 부처님의 목소리를 듣는다는 의미가 있다. 그러므로 맑은 마음에서 일심으로 독경해야 하며 서두르거나 과도하게 소리치는 것은 올바른 독경 태도가 못된다. 청정심으로 정중하게 그리고 일심으로 반복 독송하면 진정 부처님의 자비하신 진리의 은덕이 우리에게 넘쳐오는 것을 알 수가 있다. 거기에서 우리는 부처님의 목소리를 듣게 되는 것이다.

수행을 위한 독경은 불교의식의 일부이므로 의식절차에 따라 경건하게 하여야 한다. 독경을 시작할 때에는 먼저 다음과 같은 개경게(開經偈)의 게송과 개법장진언을 외운다.

개경게(開經偈)

위없이 심히 깊은 미묘법이여 백천만 겁인들 어찌 만나리

내 이제 보고 듣고 받아지니니 부처님의 진실한 뜻 알아지이다.

(無上甚深微妙法 百千萬劫難遭遇 我今聞見得受持 願解如來眞實義)

개법장진언(開法藏眞言)

옴아라남아라다.

● 경전을 대하는 자세

경전(經典)이나 율전(律典)의 내용을 공부하기 위하여 읽을 때에도 향을 피우고 바로 앉아서 부처님을 뵙고 가르침을 듣는 마음가짐으로 읽어야 한다. 비스듬히 기대거나 더러운 손으로 성전을 만져서는 안 된다.

경전을 읽을 때에도 독경시와 마찬가지로 경건하고 고요하게 앉아서 입정을 하고 개경게의 게송을 외워야 한다. 소리를 내서 읽어도 되고 마음속으로 외워도 된다. 합장하고 개경게의 낭송이 끝났으면 경전을 펴서 읽되, 한 글자 한 글자의 뜻을 모두 이해하고 머리 속에 새겨 넣어야 한다.

경전은 경상이나 탁자 위에 모신다. 경전이 모셔진 탁자 위에는 경전과 향로 및 등불이나 촛대 외에는 모두 치워야 하며 다과(茶菓)나 잡다한 사물들을 놓아서는 안 된다. 경전 위에 먼지가 있으면 반드시 깨끗한 수건이나 종이로 닦아야 한다. 손으로 문지르거나 먼지를 입으로 불어서는 안 된다.

경전 읽기가 끝났을 때라든가 또는 도중에 휴식을 취하고자 할 때에는 반드시 경전을 단정하게 닫아 놓아야 한다. 이때에 어디까지 읽었는지를 표시하기 위하여 경전의 페이지를 접는다든지 한 모퉁이를 꺾어서 표시하여서는 안 된다. 책에 달린 끈이나 책갈피에 꽂는 기물

을 이용하여 표시를 하여야 한다.

잡념이 생길 때에도 역시 경전을 닫아 놓고 있다가 잡념이 사라진 다음에 다시 펴야 한다. 또 경전을 읽는 중에 손님이나 다른 사람이 와서 이야기를 하게 되는 경우에도 경을 닫고서 이야기를 하여야 한다. 중요한 대목을 필기하고 싶은 경우가 생기면 다 읽고 난 후에 별도의 종이에 필기할 것이며 경전 위에 낙서를 해서는 안 된다.

만일 경전이 헐었거나 찢어졌으면 즉시 보수하여야 하고 손으로 받들어 모실 때에는 두 손으로 잡고 가슴 높이로 받들어야 하며 한 손으로 잡아서는 안 된다.

● **고성염불의 공덕**

염불은 부처님을 염하는 것이다. 이법(理法)으로서의 부처님을 염하는 법신염불(法身念佛)과 부처님의 공덕이나 부처님의 상(相)을 마음에 떠올려서 보는 관념염불(觀念念佛), 부처님의 이름을 입으로 부르는 칭명염불(稱名念佛)이 있다. 부처님께 귀의하고 예배 찬탄하며 부처님의 공덕을 생각하면서 그 명호를 염불하게 되면 번뇌가 일어나지 않고 마침내 열반의 도리를 얻게 되는데 이것은 관념염불과 칭명염불을 합한 방법이다.

아미타불을 염하여 극락에 왕생하는 데는 일반적으로 칭명염불을 중시하나 역시 부처님 공덕에 대한 관념을 여의어서는 안 될 것이다. 마음에서 형상을 그리거나 무엇인가를 얻으려고 하는 마음은 수행에 큰 장애가 된다. 염불은 큰 소리로 하는 것을 원칙으로 하고 있으며 소리를 내어 염불하는 고성염불에는 다음의 10가지 공덕이 있다.

첫째는 수면이 없어지고(一者功德 能排睡眠),

둘째는 천마가 두려워하며(二者功德 天魔驚怖),

셋째는 염불소리가 주위에 퍼지고(三者功德 聲邊十方),

넷째는 삼악도의 고통이 쉬며(四者功德 三途息苦),

다섯째는 잡다한 소리가 들어오지 못하며(五者功德 外聲不入),

여섯째는 염불하는 마음이 흩어지지 않고(六者功德 念心不散),

일곱째는 용맹스러운 정진심이 나며(七者功德 勇猛精進),

여덟째는 제불이 환희하시고(八者功德 諸佛歡喜),

아홉째는 삼매력(三昧力)이 깊어지며(九者功德 三昧現前),

열째는 정토에 왕생하게 된다(十者功德 往生淨土).

염불은 부처님을 생각하는 것이다. 염불기도하는 사람은 언제나 부처님의 크신 은혜가 함께하고 있는 것을 알고 있으므로 감사한 생각이 끊이지 않는다.

● 정근송

석가모니불·관세음보살 또는 지장보살 염불을 하는 경우에는 다음의 정근송과 같이 한다.

1. 석가모니불(釋迦牟尼佛)

　　나무 영산불멸 학수쌍존 시아본사 '석가모니………(백, 천만 번)'

　　(南無 靈山不滅 鶴樹雙存 是我本師 釋迦牟尼佛………)

　탄백(歎白)

　　천상천하무여불(天上天下無如佛)

　　시방세계역무비(十方世界亦無比)

　　세간소유아진견(世間所有我盡見)

　　일체무유여불자(一切無有如佛者)

2. 관세음보살(觀世音菩薩)

　　나무 보문시현 원력홍심 대자대비 '관세음보살………(백, 천만 번)'

　　(南無 普門示現 願力弘深 大慈大悲 觀世音菩薩………)

　멸업장진언(滅業障眞言)

　　옴 아로늑게 사바하(3번)

탄백(歎白)

　　구족신통력(具足神通力)

　　광수제방편(廣修諸方便)

　　시방제국토(十方諸國土)

　　무찰불현신(無刹不現身)

3. 지장보살(地藏菩薩)

　　나무 남방화주 대원본존 서구중생 ‘지장보살………(백, 천만 번)’

　　(南無 南方化主 大願本尊 誓救衆生 地藏菩薩………)

멸정업진언(滅定業眞言)

　　옴 바라마니다니 사바하(3번)

탄백(歎白)

　　지장대성위신력(地藏大聖威神力)

　　항하사겁설난진(恒河沙劫說難盡)

　　견문첨례일념간(見聞瞻禮一念間)

　　이익인천무량사(利益人天無量事)

●목탁 잡는 법

　현대불교의 발전과 보다 심도 깊은 전법을 위해서는 의식(儀式)의 대중화 내지는 생활화가 필수불가결하다. 그러므로 재가불자도 간단한 의식을 집전하기 위해서는 목탁 사용법을 익혀야 한다.

　법구를 다룰 때에는 소중하고 신성하게 취급하여야 할 것이지만 필요 이상으로 경외할 필요는 없다. 법회를 진행하고 여러 대중이 함께 기도를 하기 위해서 누구나 친숙하게 만질 수 있고 쉽게 다룰 수 있는 것이 되어야 한다.

　목탁은 왼손으로 잡되 자기 몸의 바깥쪽에 위치한 손잡이를 잡는다. 목탁채는 힘이 들어가지 않도록 살짝 오른손으로 잡는다. 목탁을 잡은 왼손은 힘을 주어서 목탁이 요동하지 않도록 견고하게 잡아야 하나 목탁채를 잡은 오른손은 힘이 들어가지 않도록 가볍게 잡아야 한다. 목탁을 잡을 때에는 두 손으로 목탁과 목탁채를 동시에 잡아야 한다. 목탁을 놓을 때에도 두 손을 동시에 사용하여야 한다.

서서 목탁을 잡았을 때에는 차려자세, 앉았을 때에는 꿇어앉은 자세에서 목탁을 소지하되 목탁을 배꼽 언저리로 처지게 잡지 말고 반듯하게 잡아야 한다. 목탁 잡은 왼손은 손목이 앞가슴 명치에 위치하도록 하고 목탁을 수직으로 받들어야 하며 비스듬하게 기운 자세 또는 무릎 위에 얹어 놓은 자세를 해서는 안 된다.

목탁채를 잡은 오른손은 왼손과 대칭을 이루어서 같은 높이로 유지하며 목탁채의 끝이 위를 향하도록 한다. 두 손의 간격을 좁혀서 벌어지지 않도록 한다. 의식 중에 잠깐 또는 한동안 목탁을 사용하지 않고 들고만 있는 경우가 있다. 이런 때에는 바른 자세보다는 차수자세로 손을 쉬도록 할 수도 있다. 목탁과 목탁채를 잡은 채로 오른손이 아래로 가고 왼손이 위로 가서 포개지도록 하며, 목탁과 목탁채가 교차되도록 하여 약간 아래로 내려뜨린다. 또 앉아 있을 경우에는 무릎 위에 올려 놓으면 된다.

● **재가불자의 일과수행**

일과정진 또는 일과수행이란 귀의 · 예경 · 염불독경 · 발원 · 좌선 등을 일정한 시간을 정해서 하는 것을 말한다.

수행은 모든 시간에 하는 것이고 또 자기 생명을 참되게 살아가는 것이 수행일진대 살아 있는 모든 시간이 수행시간이라 할 수 있다. 모든 시간에 수행하며 살아야 할 터인데 이와 같이 수행일과를 일정한 시간을 정해 놓고 지켜야 하는 이유는 다음과 같다.

무슨 일이든지 '시간 있으면 하지' 하다가 죽을 때까지 못하고 마는 경우가 허다하다. 그러므로 일정한 시간에 정근함으로써 신앙과 정성이 더 견고해지는 것이다. 그리고 하루의 올바른 생활에서 일정한 동안의 생활이 진리에 계합되기 때문에 하루의 일과수행은 생활의 생명 질서와 정돈을 가져와서 수행하는 생활의 틀이 잡힌다.

　수행일과가 이런 성격의 것이므로 수행일과의 시간은 하루의 시작인 아침이나 또는 잠자는 시간 전이 좋을 것이다. 그래서 깨어 있을 때나 잠들어 있을 때나 한결같은 수행을 기대하게 되는 것이다.

　수행일과의 장소는 편리한 곳을 골라 정하되, 일정한 시간에 일정한 장소를 택하는 것이 좋다. 부처님은 진리이시고 법신이시며 이 세상 아니 계신 곳이 없다. 수행일과의 장소에 부처님 존상을 모실 수 있으면 좋으나 사정상 그렇지 못하더라도 아무 상관이 없다.

　수행일과의 방법에는 여러 가지가 있다. 단순하게 일정한 시간에 108배를 한다든지, 염불 3,000염을 한다든지, 《금강경》을 독경한다든지 하는 방법도 있다. 그러나 수행일과가 초심자에게는 맹목적이 될 수도 있기 때문에 일정한 순서에 따른 의식을 진행하는 것이 바람직하다. 그래서 그 수행일과가 무르익었을 때에 보다 의미 깊은 수행일과를 지킬 수 있다. 대략 조석일과 정진순서 즉 ① 입정 ② 삼귀의 ③ 천수경 ④ 독경 ⑤ 염불 ⑥ 축원 ⑦ 감사회향 ⑧ 사홍서원 등의 순서에 따라 수행일과를 지키면 될 것이다.

●공양에 대한 감사

　불교에서는 식사를 공양이라고 하는데 식사할 때에 감사의 뜻을 표하는 것이 옳고 당연하다. 불자가 공양할 때에는 공양하기 전에 부처님과 공양의 은혜를 생각하고 공양 후에 일체중생에 회향하도록 기도하여야 한다. 다음과 같은 오관게(五觀偈)를 생각하며 음식에 대해 감사하는 마음을 갖는다.

　온갖 정성 두루 쌓인 이 공양을
　부족한 덕행으로 감히 받누나

탐심을 여의어서 허물을 막고
육신을 지탱하는 약을 삼으며
도업을 이루고자 이제 먹노라

　오관게는 다음과 같은 5가지를 뜻하는 것이다. 첫째는 식사가 되기까지의 모든 사람, 모든 노력이 귀하고 또한 이 식사를 주신 분의 은혜가 큰 것을 생각한다(計功多小量彼來處). 둘째는 수행의 부족을 돌이켜 음식을 대한다(忖己德行全缺應供). 셋째는 악한 마음을 막고 허물을 멀리하는 데는 탐심을 버리는 것이 요긴하다(防心離過貪等爲宗). 넷째는 음식은 기갈을 면하고 병나지 않게 하는 좋은 약이라고 생각한다(正思良藥爲療形枯). 다섯째는 오직 진리의 길을 완성하기 위하여 이 음식을 먹는다(爲成道業應受此食).
　가족끼리 또는 혼자 공양할 때에는 아래의 게송을 낭송하거나 마음으로 새겨 감사한 다음 공양한다.

대자대비 부처님 크신 은혜 이 공양
일체중생 발보리 마하반야바라밀

　이같이 식사할 때 합장하고 낭송하는 게송은 '대자대비하신 부처님의 크신 은혜로 이 공양을 받습니다. 바라옵건대 일체 중생이 보리심을 발하여 무상도를 이루어지이다.' 하는 뜻이다.

● **심방기도**
　아기의 돌이나 생일을 맞은 법우의 가정을 방문하거나 병원에 문병 가는 경우로서 시간과 장소의 사정상 오랜 시간 동안 기도가 곤란한 경우 간략하게 다음과 같이 의식을 진행하는 것이 바람직하다.
　둥글게 모여서 의자 또는 바닥에 앉거나 선다. 목탁은 사용하지 않

고 합장한 다음 십념(十念)과 염불에 이어서 간단한 축원을 하고 끝
내도록 한다.

십　념
　청정법신 비로자나불
　원만보신 노사나불
　천백억화신 석가모니불
　구품도사 아미타불
　당래하생 미륵존불
　시방삼세 일체제불
　시방삼세 일체존법
　대성 문수사리보살
　대행 보현보살
　대비 관세음보살
　대원본존 지장보살
　제존보살 마하살
　마하반야바라밀(반배)
　나무 영산불멸 학수쌍존 시아본사 석가모니불(21번)
　천상천하무여불
　시방세계역무비
　세간소유아진견
　일체무유여불자
축　원
　　우러러 아뢰옵나니 이 댁의 주인 불자 ○○○를 위시한 남녀노소 일
문권속들이 불보살님의 자비하신 위신력을 입사와 건강하고 모든 재난
소멸하며 가내에 상시 광명이 항상 넘쳐 가업이 번창하고 모든 일이 원
만히 이루어지이다. 아울러 사회의 빛이 되고 나라의 기둥이 되어 부처

님 법을 널리 펴서 지중하신 부처님 은혜를 갚아지이다.
나무석가모니불
나무석가모니불
나무 시아본사 석가모니불(반배)

● **제사에 참석할 때의 예절**

　유교식의 전통적 제사의식이나 가정의례준칙에 의한 제사의식은 종교와 무관한 것이기 때문에, 돌아가신 조상에게 어떤 영향이 미친다는 신념을 가지고 제사를 모시는 것이 아니고 자손의 도리를 이행하는 것으로 생각되고 있다.

　그러나 우리의 불교 입장에서 볼 때 돌아가신 조상은 다만 육신을 벗어 버린 영가로서 육신을 가지고 살아 있는 우리보다 오히려 영식(靈識)이 맑다고 생각한다. 그러므로 천도를 할 필요가 있고 독경염불로써 불법을 깨우쳐 줄 필요가 있는 것이다. 비록 육도를 윤회하여 지금 현재 어느 중생계에 환생하였다 하더라도 조상을 위한 천도의식과 염불독경의 공덕은 그 조상에게 회향되는 것이다.

　그러므로 불교의 영가천도의식은 유교의 도덕적인 제사의미를 훨씬 넘어서 성불이라고 하는 우리 모두의 궁극적인 목적을 달성하기 위한 것으로 절실하게 그 필요성이 인정되는 것이다.

　불자는 조상에 대한 공경심과 추모의 뜻을 가지는 것은 물론이며 조상의 영가로 하여금 반야의 지혜를 깨달아 정각을 이루도록 하여야 하는 의무가 있는 것이다. 불자는 영가에 염불 또는 독경으로 법문을 들려주는 것이 훨씬 보람 있는 일이라 하겠다. 따라서 제사가 끝난 후에 다음과 같이 일심 염하고 독경 염불하는 것이 좋을 것이다.

　조상님을 위하여 이제 염불 독경하겠습니다. 부처님은 대자대비하시고 무한의 공덕이시니 염불 독경하면 대자대비 은혜를 입습니다. 저희

이제 일심으로 염하오니 독경소리 들으시고 기쁜 마음으로 함께 염불하시어 부처님의 크신 은혜 입고 극락세계 나소서.

그리고 염불 끝에는 다음과 같은 염을 한다.

조상님 이렇게 제사를 받아 주시니 감사합니다. 부디 염불공덕으로 극락세계에 나시고 부처님의 공덕을 입어서 크게 깨달으사 모든 중생을 제도하소서. 이만 제사를 마치오니 안녕히 가시고 다른 날 청하는 때에 다시 왕림하소서.

● 부모를 섬기는 자세

부모에 대한 효도는 불교뿐만 아니라 다른 종교에서도 중요시하고 있다. 그러나 불자가 부모를 섬기는 것은 좋은 옷 해드리고 조석으로 좋은 음식을 만들어 봉양하며 잠자리를 돌보아 드리는 것만은 아니다. 그것도 중요한 일이지만 불법의 이치를 깨달아서 윤회의 고해를 벗어나게 하여 드리는 것이야말로 진정한 불자의 효도라고 할 수 있다.

부모를 뵐 때에는 반드시 몸을 단정히 하고 예를 갖추어야 하며 몸을 벽 또는 의자에 기대거나 흐트러진 자세를 하여서는 안 된다. 그리고 다음의 게송을 묵념하여야 하며 그 뜻을 새겨야 한다.

부모님 효도로써 봉양하오며, 원컨대 일체의 모든 중생이
부처님 우러러 공양하옵고, 모두를 호양하기 바라옵니다.
(孝事父母 當願衆生 善事於佛 護養一切)

부모님께 적당한 기회를 보아서 불법의 인연론을 설명하여 드리고 좋은 선우(善友)와 인연을 맺으시도록 당부드리는 것을 잊지 말아야 하며 좋은 과보를 받으실 수 있는 착한 일을 하시도록 만들어야 한다.

불자는 모든 이에게 전법하는 것이 최상의 공덕이다. 그리고 자기와 가장 가까운 사람은 꼭 전법하여 불연을 맺도록 하여야 한다. 만일 부모님이 불자가 아니시면 불교와 인연이 생길 수 있는 기회를 보아서 불법에 귀의하시도록 하여야 한다.

회갑연 등 경사시에는 진리의 올바른 이치를 설명하여 드리고 불법에 의하여 행동하시게 하며 살생을 하지 않으시도록 하여야 한다.

부모님이 세간 인연이 다하시어 운명하실 때에는 먼저 아미타 부처님께서 계시는 극락정토의 즐거움 그리고 여러 경지를 들려드려서 편안한 마음으로 가시도록 하고 운명하셨으면 침착하게 집안에 알려 상례를 치러야 하며 슬픔을 일으키지 않도록 하여야 한다.

부모님뿐만 아니라 다른 손위 어른들을 대할 때에도 부모님 대할 때와 마찬가지로 공경하고 불법과 인연 맺으시도록 하여야 한다.

제
14
장

불교의 역사

제14장
●
불교의 역사

姜 明 嬉

1. 인도불교의 역사

● 천상천하유아독존(天上天下唯我獨存)

석가모니 부처님은 현재 네팔과 인도의 국경 부근인 곳에서 벼농사
를 주로 짓는 부족인 샤카족의 왕인 정반왕과 마야부인 사이에서 태
어났다. 40세가 넘도록 왕손을 낳지 못한 마야부인은 태자를 갖고 정
반왕과 함께 무척 기뻐하였다. 해산하기 위해 친정인 콜리성으로 가는
도중 룸비니동산 무우수(無憂樹) 아래에서 태자를 낳았으니 그때가
바로 4월 8일이었다. 태자는 옆구리(右脇)에서 태어나 일곱 걸음을
걷고 사방을 둘러보고 '하늘 위나 하늘 아래 내가 오직 존귀하다.'라
고 외쳤다. 이것이 바로 부처님의 탄생게로 '천상천하유아독존'의 내
용이다.

《불소행찬(佛所行讚)》에서는 탄생설로 '이 태어남을 윤회하지 않는
마지막 삶이 되게 하리라. 내 오직 이번 삶 동안에 모든 중생을 제도
하리라.'라는 이야기를 소개하고 있다. 천상천하유아독존은 존재의 절

대적인 위엄성을 표명하고 있다. 절대적인 위엄성은 모든 중생의 진실된 자아를 가리키므로 참나(眞我)를 깨달으면 최고의 위치가 된다는 의미이다.

이렇게 출생한 태자 고타마 싯달타를 아시타 선인은 장차 전륜성왕이 될 것이라고 예언하였다. 태어난 지 7일 만에 생모를 여의어 이모인 마하파자파티에 의해 길러졌다. 어려서 어머니를 여의어서 그런지 그의 가슴속에는 남다른 고뇌가 있었다. 어느 날 농경제가 있어 교외로 나갔을 때 농부의 보습 끝에 일구어지는 흙덩이 속에서 꿈틀거리는 벌레를 새가 날아와 쪼아 물고 가는 것을 보고 생물이 서로 잡아먹는다는 것은 도대체 무엇인지 의아해 하였다.

또한 출가동기로서 사문유관(四門遊觀)의 전설이 있다. 어느 날 태자는 동문 밖으로 나갔다가 백발의 노인을 보고 늙어감을 실감했다. 남문 밖에서는 병자를 보고 인생의 괴로움을 느꼈고 서문 밖에서는 상여행렬을 보고 죽음을 생각하게 되었다. 그리고 북문 밖에서는 수행자를 만나 해탈의 도를 생각하였다고 한다.

사문유관의 경험 이후 싯탈타 태자가 더욱 사색적으로 변하자 정반왕은 봄·가을·겨울·여름에 맞게 삼시전(三時殿)을 지어 주고 야소다라 공주와 결혼시켜 아들 라훌라를 낳게 했다. 그러나 인생의 본질을 궁구(窮究)한 태자는 여기에 만족하지 않고 최고로 존귀한 도를 찾아 출가하였다.

●최후의 유계(遺誡)

생로병사의 근심걱정과 모순을 극복하고 더없이 안온한 최상의 행복을 얻기 위해 출가한 싯달타 태자는 사문이 되어 당시 사상을 풍미했던 육사외도의 사상을 섭렵하였다. 처음에 고행주의자를 찾아갔으나 현세의 문제보다 내세의 문제 해결에만 치우치므로 이내 그 교를 버렸다. 두번째로 범천(梵天)과 해와 달을 섬기는 배화주의자(拜火主

義者)를 찾아 갔으나 자신을 닦는 수행이 아니므로 이것도 역시 버렸다. 또한 당시에 유명한 선정에 의한 수행도 하였으나 영원한 해탈의 도는 아니었다. 마지막으로 네란자라(尼連禪河)의 고행림에서 육체를 최고로 괴롭혀 단련하는 살인적인 고행을 하였으나 정신의 적정은 얻지 못했다. 극도로 심신이 지친 고타마 싯달타는 탈진상태에서 수자타가 갖다 준 우유죽을 받아 먹고 겨우 정신을 찾았다. 고행림에서 같이 수행한 다섯 비구가 이것을 보고 고타마에게 타락하였다고 비난하고 떠났다.

고타마는 여기에 굴하지 않고 독자적으로 정신과 육체를 일치시키는 수행을 하였다. 보리수 밑의 반석 위에 자리를 잡고 수행한 결과 여실지견(如實知見)을 깨달았다. 드디어 인생의 고의 원인이 진리에 대한 무지(無知)에 있음을 깨닫고 무지에서 일어나는 모든 인과의 이치를 연기(緣起)의 도리로써 정립하였다.

해탈도를 발견하여 정각자(正覺者)가 된 부처님은 자신이 깨달은 진리를 열반에 들 때까지 설파하셨다. 사제(四諦)법문으로 다섯 비구를 교화한 것을 비롯하여 사문·재가의 수많은 신도와 주변 혈육까지 교화하여 최초의 교단을 형성하였다. 제자들은 계급의 차별도 빈부의 차별도 인종의 구별도 없는 화합과 평등의 법을 배웠다. 하루 낮 동안에 100명을 살해한 앙굴리말라를 교화하고 부왕을 죽이고 왕위를 찬탈한 아쟈타삿투왕을 교화한 일화는 유명하다.

80세 때에 쿠시나가라국의 사라쌍수 아래에서 마지막 교화의 말씀을 남기셨다. '자기 자신에게 귀의하고 법에 귀의하며, 남에게 귀의하지 말라. 스스로를 광명으로 하고 법을 광명으로 삼아, 남을 광명으로 삼지 말라.'라는 유명한 자등명 법등명(自燈明 法燈明)을 최후의 유계로 남기셨다. 또한 '모든 생한 것은 반드시 멸하는 법이다. 그러니 부지런히 힘써 해탈을 구하라.'라고 하여 연기에 의한 도리를 해탈의 법으로 알라는 가르침을 남기셨다.

● 바라제목차(波羅提木叉)의 제정

부처님은 고행림에서 같이 수행한 다섯 비구를 베나레스에서 고(苦)와 낙(樂)의 양 극단을 떠난 중도(中道)와 고(苦)·집(集)·멸(滅)·도(道)의 사성제의 가르침으로 교화하여 최초의 불교교단을 만들었다. 그 후에 베나레스에서 야사를 교화하고, 그의 부모와 처 등은 첫 재가신자가 되어 교단을 확대해 가기 시작했다. 부처님은 이 제자들에게 전도를 하고 사람들을 구제할 것을 명령했다.

그 이후 부처님은 마가다국으로 돌아와 유명한 종교가였던 우루벨라 카사파와의 법전(法戰)에서 승리하여 그를 제자로 삼았다. 또한 왕사성으로 들어가 빔비사라왕을 교화했다. 왕은 죽림정사을 보시하였다. 부처님의 십대제자 중의 사리불과 목건련을 교화한 때도 이 즈음이었다. 또한 염화미소로 부처님의 이심전심의 법을 이어받은 가섭은 다자탑에서 부처님의 제자가 되었고 부처님 입멸 후에 승가를 규합하여 유법(遺法)을 결집하는 데 큰 공을 세웠다. 재가신자 수닷타는 승가의 거주처로 기원정사를 보시하였다. 또한 성도한 지 몇 년 후에 고향인 카필라바스투로 돌아와 부왕과 왕비, 아들인 라훌라, 종형인 제바달다와 아난 등 수많은 석가족 청년들을 출가시켰다.

교단이 확대되고 비구승가에서 사부대중으로 발전하자 각 대중에 맞는 계율이 필요하게 되었다. 승가에 들어간 비구·비구니가 지켜야 할 규칙이 바로 바라제목차이다. 비구의 바라제목차는 8절로 되어 있고 비구니의 바라제목차는 7절로 되어 있다. 이 중에서 가장 무거운 죄는 바라이법(波羅夷法)이다. 이것은 음(婬)·도(盜)·단인명(斷人命)·대망어(大妄語)의 4조로서 이것들을 범하면 승가로부터 추방된다. 승잔법(僧殘法) 13조에는 성(性)에 관한 죄나 승단의 화합을 깨뜨리려고 한 죄, 남을 바라이죄로 비방한 죄 등이 포함되어 있다. 부정법(不定法) 2조는 비구가 여성과 자리를 함께 한 죄이고, 사타법(捨墮法) 30조는 소유가 금지된 물건을 소지한 죄이다. 바일제법(波逸提法)

90조 내지 92조는 망어(妄語)·악구(惡口) 등의 가벼운 죄를 모아 놓
은 것이고, 회과법(悔過法)과 중학법(衆學法)과 멸쟁법(滅諍法)은 음
식물과 식사·걸식·설법·싸움에 관한 규정을 모은 것이다. 비구의
생활은 원칙적으로는 유행(遊行)생활로 한 장소에 정주하지 않았기
때문에 소지품도 간소하여 3벌의 옷과 밥그릇과 좌구(坐具) 그리고
녹수낭(漉水囊) 등의 육물(六物)이 비구의 재산이었다. 재가신자는
불·법·승의 삼보에 귀의하고 오계 및 팔재계(八齋戒)를 지켰다.

● **결집(結集)**

　부처님의 교설은 45년이라는 긴 세월에 걸쳐 행해졌고 그 내용도 매
우 다양하므로 부처님의 입멸 후 교설을 일정한 형태로 편성하여 후대
에 전할 필요가 있었다. 그래서 마하가섭은 500인의 아라한을 마가다국
의 왕사성에 소집하여 교법과 계율을 수집·편성하였으니 이것을 제1결
집이라 한다. 이때의 결집이란 교법의 합송(合誦)을 의미한다.

　제1결집에서 교법은 부처님을 항상 가까이 모시던 제자인 아난이
송출하고 율은 계율에 대한 이해가 깊었던 우팔리가 송출하였다. 송출
후에 비구집회에서 편집된 성전을 함께 외워 불설(佛說)로 승인받았
다. 이렇게 성립한 법과 율은 기억하기에 편리하도록 중요한 교설은
단문인 수트라(契經)로 완성되거나 시구(詩句)로 만들어져 전승되었
다. 불멸 후 100년경까지의 사이에 장문의 경이 많이 만들어졌다.

　이렇게 결집된 법과 율은 화합된 교단에 의해 잘 전승되고 있었는
데 불멸 약 100년쯤 가서는 율에 대한 해석과 수용의 문제에서 비구
들 사이에 엇갈린 견해가 발생하게 되었다. 급격한 사회적 변천으로
종래의 엄격한 계율로써는 수도생활이 어렵고 사상 또한 새로운 사회
에 적응할 필요가 있다는 주장이 대두되었다. 이 주장은 진보파가 요
구하였고 종래의 경·율을 고수하는 보수파와 팽팽하게 대립하였다.
이리하여 장로(長老) 야사의 주재 아래 베살리에서 700아라한이 모여

제2의 결집을 행해 경·율의 체계를 다시 세웠다. 그러나 결집에서 보수파가 진보파의 사상을 배격하였으므로 교단은 보수적인 상좌부(上座部)와 진보적인 대중부(大衆部)로 분열하게 되었다. 그 뒤 대중부는 다시 8파로 분열되고 상좌부는 11파로 분열되어 각 부파 나름대로 교법의 체계를 세웠다.

제2결집 이후에도 제3결집, 제4결집이 행해져 계율과 교법이 정리되어 갔다. 특히 제1결집 당시 성전의 전승은 문자가 있었음에도 불구하고 암기에 의해 이루어졌다. 교리로서 모아진 것은 전승되는 동안에 정리되고 경전으로 통합·집성되어 경장(經藏)이 되었고, 계율로 모아진 것은 정리되어 율장(律藏)이 되었다. 이 시대의 경장은 '아함경(阿含經)'이라고도 불리며 옛 가르침이 전승된 것임을 나타내고 있다. 특히 결집이 제2, 제3으로 거듭되면서 경에 대한 주석서·논서도 정립되었다.

● 십사비법(十事非法)과 근본분열

부처님의 재세시대에 불교의 전파는 중인도로부터 인도 서해안 방면에까지 이루어졌고 부처님 입멸 후에는 서남쪽으로 전도가 진행되었다. 특히 자료에 의하면 불멸 후에 먼저 닥키나파타(南路) 방향으로 불교교단이 세력을 확장한 것은 분명한 듯하다. 또한 불멸 후에 정치상황은 B.C.326년에 알렉산더대왕이 서북인도에 침입했으나 B.C.323년에 바빌론에서 객사하여 인도의 중원은 그리스인에 의해 정복되지 않았다. 이러한 혼란 속에서 찬드라굽타의 마우리야왕조가 전 인도를 통일하였다. 마우리야왕조는 찬드라굽타에 이어 빈두사라왕·아쇼카왕의 시대로 연결된다. 정치적 변화에도 불구하고 불교는 급속도로 마투라를 중심으로 서쪽으로 전파되고 있었다.

이러한 과정 속에서 불멸 후 100년경에 비사리성(毘舍離城)에서 사회 전반에 따른 계율위반의 문제가 대두되었다. 일부 비사리성의 비구와 서쪽으로 전파되고 있던 서방파 비구들이 십사(十事)를 실행하고 있었는데 그것에 반대하는 사람들과의 사이에 다툼이 일어났다. 그래서 700명의 비구가 비사리에 모여 십사를 논의하였다. 모임의 목적은 십사의 심의였지만 그 다음에 성전을 결집했다는 설이 세일론의 왕통사인 《도사(島史)》에 있기 때문에 이 700인의 회의를 제2결집이라고 한다.

십사란 ① 뿔로 만든 용기에 소금을 축적하는 관례 ② 일중식 뒤에라도 해그림자가 손가락 두 마디를 넘기기 전에는 식사를 할 수 있다는 관례 ③ 다른 부락에 가면 먹던 음식이 아닌 새 음식을 먹을 수 있는 관례 ④ 한 교구라도 주원(住院)별로 각각 포살회를 할 수 있다는 관례 ⑤ 동참하지 못한 비구의 동의를 예상하여 정족수가 부족하여도 의결(羯磨)할 수 있다는 관례 ⑥ 선배 비구(和尚, 阿闍梨)의 관습을 따르는 관례 ⑦ 식사 후에 소유·석밀을 우유에 타서 마시는 관례 ⑧ 아직 발효하지 않은 야자즙을 마시는 관례 ⑨ 테두리에 장식이 없는 방석을 쓸 수 있다는 관례 ⑩ 금·은을 보시 받는 관례 등이다. 열 가지 사항은 승가에서 금기되었던 행위였다. 십사에 대해 인정해야 한다는 진보적 비구들과 철저한 계율지계 비구들과의 논쟁은 700명의 비구와 동서로 갈라진 각각 4명의 대표가 십사에 대해 심의한 결과 비법(非事)으로 판정되었다. 그래서 교단은 근본분열을 겪게 된다.

● 아쇼카왕의 전법

부처님이 입멸하자 불교교단은 서쪽과 서남방향으로 발전하였다. 부처님의 전법(傳法)은 가섭존자가 이어받고 가섭의 법은 아난으로 이어지면서 교세는 넓혀져 갔다. 아난의 제자 상나화수(商那和修, Śāṇakavāsa)의 만년에는 교세가 확장되어 마투라 지역까지 이르렀고 이후 100년경에 아쇼카왕(B.C. 270년경)이 즉위하게 된다. 북전(北傳)에 의하면 아쇼카왕은 상나화수의 후대 인물인 우바국타(優婆毱多, Upagupta)의 권유로 불적(佛蹟)을 순례하고 각지에 탑을 세웠다 하고, 남전에 의하면 왕에게 불교 귀의를 권유한 파타리자(波吒釐子, Pataliputra)가 인도 각지로 전도사를 파견하도록 권유했다고 한다. 모든 전승과 전설을 종합할 때 아쇼카왕은 부처님의 법을 실행한 법왕이었음에는 틀림없다.

전설에 의하면 아쇼카왕은 젊었을 때에는 매우 난폭하여 많은 사람을 죽였고 불교에 귀의하고도 불교에 대해 열성적이지 않았다고 한다. 즉위 8년이 지났을 때 칼링가국을 정벌하였는데 이때 수많은 사람들이 죽고 부모와 자식이 생이별하며 부부가 헤어지는 비참한 상태를 보고 전쟁의 죄악성을 통감하였다. 그리하여 폭력에 의한 승리는 진정한 승리가 아니며 법에 의한 승리야말로 진정한 승리임을 깨달았다. 그 후 법의 순행을 시작하여 수많은 불적을 답사하고 즉위 20년 후에는 부처님의 탄생지인 룸비니를 방문하였다고 비문은 기록하고 있다.

특히 아쇼카왕은 즉위한 지 12년부터 자신이 깨달은 법을 후세에 남기기 위해 암벽을 깍아 마애법칙을, 사암의 기둥을 깎아 석주법칙을 새겼다. 아쇼카왕이 자신를 포함한 모든 인간이 지켜야 할 법으로 생각한 것은 '인간의 본질은 평등하다.'는 부처님의 가르침에 입각한 사상이었다. 즉 생명을 사랑하고 진실을 말하며 관용과 인내를 발휘하고 가난한 사람을 돕는 등의 자비의 이념이었다.

살생에 대해서도 엄격하여 부득이한 경우라도 새끼를 밴 동물이나 젖을 먹이고 있는 동물을 죽이는 것을 금했다. 뿐만 아니라 인간과 동물을 위해 병원을 세우고 가로수를 심고 우물을 팠다. 특히 바라문·사문·가난한 사람들에게 보시를 권장하였다. 또한 법이 영원히 세간에 통용되도록 즉위 13년에 법대관을 임명하여 5년마다 순회하면서 법의 교계(敎誡)를 펴게 했다. 또한 《아육왕경》에 의하면 왕은 부처님의 사리를 공양하고 8만4천의 탑을 세웠다고 한다.

● 부파분열

원시교단이 교리와 계율의 해석문제로 진보적 성향과 보수적 성향

으로 즉 상좌부와 대중부로 나뉜 것을 근본분열이라 하고 갈라진 각
파를 부파(部派)라 한다. 최초의 부파는 두 파로 갈라졌지만 아쇼카왕
때에 이르면 계율과 수행제도에 혼란이 심해 승가에서는 싸움이 빈번
해지고 월례행사인 포살제도도 행해지지 않게 된다. 그래서 아쇼카왕
시대의 목갈리풋타는 1,000명의 아라한을 선발하여 부파의 교리를 전
제로 한《논사(論事)》를 결집하였다. 이를 제3결집이라고 한다.

 《논사》의 내용은 여러 부파의 교리를 전제로 하여 조직되어 있기
때문에 부파분열의 완성을 암시하고 있다. 상좌부와 대중부의 두 부파
는 다시 내부분열을 일으켜 특히 대중부계는 자유사상가들이 많아 일
설부·설출세부·우가부 등의 3부파로 갈라진다. 그래서 불교교단은
제2결집을 계기로 일어난 근본분열 이후 거의 2~3세기 사이에 18부
또는 20부에 달하는 부파를 형성하게 된다. 그러나 부파분열의 정확
한 시기와 발생 사정, 분파의 계통은 논전과 전설마다 다르다. 스리랑
카의 사전《도왕통사(島王統史)》에는 다음과 같은 부파를 들고 있다.

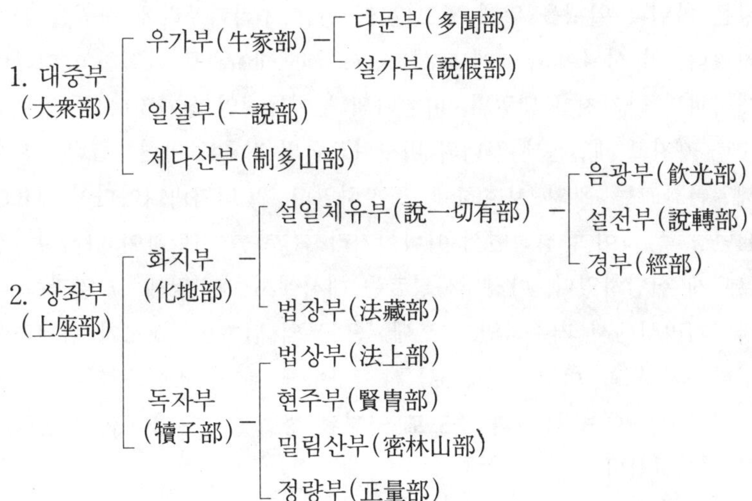

이 밖에도 계통이 확실하지 않은 설산부·왕산부·의성부·동산주부·서산주부·서왕산부가 있었다. 또한 세일론(지금의 스리랑카) 상좌부의 분파로는 대사파·무외산사파·기타림사파가 있었다. 한편 설일체유부 전승의 《이부종륜론》에 의하면 분파분열 시기와 함께 세일론 전승(分別說部의 전승)과 약간 다르게 부파분열을 전한다. 다만 인도의 전지역이 넓고 교통이 불편했으므로 단시일에 분열이 완성되지는 않았을 것이고 교리의 전파도 일정하지는 않았을 것이다.

● 세일론 상좌부의 발전

세일론은 현재의 스리랑카로 인도반도 남단에 위치한 섬나라였으며 옛날에는 탐바판니(銅葉洲)·랑카섬이라고 불리웠다. 세일론 중심으로 전승된 불교가 버마·타이·캄보디아 등에 전래되어 남방불교를 형성한다.

세일론의 불교는 세일론의 데바남피야팃사왕 시대에 마힌다와 4명의 비구 그리고 그들의 추종자들이 섬으로 건너옴으로써 시작되었다. 왕은 마힌다 일행을 위해 왕도(王都)인 아누라다푸라에 사원을 건립하였다. 이 사원이 후세에 대사(大寺, mahāvihāra)로 발전하고 이른바 대사파의 근거지가 되었다. 마힌다의 누이동생인 상가밋타 등은 보리수를 가지고 세일론에 건너와 비구니교단의 기초도 마련하였다. 그 후 세일론불교는 왕의 보호하에 번창하였다. 밧타가마니아바야왕(B.C. 44년경 즉위)이 등장하면서 아바야기리사(寺)를 건립하여 마하팃사장로에게 헌납하였다. 마하팃사장로는 대사에서 배척당해 그 일파는 아바야기리사에서 거주하였고 후에 독자부의 담마루치장로가 합세하여 담마루치파 즉 법희부(法喜部)를 형성하게 된다. 또한 밧타가마니아바야왕 시대에는 대사파 주도로 구전된 성전을 경·율·논의 삼장으로 서사하였다.

그 후 아바야기리사는 방광파의 무리에 의해 분열되어 그 일부는 고타바야왕(309~322) 시대에 기타림사파라 불리우는 사가리야파를 형성하기에 이른다. 법희부는 새로운 학설을 받아들인 반면에 대사파는 상좌부불교의 분별설부의 입장을 고수했다. 분별설은 모든 것에 대해서 일방적으로 단정하지 않는 것이다. 즉 긍정적인 것과 부정적인 것을 분별해서 현실을 이해하는 것이다.

5세기로 접어들어 마하나마(409~431)왕의 시대에 불음(佛音, Buddhaghosa)이 세일론으로 건너와 대사(大寺)에 거주하면서 팔리삼장을 주석하고 많은 저작을 남겼다. 대표적인 저술로는 대사의 전승에 의거한 《청정도론》이다. 또한 불음은 싱하리즈어(세일론어)로 쓰여진 주석을 팔리어로 번역하였다고 한다. 상좌부의 교학은 불음의 해석이 현재에도 기준이 되고 있다.

세일론은 계속해 대사파와 무외산파가 대립하고 11세기 초엽에는 한때 시바교도의 침입도 받았다. 그 후 파락카마바후 1세(1153~1186)는 무외산사·기타림사 등의 승려 중에 퇴폐한 자를 환속시키고 대사 중심의 상좌부의 불교를 크게 부흥시켰다.

● 논장(論藏)의 성립

부처님의 교설을 한데 모은 경장이 완성되지 않았을 동안에는 불법에 대한 해석 형식의 주석은 경장 속에 포함되어 전해졌다. 그러나 경장이 완성되자 각 부파의 문헌은 통합되어 아비다르마장(藏) 즉 논장을 성립시키게 되었다. 경장·율장이 원시교단시대에 성립하고 부파불교시대에 논장이 성립하여 드디어 경·율·논의 삼장이 성립한 것이다. 논장의 제작은 B.C. 250년경으로 추정되는 근본분열 이후부터 기원 전후 무렵까지 완성되었다고 보여진다.

상좌부의 논장은 B.C. 250년경부터 B.C. 50년경 사이에 순차적으로 성립되었다. 맨 처음 《인시설론》이 성립하고, 다음으로 《법집론》《분별론》이 성립하고, 후기에 《계설론》《쌍대론》《발취론》《논사》가 성립하였다. 특히 경·율·논의 삼장이 완성된 후에는 삼장에 대한 연구가 주석서로 만들어졌고, 이와는 별도로 《밀린다왕문경》《도론》《장석》이 7론 성립 후에 만들어졌다.

설일체유부의 논장도 7론으로 되어 있으며 육족발지(六足發智)라 한다. B.C. 2세기경에 가다연니자(迦多衍尼子, katyayani-putra)가 《발지론(發智論)》을 지어 유부의 교학을 확립시켰다. 이 《발지론》을 중심으로 육족론이 성립하였다. 육족론 중에 가장 오래된 것은 《집이문족론》이며 다음으로는 《법온족론》이고 그 후로 《식신족론》《계신족론》《시설족론》《품류족론》이 성립하였다. 특히 《품류족론》과 《발지론》에서는 팔리논장보다 발달한 교리가 포함되어 있다. 즉 오위설(五位說)·심소법(心所法)·삼세실유설(三世實有說)·유위사상(有爲四相)·육인사연설(六因四緣說) 등이 매우 체계적으로 설해져 있다.

이 밖에도 법장부의 논장으로 추정되는 《사리불아비담론》 30권이 있다. 정량부의 논서로는 인아(人我)를 설하는 《삼미저부론(三彌底部論)》이 있다. 또한 경량부 계통 논서로 250~350년경에 저작되었을 것으로 추정되는 하리말마의 《성실론》은 중국의 남북조까지의 불교에 많은 영향을 주었다.

중국의 현장법사가 쓴 《대당서역기》에서는 인도를 여행해 많은 경론을 가져온 것을 언급하면서 유부의 삼장 67부·상좌부삼장 14부·대중부 15부·정량부 15부·화지부 22부·음광부 17부·법장부 42부 등의 삼장을 가지고 왔다고 기록하고 있다. 이로 보아 당시 많은 부파에서는 부파 고유의 논장을 소유하고 있었던 점을 알 수 있다.

● 아쇼카왕 사후의 불교

아쇼카왕이 죽자 마우리야왕조의 세력은 급속히 쇠퇴하여 B.C. 180년경에 푸샤미트라에 의해 멸망한다. 푸샤미트라는 슝가왕조를 일으키지만 세력이 미약하여 갠지스강 유역만을 지배하였다. 푸샤미트라는 바라문교의 제사인 말의 제사(馬祀)를 부활시키고, 불교도에게 탄압을 가하여 불탑·가람을 파괴하고 불경을 불태우고 출가자들을 살해하였다고 한다. 이때부터 불교도에게 위기의식이 생겨 법멸(法滅)사상이 성행하였다.

그러나 왕실 안에서는 불교에 귀의하여 불탑에 난순(欄楯)·석조건축 등을 희사하는 사람이 많았는데 바르후트나 산치 등의 불탑의 경우에서 찾아볼 수 있다. 특히 승가왕조 시대에는 비르사에 많은 불탑이 세워져 '비르사의 제탑(諸塔)'을 형성하였다. 이 무렵 서북인도에서는 그리이스계의 여러 왕들이 잇따라 침입하여 여러 왕조를 형성하고 있었다.

서북인도를 지배한 밀린다(Milinda, B.C. 160~140년경 통치)는 샤칼라에 도읍을 정하고 아프가니스탄에서 중인도까지 지배하였다. 밀린다가 불교에 귀의하여 불교 승려인 나선(那先, Nāgasena)과 대론한 이야기가 《밀린다왕문경》으로 전해지고 있다.

서북인도에서 오래된 불탑의 유적이 발굴됨으로써 B.C. 2세기경에 설일체유부의 불교가 번성했던 사실이 알려지고 있다. 특히 타키실라에서 발굴된 다르마라지카탑은 주변에 주거지가 형성되어 있는 광대한 불탑지를 이루고 있어 불교의 중심지였음을 입증하고 있다.

남인도의 데칸지방에서는 아쇼카왕이 죽고부터 안드라왕조의 샤타바하나 왕가가 세력을 얻어 B.C. 200년경부터 A.D 3세기경까지 지배했다. 데칸불교의 특징은 굴원(窟院)이 많다는 점이다. 암산을 개척하여 동굴을 판 굴원에 불탑이나 가람을 만들었다. 유명한 것으로 아잔타·바자·나시크·카르리·엘로라 등이 있다. 굴원에는 불탑을 모신 차이티야(Caitya)라고 불리우는 예배당과 승원이 있다.

한편 B.C. 100년을 전후하여 샤카족은 그리스인의 박트리아왕국을 멸망시키고 대월지국에 밀려 인도를 침입하였다. 타키실라의 고탑에서 발견된 동판 비문에 의하면 샤카족의 파티카왕은 불탑이 없는 곳에 불탑을 세우고 석가모니 부처님의 사리를 봉안하고 가람을 만들었다고 한다.

● 카니시카시대의 불교

중국 돈황지방에 자리하고 있던 대월지는 기원전 130년경 박트리아를 점거하였다. 박트리아의 5명의 토후는 대월지에 귀속되었다가 토후 중의 한 사람인 쿠샨이 세력을 넓혀 쿠샨왕조를 창설하였다. 쿠줄라 카드피세스왕은 파르티아(安息國)를 침입하여 카불을 점거하고 비단길의 요충인 메르브를 병합하였다. 쿠샨의 다음 왕인 웨마 카드피세스는 인더스 하구 및 반도 서해안의 무역항을 장악했다. 그 다음에 등장한 카니시카왕은 베나레스·카티와르반도·아랄해 부근까지 뻗치는 대제국을 출현시켰다.

카니시카시대의 불교교학은 대·소승불교가 함께 발달하였고, 불교문화는 간다라예술이 발달하여 그리스문화와 그레코—로마문화의 영향이 두드러졌다. 불사의 건축에 있어서는 코린트식 주두(柱頭)가 특징적이었다. 불상의 조각은 쿠샨왕조의 전기시대에는 석가모니 부처님을 크게 표현하지 않았으나 점차 크게 표현하기 시작하여 불전도(佛傳圖)에서 단독의 부처님상이 나타났다. 왕은 시대적 흐름을 대변하듯 당시 유통된 금화 이면에 불상을 조각하고 붓도(BODDO)라 표시했다. 또한 왕이 봉헌한 불탑에서 발견된 사리함에 부처님과 보살상이 조각되어 있다.

그 밖에도 카니시카왕은 페샤워르 부근에 유명한 카니시카대탑을 건립하였다. 샤흐지키데리에서 대탑지가 발굴되었는데 여기서 카니시카사에 봉안된 사리병이 발견되었다. 교단으로는 설일체유부를 지지했다. 카니시카왕은 설일체유부에 귀의하여 독실한 불교호지자가 되었고 마명(馬鳴, Aśvaghoṣa)·마타라·차라와의 관계가 돈독했다고 한다. 마명과의 관계는 《마명보살전》에 자세히 나타나 있다. 카니시

카왕은 중인도를 공격하고 그 대가로서 부처님의 발우와 마명을 요구
했다고 한다. 카니시카왕의 요구에 따라 마명은 서북인도로 이주하여
불교를 널리 보급했다고 전해진다.

또한 왕은 유부(有部)의 협존자(脇尊者, Parśva)에 귀의하고 그의
권유로 캐시미르의 500명의 아라한을 모아 결집을 행했다. 결집으로
《대비바사론》200권이 완성됐고 이것을 제4결집이라고 한다. 또한 기
록에 의하면 왕은 봄·가을에는 간다라로, 여름에는 카피쉬로, 겨울에
는 치나부크티로 수도를 옮겨 그곳에 왕궁과 가람을 지었다고 한다.

● 대승불교의 탄생

원시교단이 여러 부파로 갈라지면서 각 지역의 각 부파는 각자의
율장을 가지고 독자의 교리해석을 확립하였다. 마투라에서 간다라에
걸친 북인도에서는 상좌부 계통의 유부와 법장부·화지부 및 대중부
계통의 설출세부 등이 세력을 떨쳤다. 서인도에서는 아반티지방을 중
심으로 독자부와 경량부가, 남인도에서는 안드라지방을 중심으로 제
다산부 등의 대중부 계통의 여러 부파가 우세하였다.

각 부파의 교단은 출가 중심으로 현학적 법의 체계에만 열중하였으
므로 일반 재가불자들은 부파교학에 동참하기 힘들었다. 출가승들은
승원 안에서 생활하며, 자신이 아라한이 되는 것만을 목적으로 하였기
때문에 중생을 구제하는 불교 본래의 입장을 잊어가고 있었다. 재가불
자들은 왕족을 중심으로 승원을 지원하고, 가람을 짓고, 탑을 세워 기
증하는 형식으로 신앙생활을 할 뿐이었다.

그러던 것이 기원전 1세기경부터 새로운 불교운동이 일어났다. 불
탑을 중심으로 설법자가 생기고 재가신자의 집단이 교단의 규모로 커
지기 시작했다. 부파교단이 부처님의 가르침에 대한 해석에 고심하는
동안 새로운 불교운동가들은 부처님을 신앙의 중심으로 한 불덕을 찬
양하고 그럼으로써 부처님의 자비의 힘으로 이상 세계에 들어간다고

생각하였다. 그리고 스스로 '대승(大乘)'이라 부르고 종래의 부파불교를 '소승(小乘)'이라 불렀다.

대승불교도는 부처님과 동일한 깨달음을 얻기 위해 육바라밀의 실천행을 만들고 대승불교도를 부처님의 전신(前身)에 비겨 보살이라 지칭했다. 누구라도 이타(利他)의 서원을 세우고 깨달음을 향해 수행하면 보살이 된다고 본 것이다. 또한 신앙의 대상으로서는 부처님을 법신(法身)이란 초월적 진리의 본체로 삼았다. 새로운 대승불교운동가들은 자신들의 논리를 대중화하기 위해 대승경전을 편찬하였다.

최초의 대승경전은 기원전까지 거슬러 올라가므로 대승의 원류는 그 이전에 이미 싹트고 있었던 것이다. 남인도에서 진보적인 대중부 계통의 부파교단이 성행하였고 남인도는 대승경전의 성립과 밀접하므로 대승불교는 대중부에서 발전했다고 보는 설도 있다. 이렇게 성립한 대승경전은 부처님을 염상(念想)하는 삼매(三昧) 속에서 얻은 체험을 함축된 어의로 표현하였다.

● 대승경전의 성립

대승불교는 보살이란 자각으로부터 시작되어 대체로 1~2세기에 경전 편찬이 활발히 이루어졌다. 대승경전이 모두 같은 시기에 이루어진 것은 아니었다. 용수의 논서가 등장하기 전까지를 대체로 초기 대승경전의 성립기라 본다.

초기 대승경전은 몇 부류로 나누어진다. 첫째는 《반야경》 계통의 경전이다. 이 계통의 《육바라밀경》《보살장경》《삼품경》은 기원전에 성립했을 가능성이 높다. 또한 일찍 성립한 《도행반야경》에는 《반야경》이 남인도에서 비롯되었다고 설해지고 있다. 《소품반야경》과 《대품반야경》도 이 설을 주장하고 있어 남인도와 대승불교와의 관계를 간접적으로 시사하고 있다.

이렇게 성립한 반야 계통의 경전들은 보살의 존재방식으로 어느 것에도 집착하지 않음을 강조하여 모든 실체는 고정된 것이 아니라는 공사상(空思想)을 주장했다. 모든 사물에 공통적으로 흐르는 본연의 모습 즉 진여(眞如)를 아는 것이 반야바라밀이며 보살은 반야바라밀에 의해 깨달음에도 집착하지 않고 이타행을 향해야 한다고 강조한다.

《반야경》을 계승한 《화엄경》은 보살의 존재방식을 더욱 깊이 탐구하여 부처님의 본질과 보살의 관계를 궁구하였다. 특히 《화엄경》〈십지품(十地品)〉은 보살이 서원을 세워 초지부터 갖가지 보살행을 실천하여 불위(佛位)에 이르기까지를 십지(十地) 즉 10단계로 나누어 설명한다. 《반야경》《화엄경》 같은 초기 대승경전을 배경으로 하여 《법화경》의 주요 부분이 성립하게 된다.

《법화경》에서는 여래의 영원한 활약을 강조하여 중생구제를 위해 언제나 존재하는 구원실성(久遠實成)을 주장한다. 특히 성문·연각·보살의 삼승은 모두 부처님의 일승으로 귀의하는 회삼귀일(會三歸一)의 사상을 강조한다.

또한 초기 대승불교시대에 찬술된 정토계 경전에서는 시방세계의 많은 부처님의 존재를 예상하여 부처님이 이룩한 정토 즉 불국토를 설한다. 《유마경》에서는 반야의 공사상을 이어받아 이승의 유무(有無)의 집착을 타파한다. 삼매 계통의 경전으로는 《수능엄삼매경》과 《반주삼매경》이 일찍 성립하였다. 《수능엄삼매경》은 보살이 어떠한 일에도 집착하지 않고 오직 중생제도에 분투하는 모습을 용맹매진(勇猛邁進) 즉 수능엄(首楞嚴)이라 표현한다.

● 굽타왕조 시대의 불교

인도는 마우리야왕조 붕괴 이후 약 5세기 동안 강력한 국가적 통일을 이룩하지 못했다. 그러다가 4세기경 마우리야왕조의 본거지인 마가다를 중심으로 하여 굽타왕조가 일어났다. 대승의 유명한 논사인 무착(無着, Asanga)과 세친(世親, Vasubandhu)도 북인도 간다라의 푸루샤푸라 시에서 태어났으나, 후에 대승불교로 전향하고부터는 두 사람 모두 중인도로 이주하여 굽타왕조의 수도였던 아요디야에서 활약하였다.

그러나 굽타왕조는 바라문교를 국교로 하였기 때문에 바라문교의 제 학파는 불교 배격에 앞장서기도 하였다. 또한 산스크리트어를 공용어로 하여 불교교단에서도 산스크리트어로 저작을 하였다. 굽타왕조시대는 바라문교가 국교이었음에도 불구하고 800년 동안이나 인도의 불교를 이끈 나란타사가 창건되었다.

굽타왕조의 제5대인 스칸다굽타(455~467년경)와 제7대 나라싱하굽타(467~473경)는 유가행파의 세친을 원조했다고 한다. 지역적으로는 성도지 붓다가야와 녹야원, 열반지인 쿠시나가라를 비롯하여 남인도의 아잔타나 엘로라 굴원 등에서도 불교가 번창하고 있었다. 특히 녹야원에서 굽타시대의 불상과 비명이 가장 많이 발견되었다.

굽타왕조는 5세기 말부터 쇠퇴하기 시작하여 6세기 초 이후에는 지방정권이 출현하였다. 굽타왕조의 쇠퇴에 편승하여 5세기 중엽에 훈족이 서북인도에 침입하여 간다라와 캐시미르를 평정하였다. 훈족의 미히라굴라는 쉬바신을 신봉하고 불교를 배격하여 파불(破佛)을 행하였다. 마가다 중심으로 신불교의 부흥지인 캐시미르와 간다라의 불교가 심하게 파괴되었고 그곳의 승가람과 탑들은 황폐해 갔다.

한편 6세기경 서인도 카티야와르반도에 마이트라카왕조가 흥기하여 발라비를 중심으로 하여 불교가 다시 번영하였다. 이 발라비에 안혜(安慧, Sthiramati)가 건립한 승원이 있었고 정량부가 번창하였다. 중인도의 하르샤바르다나왕(606~646)은 불교에 귀의하였으나 왕이 죽은 후, 100여 년 간 중인도는 군웅할거의 시대가 계속되었다.

데칸지방에서는 6세기경 카르나타에 찰루카왕조가 일어났다. 찰루카왕조와 그 뒤에 일어난 라쉬트라쿠타왕조 시대에는 아잔타나 엘로라 석굴사원의 중요한 부분이 완성되었다. 찰루카왕조와 대립하여 인도반도의 남부에는 팔라바왕조가 있었는데 상좌부 계통이 발달하였고 유가행파의 호법(護法, Dharmapāla)과도 관계가 깊었다고 한다.

● 중관학파(中觀學派)의 성립

인도불교가 여러 부파로 갈라지고 1세기부터 대승불교가 흥기하면서 교학적으로 많은 변화를 겪는다. 《반야경》《화엄경》《법화경》등의 대승경전이 초기 대승불교의 교학체계를 이끌었고 이들 사상에 대한 연구가 본격화되면서 반야(般若)의 공사상을 중심으로 대논사들이 활약하게 된다. 대표적인 인물로는 150년에서 250년경의 인물이라 추정되는 용수(龍樹, Nāgārjuna)이다.

용수의 《중론》은 후대의 중관학파 형성의 모태가 됐다. 용수는 샤타바하나 왕가의 귀의를 받고 길상산에 살았다고 하며 일설에는 흑봉산(黑蜂山)에도 살았다고 한다. 비문에 나가르주나콘다에 길상산이 있었다는 기록이 있다. 용수의 저서로는 《대지도론》100권, 《십주비바사론》17권, 《중론》4권, 《십이문론》1권 등이 있다. 이 중 《중론》과 《십이문론》은 그의 제자인 제바(提婆, deva)가 지은 《백론》2권과 함께 삼론(三論)으로서 중관사상의 핵심을 이룬다.

용수교학의 특징은 원시불교의 십이연기를 불생불멸(不生不滅) 등의 팔부중도(八不中道)로 이해하였다는 점이다. 또한 그 밑바탕에 공사상이 핵심을 이루어 《반야경》의 사상을 계승하고 있다. 특히 중국에서 용수는 8개 종파의 개조(開祖)로 받들어졌고 인도에서는 《중론송》에 기초한 중관파를 낳았다. 특히 중국에서는 제바의 《백론》을 추가한 《중론》《백론》《십이문론》을 소의로 하는 삼론종(三論宗)이 크게 일어났다.

중관학파의 계보는 용수로부터 제바로 이어진다. 《제바보살전》에 의하면 제바는 남인도의 바라문 출신으로 외도를 몹시 배격하여 그 때문에 자객에 의해 암살당했다고 한다. 그의 저작은 《사백론(四百論)》《백론》《백자론(百字論)》이 대표적이고 수론학파(saṃkhya)·승론학파(vaiśeṣika), 정리파(vaiśeṣika)를 비판하였다. 제바의 법을 라후라파타라(羅睺羅跋陀羅, Rāhulabhadra)가 받았다고 하나 티벳의 전승에 의하면 라후라파타라는 용수의 스승이었다고 한다.

용수·제바·라후라파타라 이후의 중관파는 잘 알려지지 않고 불호(佛護, Buddhapālita)시대에 다시 번창한다. 중관학파는 다시 프라상기카파(歸繆論證派)와 스바탄트리카파(自立論證派)로 갈린다. 불호와 월칭(月稱, Candrakirti)은 중관 프라상기카파의 대표자이며 청변(淸辨, Bhāvaviveka) 등은 스바탄트리카를 대표한다.

● 유가행파(瑜伽行派)의 성립

용수 이후에 중기 대승경진의 성립시기에 등장한 《해심밀경》이나 《대승아비달마경》의 사상을 이어받아 조직된 학파를 유가행파 또는 유식파(唯識派)라고 한다. 유가행파는 요가의 실천을 통해 유식의 체험을 심화시키고 윤회의 주체로 아뢰야식이란 제8식을 정립하여 사상의 체계를 넓혀 나간다. 유가행파의 시조는 미륵(彌勒, Maitreya)이며 그 뒤를 무착이 잇고 다시 세친이 이었다.

유가행파의 개조로서의 미륵은 미래불로서 도솔천에 살고 있는 미륵보살과 동일시되기도 한다. 미륵보살은 밤에 이 땅에 내려와 대중을 위해 《십칠지경(十七地經)》(유가론의 본지론)을 설했다고 한다. 밤에 미륵이 설한 것을 낮에 무착이 해석했기 때문에 사람들이 차츰 미륵보살의 가르침을 믿게 되었다고 한다.

미륵의 제자인 무착은 북인도 간다라지방의 푸루샤푸라 출신으로 처음에는 소승불교로 출가했다가 나중에 대승불교로 전향하였다. 대표적인 저서 《섭대승론》은 유식의 교리를 집대성하여 유식설을 체계화하였다. 현장의 《대당서역기》에 의하면 무착은 중인도의 아요디야에 살면서 밤에는 천궁으로 올라가 미륵보살로부터 《유가론》《대승장엄경론》《중변분별론》 등을 배우고 낮에는 대중을 위해 그 묘리(妙

理)를 강의했다고 한다.

480년에서 540년까지 생존했다고 추정되는 세친은 무착의 동생으로 설일체유부에서 대승으로 전향하여《중변분별론석》을 비롯하여 화엄·법화·반야의 주석서 등 많은 저작을 남겼다. 설일체유부 시절에 지은《구사론(俱舍論)》은 법의 체계를 정립시킨 유명한 논서이며 대승으로 옮겨와 저술한《유식이십론(唯識二十論)》과《유식삼십송(唯識三十頌)》은 유가행파의 교학을 체계화시켰다. 특히《유식삼십송》은 10명이 각각 저술한 주석서가 나와 유식의 10대논사를 배출할 정도였다. 세친은 식(識)의 전변설(轉變說)을 확립시켰다.

세친 이후의 유가행파는 두 파로 갈린다. 세친의 식설을 이어받아 불교논리학으로 체계화시킨 진나(陳那, Dignāga)의 유식은 호법(護法, Dharmapāla)·계현(戒賢, Śīlabhadra)으로 이어져 유상유식파(有相唯識派)를 형성하였다. 또 다른 한파는 덕혜(德慧, Guṇamati)·안혜로 이어져 무상유식파(無相唯識派)를 형성하였다. 유상유식파는 인식의 성립근거를 식(識)자체에서 보았고 무상유식파는 식의 행상(行相)을 변계소집성(遍計所執性)으로 보았다.

● 나란타사(那爛陀寺) 창건

마우리아왕조의 붕괴 후에 북인도 및 중인도는 이민족의 침략이 계속되었다. 그 후 찬드라굽타(320~350)가 굽타왕조를 창설하여 파탈리푸트라에 수도를 정하고 그 아들 사무드라굽타(335~375)가 남북으로 지배를 확대해 감으로써 끊어진 마가다의 왕통을 계승하고 통일국가를 출현시켰다.

불교가 국교는 아니었지만 왕조의 관용정책으로 유명한 대가람 나란타사가 건립되었다. 새로운 불교의 중심지가 된 캐시미르·간다라와 함께 불교의 발생지였던 마가다가 회복되어 나란타사는 대소승 겸학지가 되었다. 440년에 창건되었을 것으로 추정되는 나란타사는 후기 대승교학의 꽃을 피운 인도불교의 마지막 보고였다.

현장(629~645년, 인도 체류)의 《대당서역기》에 의하면 나란타사는 샤크라디트야왕에 의해 창건되었다고 한다. 샤크라디트야왕의 아들 붓다굽타왕(476~496년경)이 남쪽 가람을 건립하고 타타가타굽타왕이 동쪽 가람을 건립하고 발라디트야왕(467~473)이 동북쪽 가람을 건립함으로써 대가람을 형성했다고 한다. 나란타사는 인도 제일의 대가람으로서 성립 후 800년 이상 불교연구의 중심지가 되었다.

호법·덕혜·계현을 비롯한 우수한 인물들이 인도 전역에서 운집했고 승려 수는 수천에 달했다고 한다. 또한 불교학의 발달로 중국과 서역의 대학자뿐만 아니라 그 밖의 여러 곳에서 유학 온 승려가 적지 않았다고 한다. 의정의 《남해기귀내법전》에 의하면 의정(義淨)이 인도를 방문할 당시(671~695)에 나란타사에는 승도가 3천 명, 절은 8원(院), 방은 3백 개나 있었다고 한다.

나란타사는 13세기 이슬람교도들에 의해 파괴되었지만 근대에 유적이 발굴되면서 그 전모가 밝혀졌다. 남북 500미터·동서 250미터에 이르는 광대한 지역에 여러 개의 대탑터, 10곳 이상의 절터와 그 외에도 정사터가 발굴되었다. 출토품들은 밀교가 성했던 팔라왕조기에 해당하는 것이 많이 발견되었다.

이 점으로 보아 나란타사는 후기불교인 밀교의 교학지였음이 분명하다. 다시 말해 나란타사는 8세기에 팔라왕조에 의해 성립된 오단타푸리사와 비크라마실라사와 함께 밀교교학의 중심지였던 것이다. 그러나 13세기에 이슬람교도의 침입으로 날란다·비크라마실라·오단타푸리 등의 대사원은 파괴되었다.

● 대승경전의 발달

초기 대승경전은 거의 기원전 1세기 전후부터 《반야경》을 중심으로 《화엄경》《법화경》이 성립하였다. 그 후 용수시대 이후에 제2기의 대승경전이 출현하였다. 중기 대승경전은 용수 이후로부터 무착·세친의 논서가 성립하기 이전에 성립한 경이지만 확실한 성립연대는 알수 없다. 중기 대승경전은 유식사상과 여래장사상을 중심으로 성립하였다.

또한 이 시대에는 대승경전의 총서가 《대반야경》《대화엄경》《대보적경》《대집경》《대반열반경》의 5대부(五大部)로 성립하였다. 이시대에 등장한 경전 중에서 여래장사상 계통의 경전으로는 《여래장경》《부증불감경》《승만경》이라는 여래장삼부경이 성립하였고 유식사상 계통의 경전으로는 《해심밀경》《대승아비달마경》이 성립하였다. 또한 여래장삼부경과는 궤를 달리하면서도 일체 중생의 불성의 존재를 밝힌 《열반경》이 이 시대에 성립하였고 이보다는 조금 늦지만여래장사상과 유식사상을 계승하여 양자의 종합을 시도한 《능가경》이성립하였다.

또한 밀교사상의 맹아적 요소가 보이는 《금강명경》이 중기에 성립하였다. 중기 대승경전 중에서 《여래장경》은 용수 이전에 성립하였을가능성도 있으며, 《열반경》《승만경》 등은 400년 이전에 성립한 것이분명하다. 《해심밀경》은 이보다는 조금 늦은 것 같지만 부분적으로상당히 일찍 제작되었을 가능성이 높다.

이렇게 성립한 중기 대승경전은 사상적인 면에서 초기 대승경전보다 더욱 체계화되어 나타나고 있다. 《열반경》에서는 부처님의 사성평등(四姓平等)사상과 《법화경》의 무일불성불(無一不成佛)사상을 이어받아 단선근(斷善根)인 일천제(一闡提)도 성불할 수 있다는 사상을펴고 있다.

《승만경》은 《여래장경》의 일체 중생의 여래장성을 더욱 체계화하여 여래장(如來藏)이란 범부에게 갖춰진 영원한 것이며 번뇌로 덮힌법신이라고까지 표현한다. 후대의 유가행파의 소의경전이 되는 《해심밀경》은 일승설(一乘說)을 밀의설(密意說)이라고 하고 성문종성·독각종성·보살종성·부정종성(不定種性)·무종성(無種性)의 오성각별(五性各別)을 주장한다. 특히 윤회의 주체로 무아설과 저촉되지 않는 아뢰야식을 설한다. 400년경에 성립한 것으로 추정되는 《능가경》은 오법(五法)·삼성(三性)·팔식(八識)·이무아(二無我)를 설하고 《대승기신론》에 많은 영향을 준 것으로 보인다.

● 밀교(密敎)의 흥기

인도불교의 말기에 대승교학의 특징은 밀교의 등장이다. 힌두이즘이 비아리아적인 인더스문명의 종교의례나 주술에서 원류를 찾은 것처럼 밀교도 상징적인 세계관과 주술의 실천을 근본으로 하여 발전하였다. 부처님은 주술로 시작되는 바라문의 종교의례를 부정하였으며 이것은 초기 불교교단의 기본적 성격이었다.

그러나 불교가 씨족제 농촌사회로 침투해 가는 과정에서 주술에 대한 엄격한 태도에 유연성이 보이기 시작했다. 아쇼카왕도 주술적인 종교의례를 엄금했으나 마우리아왕조가 멸망하고 푸샤미트라의 바라문교 정책으로 주술적 경향은 급격히 증대했다. 바라문교는 힌두이즘과 토착신앙을 많이 받아들임으로써 그 기반을 넓혀 갔다. 대승경전도 이에 영향받아 의례적·주술적 신비주의에 영향을 받는다.

일반적으로 대승경전 중에 밀교로 불리는 것은 진언다라니와 명주(明呪)로부터 찾아 볼 수 있으나 밀교의 독립은 7세기 후반에 《대일경(大日經)》과 《금강정경(金剛頂經)》이 성립하면서 비롯되었다. 또한 같은 시기에 오릿사의 삼바라왕 인드라부티(Indrabūti)가 금강승(金剛乘)을 창설하였다.

금강승은 힌두교 탄트리즘의 쉬바(남성신)와 샤크티(여성신)의 관계를 불교적으로 바꾸어 놓았다. 지혜(여성)과 방편(남성)의 혼합을 요가로 하여 대락(大樂)이 있는 보현의 경지에 도달할 수 있다고 설하였다. 금강승의 요가는 성적 행위와 일치하므로 좌도밀교(左道密敎)

라 하고 진언승(眞言乘)은 주술로 우주정신과의 합일을 실현해서 자연이나 인간사의 진행을 지배할 수 있다고 하여 우도밀교(右道密敎)라 한다.

밀교경전의 특징은 경을 설하는 주체가 석가모니 부처님에서 비로자나불 즉 대일여래로 대체되고 법신의 눈에서는 세계의 일체의 현상은 불의 세계라 하여 이를 여래의 신·구·의의 삼밀(三密)에 의한 가지(加持)의 세계라고 한다.

인도불교의 최후 단계인 밀교가 번창한 것은 8세기에 비하르나 벵갈 등 인도의 동부에 위치한 팔라왕조의 비호에 의해서였다. 고팔라왕은 오단타푸리 사원을, 다르마팔라왕은 비크라마실라 사원을, 데바팔라왕은 트라이쿠타카 사원을, 라마팔라왕은 자갓달라 사원과 데비코타 사원 그리고 판디타 사원을 건립하여 밀교 수학의 중심지로 하였다. 또한 10세기에는 금강승에서 분리된 일파인 시륜승(時輪乘)이 본초불의 신앙에 따라 해탈한다고 설했다.

●이슬람의 인도 정복과 불교의 쇠퇴

7세기 전반에 서아시아에서 창시된 이슬람교는 점차 동방으로 파급되어 이슬람교 국가를 수립하였다. 아프가니스탄의 가즈니왕조는 986년부터 인도정복을 시작하여 1027년까지 북인도의 서쪽을 지배하였다. 그들의 원정은 이민족을 이슬람교로 개종시키고 노예와 산물을 약탈하는 것이 첫째 목적이었으므로 불교나 힌두교의 사원과 성지는 파괴되고 승려는 학살되었다.

그 후에 일어난 구르왕조는 가즈니왕조를 멸망시키고 1175년 이후에는 펀잡과 쟈라트를 정복하고 1202년에는 벵갈만까지 그 지배권을 확대해 나갔다. 1203년에 비크라마실라 사원을 비롯하여 많은 불교사원이 이슬람교도에게 파괴당했고 많은 승려들이 티벳·네팔·남인도로 도피했다.

당시의 불교는 밀교 중에서도 시륜탄트라가 성행하였다. 불교교단이 이슬람교도에 의해 철저하게 파괴되어 감으로써 불교도에게는 불교가 멸망하지 않을까 하는 불안감이 점차 가중되었다. 그래서 시륜탄트라에서는 이슬람교도를 퇴치하는 것이 최대의 비원(悲願)임을 밝히고 이를 위해 비슈누바 쉬바의 협력을 얻어 연합군을 조직하여 이에 맞설 것을 호소하였다.

시륜탄트라가 희망했던 것은 힌두교의 여러 파가 모두 시륜관정(時輪灌頂)을 받아 금강 부족이 되고 계급이나 종교적 관습의 차이를 초월하여 음식이나 결혼을 함께하는 등 대동단결하여 이슬람교도에 대처하자는 것이었다. 그러나 그러한 비원에도 불구하고 인도 전역은 이슬람교도에 의해 정복되고 불교는 어느 종교의 교단보다 철저히 파괴되었다.

그러나 불교가 인도에서 아주 멸망한 것은 아니었다. 기록에 의하면 이슬람교에 의해 비크라마실라 사원이 파괴되었어도 마가다 땅에 모든 승려가 사라진 것은 아니었다고 한다. 《타라나타》에 의하면 그 후에도 라훌라 쉴라바드라는 나란타에 거주했는데 법을 청하는 자가 70명이나 있었다고 한다.

세나왕조 이후 100년 후에 방랄라국의 차갈라왕은 왕비의 권유로 불교로 개종하여 불교를 부흥시켰다고 한다. 우선 붓다가야의 금강보좌를 공양하고 불전들을 보수한 뒤 나란타사에 많은 불전를 공양했다고 한다. 무엇보다도 인도의 불교는 근접 지역으로 옮겨져 재생하기 시작했고 비크라마실라 사원에 소장되었던 방대한 경전은 티벳으로 전해졌다

2. 티벳불교의 역사

● 불교의 초전(初傳)

티벳의 불교전래는 손첸감뽀왕(581~649) 시대에 중국과 네팔로부터 전해졌다. 그러나 불교전래는 기록보다 앞설 가능성이 매우 높다. 지리적 여건으로 볼 때 인도대륙과 티벳을 히말라야산맥이 가로지르고 있다고는 하나 두 지역은 매우 가까운 위치에 있으며 티벳의 수도인 라사와 부탄 그리고 인도를 잇는 상업로가 예로부터 히말라야산맥을 관통하고 있었기 때문이다. 또한 민족적으로 볼 때도 티벳인과 부탄인, 네팔의 일부 민족은 유사한 생활습관과 외형을 지니고 있기 때문이다.

그러나 티벳역사는 티벳고원에 수많은 부족들을 통일시킨 손첸감뽀왕이 이웃 나라와의 화해정책으로 당나라와 네팔로부터 왕비들을 맞아들이면서 불교와 교섭한 것으로 본다. 왕비 중에 당나라에서 온 문성공주는 라사에 라모체 즉 소초사(小招寺)를 세우고 당으로부터 불상을 가져와 안치하였다. 네팔에서 온 티춘왕비도 불교를 신앙하였다고 전해진다.

또한 손첸감뽀왕이 불교를 신앙했는지는 확실하지 않지만 당시 궁중에서는 불교의식이 행해졌고 왕은 톤미삼보타를 인도에 유학시켜 인도의 범어와 문법학을 배우게 하고 그것을 바탕으로 티벳의 문자를 제정하도록 하였다. 이후 티벳의 왕조사에는 불확실한 점이 많으나 티두송왕(676~704)을 거쳐 티데쯔쿠첸(703~754) 시대에 이르러 당의 금성공주가 와서 불교를 크게 융성시켰다.

후대의 티벳 전승에서는 문성공주가 이룩한 불교를 금성공주가 크게 발전시켰다고 한다. 금성공주를 왕비로 삼은 티데쯔쿠첸왕의 시대에 타크마르의 카츄와 침푸에 불교사원이 건립되었다고 하는데, 후대의 기록에서는 다섯 내지 여덟 개의 절 이름을 들고 있다. 또한 티벳의 후대 전승에 의하면 당시의 호국사상을 설하는 《금광명경(金光明經)》이 전래되었으며 티데쯔쿠첸왕의 말년에는 당나라에 5명을 파견하여 불법을 배우고 불전을 가져오도록 하였다고 한다. 그들은 귀국하는 길에 신라 출신인 정중사(淨衆寺)의 김화상의 가르침도 받았다고 한다.

이어서 왕위에 오른 티송데첸왕(742~797)의 시대에는 아시아 굴지의 군사국가로 성장하였다. 왕이 20세 때에 불교를 국교로 정하기로 결심하고 나란타사의 샨티락시타를 초청하였으나 민족종교인 본교(Bon po)의 반대로 무산됐다. 샨티락시타는 776년에 재초청되어 밀교승인 파드마삼바바와 함께 티벳에 들어와 779년에 대가람 삼예사를 건설하기 시작하였다.

● 텐카르마목록

티송데첸왕의 시대에 티벳의 불교는 중국의 마하연과 인도의 샨티락시타와 그의 제자 카말라쉴라의 교학에 의해 크게 발전하였다. 또한 이 시대에는 《번역명의대집(翻譯名義大集)》이 제작되었으며 번역용어를 통일하여 구역경전(舊譯經典)을 교정하였다. 티벳의 대표적인 번역관 중의 한 사람인 예세데는 역경에 주력하였고 불교의 여러 가지 교리에 관한 《타베이케팔(교설의 상위)》을 저술하였다. 티송데첸왕에 이어 트쯔쿠데첸왕의 시대에는 샨티락시타의 교학이 열매를 맺기 시작하였다. 특히 샨티락시타는 중국승 마하연과의 법의 대론(對論)에서 이겨 티벳불교의 인도화에 성공하였다.

티쯔쿠데첸왕 시대에도 번역사업은 계속되어 824년에 대·소승의 주요 경론을 다룬 《텐카르마목록》이 제작되었다. 대장경 가운데 매우 중요한 것은 《텐카르마목록》에 거의 망라되어 있다. 전승에 의하면

이 왕의 시대에 30개나 되는 학당이 건립되고, 출가승려 일인당 7호의 예가(隸家)가 지급되었을 뿐만 아니라 운챤도에 9층의 대사원인 페메타시게펠이 건립되었다고 한다. 또한 점령지로부터 얻은 부(富)의 대부분을 불교사업에 투입하고 많은 인도의 학승을 초청하여 티벳인들에게 범어를 배우게 하고 불전을 연구하게 지원했다고 한다. 그러나 티쯔쿠데첸왕이 죽자 티벳은 왕의 계승문제로 혼란을 거듭하여 9세기 중반 무렵에는 군사국가로서의 면모를 완전히 상실하게 된다.

불교를 국가사업으로 삼았던 정권은 붕괴되었지만 불교를 전파하는 사람들은 남아 개인신앙으로서 민간에 침투하였다. 특히 비밀리에 설교되고 있던 탄트라불교가 공공연하게 설교되기에 이르렀다. 탄트라불교에는 주로 중국과 일본에서 행해진 진언승(眞言乘)과 인도와 티벳에서 행해진 금강승(金剛乘) 즉 좌도밀교(左道密敎)라고 불리는 것이 있다. 그 중 좌도밀교는 하층계급의 구원을 위해 재가불교도들로부터 시작되었다. 이러한 밀교적인 흐름이 란달마왕의 폐불(廢佛) 이후 중앙티벳의 종파불교적인 불교부흥운동과 접목되었다.

이 시대에 린첸상뽀(958~1055)는 슈라다카라바드마와 함께 일반불교경전을 포함한 100부 이상의 밀교경전을 번역하였다. 또한 각 종파가 일어나면서 특히 아티샤(982~1054)는 소승·대승·밀교 3승을 도차제(道次第)라고 하는 하나의 체계로 조직하였다.

● 쫑카파의 밀교개혁

13세기에 접어들면서 티벳은 강력한 군사력을 바탕으로 하여 세력을 확장하고 있던 몽고의 위협에 직면하게 된다. 당시의 종파는 카담파·카규파·사캬파·시체파 등이 있었으나, 13세기 후반에 들어오면 사카파가 크게 부흥한다. 또한 이 시기에는 티벳대장경의 편찬자로도 잘 알려진 부똥(1290~1360)이 등장하여 《불교사》《십만탄트라목록》《덴카르마목록》 등 많은 현교와 밀교에 관한 주석서를 남겼다.

856

 그 후 14세기 중엽에 이르러 원나라가 망하고 한때 파쿠모두파의 타크파게첸이 명나라와 손잡고 세력을 확대하였으나 점차 약화되어 갔고 쫑카파(1357~1419)의 활약이 두드러진다. 그는 반야중관과 밀교를 융화하였으며 중관의 입장에 서서 밀교를 개혁하였다. 쫑카파는 겔룩파를 개창하였고 디군틸·쩨르·네탕·산푸사 등지에서 수학하였다. 남카게찬(1326~1401)에게서 카담의 2계의 도차제(道次第)를 전수했다.

 또한 아티샤와 부똥의 교학을 계승하고 있지만 이들과 다른 점은 현교에서는 중관자립논증파의 교의를 따르고 밀교에서는 비밀집회탄트라 중에서도 성자류의 입장에 최초의 지위를 부여하고 있다. 쫑카파는 우선 비밀집회탄트라를 가장 높게 평가했다. 무상유가탄트라에는 즈냐나파다에 의한 주석과 밀교의 나가르주나 사제에 의한 주석 즉 '성부자류'라는 두 가지의 전통이 있다. 전자가 본래의 성적인 실천에 따른 해석을 취하고 있었음에 비해 후자는 탄트라불교를 전통적 테두리 안에 가두기 위하여 그 저자에 중관파 대학자의 이름을 집어 넣고 중관불교의 입장에서 세심한 해석을 행한 것이었다. 쫑카파는 후자를 근거로 삼으면서 이 탄트라 해석으로부터 벗어난 이해를 엄격히 금하였다.

 쫑카파는 또한 1409년에 간덴사를 세웠으며 많은 저술도 남겼다. 현교에도 관심을 보여 《보리도차제론(菩提道次第論)》을 저작하여 인명·아비달마·율·중관·유가 등의 교학을 통일 융합시켰다. 밀교에 있어서는 《비밀도차제론(秘密道次第論)》을 지어 밀교학의 기초를 세웠다. 쫑카파는 기본적으로 현교적 유가의 수습을 통해서 그리고 무한히 쌓이고 모인 복덕의 힘에 의해 인간은 중관귀류논증파가 말하는 공성의 이치를 깨닫는다고 보았다. 그러나 단계에서 제거되지 않는 소지(所知)의 업장은 무상유가탄트라로써 부처님의 위치로 올려 놓을 수 있다고 보았다.

● 티벳대장경

불전이 티벳어로 번역되기 시작한 것은 송첸감뽀왕 시대에 톤미삼보타에 의해 티벳어가 만들어지기 시작하면서부터이다. 8세기에 샨타락시타와 카말라쉴라가, 11세기에는 아티샤와 그 밖에 많은 인도승려들이 들어오고, 인도에 들어간 티벳의 많은 사람들이 불전을 대거 가져옴으로써 점차 번역이 성해졌다.

9세기에 기본 역어집 《번역명의집》과 9세기의 《덴카르마목록》이 작성되어 이미 번역된 경론을 새로운 역서로 첨가하고 개정하였다. 이러한 목록을 근거로 하여 캉규르와 텐규르의 2부로 된 대장경이 편집된 것이다. 13세기경에는 처음으로 대장경이 목판에 새겨져 인쇄되기에 이르렀다. 이 목판본을 나르탕 고판이라고 한다. 나르탕판은 1410년과 1602년에도 다시 새겨졌다. 1730년에는 달라이라마 7세의 명으로 대장경이 다시 대규모로 개정되었다. 이것을 나르탕 신판이라고 한다. 같은 시기에 리탕판 및 그 밖의 판본을 근거로 하여 데르게판이 개판되었다.

내용은 캉규르 즉 불설부(佛說部)와 텐규르 즉 논소부(論疏部)로 나뉜다. 율장에 속하는 것들은 캉규르에 포함시키고 주석서는 텐규르에 포함시켰다. 각부의 세부적인 배열순서는 판본에 따라 차이가 있으나 일반적으로 캉규르는 율·반야·화엄·비적·제경·비밀의 6부로 분류된다. 텐규르는 찬송·비밀·반야·중관·논소·유식·구사·율·불전·인명 등 잡다한 여러 부로 분류된다. 데르게판을 기준하면 캉규르는 100함 1,108부, 텐규르는 213함 3,461부로 이루어져 있다.

티벳경전의 대부분은 범어를 번역한 것이지만 소수의 팔리성전을 비롯하여 한역·우전어·몽고어 등에서 재차 번역한 것도 포함되어 있다. 티벳대장경의 특징은 한역과 공통되는 경론은 551부에 지나지 않고 나머지 중 3,000부 이상이 밀교와 관계되었다는 점이다. 또한 한역이 의미를 밝히는 데에 치중함에 비해 티벳역은 한 구절 한 구절 산스크리트의 원문에 충실하였다. 이역본(異譯本)은 남기지 않았고 경론을 개역(改譯)하면서 구역(舊譯)은 버렸다. 데르게판·북경판·나르탕판·초네판·라사판 등의 여러 티벳대장경의 판본은 불교연구에 새로운 사상을 전하고 있는 중요한 자료가 되고있다.

● 법왕제도

15세기가 되면서 쫑카파에 의해 티벳 최고의 교파를 이룬 겔룩파가 교세를 급속도로 확장해 갔다. 1447년에 쫑카파의 제자인 게둔강쪼가 타시룬포사를 창건하고 라마(活佛)의 초조가 되었다. 달라이라마라는 명칭은 16세기 말에 제3대 법왕인 소남강쪼(1543~1588 재위)가 몽고왕 알탄칸으로부터 초청을 받았을 때 붙여진 명칭으로 제1·2대는 후세에 불리웠진 것이다.

티벳불교가 라마 즉 활불이라는 형태로 정교를 통일시킨 법왕제(法王制)를 구축한 것은 세계사상 유례없는 일이다. 티벳인들은 전통적으로 자신의 나라를 관음의 정토라 생각하며 통치자를 관음의 화신으로 생각하였다. 원래 활불은 겔룩파에서 행한 형식이 아니었다. 게룩파의 반대파였던 카르마카규파에서 전생활불제(轉生活佛制)에 따라 법주를 정한 데서 유래하였다.

혈통이 좋은 어린 아이를 선대법주(先代法主)의 전생자일지도 모른다는 추측하에 철저하게 교육시킨 것이 회를 거듭하면서 성과가 크자 관행적인 제도로 삼았던 것이다. 《능가경》에서 설해지는 보살의 일천제 즉 대비천제(大悲闡提)라는 사고방식에 의지하여 뛰어난 승려를 보살의 화신이라고 간주하였기 때문에 죽은 후에는 반드시 전생한다고 주장했던 것이다.

16세기에 종파의 싸움이 치열하자 겔룩파는 교권의 단결을 위해 카르마카규파 방식의 활불을 모방하여 겐둔강쪼의 전생자를 찾았다. 드디어 데푼사 활불이라 하여 투룬에서 태어난 소남강쪼가 선택되었다.

소남갈쪼는 달라이라마 3세가 되어 4세 때에 데푼 대사원을 떠맡았고 10세 때에 관주가 되었으며 16세 때에 세라 대사원의 관주를 겸임하게 되었다.

그 후 5대 달라이라마 카왕로상갈쪼(1617~1682) 때에 몽고의 쿠스칸은 우·짠 두 지방을 장악하고 홍모파 계통의 카르마파를 신봉하던 데시짠바왕을 공격하였다. 쿠스칸은 게룩파와 달라이를 신봉하고 있었으므로 1642년에 우와 짠의 국토와 인민을 5대 달라이에게 봉정함으로써 5대 달라이는 전 티벳의 국왕이 되었다.

3. 중국불교의 역사

● 역경사업

중국은 전한(前漢)의 무제(武帝)시대(B.C. 140~87)에 서역의 여러 민족과 교섭하게 된다. 서역에 대한 중국의 세력에는 끊임없는 성쇠가 잇달았지만 서역의 문화는 중국에 많은 영향을 미쳤다. 이 무렵 서역의 유력한 민족은 굽타나 코탄을 중심으로 한 아리안계로서 불교와 밀접했고 이 지역에 중국과의 교통로가 열리게 되면서 중국인은 불교를 알게 되었다. 중국인이 기원전부터 불교를 알았고 초(楚)왕 영(英)이 불교를 신봉했다고 전해지나 불교가 확실히 중국에 기초를 굳힌 것은 후한 말에 경전이 한역되면서부터이다.

후한(後漢) 말의 환제(桓帝, 146~167 재위) 때에 최초로 역경을 시작한 사람은 안식국(파르티아)의 안세고(安世高)와 월지국(쿠샨)의 지루가참(支婁迦懺)이었다. 안세고는 설일체유부의 소승불교가 왕성했던 안식국 출신으로 20여 년 간에 걸쳐 선관(禪觀)에 관한 경전 《안반수의경(安般守意經)》 《대도지경(大道地經)》 등과 아함에 관한 경전 《인본욕생경(人本欲生經)》《사제경(四諦經)》《팔정도경(八正道經)》《전법륜경(轉法輪經)》등과 아비담학에 관한 경전 《아비담오법경(阿毘曇五法經)》 등 30여 부의 소승경전을 번역하였다. 안세고보다 약간 뒤늦은 환제·영제시대에는 월지의 사문 지루가참이 중국에 와서 대승경전 《도행반야경》《반주삼매경》 등을 번역하였다.

중국인들의 특성상 외래종교가 들어와 쉽게 정착된 것은 문화사적으로 매우 특이한 일이었다. 당시 중국은 유교 이외에 서민 사이에 불로장생과 신선방술의 도교가 행해지고 있었다. 이러한 때 외국의 사문이 들어와 이상한 복장을 하고 낯선 불상에 분향·예배하고 경문을 읽는 종교의식은 중국인의 눈에는 세속을 버린 도교의 불로장생술이나 태식법(胎息法)의 수행자처럼 보여 중국 고유의 풍속·습관·사상·신앙에 쉽게 결합하였다.

그 후 위·오·촉의 삼국시대에 이르러 강남의 강승회(康僧會)는 부처님의 전생이야기를 기록한 《육도집경(六度集經)》을, 강북의 담가가라(曇柯迦羅)는 《승기계본(僧祇戒本)》을 번역하였다. 안식에서 온 담제의 역서 《담무덕갈마(曇無德羯磨)》는 중국인에게 정규적인 수계작업을 알려 최초의 출가승을 배출하였다. 이후 서진(西晉)은 삼국을 차례로 멸망시킨다.

서진시대에는 월지국의 돈황에서 출생한 축법호(竺法護)가 들어와 40년 간 역경사업에 종사하며 《광찬반야경》《정법화경》 등 154부 309권을 번역하여 불교계를 크게 발전시켰다.

● 종리중경목록(綜理衆經目錄)

서진은 북방에 5호가 일어나 남하하여 동진(東晉)을 세우고 5호는 16국으로 분리되었다. 따라서 북방은 여러 민족이 서로 쟁탈하여 전란이 그치지 않았고 민심도 불안했으나 불교는 오히려 성행하였다. 16국 중의 후조(後趙, 319~351)는 한때 북지를 통일하였으며 불교도 매우 성행하였다.

　후조불교의 중심이 되었던 사람은 계빈(罽賓 ; 북인도에 있던 나라)에서 수학하고 동진을 거쳐 들어온 불도징(佛圖澄, 232~348)이었다. 신통력이나 주술·예언에 능력이 뛰어났던 불도징은 후조의 건국자인 석륵(石勒)과 잔인한 맹장이었던 석호(石虎)에게도 인정받았다. 석호는 서진 무제 때에 행해진 출가금지를 서역인에 한해 허용하였다. 석호 치하의 불도징의 교화력은 화북불교를 크게 번창시켰다. 그의 문도는 천축과 강거에서 온 외국승 수십 명과 한인 등 1만 명에 가까웠고, 사찰은 893개 소나 되었다. 그의 제자로는 축법아(竺法雅)·승랑(僧朗)을 위시해 셀 수 없이 많았으나 그 가운데 도안(道安)이 제일 뛰어났다.

　도안은 난세 중에도 수천 명의 제자를 지도하여 전진(前秦)의 부견(苻堅)왕으로부터 신임을 얻었다. 불전의 교정 및 주석과 경록의 편찬, 의궤의 제정 등 중국불교의 기초를 다졌다. 도안은 후조와 전연의 병란을 피해 동학 500명을 이끌고 남하하여 양양현에 살았는데 부견왕은 강북을 통일하여 도안의 명성을 듣고 10만의 대군을 보내 양양(襄陽 ; 호북성 양양현)을 공략하여 도안과 습착치(習鑿齒)를 장안으로 데려왔다는 일화는 유명하다.

　도안의 대표적인 업적은 경전목록의 작성을 들 수 있다. 당시 불교경전은 이미 수없이 번역되었으나 역자나 연차 등을 기록하지 않았다. 도안은 후한시대부터 서진에 이르기까지 역경한 시대와 번역인을 검토하고 불전의 진위를 판별하기 위하여 동진 흥령(興寧) 2년(364)에 《종리중경목록》 1권을 찬술하였다.

　현존하지는 않으나 양(梁)의 승우(僧祐)는 《출삼장기집》을 편찬하면서 새로이 역출된 경전을 보강하여 《종리중경목록》의 원형을 복원하였다. 또한 경전의 목록과 더불어 22부의 경전에 서(序)를 작성하고 주석하였다. 특히 당시에 유행한 노장의 무위(無爲) 사상을 빌려

불교의 반야사상을 설명한 격의불교(格義佛敎)에 크게 반발하여 반야 공의 풀이에 열중했다. 한편으로는 미륵신앙을 신봉한 여산혜원(廬山 慧遠)을 배출하였다.

● **구마라집의 역경**

도안을 숭배했던 전진의 부견왕의 뒤를 이어 후진시대에도 불교는 더욱 융성하였다. 요진(姚秦)시대에 역경사업의 새로운 시대를 열고 중국불교를 성장 발전의 시대로 전환시킨 대표적인 사람은 구마라집 (鳩摩羅什)이다.

전진의 부견왕은 도안으로부터 구마라집의 명성을 듣고 여광(呂光) 상군에게 구사국(龜玆國 ; 중국 신상성의 북쪽에 있던 나라)을 멸망시키고 구마라집을 붙잡아 오라고 하였다. 여광이 구자국을 토벌하고 구마라 집을 데려오는 도중 부견왕은 살해되고 전진은 멸망하였다. 이 소식을 듣고 여광은 양주(涼州)를 평정하고 후량국(後梁國)을 세웠기 때문에 구마라집도 16 · 17년간 양주에 머물렀다.

후진의 요홍(姚興)은 후량국을 토벌하여 구마라집을 장안으로 데려 와 국사의 예를 다하고 서명각(西明閣)과 소요원(逍遙園)을 하사하고 장안대사(長安大寺)를 건립하여 경론을 번역하게 하였다. 그리하여 구마라집은 홍시 4년부터 15년(413)까지 《반야경》《법화경》《유마 경》《아미타경》 등의 대승경전과 《중론》《십이문론》《대지도론》《십 주비바사론》《성실론》 등 대승논부를 번역하였다. 구마라집이 번역한 경전은 《출삼장기집》에서는 35부 294권이라 하고 《개원석교록》에서 는 74부 384권이라고 기록하고 있다.

구마라집이 가장 심혈을 기울였던 것은 반야 계통의 대승경전과 용 수와 제바 등의 《중론》 계통 논서의 번역이다. 특히 대승논부는 이때 처음으로 중국에 전래되었으므로 이것을 바탕으로 중국의 삼론종과 성실종 등의 학파가 홍기하였다.

구마라집의 문하에는 3,000명의 제자들이 따랐고, 그 중 관내의 사성(四聖)이라고 불리워졌던 승조(僧肇)·승예(僧叡)·도생(道生)·도융(道融)과 도항(道恒)·담영(曇影)·관혜(觀慧)·혜엄(慧嚴)을 합친 팔숙(八宿)의 활약은 대단하였다. 구마라집을 둘러싼 당시 불교는 각 지방으로 뻗어 나갔다.

승조는 18세에 구마라집의 문하생이 되어 《유마경》과 《열반경》에 통달하였다. 저서로는 《조론》《주(註)유마힐경》《백론서》 등을 남겼다. 구마라집 문하의 사성 중에 한 명이던 도생(道生)은 강남에서 활약하면서 여산의 백련사(白蓮社)에도 가담했다. 축법태(竺法汰)와 혜원에게 사사받았고 《유마경》《법화경》《니원경》 등의 의소(義疏)를 저술하였다. 당시의 점오설(漸悟說)을 뒤엎는 돈오성불론(頓悟成佛論)을 주장하다가 교계로부터 배척당했다.

또한 구마라집이 장안에 있을 때(홍시 10년, 408) 구마라집의 스승이었던 계빈의 불타야사(佛陀耶舍)가 중국에 와 《사분율》 60권, 《사분율계본》 1권을 번역하였고, 인도승 각현(覺賢, Buddhabhadra)은 《마하승기율(摩訶僧祇律)》《60 화엄경》 등을 번역하였다.

● 정토신앙과 백련사(白蓮社)

서역승 구마라집이 장안에서 국왕에게 최고의 예우를 받으며 역경 작업을 하는 동안 강남의 혜원(慧遠)은 여산에 들어가 한인으로서 중국의 전통과 정치윤리에 던져진 문제들과 대결하며 동진불교의 지도자가 되었다.

동진은 북지의 오호(五胡)의 쟁란으로 멸한 서진의 일족이 남하하여 세운 나라였다. 그러나 남하한 신진세력들은 지방호족을 억제하지 못하여 죽림칠현을 배출하는 등 허무염담(虛無恬淡)한 풍조에 휩싸이고 있었다. 이러한 시대적 사조에 혜원이 여산의 동림사에 머물면서 청정한 계율을 지키고 사문으로서의 위상을 높이며 염불삼매를 제창하여 재야 지식인들에게 크게 호응을 받았다.

원흥(元興) 원년(402)에 혜원은 유유민(劉遺民)과 주속지(周續之) 등을 위시한 123명의 수행자들과 함께 반야대의 아미타불상 앞에서 염불실천의 서원을 세웠다. 여산의 염불삼매는 지루가참이 번역한 《반주삼매경》에 근거를 두고 있다. 처음에는 반주삼매를 얻기 위해 아미타불에 전념하여 견불(見佛)하였던 것이 내세의 정토왕생를 위한 염불로 바뀌어 갔다. 이 정토왕생를 위한 결사를 세상에서는 백련사 또는 여산류(廬山流)라 불렀다.

이 백련사 중에는 동림의 18현이라고 일컬어지는 혜영·혜지·도생·불타야사·각현(覺賢, Buddhabhadra) 등 18명의 승려와 주속지 등의 거사와 그 외에도 여러 명사가 포함되어 있었다. 이 중 구마라집과 결별한 각현은 《달마다라선경》을 역출하여 강남불교에 선정(禪定)을 보급하였고, 법정·법령은 혜원의 명을 받아 서역에서 계율본을 구해왔다.

혜원은 교학에 관한 연구도 충실히 하여 《법성론》《대지도론초》《사문불경왕자론》 등을 남겼다. 특히 《사문불경왕자론》은 왕자와 사문간의 예경문제를 해결하였다. 심양과 강릉지방에서 세력을 떨쳤던 환현(桓玄)은 승려를 도태시키기 위해 사문이 왕자(王者)에게 예우를 다해야 한다는 내용을 담은 질문을 하였다. 이에 혜원은 《사문불경왕자론》을 지어 출가법과 세간법은 다르므로 사문은 왕자에게 예를 다할 필요가 없다고 주장하였다.

혜원은 30년 간 동림사에서 한 번도 내려오지 않았으나 문하(門下)를 보내 장안의 불교와는 항상 교섭하였다. 장안의 구마라집과 불교의 사상에 대해 교환한 서신은 《대승대의장(大乘大義章)》으로 전해지고 있다. 또한 동진불교계에서는 새로운 대승경전이 역출되고 강의되었다. 그 중 담무참에 의한 《열반경》과 각현의 《60 화엄경》 번역은 대표적이다.

● 구법승의 활약

중국의 승려로서 서역에 구법한 최초의 인물은 삼국시대의 주사행(朱士行)이다. 동진시대에도 서역 구법승이 많이 출현하여 지법령은 경전을 찾으러, 우법란(于法蘭)과 지엄(智嚴)은 천축의 고승에게 가르침을 받으러, 보운(寶雲)과 지맹(智盟)은 성지를 탐방하러 천축을 방문했다. 이러한 구법승들은 귀국 후에 번역사업 등의 불교사업에 공헌하여 중국불교를 크게 발전시켰다. 시기적으로는 동진부터 송대에 걸쳐 가장 많은 구법승이 천축을 찾아갔다.

구법승 중에 가장 대표적인 사람이 법현(法顯)이다. 법현은 율장의 궐루(闕漏)를 안타깝게 여겨 융안(隆安) 3년(399)에 동학인 혜경(慧景)·도정(道整) 등 10명과 함께 장안을 출발하여 천축길에 올랐다. 사하를 건넌 법현 일행은 천 개의 석벽이 칼날처럼 서 있는 총령에 당도하고 소설산을 넘을 즈음에 혜경을 잃었다. 드디어 악전고투를 하면서 30여 개의 나라를 거쳐 북천축에 도착하였으며 다시 가시국(迦尸國)을 거쳐 중천축에 당도하였다.

마갈타국의 천왕사에 3년 동안 머물면서 범어를 배우고 그곳에서 《마하승기율》《방등니원경》을 얻었다. 이어 상인들과 더불어 세일론(현재 스리랑카)에 도착하니 동행한 열한 명 중에 대부분이 중간에 죽거나 도중에 남아서 결국엔 법현 한 사람만이 남았다. 세일론에서 장아함부 경전과 잡아함부 경전 등을 구했다.

이렇게 하여 14년 간에 걸친 각국의 불적·종교·풍속·지리 등의 견문을 기록한 책이 《불국기》이며 《법현전》이라고도 한다. 《불국기》는 당대에 성립한 현장(玄奘)의 《대당서역기》와 의정(義淨)의 《대당서역구법고승전》과 함께 중앙아시아와 인도에 관한 중요한 자료를 제공하고 있다.

또한 법현은 서역에서 지엄을 만났는데 지엄은 서역을 돈 후 계빈국에 당도하여 불타선(佛陀先)에게서 3년 동안 선을 배우고 법을 중국에 전하였다. 여러 경전을 구하기 위해 법현·지엄 등과 전후하여 천축에 갔던 보운은 융안 원년(397)에 서역으로 떠나 천축의 범어를 배워 돌아왔다. 대표적인 역서로는 《무량수경》과 《불본행경》이 있다.

여러 고승들의 천축 구법행에 자극을 받은 담무갈(曇無竭)은 송(宋)의 영초(永初, 420~422) 때 승맹(僧猛)·담랑(曇朗) 등 25인과 함께 총령과 험난한 설산을 갖은 고행을 겪으며 지나는 동안 동행자 12명을 잃고 계빈국에 당도하였다. 여기서 범어를 배우고 《관세음수기경》을 얻어 다시 월지국과 그 밖의 여러 나라를 방문하고 해로로 광주에 귀국하였다.

● 양무제(梁武帝)의 불교

남북조는 유송(劉宋, 420~478)·제(齊, 479~501)·양(梁, 502~556)·진(晋, 557~589)의 4대에 걸친 남조와 북위(北魏, 386~534)·동위(東魏, 534~550)·서위(西魏, 535~556)·북제(北齊, 550~577)·북주(北周, 557~580) 5대에 걸친 북조시대를 가리킨다. 북위의 태무제(太武帝)가 화북의 제국을 통일하고 나서 수가 남북을 통일하기까지 150년 간의 남북조 불교는 여러 가지 특징이 나타난다. 남조불교는 교학의 발전과 법사(法社) 형성이 가장 큰 특징이다.

남조의 송나라 문제(文帝, 424~453)는 구나발마(求那跋摩) 등으로 하여금 불교교리를 연구하게 하고 중흥사에서 팔관재(八關齋)를 여는 등 불교를 크게 보호하였다. 구나발마는 《보살선계경》《사분갈마》《우바새오계략론》 등의 대승율을 번역하여 남림사(南林寺)에서 계단을 세워 수계를 행했다. 이는 중국불교에 있어서 계단의 시초라고 전해진다. 또 같은 시대에 구나발타라(求那跋陀羅)는 잡아함부 경전을 비롯하여 《승만경》 등 52부 134권을 번역하였다.

송에 이어 제나라도 불교를 크게 보호·육성하였고, 양나라에 이르면 남북조 불교의 가장 화려한 꽃을 피우게 된다. 특히 무제(武帝)의 불교신앙은 역대 제왕 중에서 비할 자가 없을 만큼 돈독하였다. 양무제는 천감(天監) 3년(504)에 불탄일을 맞아 2만 명을 이끌고 도교를 버리고 불교를 받드는 사도봉불식(捨道奉佛式)을 거행하였고 동 10년(511)에는 술과 육식을 금지시키는 단주육문(斷酒肉文)을 공포하여 계율생활에 들어갔으며 동 16년(517)에는 제사를 위해 살아 있는 동물을 죽이는 것을 금지하고 천하의 도관을 폐하고 도사들을 환속시켰다. 동 18년(519) 불탄일에는 4만 8천여 명과 함께 초당사에서 보살계를 받았다. 애경사·광택사·개선사·동태사 등의 대사찰을 건립하고 수십 회의 대법회도 열었다. 무제는 당시의 유명한 고승과 교류하였는데 이 중에 광택사의 법운(法雲)·개선사의 지장(智藏)·장엄사의 승민(僧旻)은 양의 3대 법사로 불리운다.

양무제 시대에는 불교관계 저술도 활발하여 승우(僧祐)는《홍명집》《석가보》《출삼장기집》을 저술하였다. 진제(眞諦)는 양무제의 초청으로 건강에 들어와 유가행파의 제논서《결정장론》《섭대승론》등과 《구사론》등 49부 142권의 경론을 번역하였다. 진제의 번역은 중국의 구사종과 섭론종을 낳게 하였다.

● 삼무일종(三武一宗)의 법난

남조의 불교가 양나라의 무제에 의해 크게 흥기한 데 비해 북조의 북위불교는 폐불로 황폐해 갔다. 북위의 초기시대에는 사원이 3만 개, 승려가 3백만이 될 정도로 불교가 성행하였다. 그러나 태무제 때에 재상 최호(崔浩)가 신천사도(新天師道 ; 도교)의 창시자인 구겸지(寇謙之)와 결탁하여 도교를 장려하기 위하여 불교탄압의 기치를 들었다. 태연 4년(438)에 50세 이하의 사람은 승려가 되는 것을 금지하는 승려 제한의 조칙을 공포하였고, 그 후 2년 후에 연호를 태평진군(太平眞君)으로 바꾸고 태무제는 스스로 도교 군주가 되었다.

태평진군 7년(446)에 태무제가 개오(蓋吳)의 난을 토벌하기 위해 장안에 들어갔다가 장안의 한 사원에서 많은 병기와 술 담는 통과 부녀자를 숨겨 놓은 밀실을 발견하고 개오와 내통했고 불교가 타락했다고 하여 대대적인 폐불을 단행하였다. 사문들은 살륙되고 불상과 경전들은 모두 불태워졌으며 승려는 모두 환속하게 하였다. 사원 근처에서 방황하는 사람은 잡히면 모두 참수하여 사원 경내에는 사문이 전혀 존재하지 않았다.

폐불과 때를 맞춰 구겸지의 도교는 불교의 계율을 모방하여 《신과지계(新科之誠)》를 만들고 불보살을 본떠 천존상(天尊像)·노군상(老君像) 등을 만들어 제사를 정성껏 지내는 등 무질서했던 도교교단을 체계화시켰다. 구겸지와 최호가 죽고 폐불 6년 후에 태무제가 죽자 불교는 다시 흥행하기 시작했다.

제2의 폐불사건은 북위가 분열하여 동위와 서위로 갈라지고 그 후손들에 의해 각기 북제(北齊)와 북주(北周)로 갈라지면서 북주의 무제에 의해 단행된다. 무제는 부국강병책을 강행하는 데 승려를 많이 두는 것은 백해무익하다는 생각을 하였다. 그러던 중 천화(天和) 4년(567)에 환속승인 위원숭(衛元嵩)의 폐불에 관한 상서와 도사 장빈(張賓)의 암약이 발단이 되었다.

건덕(建德)3년(574)에 도교·불교 양교를 모두 폐한다는 칙서가 내려졌다. 사원의 경전과 불상은 모두 파괴되고 승려는 모두 환속시켜 군민에 편입시켰다. 건덕 6년(577)에 무제가 북제를 토벌하였을 때 병란으로 북지의 불교는 한때 파멸지경에 달할 정도였다. 그 밖에도 중국불교사에서 폐불로 기록될 사건은 여러 번 있었다. 당나라 때 무종의 폐불사건과 후주(後周) 세종(世宗)의 폐불사건은 불교를 초토화시킬 정도였다.

● **낙양불교**

하남성의 낙양은 황하의 남쪽 지류인 낙수를 끼고 발달한 도시이다. 후위의 문성제(文成帝)가 도읍을 낙양으로 옮긴 뒤 2대의 제왕이 모두 불교를 보호·장려하였다. 특히 효명제(孝明帝, 515~528) 때의 호태후(胡太后)는 불교사원 건립에 힘썼다. 북위의 폐불사건으로 유명한 태무제가 죽자 문성제는 즉위하면서 불교부흥의 칙서를 내렸다. 문성제 당시의 가장 큰 불교적 성과는 담요(曇曜)에 의해 운강석굴(雲岡石窟)이 조성되기 시작했다는 점이다.

또한 담요는 고가야(古迦夜)와 함께 《부법장인연전(付法藏因緣傳)》을 역출·편찬하였다. 효문제도 용문에 대석굴을 개축하였고 호태후가 516년에 세운 영녕사(永寧寺)는 1천 칸 이상이나 되는 승방에 많은 경전과 불상을 안치했다. 불교가 낙양을 중심으로 다시 흥륭해 서역에서 온 사문만도 3천 명에 이르렀고 낙양에는 1천이 넘는 불교사원이 세워졌다.

선무제(宣武帝) 시대로 들어오면 서역승의 활약이 꽃을 피우게 된다. 보리류지(菩提流支)는 508년에 낙양에 이르러 영녕사에 머물면서 《금강반야경》《입능가경》《무량수경론》등 30여 부의 경론을 번역하였다. 특히 보리류지는 무착·세친 계통의 유식교학을 전해 당시 불교학계에 큰 영향을 미쳤다. 또한 《무량수경론》은 담란(曇鸞)의 《왕생론주(往生論註)》를 낳게 하여 정토교가 흥하는 계기가 되었다.

늑나마제(勒那摩提, Ratnamati)는 《보성론》 등을, 불타선다(佛陀扇多, Buddhaśānta)는 《섭대승론》을 번역하였다. 한편 《십지경》의 주석서인 세친의 《십지경론》이 이들에 의해 역출되면서 늑나마제 문하의 혜광(慧光)과 보리류지 문하의 도총(道寵)에 의해 지론종(地論宗)이 흥기하여 《화엄경》을 중시하는 풍조가 일어났다.

이 무렵에 정토교를 주창한 담란은 낙양에서 보리류지를 만나 《관무량수경》을 전수받고 장생불로(長生不老)의 법은 불법이어야 가능하다며 정토염불을 주창하였다. 특히 예배·찬탄·작원(作願)·관찰·회향의 오염문(五念門)의 실천을 주장하였다. 담란의 사상은 수나라

대업(大業) 5년(609)에 정토교에 귀의한 도작(道綽)에 의해 더욱 발달하였다.

낙양을 중심으로 불교는 크게 번영했지만 길게 가지는 못했다. 화려한 영녕사의 건축과 300척 규모의 7층탑이 세워졌으나 일반 대중의 불교라기보다 특권계급의 권력표현의 수단으로 성장했기 때문이다.

● 불교예술의 발달

중국의 불교예술은 석탑·불상·석굴로 대표된다. 특히 불상을 만드는 관습은 후한시대에 불교가 전래되면서 함께 들어왔다고 전한다. 불상이 일찍부터 전래되었으므로 불상을 모시는 사원이 속속 건립되어 4세기 초엽에는 중국 북부지역에 9백여 개소의 절이 있었다고 한다. 특히 북위시대에는 대사원이 건립되어 낙양 성내에 영녕사가 세워졌고 선무제가 건립하였다는 경명사는 성대한 행상(行像)의 출발점이 되었다. 《낙양가람기(洛陽伽籃記)》에는 낙양의 동서 20리, 남북 15리에 절이 3,162개소나 있었다고 전한다.

불상으로는 후한 말(190)에 착융(窄融)이 여주지방에 세웠던 불사(佛寺)와 금동상이 가장 오래된 것이라고 전한다. 또한 《출삼장기집》에 의하면 3국 가운데 오(吳)나라의 손권(孫權)과 강승회는 금불상을 헌상했고 각각 건초사를 건립했다고 기록하고 있다. 5호 16국시대부터는 소상(塑像)이 조성되었고 계속해서 석상(石像)이 만들어졌다. 남북조에 접어들면서 북위의 도무제(道武帝)는 5급의 탑과 기사굴산 및 수미산전을 만들고 따로 강당과 선실을 만들어 당탑과 가람이 갖춰진 승려의 집단생활 공간을 만들었다.

석굴로는 돈황·운강·용문석굴이 거대한 중국불교의 보고들을 담고 있다. 그 중 대표적인 돈황은 돈황현의 남동쪽 대천하에 면한 석굴사원으로 명사산 천불동 또는 막고굴(莫高窟)이라고도 불리운다. 〈주이군중수막고굴불감비(周李君重修莫高窟佛龕碑)〉의 글에 의하면 전진의 부견왕 때(366)에 사문 낙준(樂僔)에 의해 열리게 되었다고 한다.

돈황굴원은 4세기로부터 14세기에 이르기까지 잇달아 조성되었다. 현존하는 것만도 480굴이나 되며 각 굴에는 석조나 소상의 불보살을 비롯하여 제천(諸天)의 군상이 다수 안치되어 있고 네 벽과 천정에는 당시 성행했던 석가·미타·약사 등의 정토변상(淨土變相)과 《법화경》《유마경》《보은경》《관경》《화엄경》 등의 변상(變相)과 본생담·불전 등의 그림이 전면에 그려져 있다. 또한 스타인·페리오·대곡광서(大谷光瑞) 등에 의해 수집된 소위 돈황경(敦煌經)은 한역불전 역사상 귀중한 문헌이며 특히 위경류(僞經類)가 많이 발견되어 한민족의 불교이해와 수용을 아는 데 귀중한 자료가 되고 있다.

불상의 양식은 오랜 것으로는 간다라에서 일어난 인도 서역풍과 굽타왕조 양식을 가미한 형태도 보이고 있으며, 후대에 이르면서 중국적인 양식이 정착되어 가고 있는 점이 특징이다.

● 위경(僞經)의 찬술

중국불교사가 역경의 역사로 대표되듯 중국불교는 경론의 번역이 활발해지면서 발전해 갔다. 중국불교는 인도에서 발생한 불교라는 외래의 종교를 흡수하기 위해 일단 인도의 모든 경전과 논전 등의 저술을 한역화하면서 기틀을 잡아 갔으나 한편으로 유교와 도교라는 중국 고유의 사상을 받아들이기도 하였다. 특히 유교와 도교의 사상을 불교사상에 접합시켜 새로운 경전이 중국인에 의해 민간신앙의 형태로 쓰여졌으니 이것이 바로 위경(僞經) 또는 의경(擬經)이다.

중국에서 위경의 제작은 일찍부터 행해졌다. 동진시대에 도안(道安)이 불경이 아니라고 밝힌 것이 무려 26부 30권에 이른다. 도안시대에 노장의 무(無)의 사상을 빌려 반야사상을 설명하는 격의불교(格義佛敎)가 성행한 것은 이미 대량의 위경 찬술을 예고한 것이었다. 이러한 시대적 흐름은 계속 이어져 북위시대에 《제위파리경(提謂波利經)》

2권이 찬술되었는데 재가불교도를 위해 삼귀오계(三歸五戒)의 평이한 설명을 담아 급속히 유포되었다. 또한 위경《보차경》《정도삼매경》은 계율을 중시하고 이에 따른 복덕을 강조하여 민간인들에게는 접근하기 쉬운 교리를 담았다.

남쪽지방에서도 위경의 찬술이 성행하였다. 송의 효무제 대명(大明) 원년(457)에 혜간(慧簡)이《약사유리광경》이라 불리는《관정경》을 찬술하였다. 제나라 무제(재위 482~493)시대에는 비구 도비가《보리복장법화삼매경(菩提腹藏法華三昧經)》을 찬술했다.

위경은 특히 내용에 있어서 도교적 영향을 받은 것과 특정한 교리를 담은 것으로 분류된다. 도가풍의 위경은《사천왕경》《삼품제자경》《정도삼매경》《제위파리경》을 들 수 있다. 이 중에《사천왕경》은 현세의 선악의 행위에 따라 사람의 수명의 장단이 정해진다는 도교적 사상을 담고 있다. 보살계를 주장하기 위해 설해진 호국경전으로는《인왕반야바라밀경》《범망경》《보살영락본업경》 등이 있다.

《인왕반야경》은 보살의 계위를 설명하고 있지만 주된 목적은 호국의 법을 밝히기 위해 찬술되었다. 《범망경》은 남북조시대에 있어서 왕과 승려의 비행을 바로잡기 위해 찬술되었다. 그 밖에도 요진의 축불념(쯔佛念)이 번역했다고 하는《보살영락본업경》은 보살의 52위의 계위를 설명하고 있다. 이 밖에도 관음신앙을 고취하기 위해 찬술된《고왕관세음경(高王觀世音經)》과《관세음삼매경》은 서민 경전으로 많이 유포되었다.

● 교상판석(敎相判釋)

수나라의 문제(文帝)는 북주의 무제를 이은 정제로부터 선위(禪位) 받아서 대상(大象) 3년(581)에 즉위하고 대상 9년에 남조의 진(陳)을 병합하여 중국을 통일하였다. 문제의 대표적인 불교정책으로서는 인수(仁壽) 원년(601)에 전국 111개의 곳에 '천하의 인민들과 함께 보리심을 발하여 복업을 쌓기 위하여'라는 명목하에 불사리를 보내 사리탑을 건립하였다. 또한 개황(開皇) 12년(592) 불교교단에 대론·강론·강율·열반·십지의 다섯 가지의 중(衆)을 조직하고 학덕을 겸비한 승려로 하여금 통솔하게 하였다.

전일적인 불교교단에 다섯 가지 중의 경론 연구로 불교계는 어느 때보다 교학의 발전을 보았으나 한편으로는 각 종파의 사상적 대립도 낳았다. 이러한 흐름 속에서 수나라의 불교는 북조 계통에서는 선·정토·계율 등의 실천불교가 발전하였고 남조 계통에서는 교학적인 불교가 통합된 신불교가 형성되었다.

신불교의 대표적 인물은 《법화경》을 종지로 천태종을 개창한 천태 지의(智顗)를 들 수 있다. 그는 실천적 불교를 전개하기 위해 당시 남 3 북7이라 불리우던 여러 학파의 교상판석을 종합하여 중국불교의 여러 교판 가운데 가장 뛰어나다는 오시팔교판(五時八敎判)을 창시하고 《법화경》을 최고의 위치에 두었다. 교학체계는 교관이문(敎觀二門)으로 나누어 교에는 교판과 교리를 포함시키고 관은 수행체계로 정립하였다.

오시팔교판의 특징은 《법화경》을 중심으로 그 밖의 주요 대승경전을 망라한, 특히 《대지도론》의 요의를 안배하고 선의 실천과 아미타신 앙을 가미하여 종합적인 불교체계를 조직한 점이다. 오시란 화엄시·아함시·방등시·반야시·법화열반시를 말하고, 팔교란 화의사교(化儀四敎)와 화법사교(化法四敎)를 말한다. 화의사교는 교화의 의식으로 돈(頓)·점(漸)·비밀(秘密)·부정(不定)을 말하고 화법사교는 교설의 내용으로 장(藏)·통(通)·별(別)·원(圓)의 가르침을 말한다.

천태의 교상판석 이후에 각 종파에서는 이 방법을 각각의 입장에 따라 적용하였다. 특히 화엄학에서는 법장(法藏)의 오교십종판(五敎十宗判)의 교판이 성립되어 천태종의 교판과 쌍벽을 이루었다. 특히 천태대사의 교학은 《법화문구》《법화현의》《마하지관》의 천태삼대부를 장안관정(章安灌頂)이 편집·편찬하면서 천태종을 크게 일으켰다.

● 말법사상(末法思想)의 유행

250여 년 동안 남북의 분열과 이민족의 북조지배 그리고 남조의 한 민족 사이의 갈등이 낳은 수·당의 정치사회상의 변화는 중국불교의 여러 상황을 낳았다. 여러 종파가 형성되었고 말법사상이 유포되면서 말법도래에 대응하는 새로운 종교가 탄생하였다.

종파로는 고구려의 승려 승랑의 삼론학 연구를 핵심으로 하는 삼론종(三論宗)이 창도되었다. 승랑은 승전(僧詮)·법랑(法朗)과 함께 종래 성행했던 성실학파의 이제합명중도(二諦合明中道)의 사상을 배격하고 팔부중도(八不中道)의 사상을 내세웠다. 삼론학은 수대에 이르면 가상길장(嘉祥吉藏)에 의해《삼론현의》로 교의의 틀을 확고히 한다. 또한 선종도 그 체계를 잡아가고 있었다. 초조 달마대사가 양무제와 대론하였다고 하나 그 진위는 불확실하다. 후대에 정리된 선맥의 계보상 이 시대에는 2조 혜가(慧可)와 3조 승찬(僧璨)이 활동한 시기이다.

종파의 활동과 더불어 북주의 폐불로 화북지방에는 말법사상이 크게 유포되었다. 말법사상은 원래 북위(北魏)의 담란(曇鸞)으로부터 시작된 것이다. 시대적 사건을 겪고 수대에 이르면 신행(信行)의 삼계교(三階敎)와 도작(道綽)의 정토교로 흥행하게 된다.

삼계교는 말법의 악세(惡世)가 되었으므로 첫단계의 대승 불보살의 가르침과 두번째의 삼승(三乘)의 가르침도 헛되고 오직 말법시대는 그대로의 인간을 불성불 당래불(佛性佛當來佛)로서 예배해야 구제된다고 가르쳤다. 그래서 삼계교의 문도들은 길에서 만나는 사람이면 남녀노소를 막론하고 상대를 불(佛)로 여겨 예배하였다.

시대적 흐름에 따라 수문제는 신행(信行)을 초청해 진적사에서《대근기행삼계집록》《삼계불법》등 35부 44권을 저술하도록 계기를 마련해 주었다. 특히 삼계교(三階教)는 무진장원이라고 하는 경제시설을 설치하였고 말법의 시대에는 아미타 일불(一佛)을 믿고 법화 일경(一經)의 독송으로는 구제되지 않는다는 사상을 폈다.

한편 정토종에서는 도작(道綽)이 나타나서 담란의 교학을 이어받아 말법시대의 도래와 말법시대의 극복을 위해 전수염불(專修念佛)의 도를 설했다. 목환자로 염주를 만들어 지방의 남녀노소에게 염불을 권하고 문맹인 농민·부녀자에게는 팥으로 수를 헤아리는 소두염불(小豆念佛)을 가르쳤다. 이로 말미암아 태원·진양 문수의 산서분지의 7세 이상의 남녀노소는 모두 염불을 할 줄 알았다고 한다.

● 밀교(密敎)의 전래

수에 이어서 당(唐)에 이르면 불교는 왕실과 귀족들의 귀의를 받아 번영하였다. 교학적으로는 현장·의정 등이 인도에 구법하여 새로운 불교를 중국에 전하였고 불공·선무외 등은 밀교를 전하였다. 각 종파에서는 불교의 대학자를 낳았다. 법상종의 규기(窺基)·율종의 도선(道宣)·화엄종의 법장(法藏)·정토교의 선도(善導)·선종의 혜능(惠能) 등은 중국불교 역사상 최고의 전성시대를 창출해 냈다.

당대 불교의 특징으로는 사문의 예경문제 해결, 승관제도정비, 국분사(國分寺) 설립, 내도량 설치, 회창의 법난 등을 대표적으로 들 수 있다. 불교가 국가적 행정조직으로 개편되면서 중앙에서 지방에 이르기까지 조사도승(造寺道僧)과 불교의례가 거행되었다.

한편 회창 2년(842)에 불교교단의 숙정이 단행되어 전에 범죄를 저지른 자나 계행(戒行)을 지키지 못한 자는 모조리 환속시켰다. 회창 4년에는 전국의 소규모 불당이나 난야(蘭若)라 불리우는 무액(無額)의 사원 등이 파각되고 여기에 속한 모든 승려들은 환속되었다. 이러한 정책으로 불사는 4,600개 소, 초제·난야 등의 소규모 불당과 초암은 4만여 개나 훼손되었다.

교학적으로는 밀교가 전래되어 전통적이고 초자연적이며 주술적인 주술신앙과 결합해 나갔다. 특히 북조에 군림했던 군주들은 불교의 불가사의한 내용 때문에 불교를 존중하고 경외하는 일이 많았다. 한역된 경전 중에서도 주술적인 내용이 담긴 《법화경》과 《금광명경》이 많이 읽혀졌다. 전통적으로 대륙의 군주들은 초자연적인 부처님의 가호에 의지하려 하였다. 당대에도 위씨(韋氏)의 난을 평정하고 제위에 오른 현종은 후에 실각에 빠져 있으면서 복잡한 의례와 주술·주문을 지닌 밀교를 신봉하였다.

당시의 인도도 나란타사를 중심으로 밀교가 우세하였고 이 시기에 인도에 갔던 현장(玄奘)과 의정(義淨)은 밀교에 관한 경전들을 번역하였다. 중국에서 밀교가 꽃피우게 된 시기는 현종의 전후시기부터였다. 선무외(善無畏)는 현종 개원(開元) 4년에 장안에 도착하여 밀교경전을 번역하였다. 특히 밀교의 근본경전 중의 하나인 《대일경(大日經)》의 번역은 수많은 경전의 신화적인 존재들 즉 불·보살·명왕 (明王)·천부(天部) 등을 체계화시켰다.

선무외보다 4년 늦어 중국에 온 금강지(金剛智)는 밀교의 태장계 (胎藏界)인 《금강정염송경(金剛頂念誦經)》을 번역하였다. 선무외와 금강지의 밀교를 대성시킨 사람은 불공(不空)이다. 불공은 28년 간 중국에 머물면서 80부 이상의 밀교경전을 번역하였다.

● 종파(宗派)의 성립

당대에는 법상종·화엄종·밀교·선종·정토교 등의 여러 종파가 정립되고 발전하였다. 세친의 학설을 이은 유가행파의 진나·무성 그리고 호법의 학파를 이은 계현에게서 배웠던 현장은 《유식삼십송》의 주석서인 호법 등의 《성유식론》을 역출하고 규기에게 전수하여 법상종을 설립하였다. 또한 북쪽 지방에서 발달한 지론종이나 섭론종의 학설을 받아들이고 당 초기에 현장이 전한 유식불교에 자극받아 화엄종이 성립하게 된다.

화엄종의 상승(相承)은 두순(杜順)에서 지엄(智儼)에게 이어지고 3조인 법장(法藏)에 이르러 크게 발전하였다. 후에 해동화엄의 개조가 된 신라의 의상도 지엄 문하의 대표적인 제자였다. 법장은 실차난타(實叉難陀)의 신역 《화엄경》이 완성되자 측천무후(則天武后)의 지원을 받으며 《화엄경》을 30여 회 강의하였다. 법장의 화엄 관계 저술로는 《화엄경탐현기》《화엄경교분기》 등과 그 밖에 《기신론의기》 등 대략 30여 부 60여 권의 저술을 남겼다.

4조 청량국사 징관(澄觀)은 천태교학의 융합을 비롯한 중국불교 제종파의 융합을 시도하였다. 화엄의 5조 종밀(宗密)은 화엄교학뿐만 아니라 선에도 조예가 깊어 《선원제전집도서》를 저술하여 선교일치(禪敎一致)를 주장하였다.

당대에 처음으로 들어와 성행하기 시작한 것은 밀교다. 선무외(善無畏)는 중인도 오릿사(orissa)의 국왕이었으나 출가하여 나란타사에서 밀교를 배우고 스승 달마국다(達摩掬多)의 명으로 중국에 전법하기 위해 개원 4년에 장안에 들어왔다. 선무외는 밀교경전(대일경) 7권을 번역하였고 선무외의 제자 일행(一行)은 선무외의 사상을 편집하여 《대일경소》 20권을 찬술하였다.

금강지(金剛智)는 나란타사에서 대소승의 삼장을 배우고 남인도에서 용지에게 사사받고 《금강정유가경(金剛頂瑜伽經)》《대일총지다라니경(大日總持多羅尼經)》을 연찬하였다. 그 후 관음의 신령스러운 말씀을 듣고 중국에 와 밀교를 홍포하였다.

선무외와 금강지의 밀교는 불공(不空)에 의해 대성되었다. 불공은 북인도 출신으로 선무외와 금강지로부터 밀교를 배우고 후에 인도로 다시 들어가 밀교경전 1,200권을 얻어 대보 5년(746)에 장안으로 돌아왔다. 불공은 《금강정경》을 비롯하여 110부 143권의 불전을 번역하였다.

● 대당서역기(大唐西域記)

당의 불교는 현장이 구마라집의 구역(舊譯)에 대해 신역(新譯)의 시대를 열면서 불교의 중국적 기틀을 확고히 하였다. 당대의 대표적인 번역가는 선무외·금강지로 이어지는 밀교의 대가들과 실차난타·의정·보리류지·반야 등 헤아릴 수 없는 번역승이 활동하였다. 그 중 가장 대표적인 인물은 현장이다.

현장(玄奘)은 열반·비담·섭론·성실·구사 등을 배우면서 이설이 너무 많다는 것을 발견하고 아비달마론이나 유식학의 원전을 구하고자 홀로 정관 3년(629)에 장안을 출발하였다. 감숙성의 서북쪽 모퉁이 옥문관(玉門關)에서 방향을 천산북로(天山北路) 쪽으로 택해 돌판 분지의 고창(高昌)에 닿기까지 현장이 겪은 고초는 대단하였다. 다행히 고창의 왕 국문태가 여행에 필요한 물자와 도구, 소개장을 주었으므로 서역으로 행군할 수 있었다. 불교문화가 한창 번성한 도시국가를 지나서 간다라에 닿고 옛 마가다국에 도착한 것은 장안을 떠난 지 4년이 지난 후였다.

현장은 나란타사에 머물며 계율에 대한 유식론적인 논리를 익혔고 《구사론》《바사론》《인명》 등을 연구하였다. 4년 동안 나란타사에서 연구하고 다시 3년 동안 인도의 각처를 여행하면서 불교의 다양한 분야의 대가들에게 가르침을 받았다. 인도 각지의 불적을 찾고 불상·불사리 외에 대승경론과 여러 부파의 삼장 그리고 인명·인도철학의 원전 등 657부를 가지고 태종 정관 19년(645) 17년 만에 장안으로 귀국했다. 태종은 대자은사에 번경원(飜經院)을 세워 국가적인 사업으로 범본을 번역하게 하였다.

현장은 20년 간에 걸쳐 수많은 제자들과 함께 76부의 1,347권을 번역하였다. 대표적인 역서로는 《대반야경》 6백 권, 《유가사지론》 1백 권, 《대비바사론》 2백 권, 《구사론》《성유식론》《섭대승론》 등이 있다. 현장은 태종에게 자신의 번역을 신역이라 하고 종래의 번역을 구역이라 하여 구별하도록 청하고 신역시대를 열었다.

특히 인도를 여행하고 구법한 견문기 《대당서역기》 12권은 7세기 전반의 중앙아시아와 인도의 지리·풍속·문화·종교를 담고 있다. 또 당대뿐만 아니라 원·명대에까지 영향을 주어 《서유기》로 희곡화되기도 했다. 현장에게 영향을 받은 당대의 의정(義淨)도 인도를 방문하여 《대당서역구법고승전》과 《남해기귀내법전》을 남겼다.

● 조사선(祖師禪)의 확립

중국에는 후한 때 안세고에 의해 처음 소승선(小乘禪)이 소개되었고, 구마라집이 《좌선삼매경》을 번역하고 불타발타라가 여산에서 《달마다라경》을 번역하면서 대승선(大乘禪)이 싹트기 시작하였다. 이후 북위의 효문제(孝文帝, 471~499)는 인도의 불타선사를 맞이하여 숭산에 소림사를 세워 이곳에 머물게 하였다. 이 시기에 보리달마(菩提達磨)가 중국에 와서 조사선(祖師禪)의 기초를 마련하게 된다. 달마에 대해서는 윤색(潤色)이 심해 진위가 의심되는 것이 많으나 북위불교가 융성할 무렵 숭산 소림사에서 면벽 9년의 수행은 유명하다. 달마의 사상은 《이입사행론(二入四行論)》에 의해 알려지고 있다.

달마의 법을 이어받아 선종의 2조가 된 혜가(慧可)는 40세 때 달마를 만나서 6년 동안 사사하여 일승(一乘)을 깨달았다. 북주의 폐불 때에는 90세란 나이로 양자강 근방의 서주완공산(舒州睆公山)에 숨어서 경상(經像)을 지켰다고 한다. 혜가의 법은 3조 승찬(僧璨)에게 전해졌고 승찬은 화엄사상이 담긴 《신심명(信心銘)》을 저술하였다.

승찬에게서 법을 받아 4조가 된 도신(道信)은 500명의 승려와 함께 경작과 잡역에 종사하면서 선을 체험적·정신적으로 해석하는 수행관을 실천하였다. 도신은 출가자뿐만 아니라 널리 일반인에게도 개방하여 마침내 선이 대중화되기 시작하였다. 특히 도신시대에 집단생활에 필요한 생활규범인 청규(淸規)를 형성하려는 기운이 나타나기 시작하였다. 도신의 법을 이어받은 5조 홍인(弘忍)부터 그 문하의 활약이 두드러져 선풍이 양자강 일대에서 여러 곳으로 퍼져 나가는 계기를 만들었다. 저술로서 《최상승론(最上乘論)》 1권을 남겼다.

홍인 문하의 신수(神秀)와 혜능(慧能)을 기점으로 북종선(北宗禪)과 남종선(南宗禪)이 갈리게 된다. 신수는 유·불·도 3교에 정통하였고, 측천무후에 의해 국사의 예우까지 받았다. 저서로서 《관심론》 1권을 남겼다. 선문의 6조 혜능은 어렸을 때 아버지를 여의고 나무를 팔아 어머니를 봉양하던 어느 날, 객이 《금강경》을 읽는 것은 듣고 무사독오(無師獨悟)할 정도로 뛰어난 인물이었다. 혜능 문하에 청원행사(青原行思)로 이어지는 석두희천(石頭希遷)과 남악회양(南嶽懷讓) 등의 활약으로 중국의 선종은 크게 발전하였다.

● 선종의 개화

당나라 중기 이후 각 종파가 모두 부진하였으나 선종만이 유일하게 성행하였다. 선종의 6조 혜능의 여러 제자들은 선요(禪要)를 얻어 각지에서 선을 폈다. 그 중 남악회양(南嶽懷讓)과 청원행사(青原行思)가 특출하여 그 법계를 후세까지 미쳤다. 남악의 제자인 마조도일(馬祖道一)은 강서에서, 청원의 제자인 석두희천(石頭希遷,)은 호남에서 선풍을 일으켰다.

마조도일의 제자 백장회해(百丈懷海)는 대오(大悟) 후에 백장산으로 들어가 19년 간 주석하면서 선원 독자의 생활규범을 제정하였다. 대소승계(戒)에 관계없이 총림의 규칙을 확립하고 선원 독립의 기초를 마련하였다. 그 대강은 《선문규식(禪門規式)》에 명문화되어 있다. 그 내용를 보면 초조 달마 이래 선승들은 대개는 율원에 머물렀고 빈약한 도량에는 불전을 세우지 않고 법당만을 갖추고 있었음을 알 수 있다.

주지는 수시로 상당폐좌(上堂陞座)하여 대중을 교화하였다. 또한 회

해는 자급자족의 생활을 하기 위해 작무노력에도 종사하였다. 청규는
보청법(普請法)을 정하여 전원이 노역에 종사하게 하였다. 백장회해가
90세가 되어도 매일 밭일을 그치지 않았던 일화는 유명하다. 하루는
제자들이 스승의 농기구를 감추자 회해가 식사를 하지 않아 놀란 제
자들이 그 이유를 묻자 '일일부작 일일불식(一日不作 一日不食 ; 하루 일
하지 않으면 하루 식사를 하지 않는다.).'이라고 대답하였다고 한다.

  선원은 십주사(十主事)의 감독 지도하에 운영되었고 만약에 생활규
범을 어기면 주장으로 때리고 대중을 모아 놓고 의발도구를 불살라
버렸으며 편문(偏門)으로 내쫓아 버렸다. 종교생활이라 해도 실제생
활과 유리되어서는 안 되고 밭일 · 취사 · 청소 등 일상생활의 과정에
서 수행되어야 한다는 새로운 중국의 선관이었다.

  백장 이후에 선종은 각파로 분열되어 갔다. 백장의 제자 위산영우
(潙山靈祐)와 영우의 제자 앙산혜적(仰山慧寂)에 의해 위앙종(潙仰宗)
이 성립하고, 황벽희운(黃檗希運)의 제자인 임제의현(臨濟義玄)에 의
해 임제종이 개창되었다. 또 약산유엄(藥山惟儼)의 계통에서 동산양
개(洞山良价)와 그의 제자인 조산본적(曹山本寂)이 조동종(曹洞宗)을
개창하였다. 그리고 청원행사 계통에서는 운문문언(雲門文偃)이 나와
서 운문종(雲門宗)이 창시되고 청량문익(淸凉文益)에 의해 법안종(法
眼宗)이 개창되는 등 선종의 5가(五家)가 성립되었다.

● 대장경(大藏經)의 조판

  오대(五代)의 전란기를 거쳐 송나라는 당에 이어 또 다시 전국토를
통일하였다. 송나라의 태조는 우선 후주(後周)의 세종(世宗)이 955년
에 포고했던 폐불령을 철회하고 전란에 의해 파괴된 경론과 문헌을
다시 모으고 불교의 부흥정책을 취하여 민심을 수습하였다.

  송대 불교의 가장 특이할 만한 것은 대장경의 조판과 인쇄가 대규
모로 이루어졌다는 사실이다. 중국의 인쇄술은 이미 당대에 시작하여

경전 일부가 인쇄되었으나 대장경으로 간행된 것은 송의 태조 때 이다. 세계 인쇄문화사상 그 유례를 찾아보기 힘든 대사업이었다.

중국에서는 대장경 성립에 앞서 서역이나 인도에서 가져와 번역한 경전이 점점 많아져서 이것을 정리할 필요가 있었다. 동진시대 도안의 《종리중경목록》도 이러한 차원에서 행해졌고 여러 목록 중에 승우(僧祐)의 《출삼장기집》은 현존하는 가장 오래된 경전목록집이다. 그 후 목록집의 형태는 차차 대장경의 형식을 띠면서 잇달아 번역되었다. 특히 중국찬술서 중에 중요한 것들은 육조로부터 수·당에 걸쳐서 지필묵을 써서 서사되어 권자본(卷子本)의 장정에 의해 전해졌었다. 한역된 경·율·논의 불전은 성당의 개원(開元)시대에 대장경으로 정돈되어 5,048권이란 방대한 권질이 되었다.

이러한 과정 속에서 송대의 태조는 개보(開寶) 4년(971)에 장종신(張從信)을 촉(蜀)의 익주(益州)에 파견하여 대장경의 조판을 명하였다. 《개원록》에 바탕하여 1,076부의 5,048권의 판본이 12년 간에 걸쳐서 완성되자(983) 인경원(印經院)을 설치하여 인쇄를 하였다. 이것이 바로 개판지의 이름을 따서 촉판대장경 또는 북송의 칙판대장경이라 하는 것이다.

그 밖에도 송대에는 북송 신종(神宗)의 원풍(元豊) 3년(1080)부터 정화(政和) 2년(1112)에 걸쳐서 완성된 복주 동선사 등각원판대장경과 정화 2년(1112)부터 남송 고종의 소흥(紹興) 21년(1151)에 걸쳐서 완성된 복주 개원사판대장경, 남송 고종의 소흥 3년(1133)경에 개판된 호주(湖洲) 원각사판대장경, 남송 도종(度宗)의 함순(咸淳) 5년(1269)에 개판되어 원대에 완성한 보령사판대장경, 남송 이종(理宗)의 소정(紹定) 4년(1231)에 적사판대장경이 개판되었다. 특히 송대의 촉판대장경은 주변국에도 많은 영향을 주었다. 촉판대장경은 고려에 전래되어 성종 10년(991)부터 현종 2년(1112)에 걸쳐 완성된 고려대장경에 영향을 미쳤다.

● 송고승전(宋高僧傳)

송대 불교의 특징은 선종의 활약과 대장경의 인쇄, 불교사학의 발전, 그리고 정토교와 결합된 염불결사(念佛結社)의 대중화를 들 수 있다. 당말 오대의 난세와 몇 차례의 폐불훼석으로 불교제종은 경론이 소실되어 교학은 쇠퇴한 반면 교외별전(教外別傳)·불립문자(不立文字)·직지인심(直指人心)의 사상을 펴서 다른 어떤 종파의 교의보다 불심(佛心)의 파악에 중점을 둔 선종은 홀로 번창하였다. 또한 폐불사건이 장안을 비롯한 북지의 도시 불교권에 큰 타격을 준 것에 비해 오월(吳越)을 중심으로 강남의 불교나 산지의 불교권은 타격이 적어서 훗날 불교융성의 발판이 되었다.

선종은 그들의 불심을 상속하기 위해 이심전심이란 선의 극한을 나타내는 수단으로서 불권(拂拳)·방할(棒喝)·수지(竪指)·탄지(彈指) 등의 선기(禪機)를 사용했다. 또 불교사서와 선종의 등사(燈史)를 찬술해 종지와 계보를 확실히 다졌다. 불교사서(佛教史書)의 출현은 송초에 찬녕(贊寧)이 당나라 초기 이후 고승의 전기를 집대성한《송고승전》을 찬술하고 불교사를 정리한《대송승사략》을 펴내며 확대되었다.

한편 선종은 법등(法燈)확립의 필요상 많은 전등서를 작성하고 이에 천태종 측에서는 천태종파를 중심으로 통사를 완성시켰다. 선종에서는《오가종파도》《선림승보전》《융흥불교편년통론》《석씨통기》등을 썼고 천태종에서는《석문정통》《불조통기》등을 저술하였다. 또한 선종은 송대 이전에 이미 당대부터 오대에 걸쳐 여러 선승들이《전법보기》《능가사자기》《역대법보기》《보림전》《조당집》등을 써 왔다. 송대에 이르면 선종 전등의 계보를 밝히기 위해 많은 등사가 출현하여 여러 왕의 공인하에 대장경에 편입되었다. 도원(道原)의《경덕전등록》은 대중상부(大中祥符) 4년(1011)에, 계숭(契崇)의《전법정종기》《정조도》《정법정종론》《보고편》은 인종(仁宗)의 가우(嘉祐) 6년(1061)에 대장경에 편입되었다.

또한 각 선파의 제자를 접득(接得) 지도하기 위한 문답상량(問答商量)이 공안이나 어록으로 오늘날까지 전해지고 있다. 공안(公案)은 공부의 안독(安牘)이란 뜻으로 규범선례(規範先例)나 참구하는 과제를 가리킨다. 총 1,700칙에 이르는 공안은 제자를 깨달음으로 유도하기 위한 문제를 담고 있으며 후에 어록으로 정리되었다. 고정화된 공안을 제자에게 보여 제자를 유도하는 간화풍(看話風)은 분양선소(汾陽善昭) 때에 완전히 정착되었다.

● 백련교와 민간신앙

몽고사막의 징기스칸은 남송 영종(寧宗) 개희(開禧) 2년(1206)에 새롭게 일어났다. 4대를 거쳐 쿠빌라이(世祖)가 중통(中統) 원년(1260)에 즉위하여 남송을 멸하고 천하를 통일하였다. 원조가 라마교를 국교로 삼자 점차 라마승은 권력의 보호 아래 양민의 전토를 침해하고 부녀자들을 겁탈하는 등 횡포가 심하였다. 이에 한인(漢人)의 반감은 심해져 결사 형식으로 민간신앙과 결합한 백운종(白雲宗)과 백련교·두타종(頭陀宗)이 성행하였다.

백련교는 정토신앙에 바탕한 종교결사로서 남송 초기에 자조자원(慈照子元)이 시작하였고 백련채(白蓮菜)라고도 불리웠다. 원의 세조(世祖) 때에는 사교(邪教)라 하여 탄압하였고 무종(武宗)의 지대(至大) 원년(1308)에는 백련사(白蓮社)를 금하였다. 이에 여산 동림사의 보도(普度)는 《여산연종보감》 10권을 지어 백련교의 본의를 밝히고 백련교의 현정호법(顯正護法)에 힘썼다.

인종 때에 일시적으로 포교를 공인받기도 하였으나 영종 때에 다시 탄압을 받았다. 한인 중심의 집회결사를 원나라에서 환영할 리 없었다. 원나라 말기에 반란의 선구가 된 홍건적을 백련교도라 칭할 정도였다. 백련교에는 특히 주술신앙이 섞였으므로 좌도난정(左道亂正)의 주술이라 금지한 것이다. 백련교는 명나라 말기에는 미륵신앙과 혼입되기도 하였다.

　원대에는 백련교와 더불어 백운종도 서민불교의 한 종파를 형성하였다. 북송 말에 보응사의 청각(淸覺)이 개창하였고 화엄을 근거로 불교의 여러 가지 이론과 유교·도교를 합쳐 삼교일치(三敎一致)를 제창한 재가집단이었다. 도덕을 중시하고 음주를 금했으며 자급자족하고 처자를 거느리지 않았다. 그러나 전통적인 종파들로부터는 이단시되었고 관헌으로부터도 사교로 취급되어 탄압을 받았다. 원대에 이르러 항주(杭州) 남산의 보령사를 중심으로 전성시대를 맞이하였다. 특히 보령사(普寧寺)의 주지 도안은 역대 주지들의 사업을 이어받아 보령사판대장경을 완성하였다. 이 대장경은 원대의 대장경으로서 유일한 판본으로 대사업이 왕실이나 기성 교단의 힘에 의지하지 않고 백운종에서 완성되었다고 하는 것은 종파의 막강한 힘을 입증하는 것이라 하겠다. 백운종은 공인과 탄압을 거듭하다가 무종 때(1308)에 다시 공인되어 인종 무렵 심명인(沈明人)에 의해 크게 번창하였으나 1320년에 전면적으로 금지되었다.

4. 한국불교의 역사

● 순도(順道)의 불교전래

　한반도에 불교가 전래된 것은 삼국시대로 거슬러 올라간다. 당시 우리 민족은 불교를 외래종교로 받아들였으나 점차 단순한 종교로서의 기능만을 한 것이 아니라 전반적인 민족문화를 형성하는 데도 중추적인 역할을 했다.

　낙동강 유역에 자리잡은 가락국에 불교문화가 들어왔다는 전설이 있으나 삼국 가운데에서 제일 먼저 불교를 받아들였던 나라는 고구려

886

였다. 《양고승전(梁高僧傳)》에 의하면 동진 때 고승 지둔도림(支遁道林)이 고구려의 고승에게 글을 보냈다고 한다. 이 기록으로 보아 고구려의 불교전래는 소수림왕 2년(392)에 전진의 부견왕이 순도(順道)를 시켜 불상과 불경을 고구려에 전하였다는 사실보다 더욱 앞선다고 볼 수 있다.

소수림왕은 불교를 받아들이고 사신을 보내어 감사의 뜻을 표하고 순도로 하여금 왕자를 가르치게 했다. 소수림왕 4년(374)에는 진나라의 승려가 고구려에 왔다. 소수림왕은 우리나라 최초의 절 성문사(省門寺)와 이불란사(伊弗蘭寺)를 세우고 순도와 아도(阿道)를 각각 그 절에 머물도록 하였다. 처음에 불교는 기본적인 교학보다는 재래의 토속신앙과 상통하는 인과와 구복의 불교로서 받아들여졌다.

백제에는 고구려보다 12년 뒤인 침류왕(枕流王) 1년(384)에 불교가 전래되었다. 인도의 고승 마라난타(摩羅難陀)가 동진에서 바다를 건너 백제로 들어오자 왕은 그들을 궁안에 머물도록 하였고 이듬해 10명의 백제인을 출가시켰다. 이후 백제의 불교는 성왕(聖王) 4년(526)에 인도에서 귀국한 겸익(謙益)을 맞이함으로써 크게 발전하였다.

신라의 불교수용은 순탄하지 않았다. 고구려의 전도승들은 신라에 들어와 불교를 왕실이 아닌 민간인들에게 포교하기 시작하였다. 눌지마립간(눌지왕)시대에 고구려에서 신라에 들어온 묵호자(墨胡子)가 신라의 서북경 지방인 일선군(一善郡)에 들어와 모례(毛禮)의 집에서 불법을 전하여 모례는 신라인으로서 최초의 신도가 되었다. 당시에 중국사신이 향을 신라에 가지고 오자 묵호자는 법흥왕의 딸 성국공주의 병을 향을 태우고 기원을 올려 완쾌시켰다. 이로써 왕실에서도 불교를 알게 되었으나 홍포되지는 않았다. 그 뒤 소지마립간(소지왕)때에 고구려에서 삭발승인 아도가 들어와 불법을 전도하여 불교를 신봉하는 자가 크게 늘어 갔다.

● 이차돈(異次頓)의 순교

신라의 불교는 아도라는 머리를 삭발한 승려 또는 묵호자라는 먹물 옷을 입은 승려가 고구려에서 와서 전하였으나 불법은 널리 홍포되지 않았다. 법흥왕(法興王)은 불교를 새 지배체제의 구축을 위한 정신적 지주로 삼아서 왕법과 불법을 동일시하는 강력한 왕권을 확립하려 하였다. 그리하여 불교의 신봉을 공식화하려 했지만 귀족들의 거센 반발에 부딪쳐 성사시키지 못했다.

법흥왕 14년(527)에 왕의 종질이며 신하였던 이차돈이 왕의 뜻을 간파하고 자신이 참형을 당해서 반대자를 굴복케 할 테니 불교를 공인해 달라고 청원하였다.

신라의 대신들은 중들이 아이들처럼 머리를 깎고 다른 나라 옷을 입고 기묘한 말을 하여 공인할 수 없다고 하였다. 이러한 상황 속에서도 이차돈은 불교의 가르침을 전하며 공인의 뜻을 굽히지 않았다. 상반된 갈등 속에서 이차돈은 왕에게 불교정책을 펴게 하기 위해 스스로 몸을 바쳤다.

《삼국사기》에 의하면 이차돈의 목이 베어지는 순간 뿜어져 나오는 피가 마치 젖처럼 하얀 색이었다고 한다. 더구나 그의 목은 하늘을 날아 금강산(경주)의 정상에 가서 떨어졌으며 하늘이 가려지고 땅이 진동했다고 한다. 이차돈의 순교로 법흥왕은 배불파를 제압하고 527년에 불교공인을 선포하였으며 529년에는 살생을 금하였다.

이차돈이 순교한 지 7년 뒤에는 신라 최초의 절인 흥륜사(興輪寺)가 창건되었고 법흥왕은 진흥왕에게 왕위를 물려 주고 왕비와 함께 승려가 되었다. 진흥왕은 즉위(540)하여 37년 간 나라를 다스리는 동안 일심으로 불법을 신봉하여 많은 업적을 남겼다.

진흥왕 11년에는 불교의 제반 업무를 관장하는 행정기구인 대서성(大書省)과 소년서성을 설치하고 이듬해 신라로 귀화한 고구려 승려 혜량(惠亮)을 승통(僧統)으로 삼고 그 밑에 비구승을 관장하는 대도

유나(大都唯那)와 비구니승을 관장하는 도유나랑(都唯那娘)을 두어 교단의 통솔체제를 확립하였다.

진흥왕 15년(554)에는 흥륜사의 낙성과 더불어 국민들이 승려가 되는 것을 허락하였다. 진흥왕 26년(565)에는 진흥왕 10년에 양나라의 유학승 각덕(覺德)이 불사리를 가져온 이래, 다시 진의 사신 유사(劉思)와 고승 명관(明觀)이 불교경전 1,700여 권을 가져왔다. 27년(566)에 신라시대의 최고 가람 황룡사(皇龍寺)를 완성하고, 35년(574)에는 황룡사에 금동여래장육존상을 조성하였다.

● 불교의 개화(開花)

진흥왕 시대의 불교정책을 발판으로 그 뒤를 이은 역내 왕들은 불교문화를 발전시켰고 더불어 많은 대덕 고승들이 배출되어 신라불교는 만개하기 시작하였다.

진흥왕의 대를 이은 진평왕은 자신의 이름을 부처님의 아버지 정반왕의 이름을 본따 백정(白淨)이라 했고 왕비도 마야(摩耶)부인이라 하였다. 당시의 왕실은 석가족의 왕명들을 그대로 따 왔다. 진평왕의 뒤를 이은 선덕여왕은 덕만이라 했고 진덕여왕은 《승만경》의 승만부인의 이름을 따서 승만이라 하였다. 이것만 보아도 신라의 왕들이 얼마나 불교를 신봉했는가 알 수 있다.

특히 진평왕 시대에는 원광법사(圓光法師)가 대승의 경교(經敎)를 강설하고 세속오계(世俗五戒)를 설하여 불교교리와 국민의 도리를 잘 결합시켰다. 진평왕 이후의 신라가 문무왕에 의해 통일되기 전까지 선덕여왕·진덕여왕의 치세가 전개되었다. 선덕여왕 때에는 분황사(634)와 영묘사(635) 및 황룡사 9층탑이 조성되었다. 또한 황룡사에서 백고좌법회(百高座法會)를 열고 《인왕경》을 강의하여 100명의 승려를 득도(得度)하게 하였다.

또한 선덕여왕 재위기간에는 많은 승려들이 중국으로 구법의 길을 떠났다. 원효와 의상이 함께 당나라로 갈 것을 꾀한 일도 이때의 일이요, 원측이 당나라의 현장 문하에서 자은(慈恩)과 함께 수학하고, 자장율사가 당나라에서 돌아와 크게 활약한 시기도 이 시대였다. 이 중 자장은 신라불교를 재정비하고 발전시키는 데 크게 기여하였다.

자장은 선덕여왕 12년(643)에 당나라에서 귀국하면서 부처님의 바리와 가사·사리·불경 400여 상자·번(幡)·당(幢)·화개(花蓋) 등 법당을 장엄하게 꾸미는 불교 물품들을 도입했다. 또한 승단에 포살제도와 시험제도를 시행하였고 지방사찰들은 불교의식을 장중하고 엄하게 지내도록 하였다. 《화엄경》을 비롯한 대승경론을 강의하고 통도사(通度寺)에 금강계단(金剛戒壇)을 만들어 계법(戒法)을 널리펌으로써 국민의 대다수가 불교를 신봉하는 터전을 만들었다. 자장은 호법의 불사(佛事)로서 통도사·수다사(水多寺)·석남원(石南院) 등을 세웠는데 특히 오대산을 문수도량으로 설정하여 불국토신앙의 대중화를 꾀하였다.

귀족불교에서 대중불교로 개화기를 맞은 신라불교는 문무왕(文武王) 4년(664)에는 함부로 불사에 재화(財貨)와 토전(土田)을 보시하는 것을 금할 정도로 백성들 사이에 보편화되어 가기 시작하였다.

● 원효와 서민불교

신라불교는 귀족불교로서의 성격이 강했지만 민중불교의 흐름도 무시할 수 없다. 진평왕대에서 선덕여왕대에 이르면 일반 대중의 생활 속으로 뛰어들어 모든 사람에게 불교를 홍포한 선각자적 고승들이 많이 배출되었다. 대표적인 인물로서 혜숙(惠宿)·혜공(惠空)·대안(大安)·원효(元曉) 등을 들 수 있다.

혜숙은 승려이면서도 일찍이 국선의 낭도로 있다가 물러나서 안강의 적선촌에 살면서 시골 사람들에게 불법을 알리고 서민을 교화하였다. 혜공은 당시 승려들이 머물던 화려하고 웅장한 절을 버리고 이름

없는 작은 절에 살면서 대중을 교화하였다. 특히 허름한 차림으로 등에 삼태기를 지고 초부·목동·뒷골목의 건달·술주정꾼들과 함께 하며, 서민들 속에서 불법을 설한 일화는 유명하다.

대안은 특이한 모습으로 저잣거리에서 동발을 치며 '대안' '대안'을 외치고 다녔다고 한다. 그의 기이한 행동과 불교의 가르침에 감동받은 사람들은 이름 모를 스님을 대안성자(大安聖者)라 불렀다고 한다. 특히 대안과 원효는 스승과 제자처럼 지낸 사이였다고 한다. 이들은 모두 궁전 근처의 대사찰에 머물지 않고 마을이나 거리를 다니면서 가끔은 영험을 쓰면서 불교대중화에 노력하였다.

당시 민중교화의 대표자이면서도 한국불교 교학의 대학자로서는 단연코 원효를 꼽을 수 있다. 의상과 당나라 유학길에서 해골에 담긴 물을 마시고 '유심소조(唯心所造)'의 도리를 깨닫고 국내에 남아 한국불교의 독창적 사상을 만들어 냈다.

원효는 요석공주와의 사이에서 설총을 낳아 파계하고는 속복을 차려 입고 표주박을 두드리면서 '일체무애(一切無礙)의 사람, 일도(一度)에 생사(生死)를 초출하다.'라고 설하면서 온 마을을 노래와 춤을 추면서 돌아다녔다고 한다. 그로 인해 글을 모르는 사람들도 부처님의 이름을 알고 나무아미타불을 염송하게 되었다.

원효의 《금강삼매경론》《기신론소》 등은 중국에 알려져 대단한 영향을 주었다. 원효 불교의 특징은 그의 대중교화 활동에서도 알 수 있지만 화쟁(和諍)으로 표현되는 교학의 융화사상이다. 불교 안의 여러 가풍을 회통(會通)하고 여러 종문(宗門)을 화쟁하여 전 불교를 화회귀일(和會歸一)시켰다. 원효는 모든 경교(經敎)의 사상을 화회하고 통일함으로써 부처님의 참정신을 구현하려고 하였다.

● 왕오천축국전(往五天竺國傳)

통일신라기에 활약한 대표적인 구법승들로는 원측·의상·혜초 등을 들 수 있다.

원측(圓測)은 신라의 왕손으로 당에 건너가 유식(唯識) 등의 교학 연구에 힘썼다. 천성이 명민했던 원측은 수천의 말이라도 한 번 들으면 잊지 않았고 6개국 말에 능통하여 그 학덕이 당나라에 널리 알려져 당태종에게서 도첩(度牒)을 받기까지 하였다. 특히 당시 현장이 인도에서 가져온 유식의 경론을 중심으로 중국의 법상종을 수립한 것은 자은규기(慈恩窺基)이지만 현장의 유식을 이해하여 선양한 사람은 신라의 원측이었다. 원측은 18종의 주석서를 남겼으나 현존하는 것은 《반야심경찬》《인왕반야경소》《해심밀경소》의 3종뿐이다.

원측이 당에 유학하여 유식의 교학을 연구하고 당에서 교학활동과 저술활동을 한 반면에 의상(義湘)은 원효와 같은 시대의 인물로 문무왕 1년(661)에 당에 가서 화엄의 교학을 연구하고 신라에 돌아와 신라화엄을 발전시키는 등 많은 불교활동을 하였다. 당나라의 화엄학의 대가인 지엄(智儼) 문하에 들어간 의상은 7년 동안 화엄학을 연구하여 '법성게(法性偈)'라 불리우는 《화엄일승법계도》를 저술하여 스승의 인증(印證)을 받고 학덕을 크게 떨쳤다. 법성게는 화엄원교(華嚴圓敎)의 교의를 하나의 도면에 완성시킨 것으로서 한국 화엄교학의 실천면을 중요시하는 전통을 만들었다. 그 후 당나라에서 지엄의 뒤를 이어 강학(講學)을 지도하다가 문무왕 11년(671)에 당군이 신라로 쳐들어갈 것이라는 정보를 듣고 급히 귀국하여 국가를 위기에서 구하였다.

신라에 돌아온 의상은 화엄불교를 전국에 홍포하기 위해 부석사(浮石寺)를 지었는데 이때 의상에게 배움을 구하려는 자가 구름같이 모여들었고 제자가 3천여 명이나 되었다고 한다. 또한 오랜 전쟁을 겪어 피폐한 국민들의 의지처로 낙산사(洛山寺)에 관음신앙의 터전을 마련하였다. 효소왕(孝昭王) 1년(702)에 입적한 의상은 여래의 화현이라고하며 세인의 존경을 받았다.

또한 통일기에 당으로 갔다가 해로로 인도 구법여행을 한 혜초(慧

超)는 성덕왕(702~732) 때에 인도의 불적지를 두루 순례하고 《왕오천축국전》이라는 기행문을 남겼다. 혜초 인도 순례 후에 다시 중국으로 돌아와 개원(開元) 21년(733)에 금강지삼장에게 8년 간 밀교를 배웠으나 다시 신라로 돌아오지 못했다. 그가 남긴 《왕오천축국전》은 현장의 《대당서역기》와 함께 인도의 풍속·지리·종교를 아는 데 귀중한 자료가 되고 있다.

● 구산선문(九山禪門)의 성립

흔히 신라시대에 다섯의 교종 즉 오교(五敎)와 선법(禪法)에 9개 산문의 선맥 즉 구산선문이 있었다고 한다. 그러나 사료에 의하면 오교가 신라시대에 성립되었다는 기록은 전혀 보이지 않고 구산선문도 신라 때가 아닌 고려시대에 완성된 것이다.

고려시대에는 화엄종·자은종·남산종·조계종·천태종·시홍종·신인종·총지종·중도종·도문종 등의 많은 종파가 있었다. 이 중 뚜렷한 활동상을 보인 것은 오교가 아니라 사교(四敎)인 조계종·화엄종·자은종·천태종이다. 조계종(曹溪宗)은 신라 말에 남종선이 전래되어 가지산·실상산·동리산·성주산·사굴산·사자산·봉림산 등 7파가 차례로 산문(山門)을 연 데서 그 근원을 찾을 수 있다. 이어 고려대에 들어 오면서 진철대사(眞澈大師) 이엄(利嚴)이 수미산문(須彌山門)을 열고, 이어서 정진대사(靜眞大師) 긍양(兢讓)이 희양산문(曦陽山門)을 이룩함으로써 비로소 구산선문이 형성되었다. 홍척(洪陟) 남한조사(南漢祖師)는 실상사를 창건하고 선법을 선양함으로써 실상산문(實相山門)를 열었다.

사굴산문(闍崛山門)를 개조한 범일(梵日)은 홍덕왕 6년(831)에 당나라에 유학하여 마조도일의 제자인 염관제안에게 사사 받았다. 범일은 중국이 회창의 폐불로 혼란할 때 귀국하여 현재 강원도 명주군에 굴산사를 창건하였다. 동리산문(桐裡山門)를 연 혜철(惠哲)도 헌덕왕

6년(814)에 당에 유학하여 서당지장에게서 사사받고 문성왕 원년(839)에 귀국하여 지금의 전남 곡성에 있는 태안사(泰安寺)를 열었다.

성주산문(聖住山門)의 무염(無染)은 당에서 화엄을 공부하고 마조도일의 제자 마곡보철의 인가를 받고 귀국하여 충남 보령군의 성주사를 본거지로 선맥을 형성하였다. 사자산문(獅子山門)는 강원도 영월군 흥령사지를 개조한 일파로 825년 당에서 남전보원의 선법을 전수받은 도윤(道允)의 제자, 절중(折中)이 사자산사를 창건하였다.

봉림산문(鳳林山門)는 당에 유학하여 마조도일의 제자 장경회휘에게서 선법을 인가받은 현욱(玄昱)이 개창한 것으로 현재 경남 창원군의 봉림사지가 그 근거지이다. 수미산문은 이엄화상이 황해도 해주군의 광조사를 본거지로 개창하였다. 이엄은 895년에 당에 유학하여 동산양개(洞山良价)의 제자 운거도응에게서 인가받았으나 청원행사(淸原行思) 계통인 조동종(曹洞宗)의 법문도 전하였다. 희양산문의 긍양은 경북 문경군의 봉암산(鳳巖山)에 절을 새로 짓고 선실(禪室)을 다시금 일으켰다.

● 정혜쌍수(定慧雙修)

고려불교 초기에는 선불교가 크게 성하였으나 선종(宣宗) 때에 이르면 천태교학이 의천(義天)에 의해 발달하게 된다. 숙종(肅宗) 2년(1097)에 의천은 국청사(國淸寺)에서 천태교학을 강의하고 숙종 4년에는 천태종의 승선(僧選)을 행했고 2년 후에는 국가에서 주관하는 천태종 대선(大選)을 행함으로써 의천이 개창한 천태종은 명실상부한 하나의 종파로서 부각되었다.

천태종이 개창되고부터 중기 이후에 선불교는 상당히 부진했다. 게다가 고려중기부터는 승려들이 타락하고 법문의 문란이 극에 달해 표면상으로만 화려한 불사들이 이루어지고 있었다. 불교계의 혼탁과 광란의 분위기를 정화하고 바르고 참된 불교의 뜻을 선양한 승려들이

의연히 일어났으니 대표적인 사람이 지눌(知訥)이다. 그는 수도시절에 《육조단경》《화엄경》《대혜어록(大慧語錄)》을 읽고 세 번을 크게 깨친 뒤 현재 송광사인 수선사를 중심으로 정혜결사를 결성하여 새로운 선풍을 크게 떨쳤다.

지눌은 부처님의 뜻을 전하는 것이 선(禪)이요, 부처님의 말씀을 깨닫는 것이 교(敎)라고 믿었기 때문에 선과 교는 서로 떨어질 수 없는 사이라고 주장하였다. '선종이다' '교종이다' 하고 싸우는 것은 부처님의 참뜻을 모르기 때문이라고 설파하면서 당시의 무의미한 논쟁을 매듭짓기 위해 선교합일(禪敎合一)의 정혜쌍수를 구현하였다. 정혜쌍수는 신라 원효의 화쟁사상과 무애한 행동, 대각국사 의천의 교관병수(敎觀並修)의 사상과 그 맥을 같이하는 것이다.

한편 지눌의 조계산에서 천태종으로 전환한 요세(了世)는 50년 동안 한번도 속진을 밟지 않고 백련사 결사로 유명하며, 하루일과로《법화경》강독과 아미타불 1만 번을 염불하였다.

수선사를 중심으로 선맥이 부흥되고 정혜쌍수의 사상이 크게 홍포되었으나 중앙불교계에서는 말할 수 없는 혼란이 계속되고 있었다. 희종(熙宗) 7년(1211)에는 최충헌이 왕을 폐립하고 정치적 실권을 장악하여 권세를 남용하자 승도들은 이에 맞서 싸우는 등 교계의 혼란은 거듭되었다. 한편으로는 몽고족의 침입에 대비해 격퇴를 기원하는 호국적 불사가 빈번하게 거행되었다. 지눌 이후 조계종은 수선사를 중심이 되어 청진(淸眞)·혼원(混元)·천영(天英)으로 법맥을 이으면서 16국사를 배출하였다.

● 고려대장경의 간행

고려불교는 여러 종파의 확립과 더불어 불교가 국운을 번영하게 하는 데 지대한 역할을 한다고 보았다. 이로써 불교는 국가의 행정조직에 편입되어 승관제도(僧官制度)를 확립하기에 이르렀다. 고려 태조는 국사제도(國師制度)를 설치하여 승려를 국정에 참여시켰다. 또한 중국의 과거제도를 모방하여 승과(僧科)에서 선종은 《선문염송(禪門拈頌)》 10권을, 교종은 《화엄경》 및 《십지론》 1권을 암송하게끔 하였다. 승직에도 계급이 정해져 선종에는 대선·대덕·대사·중대사·삼중대사·선사·대선사가 있었고, 교종에는 대선·대덕·대사·중대사·삼중대사·수좌·승통 등이 있었다.

사원은 불력과 법력으로 나라를 수호하는 장소가 되어 만약 국왕에게 세 왕자가 있다면 한 사람은 승려로 만들었을 정도였다. 특히 불교가 국가의 정신적 지주로 크게 신봉되면서 나라가 위급할 때 구국적 불사로서 거대한 행사가 성행하였다.

현종 1년(1010)에 거란족이 쳐들어와서 평양이 포위되었다. 이때에 법언(法言) 등의 승려들은 적병을 물리치려고 싸웠으나 결국 수도였던 개성은 함락되고 말았다. 현종은 나주로 피난하면서 국난을 극복하고 외적을 물리치기 위하여 대장경의 판목을 만들게 하였다. 그 뒤 적군이 물러가고도 경판사업은 계속되어 약 40여 년이 걸린 문종(1047~1083)에 이르러 1,106부 5,048권의 장경(藏經)이 완성되었다. 최초의 고려대장경이 완성된 것이다. 이것을 고려구장경 또는 초조대장경이라 한다.

초조대장경은 팔공산 부인사에 봉안되어 국가를 수호하는 표상이 되었고 국민들의 신앙의 의지처가 되었으나, 고종(高宗) 19년(1232)에 몽고가 침입했을 때 황룡사 9층탑과 함께 불탔다. 같은 해 왕은 국난을 피해 강화도로 왕궁을 옮기고 다시 대장경판을 만들기로 결심하였다. 고종 23년(1236)에 강화도에 대장도감(大藏都監)을 설치하고 진주에 분사(分司)를 두어 지리산의 재목을 해로로 강화까지 운반하여 판목을 만들었다. 드디어 16년 만인 고종 38년(1251)에 경판 81,258판 1,512부 6,791권의 경론(經論)이 고려대장경으로 완성되었다. 현재 해인사에 보관되어 있다.

이 밖에도 대각국사 의천(義天)이 홍왕사에 교장도감(教藏都監)을 설치하고 송·요·일본 등의 불교관계 서적을 모아《신편제종교장총록(新編諸宗教藏總錄)》3권을 편찬하고 이에 따라 1,010부 4,740여 권의 고려속장경(高麗續藏經)을 간행하였다.

●배불정책과 산중불교

고려 말부터 거세게 일기 시작한 배불(排佛)의 기세는 조선시대에 들어오면서 더욱 거세져서 위정자들은 건국이념을 유교로 쇄신하고 불교를 철저하게 배척하였다. 배척당한 조선시대의 불교를 특징지워 말한다면 산승불교(山僧佛教)라 할 수 있다. 개국으로부터 13대 명종(明宗)시대(1392~1565)까지는 고려시대 때의 여러 종파를 폐합하여 선교 양종으로 만들었으나 승과는 그대로 유지되었다. 그러나 이 시기에 불교는 성종(成宗)의 척불(斥佛)과 연산(燕山)·중종(中宗)의 폐불로 황폐해 갔다.

명종 21년부터 서산대사 휴정(休靜)이 활동한 시기는 불교 교세가 크게 쇠약해진 때였으나 서산대사에 의해 불교가풍(佛教家風)의 확립과 문풍이 크게 흥성하였다. 서산대사 이후 조선조 말에 이르기까지는 그에 의해 확립된 가풍을 이은 삼문(三門) 즉 간경(看經)·참선(參禪)·염불(念佛)의 전통이 확립되었다. 또한 승가 안에는 공부승(工夫僧)과 사무승(事務僧)이 있어서 각각 불조의 혜명(慧命)을 계승하고 가람수호와 사원재정을 확보하여 산중승단을 탄압 속에서도 잘 지켜나갔다.

조선의 불교는 국가의 배불정책으로 종단도 승과도 박탈당하여 머물고 몸 붙일 곳이라고는 오직 깊은 산속뿐이었다. 11종의 종단이 7종으로 축소되고 선·교 양종으로 통폐합된 것은 전혀 교계의 의지와는 상관없이 국가에서 일방적으로 강행한 것이었다. 양종으로 남은 선종과 교종도 이름만 남아 있을 뿐 종지와 종맥은 없었다. 세종(世宗) 때에 강제로 묶여진 양종은 연산군 때 일시 폐기되었다가 명종 때 잠시 부활되었지만 영영 자취를 감추었다. 그 뒤 불교 무종파(無宗派)의 혼합적인 현상으로 교학은 전락되었을 뿐만 아니라 유생들의 횡포로 사원은 더욱 황폐해져 갔다.

그러면서도 휴정(休靜)이 산승의 가풍을 중흥시켜 법맥은 겨우 사자상승(師資相承)되어 왔다. 일반 승가에서는 관가와 양반들에게 종이와 기름과 밤나무와 짚신 등을 바쳐야 했고 그 밖에도 여러 가지 잡역을 맡아 하였다. 그럼에도 불구하고 임진왜란·병자호란 등의 국난이 일어났을 때에 승려들은 의승군을 일으켜 호국불교의 전통을 지켰다. 또한 전쟁이 끝난 뒤에는 산성을 쌓고 도성을 수비하는 일도 하였다. 그러나 조선시대의 몇 시기를 제외하고 승려들은 도성의 출입마저 금지되는 등 천한 대우를 받았다.

● 의승군(義僧軍)의 활약

조선중기에 이르러 문정왕후(文定王后)의 흥불정책(興佛政策)과 보우(普雨)의 교단중흥정책으로 선종과 교종이 부활되고 도승법(度僧法)과 승과가 다시 시행됐다. 그러나 문정대비가 죽자 보우는 귀양가서 장살당하고 불교정책도 모두 중단됐다. 다시 불교계의 고승들은 유생들의 탄압에 의해 산속으로 쫓겨가서 살았지만 임진왜란과 병자호란의 외적 침입으로 국가가 위태로워지자 산속에서 뛰쳐나와 대창과 낫으로 외적을 무찌르고 나라를 어려움에서 구하는 데에 앞장섰다.

선조(宣祖) 25년(1592)에 임진왜란이 일어나자 공주 갑사(甲寺)의 청련암(靑蓮庵)에 있던 휴정의 제자 영규(靈圭)는 500여 명의 의승군을 이끌고 청주성의 왜적과 싸워 크게 승리를 거두고 성을 탈환하였다. 이어 영규의 800명의 승병과 의병장 조헌의 700명의 의병은 함께 금산성 전투에서 끝까지 사투하다 장렬하게 전사하였다. 당시 묘향산에 있으면서 선교불이(禪敎不二)를 주장한 휴정은 왕의 부탁을 받고

산에서 내려와 팔도도총섭(八道都摠攝)의 직함을 받고, 전국 승려에게 격문을 돌려 순안(順安) 법흥사(法興寺)에서 1,500명의 의승을 모아 참전하였다.

그의 제자 사명대사 유정(惟政)은 금강산에서 800명의 의승을 모았고, 처영(處英)은 지리산에서 일어나 호남지방을 중심으로 1,000여 명의 의승을 이끌고 참전하는 등 당시 의승군은 5,000여 명에 이르렀다. 73세의 고령으로 도총섭을 맡은 휴정은 제자 의엄(義嚴)에게 병권의 일부를 대행시키고 관동지방에서 합세한 유정을 승군도대장으로 삼아서 1593년 1월에 명나라군과 합세하여 왜적을 무찔러 평양성을 탈환하였다.

서산의 최고의 제자, 사명 유정은 왜적이 정유년에 재침했을 때 의승군의 정예부대를 이끌고 서생포의 왜적을 포위하였으며 수차례에 걸쳐 적진 속을 드나들며 적정을 탐지한 일화는 유명하다. 또한 유정은 전란 뒤인 선조 37년에 일본과의 국교문제로 도일하여 국교상의 문제를 해결하였을 뿐만 아니라 포로로 잡혀 갔던 동포 3,000여 명을 데리고 오는 등 큰 성과를 거두었다.

그 밖에도 인조 5년(1627)에 후금이 쳐들어 왔을 때 특히 각성(覺性)은 화엄사에서 항마군(降魔軍)을 결성하였고 4,000여 명의 의승군을 거느리고 안주전투에서 크게 공을 세웠다. 인조(仁祖) 14년(1636)에 병자호란이 일어났을 때에도 의승군이 일어나 많은 활약을 하였다.

5. 일본불교의 역사

● 성덕태자(聖德太子)의 신불(信佛)

고대 일본에 불교가 처음 전래되었을 때에 일본인은 자연신과 조상신을 믿고 있었다. 흠명천황(欽明天皇) 12년(552) 백제에 의해 불교가 처음 전래되었을 때 석가모니 부처님 금동상을 번신(蕃神)이라 불렀다고 한다. 《일본영이기(日本靈異記)》권상 제7의 설화에 백제에서 온 귀화인의 후예로 비후(備後) 삼곡군의 대령이 지난날 고국의 위급을 구하기 위해 백제에 파견되었을 때 '만약 평온이 돌아온다면 모든 신을 위해 가람을 세울 것을 맹세하겠다.'라고 한 말이 기록되어 있다. 이러한 기록으로 보아 일본의 불교전래는 6세기 중엽 이전으로 거슬러 올라가며 백제에서 수용된 것으로 보인다.

또한 《일본서기(日本書記)》에서는 민달천황(敏達天皇) 6년(577)에 백제 위덕왕은 일본사신 대별왕 등의 요청으로 약간의 경론·율사·선사·비구니·주금사(呪禁師)·조불공(造佛工) 6인을 보냈다고 한다. 민달천황 13년에 소아마자는 백제 귀화인 녹심신(鹿深臣)이 가지고 있던 미륵석상 하나와 좌백련이 가지고 있던 불상을 얻었다고 한다. 소아마자는 숭준천황(崇峻天皇) 5년에 불당과 요사채를 건립하고 추고천황(推古天皇) 원년에 탑을 세워 초석에 불사리를 넣고 심주(心柱)를 세운 법흥사를 창건하였는데 이는 일본 최초의 가람이다. 절이 완성되면서 전년에 온 고구려승 혜자(惠慈)와 백제승 혜총(惠聰)은 용명천왕(用明天皇)의 아들 성덕태자(聖德太子)를 가르쳤다.

성덕태자 시대에는 추고천황(推古天皇) 2년(594)에 삼보흥륜(三寶興輪)의 조서가 내려져 많은 신하들이 군신의 은혜에 보답하기 위해 다투어 사원을 건립하였다. 《일본서기》의 기록에 의하면 17조 헌법을 만들어 삼보를 공경할 것을 명하고 선악의 도리로써 불교를 채택하고 있다. 또한 태자는 추고천황 14년에 《승만경》과 《법화경》을 강의하여 천황은 이에 감복하여 파마국의 수전(水田) 100정을 태자에게 내렸고 태자는 이를 반구사에 헌납했다고 《일본서기》는 기록하고 있다.

성덕태자의 불교사상은 17조 헌법에서도 알 수 있듯이 매우 깊었던 듯하다. 《법왕제설(法王帝說)》은 태자가 고구려의 승려 혜자에게서

900

불교를 배워 '능히 열반상주 오종불성(涅槃常住 五種佛性)의 이치를 깨우치고 밝게 법화삼차 권실이지(法華三車 權實二智)의 뜻을 열었다. 유마불사의 해탈의 종지를 통달하고 경부·살바다 양가의 변설을 알았다.'고 밝히고 있다. 성덕태자는 추고천황 30년에 죽었지만 백제와 고구려에서 전래된 불교사상을 수용하여 불교를 국가불교로 개창하는 데 큰 역할을 하였다.

● 국가불교의 성립

일본의 불교는 성덕태자 시대에 점차 정착되기 시작하였고 나라(奈良)시대에 이르러 국가적으로 수용되어 갔다. 백제대사가 건립되고 십사(十師)를 임명하여 여러 승려들을 지도하고 불교를 법답게 수용하도록 하였다. 이리하여 효덕기(孝德期)에 들어서면 불교는 관료적 성격을 띠고 호국불교의 역할도 담당하게 된다.

천무기(天武期)에는 승관제도가 발달하면서 승정(僧正)·승도(僧都) 등의 임명이 거듭되었다. 천무(天武) 14년에는 '제국(諸國)에서는 집마다 불사를 만들고 불상과 경을 모시고 예배 공양하라.'는 천황의 조서가 떨어졌다. 또한 천무기에는 승니령(僧尼令)을 제정하였다. 이는 신라와의 교류에서 법령의 영향을 받아 성립한 것으로 27조에 걸친 승려에 대한 규정을 적고 있다. 속인일 경우에는 천평(天平) 6년(734) 태정관(太政官)의 진언에는 《법화경》 1부 혹은 《최승왕경》 1부의 암송이 의무로 부과되었고 수행 3년 이상인 자를 득도케 한다고 정하고 있다. 득도자에게는 정부 치부성(治部省)에서 고첩(告牒)을 내렸다.

대보(大寶) 2년(702)에는 승강제(僧綱制)가 확립되어 경사(京師)에서는 승강(僧綱)에게 교계 전체의 대표자라는 위치가 부여되었고 모든 절에는 승강이 설치되어 절의 모든 일들을 총괄하게 되었다. 또한 승정에는 지연(智淵), 대승도(大僧都)에는 선왕(善往), 소승도(少僧

都)에는 변조(辯照), 율사(律師)에는 승조(僧照)가 임명되었다. 같은
해에 지방국(國)에 국사가 임명되었고 국사는 뒤에 강사(講師)로 대
치되어 국마다 한 명씩 배치하였다.

지통기(持統期)에 이르면 천무기의 불교정책에 이어 국분사(國分
寺)의 진행으로 《금강명경》을 여러 지방(國)에 보내어 해마다 연초
보름 동안 읽도록 명령하였다. 이에 앞서 당시 일본은 재액과 재난에
의한 사회불안도 심하여 산림수행에 의해 불도의 이름을 빌린 교화·
전습·부적·독물조제 등도 횡행했다. 성무천왕(聖武天皇)은 신구(神
龜) 2년(725)에 재액을 없애고 길상을 기도하기 위해 부처님을 받들
것을 포고하며 《금강명경》 10권, 이 경이 없을 경우 《최승왕경》 4권
을 읽도록 하였다. 그래도 천황의 병은 더해가고 사회가 흉흉하자 득
도와 대사면이 행해졌고 불상을 만들고 《법화경》을 서사하게 하였다.
천평(天平) 7년에 전염병이 확대되자 동 9년에 지역마다 석가모니불
상 1좌, 협시보살 2좌를 만들고 아울러 《대반야경》 1부를 서사하라는
칙소가 내려졌다. 이는 각 지방의 국분사 창건의 조서였다.

● 연분도자(年分度者)의 제도

연분도자의 제도는 지통천황(持統天皇) 10년(696)에 시작되었다.
매년 12월 청정수행자 10인을 득도(得道 ; 재가가 출가하여 승려가 되게
하는 의식)하게 한다고 정하고 있지만 연력(延曆) 17년에 세칙으로 성
립시켰다. 후에 20세로 낮추어지지만 35세 이상의 지조와 행실이 바
르고 지혜와 행을 소중히 하며 표준한자를 익혀 승려가 될 만한 자로
규정하고 있다. 또한 승강소(僧綱所)에서 매년 12월 이전에 채용시험
을 실시하여 10가지 문제 중에 5항 이상 답한 자를 급제로 하여 득도
를 허락하였고 다시 수계일에 보다 상세한 시험을 행하여 8항 이상 통
과한 자를 수계하였다.

이 제도는 계율의 호지를 통해서 계를 지키는 사람으로 하여금 나

라를 보호하고 국민을 제도하려는 의도에서 시행되었다. 그러나 시험 내용에 있어서 삼론·법상 2종의 구별을 물으면서 법상만을 중시하였다. 그러나 다른 종파의 강한 반발이 있어 다시 두 종파의 득도자로 하여금 법화는 물론 화엄·열반 등의 경(經)과 소(疏)에도 통달해야 함을 규정하였다. 그 후에 다시 '제론을 읽었다 하여도 간혹 경을 읽지 않으면 득도할 수 없다.'라고 수정하였다.

천태종의 최징(最澄)이 당나라에서 수학하고 돌아오자 천태종에서도 연분도자 중 2명을 할당받았으며 총 12인의 연분도자를 여러 종파에서 나누어 가지게 되었다. 시험도 수계 후에 대·소 2부의 계본(戒本)을 읽게 하여 본업의 가르침 10문제와 계율 2문제 중 7문제 이상을 통과한 자로 선발하여 입의(立義)·복강(複講)·제국(諸國)의 강사에 임명하도록 하였다. 또한 최징은 연분도자 2인을 천왕으로부터 허가받은 후 그 중 1인은 《마하지관》을 읽도록 하여 지관업(止觀業)으로 하고, 1인은 《대비로자나경》을 읽도록 하여 자나업(遮那業)으로 정하였다. 연분도자의 지분은 천태종이 다른 종파 같은 지위를 확립하게 하였으나 반대로 밀교라는 무거운 짐을 짊어지게 되었다.

공해(空海)가 대동(大同) 원년(806)에 귀국하자 최징은 공해의 밀교전적을 배우고 스스로도 제자의 예를 갖추어 금강(金剛)·태장(胎藏) 양계(兩界)의 결연관정(結緣灌頂)을 받았다. 그러나 공해 밑에서 공부하던 최징의 수제자 태범을 돌려보내라는 최징의 요구를 공해가 거부함으로써 두 사람의 관계는 끝이 났다. 최징은 법상종의 덕일(德一)과도 대론하면서 독자적인 천태교학을 발전시켰다. 한편 공해는 차아천황(嵯峨天皇)의 신임을 얻고 밀교의 홍포에 큰 기틀을 마련하였다. 홍인(弘仁) 7년에 고야산(高野山)을 하사받고 진언종(眞言宗)을 보다 확고히 하여 승화(承和) 2년(835)에 연분도자 3인을 허락받았다.

● 신불습합(神佛習合)

평안(平安)불교시대에 불교가 민중 가운데 침투하기 전에 일본불교는 황실의 불교이며 귀족이나 호족의 불교였다. 그러나 일반인에게도 불교는 포교되었고 특히 성인(聖人)과 사미(沙彌)에 의해서 깊어졌다. 성인은 승려로서 본래 기성교단을 부정하거나 교단과는 관계없이 고행·유행·은둔하는 자를 말한다. 사미는 나라의 습속에 의해 머리는 깎았어도 위의는 전혀 없고 처자를 거느린 사람을 말한다. 성인과 사미들은 민중교화에 있어서 평이하고 통속적인 설교방법을 써서 크게 호응을 얻었다. 이러한 흐름은 평안불교의 신불습합의 형태로 나타나게 되었다.

불교유포와 관련된 것으로 대표적인 것은 원령사상(怨靈思想)이었다. 원령사상은 원한을 가지고 죽은 사람의 영혼은 여러 가지 현상을 통하여 세상 사람들에게 그 원령의 앙화를 입힌다는 것이다. 그러나 불교와의 관계에서는 초기에는 소박한 형태로 결합하였다. 즉 도교적인 신선사상과 불교의 밀교적 주술 혹은 산의 신성한 영력을 믿는 소박한 신앙형태들이 섞여졌다. 이러한 신불습합의 사상은 금봉산(金峰山)과 웅야삼산(熊野三山)을 중심으로 퍼져 나갔다.

성보(聖寶)는 금봉산에다 관평(寬平) 7년(895)에 절을 짓고 6척 금색의 여의륜관음과 금강장왕을 안치하였다. 이는 후대에 전설이 덧붙여져 '금강장왕은 미륵의 화신이기도 하며 미륵이 출현할 때 금봉산이 금으로 덮혀진다.'고 전해졌다. 금강장왕과 결부된 금봉산은 금봉산 정토신앙으로 성장하여 귀족들과 현인들의 신앙심과 사치 유흥의 기풍과도 결합하여 '어악정진 어악예(御嶽精進 御嶽詣)'라고 하는 풍조를 만들었다.

웅야삼산도 사후 영혼이 머무는 곳으로 알려진 후 웅야참예는 상층계급에서 서민에까지 파급되었다. 드디어 응덕(應德) 3년(1086)에 웅야권현(熊野權現)은 미타관음의 수적(垂迹)으로 전승된다고 인정되었다. 장승(長承) 3년(1134)에는 웅야선달(熊野先達)은 본지아미타불·본지천수관음·본지약사여래의 주처로 자리잡게 되었다.

또한 신불습합의 형태는 팔번신(八蕃神)이 보살의 호를 갖기에 이르렀다. 불교쪽에서도 팔번신을 채용하기 시작하여 신은 불이나 보살처럼 모습을 나타내고 이 세상에 흔적을 보인다고까지 하였다. 또한 점차 여러 신들의 본지를 밝혀 불본신적(佛本神迹)의 사상이 정착해 갔다.

● 겸창신불교(鎌倉新佛敎)

평안 말기에 귀족간의 항쟁에 의해 야기된 보원(保元)·평치(平治)의 전쟁은 치승(治承)·수영(壽永)의 싸움을 거쳐서 평가(平家)에서 원씨(源氏)에게로 세력이 넘어갔다. 건구(建久) 3년(1192) 이후 도읍과 겸창의 이원적 정치지배의 관계는 '승구(承久)의 변(變)'에 의해 무사의 손으로 넘겨지게 된다. 이런 전쟁의 과정은 그대로 민심에 반영되어 동요와 혼란으로 이어졌다. 교단은 교단끼리 서로 소송하고 서로 투쟁을 일삼았다. 이 시대의 불교계는 파계무계(破戒無戒)의 풍조였다. 평안의 신종(新宗)뿐만이 아니라 널리 남도(南都)의 구불교(舊佛敎)도 침체되기 시작했고 특히 율종 자체는 계율의 전통을 상실하였다.

불교계의 흐름을 비통해 하는 양심 있는 승려들은 이윽고 새로운 겸창불교를 이끌어 내기에 이르렀다. 남도불교는 물론이고 북령(北嶺)에 있어서도 계율의 뜨거운 열망이 신불교를 낳는 기반이 되었다. 이런 계율부흥에 참가한 남도의 승려는 법상종의 정경(貞慶), 화엄종의 고변(高弁)이며 또한 불교운동의 형태는 다르지만 법연과 영서의 활약도 두드러졌다.

법연(法然)은 염불을, 영서는 선(禪)이라는 신종(新宗)을 형성하면서 계율을 중시하였다. 법연은 중국 선도(善導)의 가르침에 따라 염불과 제행의 합일을 주장했다. 즉 기존의 염불보다 제행에 비중을 두어 제행왕생(諸行往生)이나 임종정념(臨終正念)을 중시한 내영왕생(來迎往生) 등의 풍조를 시정하려고 하였다. 법연은 하루에 1만·3만·5만·6만의 염불전수(念佛專修)를 행하였으며 선도를 삼매발득(三昧發得)의 사람이라고 찬양하면서 적극적으로 선도에 의지했다. 즉 당시의 말법설을 극복하기 위해 염불이야말로 시기에 상응한다고 하는 염불일행(念佛一行)의 정토종을 주장하였다.

영서(榮西)는 주저인 《홍선호국론(興禪護國論)》에서 법을 오래 머물게 하는 것은 계율이며 선은 계율을 지키는 것에 의해 홍륭한다고 보았다. 또한 중국 천태종의 6조 담연의 《지관보행전홍결(止觀補行傳弘決)》의 글에 의지하여 대·소 2계를 사용하는 것이 여래선(如來禪)으로 들어가는 방편이라고 주장하였다.

이 밖에도 겸창의 신불교를 이끈 사람은 법연 문하의 일념의(一念義)의 행서(幸西)를 비롯한 상족 5인이 유명하며 영서의 문하에 변원(辯圓)·각심(覺心) 등이 배출되면서 교선겸수(敎禪兼修)의 선이 크게 고양되었다. 이 밖에도 겸창불교의 기수로서 《법화경》을 종지로 한 일련(日蓮)을 들 수 있다.

제15장

불교의 종파

제15장
●
불교의 종파

金 榮 國

1. 인도의 종파

● 근본불교 (根本佛敎)

불교는 절대적인 가르침이 아니기 때문에 오랜 세월 동안 수많은 논사와 학자들이 시대와 역사적, 사회적 관점에 따라 재해석을 시도해 왔다. 불교의 역사는 부처님이 설한 깨달음의 진의에 어떠한 방식으로 접근할 것인가에 관한 논쟁의 역사라고 해도 과언이 아닐 것이다.

이러한 불교의 역사를 시대에 따라 구분할 때 근본불교는 부처님이 입멸한 후 그의 가르침을 직접 받은 제자가 생존한 30년경까지의 시기를 말한다. 즉 근본불교는 부처님과 그의 직계제자의 불교를 말하는 것이다.

그런데 근본불교를 이론적으로는 이렇게 시기를 나누어 구분짓는 것이 가능하지만 실제 그에 해당하는 현존 자료가 없어 단정짓기는 매우 곤란하다. 현재 불교의 경전으로 전해져 오는 교리서는 경(經)·율(律)·논(論) 등을 포함하여 방대한 양에 달한다. 이 중 가장 초기에 형성된 경전은 아함부 경전과 율장으로 보고 있다.

그러나 인도 전래의 풍습에 따라 암송으로 전해 오던 경전은 부파불교시대에 이르러 문자의 형태로 기록되었다. 따라서 암송으로 전해져오다가 각 부파의 주장에 따라 경전의 일부분이 더해지거나 삭제됐을 수도 있다는 점에서 사실상 근본불교와 원시불교의 내용적 구별은 정확히 할 수가 없는 것이다.

오늘날 많은 학자들에 의해 근본불교가 이야기되고 있는 것은 불교의 역사 구분을 세분화하여 부처님 생존 당시의 불교의 원형을 찾아보자는 학문적 의미도 있지만, 그보다 더 강한 것은 현재의 불교가 불교 본래의 가르침을 올바르게 구현하고 있지 못하다는 의식에서 더욱 상징적인 의미를 가지고 거론된다고 볼 수 있다. 학문적이고 난해하며 출가수행 위주의 부파불교시대에 대승불교도들이 중생구제를 이야기한 부처님 본래의 정신으로 되돌아가자며 대승불교의 보살정신을 고양시킨 것처럼, 오늘날에도 수많은 불교도들은 신비주의나 초월주의에 빠진 기존 불교를 합리적이며 현실적인 근본불교로 되돌려 놓자고 주장하고 있는 것이다.

●원시불교(原始佛敎)

원시불교는 부처님으로부터 시작하여 불교교단이 분열하기 시작한 입멸 후 100여 년까지의 불교를 말한다. 오늘날 일부 학자들은 '원시'라는 용어가 아직 발전하지 못한 미개의 상태를 의미한다 하여 '초기불교(初期佛敎)'라는 용어를 쓰기도 한다.

오늘날 원시불교의 가르침을 전해 주는 경전은 아함부 경전과 율장이 있다. 원시불교의 근간을 이루는 교설은 연기(緣起)·무아(無我)·사성제(四聖諦)·37조도품(三十七助道品) 등이다. 깨달음은 연기를 통해 이루어지며 사성제·무아 즉 삼법인(三法印)은 연기의 실상을, 37조도품은 실천수행방법을 제시한다.

원시불교의 특징은 보편적인 진리에 입각하지만 거기에 집착해서는 안 된다는 것이다. 부처님이 깨달으신 것은 연기라고 대부분의 경전에서는 이야기하고 있다. 그것은 부처님이 세상에 나오지 않았다고 해도 진리로서 존재하고 있다. 따라서 누구나 그 진리를 깨달으면 부처님이 될 수 있는 것이다.

이러한 보편성에 입각하지만 부처님이 이 진리를 깨닫고 그 내용을 다른 사람에게 설할 때에는 장소와 경우에 따라 연기 · 무아 · 무상 등 여러 가지 방법으로 표현되어졌다. 교설을 듣는 개개인의 상황에 따라 다르게 설해진 가르침을 듣고 그것에 집착한다면 부처님이 진실로 말하고자 했던 보편성의 진리에 이를 수가 없다. 그래서 부처님은 법에도 집착하지 말라고 가르치신 것이다.

원시불교의 또 하나의 특징은 초월적인 현상에 대한 논의를 배척하고 현실적이며 실천적인 성격을 가지고 있다는 것이다. 당시 인도의 논사들이 즐겨 논의하던 '세계는 영원한가 영원하지 않는가, 끝이 있는가 없는가, 육체와 영혼은 같은 것인가 다른 것인가.'라는 문제에 관해 부처님은 침묵을 지켰다. 그리고 독화살의 비유를 들어 죽음의 고통 앞에 가장 먼저 해야 할 일이 무엇인가를 상기시켰다. 불교에서 문제가 되는 것은 형이상학적인 논제에 대한 해결이 아니라 지금 중생이 겪고 있는 고통에 대한 해결이다.

● **상좌부(上座部)**

부처님이 입멸하신 후 100여 년이 지나면서 불교교단은 분열하기 시작했다. 교단의 분열 원인에 대해서는 크게 두 가지의 견해가 있는데 하나는 계율의 개정 문제에서 비롯되었다는 것이고, 다른 하나는 깨달음의 경지에 대한 다른 해석에서 비롯되었다는 것이다.

팔리어 율장에 의하면 베살리 지방의 비구들은 금 · 은 즉 화폐를 몸에 지니면 안 된다는 등의 10가지 계율 조항의 완화를 건의했는데 이를 교단에서 받아들이지 않자 독자적인 교단을 결성하였으니 이로 인해 상좌부와 대중부(大衆部)로 근본분열을 하게 되었다고 한다.

한편 설일체유부 계통에서 전해 오는 내용에 의하면 아라한이라도 모르는 것이 있을 수 있다는 등의 5가지 견해 차이에서 근본분열이 일어났다고 이야기한다.

상좌부는 자신들이 부처님의 전통을 가장 충실하게 전수한다고 자부한다. 이들은 스스로의 철학적 입장을 분별설(分別說)이라 한다. 여기서 분별이란 말이 뜻하는 것은 부처님이 사물을 관찰함에 있어 분석적인 방법을 사용했다는 것이다. 예를 들면 인간 존재를 오온(五蘊)의 제법(諸法)이 결합된 것이라고 분석적으로 고찰한 것이다.

상좌부는 부처님의 이러한 분석적인 정신을 충실하게 따른다고 주장한다. 이들은 현상 세계를 법(法)이라고 불리는 수많은 존재 요소들로 구성된 것으로 본다. 이 요소들은 서로 기능적으로 의존하여 일어났다가 그 작용이 다하면 사라진다. 따라서 현재 작용하고 있는 것들만 존재하며 또한 과거의 법이라 할지라도 아직 그 작용이 나타나지 않는 것은 그대로 존속하고 있다고 본다.

상좌부는 이러한 분석적인 방법에 의해 인간 존재는 3종의 유위법(有爲法)으로 구성되어 있다고 주장한다. 즉 색법(色法)·심소법(心所法)·심법(心法)이 그것이다. 여기에 열반이라는 무위법(無爲法)으로 인간 존재와 세계를 분석적으로 파악하고 있는 것이다.

이와 같이 존재와 세계를 분석적으로 파악한 상좌부는 유위와 무위의 차별성을 강조함으로써 자신들의 정통 권위를 세우려 한 것으로 보인다.

● 대중부(大衆部)

근본분열 당시 진보적 이념을 표방하면서 상좌부와 대립하여 자체 내에서 많은 부파를 발생시킨 대중부는 불교교리 발달에 많은 새로운 이론을 전개하였다. 이들은 후에 대승불교 발전의 기반이 된 것으로 보인다. 그러나 대승불교와 대중부는 직접적인 연관관계가 없다고 이야기하는 학자들도 있다.

종교적으로 대중부는 새로운 부처님관을 전개했다. 부처님이 입멸한 후 시간이 경과함에 따라 그에 대한 역사적 인간으로서의 기억은 희박해지고 신도들 간에는 부처님을 이상화·신격화하는 경향이 일어났다. 그리하여 부처님은 그 외모에 있어서 인도인들이 이상으로 하던 위대한 인간들이 갖추어야 하는 32상(相)80종호(種好)를 갖추었고 그의 마음은 십력(十力)·사무외(四無畏) 같은 신비스러운 힘들을 지녔다고 한다.

또한 부처님으로서 위대한 생애에 쌓은 업적은 도저히 한생애의 짧은 기간의 수행만으로는 성취될 수 없다는 생각에 근거하여 부처님은 전생에서 수많은 훌륭한 공덕을 쌓았음에 틀림없다고 믿게 되었다. 이러한 사고에 의해 본생담이 만들어졌다. 뿐만 아니라 부처님과 성자들을 추모한 나머지 그들의 유골이나 유품의 숭배도 성행하게 되어 신도들은 탑을 만들어 그 안에 사리를 안치하고 예배하기도 했다. 이러한 부처님에 대한 경외감과 신심은 대중부에서 더욱 두드러졌다.

대중부에 의하면 제불세존은 모두 출세간적이며 모든 여래는 유루법(有漏法)이 없으며 그의 몸과 위력과 수명은 끝이 없으며 일찰나의 마음으로 일체법을 안다고 한다. 대중부는 또한 부처님이 되기를 희망하는 보살에 관해서도 말하기를 그들은 중생을 이롭게 하려는 마음이 강하기 때문에 나쁜 곳에 태어나기를 원하며 또 마음대로 그렇게 할 수 있다고 한다.

대중부는 다른 한편으로는 모든 중생의 심성은 본래 청정하나 번뇌에 의해 더럽혀질 뿐이라고 하여 모든 중생이 부처님이 될 수 있음을 암시하고 있다. 유위법은 현재에만 존재한다고 보았으며 선정의 사단계·연기법·팔정도 같은 것도 영원한 실재나 진리로 간주하였다.

914

● 설일체유부(說一切有部)

부처님의 전통을 가장 충실히 전수한다고 자부했던 상좌부는 일찍 인도에서 맥이 끊어지고 이후 인도에서 소승불교를 대표했던 부파는 설일체유부(줄여서 유부)이다.

유부는 상좌부에서 파생되어 나간 부파로 파생의 시기는 정확하지가 않으며 아쇼카왕 때 이미 하나의 독립된 부파로서 존재했던 것으로 보인다. 유부는 1~2세기경에는 인도의 서북부와 중앙아시아에 걸쳐서 일대제국을 건설한 쿠샨왕조의 카니시카왕의 지원을 받아 크게 세력을 확장했다.

유부의 가장 중요한 소의론전은 기원전 1세기경의 인물로 추정되는 가다연니자(迦多衍尼子)에 의해 쓰여진 《발지론(發智論)》이다. 이후 2세기 초반에 협존자(脇尊者) 외 오백 아라한에 의해 《발지론》의 주석서가 편찬되는데 이것이 《대비바사론(大毘婆沙論)》이다. 이후 《대비바사론》은 인도에서 소승불교를 대표하는 저서로 알려지게 되었으나 이 논서가 너무 방대하기 때문에 요점을 간추린 책이 나오게 되었다. 그 중 유명한 것이 세친(世親)의 《아비달마구사론(阿毘達磨俱舍論)》이다.

설일체유부의 근본교의는 인공법유(人空法有)이다. 이것은 사람은 공하지만 사람을 구성하고 있는 법은 실체가 있다는 말이다. 인공(人空)이란 말은 인간은 영원불변의 자아가 없고 단지 물질적, 심적 요소들의 혼합체에 불과한 현상적 존재라는 것이다. 이것은 인간을 색(色)·수(受)·상(想)·행(行)·식(識)이라는 오온(五蘊)의 화합으로 보는 부처님의 인간관에 기초한 것으로 《구사론》에서는 인간 이외의 존재하는 모든 것들을 75법으로 파악하고 있다.

유부는 여기에서 더 나아가 모든 존재들을 혼합체인 현상적 존재에서 실체적인 존재 즉 법(法)으로 보아 삼세실유법체항존(三世實有法體恒存)의 종지를 내세우게 되었다. 유부가 법에 관해 이러한 실재론적인 관점을 취하게 된 것은 업(業)을 설명하기 위해서이다. 모든 것이 공이라면 과거의 업도 또한 공이어서 인과를 부정하게 된다는 논리에서 그들은 업력의 소재로서 삼세를 통한 법의 실체와 그 존재를 상정하였던 것이다.

● 경량부(經量部)

설일체유부는 제법의 실체와 현상을 구별하여 제법의 현상은 순간적으로 변하나 실체는 영원한 것으로 간주한다. 그런데 이것은 원시불교의 무아와 무상의 교리와는 상당한 거리가 있다.

경량부는 설일체유부의 이러한 실재론적 경향에 반발하여 순수히 부처님이 설한 경만을 따를 것을 주장하였다. 경량부는 2세기에 구마라라타에 의하여 설일체유부로부터 분리해 나왔다.

경량부는 법의 실체와 현상을 구별하는 유부의 입장을 받아들이지 않는다. 법이란 오직 순간순간 변하는 상뿐이며 현재에만 존재할 뿐이다. 법은 순간적 존재들이기 때문에 생기자마자 없어진다. 따라서 경량부는 유위법(有爲法)의 사상(四相)인 생(生)·주(住)·이(異)·멸(滅) 가운데서 생과 멸만을 인정한다.

이러한 경량부의 주장은 현재유체과미무체(現在有體過未無體)로 표현된다. 이들은 열반이라는 것도 일체의 번뇌가 사라지고 제법이 적멸한 상태이지만 실체적인 것이 아니라고 본다. 뿐만 아니라 일체의 모든 법이 단지 이름에 지나지 않는 가명적(假名的)인 것으로 본다. 이와 같이 볼 때 경량부는 부처님의 무상의 가르침을 다시 확인하면서 유부의 실재론을 비판했던 것이다.

그러나 경량부에서도 무아설과 업보와의 관계 설명은 용이하지 않았다. 만약에 그들의 주장과 같이 인간 존재가 단지 순간적으로 변하는 제법의 흐름에 지나지 않는다면 어떻게 우리는 '업의 주체로서의 나'와 '업보를 받은 나' 사이에 동일성을 주장할 수 있겠는가.

경량부는 이러한 문제에 대한 해답으로 일미온(一味蘊) 혹은 근본온(根本蘊)이라고 하는 것을 제시했다. 이 일미온은 언제나 동일한 본질로서 계속해서 작용을 하고 있는 미세한 의식으로서 윤회의 주체가 되는 존재라고 한다. 우리가 행한 좋고 나쁜 업의 결과로서의 종자(種子)들을 일미온 안에 지니고 있으며 이것이 나중에 현세화되어 업보로서의 열매를 맺게 된다는 것이다. 경량부의 이러한 사상은 나중에 대승불교의 유식철학에 직결된다.

● 독자부(犢子部)와 그 외 부파(部派)

독자부 역시 설일체유부에서 파생된 부파이다. 독자부의 근본교의는 경량부와 거의 같으나 현상적인 존재를 유지시켜 주는 동인을 경량부가 일미온이라고 본 것에 대해 독자부는 푸드갈라라고 보았다.

인간에게는 오온과는 다르지만 오온을 떠나서 따로 존재하지도 않는 비즉비리온(非卽非離蘊)이 있는데 이것이 푸드갈라이다. 이것으로 인해 업보를 받는 존재로서 윤회를 하고 열반에 들어가기도 한다.

독자부는 이 푸드갈라와 오온과의 관계를 불과 연료와의 관계와 같다고 한다. 마치 불이 연료를 떠나서 존재할 수 없으나 그렇다고 연료 자체는 아닌 것과 같다는 것이다. 만약에 푸드갈라가 오온 이외의 어떤 존재라 할 것 같으면 그것은 영원한 존재일 것이나 이는 상견(常見)에 빠지는 것이며, 만약에 푸드갈라가 오온과 동일하다고 하면 이는 단견(斷見)에 빠지는 것이다.

푸드갈라는 오온과 같은 유위법도 아니요, 오온과 다른 무위법도 아닌 규정하기 어려운 독특한 존재라고 한다. 이 이론은 항시 변하는 현상적 존재로서의 인간의 자기동일성을 확보함과 동시에 열반을 유부에서처럼 어떤 비인격적인 법으로 간주하지 않고 유위법과 무위법의 중간적 존재인 자아의 상태로 파악하려는 것이다.

부파불교의 전적들은 설일체유부를 제외하고는 거의 전해지지 않는

다. 다만 세우(世友)의 저작이라고 하는 《이부종륜론(異部宗輪論)》에
여러 부파의 교의가 소개되고 있고 이를 규기(窺基)가 《법화현찬(法
華玄贊)》에서 육종(六宗)으로 나누었고 지주(智周)가 《법화현찬석(法
華玄贊釋)》에서 각 부파를 공통되는 것끼리 묶었다. 이에 의거하여 기
타 부파를 간략히 살펴보기로 한다.

　① 아법구유설(我法俱有說) : 부처님은　제법무아(諸法無我)라고　하
여 모든 존재는 현상적으로 인연의 힘에 의하여 있다고 하는 가유(假
有)는 인정하지만 그 가운데 실아(實我)는 없다고 하였다. 그런데 이
설을 주장하는 부파는 아(我)와 법(法)이 다 실존한다고 주장하고 시
간적으로 삼세도 실존한다고 내세웠다. 여기에는 상좌부 계통의 독자
부(犢子部) · 법상부(法上部) · 현주부(賢冑部) · 정량부(正量部) · 밀
림산부(密林山部)가 속한다.

　② 법유아무설(法有我無說) : 법체는 항상 존재하지만 아(我)는 실
존치 않는다는 주장이다. 모든 법은 색과 심을 여의지 않으며 삼세법
과 무위법 모두 아의 실체를 인정하지 않았다. 여기에는 상좌부 계통
의 설일체유부(說一切有部)와 화지부(化地部)의 일부가 속한다.

　③ 현법실유설(現法實有說) : 과거는 이미 지나가고 미래는 아직 오
지 않아서 실존한 것이 아니고 현재만 법체가 실유한다고 주장한다.
현재법과 무위법이 있을 뿐 과거와 미래는 체성이 함께 없다는 것이
다. 여기에는 대중부와 대중부 계통의 계윤부(雞胤部) · 제다산부(制多
山部) · 서산주부(西山住部) · 북산주부(北山住部) · 다문부(多聞部) · 상
좌부 계통의 음광부(飮光部) · 설산부(雪山部) 등이 속한다.

　④ 현통가유설(現通假有說) : 현재법 가운데 오온(五蘊)에 있어서는
실유(實有)가 되지만 이 오온이 인연에 따라 이루어진 십이처(十二
處)와 십팔계(十八界)에 있어서는 가유(假有)가 된다고 주장한다. 여
기에는 대중부 계통의 설가부(說假部) · 경량부(經量部)가 속한다.

　⑤ 속망진실설(俗妄眞實說) : 세속적인 유위법은 가유(假有)여서 허

망할 뿐이고 출세간의 진제법(眞諦法)만이 진실하다고 주장한다. 여기에는 대중부 계통의 설출세부(說出世部)가 속한다.

⑥ 제법단명설(諸法但名說) : 우주만법은 다만 이름과 현상으로만 있을 뿐 실체가 없다는 주장이다. 대중부 계통의 일설부(一說部)가 여기에 속한다.

● 중관파(中觀派)

용수(龍樹)의 《중론(中論)》을 소의론전으로 삼아 공(空)사상을 강조한 학파로 유가행파(瑜伽行派)와 함께 인도 대승불교철학의 양대산맥을 이룬다.

중관파의 선구는 불호(佛護, 470~540)와 청변(淸弁, 490~570)이다. 불호의 중관파를 프라상기카 학파라고 하는데 이 파는 자신의 입장을 적극적으로 주장하지 않고 상대방 견해의 모순만을 논파하는 방법을 사용하였다. 반면 청변의 중관학파를 스바탄트리카라고 부르는데 이들은 자기의 주장을 적극적으로 천명하는 입장을 세우고 있다. 중관학파의 사상을 용수의 《중론》을 통해 간단히 살펴보자.

세계의 모든 존재는 스스로 존재하는 자성(自性)이 없기 때문에 공한 것이다. 그러나 공은 결코 무(無)가 아니며 다만 자성이 없이 조건적으로 생기(生起)하고 있는 현상 세계의 실상을 있는 그대로 표현한 것일 뿐이다. 따라서 공이란 비유비무(非有非無)이며 중도인 것이다.

이것은 모든 존재가 연기로 이루어졌으며 그것이 서로 조건적이며 상대적이기 때문에 독자적으로 존재하는 자성을 결여하고 있다는 것이다. 모든 존재가 이와 같이 자성을 결여했으면서도 이름을 가지고 존재하고 있는 것을 진공묘유(眞空妙有)라고 한다. 현실 세계의 사람들은 모든 것이 연기로 존재함을 알지 못하고 현상적 차별 세계를 절대적으로 실재하는 것으로 오인하여 유(有)·무(無)의 견해에 빠지게 된다. 용수는 이러한 잘못된 견해를 타파하여 실재의 모습을 있는 그대로 나타내려고 한 것이다.

용수에 의하면 우리 중생이 세계의 실제 모습인 공을 깨닫지 못하는 것은 상식적으로, 사회적으로 통용되고 있는 언어와 개념들의 성격과 밀접한 관계를 가지고 있다 한다. 우리는 이 일상 언어를 통하여 모든 존재가 고정된 본질을 가지고 있으며 실재한다고 믿고 있다는 것이다. 따라서 용수는 《중론》의 첫머리에서 우리가 일상적으로 사용하는 생(生)·멸(滅)·상(常)·단(斷) 등의 개념을 비판·분석함으로써 진리를 드러내고자 했다. 이를 중관학파에서는 파사현정(破邪顯正)이라고 한다.

● 유가행파(瑜伽行派)

유가행파는 용수에 의하여 확립된 중관철학의 진리에 대한 부정적 접근 방식에 만족하지 않고 공사상을 받아들이면서도 이에 대한 새로운 해석과 이론을 전개한다. 우리가 일상적으로 경험하는 사물들이 자성이 없이 공이며 순전히 우리의 마음에 의하여 구상되거나 조작된 것이라면, 결국 이들 사물은 우리의 식(識)에 의존하고 있는 것으로 보고 존재를 인식으로 환원하는 사상을 전개한 것이 유가행파이다.

유가행파의 근본사상은 《해심밀경(解深密經)》에서부터 비롯되지만 그것이 조직적으로 체계화되어 학파를 이룬 것은 4세기 초의 미륵(彌勒)이 저술한 《유가사지론(瑜伽師地論)》에 의해서이다. 미륵 이후 유가사상을 크게 발전시킨 사람은 무착(無着)과 세친(世親)이다.

세친에 의하면 아(我)와 법(法)과 같은 여러 가지 가설은 식(識)의 전변(轉變)에 의하고 이 전변은 세 가지라고 한다. 세 가지의 전변은 제8아뢰야식·제7말나식·제6의식을 말하는데 다시 말하면 이 같은 세 가지 식전변에 의하여 만법이 나타난다는 것이 유식의 이론이다.

유식에서는 구사에서와 같이 모든 존재를 오위백법(五位百法)으로 분류한다. 그러나 유부의 구사가 이를 실재적으로 보는 것과는 달리

920

유가행파에서는 식(識)의 구상으로 본다. 단지 수행의 목적을 위하여 모든 존재를 구별하고 분류하는 것이다.

유가행이라는 말이 나타내듯이 유식의 철학은 단순히 이론적인 사변에 의한 것이 아니라 요가의 수행을 통한 경험에 의거한 것이다. 요가의 단계가 깊어짐에 따라 유가행자는 유식의 진리를 깨달아 주체도 객체도 사라져 버린 상태에 이른다는 것이 유가행파의 실천 수행이다.

유가행파는 세친 이후 무상유식(無相唯識)파와 유상유식(有相唯識)파로 대립하게 되는데 무상유식파는 아뢰야식의 궁극적 실재를 부정하는 입장을 취하였고, 유상유식파는 아뢰야식의 실재를 주장하였다. 유상유식의 대가인 호법(護法)은 《성유식론(成唯識論)》을 저작하였는데 이것은 현장에 의해 중국에 전해져 법상종(法相宗)을 이루게 된다.

● 인명학파(因明學派)

모든 존재를 식(識)의 구상으로 보는 유식철학은 인도에서 더욱 발달하여 인식의 문제를 깊이 다루는 불교인식론의 성립을 보게 하였다. 이를 인명학 혹은 불교논리학이라고 하는데 진나(陳那, 5~6세기)와 법칭(法稱, 7세기)이 대표적 인물이다.

진나 당시에 이미 인도의 철학파들은 자기들의 형이상학적 견해를 체계적으로 진술할 뿐만 아니라 그들의 입장을 인식론적 성찰에 의하여 더욱 공고히 다지는 작업을 활발히 전개하고 있었다. 이러한 가운데 불교의 유식철학이 인식론에 관심을 가지고 이론을 체계화하면서 인도의 제학파들과 논쟁을 벌이기에 이르렀다.

진나에서부터 비롯된 불교와 정통 바라문 철학과의 논쟁은 결국 8세기에 이르러 불교 쪽의 적호(寂護)와 그의 제자 연화계(蓮華戒)가 티벳으로 망명하면서 인도불교가 쇠퇴하는 결과를 가져오게 되었다. 불교인식론의 내용은 다음과 같다.

본래 불교는 베다의 권위를 인정하지 않기 때문에 부처님 자신으로부터 비롯하여 오직 지각(知覺)과 추론(推論)만을 인식의 정당한 방법으로 인정해 왔다. 이것은 진나와 법칭에 와서도 마찬가지로서 그들의 인식론의 기반을 이루고 있다. 따라서 그들의 불교인식론은 지각과 추론에 관한 부분으로 구성되어 있으며 이 가운데 추론에 관한 이론이 곧 인명학이라 불리우는 불교논리학이다.

지각이란 진나에 의하면 사물이 순간순간 끊임없이 변하고 있는 그대로의 모습인 자상(自相)을 직관적으로 포착하는 것으로서 어떤 개념적 판단도 개입되지 않는 인식의 양태이다. 추론은 이와는 달리 추상적인 개념을 매개로 하여 이루어지는 간접적인 인식 양태로서 사물의 보편성을 내용으로 하여 오성(悟性)의 개념적 구성 혹은 판단작용에 근거한 것이라고 한다.

불교논리학은 인식의 주체·대상·수단·결과 모두를 하나의 식(識)이 주도한다고 보았다. 또한 인명론에서는 어떤 사물에 대해서 전혀 인식의 방법이 없을 때에는 그 대상의 부존(不存)은 지식으로서 성립될 수 없다고 했다.

● 진언승(眞言乘)

인도의 불교는 7세기 중엽부터 힌두이즘의 영향 아래 종래의 불보살 외에 새로운 예배 대상으로 비쉬누·쉬바 등을 유입하면서 밀교화되기 시작했다.

밀교는 크게 두 가지로 나뉘는데 순밀(純密)과 잡밀(雜密)이 있다. 잡밀은 초기불교 경전에도 보이는데 주로 몸을 보호하고 복을 빌며 재앙을 물리치기 위해 주문을 읊는 의례이다. 대승경전에는 이 같은 목적을 위해 많은 다라니가 설해져 있다. 이러한 잡밀에 대해 7세기 후반 서인도에서 성립되었다고 생각되는 《대일경(大日經)》과 서인도 혹은 남인도에서 성립되었다는 《금강정경(金剛頂經)》 등 두 가지 경전에 의한 밀교 즉 진언승을 순밀이라고 한다. 이 두 가지 경전의 중심교설은 지혜와 방편이다. 대승불교에서 주장하는 공사상은 밀교에서도 교의의 바탕을 이루는데 이러한 공성의 인식이 지혜이며 지혜를 실현함으로써 현실의 상태를 그대로 긍정하게 되는 것이다.

밀교경전에서는 이러한 지혜를 구하는 마음과 중생구제의 자비 및 그것의 수단을 설하고 있다. 밀교에서의 수행방법은 요가이다. 요가는 인도불교에서 널리 이용되는 수행방법이지만 밀교에서는 다라니·무드라·만다라 등과 결부되어 설해지고 있는 것이 특징이다. 다라니는 주문을 의미하며 만트라 즉 진언(眞言)과 같은 뜻으로 쓰이고 있다. 무드라는 손의 인상(印相)이며 만다라는 요가의 대상이 되는 단(壇) 또는 도상(圖像)을 의미하고 있다.

이들 만다라·무드라·만트라는 이미 예배의 대상이 되고 있는 불·보살·명왕(明王) 등과 복잡하게 조합되어 세세하게 규정되고 있다. 그래서 밀교의 모습은 그 교리에 있어서나 의례·존상(尊像)에 있어서 종래의 대승불교와는 전혀 다른 모습으로 바뀌게 된 것이다. 이러한 밀교의 특징은 두 가지를 들 수 있는데 하나는 주술적인 의례를 조직화한 것이고 다른 하나는 신비주의이다. 인도의 진언종 밀교는 중국·일본의 진언밀교 교의의 바탕을 이루며 금강승과 구별하기 위해 우도밀교(右道密教)라고도 한다.

● 금강승(金剛乘)과 시륜승(時輪乘)

7세기 말 오릿사의 삼바라의 왕 인드라부티(687~717?)가 세운 밀교의 종파이다. 금강승의 금강은 금강석처럼 변화하지 않는 아(我)와 법(法)의 자성(自性)을 의미하고 이 금강의 성질을 실현시키는 방법을 금강승이라고 한다. 여기서 금강의 성질은 대승에서 말하는 공성(空性)과 동일시하여 일명 공성승(空性乘)이라고도 한다.

금강승의 수행법인 요가는 특히 성적 쾌락과 결부되어 있다. 금강승에서 지혜는 정적인 성격이기 때문에 여성으로, 방편은 동적인 까닭에 남성에 비유되어 이 남녀의 교합을 요가로서 나타내는 것이다. 이러한 사상이 힌두이즘의 탄트리즘과 구별되지 않기 때문에 이를 구별하기 위해 지혜와 방편에 의해서 얻어진 궁극의 경지인 열반을 반야방편이라 하여 대락(大樂) 혹은 보현(普賢)이라고 부르는데 곧 남녀교합의 경지이다. 이렇게 성적 행위와 일치하는 금강승의 요가를 타락한 불교로 보는 견해도 생겨나게 되었으므로 진언승과 구별하기 위해 좌도밀교(左道密敎)라고 한다.

금강승에 관한 근본경전에는 《문수사리근본의궤경(文殊師利根本儀軌經)》《일체여래금강삼업최상비밀대교왕경(一切如來金剛三業最上秘密大敎王經)》《비밀집회탄트라》가 있다.

금강승의 창시자인 인드라부티왕의 여동생인 라크시밍카라는 왕의 저술을 변혁시켜 《아드바야싯디》를 쓰고 사하자야나 즉 구생승(俱生乘)을 일으켰다. 그녀의 교의를 따르는 신자를 사하지야라고 하는데 벵갈 지방에서는 오늘날까지 전해져 온다고 한다.

금강승의 분파인 시륜승은 10세기 무렵부터 성행하여 이슬람이 인도에 침입할 무렵까지 인도 밀교의 최후를 장식했다. 시륜승은 현재·과거·미래의 삼시(三時)에 한정된 미망은 본초불(本初佛)을 신앙함으로써 해탈할 수 있다고 설한다. 11세기 초 마히필라1세와 같은 시기에 활약하고 1042년 티벳왕 예셰혜의 초청으로 티벳에 들어가 티벳불교를 부흥시킨 아티싸(980~1052)가 유명한 시륜승의 논사이다.

● 대각회(大覺會)

13세기 초 불교의 중심 거점이 이슬람 군대에게 유린당한 이후로 인도에서 불교는 사라졌다. 이후 19세기에 이르러 다시 불교가 재건되기 시작했는데 그 첫번째 조직이 세일론 출신의 아나가리카 다르마팔라(1864~1933)에 의한 대각회이다.

다르마팔라는 가톨릭 계통의 학교에서 공부하다 오르콧트 대령과

924

프라밧스키 부인이 시작한 신지협회(神智協會)운동의 영향을 받아 불교에 관심을 가지고 활동하다가 만년에는 출가하여 비구가 되었다. 그는 1891년에 콜롬보에서 대각회를 창설하고 다음해 사무소를 인도의 캘커타로 옮기고 기관지를 발행하고 불적(佛蹟)의 부흥 운동을 전개하였다. 그는 이 운동의 지원자들과 함께 세계 각지를 돌아다니며 여러 회의에 참석하여 인도불교 부흥에 노력했다. 1920년에는 대각회 최초의 사원인 스리다르마라지카 차이트야 비하라가 캘커타에 건립되고 1932년에는 사르나트에 무라간다크티 비하라가 완성되었다. 그는 다음해 1월에 비구가 되고 3개월 후 사르나트에서 서거하였다.

그 후 그의 유지를 계승해 대각회는 불적의 관리보전, 불탑의 개수, 순례자 숙박시설 설치, 사원건립 해외지부 설치 등과 연구소·학교·도서관·박물관·의료시설 신설 등에 주력해 현재에 이르고 있다.

● 신불교도(新佛敎徒)

근대 인도의 새로운 불교조직인 신불교도는 최하층계급 출신인 빔라오 람지 암베드카르(1891~1956)에 의해 창립되었다. 그는 천민출신으로 구미에 유학을 가서 법률을 공부한 후 귀국하여 봄베이 주정부 요직에 있다가 중앙 정부의 법무장관이 되었다. 그는 부처님이 입멸한 쿠시나가라에 머물고 있던 버마의 장로 우찬드라마니의 감화를 받아 불교에 관심을 갖고 1955년 봄베이에서 인도불교협회를 창설하고 새로운 불교운동을 전개하였다.

그는 인도의 계급차별 폐습이 부처님 정신의 체득과 불교의 사회적 실천에 의해서만 제거될 수 있다고 확신하고 주로 하층 피압박계급에 속한 대중들을 교화하여 집단적으로 불교에 귀의시켰다. 이에 의해 1956년에는 낙푸르에서 십수만 명의 부락민을 일시에 불교에 귀의시키기도 하였다.

2. 중국의 종파

● 삼론종(三論宗)

삼론종은 용수(龍樹)의 《중론(中論)》과 《십이문론(十二門論)》, 제바(提婆)의 《백론(百論)》을 소의(所依)로 성립된 종파이다. 성종(性宗) · 공종(空宗) · 파상종(破相宗)이라고도 한다. 중국에 삼론을 전하고 번역했던 인물이 구마라집(鳩摩羅什, 344~413)이기 때문에 그를 삼론종의 개조로 삼고 있다. 이후 도생(道生, 355~434) · 담제(曇濟) · 도랑(道朗 ; 승랑의 잘못된 표기라고 함) · 승전(僧詮) · 법랑(法朗, 507~581) · 길장(吉藏, 549~623)에 이르기까지 7대에 걸쳐 법맥이 상승(相承)되었다.

삼론종에서는 길장 이전을 고삼론(古三論), 이후를 신삼론(新三論)이라고 하는데 일부 학자는 승랑 이후를 신삼론이라고도 한다. 승랑은 고구려인으로 구마라집 문하에서 교학을 배워 《삼종론(三宗論)》을 썼고 양무제에게 대승법으로 가르쳤다고 한다.

삼론종의 교학은 파사현정(破邪顯正) · 진속이제(眞俗二諦) · 팔부중도(八不中道)의 삼과(三科)를 기본으로 구성되어 있다. 분별로 인해 일어난 무명을 제거하는 파사(破邪) 그대로가 현정(顯正)이라고 하며 중생을 위하여 세속의 가르침으로 제일의(第一義)의 진리를 설하는 진속이제를 제시하고 있다. 팔부중도는 《중론》의 첫머리에 나오는 '생멸거래 일이단상(生滅去來 一異斷常)'의 여덟 가지 미혹을 제거하는 것을 말한다.

길장은 또 삼론종에서 비진비속(非眞非俗)의 중도의(中道義)를 불성(佛性)에 대한 바른 해석이라고 주장했다. 길장에 의한 삼론종의 교판은 이장삼륜(二藏三輪)이 있다. 이장은 성문장(聲聞藏 ; 소승) · 보살장

926

(菩薩藏 ; 대승)이고 삼륜은 근본법륜(根本法輪 ; 화엄경) · 지말법륜(枝末法輪 ; 화엄에서 법화까지의 일체 경전) · 섭말귀본법륜(攝末歸本法輪 ; 법화경)을 말한다.

삼론종의 대성자인 길장은 특히 승랑을 중시하여 섭산대사(攝山大師) · 섭령대사(攝嶺大師) · 대랑법사(大朗法師) 등으로 칭하였다. 승랑 이외에도 우리나라의 학승으로 삼론을 공부했던 인물로는 고려의 실법사(實法師) · 인법사(印法師) · 혜관(慧灌) 등이 있다. 혜관은 일본으로 건너가서 일본 삼론종의 초조(初祖)가 되었다. 당나라 초에 이르러 현장이 법상종을 열자 삼론종은 급속히 쇠퇴하였다.

● 열반종(涅槃宗)

담무참(曇無讖, 385~433)에 의해 《열반경》이 번역되면서 성립한 종파로 학자들은 독립된 종파를 이루지 못했다고 보아 열반학파라고 부르기도 한다.

당시 중국에는 강남과 강북에 각각 내용이 약간 다른 《열반경》이 전해져 이를 연구해 왔는데, 구마라집 문하로서 강남에서 활약했던 도생(道生 , 355~434)이 6권의 북본 《열반경》을 연구하여 여기에 설해져 있는 일체중생에게 모두 불성이 있다는 가르침을 적극적으로 해석하여, 일천제(一闡提 ; 성불의 인연이 없는 사람)도 성불이 가능하다는 주장을 폈다.

그와 같이 《열반경》을 연구했던 혜관(慧觀)의 일파들은 도생의 이러한 주장을 망설(妄說)이라고 비난했으나 430년 말에 북본 《열반경》이 강남에 전해지자 도생의 주장이 옳았다는 것을 알고 이에 대한 연구가 활발해져 열반종이 성립되었다고 한다. 혜관은 《열반경》 연구를 통하여 부처님의 가르침을 돈교(頓敎 ; 화엄경)와 점교(漸敎)로 나누고 다시 점교를 삼승별교(三乘別敎 ; 삼승이 같지 않음을 설명한 경) · 삼승통교(三乘通敎 ; 반야경) · 억양교(抑揚敎 ; 유마경) · 동귀교(同歸敎 ; 법화경) · 상주교(常住敎 ; 열반경)의 오시교판을 주장하였다.

열반종은 이어 혜정(慧靜) 담무성(曇無成)과 혜관의 제자인 법원(法瑗, 409~489), 법원의 제자인 승종(僧宗, 438~496) · 담준(曇准, 439~515)으로 전해진다. 혜정은 법륜을 한 번 굴릴 때에 그 은혜를 입은 자가 천 명을 헤아렸다고 전해지는 인물로 《열반약기(涅槃略記)》를 저술하였다. 혜관의 제자인 법원은 도생의 돈오설을 널리 편 인물로서 당시의 사람들은 '하늘이 아직 그 글을 버리지 않았다.'고 찬탄하였다고 한다. 법원의 제자인 승종은 담무(曇斌)와 담제(曇濟)에게 배웠는데 그가 강설할 때마다 청중이 수천 명에 가까웠다고 한다. 이 승종의 열반학 강의에 대한 명성을 듣고 남쪽 지방에까지 찾아와 법을 이은 사람이 담준이다. 《열반경》의 주석서 가운데 가장 유명한 것에는 보량(寶亮, 444~509)의 《열반의소(涅槃義疏)》가 있다. 열반종의 대표적 저서이다.

● 성실종(成實宗)

인도의 하리발마(250~350년경)가 지은 《성실론》을 구마라집이 번역한 이래 중국의 강남 지방에서 연구가 왕성해져서 양대(梁代)에는 남지성론대승(南地成論大乘)이라고 말하여질 만큼 융성하였다. 이 종파 역시 학자들은 성실학파라고 부른다. 구마라집 문하의 승도(僧導)와 승숭(僧嵩)에서부터 시작된 성실종은 도량(道亮) · 법총(法寵, 451~524) · 승연(僧淵, 414~481) · 지장(智藏, 458~522)에 의해 널리 알려졌으며 지장문하의 승작(僧綽) 등이 활약을 했다.

성실종은 모든 존재는 인연에 의해 명목상의 이름만 있을 뿐이요 마침내는 공으로 돌아간다는 교리를 주장한다. 하리발마의 성실론은 부파불교의 교리를 주석한 것이지만 중국에서는 대승불교의 종파로 연구되었다. 승도는 《이제론(二諦論)》《성실론의소(成實論義疏)》를 저술하였는데 이것이 하리발마의 성실론에 대한 최초의 주석서이다.

928

다보사(多寶寺)의 도량(道亮)은 《성실론의소(成實論義疏)》를 저술하
였던 사람이며 구마라집의 손제자가 된다. 열반학자이면서 성실론을
강의한 것이 14편이라고 전해지는 양나라의 보량이 소량이라고 불리
는 것에 대하여 도량은 대량이라고 불리워졌다.

● 섭론종(攝論宗)

인도의 무착(無着)이 지은 《섭대승론(攝大乘論)》을 소의론전으로
하는 종파다. 섭론학파라고 불리우기도 한다. 서인도의 진제(眞諦)가
중국에 와서 《섭대승론》을 번역함으로써 섭론종이 성립되기 시작했
다. 이때 혜개(慧愷, 518~568)·법태(法泰) 등이 같이 번역을 도와
섭론종의 개창에 힘썼다. 진제의 제자인 도니(道尼)는 《섭대승론》을
널리 보급하였으며 담천(曇遷, 542~607)은 섭론종을 북방지역에 전
파하는 데 주력하였다.

섭론종은 제8아뢰야식을 진망화합식(眞妄和合識)으로 간주하고 일
면으로는 차별적인 미망의 세계를 나타내며 그 미망을 제거하면 제9
암마라식(菴摩羅識)의 진정한 깨달음에 이른다고 주장했다. 섭론종은
당나라 정관 19년(645)에 현장이 천축에서 돌아와 법상종을 열자 이
에 병합되었다.

● 지론종(地論宗)

인도의 세친(世親)이 지은 《십지경론(十地經論)》을 소의론전으로
하는 종파이다. 《십지경론》의 번역본은 세 가지가 있는데 이는 보리류
지(菩提流支)·륵나마제(勒那摩提)·불타선다(佛陀扇多)의 3인이 같이
번역을 하다 교리상 견해 차이가 생겨 그렇게 된 것이라고 한다.

지론종도 학자들은 지론학파라고 부른다. 지론종은 북도파(北道派)
와 남도파(南道派)로 나뉘어진다. 북도파는 보리류지에게 가르침을
전해 받은 도총(道寵)이 세웠으며 남도파는 륵나마제의 가르침을 전

해받은 혜광(慧光)이 서로 다른 세 가지 번역본을 취사 선택하여 하나로 만들어 세웠으며 이것이 지론종을 세우는 데 큰 역할을 했다. 따라서 혜광은 지론종의 실질적인 개조로 알려지고 있다.

혜광의 문하에는 열 명의 뛰어난 제자가 있었는데 법상(法上, 495~580)·승범(僧範, 476~555)·도빙(道憑, 488~559)이 유명하다. 특히 법상의 제자 중 혜원(慧遠, 523~592)은 지론종 남도파의 관점에서 남북조의 불교학을 집대성한 《대승의장(大乘義章)》을 저술하여 교리사에 중요한 족적을 남겼다. 지론종은 진여식(眞如識)을 규정하고 나머지는 이 진여식이 망식(妄識)으로 나타나는 것으로 본다.

● 구사종(俱舍宗)

비담종(毘曇宗)이라고도 한다. 인도의 세친이 지은 《구사론(俱舍論)》을 소의론전으로 성립한 종파이다. 중국에서는 독립된 종파로까지 발전되지는 않았다. 563년경 진제가 《구사론》을 번역한 이래 중국에 전래되었으며 현장이 다시 번역한 후 그 문하의 보광(普光)·법보(法寶)·신태(神泰) 등이 연구하여 각각 소(疏)를 지어 구사종의 3대가로 불리워지게 되었다. 그 뒤 기·회소(懷素) 등이 계속 연구를 하였고 원휘(圓暉)의 《구사론송소(俱舍論頌疏)》는 후세에 영향을 크게 끼쳤다. 구사종은 삼세실유 법체항유(三世實有法體恒有)를 종지의 대의로 삼는다.

● 율종(律宗)

동진시대에 《십송율(十誦律)》《사분율(四分律)》《마하승기율(摩訶僧祇律)》 등의 율전이 중국에 전래되어 번역되면서 율에 대한 연구가 성하게 되었고 북위시대에 법총(法聰)이 《사분율》을 연구하면서 사분율종을 열었다. 이어서 지론종의 혜광(慧光)이 율종을 성하게 하였다. 사분율종에서는 담무덕(曇無德)·담가가라(曇柯迦羅)·법총(法聰)·

도복(道覆)·혜광·도운(道雲)·도홍(道洪)·지수(智首)·도선(道宣)의 9조(九祖)를 내세우고 있다.

중국의 율종에는 세 가지 파가 있다. 도선(道宣, 596~667)이 세운 남산율종(南山律宗), 법려(法礪, 569~635)가 세운 상부종(相部宗), 법려의 제자인 회소(懷素, 624~697)가 세운 동탑종(東塔宗)이 그것이다. 이 중 상부종과 동탑종은 일찍 쇠퇴하고 남산종만이 성하여 영향을 끼쳤다.

사분율종의 교리는 남산율종을 세운 도선에 의해 확립되었다. 그는 《사분율행사초(四分律行事鈔)》에서 부처님의 가르침을 화교(化敎)와 제교(制敎)로 분류하였다. 화교는 경론이 나타내고자 하는 바를 이야기하는데 성공교(性空敎)·상공교(相空敎)·유식교(唯識敎)가 있다. 제교는 율의 가르침이 나타내는 것으로 실법종(實法宗)·가명종(假名宗)·원교종(圓敎宗)이 있다. 실법종은 《구사론》을 가리키며 수계자가 계를 받아들이는 것(戒體)을 색법이라고 하고, 가명종은 《성실론》을 가리키는 것으로 계체가 마음도 아니고 물질도 아님을 말하고, 원교종은 《법화경》《열반경》《능가경》《섭론》을 가리키는 것으로 계체가 심법종자(心法種子)임을 설한다. 이 제교의 분류는 순서대로 동탑종·상부종·남산율종의 세 파가 주장하는 것을 말해 주고 있다.

남산종에서는 계를 소극적으로 계율을 지키는 지지계(止持戒)와 적극적으로 선한 일을 하여 계율을 지키는 작지계(作持戒)로 구분하고 있다. 또 그 교리를 계법(戒法)·계체(戒體)·계행(戒行)·계상(戒相)의 4과로 나누고 있다. 계법은 부처님이 판정한 계율을 말하고, 계체는 수계자가 마음에 받아 가지는 것이며, 계행은 계율의 실천, 계상은 오계·삼계·이백오십계 등 조문의 상을 말한다.

● 천태종(天台宗)

천태종은 중국 수(隋)나라 때 지의(智顗, 538~597) 선사가 창종한 종파이다. 그가 중국의 절강성(折江省) 태주(台州)에 있는 천태산에서 교화를 하였기에 붙여진 이름이다. 천태법화종(天台法華宗)이라는 명칭으로 불려지기도 하는데 이는 천태종이 《법화경(法華經)》을 소의경전(所依經典)으로 하고 있기 때문이다. 또 《법화경》의 가르침이 가장 원만한 가르침이라는 근거를 내세워 천태법화원종(天台法華圓宗)이라고도 하며, 줄여서 태종(台宗)·태가(台家)라고도 부른다. 천태종에서는 지의선사 이전에 북제(北齊)의 혜문(慧文)선사를 개조(開祖)로 모시고 있으며 뒤를 이은 혜사(慧思, 514~577)선사를 제2조로 하여 모시고 있다.

천태종은 화엄종과 더불어 중국불교의 뛰어난 종파로 알려져 있으며 교학은 교관이문(教觀二門)으로 나뉘어진다. 교는 교판(教判)을 말하는데 부처님의 방대한 가르침을 체계적으로 정리한 것으로 천태종에서는 오시팔교(五時八教)로 나누었다.

천태종은 모든 존재의 실상을 공(空)·가(假)·중(中) 삼제(三諦)로 설명하고 있다. 연기법(緣起法)에 의해 생겨나 머무르다 변하여 없어지는 모든 존재를 공이라고 하며 따라서 일체 존재는 연기에 의한 일시적인 화합이므로 가라고 본다. 이러한 일체 존재는 있다거나 공하다고 이야기할 수 없는 것이 중이다. 이 공·가·중 삼제는 서로 떨어진 것이 아니고 공이면서 가이고 가이면서 중이고 중이면서 공이라 하여 원융삼제(圓融三諦)라고 한다.

천태종의 독특한 교리 중의 하나로 일념삼천(一念三千)이 있다. 삼천은 지옥·아귀·축생·아수라·인간·천상·성문·연각·보살·불의 십계(十界)가 각각 다른 십계를 갖추므로 백계가 되고 여기에 각각 성(性)·상(相)·체(體)·역(力)·작(作)·인(因)·연(緣)·과(果)·보(報)·본말구경(本末究竟)의 십여시(十如是)가 있으므로 천여(千如)가 되며 다시 천여에 오음(五陰)·중생(衆生)·국토(國土)의 삼종세간을 곱한 것을 말한다. 이 삼천세계가 우리의 마음에 갖추어져 있다고 하여 일념삼천이라고 한다.

천태종에서는 실천수행으로 삼천세계를 관하는 일심삼관(一心三觀)을 이야기하는데 이를 원돈지관(圓頓止觀)이라고 한다.

천태종의 대표적인 교리서에는 지의의 《마하지관(摩訶止觀)》《법화현의(法華玄義)》《법화문구(法華文句)》의 천태삼대부(天台三大部)가 있으며 고려 때 체관이 쓴 《천태사교의(天台四敎儀)》가 있다.

● 삼계교(三階敎)

삼계교는 신행(信行, 540~594)에 의해 성립된 종파이다. 신행은 수나라가 중국을 통일하기 이전에 여러 나라의 분열과 이를 틈탄 혼란과 무질서를 말법의 악한 세상이라고 규정짓고 독특한 종지를 널리 폈다.

신행의 문하인 본제(本濟, 562~615)와 승옹(僧邕, 543~631)이 교의를 널리 펴는 일에 힘썼으며 법장(法藏, 637~714)은 삼계교의 근본도량인 화도사(化度寺)에 설치된 무진장원(無盡藏院)을 통해 재물을 모아 일반 민중에게 나누어 주는 교화활동을 폈다. 삼계교의 이러한 민중교화활동은 결국 국가의 탄압을 불러일으키는 결과를 가져와 삼계교는 다른 종파와는 달리 그 전적(典籍)마저도 철저하게 산실되었다. 천태종이 종파가 일어났던 산의 이름에서, 화엄종이 경의 이름에서 종파의 이름을 얻은 것에 대하여 삼계교는 그 교의에 의하여 명칭이 붙여졌다.

삼계교에서는 정법(正法)·상법(像法)·말법(末法)의 삼계를 주장하며 제일계나 제이계에 있는 사람들은 일승이나 삼승의 별법(別法)에 의하여 깨달음을 얻게 되지만 현재와 같이 사회가 탁하고 어지러우며 탐욕에 찬 사람이 가득한 말법시대 즉 제삼계에는 보법(普法)에 의지해야 한다고 주장했다. 신행은 《대방광십륜경(大方廣十輪經)》《대집경(大集經)》 등에 의해 이 교설을 세웠다.

삼계교에서는 보경보불(普敬普佛)을 주장한다. 일체의 법은 유일의 여래장에서 전개된 것이고 모든 사람은 불성을 갖추고 있기 때문에 모든 사람들에 대하여 차별을 인정하지 않고 여래장불·불성불(佛性佛)·당래불(當來佛)로서 받들어야만 한다는 것이다. 이러한 보불사상은 필연적으로 일체의 사람들에 대하여 차별을 두지 않는 보경(普敬)사상으로 전개된다.

이 보경보불의 가르침이야말로 말법의 탁세에 태어난 죄악이 많은 범부가 구제받을 수 있는 실천불교라고 설하고 승속이 같이 믿고 같이 수행하는 실천행에 힘썼다.

● 법상종(法相宗)

미륵을 종조로 하여 인도에서는 무착과 세친이 세우고 당나라의 현장이 인도에서 세친의 뒤를 이은 유가행파(瑜伽行派) 중 진나(陳那)·무성(無性)·호법(護法)의 계통을 전해 받은 계현(戒賢)에게 배워 중국에 세운 종파이다. 세친의 《유식삼십송(唯識三十頌)》에 주석을 단 호법의 《성유식론(成唯識論)》을 번역한 현장은 이것을 규기(窺基, 632~682)에게 전수하여 법상종을 세우게 하였다. 규기를 자은(慈恩)대사라고 하므로 자은종이라고도 하며 유식종(唯識宗)·중도종(中道宗)이라고도 부른다.

규기는 호법의 《유식삼십송》 주석서인 《성유식론》을 중심으로 하고 다른 논사들의 주석을 덧붙여 《성유식론》 10권을 번역하고 여기에 자신이 주석을 붙여 《성유식론술기(成唯識論述記)》를 저술하였다. 이에 의해 법상종의 교학이 성립되었으며 규기는 법상종의 제2조인 혜소(慧沼, 650~714)에게 이를 전수하여 널리 펴게 하였다. 이후 법상종은 지주(智周, 668~723)등에 의해 중국의 종파로 자리잡아 갔으며 신라승 원측(圓測, 613~696)에 의해 한국과 티벳에도 영향을 주었다.

법상종의 교설은 일체 존재는 오직 식이 변해서 이루어진다는 만법

유식(萬法唯識)의 도리를 밝히고자 함에 있다. 법상종에서는 일체 제법을 오위백법(五位百法)으로 분류한다. 《구사론》에서는 색법(色法)을 최초에 놓지만 여기서는 심법(心法)을 최초로 하여 색법은 세번째에 놓고 있다. 오위는 심법·심소법(心所法)·색법·불상응행법(不相應行法)·무위법(無爲法)을 말한다. 오위백법은 개인과 자연, 세계의 모든 것을 말하며 이것이 모두 심법의 제8식이 아뢰야식으로 연기한 것이라고 본다. 제8아뢰야식은 장식(藏識)·종자식(種子識)으로 번역되어 윤회의 주체가 되며 제7말나식(末那識)은 아집의 근본이 되는 것으로 '나(我)'라는 어리석음, 내가 있다는 견해, 나에 대한 집착, 나에 대한 아만 등 네 가지 번뇌와 상응한다. 법상종에서는 참된 실재와 허망을 밝히기 위해 변계소집성(遍計所執性)·의타기성(依他起性)·원성실성(圓誠實性)의 삼성(三性)을 말한다.

● 화엄종(華嚴宗)

화엄종은 《화엄경》을 소의경전으로 하여 세운 종파이다. 중국의 화엄학 연구는 동진의 불타발타라(佛馱跋陀羅, 359~429)가 《화엄경》을 번역한 이후로 지속되어 오다가 현수(賢首, 643~712) 이후 종파로 성립되었다. 따라서 화엄종을 현수종이라고도 한다.

그러나 중국의 화엄종은 마명(馬鳴)·용수(龍樹)에 이어 제1조 두순(杜順, 557~640), 제2조 지엄(智儼, 602~668), 제3조 현수(賢首), 제4조 징관(澄觀, 738~839), 제5조 규봉(圭峰, 780~841)을 화엄7조로 하는 종통(宗統)을 세우고 있다.

화엄종은 부처님의 가르침을 오교십종(五敎十宗)으로 구분하고 있다. 오교는 소승교(小乘敎 ; 아함·성문·연각)·대승시교(大乘始敎 ; 반야경)·종교(終敎 ; 법화경)·돈교(頓敎 ; 유마경·원각경)·원교(圓敎 ; 화엄경)를 말한다. 십종은 아법구유종(我法俱有宗 ; 독자부)·법유아무종(法有我無宗 ; 유부)·법무거래종(法無去來宗 ; 대중부)·현통가실종(現

通假實宗 ; 설가부) · 속망진실종(俗妄眞實宗 ; 설출세부) · 제법단명종(諸法但名宗 ; 일설부) · 일체개공종(一切皆空宗 ; 공시교) · 진덕불공종(眞德不空宗 ; 종교) · 상상구절종(相想俱絶宗 ; 돈교) · 원명구덕종(圓明俱德宗 ; 원교)을 말하며 앞의 여섯 가지는 소승이고 뒤의 네 가지는 대승이다.

화엄종에서는 일체 존재의 현상과 본질을 사법계(四法界)로 이야기한다. 모든 존재의 본질 곧 실상을 이법계(理法界)라 하고 현상을 사법계(事法界)라 하며 실상과 현상이 둘이 아닌 것을 이사무애법계(理事無碍法界), 실상과 현상 그대로가 서로 걸림이 없는 것을 사사무애법계(事事無碍法界)라 한다.

화엄종에서는 일체 존재가 어떠한 하나의 원인으로 연기된 것이 아니고 모든 존재가 서로서로 인연 · 인과의 관계로 관련되어 있다는 법계연기(法界緣起) · 무진연기(無盡緣起)를 이야기한다. 모든 존재가 서로서로 관련되어 있는 모습을 구체적으로 설명하기 위해 십현문(十玄門)을 설하며 모든 존재는 또한 총상(總相) · 별상(別相) · 동상(同相) · 이상(異相) · 성상(成相) · 괴상(壞相)의 육상(六相)을 갖추고 있다고 설하고 있다.

● 진언종(眞言宗)

중국의 밀교는 독립된 종파로 체계나 형태를 정비하지 못하다가 일본에서 온 공해(空海)가 혜과(惠果, ?~805)에게 전법을 받은 후 처음으로 진언종으로서 독립하였다.

중국의 진언종 성립은 선무외(善無畏, 637~735) · 금강지(金剛智, 669~741)로부터이며 불공삼장(不空三藏, 705~774)이 그 터전을 닦았다. 선무외나 금강지 이전에도 중국에는 백시리밀다라(帛尸梨蜜多羅) · 지통(智通) 등이 밀교 경전을 번역 소개했으나 이는 주로 몸을 보호하고 복을 빌며 재앙을 물리치기 위해 주문을 읊는 잡밀(雜密)이었으며, 지혜와 방편을 교의로 하는 체계적인 순밀(純密)의 도입은 선무외·금강지·불공에 의해 이루어진다. 선무외에 의해 번역된《대비로자나성불신변가지경(大毘盧遮那成佛神變加持經 ; 대일경)》과 불공이 번역한 《금강정일체여래진실섭대승현증대교왕경(金剛頂一切如來眞實攝大乘現證大敎王經 ; 금강정경)》이 중국 진언종의 소의경전이다.

밀교에서는 이전의 다른 종파를 현교(顯敎)라고 한다. 선무외·금강지·불공은 현교가 삼승교라면 밀교는 일승교이며 현교가 점교라면 밀교는 돈교이며 현교는 권교(權敎)임에 반하여 밀교는 실교(實敎)라고 하는 교상판석을 세웠다. 또한 밀교는 본각의 이치를 뜻하는 태장계(胎藏界)와 여래의 지혜와 구족을 뜻하는 금강계(金剛界)로 나뉘는데 선무외는 주로 태장계를, 금강지와 불공은 금강계를 전하였다.

진언종에서는 깨달음의 세계를 만다라(曼茶羅)로 표현한다. 만다라는 단(壇)·도량(道場)으로 번역된다. 이는 진리의 길을 수행할 때 한 곳에 모든 불보살을 모아 배치하여 하나의 법 가운데 만법이 구족함을 나타내고 그 안에서 수행함을 의미한다. 이를 윤원구족(輪圓具足)이라고 한다. 이 깨달음의 세계로 가기 위해서는 여래가 보이신 의궤를 실천해야 한다. 따라서 이 의궤에 의해 행하여 수행자의 신·구·의가 인상(印相)·다라니·관념과 서로 어울려 즉신성불(卽身成佛)하고자 하는 것이 밀교의 목적이다.

● **선종(禪宗)**

중국의 다른 종파가 경론(經論)을 근거로 하여 자신의 주장을 편 것에 대하여 선종은 교(敎) 외에 따로 전해지는 것이 있다고 주장한다. 이러한 선종의 종지(宗旨)를 불립문자(不立文字)·교외별전(敎外別傳)·직지인심(直指人心)·견성성불(見性成佛)이라고 한다. 중국의 선종은 달마대사가 개조(開祖)이지만 그 이전에도 선은 중국에 들어온 흔적이 있다.

선에는 외도선(外道禪)·범부선(凡夫禪)·소승선(小乘禪)·대승선

(大乘禪)·최상승선(最上乘禪)이 있다. 외도선은 인도 일반에서 행해진 선으로 생천(生天)을 목적으로 한 것이며 범부선은 오계십선(五戒十善)을 행하는 범부들이 하는 선이다. 소승선은 아공(我空)의 이치를 깨닫고 닦는 것이요, 대승선은 아(我)와 법(法)이 다 공(空)한 이치를 깨닫고 닦는 것이다. 최상승선은 여래청정선(如來淸淨禪)이라고도 하며 달마가 전한 선을 이야기한다. 이 최상승선은 후에 조사선(祖師禪)이라고도 불리웠다.

이 조사선에서는 중생이 본래 갖추고 있는 본각진성(本覺眞性)을 깨달아 나타내는 것을 혜(慧)라 하고 이를 닦아 드러내는 것을 정(定)이라 하며 이 정혜(定慧)를 일러서 선(禪)이라 한다. 선에서 깨달음이라는 것은 바로 심성(心性)에 계합하고 심성(心性)의 전체를 드러내는 것이다. 이렇게 자기의 심성을 꿰뚫어 보는 것을 돈오(頓悟)라고 한다.

달마에 의해 전해진 선종은 불심종(佛心宗)·달마종(達磨宗)·능가종(楞伽宗)이라고도 한다. 달마 후 2조 신광혜가(神光慧可), 3조 완공승찬(皖公僧璨, ?~606), 4조 쌍봉도신(雙峰道信, 580~651), 5조 황매홍인(黃梅弘忍)으로 이어진 선종은 홍인의 제자인 혜능(慧能)과 신수(神秀)에 의해 2파로 나누어지고 이후 우두종(牛頭宗)·정중종(淨衆宗)·하택종(荷澤宗)·홍주종(洪州宗)으로 선법을 펴다가 오가칠종(五家七宗)을 이루게 된다. 홍인 이후 선종의 각 종파에 관해 간략히 살펴보기로 한다.

① 동산종(東山宗) : 선종의 제4조인 도신(道信, 580~651)에 의해 성립된 종파이다. 달마 이후의 초기 선종이 몇몇 수행자에 의해 명맥을 이어온 것에 반해 4조 도신 이후 쌍봉산에서 선문(禪門)을 개창함으로써 새로운 집단적 수행교단의 시대를 맞게 된 것이다.

도신과 5조 홍인에 의해 성립된 동산종은 자기의 불성을 깨닫는 수도적 방편의 필요성을 강조하면서 그 방편을 통하여야만 진리의 세계에 도달할 수가 있다고 주장한다. 여기서 말하는 방편은 좌선의 실수(實修)이다. 이것은 수일불이(守一不移)라고 하는데 동(動)과 정(靜)에 항상 머물러 수행자로 하여금 불성을 밝게 보게 하여 빨리 정문(定門)에 들게 하는 방법이다. 동산종은 선종 최초로 500명 이상의 수행자가 모여 수행생활을 하고 수행승들이 직접 노동에 종사하여 자급자족의 생산적 교단을 형성했다고 한다.

② 남종(南宗)과 북종(北宗) : 오조 홍인 이후 선종이 2파로 나누어진 것을 남돈북점(南頓北漸)이라고 한다.

남종은 홍인의 제자인 혜능(慧能, 638~713)을 중심으로 한 종파이다. 혜능은 어려서 부친을 잃고 장작을 팔아서 모친을 봉양하였다. 22세경에 홍인에게 가서 가르침을 받고 법을 전수받았다. 신수의 북종이 수행과 증오(證悟)의 단계를 인정하면서 점차로 수행하는 공덕을 쌓아서 마침내 깨닫는다는 입장인 것에 반해, 남종은 미(迷)와 오(悟)가 필경 하나라고 하면서 본래무일물(本來無一物) 수증불이(修證不二)의 관점에서 선의 본뜻을 얻는다고 했다.

북종은 홍인의 수제자인 신수(神秀, ?~706)를 중심으로 하는 종파이다. 신수는 홍인에게 법을 배우고 후에 형주 도문사(度門寺)에 들어갔는데 다시 측천무후에게 초빙되어 장안에 와서 무후의 신임을 받았다. 그에게는 대통선사(大通禪師)라는 시호가 내려졌다. 신수의 제자인 보적(普寂, 651~739)과 의복(義福, 658~736)에 의하여 북종선은 한때 융성하게 되었으나 혜능의 남종계가 중국 선종의 주류가 되면서 점점 쇠퇴하였다.

③ 우두종(牛頭宗) : 우두종의 개조인 법융(法融, 594~657)이 우두산에 머물렀기 때문에 이름이 붙여진 종파이다. 법융은 아산에 들어가 삼론종의 경법사(炅法師)에게 출가하고 643년에 우두산에 머물렀다. 그는 직접 달마선을 접한 적은 없었다고 한다.

우두종은 법융에 이어 제2조 지엄(智嚴, 577~654), 3조 혜방(慧方,

629~695), 4조 법지(法持, 635~702), 5조 지위(智威, 646~722), 6조 혜충(慧忠, 683~769)으로 계승되었다. 8세기 때 활약한 조과도림(鳥窠道林, 741~824)과 백낙천과의 문답은 유명하다. 우두종은 반야공관에 기초를 두고 있다.

④ 정중종(淨衆宗) : 정중종은 홍인 문하의 염불선 계통의 종파이다. 혜안(慧安, 582~709)·지선(智詵, 609~702)·처적(處寂, 665~732)·무상(無相, 684~762)·무주(無住, 714~774)로 법맥이 이어지나 실질적 개조는 무상으로 알려지고 있다. 무상은 신라 왕족으로 처적에게 가르침을 전해 받고 무억(無憶)·무념(無念)·막망(莫妄)의 삼구(三句)를 가지고 정중종을 열었다. 무억은 과거일을 추억하지 않음이요, 무념은 미래를 염려하지 않음이고 막망은 지(智)와 상응하여 혼란하지 않음을 말한다고 한다.

무상은 매년 12월에 도량을 청정하게 하고 사부대중을 모아 수계예참의식을 행하고 법을 설했는데 이때 목청을 느리게 하고 염불을 한 후 삼구어를 설했다고 한다. 정중종의 무상은 티벳과도 교류하여 정중종의 사서(史書)인 《역대법보기(歷代法寶記)》가 티벳불교에 영향을 주었다고 한다.

⑤ 보당종(保唐宗) : 정중종의 개조 무상의 제자인 무주(無住, 714~774)가 개창한 종파이다. 그는 스승과는 달리 모든 의식을 전폐하고 불상조차 치우고 일체 의식은 유위적 가식이라고 하여 폐하였다. 무주가 보당사에 머물렀으므로 보당종이라고 세인들이 불렀다 한다. 무주 이후 보당종의 기록은 보이지 않는다.

⑥ 하택종(荷澤宗) : 하택신회(荷澤神會, 668~760)에 의해 개창된 종파이다. 신회는 유교와 노장에도 통달하였고 혜능에게 사사받았다. 그는 후에 용흥사에 머물면서 혜능의 남종선풍을 드높였으며 다시 하택사로 옮겨 신수의 북종을 홍인의 방계라고 하며 공격했다. 그의 저서에는 《현종기(顯宗記)》와 돈황본 《신회어록(神會語錄)》이 있다. 제

940

자로는 법여(法如, 723~811)·무명(無名, 722~793)·유충(惟忠, 705~782) 등 18인이 있었다고 하는데 이 계통을 하택종이라고 한다. 화엄종의 종밀(宗密, 780~841)이 하택종을 널리 폈으나 이후 쇠퇴하였다.

⑦ 홍주종(洪州宗) : 혜능의 제자인 남악회양(南嶽懷讓, 677~744)에게 사법한 마조도일(馬祖道一, 709~788)계통의 선이 홍주종이다. 마조도일의 제자인 백장회해(百丈懷海, 720~814)는 백장청규를 제정하고 선원의 제법식을 정했다. 종래의 율원의 것에 의했던 선종은 이 청규의 제정에 의해 독립된 생활규칙을 확립하고 천하의 선원은 여기에 따르게 되었다.

백장의 제자 중에 위산영우(潙山靈祐, 771~853)와 황벽희운(黃檗希運)이 유명하다. 마조는 법어로 사람을 교화하기보다는 상대자를 때려주거나 불자(拂子)를 세워 보이고 할(喝)을 하는 방편을 썼다. 이것을 선기(禪機)라고 하는데 이 뒤로 각 선문에서 이 방편을 활용했다.

● 오가칠종(五家七宗)

당나라 중기 이후 크게 발전한 선종은 남종이 중국불교의 중심에 자리잡으면서 분파하기 시작하여 오가칠종을 이루었다.

혜능 문하의 청원행사(青原行思, ?~740) 아래에서는 조동(曹洞)·운문(雲門)·법안(法眼)의 3종이, 남악회양 아래에서는 임제(臨濟)·위앙(潙仰)의 2종이 일어나 이를 오가라고 한다. 또 임제로부터 나누어진 양기(楊岐)·황룡(黃龍)의 2종을 더하여 칠종이라고 한다.

① 위앙종(潙仰宗) : 백장의 제자인 위산영우(潙山靈祐, 771~853)와 그의 제자 앙산혜적(仰山慧寂, 807~883)에 의하여 성립되었다. 오가 중에서 위앙종은 일찍이 쇠퇴하였다.

② 조동종(曹洞宗) : 동산양개(洞山良价, 807~869)와 그의 제자 조산본적(曹山本寂, 840~901)에 의해 개창되었다. 조동종은 조산본적의

계통보다는 운거도응(雲居道膺, ?~902)의 계통이 번영하여 8대 후에 굉지정각(宏智正覺, 1091~1157)이 나와서 묵조선(默照禪)을 제창하고 《송고백칙(頌古百則)》을 저술하였다. 또 만송행수(萬松行秀, 1166~1246)는 여기에 시중(示衆)·착어(著語)·평창(評唱)을 더하여 《종용록(從容錄)》을 저술했다.

③ 법안종(法眼宗) : 법안선사(法眼禪師) 청량문익(淸凉文益, 885~958)에 의해 개창된 종파이다. 천태덕소(天台德韶, 891~972)가 활약하고 그의 제자인 영명연수(永明延壽, 904~975)가 크게 종풍을 일으켰다. 연수는 《종경록(宗鏡錄)》과 《만선동귀집(萬善同歸集)》 등의 저서를 남겼다.

④ 임제종(臨濟宗) : 임제의현(臨濟義玄, ?~867)에 의해 성립된 종파이다. 오가 중에서 가장 성하였던 종파로 한국·일본에까지 영향을 끼쳤다. 마조의 뒤를 이어 선기(禪機)의 방편으로 제자를 받아들인 것으로 유명하다. 간화선(看話禪)을 고취하였다.

⑤ 운문종(雲門宗) : 운문문언(雲門文偃, 864~949)에 의해서 개창된 종파이다. 한때 융성하여 임제종과 쌍벽을 이루었으나 남송시대에 쇠퇴하였다.

⑥ 황룡종(黃龍宗) : 임제종 제7조인 석상자명(石霜慈明)의 제자인 황룡혜남(黃龍慧南, 1002~1069)이 1036년 황룡사에 있으면서 일으킨 종파이다.

⑦ 양기종(楊岐宗) : 임제종 제7조인 석상자명(石霜慈明)의 문하 양기방회(楊岐方會, 992~1049)가 개창한 종파이다. 3대째인 불과극근(佛果克勤, 1063~1135)은 《벽암록(碧巖錄)》을 썼으며 그의 제자인 대혜종고(大慧宗杲, 1089~1163)는 간화선(看話禪)을 제창하였다.

● 정토교(淨土敎)

중국의 정토교는 북위의 담란(曇鸞, 476~542)이 개조이다. 이 담란의 가르침을 계승한 인물이 도작(道綽, 562~645)이다. 그는 14세에 출가하여 열반에 정통했으나 담란이 머물렀던 석벽(石壁) 현중사(玄中寺)에서 담란의 비문을 보고 정토교에 귀의하여 오직 아미타불을 염하였다. 이후 선도(善導, 613~681)·회감(懷感)·소강(小康, ?~805) 등이 정토교를 널리 폈으며 대다수 중국 민중들에게는 여타 종파나 선종보다 정토신앙이 널리 받아들여졌다.

중국 정토교를 확립한 선도 계통의 정토교 교설의 특징은 구칭염불(口稱念佛)을 성립시킨 것과 아미타불을 보신(報身)으로 본 것과 극락정토를 보토(報土)라고 한 것, 또 범부의 왕생을 이야기한 것 등이다. 그리고 왕생을 칭명의 숫자에 의해 판단하지 않고 오히려 신심에 의해서 판난하려고 했다. 별도의 과정을 거치거나 어려운 것이 아닌 아미타불의 명호만을 부름으로써 왕생할 수 있다는 정토교의 이행(易行) 교설이 민중들의 폭넓은 지지를 받은 것은 당연하다. 특히 남쪽지방인 절강에는 백련사(白蓮社)·정업회(淨業會)·서귀회(西歸會)·계념회(繫念會) 등 염불결사(念佛結社)가 성행하였다.

담란은 부처님의 가르침을 난행도(難行道)와 이행도(易行道)로 나누고, 도작은 성도문(聖道門)과 정토문(淨土門)으로 나누었으며, 선도는 정행(正行)과 잡행(雜行)으로 나누었다. 선도는 특히 일반 민중교화에 적극 노력하였는데 많은 사람들이 선도의 감화에 의하여 정토에 왕생하고자 하였다. 전하는 바에 의하면 어떤 사람은 선도가 머물고 있는 망명사에 가서 그의 가르침을 받고서 반드시 왕생한다는 믿음을 굳게 가지고 절 앞에 있는 버드나무 위에서 몸을 던져 왕생하였다고 한다.

선도가 나눈 정행에는 예배·찬탄·관찰·독송·칭명이 있는데 이 가운데 칭명을 정업(正業)이라 하고 다른 4종을 조업(助業)이라고 하였다. 정토교의 소의경전으로는 《무량수경(無量壽經)》《관무량수경》《아미타경(阿彌陀經)》의 3경과 《왕생론(往生論)》등 3경1론이 있다.

● 백련교(白蓮教) / 백운종(白雲宗)

백련교는 정토신앙에 바탕한 종교결사로서 남송 초기에 자조자원(慈照子元, ?~1166)이 시작한 것으로 백련채(白蓮菜)라고도 부른다. 불살생계를 지키고 술과 고기를 금하고 채식을 고수하는 염불결사였다. 교세가 융성해지자 탄압을 받아 결사가 금지되는 일이 자주 일어났다. 명나라 말기에는 미륵신앙이 혼입되어 반란운동에 앞장서기도 했다.

백운종은 북송 말에 공청각(孔淸覺, 1043~1121)이 개창한 서민불교의 한 종파이다. 백운채(白雲菜)·십지채(十地菜)라고도 불리는데 유·불·도 3교의 일치를 제창한 재가종파이다. 따라서 이 종파는 전통적인 종파들로부터 이단시되었고 국가로부터도 사교로 취급받아 박해와 탄압을 받았다.

3. 한국의 종파

● 오교구산(五敎九山)

삼국시대에는 불교가 받아들여지기는 했으나 독립된 종파로 발전하지는 못했다. 통일신라 때에 이르러 교학 연구가 활발해지고 선이 유입되면서 여러 종파에 대한 연구가 전개되었다. 이것을 학자들은 오교구산이라고 하나 실제로 오교구산의 각 파들이 중국에서와 같이 독립된 종파로서 활동하지는 않은 것 같다. 또한 대부분의 분파들이 원효의 저술에 의해 체계를 세운 것으로 보아 이 당시에는 중국에서 유입된 각 종파에 대한 학문적 연구의 필요성에 따라 각 분파가 성립된 것으로 보여진다.

오교는 열반종·계율종·법성종·화엄종·법상종이며 구산은 실상

944

산문·가지산문·사굴산문·동리산문·성주산문·사자산문·희양산
문·봉림산문·수미산문이다.

① 열반종(涅槃宗) : 신라 무열왕 때 고승 보덕(普德)이 창종한 종파
였다고 하나 뚜렷한 근거가 없고 학종(學宗)으로 보아야 한다는 주장
이 우세하다.

② 계율종(戒律宗) : 일반적으로 계율종은 신라 선덕여왕 때 고승 자
장(慈藏)이 창종하였다고 알려져 있다. 그러나 자장이 율사(律師)로
알려져 있고 율에 관한 저서도 있지만 계율종이라는 종파를 창종하였
다는 기록은 보이지 않는다. 단지 계율종이라는 기록은 개성의 흥왕사
(興王寺) 대각국사묘지명(大覺國師墓誌銘)에서만 보인다. 실제 계율을
위주로 하는 종파는 고려 때 율업(律業)·남산종(南山宗)이라고 한
다.

③ 법성종(法性宗) : 법성종은 성종(性宗)이라고도 하는데 중국의
삼론학·화엄학·천태교학이 여기에 속한다. 신라의 법성종이 '삼론
종의 다른 이름이다' 혹은 '해동종(海東宗)이다'라는 주장이 있지만 실
제로 법성종이라는 종파는 성립되지 않았고 단지 학종의 하나로 보아
야 한다고 이야기한다.

④ 화엄종(華嚴宗) : 신라 때의 고승 의상(義湘, 625~702)이 당나라
에 가서 종남산(終南山) 지상사(至相寺)의 지엄(智儼, 602~668) 문하
에서 화엄교학을 공부하고 돌아온 후 신라의 화엄교학이 비롯되었다.

그러나 신라에 《화엄경》이 전래되고 그에 대한 신앙이 행해진 것은
의상 이전의 일이었다. 기록상으로 가장 앞선 신라의 화엄승은 자장이
다. 자장은 636년 당나라에 가서 오대산에서 화엄의 진리를 깨달았으
며 귀국한 뒤에 《화엄경》을 강설하는 한편 화엄신앙의 하나인 오대산
신앙을 이 땅에 옮겨 놓았다. 또 의상과 같이 당나라에 가려다 신라로
되돌아온 원효(元曉, 617~686)도 《화엄경종요》와 《화엄경소》 등의
저작을 남겼다. 이처럼 의상 이전에 이미 신라에는 화엄에 대한 연구

와 신앙이 있었지만 체계적인 화엄교학의 연구는 의상에서부터이다. 그래서 의상은 후세인들에게 '해동화엄초조(海東華嚴初祖)' 즉 신라 화엄종의 시조라고 불리워진다.

태백산 기슭의 부석사에서 화엄의 교학을 널리 펼쳤던 의상의 화엄 관계저서로는 《일승법계도기(一乘法界圖記)》가 전해진다. 의상의 교학을 이은 제자로는 상문십덕(湘門十德)으로 불리는 오진(悟眞)·지통(智通)·표훈(表訓)·진정(眞定) 등 10인이 유명하다. 그가 강설할 때에는 삼천 명의 제자가 모였다고 전한다. 의상의 가르침은 가야산 해인사·비슬산 옥천사·금정산 범어사·남악 화엄사 등 화엄10찰을 중심으로 전국에 퍼졌다.

화엄종은 신라말에 이르러 관혜(觀惠)와 희랑(希朗) 두 법사에 의해 남악(南岳 ; 지리산)과 북악(北岳 ; 가야산)의 두 파로 대립되었다. 관혜는 후백제 견훤의 존경을 받는 스승이었고 희랑은 고려 태조의 숭앙을 받는 고승이었다. 두 파로 나누어졌던 화엄교학은 고려 때 탄문(坦文, 900~975)과 균여(均如, 923~973) 등의 고승들이 배출되면서 합쳐졌다.

그러나 신라의 화엄종도 국가에서 인정을 받은 교단제도적인 종파로는 보이지 않는다. 다시 말해서 신라시대의 불교는 각종 각파의 대립 분열이 없는 소위 통불교(通佛敎)의 시대였으므로 화엄종도 하나의 교학으로서는 의상으로부터 계승되어 왔으나 종파로서는 아직 성립되어 있지 않았다.

화엄종이 종파로서 형성된 것은 고려시대에 들어와서이다. 그 연원은 물론 신라 의상으로부터 이어져 온 것이다. 그러나 초조 의상 이후로 이어진 법맥의 계보는 잘 알 수가 없으며 대각국사 의천 때에 이르러서는 의상보다는 오히려 당나라 현수(賢首) 등을 중심으로 하는 화엄종이 크게 성했다.

대각국사 의천이 《원종문류(圓宗文類)》를 편집한 이후로 고려중기 이후에는 화엄에 관한 저서나 연구가 별로 없어 종파의 전개상황을 자세히 알 수가 없다. 조선왕조 이후 교단이 통폐합되면서 화엄종도 사라지게 되었다. 그러나 선종과 교종으로 통폐합된 후에도 교종의 승과시험과목이 화엄종의 소의경전인 《화엄경》과 《십지론》인 것으로 보아 그 명맥은 계속 유지되어 온 듯하다. 또 선종과 교종의 승려에게 주는 직책인 판교종사겸 판선종사(判敎宗事兼判禪宗事)가 경우에 따라서는 판화엄종사겸 판조계종사(判華嚴宗事兼判曹溪宗事)로 불린 것으로 보아 화엄종이 교종을 대표한 것을 알 수가 있다.

⑤ 법상종(法相宗) : 법상종은 신라 때 진표(眞表)에 의해 성립된 종파라고 일반적으로 알려져 있다. 그러나 신라의 고승 진표는 법상종이 근본으로 삼고 있는 유식학(唯識學)과는 관계가 없고 점찰참회교법(占察懺悔敎法)이라는 독특한 신앙체계를 확립시킨 인물이다. 이런 점에서 신라의 법상종은 종파가 아닌 학종으로 보아야 한다고 학자들은 이야기한다.

⑥ 실상산문(實相山門) : 신라 흥덕왕(826~836) 때 선사 홍척(洪陟)이 현재 전북 남원군 산내면에 실상사를 세우고 선법을 크게 펼침으로써 세운 선문이다. 홍척은 헌덕왕 때 당나라로 건너가 서당지장에게 법을 공부하고 흥덕왕 때 귀국하여 국왕과 귀족의 후원 아래 실상사에서 선법을 펼쳤다. 그의 문하에 수많은 제자들이 배출되어 그의 법을 이었다.

지금 실상사에는 홍척의 제자였던 편운(片雲)의 부도와 수철(秀澈, 817~893)의 탑비가 남아 있다. 편운의 부도에는 그가 홍척의 제자라고 되어 있으며 수철의 비에는 그가 실상사에서 스승 홍척에게 법을 얻었으나 심원사(深源寺)에서 후진을 양성하였다고 되어 있다.

홍척은 가지산문의 조사 도의(道義)와 같은 스승인 서당지장에게서 법을 받았으나 도의보다 늦게 신라로 돌아왔다. 그러나 산문의 터전은 가장 먼저 닦아 9산문 중에서 제일 먼저 개산한 선맥으로 꼽힌다.

⑦ 가지산문(迦智山門) : 전남 장흥군 유치면의 보림사(寶林寺)를 중심으로 하여 일어난 산문선맥이므로 가지산문이라고 한다. 초조(初祖)는 도의(道義), 2조는 염거(廉居, ?~844), 3조는 보림사를 창건한 보조체징(普照體澄, 804~880)이다.

가지산문의 개조인 도의는 일찍이 출가하여 784년에 당나라로 가서 서당지장(西堂智藏)의 법을 받고 821년에 귀국하였다. 신라에 돌아온 그는 당시의 사람들이 선법(禪法)을 이해하지 못하므로 설악산에 들어가 진전사(陳田寺)에 은거하면서 염거에게 법을 전하였다. 염거에게 법을 전해 받은 체징은 당나라에서 840년에 돌아온 후 가지산에 들어가 보림사를 세우고 선풍을 선양했다. 중국의 혜능이 조계 보림사에서 선맥을 세운 것을 이어 체징은 혜능의 선법을 해동에서 계승하였다는 뜻으로 보림사라고 이름을 붙인 것으로 보인다. 따라서 이들은 조계 혜능의 선법을 잇는 정통 선맥이라고 자처했으며 그 선맥은 고려 말까지 이어져 많은 인물을 배출하였다. 삼국유사의 저자 보각국사(普覺國師) 일연(一然, 1206~1289)도 가지산문의 승려다.

⑧ 사굴산문(闍崛山門) : 문성왕 때 범일(梵日, 810~889)선사가 강릉의 하구정면 굴산사에서 개창한 선문이다. 범일은 태어날 때부터 육계(肉髻)가 정수리에 있었다고 한다. 15세에 출가하여 831년에 당나라로 가서 염관제안(鹽官齊安)의 법을 전수 받고 847년에 귀국하여 굴산사에서 법을 폈다. 이곳에서 40여 년을 살면서 한 번도 산문 밖을 나가지 않았던 그는 역대 국왕의 존경과 믿음을 받았다. 범일의 스승인 제안도 그를 진실로 동방의 보살이라고 찬탄하였다고 한다.

범일은 특이한 진귀조사설(眞歸祖師說)을 남겼는데 그것에 의하면 교는 석가모니 부처님으로부터 나왔으나 선법은 진귀조사로부터 부처님이 받아서 전하였다는 것이다. 그의 문하에는 많은 제자가 있었으나 개청(開淸, 835~930) · 행적(行寂, 832~916) 등이 유명하다. 고려 때까지 번성하여 구산(九山) 중에서 가장 위세를 떨쳤다고 한다. 고려

중기에 선을 중흥시킨 지눌(知訥, 1158~1210)도 사굴산문 출신이라고 한다.

⑨ 동리산문(桐裡山門) : 신라 문성왕(839~857) 때 선사 혜철(慧徹)이 지금의 전남 곡성군 죽곡면 동리산에 태안사(泰安寺)를 세우고 개산한 선문이다.

혜철은 출가 후 부석사에서 화엄을 공부하다가 814년에 당나라로 가서 서당지장에게 공부하였다. 그는 스승이 죽은 후 서주(西州) 부사사(浮沙寺)에서 3년을 공부하다가 839년 귀국하여 동리산에 태안사를 세우고 선법을 펼쳤다. 그래서 그를 동리산화상이라고 하는데 그의 문하에는 도선(道詵, 827~898)·여(如) 등 수백의 제자가 모여 동리산 선맥을 높였다.

도선은 고려 태조의 탄생을 예언했다고 한다. 고려 숙종은 그를 왕사로, 인종은 선각국사로 추봉(追封)하였다. 풍수지리설의 시조로 유명하다. 그러나 혜철의 동리산 선맥을 정통으로 이은 제자는 도선보다 여선사였던 것 같다. 여선사에 관해서는 알려진 것이 없으며 그가 스승의 뒤를 이어 태안사에서 법을 펴다가 제자 광자윤다(廣慈允多, 864~945)에게 선맥을 전했다고 한다.

윤다는 스승인 여선사에게 법을 전해 받은 후 교화에 힘을 썼으며 고려 태조의 존경과 믿음을 받아 동리산문의 3조로 선맥을 높이 선양했다.

⑩ 성주산문(聖住山門) : 신라 문성왕(839~857) 때 선사 무염(無染, 800~888)이 충남 보령군 미산면 성주사(聖住寺)에서 개창한 선문이다.

무염은 태종 무열왕의 8대 손으로 설악산 오색석사와 부석사에서 《화엄경》을 공부하다가 821년 당나라로 가서 마조도일의 제자인 마곡보철(麻谷寶徹)에게서 법을 얻었다. 그곳에 있는 동안 사람들은 그를 동방대보살(東方大菩薩)이라 존경을 하였다. 그는 귀국 후 성주사에서 법을 펴다가 경문왕과 헌강왕의 국사가 되었으며 무설토(無舌土)라는 독특한 선법의 법문으로 2천여 명의 문하를 이루었다. 제자 가운데 심광(深光)·현휘(玄暉, 897~941)·대통(大通, 816~883)·여엄(麗嚴, 862~930) 등이 뛰어났다.

⑪ 사자산문(師子山門) : 신라 말의 선사 쌍봉화상(雙峰和尙) 도윤(道允, 798~868)의 제자인 절중(折中)이 영월군 수주면 흥녕사(興寧寺)에서 일으킨 선문이다. 사자산문의 조사가 되는 도윤은 825년에 당나라로 건너가 마조도일의 제자인 남전보원(南泉普願)에게서 법을 받고 847년에 귀국하여 금강산에 머물다가 전남 능주 쌍봉사에서 크게 선법을 떨쳤으므로 쌍봉화상이라고 한다.

그의 뒤를 이은 절중은 헌강왕 때 사자산 흥녕선원에 자리잡고 스승으로부터 이은 선법을 크게 선양하였다. 그에게는 여종(如宗) 등 많은 제자가 있었다고 하나 전해지는 기록은 거의 없다.

⑫ 희양산문(曦陽山門) : 고려 태조 18년(935)에 정진국사(靜眞國師) 긍양(兢讓, 878~956)이 지금의 문경 가은의 희양산 봉암사(鳳巖寺)에서 선풍을 일으켜 세운 선문이다.

긍양이 희양산에 들어가 봉암사를 일으켜 희양산문를 세운 것에 관해서는 이견이 있다. 즉《선문조사예참의문(禪門祖師禮懺儀文)》등에 의하면 희양산조사가 도헌국사(道憲國師, 824~882)라고 되어 있어 그를 희양산파의 개조라고 보는 것이 그것이다. 그러나 그의 행적을 기록한 지증(智證 ; 도헌의 시호)대사비에 의하면 그가 긍양보다도 먼저 봉암사를 세우기는 하였으나 희양산문의 조사로 볼 수는 없게 되어 있다고 한다.

도헌의 스승인 혜은(惠隱)은 준범(遵範)에게 법을 배웠고 준범은 신행(神行)에게 신행은 법랑(法朗)에게서 법을 이었으며 신라의 법랑은 중국 선종의 4조 도신(道信)으로부터 법을 받았다고 한다. 또 신라 최초의 선법 전래자인 신행은 중국에서 북종선 계통인 지공(志空)에게서 법을 전해 받았다고 한다. 따라서 신행은 남종과 북종의 선법을

950

전해 받았으며 도헌은 그의 증법손이 된다. 이러한 기록에 의해 긍양이 북종선의 영향을 받은 도헌의 법계와 다름을 들어 희양산의 개조를 긍양으로 보는 것이다.

긍양은 신라 경애왕으로부터 봉종대사(奉宗大師), 고려 광종으로부터 증공대사(證空大師)라는 존호를 받았다. 그는 서혈원(西穴院) 양부(楊孚)에게서 배움을 받았는데 양부는 도헌의 제자이다. 900년 중국에 가서 곡산도연(谷山道緣)에게 법을 얻고 924년에 귀국하여 스승 양부가 있던 강주 백엄사에 머물렀다. 그 후 935년 희양산에 가서 제자들을 기른 긍양은 여기서 선맥의 기틀을 이루었던 것이다.

⑬ 봉림산문(鳳林山門) : 신라 말 선사 혜목산화상(慧目山和尙) 현욱(玄昱)의 제자 심희(審希)가 효공왕 때 경남 창원 상남에 봉림산사를 세우고 이룬 선문이다.

봉림산문의 개조인 현욱(787~868)은 헌덕왕 때 당나라로 가서 마조도일의 제자 장경회휘(章敬懷暉)로부터 법을 받았다고 한다. 그 뒤 현욱은 837년에 귀국하여 처음엔 실상사에서 지내다가 혜목산 고달사(高達寺)로 가서 선법을 널리 펴서 혜목산화상이라 불리웠다.

현욱의 뒤를 이은 심희(854~923)는 9세 때 출가하여 혜목산으로 가서 현욱에게 법을 배우고 효공왕 때 봉림산에 절을 세우고 후학을 길러 종풍을 크게 선양하였다.

⑭ 수미산문(須彌山門) : 고려 태조 15년(932)에 이엄(利嚴, 870~936)이 지금의 해주 금산에 광조사(廣照寺)를 세우고 선법을 펼치면서 개창한 선문이다.

개산조인 이엄은 12세에 출가하여 896년 중국에 가서 운거도응(雲居道膺)의 문하에서 6년 공부하여 법인(法印)을 얻었다. 911년 귀국하여 영동의 영각산에 머물다가 고려 태조의 부름을 받아 궁중에 들어가 스승의 예우를 받았다. 태조가 해주의 북쪽 수미산 남쪽 기슭에 광조사를 짓게 하여 그를 머물게 하자 많은 학인들이 모여 수미산문

이 성립되기에 이르렀다. 그에게 많은 제자가 있었다고 하나 기록이
남아 있지 않다.

● 원융종(圓融宗) / 선적종(禪寂宗)

원융종은 화엄종의 다른 이름이라고 보는 경우도 있으나 역시 학종
의 하나라고 한다.

선적종은 문자의 의미로 볼 때 선종을 이야기하는 것임에는 틀림이
없다. 그러나 신라에서의 선적종은 전공분야인 학종으로만 보일 뿐 종
파의 이름으로 기록된 것은 보이지 않는다. 따라서 선적 즉 선을 주로
닦는 분야라는 의미로 보고 있다.

● 유가업(瑜伽業)

유가라는 말은 신라시대에서부터 기록이 보인다. 그런데 신라시대
의 유가는 두 가지 의미를 가지고 있다. 하나는 법상유식학(法相唯識
學)의 유가이고 또 하나는 삼밀수행(三密修行)의 밀교유가이다. 이때
의 유가는 종파로서 성립되지는 않았다.

고려시대의 종파로서 유가업은 법상유식 계통의 유가교문이다. 유
가종의 시조는 신라 경덕왕 때의 고승인 태현(太賢)이다. 태현은 법상
유식학의 대가였다. 고려 초기의 유가업은 후기에 이르러 자은종(慈
恩宗)으로 불려진다.

● 율업(律業)

고려시대의 율업은 율학을 전공하는 교종 계통의 학파로 볼 수 있
다. 율업에 관계된 승려의 글에 ‘남악(南岳)의 높은 유풍을 따랐다.’는
구절이 나오는데 여기서 남악은 남산율종을 가리킨다. 남산율종은 당
나라의 도선(道宣, 596~667)이 이룩한 종파이다. 그러므로 율업은 당
시 고려에서 율을 전업으로 하는 학파 또는 종파를 일컬었던 것이며

952

나중에 성립된 남산종과 같은 종파이다.

● 지념업(持念業)

《동문선(東文選)》 권27에는 지념업선사(持念業禪師) 조유위대선사
교서(祖猷爲大禪師敎書) 및 관고(官誥)가 최자(崔滋,1186~1260)의 글
로 실려 있다. 여기에 있는 지념업의 내용은 자세하지 않다. 다만 위
의 교서에 '이총지법력(以摠持法力)'이라는 글귀와 관고에 '진승총섭어
진언(眞乘摠攝於眞言)'이라는 글귀로 보아 진언을 총섭염지(摠攝念持)
하는 밀교 계통임을 알 수가 있다. 조선 초에 보이는 11종파 중의 총
지종은 바로 이 지념업의 종파이름으로 보인다.

● 소승업(小乘業)

《동문선》 권27에 하천단(河千旦) 글로 '소승업수좌관고(小乘業首座
官誥)'가 실려 있다. 이로 미루어 소승불교학을 전공하는 학파가 고려
시대에 있었음을 알 수가 있다. 그러나 그 후에 하나의 종파로서는 성
립이 되지를 못하였는지 소승종이라는 종파 이름은 볼 수가 없다.

소승을 전업하는 학파가 있었고 그래서 수좌의 법계까지 받은 고승
이 있었으므로 소승업을 소승종이라고도 볼 수 있다. 그러나 그 밖의
자료가 없어 자세한 것은 알 수가 없다. 조선 초의 11종에도 소승종이
없는 것으로 보아 종파의 성립은 보지 못하고 학종으로만 명맥을 유
지한 것으로 보인다.

● 조계종(曹溪宗)

조계종은 고려시대에 성립된 종파이나 언제 누구에 의하여 어떻게
이루어진 종파인지에 대하여서는 자세한 것을 알 수가 없다.

현재 전하는 사료에서 '조계종'이라는 종파 이름이 처음 나타나는
것은 대감국사(大鑑國師) 탄연(坦然, 1069~1158)의 비문 제목에서다.

또 종이라는 글자는 없지만 명종 15년(1185)에 세운 예천 용문사 중수
비에는 대선사 조응(祖膺)이 1125년에 조계의 승과에 합격했다는 기록
이 있다. 이를 통해 조계종이 이미 성립되어 있었음을 알 수가 있다.

  조계종은 신라 말의 선문 구산(九山)이 연원이라고 한다. 따라서
고려 이후 선사들의 비문과 행적기에는 '조계'라는 말이 자주 나온다.
또 지눌(知訥, 1158~1210)이 조계산 수선사를 열고부터는 그 세력이
매우 흥성하여 많은 고승을 배출하였다.

● 천태종(天台宗)

  고려 숙종 2년(1097)에 국청사(國淸寺)가 완성되고 대각국사 의천
(1055~1101)이 그곳에서 천태교관을 강의함으로써 성립된 종파가 천
태종이다. 의천은 본래 화엄종의 승려였으나 송나라에 가서 천태교학
을 배우고 지자(智者)대사의 탑에 참배하고는 고려에 천태교학을 펼
칠 것을 서원했다고 한다. 새로 세워진 국청사에서 의천이 천태의 교
학을 강의하자 천여 명의 학승이 몰렸다고 한다. 이때부터 시작된 고
려의 천태종은 1101년에 국가에서 대선(大選 ; 승려고시)을 시행함으로
써 국가의 공인을 받는 종파가 되었다.

  중국에서 성립된 천태종의 교학은 그대로 고려에 유입되었는데 이
미 삼국시대에도 전해진 바가 있었다. 백제의 현광(玄光)은 중국에서
천태종 제2조인 혜사(惠思)에게 공부하여 법화삼매를 증득하였다고
한다. 그는 귀국 후 지금의 공주에서 법화삼매와 《법화경》에 대해 강
의를 하였다.

  신라의 연광(緣光)은 수나라로 들어가 천태지의에게 배움을 받고
귀국하여 천태교학을 전하였고 법융(法融) · 이응(理應) · 순영(純英)
의 세 선사도 당나라에 건너가서 천태종의 제8조 좌계현랑(左溪玄朗)
으로부터 천태교법을 얻고 신라에 돌아와 교법을 전하는 데 힘을 썼
다. 그리하여 고려 광종 때에는 중국 오월왕의 요청으로 중국에 천태

교학의 서적과 고승 체관(諦觀)을 보내 침체되었던 중국 천태종 부흥에 큰 기여를 하기도 했다.

의천에 의하여 세워진 천태종은 개성의 국청사를 중심으로 6대 본산을 두고 전국에 분포되어 교학을 널리 펼쳤다. 의천 이후 순선(順善)·교웅(敎雄, 1076~1142)·덕소(德素, 1119~1174) 등의 제자가 천태종을 선양했으나 이후 침체에 빠졌다.

이 시기에 원묘국사(圓妙國師) 요세(了世, 1163~1245)가 천태종을 다시 중흥하였다. 그는 1208년 월생산 약사사에 머물면서 천태종에 관해 크게 깨달은 후 강의와 설법을 하면서 매일 53존불에 12번씩 절을 하면서 참회하였고, 1232년에는 보현도량을 열어 전통적인 법화삼매의 수행을 시작하였다. 또 천태종의 가장 중요한 천태삼대부(天台三大部 ; 법화문구·법화현의·마하지관)을 간추린 《삼대부절요》을 만들어 교학을 널리 폈다.

요세 이후 천태종의 문도들은 전라남도 강진의 만덕산 백련사를 중심으로 번성하였다. 조선왕조가 건국되고 1394년에 천태종의 고승 조구(祖丘)가 국사가 된 이후 천태종은 다른 종파와 마찬가지로 정부의 억불정책에 의해 쇠퇴해졌다.

● 남산종(南山宗)

조선 태종 6년(1406) 의정부(議政府) 계청(啓請)에 당시 11종의 이름이 보이고 있는데 그 중에 남산종이 있다. 그때 전국에 남길 절을 242곳만으로 정하였는데 남산종은 10곳의 소속사찰을 남긴 것으로 되어 있다. 그러나 남산종의 종지나 성립에 관하여는 기록이 없다. 다만 남산종이 중국의 남산율종을 가리키는 것으로 보여 중국 남산종을 통해 종지를 알 수가 있다. 고려의 남산종은 처음에는 율업(律業)으로 불리다가 남산종으로 종파를 성립했고 조선 태종 때 총지종과 합쳐져 총남종이 되었다가 세종 6년에 선종에 흡수되었다.

● 자은종(慈恩宗)

고려의 종파로서 자은종은 법주사에 있는 자정국존(慈淨國尊) 미수(彌授, 1240~1327)의 비문에 나온다. 이미 고려 초에 유가유식의 대가인 해린(海麟, 984~1067)과 그의 제자 소현(韶顯, 1038~1096)이 중국 자은종 즉 법상종의 개조인 현장과 규기를 조사로 받들었으나 자은종이라 하지 않고 유가업이라 칭하였다. 그 후에도 줄곧 유가의 이름만이 보이며 1294년에 입적한 혜영(惠永)의 비문에도 대유가동화사주지라고 하였다. 그런데 혜영보다 20년쯤 뒤의 인물인 미수 때에 이르러 비로소 자은종이라는 종파 이름이 보이고 있는 것이다. 자은종은 조선왕조 때 11종 · 7종에서도 이름이 보이다가 선교양종 통폐합 때 교종에 흡수되었다.

● 시흥종(始興宗)

시흥종은 조선 초기 11개 종파에도 이름이 있으며 이듬해 축소된 7종파 중에도 이름이 있는 것으로 보아 상당한 세력이 있었던 종파로 보인다. 개성에 있는 광통보제선사비(廣通普濟禪寺碑)에 의하면 이 보제선사는 본래 시흥종에 속해 있던 절이라고 한다.

그러나 시흥종의 종지와 연원은 알 수가 없다. 더구나 불교종파의 시원인 중국에도 그러한 종명이 보이지 않아 짐작할 수조차 없다. 시흥종의 종명이 산이름을 따왔다고 되어 있으나 현존 사료에 있는 시흥산에 종파가 성립되어 있었다는 흔적도 찾을 수가 없다.

● 신인종(神印宗)

신라 문무왕 때의 고승 명랑(明朗)을 종조로 하는 신인종은 고려 태조가 현성사(現聖寺)를 세운 이후 성립된 종파이다. 태조가 국가를 일으킬 때에 해적의 침입이 있자 신라 명랑의 후예인 광학(廣學)과 대연(大緣)을 청하여 문두루비법(文豆婁秘法) 곧 신인법을 베풀어 적을 물리친 일이 있다.

태조는 두 고승을 위해 현성사를 세워 주었으며 그 현성사가 신인종의 근본도량이 된 것이다. 고려 때의 대부분 종파가 중국의 종파를 거의 그대로 이어 받았지만 신인종은 신라 명랑에 의해 시작된 문두루비법을 계승한 순수한 고려의 종파라고 할 수가 있다.

문두루비법은 《관정복마봉인대신주경(灌頂伏魔封印大神呪經)》에 설해져 있는 밀교적인 비밀법이다. 그러나 광학과 대연 이후 신인종이 어떻게 전개되어 갔는지에 대한 자료는 보이지 않는다. 조선 초에 11종에는 이름이 보이며 7종으로 축소될 때 중도종(中道宗)과 합쳐져 중신종(中神宗)이 되었다.

● 분황종(芬皇宗)

분황종에 관한 기록은 《파한집(破閑集)》과 《고려대장경교정별록(高麗大藏經校正別錄)》에 보인다. 《파한집》에는 왕륜사(王輪寺) 승려인 광천(光闡)을 분황종 승려라고 적어 놓고 있다. 또 《교정별록》의 대집경조(大集經條)에는 이 경전이 분황종에서 오래도록 행하고 있다고 기록되어 있다.

이 기록들이 고려 고종 무렵에 이루어진 것이므로 이 시기의 전후에 분황종이 있었던 것은 사실임을 알 수 있으나 어떠한 종파인지는 기록이 없어 알 수가 없다. 종명으로 미루어 분황사와 관련이 있지 않을까라고 생각할 수도 있지만 추측할 근거가 없다. 이 종파는 조선 초의 11종파에는 없다.

● 해동종(海東宗)

해동종에 관한 기록은 《동문선》 27권 하천단(河千旦)의 해동종수좌관고(海東宗首座官誥)와 해동종승통교서(海東宗僧統敎書) 및 관고(官誥)에 보인다. 승통관고에는 '신라 때 원효가 백가(百家)의 이론을 화합·조화하고 두 갈래의 법문을 하나로 돌아가게 하였다'고 되어 있고 '금강삼매를 얻어서'라는 말이 나온다. 이것으로 보아 해동종은 원효가 시조이거나 관계가 있고 원효가 저술한《금강삼매경소(金剛三昧經疏)》와 연관이 있는 종파임을 알 수가 있다.

그러나 이외에 해동종을 알 수 있는 자료가 없고 더구나 조선초의 11종파에도 없어 단지 원효의 교학을 중심으로 한 고려의 종파인 것만 알려지고 있다.

● 총지종(摠持宗)

신라 문무왕 때에 당나라로 유학을 갔다 귀국한 혜통(惠通)이 밀교의 교풍을 크게 떨쳤다 하여 그를 총지종의 개조로 보기도 한다. 이 종파는 신라 때에는 종파로 성립되지 않았으며 고려에서는 지념업(持念業)으로 통칭되어 오다가 후기에 이르러 총지종이라는 종파 이름이 정착되어진 듯하다.

총지란 다라니의 번역으로 선법(善法)을 간직하여 잃지 않고 악법(惡法)을 일으키지 않는 힘을 뜻한다. 이는 염(念)·정(定)·혜(慧)를 체(體)로 삼으며 진언밀어(眞言密語)를 가리키는 말로도 쓰인다. 따라서 총지종은 진언밀교종파이다.

인도에서 성립된 밀교가 중국에 들어와 진언종(眞言宗)을 성립한 뒤 의림(義林)·혜일(惠日) 등의 신라 고승들이 당나라에서 귀국하여 밀교를 전파하였다. 이후 신라와 고려에 밀교가 크게 성한 것 같으나 어떠한 형태로 종파가 성립되었는지는 알 수 없고 종명만이 전해지고 있다. 다만 총지종이나 지념업의 승려들이 선종 계통의 승려들처럼 선사·대선사의 법계를 받았다는 사실만을 알 수 있을 뿐이다.

● 도문종(道門宗)

태종 6년(1406) 의정부 계청에 보이는 11종 중에 도문종이 들어 있

958

다. 여기에 당시 화엄종과 도문종을 합해서 전국에 43개의 절이 있었다고 한다. 이듬해에 7종으로 축소했을 때 도문종의 기록은 없다. 화엄종에 통합되었던 것으로 보인다. 도문종에 관한 기록은 이것이 유일하므로 종지가 무엇이고 어떤 종파인지 알 수가 없다. 화엄종에 합쳐진 것으로 보아 화엄교학에 가까운 종파가 아닐까 유추할 뿐이다.

● 중도종(中道宗)

조선 초의 11종에 이름이 보이는 종파이다. 이로 보아 고려 때의 종파임에는 틀림없으나 내용은 알 수가 없다. 중도종과 분황종·해동종이 동일한 종파로 신라의 원효에 의해 이루어졌다고 보는 이도 있으며 중국의 삼론종이 고려의 중도종이라고 하는 이도 있으나 추측일 뿐이다.

● 천태소자종(天台疏字宗) / 천태법사종(天台法事宗)

조선 초 11종에 이름이 보인다. 고려시대에는 천태종이라는 이름만 보이는 것으로 보아 고려 말기에 천태종이 소자종과 법사종의 두 파로 나누어진 것이 아닌가 추측해 볼 수 있다. 천태소자종의 종지나 내용은 전해지는 것이 없다. 《조선불교통사》에서는 대각국사의 제자인 교웅(敎雄, 1076~1142)에서 비롯한 것으로 추측한다. 일찍이 교웅이 국청사의 강사로서 경론의 뜻을 밝혀 학인들에게 법을 전한 것을 들어 소자종의 시초라고 추측하는 것이다.

천태법사종의 종지나 내용에 관한 기록도 보이지 않는다. 《조선불교통사》에서는 고려 선종 9년(1092)에 왕태후가 견불사(見佛寺)에서 천태종 예참법을 만일을 기하여 개설한 사실 등을 예로 들고 법사종이라고 하는 것은 아마 법화예참법의 불사를 수행하는 종파일 것이라고 추측하고 있다. 또 이 종파가 고려 고종 때 요세(了世)를 중심으로 하는 만덕산 백련사 일파를 가리킨다고 추측하기도 한다.

● 총남종(摠南宗)

조선 태종 7년 불교 종파가 통폐합될 때 총지종과 남산종이 통합되어 생긴 종파로 추측된다.

● 중신종(中神宗)

조선 태종 7년 불교 종파가 통폐합될 때 중도종과 신인종을 합쳐 생긴 종파로 보인다.

● 선종(禪宗)

조선 태종 7년에 조계종·천태소자종·천태법사종·총지종·남산종 등의 종파가 천태소자종과 천태법사종이 합쳐지고 총지종과 남산종이 합쳐져 조계종·천태종·총남종으로 축소되었다가 세종 6년(1424)에 선종으로 모두 통합되었다. 태종 7년에 123개의 절이 남아 있었던 선종은 세종 때의 통합으로 18개의 사찰과 1,970명의 승려만 남고 나머지 사찰과 재산은 몰수되었다. 더구나 종지가 서로 다른 천태종·총남종·조계종을 하나로 통합하였으니 이는 결국 교단의 쇠퇴를 가져올 수밖에 없었다. 이는 조선의 배불정책에 기인한 것이었다.

선종은 흥천사(興天寺)에 총본사를 두고 종무를 집행해 나갔으나 연산군 때에 이르러서는 승과마저도 실시하지 않았으며 중종 때에는 아예 이를 폐지하여 종파의 명맥이 거의 끊어질 위기에 있었다. 명종 당시 문정대비의 섭정으로 잠시 선교 양종이 부활되었으나 곧 폐지되어 조선 말까지 종파는 겉으로는 자취를 감추었다. 그러나 선종은 이러한 탄압에도 불구하고 '불립문자(不立文字)' '교외별전(敎外別傳)'의 교의를 이어 맥을 전해왔다. 벽송지엄(碧松智嚴, 1464~1534)·부용영관(芙蓉靈觀, 1485~1571)·청허휴정(淸虛休靜, 1520~1604)·부휴선수(浮休善修, 1543~1615)·벽암각성(碧巖覺性, 1575~1660) 등이 암울한 조선불교의 선맥을 이은 대표적 선사들이다.

● 교종(敎宗)

조선 초에 화엄종·도문종·중도종·신인종·자은종·시흥종의 6개 종파는 태종 7년에 화엄종·자은종·중신종·시흥종으로 축소되었다가 세종 6년에 하나로 통합되어 교종이 되었다. 이에 따라 태종 7년에 119사(寺)로 통합되었다가 세종 6년에는 18개 절과 1,800명의 승려만이 남게 되었다. 교종은 흥덕사(興德寺)를 총본사로 하였는데 선종이 탄압에도 불구하고 선맥을 이어온 데 반하여 교종은 경전을 소의로 삼는 까닭인지 맥을 잇지 못하고 끊어졌다. 현재 우리나라의 교학이 부진한 것도 이에 원인이 있지 않은가 추측해 볼 수 있다.

● 원종(圓宗)

1908년 3월에 전국의 승려 대표자 52명이 모여 구성한 종단이다. 원종이라는 이름은 우리나라 불교가 선·교·진언·정토 등 모든 면을 갖춘 원융한 교단이라는 뜻에서 붙여졌다고 하나 사실은 이 종파를 주도한 이회광(李晦光)이 일본불교와 합병하려는 음모를 꾸미다 발각됨으로써 종지·종풍이 없이 급조한 종명임이 드러났다. 원종은 1911년 일제에 의해 조선불교 선교양종으로 개명하게 된다.

● 임제종(臨濟宗)

원종의 이회광이 일본 조동종에 조선불교를 복속시키려는 음모를 꾸미다 발각되자 박한영·진진응·한용운·오성월 등이 1911년 1월에 순천 송광사에 모여 세운 종단이다. 이들은 조선의 불교는 선종으로 태고보우(太古普愚) 이래로 임제의 선맥을 이어왔기 때문에 임제종이라는 종명을 세웠다. 초대 종정에 선암사의 김경운(1852~1936) 화상을 선출하였다. 이들은 친일종단인 원종에 맞서 조선불교의 정통을 세우려 했으나 한일합방 이후 해체되었다.

● 조계종의 창립

일제의 식민지 아래에서 다른 사회부문과 마찬가지로 불교도 식민지 정책의 영향을 받았다. 1919년 3·1 독립투쟁 이후로 무단통치에서 문화통치로 정책을 바꾼 일제는 불교계에도 이를 적용하여 각종 규제법령을 완화하였다. 이를 계기로 불교계에도 단체가 난립하게 되어 결국 교단의 분열을 가져오게 되었다. 조선 민중을 하나로 뭉치지 못하게 한 이러한 분열정책이 불교계에도 적용이 되어 1930년까지 교계는 양분되어 서로 싸움을 벌여왔다.

그러나 일제가 중일전쟁과 제2차세계대전에 참전하면서 다시 정책이 바뀌어 조선 내의 제사회분야를 전시동원체제에 통합하기 쉬운 단일체제로 정비하기 시작했다. 여기에 불교교단 내에 교단의 통합을 원하는 불교인들의 의식이 마침 맞아떨어져 1941년 조선불교조계종이 설립되었다. 이후 조선불교조계종은 해방 직후 대한불교조계종으로 개명하고 1954년 소위 정화운동이 일어날 때까지 단일교단으로 명맥을 유지하여 왔다.

● 비구승과 대처승의 분규

1954년 이승만의 정화유시 이후 일어난 비구대처의 분규는 이후 한국불교의 다종파시대를 여는 계기가 된다. 비구대처의 분규는 비구측 주장의 정당성에도 불구하고 그 방법에 있어 점거·폭력·자해·소송 등의 세속적 방편을 구사함으로써 이후 종파의 분열이 부처님의 가르침에 대한 해석상의 차이보다는 기득권 다툼 위주의 분열로 만드는 결과도 가져왔다.

● 조계종과 태고종의 분리

비구대처분규는 1970년에 이르러 대처승도 인정하자는 교단이 조계종에서 분리되어 한국불교태고종을 설립함으로써 일단락을 짓게 된다. 양 종단은 종지나 소의경전 등 이념과 사상에서는 별다른 차이가 보이지 않는다. 현재 한국불교는 약 40~50개의 종파가 난립되어 있는데 그 중 조계종과 태고종이 가장 많은 신도를 확보하고 있다.

● 불교재산관리법

1911년 일제가 불교계를 장악하기 위해 만든 사찰령은 1961년 5·16쿠데타에 의한 군사정권 이후 1962년 불교재산관리법으로 이름만 바뀌어 불교계를 통제하게 된다. 이 법에 의해 당시에 존재하던 조계종 이외 18개의 종단이 등록되었다. 이후 불교계는 끊임없이 불교재산관리법의 부당성을 제기하여 1987년 이 법을 폐지시켰다. 이때부터 전통사찰 이외의 사찰 및 교단 설립이 자유로워지자 교계에는 종파가 난립하게 되었다.

● 다종파시대의 개막

현재 한국에는 약 40~50개의 종파가 있다. 이 중에는 종파라고 할 수 없을 정도의 교세를 가진 것도 있으며 선의 종지를 표방하면서도 염불이나 진언을 하는 종파도 있다. 이러한 종파들이 난립하여도 역시 한국불교를 대표하는 것은 2~3개 종단에 불과하다. 현재 종파의 명칭은 다음과 같다.

대한불교조계종·한국불교태고종·대한불교총화종·대한불교진각종·대한불교진언종·대한불교불입종·대한불교일승종·대한불교법화종·한국불교법화종·대한불교원효종·대한불교화엄종·대한불교미륵종·대한불교용화종·대한불교법상종·대한불교천태종·대한불교보문종·천화불교·관음종·법륜종·불교총지종·원융종·본원종·삼론종·조동종·한국대승불교여래종·미타종·열반종·대승종·정토종·일붕선교종 등.

4. 일본의 종파

● 남도육종(南都六宗)과 그 외의 종파

일본불교의 초기 종파를 일컬어 흔히 남도육종이라고 한다. 남도육
종은 삼론종(三論宗)·성실종(成實宗)·법상종(法相宗)·화엄종(華嚴
宗)·율종(律宗)·구사종(俱舍宗)을 말한다.

이들 종파는 대부분 중국에서 건너온 것으로 일본불교의 종파로 보
기는 어렵다. 이들 종파가 중국이나 한국의 종파와 다른 점은 중국의
종파가 1사찰 1종파였던 것에 비해 일본 종파는 1사찰에 다수의 종파
가 함께 있었다는 것이다.

나라시대의 종파는 중(衆)과 종(宗)이 혼용되어 사용된 듯하다. 일
본에서 중(衆)은 각 사찰 단위의 연구단체를 지칭한다. 나라시대의
종파는 남도육종 이외에 별삼론중(別三論衆)·섭론중(攝論衆)·수다
라중(修多羅衆)이 있다.

이 시대에 독립된 종파나 학문단체로까지 발전되지는 않았지만 성
행되었던 것이 고밀교(古密敎)이다. 고밀교는 일반적으로 헤이안(平
安)시대에 들어온 새로운 밀교에 대응하는 말이다.

● 천태종(天台宗)

일본불교의 천태종은 최징(最澄, 767~822)에 의해 독립된 종파로
발전하였다. 당시의 일본불교계는 삼론과 법상의 대립이 격화되었던
시기로 최징의 천태묘지(天台妙旨) 강연은 이를 해결하고 국론을 통
일하는 역할을 하였다.

최징은 이후 804년 입당하여 중국 천태종의 제6조 담연의 제자인
도수와 담연으로부터 천태학을 수학하였다. 805년 귀국한 최징은 이

후 다른 종파와 논쟁을 벌이며 천태종의 독립에 힘썼지만 교리적인 조직체를 완성하지 못하고 임종했다.

최징은 입당시 중국의 순효(順曉)로부터 밀교에 대해 수학하기도 했다. 이로 인해 안연(安然, 841~884?)에 이르러서는 밀교와 융합한 태밀교학이 성립되기도 했다. 이러한 태밀교학은 양원(良源, 912~988)에 이르러 밀교 일변도에 대한 반성이 일어나 천태교학의 진흥과 부흥을 맞게 된다.

●진언종(眞言宗)

일본의 진언종은 최징과 함께 당나라 유학을 했던 공해(空海, 774~835)에 의해 독립된 종파로 형성되었다.

일본불교는 806년 정월, 최징이 상소를 올려 각 종파를 합하여 매년 12명의 출가를 공인해 줄 것을 제의했다. 이것이 받아들여져 화엄종·천태법화종·율종이 각 2명, 삼론종과 법상종은 각3명씩으로 3명 중의 1명은 제각기 성실종과 구사종을 학습시키기로 하였다. 이것을 연분도자(年分度者)라고 한다.

일본의 종파는 이 연분도자를 허락받음으로써 독립된 종파로 형성된다. 진언종도 승화(承和) 2년 835년 1월 진언종 연분도자 3인(금강정업·태장업·성명업)을 허락받아 종파를 세웠다.

천태종과 진언종은 헤이안시대의 가장 유력한 2대 종파이다.

●정토종(淨土宗)

헤이안시대의 정토교는 독립된 종파로 성립되지 못했다. 단지 광범위하게 유포된 신앙으로서 기존의 진언종이나 천태종의 연분도자 1인으로 명맥을 이어왔다.

그러던 중 안원(安元) 원년(1175)에 법연(法然, 1133~1212)이 염불전수(念佛專修)를 택하고 1198년에 《선택본원염불집(選擇本願念佛

集)》을 찬술함으로써 정토종 개종을 선언하였다. 그러나 법연이 입적한 후(1211) 정권에 의해 염불탄압이 계속되는 등 정토종은 시련을 겪게 된다.

일본불교 종파의 특징은 같은 종파라고 하더라도 그 가운데 여러 가지 파로 나누어진다는 것이다. 정토종도 법연 이후 행서(幸西, 1163~1247)·융관(隆寬, 1148~1227)·증공(證空, 1177~1247) 등으로 각기 일파를 이루게 된다.

가마쿠라시대 정토종은 친란(親鸞, 1173~1262)과 일변(一遍, 1239~1289)에 의해 교단으로 정착한다.

● 일련종(日蓮宗)

중세에서부터 현대에 이르기까지 일본사회에 가장 큰 영향력을 끼치고 있는 일련종은 일련(日蓮, 1222~1282)에 의해 시작되었다.

일련은 1257년부터 계속된 천재지변과 기근·역질이 사설(邪說)을 믿고 정법인 법화를 소홀히 했기 때문이라고 주장했다. 그는 특히 염불종의 개조 법연을 삿된 말과 정법을 훼방한 무리라고 단정하고 재난의 화근이 여기에 있다고 하여 염불을 금하고 법화의 정법에 귀의하는 것이 국가안녕의 기본이라고 논했다. 법화창제의 사상을 선양함으로써 입교개종을 한 일련종은 일련이 입적한 후 6명의 직계제자와 12명의 법제자에 의해 계승되었다. 일련종은 이후 정토종과의 사상논쟁과 탄압을 거치면서 성장을 하였으며 전후 일본의 정치에도 진출하는 등 많은 활약을 하였다.

일련종은 《법화경》의 명호를 외우는데 이로 인해 《나무묘법연화경》의 일본어 발음인 '남묘호렝게교'로 우리나라에는 알려져 있다.

● 임제종(臨濟宗)

일본에서 처음으로 선종을 연 것은 영서(榮西, 1141~1215)이다. 그는 중국에 가서 허암화상을 스승으로 임제종 황룡파의 선을 익히고 인가를 얻었다. 그는 일본에 귀국한 후 1202년 교토(京都)에 건인사(建仁寺)를 세우고 개산자(開山者)가 되었으니 이것이 일본 임제종의 흥기가 된다. 임제종은 그 후 1246년에 난계도륭(蘭溪道隆)이 도일한 것을 비롯하여 무학조원(無學祖元), 일산일녕(一山一寧) 등의 송승(宋僧)이 건너와 가마쿠라와 교토의 오산(五山)을 중심으로 크게 번영하였다. 무로마치(室町)시대 이래 임제종은 귀족적인 취미생활과 이어져 조용하고 한가로운 유희가 되는 경향이 있었다.

임제종은 17세기에 이르러 지도무난(至道無難)이 민중적인 선을 말한 후 은둔생활을 하였다. 또 백은혜학(白隱慧鶴)은 평범한 말로써 가르침을 설하고 많은 제자를 육성하였는데 현재에 이르기까지 임제종의 계통에는 백은 문하의 사람이 많다고 한다.

● 조동종(曹洞宗)

조동종의 개조는 영서와 그 제자 명전(明全, 1184~1225)에게 사사한 도원(道元, 1200~1253)이다. 도원은 송나라에 유학하여 천동산의 여정(如淨)에게 지관타좌(只管打坐)를 배웠다.

1227년 귀국한 도원은 1244년 영평사(永平寺)를 개창했는데 이것이 일본 조동종의 시작이다. 이후 조동종은 지방으로 퍼져 민중의 종교로 뻗어나갔지만 활발한 교세를 가지지는 못했다. 조동종은 17세기에 이르러 만산도백(卍山道白)을 중심으로 한 유지들의 활동에 의해 새로운 발전의 길을 열어 오늘에 이르고 있다.

조동종의 종지는 노력하는 수행 그대로가 증오(證悟)라는 것이다.

제16장

세계 불교의 현황

제16장
●
세계 불교의 현황

洪 思 誠

● 세계의 불교분포

불교는 수천 년의 역사를 경과하면서 지역·시대·사회에 따라 원초적인 형태가 어느 정도 변화됐다. 경우에 따라서는 전혀 새로운 불교를 만들어 내기도 했다.

아시아에서 불교의 판도는 크게 둘로 나눌 수 있다. 하나는 테라바다(Theravāda ; 上座部)를 신봉하는 남방불교권이고, 또 하나는 마하야나(Mahāyāna ; 大乘)를 믿는 북방불교권이다.

전통적인 보수불교 테라바다는 현재 스리랑카·미얀마·태국·라오스·캄보디아 등지에서 열렬히 신봉되고 있다. 이 계통은 초기불교의 순수한 전통을 충실히 지켜왔다고 자부하고 있다.

서력기원을 전후해 일어난 대승불교는 두 가지 형태로 존재하고 있다. 네팔·시킴·부탄·티벳·몽골·구 소련의 일부에 퍼져 있는 라마교(密敎)와 중국·대만·홍콩·베트남·한국·일본·말레이시아·싱가포르 등지에서 신봉되는 선과 정토가 혼합된 대승불교가 그것이다.

7세기경에 일어난 밀교는 티벳에 들어가 라마교라는 독특한 모습으로 변해 몽골에 전해졌고 네팔에도 들어갔다. 1951년 티벳이 중국과 평화해방협정을 조인한 후 중국 자치구로 편입되면서 많은 라마승들은 네팔과 시킴으로 옮겨가 밀교의 전통을 지켜가고 있다.

중국·대만·한국·일본 등은 전통적인 대승불교를 신봉하고 있다. 대승불교는 무엇을 소의경전(所依經典)으로 하느냐에 따라 종파불교가 성립된 역사를 갖고 있다.

19세기 서구의 불교수용은 순수한 학문적 관심에서였다. 불교를 역사적으로 이해하고 연구하는 시각을 열어 준 것은 서구의 불교학자들이라고 할 수 있다.

동서의 문화교류가 시작되자, 동양의 불교국들은 전도승을 파견했다. 미국에서는 동양계 이민자들과 전도승, 서구학자들에 의해 불교가 더 널리 전파됐다. 그러나 불교는 아직 서구에서 일반화되지 못하고 있다. 그렇지만 유럽이나 미국 곳곳에 선원이 늘고 불교강좌가 성황을 이루는 것은 서구불교의 가능성을 말해 주는 것이다. 서구의 불교는 각종 불교가 다 수용돼 있기 때문에 통합 재창조하는 새로운 불교가 예상되고 있다. '신승(新乘 ; Navayāna)'이란 말의 출현은 그 대표적 징후다.

● 세계의 불교도

오늘날 전세계 불교도의 수는 산출기준에 따라서 많은 차이가 있겠지만, 1989년도 영국 브리태니카 사전에 따르면 86개국에 311,836,170명으로 나타났다. 이 숫자는 세계 종교인구의 6.1%다. 그러나 비교적 불교의 영향이 크다고 볼 수 있는 나라의 잠재적 불교신도까지 계산한다면 그 수치는 9억3천만 정도가 될 것으로 학자들은 추산하고 있다. 그 나라들이란 스리랑카·미얀마·태국·캄보디아·라오스·베트남·네팔·시킴·인도·한국·몽골·중국·대만·일본 등이다.

과거 아시아에서 커다란 세력을 형성했던 중국이 공산화되어 있어서 불교가 어느 정도 위치를 차지하고 있는지 확인이 어려운 실정이다. 그러나 이 나라에도 공산정권의 승인을 받은 전국적인 불교조직이 있다.

티벳을 포함한 중국에서 불교가 어느 정도 영향력을 행사하고 있는가 하는 문제를 확인할 방법이 없다는 것을 이유로 해서 중국을 제외한다면 나머지 나라의 불교도 수는 2억3천만이라는 계산이다. 그 가운데 적어도 5천만 명은 남방불교(테라바다)의 신봉자들이며, 이에 대하여 1억8천만 명은 북방불교(마하야나 ; 대승)의 신봉자들이다. 이 밖에 남북 아메리카와 유럽에도 불교도를 자처하는 사람이 적지 않다.

세계에서 가장 크고 보편적인 종교 중의 하나인 불교는 세계 각지로 전파되어 오늘에 이르기까지 인류에게 깊은 감화를 미쳐 왔다. 특히 아시아 여러 나라에서는 가히 그 정신문화의 근간을 형성하고 있다고 할 수 있다.

그러나 각국의 불교도는 교단적 측면에서나 교리적 측면에서나 전체가 하나로 통일되어 있지 못하고 나라마다 서로 격리된 상태에서 존재해 왔다.

세계의 불교도들은 제각기 자기들의 전통과 신앙양식만이 가장 정통적이고 순수한 것이라고 생각하고 있다. 그러므로 다른 나라의 불교도들과 밀접한 교섭을 갖는 일은 매우 적었다. 이는 결과적으로 불교를 더 이상 발전할 수 없게 하는 요인이 되었다. 이제부터라도 세계의 불교도들은 각국 불교의 역사와 전통, 현재의 실정을 이해할 필요가 있다.

● 세계의 불교기구

불교는 아직까지 세계를 통합하는 기구를 갖고 있지 않다. 불교에 교황과 같은 존재가 없는 것은 근원적으로 교리에 근거한다. 불교의 가르침은 신과 같은 절대자를 상정하지 않고, 누구나 깨달음을 얻으면 부처님이 된다는 것이다.

불교가 세계적인 통합·통일이 안되는 이유에는 각국의 불교가 의지하는 경전이 다르다는 점도 빼놓을 수 없다. 불경은 워낙 방대해 통일성전을 갖는 것이 사실상 어렵다.

그러나 사회가 발전하고 조직화되는 추세를 반영하여 세계적인 연합기구의 필요성을 불교도 인정케 됐다. 이리하여 생긴 것이 1950년 스리랑카 콜롬보에서 말라레세케라 박사에 의해 창설된 세계불교도우의회(W.F.B.:World Fellowship of Buddhist)이다. 이 모임은 출가승려와 재가불교도가 함께 참여하여 우의를 다지고 공통의 관심사를 논의한다. 27개국 대표가 모여 창립대회를 가진 이래 꾸준히 장소를 바꿔가며 회의를 열어 왔다. 90년 11월 제17차 대회는 제8차 WFBY(세계불교청년회)대회와 함께 서울에서 개최됐다.

WFB가 결성된 이후 세계의 불교도들은 나라마다 틀린 불기(佛紀) 연대를 통일하는 작업을 하는 등 세계불교의 연합기구로서 주목할 만한 활동을 전개해 오고 있다. 93년 3월말 현재 37개국 120개 지부가 가입돼 있다.

우리나라는 56년 제4차 네팔 대회 때부터 비공식 대표로 참석하다가 66년 태국에서 열린 제8차 대회 때 정식 회원국이 됐다. 한국은 부회장국으로 3개 지부를 갖고 있다. 북한은 1986년 제15차 네팔 카투만두 대회 때 가입됐다.

또 하나의 불교의 세계적 기구로는 세계승가회(W.B.S.C:World Buddhist Sangha Council)가 있다. 1966년 스리랑카 콜롬보에서 창설된 이 단체는 출가승려들만의 모임으로서 3년마다 대회를 갖고 있다. 베트남의 공산화 이후 한때 공백기간을 갖다가 1981년 대만에서 3차 대회가 열려 재건됐다. 본부는 대만에 있다.

그 밖에 지역적으로는 유럽불교도연맹(B.U.E:Buddhist Union Europe)이 있고 몽골에 본부를 둔 아시아불교평화회의(ABPC)가 있다. ABPC는 12개 공산불교국가들로 구성됐으며, 몽골의 가단스님이 의장을 맡고 있다.

●인도의 불교

인도는 불교의 모국이다. 불교는 B.C. 5세기경 고타마 싯달타가 깨달음을 얻어 중생들을 위해 설법함으로써 생겼다. 불교는 재래종교의 의례적·주술적 요소를 부정하고 고도의 합리적 이성에 근거해 일어났으므로 당시 신흥세력으로 등장한 상인계급의 폭발적 지지를 얻었다. 교세는 급속하게 확장돼 부처님의 제자는 수천 명이 넘었고, 재가신도는 왕에서 천민에 이르기까지 다양했다.

부처님이 입멸하자 제자들은 4회에 걸쳐 불전(佛典)을 결집했다. 그 과정에서 교단은 상좌부와 대중부로 분열됐다. 다시 지말(枝末)분열이 일어나 기원 전후까지 18~20개 부파가 발생했다. 부파불교가 지나치게 전문화되자 쿠샨왕조에 이르러 이를 반성하는 대승불교가 흥기했다. 대승불교는 굽타왕조기(4~6세기)에 절정을 이루었다.

서로마제국이 멸망하면서 불교를 지탱해 온 인도의 상업사회는 몰락한다. 이로 인해 힌두이즘이 재흥하고 불교는 그 영향으로 비밀적·주술적 색채를 도입한다. 이것이 6세기 이후 인도불교를 지배하다 힌두이즘에 동화된 밀교다. 10~12세기 이슬람교도가 인도를 침입하면서 불교는 인도에서 자취를 감춘다.

불교의 고향 인도에서 불교가 다시 부활하게 된 것은 19세기 말이다. 스리랑카 출신 아나가리카 다르마팔라(1864~1933)가 시작한 대각회(大覺會)운동은 불적(佛蹟)을 부흥하고 성전을 출판하는 등 지식층의 불교에 대한 관심을 높이는 데 공헌했다. 그러나 1951년 이후 인도 불교도의 수가 급상승한 것은 빔라오 람지 암베드카르(1891~1956)의 신불교운동에 의해서이다. 암베드카르는 1955년 인도불교협회를 창설, 불교정신에 의해서만 계급차별을 타파할 수 있다고 역설했다. 1956년에는 50만 명 이상의 불가촉천민을 동시에 불교에 귀의시

974

켰다. 신불교도가 탄생된 것이다.

인도의 불교도 총수는 51년 18만 823명에서 71년 381만 2천 325명으로 늘어났다. 또 인도의 3대 정당들이 91년 암베드카르의 개혁정신 계승을 정치공약으로 내걸 만큼 신불교운동은 인도사회에서 정착되고 있다.

● 스리랑카의 불교

스리랑카는 상좌부 불교의 전통을 가장 확실하게 계승하고 있는 나라이다. 스리랑카 불교사는 B.C. 265년 인도 아쇼카왕이 왕자 마힌다 장로를 파견하면서 시작된다. 국왕 데바냥피야 티사가 불교를 도입한 1백 년쯤 뒤 스리랑카는 세계불교사에 유례없는 성전(聖戰)을 경험한다. 이 성전은 남인도 타밀인이 침입하여 불교도들인 싱할라인을 지배하려 하자 불교를 수호하기 위해서 일으킨 것이다.

스리랑카 불교는 대사파(大寺派)·무외산사파(無畏山寺派)·분소의파(糞掃衣派)·법설파(法說派)와 3세기에 들어온 대승불교의 방광부(方廣部) 등으로 분파되어 왕이 바뀜에 따라 부침을 거듭하면서 왕실 주도형으로 발전되었다. 7세기에는 밀교가 들어와 8~9세기까지 성행하기도 했다.

9세기 중엽부터 남인도의 침입으로 박해를 당한 불교는 의식을 행할 비구가 모이지 못할 정도였다. 국왕 비자야바후 1세(1055~1100 재위)는 미얀마 승단에 비구 파견과 성전(聖典)을 요청하여 상좌부의 법통을 다시 계승했다. 파락카마 바후 1세(1153~1186, 재위)의 교단 개혁에 의해 스리랑카 불교는 현대로 이어지는 남방 상좌부의 기초를 확립했다. 11세기에 미얀마, 13세기에 태국, 14세기에는 캄보디아로 각각 불교를 전파했으나 16세기 이후 포르투갈의 침공을 받아 불교는 배척을 당했고, 이어 네덜란드가 지배하면서(1655~1799) 승단의 법통이 끊어졌다. 17세기 초에는 미얀마에서, 17세기 후반에는 태국으

로부터 다시 법을 전해 받았다. 현재 태국에 의해 부활된 씨암파가 가
장 우세한 승단이다.

　이 나라의 사찰은 완전히 독립되어 있으며 중앙행정 부서는 없다.
승정은 명예직이며 사찰 재정은 신도회에서 관리한다.

　중요한 불교의식으로는 포야데이 · 페라헤라 · 보리수공양 등이 있
다. 포야데이는 매월 음력 보름날로 금욕 · 참회의 날이다. 페라헤라는
4세기경 인도에서 모셔온, 캔디에 있는 불치사의 부처님 치아를 코끼
리등에 올려 놓고 벌이는 순행제(巡行祭)이다

　인구의 67.4%가 불교도인 스리랑카 불교는 민중 속에 파고 들어가
있다. 각 가정과 사무실과 버스에도 불상이 모셔져 있으며, 아침 국영
방송국의 예불방송에 맞춰 예불을 하면서 하루를 시작한다.

● 미얀마의 불교

　미얀마에서 불교는 전통적으로 국교의 위치를 누려 왔다. 역대 왕
들은 그들의 신성(神性)을 불교적 근원에서 찾았고, 국민들의 일상생
활도 불교와 깊은 관계를 맺고 있다. 현재 남아 있는 셰다곤탑이나 만
달레이탑은 왕들의 후원으로 건립된 것이다. 국민들의 교육도 대부분
사원에서 담당하며 8~9세의 어린이는 지방사찰이 운영하는 학교에서
기초교육을 받도록 되어 있다. 전체 인구의 85%가 불교도이다. 승려
와 사미승의 수는 8~12만 명으로 추산되고 있다. 2차대전 전 한때는
미얀마 남자의 10% 가량인 80만 명이 비구와 사미승이었다.

　미얀마에 불교가 개교된 것은 11세기경 파간왕조를 세운 아누라타
왕(1044~1077 재위) 때이다. 역사가들은 미얀마에 불교가 공식으로
개교되기 전에 이미 부파불교와 대승불교 · 밀교 · 힌두교가 들어와 있
었던 흔적을 발견해 내고 있다. 아누라타왕은 갖가지 종교가 혼합되어
있던 미얀마에 스리랑카에서 전승해 온 상좌부 불교를 확립하여 오늘
날의 미얀마불교의 기초를 마련했다.

미얀마불교가 정치권력에 의해 최초로 시련을 겪은 것은 1826～1848년까지 22년 간 영국의 식민통치 기간이었다. 젊은 퐁기(Pongi ; 미얀마에서 스님을 지칭하는 말)들은 반식민투쟁에 있어서 최초의 민족주의자가 되었다. 1908년에 청년불교도협회가 창설되었고, 일반불교도협회가 1911년 조직되어 반영(反英)운동의 중요한 역할을 했다. 미얀마의 독립운동에 불교가 끼친 영향은 매우 컸다. 다양한 인종집단과 계층을 통합·연결시킨 것도 불교였다.

미얀마는 독립정부를 세우면서 민족주의의 지도자로 추대된 우누 수상의 영도 아래 1949년과 1951년에 사찰법을 제정했다. 또 1만 명을 수용할 수 있는 동굴강당과 불교대학·세계평화사원 등을 축조했다. 태국·스리랑카와 WFB를 창설하고 1954년 12월 제3차 세계불교도대회를 지원했다. 1961년 불교가 헌법상 국교로 공식 채택됐으나 소수종교의 반발로 사회가 혼미에 빠지자 네윈이 쿠데타를 일으켜 헌법을 정지시켰다. 불교도인 네윈은 정교(政敎)분리를 위해 1964년 4월 반정부적 승려 92명을 체포하기도 했다.

미얀마의 종단은 3개 종파로 구성되어 있다.

● 태국의 불교

불교가 국교인 태국은 전인구의 93%가 불교도이다. 사원은 2만4천개, 승려 수는 17만6천여 명이다. 남자는 만 20세가 되면 일정기간 사원에서 수도생활을 하는 관습이 오늘날까지 전해지고 있다.

태국의 불교는 민중의 생활에 깊이 침투되어 사원은 사회생활의 중심역할을 한다. 출산·결혼·장례 등 모든 일상생활을 불교의식으로 하고 있으며, 사원은 주민의 집회장이자 병원·양로원 구실도 하고 있다. 대학교육을 받은 승려들은 마을로 돌아와 민중들에게 학문을 베풀어 준다. 대부분의 초등교육기관도 사원에 설치되어 있어서 일반 청소년들은 어려서부터 자연스럽게 불교교육을 받고 있다.

태국의 불교 역사는 불사리가 봉안돼 있다는 다트 파놈사원의 전설을 고려하면 2500여 년 전으로 거슬러 오른다. 그러나 태국에 상좌부 불교의 전통이 확립된 것은 14세기 아유타야왕조 때다. 이 왕조의 시리 슈리아밤사 라마왕은 1361년 스리랑카에서 불교를 받아들여 국가적 종교로 삼았다. 그 후 1750년에는 스리랑카에 불교를 역전파했다.

아유타야왕조가 1769년 버마(현재의 미얀마)의 공격으로 멸망한 후 포악한 정치로 신망을 얻지 못한 새 왕조의 파라야 탁신은 그를 따르지 않는 승려를 체포, 태형에 처했다. 탁신을 살해한 차크리 장군은 1782년 방콕왕조를 세우고 구금된 승려를 풀어 지위를 회복시켜 주고 경·율·논 삼장을 교정하여 특별 법당에 봉안했다.

1851년 새 왕으로 즉위한 몽구트는 태국불교의 개혁자로 유명한 라마 4세이다. 왕위에 오르기 전 26년 간 승원에서 비구생활을 한 그는 교단을 개혁하여 계율엄수를 강조했다. 그 결과 교단은 종교개혁의 소산인 담마유트니카야(정통파)와 마하니카야(대중부)로 나누어졌다. 교세는 2만여 사찰을 갖고 있는 마하니카야가 압도적으로 우세하다.

태국불교는 1950년 스리랑카와 함께 세계불교도우의회(WFB)를 창설하는 유력한 멤버로 참여했으며, 1958년 11월에는 방콕에서, 1966년 11월에는 쳉마이에서 5회와 8회의 세계불교도대회를 주최했다. 방콕에 WFB 본부가 있다.

● **라오스의 불교**

1975년 공산화되기 전의 라오스는 동남아시아에서 중요한 불교국가 중의 하나였다. 1965년 라오스 종교국의 발표에 따르면 전국민의 95%가 불교도로 승려 수는 12만 845명이며 사원 수는 베트남계를 포함해 1천 726개였다.

라오스의 불교교단도 마하니카야와 담마유트니카야로 나누어져 있다. 종파별 비율은 마하니카야 쪽이 압도적으로 많다. 전 라오스 교단을 관장하는 상가라자(법왕) 밑에는 5명의 고승으로 구성된 종교회의가 있으며, 지방에는 주지사에 해당하는 스님이 있다.

라오스에 불교가 전래된 것은 11세기경으로 추정되고 있다. 불교가 국가적 차원에서 보호되기 시작한 것은 16세기 란창왕조의 포테이사라트왕에 의해서였다. 국가적 행사나 민간의 관혼상제를 모두 불교식으로 행하는 라오스에서는 일반적으로 양가의 자제는 1개월에서 3개월 정도 견습승(사미)으로 출가생활을 하는 전통을 가지고 있다. 승려의 사회적 지위는 왕 다음으로 높았다.

왕실의 보호를 받아온 라오스 불교는 1947년 헌법 개정 때 국교로 정해졌다. 1951년에는 태국의 선례를 좇아 '라오스 상가법'을 제정했다. 라오스의 헌법 제7조와 8조에는 '불교를 국교로 한다. 왕은 그 최고의 보호자가 된다. 왕은 열렬한 불교신도가 아니면 안 된다.'고 명시했었다.

5백 년 전에 창건된 고찰 중앙사원은 장엄하고 아름다워 라오스 불교사원을 대표한다. 경내에는 팔리어 학교가 부설되어 있는데 이 학교를 졸업한 비구는 높은 대우를 받는다. 이 절에서는 청소년을 위한 야간학교와 일요학교를 운영하는 등 사회교육에 크게 이바지하고 있다.

라오스에서 가장 주목할 만한 사원 타트루앙사에는 '황금의 탑' 또는 '국왕의 탑'이라고 불려지는 탑이 있는데 탑 속의 거대한 에메랄드 불상은 태국이 약탈해 가져가 봉안하고 있다.

라오스는 불교가 국교로 되어 있었지만 승려의 정치개입은 허락되지 않았다. 그러나 불안한 정정(政情)을 반영하여 불교와 사회주의를 접목하려는 승려들의 움직임도 있었다.

● 캄보디아의 불교

캄보디아에는 불교와 힌두교가 혼재하여 있기 때문에 불교에 미신적 · 토속적 요소가 많다.

11세기 이후 확립된 상좌부 불교의 전통은 캄보디아를 인도차이나 지역에서 중요한 불교국으로 발전시켰다. 캄보디아의 젊은이들은 누구나 한번쯤 출가생활을 하는 것이 전통으로 되어 있다.

승단의 조직은 태국과 마찬가지로 마하니카야와 담마유트니카야 양파로 나누어져 있다. 1970년 통계에 의하면 승려 수는 5만4천5백 명, 사찰 수는 3천90개다. 1946년에 비해 승려 수는 줄었으나 사찰 수는 늘어났다. 캄보디아는 대개의 교육기관을 사찰에서 운영하고 있다. 1970년 사찰에서 운영한 초등팔리어학교는 529개, 학생 수는 1만983명이었다. 불교고등학교는 2개로 학생은 5백 명, 불교대학은 1개로 학생 수는 112명이었다. 이 같은 활동은 1975년 인도차이나 반도의 공산화로 서서히 사라져 가고 있다.

캄보디아에 불교가 처음 들어온 것은 기원전 3세기경에 아쇼카왕이 파견한 전도승에 의해서라고 전해지고 있다. 그러나 캄보디아 불교사는 3세기 초 열렬한 불교신도였던 범만왕 시대부터 비롯된다. 5세기 초 카운디야왕조가 들어서면서 캄보디아의 불교는 크게 융성하여 승가바라(460~524)와 같은 유명한 고승을 배출했다. 불교가 치성했던 부남(扶南)시대를 거쳐 진랍(眞臘)의 샤나바르만왕 때에는 대승불교가 이입됐고 관음보살상도 건립됐다. 9세기 초에 열린 앙코르왕조의 3대 왕인 야쇼바루만 1세는 대승불교를 공식으로 승인하고 세계적 걸작품 앙코르 와트를 조영했다. 이어 1002년에 즉위한 스리아바루만 1세는 불교를 국교로 삼았다.

1181년에는 캄보디아에서 최고로 존경받는 자야바루만 7세가 즉위하여 불교를 크게 진흥시켰다. 그는 관음신앙이 깊어 ‘크메르의 미소’ 같은 유명한 관음상을 여러 곳의 거대한 암석에 조각했다. 19세기 캄보디아를 통치한 프랑스는 불교의 포교를 억압했다. 그러나 캄보디아인들의 불교신앙은 열렬해 황의를 입은 승려들은 존경을 받았다. 외국인들은 캄보디아를 ‘승려의 나라’라고 부를 정도다.

● 인도네시아의 불교

인도네시아에서 한때 융성했던 불교는 유물만 남아 있을 뿐 거의 절멸 상태이다. 인도네시아에 불교가 전해진 것은 1~5세기 사이로 추정되고 있다. 이 기간 중 인도네시아 각 섬에는 인도로부터 불교와 힌두교를 배경으로 한 문화가 전파되었다. 법현(法顯)의 기록에 의하면 이 지역에는 힌두교가 융성하고 불교는 미미했었다고 한다. 그 후 계빈국(캐시미르)의 구나발마(求那跋摩, 367~431)가 찾아와 교화활동을 폄으로써 불교가 정착되었다.

8세기경에는 사이렌드라왕조(774~865)가 출현하여 불교 발전에 획기적인 기여를 했다. 역대 왕들은 불교를 신봉하고 사원을 많이 지었다. 이 지역에 퍼진 불교는 밀교 위주의 대승불교로서 귀족적인 색채가 농후했다. 유명한 보로부두르도 이때에 조영된 것이다. 이처럼 거대한 사원이 조영된 것으로 보아 과거 이 지역에서 불교가 어느 정도 흥왕했는지를 짐작할 수 있다.

10세기경 신도크가 자바지역에 새 왕조를 세우고 시바교를 보호하면서 이 지역 불교는 시바교와 혼융하며 발전했다. 한편 수마트라에는 7세기 후반 수리비자야왕국이 출현하여 급진적으로 발전했다. 의정(義淨)의 기록에 의하면 이 나라에는 '수천의 승려가 학문과 수행에 힘썼다.'고 되어 있다. 또 석가계율저(釋迦鷄栗底)라는 유명한 학승이 있었다고 전한다. 수리비자야는 11세기 초까지 최성기를 이룩했다. 이 무렵 불교도 극성하였으므로 법칭(法稱) 같은 대학장이 출현하여 교학을 크게 선양했다.

인도네시아 불교는 1293년 라덴 비자야가 세운 마자파히트왕조에 이르러 대승불교의 밀교가 힌두교와 혼융하는 현상이 두드러지게 나타난다. 결국 불교의 교의는 발붙일 수 없게 되어 많은 불교사원이 힌두화의 길을 걷게 되면서 '샤먼화된 불교'가 되고 말았다.

거대한 힌두교 국가 인도네시아는 이슬람교도의 침투로 1628년에는 사실상 이슬람 국가가 되었다. 현재 인도네시아에는 불교가 없다. 이 나라에서의 불교 사멸은 불교가 본래의 교의를 잃고 무속화될 때 필연적으로 망한다는 것을 교훈적으로 보여준 예다. 한국불교에도 좋은 타산지석이 된다.

●네팔의 불교

힌두교와 라마교가 혼재되어 있는 네팔은 불교에서 빼놓을 수 없는 성지 룸비니를 국경 안에 두고 있다. 부처님 탄생지 룸비니는 19세기 이전까지 매몰된 채 덩굴과 잡초만 무성했었다. 1896년 고고학자 퓨라 박사가 아쇼카왕이 세운 석주를 찾아내고 이곳이 룸비니임을 확인했다. 룸비니는 1967년까지만 해도 황폐한 모습의 유적지였다. 당시 이곳을 방문했던 우탄트(전 유엔사무총장)는 룸비니의 재건을 호소, 세계인의 호응을 얻어 이곳을 개발했다.

탄생의 성지 룸비니가 있는 나라 네팔에 처음 불교가 전래된 시기는 확실치 않다. 네팔불교의 상징인 스와얌부나트 스투파(塔)가 건립된 것이 1세기경이므로 이때에 이미 불교가 전래되었다고 할 수 있으나 역사적 사실과 다르다는 주장이 우세하다. 이 탑의 양식은 밀교의 영향을 받고 있어 네팔의 불교 전래시기는 훨씬 하대로 추정된다.

네팔은 인도와 인접해 있지만 티벳과도 접경을 이루고 있다. 한때 네팔은 티벳의 지배를 받았는데, 이때 라마교가 자연스럽게 네팔에 뿌리내리게 됐다. 물론 네팔은 불교를 티벳으로부터 전수받은 것만은 아니다.

오늘의 네팔불교는 곧 '라마교'를 지칭한다. 사원은 모두 티벳승려에 의해 운영되는 라마사원들이다. '살아있는 부처님'으로 추앙되는 달라이라마는 티벳이 중국에 의해 공산화되자 라마승들을 데리고 네팔로 옮겨 왔다. 근년에 와서 티벳난민과 승려 수가 늘어나자 사원도 새로 지었다. 네팔의 불교문화는 대체로 말라왕조(1200~1750) 후기에 완성된 것이다.

네팔벨리에는 엄격한 구분이 없는 힌두사원과 불교사원이 2천5백여 개에 달한다. 네팔불교에 대한 예비지식이 없는 순례자들은 힌두의 신상을 관음보살상이라고 참배하기도 한다.

네팔의 불교는 티벳에서 온 라마승들에 의해 명맥이 유지되고 있다. 스와얌부나트 사원은 소년불교학교를 운영하고 있으며, 학생은 2백여 명 정도다. 이들은 사원에서 합숙하면서 종교예절·교리 외에 일반 중학과정을 배우고 있다.

● 티벳의 불교

티벳에서는 8세기 후반 치데송첸왕 시대에 인도계 불교인 점오설(漸悟說)과 중국계 선종의 돈오설(頓悟說)의 대립이 심했다. 760년경 인도에서 온 학승 샨타라크시타, 파드마삼바바에 의해 인도불교가 성행하게 되고, 이어서 온 카말라쉴라에 의해 중국계 불교는 탄압되었다. 이 시기에 최초로 티벳인의 출가가 이루어졌다.

티벳에는 원래 신령을 숭배하는 샤먼적 토속신앙이 있었는데 파드마삼바바가 들여온 밀교와 혼융되면서 라마교라는 독특한 불교가 만들어졌다. 티벳의 초기불교를 '닝마파'라 한다.

9세기 전반 치데송첸과 그의 아들 르파찬은 불전의 용어를 통일하고 사전도 편찬했으며 많은 경전을 번역했다. 11세기 불교개혁을 위해 초청된 아티샤에 의해 카담파가 성립된 후 사카파, 카규파가 열려 티벳불교는 초기의 닝마파와 함께 4개의 종파로 분립하게 되었다. 13세기 중엽 중국 원조(元朝)의 티벳불교 숭배는 타락한 티벳불교를 더욱 타락시켰다. 이에 14세기 후반에 쫑카파가 등장하여 티벳불교를 개혁시켰다. 그는 라마승의 독신생활과 계율주의를 주장했다. 그를 따르는 사람들은 황색모자를 쓰는 것으로 흑색모자를 쓰는 본교(Bonpo)와 구별했다. 이들을 황모파라 하며 승정을 달라이라마라 하는데,

최근에 이르기까지 달라이 법왕국의 전통이 계승되고 있다.

1951년 티벳은 강제로 중국 자치구에 편입되었다. 이에 항거하던 달라이라마 14세는 1959년 인도로 망명했다. 티벳불교는 중국에 의해 철저히 파괴되어 3,700개나 되던 사찰은 13개만 남았다. 40만 명에 이르던 라마승들은 무참히 처형되거나 투옥되었다. 1965년 티벳이 중국의 자치구로 발족하고 4인방이 물러간 후 티벳불교는 다시 소생하는 기미를 보이고 있다. 1986년 2월18일부터 10일 간 라사의 대소사(大昭寺)에서 열린 '불교대법회'는 그 좋은 예다. 이 법회는 5백 년 전통을 가진 티벳불교 최대의 행사로 20년 만에 재현되었다.

티벳불교의 최대 자랑은 티벳대장경이다. 14세기 초 나르탕사에서 개판되고부터 10종 가량의 판본이 전해지고 있다. 밀교부의 방대한 문헌은 이 경에만 보이는 특징이다. 노벨평화상을 수상한 달라이라마 14세도 티벳불교의 자랑이라고 볼 수 있다.

● **몽골의 불교**

몽골불교는 원제국을 형성한 태조 징기스칸 때부터 보호를 받았으나 몽골정권과 불교의 관계는 태종 때부터라고 보는 것이 일반적인 견해다. 원조(元朝)의 숭불은 티벳에서 일어난 라마교의 도입으로 더욱 열렬해졌다.

원대의 라마승으로 가장 유명한 사람은 파스파(八思巴, 1239~1280)이다. 그는 티벳 라마교 승려로서 국사가 되고, 원제국 내의 전불교계를 통섭했다. 그는 티벳문자를 기초로 하여 몽골의 새 문자(파스파문자)를 만들고 1270년 그 공으로 제사(帝師)가 되었다. 제사란 황제에게 계(戒)를 가르치는 스승이란 뜻이다.

1280년 파스파가 죽자 원제국 각지에서는 제사사(帝師寺)가 건립되고 파스파의 상이 모셔졌다. 제사의 지위는 더욱 존엄해져 제사의 명령은 조칙(詔勅)과 동등한 권위를 가졌다. 원의 이처럼 도에 지나친

태도는 라마승을 타락하게 하여 마침내 원제국의 멸망을 초래하는 원인이 되었다.

1368년 원제국이 멸망하자 극성하던 몽골의 라마교는 쇠퇴의 길을 보였다. 북원(北元)의 알탄칸이 청해(淸海)를 원정하자 1574년부터 청해에서 사원건립이 시작되어 1578년에는 티벳의 법왕 제3대 달라이 라마 소남 강쪼 초청법회를 베풀었다.

1911년 10월 신해혁명 이후 외몽골이 러시아의 지배를 받으면서 1921년 몽골인민혁명당의 수흐바토르·초이발산 등이 혁명을 일으켜 몽골불교의 살아 있는 부처님(活佛)으로 추방받던 보크드 게겐을 원수로 입헌군주국을 세웠다. 라마교의 법왕으로 명목상의 원수이던 보크드가 죽자 소련의 무력을 배경으로 인민공화국이 수립되었다.

몽골인민공화국은 인구 155만 5천 명 중 80%가 라마교도이다. 한 집안에 남자아이가 많을 때는 한두 명을 출가시키는 풍습이 있다.

공산혁명 전에는 7백여 개의 사찰이 있었다. 혁명 초기 공산주의자들은 불교사원을 파괴하고 승려를 투옥·살해했다. 이 같은 반종교 정책이 국민들의 큰 반발을 불러 일으키자 몽골정부는 불교에 대해서 완화정책으로 전환했다. 몽골이 불교를 헌법상으로 공인한 것은 1934년이다. 현재 5개의 사찰에 2백여 승려가 있다. 울란바토르에는 ABPC 본부가 있다.

● **서역의 불교**

서역지방에 불교가 전해진 것은 기원전 3세기경 아쇼카왕 때로 알려져 있으나 본격적인 홍륭은 기원 1세기 인도의 굽타왕조 때였다.

서역지방은 서북인도 불교를 받아들여 '서역불교(西域佛敎)'라는 독특한 불교를 형성했다. 중국에 전해진 불교도 초기에는 바로 이 서역불교를 수입한 것이다. 중국불교 전래기인 1~4세기 무렵까지는 주로 서역출신 승려들이 중국에 가서 역경에 종사했다. 지루가참·안세고·

지겸 · 강승회 · 축법호 · 구마라집 등은 알려진 역경가들이다.

서역불교는 처음에는 중국에 영향을 끼치다가 나중에는 오히려 중국의 영향 아래 놓이게 되었다. 중국에 끼친 서역불교의 영향은 교학적 측면보다 신앙적인 측면이 더욱 강했다. 서역불교 미술의 절정을 보여주는 돈황을 비롯한 많은 석굴유적군의 벽화나 불상은 이를 뒷받침하는 자료이다.

서역에서 발견된 불교문헌은 산스크리트어 원본과 서역 여러 지방의 방언으로 번역된 것에 한역된 티벳어 경전이 포함되어 있다. 그 중에서 비교적 수가 많은 것은 코탄어역으로 된 대승경전들이다. 어떤 의미에서는 대승경전의 종합적 집성이 서역에서 행해졌을 것으로 보는 사람도 많다. 예를 들어 《80화엄경》의 원본은 코탄어역뿐이고 인도에서는 《화엄경》이나 《보적경》의 단편만이 전해지고 있다. 또 《대승기신론》의 경우 중앙아시아에서 편집되어 유행됐다고 가정하는 학설이 유력하다.

중앙아시아의 불교가 대승불교의 발전과정에서 빼놓을 수 없는 중요한 위치를 차지하고 있음은 주목해야 한다. 그럼에도 불구하고 이 지역의 불교가 역사의 전면에서 매몰되어 있었던 것은 안타까운 일이었다. 따라서 20세기 초 실크로드가 문화사적으로 새로운 조명을 받기 시작하면서 베일에 싸였던 화려한 불교문화가 서서히 그 모습을 드러내고 있는 것은 다행한 일이다.

그러나 오늘날 연구대상이 되고 있는 서역불교는 10세기 이전의 불교이다. 9세기부터 이 지역에 침입한 회교도들이 불교를 무차별 파괴했기 때문이다. 서역은 현재 중국의 신강자치구에 속해 있다.

● **중국의 불교**

중국에 불교가 전래된 시기에는 여러 학설이 있으나, 후한 영평10년(A.D. 67년) 대월지국으로부터 가섭마등과 축법란에 의해 처음 전

986

해졌다고 하는 것이 일반적이다.

중국불교의 역사는 크게 다섯 시기로 구분된다. 전한에서 동진 초에 이르는 제1기 전역시대에는 많은 역경승들에 의해 경전이 전래되고 번역되었다. 불교가 중국에 뿌리를 내리고 비약적인 발전을 이룩한 것은 제2기 연구시대이다. 이 시기에 교의연구가 매우 활발했고 일반에게도 신앙으로 받아들여지기 시작했다. 제3기 수·당대의 건설시대에 이르면 중국불교는 완전히 난숙해져 교학의 황금시대를 이룬다. 이 시기에는 교상판석을 중심으로 종파불교가 성립되었다. 종파불교 가운데 가장 중국적인 것은 선불교의 발흥이다. 제4기 계승시대인 송대에는 삼무일종(三武―宗)의 법난과 폐불사태를 겪고 어용화되면서 호국사상을 낳는다. 원대의 라마교 숭상은 중국불교가 독자성을 잃게 되는 분수령이 되었고, 명·청대에 이르러 중국불교는 쇠퇴기에 접어든다. 제5기 청조 말기의 불교는 거사들에 의해 주도된 느낌이 짙다.

불교가 극심한 타락의 양상을 보이자 사찰재산을 학교교육에 충당하자는 묘산흥학(廟山興學)운동이 일어났다. 이에 불교계는 단결의 필요성을 느껴 민국 원년(1912) 경안(敬安)이 상해에서 중국불교총회를 조직했다. 경안의 뒤를 이은 태허(太虛)는 민국13년 중국불교연합회를 새로 발족했다. 같은 해 7월 여산에서 세계불교연합회를 개최했으며, 인재 양성을 위해 무창불학원을 개설했다.

1949년 공산정권을 수립한 중국은 종교활동을 공인했다. 1953년 5월 향달·조박초 등에 의해 중국불교회가 설립되었고 불교문화재가 복구되었다. 1966년 문화대혁명으로 시작된 광적인 불교 박해는 70년대 중반까지 계속되었다. 그러나 중국불교는 1978년 이후 소생의 기미를 보이면서 관광목적이긴 하지만 사찰을 재건하고 강제환속시킨 승려에게 다시 승려증을 발급하고 있다.

현재 중국불교는 중앙기구로 중국불교협회를 북경에 두고 있으며 기관지 〈법음(法音)〉을 발간하고 있다.

● 대만의 불교

대만에 불교가 전해진 것은 명(明)의 유신 정성공(鄭成功)이 청(淸)에 항거할 근거지 마련을 위해 1661년 대륙에서 건너온 것이 계기가 된다. 대만 최초의 사찰은 1662년에 창건된 대남시의 죽계사이다. 청대에는 각지에 102개의 불교사원이 건립되었는데, 이 중 55개 사찰은 관음사라고 이름된 절이다.

청대의 대만에는 재가거사들의 재교(齋敎)가 크게 번성했다. 재교는 계율을 철저히 지켰다. 대만은 1895년 청일전쟁 종결 후 1945년까지 50년 간 일본의 지배를 받게 된다. 이 무렵 일본불교의 여러 종파가 포교소를 설치해 일본불교를 심었다. 특히 정토종 등은 대처육식(帶妻肉食)의 풍습을 전하여 한때 승려가 결혼을 하기도 했다. 그러나 대만불교도들은 항일혁명운동에 참여, 식민불교에 대항했다. 이때 재교는 일본인들의 대만통치 앞잡이 노릇을 하기도 했다.

1945년 일본이 항복하고 1949년 중국에 공산정권이 수립되자 국민정부는 대만으로 천도를 했다. 1947년 남경에서 재결성된 중국불교총회도 국민정부를 따라 대만으로 옮겨 왔다.

중국불교회는 1950년 대만에서 재건되었다. 대처육식하는 타락한 불교를 정화하기 위해 1953년부터 계단을 개설, 매년 엄정계율을 수계했다. 이로부터 대처육식의 폐습은 사라지게 되었다.

1981년 중국불교회가 내놓은 자료에 따르면 승려는 약 5만 명(비구 1만3천 명, 비구니 3만7천 명), 불교신도는 전체인구의 70%에 달한다. 중국불교회는 전국에 1천568개의 지회를 갖고 있으며, 이에 소속된 사묘(寺廟)는 3천여 개에 달한다. 신도단체로는 1968년에 창립된 중화불교거사회와 대학생 모임인 불교학사(佛敎學社)가 대표적이다.

대만불교의 특징은 활발한 사회봉사와 승려의 높은 자질이다. 중국불교회 산하 지회와 사찰 단체에서는 사회교육·의료복지시설 운영 등을 의무적으로 실천하고 있다.

대만불교에서 뺄 수 없는 것은 불광사(佛光寺)다. 1967년 성운(星雲)대사가 개창한 이 절은 5천 명이 동시에 법회를 볼 수 있는 대도량이다.

● 홍콩의 불교

홍콩에서 불교활동이 본격적으로 전개된 것은 1918년부터이다. 이보다 훨씬 오래 전 육조시대에 이미 청산사가 세워지기도 했고, 명대 이후로는 관음사·능운샤 등이 건립되어 홍콩불교의 거점이 되었다. 하지만 이때의 불교는 '홍콩불교'라기보다는 '광동불교'에 해당하는 것이었다.

이 지역은 아편전쟁 이후 본국과 정치적 관계가 단절되면서 중국과는 다른 '홍콩불교'로서의 면모를 갖추었다. 그 중 가장 특징적인 것은 거사불교다. 1925년에 결성된 거사림은 광명학교를 설립해 불교를 홍포하는 데 기여했다. 이 무렵 홍콩불교가 신흥 분위기를 맞이할 수 있었던 것은 중국의 정정(政情)이 어지러웠던 탓에 지도급 불자들이 많이 모여들었기 때문이다. 이 시기에 홍콩지역에는 불교도와 사찰의 수가 급격히 증가했다. 1931년에 홍콩불학회가 창립되었으며, 잡지의 창간과 불경 강의가 큰 유행을 이루었다. 또 정토를 중심으로 신앙단체도 결성되었다.

2차대전이 끝나고 1949년 중국에 공산정부가 수립되자 본토의 승려들은 약속이나 한 듯 홍콩으로 모여들었다. 이들 가운데는 대륙의 저명한 승려도 많았다. 대표적인 인물은 중국불교 근대화의 아버지로 불리우는 태허대사의 제자 법방을 비롯 염허·인순(나중에 대만으로 감)·종서·태창 등이다. 그러나 홍콩은 일시에 모여든 본토의 승려를 다 수용할 수 없었다. 따라서 이들은 대만·하와이·미얀마·스리랑카·캄보디아 등으로 화교들을 따라 떠났다. 이 중 가장 많은 승려가 간 곳은 싱가포르과 말레이시아이다.

대륙불교 승려들의 이주로 인해 홍콩불교는 질과 양에서 발전의 계기를 맞이하게 되었다. 절은 부족한 대지 때문에 평지보다는 고층건물이나 아파트를 임대한 형식이 많다. 이 현상은 1960년대 이후 두드러져 홍콩불교를 '맨션불교'라고 부를 정도이다. 이런 영향으로 현재 홍콩은 505만 인구 가운데 160만 명의 불교신도를 확보하고 있다. 승려 수는 3천여 명 정도이다.

홍콩불교의 가장 큰 특색은 사회교육과 복지사업이다. 1956년 이후 불교계가 설립한 초중학교가 34개에 달하며 자선사업 분야에서도 큰 성과를 거두고 있다.

● 한국의 불교

한국에 불교가 공식적으로 전래된 것은 고구려 소수림왕 2년(372) 중국 전진의 순도가 불상과 경전을 가져오면서부터이다.

백제에는 침류왕 원년(384)에 호승 마라난타가 동진으로부터 왔고, 신라에는 눌지왕(419~458) 때에 고구려의 묵호자라는 전도승이 최초로 불교를 전했다. 그러나 신라에 불교가 공인된 것은 법흥왕 14년(527) 이차돈의 순교가 있은 다음부터이다. 삼국이 불교를 공인한 뒤 한국의 고대불교는 찬란한 황금기를 구가했다. 승려들은 중국·인도로 유학을 갔고, 일본에 불법을 전해 주었다.

통일신라 전기에는 한국불교사상 경론에 대한 주석이 가장 활발했다. 후기에 와서는 선법(禪法)이 전래되어 한국불교의 가장 중심적인 사상체계로 위치를 확고히 했다.

고려대에도 불교를 국교로 숭상했으나 기복주의가 지배적이었다. 대각국사 의천과 보조국사 지눌은 한국불교의 전통을 되찾으려 했던 주역들이다. 고려왕실의 지나친 불교비호는 사원경제의 비대와 승려의 타락을 초래하여 배불론의 원인이 되었다.

조선조의 혹심한 배불정책 아래서 불교는 끈질기게 명맥을 유지했다. 조선후기에 이르러 승려는 도성 출입마저 제한받았다. 그러다가 1875년 일본승려들의 탄원에 의해 치욕스런 법령은 해제되었다. 일본은 한국을 합병한 뒤 사찰령을 제정하고 31본산제를 운영하여 한국불교를 통제했다. 이에 불교계에서는 민족적 자각이 일어나 항일운동에 나섰다.

일본불교가 남기고 간 대처문제를 해결하기 위해 1954년 정화운동이 시작되었다. 1962년 불교재산관리법이 제정되면서 대처와 비구의 싸움은 끝났다. 한국불교는 분규가 종식된 뒤 가장 큰 종단인 조계종을 비롯 태고종·천태종·진각종 등 18개 종파로 분립되었다. 1988년 불교재산관리법이 폐지되고 전통사찰보존법이 실시되면서 군소종단이 우후죽순처럼 생겨나고 있다. 전통승단인 조계종의 승려는 1만여 명이다. 불교신도 수는 1천5백만 명으로 추산되고 있다.

전법교화를 위해 도심 포교당이 늘어나고 있으며, 1990년에는 세계 유일의 불교방송국(BBS)이 개국되었다.

● **일본의 불교**

일본에 불교가 처음 전래된 것은 흠명천황 13년(552)이라고 하나, 그 이전에 백제에서 건너온 사람들에 의해 불교신앙은 신봉된 것으로 보인다.

일본에 불교가 정착하는 데 크게 기여한 인물은 성덕태자(574~622)이다. 그는 고구려의 혜자와 백제의 혜총스님의 가르침을 받았다. 불교가 국가의 보호 아래 토착화된 나라(奈良)시대(710~784)에는 교학의 수입경로에 따라 삼론(三論)·성실(成實) 등 6종의 학파가 나왔다. 헤이안(平安)시대(784~1185)로 바뀌면서 천태와 밀교가 수입되어 일본 종파불교의 원형이 되었다.

헤이안 중기에 법연이 정토종을, 법연의 제자 친란이 정토진종을 열면서 귀족불교는 민중불교로 전환하기 시작했다. 이러한 분위기는 가마쿠라(鎌倉)시대(1185~1333)에 더욱 확대되었다. 중국으로부터 임제·조동 계통의 선이 들어와 일본선종이 창종되었고, 일련이 법화종을 개교했다.

무로마치(室町)시대로 접어들어 일본불교는 경제적 궁핍을 타개하기 위해 밀교화되었다. 이 시대에 크게 번창한 것은 정토진종이다. 진종은 혈연에 의해 상속되는 일본적인 형태의 불교로 정착케 되었다. 일본의 종파불교는 이 시대에 뿌리를 내렸다.

에도(江戶)시대(1598~1867)에 와서 불교는 다시 국가불교 체제로 전환되어 막부가 주지의 임면권까지 장악했다. 막부의 불교관리는 불교교학과 종학발전 및 단가제도 확립의 계기가 되었다. 명치유신을 맞아 배불론자들에 의해 폐불훼석의 운명을 맞이한다. 불교는 자위책으로 군국주의에 대한 충성을 강조했다. 일부 양심적인 불교도는 신앙쇄신운동을 일으켰다. 일련종이 주도한 '신흥불교청년동맹'은 그 대표적인 예이다.

일본불교의 역사적 특색의 하나는 엄격한 종파불교이다. 최근 발간된 일본의 《종교총감》에 의하면 7개 계통의 1백80개 파에 이른다. 불교신도는 전체 인구 1억 2천만 중 9천만 명이 넘는다. 사찰 수는 10만여 개이다.

일본불교의 교학연구와 그 성과는 오늘날 세계불교학계에서 절대적 비중을 차지하고 있다. 교단이 세운 4년제 대학만 10여 개가 넘는다.

● 오키나와의 불교

유구(琉球)로 불리웠던 오키나와(沖繩)는 일본 영토의 하나이나 오래 전부터 독립왕국을 형성하여 일본과는 다른 독특한 불교문화를 갖고 있다.

오키나와에 불교가 처음 전해진 것은 1274년 일본승려 선감(禪鑑)에 의해서이다. 선감은 영조왕의 존숭을 받아 포첨성 서쪽에 오키나와 최초의 절 극락사(極樂寺)를 세웠다. 이어 1386년 일본의 뇌중법인(賴重法印)이 진언밀교를 갖고 도래했다. 오키나와의 진언밀교는 뇌중이 죽은 후 4백 년 동안 동면을 하다가 1521년 일수(日秀)가 일본에서 건너와 재흥시켰다.

1423년 중산왕 파지가 오키나와 전도를 통일하자 중국 명(明)의 책봉사 자산이 양국의 무사항해를 기원하여 대안선사를 창건했다. 이 절은 오키나와의 세번째 절이다.

1456년 오키나와에는 최초로 임제선이 전해졌다. 일본 경도(京都)의 개은승호가 건너와 광엄사·보문사·천룡사를 창건하고 이 밖에도 천계사·천왕사·원각사 등을 중흥하여 선불교를 크게 유통시켰다. 그는 12년 만인 1466년 다시 경도로 돌아갔다. 개은에 의해 비롯된 오키나와선종은 동복사파와 대덕사파로 크게 흥기했다.

1467년 오키나와의 왕 상덕(尙德)은 조선에 사자를 보내 앵무와 공작을 헌상했다. 이에 조선 조정에서는 고려대장경을 답례로 주었다. 상덕은 크게 기뻐하여 보물로 간직하다가 원각사가 창건되자 연못을 파고 1502년 윤장대를 만들어 봉안했다.

16세기 오키나와의 진언밀교를 재흥시킨 일본의 일수상인은 미타·약사·관음의 3상을 조성해서 재래의 민족신앙과 밀교를 교묘하게 습합시켰다. 이어 1603년에는 일본 정토종의 대중(垈中)이 오키나와로 건너와 정토불교를 유포시켰다. 그의 저서로는 《입종론기》《부원단서》《혈안론》 등이 있다.

오키나와불교의 특징은 민간신앙과 습합한 독특한 형태를 하고 있는 점이다. 이 같은 양상은 외로운 섬들로 구성돼 있는 지리적 특수성에 기인한다. 그 대표적인 것이 재앙극복을 위한 웅야(熊野)신앙과 천비(天妃)신앙이다. 일본 긴키에서 일어나 오키나와에 들어온 웅야신앙은 해난(海難) 극복신앙으로 밀교와 습합·발전했다. 천비신앙은 중국 이주민들에 의해 일어난 신앙으로 황제의 여덟 명의 부인을 숭배하는 것이다.

오키나와불교회는 1951년 군정 치하에서 재조직돼 현재에 이르고 있다.

● 베트남의 불교

베트남은 대소승의 불교를 고루 받아들인 나라다. 베트남에 불교를 최초로 전한 사람은 후한말《이혹론(理惑論)》을 쓴 모자(牟子 ; 165~251)로 알려지고 있다. 이후 불교는 베트남의 중심적인 종교였다.

베트남에 선(禪)이 처음 전래된 것은 580년 남인도 승려 비니다류지에 의해서다. 비니다류지 선(禪)은 9세기 이후 무언통(無言通)이 전한 무언통파와 나란히 이조(李朝) 말기까지 베트남 불교의 중심이 되었다.

10세기 중국의 지배에서 벗어나 정세가 어지러울 때 베트남에는 최초로 승관제가 확립되어 승려가 정치에 참여했다. 오조(吳朝)·정조(丁朝)·여조(黎朝)를 거쳐 1009년 완전 독립국을 이룬 이조는 불교를 흥륭시키는 한편 송(宋)에서 대장경을 구입했다. 진조(陳朝)의 성종대에 일어난 죽림파는 무언통파의 전통을 계승하고 중국선을 베트남풍으로 개화시켜 13세기 이후 베트남 불교계를 풍미했다. 진조는 '츄놈'이라는 문자를 창안하여 불경을 번역했다. 진조가 망하고 후려가 성립하자 불교는 크게 후퇴했다. 왕조가 불교를 외면하자 베트남 불교는 정토교의가 신앙의 중심을 이루었다.

19세기 말에 베트남은 프랑스의 지배 아래 들어갔다. 프랑스 식민주의자는 가톨릭을 보호하고 불교를 탄압했다. 이에 대항해 베트남 불교도는 1920년 불교재흥을 시도, 1931년 최초로 사이공에서 불교연구위원회를 창설했다. 1945년에는 승려그룹이 식민주의에 대항하는 불교조직을 만들었으나 독립을 쟁취한 1954년 해체되었다. 전후 베트남 불교의 부흥은 1951년 국민불교회의가 개최되면서 시작되었는데 이 모임은 승단을 재조직했다.

1945년 제네바협정에 따라 남부에서 정권을 잡은 군사독재정부는 민족주의 세력인 불교를 탄압했다. 남부불교도들은 1963년 반정부운동을 전개하여 숱한 희생을 치루며 10개월 만에 군사정부를 무너뜨렸다. 그러나 1975년 베트남전쟁 종결 후 불교는 공산화된 정부에 의해 혹심한 탄압을 받았다. 불교도들은 외국으로 탈출, 조국 없는 신앙생활을 하고 있다. 75년 패망 직전 베트남 인구의 40%이상이 불교도였다.

● **영국의 불교**

18세기 영국이 인도를 식민지배하면서부터 불교의 존재가 서구에 알려지기 시작했다. 그러나 이들의 관심은 종교보다 고고학과 미술사에 더 많았다.

영국에서의 불교에 관한 최초의 모임은 1885년 D.라이즈 박사에 의해서 발족된 팔리경전학회이다. 이 학회의 역경사업은 서구인들에게 불교를 전해 주는 가교역할을 했다.

영국에 첫 불교도가 나타난 것은 1905년경이다. 버마에서 군생활을 하고 전역한 J.R.페인과 R.J.잭슨이 가두설법을 시작했다. 이들은 불교서점을 열었으며, 1906년 '영국불교협회'를 창설했다. 영국인 최초의 승려는 1902년 버마에서 수계한 아난다 메테야이다. 그는 랭군에서 〈불교〉라는 잡지를 발간하여 영국불교협회를 통해 서구에 보급했다. 1909년 메테야는 최초의 불교서방포교단의 책임자로 영국에 왔다. 그는 협회의 기관지인 〈불교평론〉을 발간했다. 이로 인해 영국인들은 불교를 새로운 눈으로 주시하게 됐다. 1923년 메테야가 죽자 J.R.페인에 의해 불교전파는 계속됐다. 그의 영향으로 영국 도처에 불교협회가 탄생됐고, 1946년에는 세계 곳곳에 지부를 가진 '런던불교도협회'가 결성되었다.

1925년에는 스리랑카의 사다티샤가 대각회의 영국지부 책임자로 와서 런던에 절을 세우고, 기관지 〈법륜〉을 창간했다. 1926년 영국불교 협회는 〈영국불교〉라는 협회지를 내기 시작했으며, 1943년에는 〈중도〉로 이름을 바꿨다. 이후 불교사원·불교도서관이 설립되었다.

영국불교는 처음에는 남방불교의 영향을 받았으나 스즈키 박사의 선(禪)에 관한 저술이 소개된 이후 대승불교와 선에 대해서도 깊은 관심을 나타내고 있다. 이로 인해 일본불교가 포교에 나섰으며, 티벳불교도 1976년 영국의 남쪽에 만쥬슈리 인스티튜트를 세워 불교를 전파하고 있다. 이곳의 하계수련 코스는 많은 영국인들의 관심을 끌고 있다. 런던 근교의 한국사찰 연화사는 교민 위주로 전법하고 있다.

영국에서 최대의 불교행사는 부처님오신날을 기념하는 '5월의 축제'이다.

● 프랑스의 불교

프랑스에서는 1844년 E.뷔르누프라는 학자에 의해 《인도불교사입문》이 나왔다. 이 책은 1826년 네팔 주재 외교관인 홋지슨이 발견한 281부에 달하는 범문불전을 10여 년 간 연구한 끝에 그 내용을 정리한 것이다. 불교에 관한 최초의 서양어로 된 저작이란 점에서 유명하다. 뷔르누프는 또 범문 《법화경》을 1852년 불어로 번역 출간했다. 이 책은 불교경전으로는 유럽에서 번역된 최초의 것이다. 유럽에서의 불경 번역은 막스 뮐러의 '동방성서' 편찬 때 나온 《법구경》과 파우스뵐이 번역한 《숫타니파타》를 위시해 1885년 설립된 팔리경전학회의 번역사업으로 이어졌다.

프랑스에서 불교에 관한 연구의 황금기는 20세기 초이다. 이 무렵 프랑스의 유명대학에서는 불교를 강의했다. 프랑스에서 불교는 종교적 신앙으로서보다는 학문적 관심의 경향이 더 짙다. 그러나 1970년대 중반 인도차이나가 공산화되면서 피난온 승려와 불교도에 의해 30여 개 이상의 아파트사원이 생겨난 이후 양상이 달라지고 있다. 티벳의 밀교와 일본의 선불교도 새로운 영향력을 행사하고 있다.

미국 태생의 콘스탄트 라운스베리 여사가 1929년 창립한 '불교친우회'의 활동은 프랑스불교에서 빼놓을 수 없다. 라운스베리 여사는 라 뛰앙뜨 여사의 협력을 받아 전세계 불교기관과 교류하는 한편 프랑스인들에게 불교를 가르치고 참선을 수행했다. 그녀는 《불교의 ABC》 《부처님의 말씀》 등의 저서를 펴내 대중에게 나누어 주었다. 1939년 이 회는 〈불교사상〉이란 잡지도 냈다. 라운스베리 여사는 1950년 WFB창립대회에서 부회장으로 뽑혔다. 1953년에는 이 회의 회원 뽈 아담이 인도에서 수계를 받음으로써 프랑스인 최초의 비구가 되었다. 이 회는 1969년 넬리 카우트만이 책임을 맡으면서 대승불교와 선으로 관심을 돌렸다.

1973년 12월15일 프랑스 불교인들은 파리 교외에서 '프랑스불교공동체'를 결성했다. 프랑스 인구 5천5백만 명 중 불교신도는 인도차이나 피난민을 합해 10만 명 정도로 추산되고 있다.

● 독일의 불교

독일에서 불교에 대한 최초의 관심표명은 18세기 초 라이프니쯔에 의해서다. 그는 불교를 적정주의(寂靜主義)로 해석했다.

독일에서 불교가 조금이나마 바르게 이해되기 시작한 것은 쇼펜하우어에 의해서다. 그는 비록 불교를 염세주의로 보게 하는 오해를 불러 일으키기는 했지만 독일인으로서는 최초로 불상을 자기 집에 안치한 사람이다. 독일에서 불교에 대한 본격적인 관심을 가지게 된 것은 19세기에서 20세기 초에 막스 뮐러·네우만·올덴버그와 같은 뛰어난 인도·동양학자들에 의해서다.

1904년 독일은 불교에 대한 이론적 관심에서 종교적 수행으로 접근해 가기 시작했다. 이런 변화는 독일은 물론 유럽 최초로 스리랑카에 가서 승려가 된 냐나덜로카에 의해 상징된다. 2차대전 후 유럽의 평화와 진리에 대한 욕구는 불교에 대한 새로운 관심으로 이어졌다.

독일 최초의 불교단체는 1921년 뮌헨에서 결성된 '독일불교회'다. 이 단체는 1919년부터 6년 간 〈불교의 세계관〉이라는 잡지를 편집하는 등 뛰어난 불교활동을 한 게오르규 그림 등에 의해 창립되었으나 12년 간 히틀러 압제정치의 탄압에 의해 해체되었다. 히틀러의 압제는 서양에서 최초의 불교수난사로 기록될 사건이다.

독일인에 의해 창설된 새로운 불교기관은 1955년 '독일불교협회'이다. 이 단체는 막스 글라호프에 의해 독일 내의 16개 불교단체를 통합해 1960년 독일불교도연합회(DBU)로 재발족됐다. 이단 신흥종교로 인식되던 불교는 DBU의 강력한 주장으로 연방정부로부터 세계적인 종교로 인정받게 되었다. 같은 해 4월 DBU는 제2차 유럽불교도연맹(BUE)에 정식 회원국으로 가입했다. 또 DBU는 국제불교도우의회(WFB)에도 가입해 왕성한 활동을 했다.

독일에서의 불교와 관련된 그룹은 1백여 개에 달하는데, 대부분 티벳 또는 남방불교 계통이다. 평신도는 1930년도에 약 2천 명에서 1985년 2만5천 명 정도로 늘어났다. 1971년 한 방송은 선불교의 명상을 하는 사람은 7만5천 명 정도라고 발표해 불교의 영향이 증대하고 있음을 알 수 있다.

● **소련의 불교**

소련에 불교가 전해진 것은 인접한 몽골이나 중국 또는 티벳을 통해 18세기 이전부터였을 것으로 추정되고 있지만 영향은 미미한 것이었다. 그러나 학문적인 견지에서 소련의 업적은 세계불교학계에서 결코 낮게 평가될 수 없는 지위를 차지하고 있다.

소련은 베토링크·로드·슈미트·프란츠 안토반스흐너·바실리예프·체르바스키 등 수많은 불교학자를 배출해 이른바 '러시아 학파'를 형성할 정도였다. 학문적 연구와는 달리 신앙은 몽골과 인접한 부리야트·칼미크스·투비니안스에 불교사원이 약간 있을 뿐이다.

공산혁명 당시 무신론적 군인연맹은 사원을 파괴하고 불교도를 박해했다. 이에 불교는 자생을 위해 공산주의를 매우 능동적으로 수용하려 했다. 그러나 마르크스에 대한 능동적 수용은 본질적으로 종교를 부정하는 공산주의 소련사회에서 통용되지 않았다. 1929년부터 사찰은 폐쇄되기 시작했고, 1937년에는 부리야트에 남아 있는 마지막 사찰까지 폐쇄되었다.

1953년 스탈린 사망 이후 소련에서는 극히 제한적이기는 하지만 불교가 재생되기 시작했다. 세계교회협의회(WCC)의 1984년도 보고에 따르면 불교도의 수는 전체인구의 0.1%에 해당하는 40만 명이 되고 있으며, 특히 젊은이들의 관심이 증가하고 있다. 승려 수는 부리야트에 30여 명이 있다. 소련에서는 승려 교육기관이 없어 위성국인 몽골에 가서 5년 정도 수학하고 온다. 부리야트에 있는 대표적 사찰은 돗센트 사원이다.

종교 부정 또는 억압의 상황에도 불구하고 소련은 WFB에 거르지 않고 대표를 파견, 국제적인 지위향상에 노력을 해왔다. 1952년 WFB 2차 동경대회 때부터 옵저버로 참석한 소련은 1973년 11차 동경 대회에서 정회원국으로 가입했고, 1984년 제14차 콜롬보 대회 때는 부회장국으로 발돋움했다.

개방정책 이후 소련의 종교는 봄을 맞고 있다. 한국의 연등국제불교의 원명은 91년 타슈켄트에 정각사를 개원하여 해빙기를 맞는 소련에 한국불교를 심고 있으며, 방육도 모스크바를 중심으로 전법하고 있다. 또 숭산은 관음선종 지부를 설립, 포교활동의 거점을 마련했다.

●그 밖의 유럽 제국

최근 유럽의 불교계는 학문적 관심이 줄어드는 대신 실천신앙이라는 새로운 양상을 보이고 있다.

벨기에의 경우 세계적으로 명성이 높았던 루벵대학의 불교연구소는 문을 닫았으나, 유럽불교도연맹의 주도적 역할은 벨기에 출신 불교도가 맡고 있다. 이러한 경향은 동구의 폴란드에까지 확산되고 있다. 공산정부의 종교활동 제약이 보이지 않게 작용했지만 티벳과 일본의 전법승들에 의해 불교는 착실히 뿌리를 내렸다. 특히 1978년 미국에서 활동하고 있는 한국승려 숭산의 폴란드 방문은 폴란드에 선불교 붐을 일으키는 데 큰 역할을 했다. 폴란드에는 한국의 선불교를 배우는 선원이 86년 5개에서 88년 17개로 늘어났다.

숭산은 매년 정기적으로 독일·이탈리아·영국·노르웨이·프랑스·유고·체코 등 유럽 전역을 순회하며 한국 선불교를 지도하고 있다. 82년에는 폴란드인 도암 등 제자들에게 법사 자격을 주고 선지도를 맡겼다.

체코에는 티벳불교의 전도자들이 주로 활동하고 있다. 스페인에는 숭산이 개설한 4개의 선원이 있는데, 마드리드 인근의 달마사에서는 집단으로 공부하고 있다. 그리스불교는 티벳 계통이 우세한데, 수계를 받은 사람만도 2백여 명이 넘는다. 아테네에 본부를 둔 '그리스불교도회'는 1978년 조직되었다. 이탈리아에서도 불교활동이 싹트고 있어 로마를 비롯 주요 도시에 티벳계와 일본계의 선원이 문을 열고 있다.

스칸디나비아 반도 3개국에도 불교활동이 착근단계에 접어들고 있다. 스웨덴에는 전국 20여 곳에 불교단체가 있으며, 대체로 남방불교의 명상법과 티벳불교의 영향을 받고 있다. 그러나 스웨덴어로 된 불교서적이 전무하다. 노르웨이 전역에는 10여 군데의 불교센타가 있는데 모두 티벳과 상좌부 계통의 불교다. 덴마크에는 일본의 묵조선이 퍼지고 있는데 전국에 5개 정도의 불교사원이 있다. 과거이긴 하지만 네델란드의 불교학 연구도 유럽불교에서는 기억할 만하다. 유럽불교에서 주목되는 점은 소수이긴 하지만 현지 출신의 수행자가 나타나고 있는 점이다.

● **하와이의 불교**

하와이는 이민불교가 성공한 대표적인 곳이다. 하와이에 불교가 처음 전해진 것은 1868년, 사탕수수와 파인애플농장에서 일하기 위해 이민 온 일본인들에 의해서다. 일본 불교계에서는 이민인들의 정신적 안위를 위해 전도승을 파견했다. 하와이에 첫발을 딛은 승려는 정토종 계통의 소류가가이다. 그는 하와이 최초의 사찰 홍원사를 세우고 하와이불교의 개조가 되었다.

1893년 하와이에서는 세계불교사상 중요한 일이 생겼다. 대각회 창설자 다르마팔라가 미국에서 열린 세계종교대회 참석 후 인도로 가다가 하와이에 들러 왕의 외손녀 메리어 포스터 여사의 귀의를 받은 것이다. 그녀는 인도와 스리랑카에 절을 세우고 부처님의 유적지를 복원하도록 엄청난 재물을 희사했다.

하와이불교는 2차대전을 전후해 시련을 겪었으나 전쟁이 끝난 후 다시 부흥되기 시작했다. 현재 하와이에는 일본계 사찰 128개를 비롯 중국 7, 한국 3, 스리랑카 2, 태국·티벳이 각 1개씩의 사찰을 개설해 자국교민을 교화하고 있다.

한국사찰에는 대원사·불은사·달마사가 있다. 이 중 대표적인 사찰은 호놀룰루에 있는 대원사다. 이 절은 1975년 한국의 기대원이 하와이대학 글렌페이지 교수와의 인연으로 세운 절로, 한국의 전통사원 건축양식을 그대로 옮겨 지었다. 대원사는 1983년부터 하와이대학과 공동으로 세계불교평화회의를 개최하는 등 활발한 활동을 하고 있다. 주지 대원은 1988년 한국승려로는 최초로 북한에 다녀왔다.

1975년 이후에는 베트남 불교도들도 이주해 와 절을 지었다. 하와이의 불교신자 수는 20만 명 정도로 이는 전체 인구의 22.2%에 해당된다. 하와이의 불교는 아직 이민대상 포교 외에 백인 포교는 부진하다. 이런 가운데 선(禪)에 많은 관심을 보여, 미국 선사 로버트 아이트켄이 운영하는 '다이아몬드 상가' 선방과 숭산의 제자가 세운 달마사에 백인들이 찾아와 공부한다. 동양과 서양이 접점을 이루는 하와이에서 불교가 어떻게 펼쳐질지 주목된다.

● 미국의 불교

불교를 미국에 최초로 전한 사람은 중국인들이었다. 1859년 한 해에만 샌프란시스코 항에 도착한 중국인은 2만이 넘었다. 이들은 사원의 문에 등을 달아서 일반가정과 구별했으며, 어느 사원에는 청동좌불이 있었다고 한다. 미국에 불교를 전하는 데는 일본인들의 힘도 컸다. 중국·일본계의 불교도들은 '미국불교회'라는 조직을 갖고 있다.

1950년대에는 티벳과 몽골 등 내륙아시아 불교도들이 공산주의로부터 타격을 받아 뉴저지의 산림지역에 정착했다. 이들은 미국의 기독교도에 의해 개종압력을 받았으나 굳건하게 자기 신앙을 지켜 나갔다. 1970년대에는 인도차이나가 공산화되면서 베트남·캄보디아 난민이 많이 이주했다. 그들은 대다수가 불교도였고, 승려도 많이 포함되어 있었다.

한국계 사찰과 승려들도 갈수록 늘어나고 있다. 현재 한국계 사찰은 LA·뉴욕 등 동서부에 70여 개가 설립되어 이민불자들을 교화하고 있다. 그 중에서 1972년 프로비던스에 재미 홍법원을 개설한 숭산은 세계 각국 상좌들과 함께 미주지역은 물론 서구에 한국의 선불교를 심고 있다. LA 관음사 도안은 87년 가을 결성된 미주불교협의회(ABC)의 초대공동의장을 맡았다.

미국의 지식인들은 일찍이 불교를 이론이나 철학으로서가 아닌 실천신앙으로 전환했다. 1880년 신지회(神智會)를 조직한 헨리 S. 올코트 대령이 그 대표적 인물이다.

1893년에는 미국에 최초의 미국인 불교도가 탄생됐다. 스트라우스라는 사람이 세계종교대회에 참석한 다르마팔라에게 오계(五戒)를 받은 것이다. 이 해에 일본의 전도승들이 샌프란시스코에 도착해 이주

일본인과 백인들을 대상으로 포교했다. 미국불교의 사가(史家)들이 1893년을 미국불교의 원년으로 삼는 이유도 여기에 있다.

불교에 관심 있는 미국의 학자들은 문헌에 나타난 가르침에 의해 불교신자가 되는가 하면, 불교국에 가서 불교를 경험한 뒤 개종한 학자들도 많았다. 그러나 미국불교는 아직 고유한 형식이나 특성을 갖고 있지 않다. 아시아의 전도자들은 각기 자기 나라 불교를 전하고 있을 뿐이므로 미국은 거대한 불교백화점을 방불케 한다.

● 호주의 불교

호주에 불교가 전래된 것은 1851년 스리랑카 이주민과 중국인 노동자에 의해서다. 이들은 호주에 불교의 씨를 뿌렸으나 호주 전체에 불교를 전파시키지는 못했다.

호주에 불교가 본격적으로 소개되기 시작한 것은 1950년, 미국인 비구니 다르마디나에 의해서다. 러시아인과 결혼한 그녀는 혁명 때 중국으로 피신했다가 불교를 배웠다. 그 후 스리랑카로 가서 30여 년 간 수도했으며, 하와이를 거쳐 호주 전도를 위해 단신으로 시드니에 왔다. 그녀 나이 70세, 주머니에는 10파운드밖에 없었다. 그녀는 여변호사 마리바나를 만나 라디오 불교강좌를 했다. 이 인연으로 조그만 아파트법당을 마련했다. 이어 1953년에는 '호주불교협회가' 창립되었다. 그러나 호주의 백호주의 표방으로 전도승이 없어 호주불교는 파종만 되었지 발아의 기미를 보이지 않았다. 1972년 백호주의가 폐기되면서 동남아시아에서는 다시 이민이 시작되었고, 불교도 이민 수에 비례해 전도의 영역을 넓혀 갔다.

1975년 월남 패망 이후 인도차이나 난민들이 대거 유입되자 호주정부는 '다민족·다문화' 사회의 추진을 모색했고 불교는 급격히 세력을 팽창시킬 수 있었다. 1985년 호주불교협회가 조사한 통계에 따르면 불교사찰은 80여 개, 백인불교도는 9천7백 명, 동남아 이주민을 포함한 호주의 불교도는 16만 명으로 추산되고 있다. 호주에는 J.W 드종 교수와 같은 세계적인 불교학자도 있다. 호주에 진출해 있는 아시아 불교국가 중에서 큰 세력은 베트남불교로서 시드니에만 20명의 베트남 승려가 있다.

호주불교에서 특이한 것은 시드니 북부에 불교촌을 이룩하고 있는 영국계 불교도들이다. 1975년 50여 명이 이곳에 왓 붓다달마라는 절을 세웠다.

호주에서 가장 많은 사찰이 있는 곳은 시드니로 한국사찰 불광사도 이곳에 있다. 호주의 각 대학에는 불교써클이 조직되어 있다. 호주불교의 가장 큰 축제는 부처님오신날 행사다. 5월15일을 불탄일로 정하고 각국 불교가 연합행사를 갖는다.

제17장 · · 사원의 구조

제 17 장

●

사원의 구조

金 奉 建

● 일주문(一柱門)

사찰에 들어 서기 위해 첫번째로 통과하는 문이 '일주문'이다. 일주문의 명칭은 기둥이 한 줄로 늘어서 있다고 하여 붙여진 것이다. 4개의 기둥을 사방에 세우고 지붕을 얹는 일반 건축물의 형식과는 다른 특별한 모습이다.

여러 개의 산문 중에서 유독 일주문의 기둥이 한 줄로 늘어선 것은 세속의 번뇌로 흩어진 마음을 일주문을 들어섬으로써 하나로 모아 진리의 세계로 들어간다는 상징적 의미 즉 일심(一心)을 의미함에서 연유한다. 즉 세속(世俗)에서 수미산(須彌山)으로 가는 첫번째 관문인 것이다.

일주문의 지붕은 팔작 혹은 맞배지붕을 하고 있으며, 공포는 화려한 다포계의 모습을 취하는 것이 일반적이다. 일주문의 규모는 일주삼간(一柱三間)을 원칙으로 삼고 있다. 일주삼간이 뜻하는 바는 《법화경》의 회삼귀일사상(會三歸一思想)과 연관된다. 즉 중생의 바탕과 능력에 따라 성문(聲聞)·연각(緣覺)·보살(菩薩)로 나뉘어진 불교의 여러 교법을 오직 성불을 지향하는 일불승(一佛乘)의 길로 향하게끔 한다는 사상적 의미가 담겨 있다.

일주문에는 사찰의 현판을 걸어 놓게 되는데, 이를 통하여 사찰의 성격을 표출하게 된다. 양산 통도사(通度寺)의 일주문에는 영축산 통도사(靈鷲山通度寺)란 현판이 걸려 있으며 좌우의 기둥에는 불지종가(佛之宗家), 국지대찰(國之大刹)이란 주련(柱聯)을 붙여서 삼보 중 불보사찰(佛寶寺刹)임을 나타내고 있다.

부산 범어사의 일주문은 일주삼간의 형식은 여타 사찰과 동일하나 굵고 긴 돌기둥을 세워 공포와 지붕을 얹은 점에서 매우 주목을 받고 있다. 돌기둥을 일주문에 사용한 예는 경북 영천의 환성사에 남아 있는 돌기둥에서도 그 예를 발견할 수 있다. 범어사의 일주문에는 금정산 범어사(金井山梵魚寺)와 선찰대본산(禪刹大本山)이라는 현판을 내걸어 선종사찰임을 확실히 나타내고 있다.

일주문은 건물의 특성상 일반 건물에 비해 기둥의 직경이 매우 큰 특이한 모습을 하고 있는데, 옥개부의 과중함을 지탱하기 위해 기둥 앞뒤에는 작은 직경의 기둥이나 가새 형태의 부재를 덧대어 지탱하는 형태를 취한다.

● 천왕문(天王門)

천왕문은 불법을 수호하는 외호신(外護神)인 사천왕(四天王)을 모신 건물이다. 사천왕은 고대인도 종교에서 숭앙했던 귀신들의 왕이었으나 석가모니 부처님께 귀의하여 부처님과 불법을 지키는 수호신이 되었다. 사천왕들은 수미산(須彌山) 중턱의 동서남북의 4방향을 지키면서 불법을 수호한다고 한다. 일주문을 지나 불이문(不二門)과의 중간 위치에 천왕문이 자리하는 이유는 다음과 같다.

일주문을 통과하면서 지닌 일심(一心)이 구도자 앞을 가로막는 숱한 역경에 의해 한풀 꺾이게 되는 것이다. 이때에 수미산 중턱에 자리한 사천왕은 사찰을 청정도량(淸淨道場)으로 만들려는 목적 외에도 역경을 거쳐 심신이 지칠대로 지친 구도자에게 다시 한번 힘을 내서 수미산 정상에까지 오를 것을 독려하는 것이다.

사천왕을 모신 건물인 천왕문 대문의 좌우에는 금강역사(金剛力士)가 지키고 있다. 우리나라 사찰에서는 일반적으로 천왕문 대문에 금강역사의 모습을 그려 놓는 경우가 많다. 전남 영광군의 불갑사(佛甲寺) 천왕문이 이러한 예이다. 그렇지 않을 때에는 따로 금강문(金剛門)을 천왕문 앞쪽에 세우기도 한다.

천왕문은 보통 정면 3칸 측면 1칸의 평면 형태를 지니고 있는데, 좌우 1칸에는 천왕을 2구씩 봉안하고 중앙에는 출입 통로를 만든다. 동쪽을 수호하는 왕은 지국천왕(持國天王)으로 온몸에 동방을 표방하는 오행색(五行色)인 청색을 띠고 있으며, 왼손에는 칼을 쥐고 오른손은 주먹을 쥐어 허리에 대고 있거나 보석을 손바닥 위에 올려 놓은 형상을 취하고 있다. 남쪽을 지키는 증장천왕(增長天王)은 붉은 기운이 도는 적육색의 몸에 노한 눈을 가진다. 오른손에는 용을 꽉 움켜쥐고 있으며 왼손은 위로 들어 엄지와 중지로 여의주를 살짝 쥐고 있다. 서쪽을 지키는 광목천왕(廣目天王)의 몸은 백색이며 웅변을 통하여 온갖 나쁜 이야기를 물리쳐 입을 벌리고 눈은 부릅뜨고 있다. 손에는 삼지창과 보탑을 들고 있다. 북쪽을 지키는 다문천왕(多聞天王)의 몸은 흑색이며 비파(琵琶)를 잡고 비파줄을 튕기는 모습을 하고 있다.

● 불이문(不二門)

천왕문을 지나면 불이(不二)의 경지를 상징하는 불이문이 서 있다. 불이문은 곧 해탈문(解脫門)이다. 불이는 둘이 아닌 경지이다. 나와 네가 둘이 아니요, 생사가 둘이 아니며, 생사와 열반, 번뇌와 보리, 세간과 출세간, 선과 불선(不善), 색(色)과 공(空) 등 모든 상대적인 것이 둘이 아닌 경지를 천명한 것이다. 그 근거는 법계의 실상이 여여평등(法界實相 如如平等)하다는 데 있다.

불교적 우주관에 의하면 수미산 정상에는 제석천왕(帝釋天王)이 다스리는 도리천(忉利天)이 있고 그곳에 불이문이 해탈의 경지를 상징하며 서 있다. 도리천은 불교의 28천(天) 중 욕계(欲界) 6천의 제2천에 해당된다. 그 위계는 지상에서 가장 높은 곳이며 하늘 세계로는 아래에서 두번째 되는 곳이다.

도리천은 모두 33천으로 구성되어 있으며 따라서 33천의 인도음인 도리(trāy)로 부르고 있다. 이곳을 다스리는 제석천왕은 원래 고대인도의 천신 인드라(Indra)신이다. 벼락과 천둥과 비바람을 관장했던 마신(魔神)은 부처님의 감화를 입어 불교에 귀의한 뒤, 정법(正法)을 수호하고 부처님과 그 제자들을 옹호하겠다는 서원을 세웠다. 제석천왕은 현실세계인 사바세계를 다스리는 천왕이다. 그는 반석 위에 굳건히 서서, 오른손으로 불자(拂子)를 쥐고 왼손으로 금강저(金剛杵)를 받치고 있다. 불자는 중생의 번뇌를 털어 내는 상징적인 도구이고 왼손의 금강저는 탐욕과 죄악을 타파하는 지혜와 힘을 상징하는 도구의 역할을 한다.

불국사를 살펴보면 불이문의 조성과 이에 따른 사상적 투영을 극명하게 알 수 있다. 불국사의 불이문에 해당되는 자하문(紫霞門)에 도달하려면 청운교와 백운교의 33계단을 거치게 되는데 이 다리들은 도리천의 33천을 상징적으로 조형화한 것이다. 즉 도리천에 올라서야 수미산의 정상인 불이문에 다다를 수 있다. 자하문이라는 명칭은 자주빛 안개가 서려 있는 문으로 부처님의 몸 빛깔을 상징하며, 자하문을 들어서면 부처님을 모신 전각이 있는 곳 즉 불국정토에 들어선다는 뜻이다.

● 누각(樓閣)

사찰의 주불전과 마주하는 곳에는 보통 누각이 세워져 있다. 누각의 좌우에는 마당을 둘러싸고 요사채가 배치되어 있다. 즉 중정(中庭)

을 중심으로 폐쇄적인 구조를 이루고 있다. 사찰의 배치는 원래부터 이러한 형식이 아니었다.

고대의 절터를 발굴하여 보면 금당이 사찰의 중심에 자리잡고 뒤로는 강당이 앞에는 출입문인 중문(中門)이 자리하고 있다. 이들 건물은 회랑으로 빙 둘러 연결되어 있다. 오늘날의 가람배치와는 달리 주불전인 금당을 중심으로 회랑에 의해 폐쇄되어 있다. 고대 절터는 주로 평지에 위치해서 회랑으로 구획된 경역을 이루었다. 고대 절터에서의 중문은 구산선문(九山禪門) 등의 개창을 시발로 절이 산속에 입지하면서 누각의 형태로 정착된 것으로 보인다. 누각은 글자 그대로 이층의 다락집 형태이다. 누각의 기능은 출입 통로로서의 역할, 불전사물의 봉안 장소, 수장고 및 대법회가 있을 경우 불전에서 행할 행사를 준비하게 된다.

부석사(浮石寺)의 안양루(安養樓)는 누각의 전형적인 예이다. 안양루는 높이 차이가 나는 지형에 걸쳐 있기 때문에 누하부로 출입을 하고 있다. 누상에는 마루를 깔고 주위에는 난간을 둘러 여타 세간의 정자와 유사한 모습을 하고 있으며 좋은 전망을 확보하고 있다. 비슷한 예로 안동 봉정사(鳳停寺)의 덕휘루(德輝樓)를 들 수 있다. 덕휘루도 경사진 지형의 석축에 걸쳐 있으며 누하부의 기둥 사이를 출입통로로 사용하고 있다. 누하부 출입은 경사진 지형을 처리하는 방법인 동시에 구도자가 누하부의 계단을 통해 중정에 올라서면서 극적으로 전개되는 공간의 효과적 연출기법이기도 하다. 이런 공간을 통과한 구도자는 더욱 종교적 경외심을 갖게 된다.

완주군 화암사(花巖寺)의 누각인 우화루(雨花樓)는 경사진 대지에 걸쳐 세운 중층의 누각이기는 하나 누하부를 출입 통로로 사용하지 않고 누각의 옆에 따로이 출입문을 만들어 사용하였다. 우화루가 부석사의 안양루와 다른 점은 누상에 난간을 돌리고 사방에 판문을 달아 폐쇄한 형태를 하고 있다는 것이다.

● 범종각(梵鐘閣)

일주문·천왕문을 거쳐 불이문을 통과 사찰 경내에 들어서면 불이문 근처에 범종각이 자리하고 있다. 범종각은 범종을 달아 놓는 보호각 기능을 한다. 간혹 규모가 큰 사찰에서는 범종 외에 법고(法鼓)·운판(雲板)·목어(木魚) 등의 '불전사물(四物)'을 함께 놓기도 한다. 이들은 조석예불 때 법고·운판·목어·범종의 순서로 치게 된다.

법고는 법을 전하는 북이라는 뜻으로 불변의 진리로 중생의 마음을 울려 일심을 깨우친다는 의미가 담겨 있다. 법고는 보통 쇠가죽으로 만드는데 짐승을 비롯한 땅에 사는 중생의 어리석음을 깨우치기 위하여 친다고 한다.

운판은 청동 또는 철로 만든 넓은 판으로 원래 중국의 선종사찰에서 부엌이나 재당(齋堂)에 달아 놓고 대중에게 끼니 때를 알리기 위해 쳤다고 하나 차츰 불전사물로 바뀌었다. 운판이 울리면 공중을 날아다니는 중생을 제도하고 허공을 헤매며 떠도는 영혼을 천도할 수 있다고 한다.

목어는 나무로 물고기 모양을 만들고 배부분을 파내어 나무막대기로 두드려 소리를 내는 의식 용구로 물 속에 사는 모든 중생을 제도한다는 상징적 의미를 지니고 있다.

아난(阿難)이 부처님의 설법을 전하기 위하여 사람을 모을 때 건치(犍稚)라 불리는 악기를 쳤다고 하는데 여기에서 발전한 것이 범종이다. 범종은 욕계(欲界) 6천·색계(色界) 18천·무색계(無色界) 4천 등 모두 28천(天)을 상징하여 28번을 타종한다. 범종 소리는 하늘 나라 대중에게 부처님의 도량으로 모이라는 신호이며 고통 받는 중생의 제도를 염원하는 소리이다.

범종각은 전북 김제 금산사(金山寺)와 같이 단층 건물 혹은 양산 통도사(通度寺)와 같이 이층의 누각으로 짓기도 한다. 누각일 경우에는 청도 운문사(雲門寺)와 같이 하부는 출입문의 기능을 하고 2층에는 범종을 비롯한 불전사물을 놓기도 한다. 범종각은 방형평면이 일반적이나 전북 완주 송광사(松光寺)의 범종각은 십자형 평면을 전남 영광 불갑사(佛甲寺)는 다각형 평면의 특이한 모습을 하는 경우도 있다. 범종각은 범종을 달아 맬 수 있도록 가구를 튼튼하게 짜고 바닥에는 음이 공명하도록 구멍을 만들어 둔다.

● 금당(金堂)

금당이란 금빛이 나는 불상을 모신 전각이란 뜻에서 유래한 명칭이다. 삼국시대의 절터를 발굴해 보면, 가람의 중앙 부분에 금당이 있고 그 앞에는 탑이 있으며 뒤쪽에는 강당들이 배치되어 있다. □자형의 회랑(回廊)이 이들 건물을 둘러싸고 있다.

당시의 금당은 오늘날의 불전(佛殿)과는 조금 다른 평면형태를 지니고 있다. 옛날의 금당에는 중심에 불단(佛壇)이 자리하고 있으나 현존 불전에서는 불단이 중심에서 뒤로 물러난 위치에 놓여 있고 불단 앞에는 예불을 위한 공간을 마련하고 있다. 반면에 옛 금당 평면에는 불단 앞에 여유공간이 없어 건물 내에서 예불하기에 힘이 든다. 고대의 금당 평면이 오늘날의 불전과 다른 점은 비단 삼국시대 절터 발굴 결과뿐만이 아니라, 비교적 고대의 건물과 예불의식을 보존하고 있는 일본의 오래된 사찰의 예에서도 확인할 수 있다. 즉 법륭사 금당에도 오늘날과는 다른 불전의 명칭과 평면구조를 확인할 수 있다. 강원도 양양군 선림원(禪林院)의 금당터에도 중심부에 불단자리가 있다. 경주의 황룡사 금당터에도 유명한 금동장륙삼존상(金銅丈六三尊像)이 놓이는 자리 밑에 거대한 돌로 만든 받침대가 금당 중심부에 자리하고 있음을 볼 수 있다.

평면 형태의 상이점 외에도 금당 내에는 오늘날 사용하는 마루 대신에 방전(方塼)을 깔고 있음이 특이하다. 실제로 비교적 오래된 사찰인 영주 부석사 무량수전(無量壽殿) 혹은 무위사 극락전(極樂殿) 혹은 장곡사 상대웅전(上大雄殿) 내에는 방전을 깐 모습을 보여 주어 고대의 금당에서 사용하던 유례를 답습하고 있음을 알 수 있다.

석굴암의 금당에서도 본존상이 원형평면의 중앙에 위치하고 있으며 그 주변 공간은 예불하기에는 좁다. 대신 석굴암에는 금당 전면에 전실(前室)을 만들어 예불공간 등으로 활용하고 있다. 중원의 미륵대원(彌勒大院)에도 석실금당(石室金堂)의 유구를 남기고 있는데, 여기에도 석굴암과 같이 전실이 달려 있다. 안동 봉정사 극락전의 내부에도 마루대신 금당의 흔적으로 보이는 방전이 발견된 바 있다.

● 대웅전(大雄殿)

대웅전은 도력(道力)과 법력(法力)으로 이 세상을 밝힌 대영웅(大英雄)을 모신 법당이란 뜻이다. 자연히 대웅전에는 석가모니 불상이 봉안의 주대상이 된다. 한편으로는 사바세계의 교주인 석가모니불 외에 여러 불보살들이 함께 모셔지기도 하는데 그 조합 형태와 상징적 의미는 다음과 같다.

첫째 석가모니불의 좌우에 염화시중(拈華示衆)의 미소로 대변되는 가섭(迦葉)과 다문제일(多聞第一)의 제자인 아난(阿難)이 각각 선법(禪法)과 교법(敎法)을 상징하며 봉안된다. 둘째 부처님의 반야지(般若智)를 상징하는 문수보살과 수행과 원(行願)이 광대함을 상징하는 보현보살이 협시하여, 모든 구도자들이 지혜와 행원에 의지하여 해탈의 길로 나아가야 함을 보여 준다. 셋째 과거의 연등불인 갈라보살(羯羅菩薩), 현세의 석가모니 부처님, 미래의 미륵보살이 봉안되어 과거·현재·미래의 삼세를 통하여 시간을 달리하면서 불법으로 교화함을 나타낸다. 넷째 석가모니 부처님의 좌우에 조상의 극락왕생과 내생의 행복이 직결되는 아미타불과 고통 받는 병자나 가난한 사람을 구원하는 자비의 약사여래를 모시는 경우가 있는데 이때에는 대웅전의 격을 높여 대웅보전(大雄寶殿)이라고 부른다. 이외에도 문수보살과 보현보

살 대신 대자대비 관세음보살 및 대원본존 지장보살을 협시보살로 봉
안하는 경우도 있다.

대웅전은 보통 단층의 건물형태를 많이 취한다. 부산 범어사 대웅
전은 조선 중기(1717년)에 중창된 단층 건물로 정면 3칸 측면 3칸의
방형평면을 가지고 있다. 건물은 신라시대의 것으로 보이는 조각을 한
기단 위에 놓여 있다. 대웅전은 조선 중기의 다포식 공포 위에 지붕은
맞배 형식인 절충형의 양식을 보이고 있다.

마곡사 대웅보전은 대웅전으로서는 드문 중층의 건물이다. 대웅보
전은 대적광전 후면의 높은 축대 위에 자리하고 있다. 건물의 공포는
살미의 끝이 앙서형(仰西形)으로 연꽃봉오리·용머리 등을 조각한 후
기의 전형적 모습을 보여 준다. 2층은 1층에 비해 체감율이 큰 모습이
며, 2층 가구(架構)는 내부의 고주에 의지하여 대들보를 받치고 있다.

● 대적광전(大寂光殿)

대적광전은 더러움에 물들지 않는 연꽃으로 장엄된 세계인 연화장
세계(蓮華藏世界)의 교주인 비로자나불(毘盧遮那佛)을 본존불로 모신
건물이다. 주로 화엄종 계통의 사찰에서 대적광전을 본전으로 건립하
며, 소의경전인 《화엄경》에 근거하여 화엄전(華嚴殿), 비로자나불을
봉안한다는 의미에서 비로전, 연화장세계가 진리의 빛이 가득한 대적
정의 세계란 의미에서 대적광전이라고도 부른다.

대적광전에는 비로자나불을 중심으로 한 삼신불(三身佛)을 봉안한
다. 삼신이란 부처님의 몸을 본질(體)·양상(相)·작용(用)의 3가지
측면으로 나누어 진리를 인격화한 진리불(眞理佛)인 법신(法身), 바
라밀(波羅蜜)의 수행을 통해 완덕의 경지에 이른 이상적 부처님인 보
신(報身), 특정한 시대와 지역에 따라 특정한 중생을 구제하기 위해
출현한 화신(化身)을 말한다. 대적광전은 이들 삼신불이 삼위일체를
이룬 조화의 세계를 근거로 삼는다.

따라서 대적광전 내에는 비로자나불·아미타불·석가모니불을 봉안하는 것이 상례로 되어 있다. 다만 우리나라의 선종사찰에서는 선종의 삼신설에 따라 청정법신(淸淨法身) 비로자나불·원만보신(圓滿報身) 노사나불·천백억화신(千百億化身) 석가모니불의 삼신을 봉안하기도 한다.

비로자나불의 협시로 문수보살과 보현보살을 봉안한다. 경우에 따라서는 대적광전 내에 오불(五佛)을 봉안하기도 하는데 이 경우에는 삼신불 좌우에 아미타불과 약사여래를 봉안하며, 아미타불의 좌우협시보살로는 관세음보살과 대세지보살(大勢至菩薩)을, 약사여래의 협시보살로는 일광보살(日光菩薩)과 월광보살(月光菩薩)을 봉안하게 된다. 즉 우리나라에서 중요하게 생각되는 불보살들이 모두 한곳에 모인 전각으로 자연히 삼신불만을 모신 일반 대적광전에 비하여 그 규모가 커지게 된다. 불타기 이전의 금산사 대적광전에서 5불과 6보살을 봉안한 전형적인 예를 볼 수 있었다. 전라북도 완주군 위봉사(威鳳寺)의 보광명전(普光明殿), 경상남도 합천군 가야산 해인사의 대적광전 등이 대표적인 예이다.

● 극락전(極樂殿)

극락전은 극락정토의 주재자인 아미타불을 모신 법당(法堂)이다. 정토삼부경(淨土三部經)에 의하면 지금 우리가 살고 있는 곳에서 서쪽으로 십만억 국토를 지난 곳에 극락정토가 있다고 한다. 극락이란 명칭은 즐거움이 있는 곳(sukhāvati)이라는 뜻을 가지고 있으며 안양(安養)으로 번역된다.

아미타불은 성불 전에는 한 나라의 임금의 지위와 부귀를 버리고 출가한 법장비구(法藏比丘)로서 여래의 덕을 칭송하고 보살이 닦는 온갖 행을 닦아 중생을 제도하려는 원을 세웠으며, 마침내 아미타불이 되었다. 아미타불은 그 광명이 끝이 없어 백천억 불국토(佛國土)를 비추고(光明無量), 그 수명이 한량없어 백천억 겁으로도 셀 수 없다(壽命無量). 따라서 극락전을 무량수전(無量壽殿)이라고도 한다. 한편 주불의 이름을 좇아 '미타전'이라고도 한다.

고해의 세상에서 번뇌하는 중생은 누구나 절대적 행복으로 충만되어 있는 이상향인 극락정토를 추구하고자 함은 매우 절실하다. 극락정토에 태어나는 방법으로 염불을 중시하며 그런 사람은 사람 가운데서 깨끗한 연꽃으로 표현되고 있다. 따라서 아미타불은 일반 중생에게 매우 설득력이 있는 대상이었다. 그런 결과로 우리나라 사찰의 법당 중 석가모니불을 모신 대웅전 다음으로 많은 불전이 극락전이다. 즉 1600년의 한국불교사에서 깊은 뿌리를 내리고 있다.

극락전에는 당연히 아미타불이 봉안되어 있다. 그 좌우에는 고해의 중생을 극락으로 인도하는 관세음보살과 대세지보살 또는 관세음보살과 지장보살이 자리하고 있다. 삼존불의 뒤쪽에는 극락의 법회 장면인 극락회상도(極樂會上圖)나 극락구품탱화(極樂九品幀畫) 등이 현괘되어 있다. 극락전은 여타 불전과 특별히 다르지 않으나 부석사 무량수전에서 보듯이 남향의 무량수전에서 아미타불은 서향을 하는 점이 특이하다. 충남 부여의 무량사 극락전, 전남 강진의 무위사 극락전 등이 대표적인 예이다.

● 미륵전(彌勒殿)

미륵전은 미래의 부처님인 미륵불을 모신 법당의 이름이다. 이 미륵전은 미륵불에 의해 정화되고 펼쳐지는 새로운 불국토 '용화세계'를 상징한다고도 하여 용화전(龍華殿)이라고도 한다. 또는 미륵의 한문 의역(意譯)인 자씨를 취하여 자씨전(慈氏殿)이라고도 부른다.

미륵보살은 인도의 바라나시국의 바라문 집안에서 태어나 석가모니 부처님의 교화를 받으며 수도하였고, 석가모니 부처님에 의해 미래에 성불하리라는 수기(授記)를 받은 뒤 도솔천(兜率天)에 올라가 현재

천인(天人)을 위하여 설법하고 있다고 한다. 그러나 아직 성불을 하지 않고 있는 이유는 네 가지 일(四事) 즉 국토를 정화하고 수호하며, 중생을 정화하고, 중생을 수호하기 위해서이다. 즉 석가모니 부처님이 구제할 수 없었던 중생을 남김없이 구제한다는 대승적(大乘的) 자비사상에 근거하고 있다.

그 뒤에 그는 석가모니 부처님 입멸 후 56억7천만 년 되는 때에 사바세계에 태어나 화림원(華林園) 안의 용화수 아래에서 성불하여 3회의 설법으로 272억 인을 교화한다고 한다. 이때의 세계는 이상국토로 변하여 땅은 유리같이 평평하고 깨끗하며 꽃과 향이 뒤덮여 있다고 한다. 인간은 수명이 8만 4천 세로 늘어나며, 지혜와 위덕이 갖추어져 안온한 기쁨으로 가득차 있다. 용화삼회(龍華三會)의 설법을 통해 중생을 교화하여 이들을 진리에 눈뜨게 하기를 6만 년, 그 뒤에 미륵불은 열반에 든다. 미륵전에는 미륵보살 혹은 미륵불을 봉안하는 2가지 경우가 있는데 우리나라에서는 미륵불을 봉안하는 경우가 많다.

미륵전의 대표적 건물로는 전북 김제의 금산사(金山寺) 미륵전을 들 수 있다. 미륵전의 1층은 대자보전(大慈寶殿), 2층은 용화지회(龍華之會), 3층은 미륵전이라고 쓴 현판이 있어 미륵불 도량임을 나타내고 있다. 전북 익산의 미륵사지도 3회의 설법을 상징적으로 가람배치에 연결하여 3원(三院) 가람의 독특한 형식을 취하고 있다. 혹은 용화세계를 상징화한 용의 초각을 기둥머리에 끼우고 용화전(龍華殿)의 현판을 달기도 한다.

● 원통전(圓通殿)

원통전은 관세음보살을 모신 불전이다. 관세음보살을 모신 법당의 명칭은 여러 가지가 있는데, 한 사찰의 주불전일 경우에는 '원통전'이라 한다. 원통전이란 명칭은 관세음보살이 모든 곳에 두루 원융통(圓融通)을 갖추고 중생의 고뇌를 씻어 주기 때문에 그 권능과 구제의 측면을 강조하여 원통전이라 한 것이다. 반면에 관세음보살을 모신 전각이 부불전의 성격을 띨 경우에는 '관음전'이라 한다. 중국에서는 관세음보살의 자비를 강조하여 '대비전'이라는 현판을 걸기도 한다.

　관세음보살은 《법화경》〈보문품(普門品)〉에 의하면 갖가지 고뇌를 가진 무량 백천만억의 중생이 관음보살의 명호를 듣고 일심으로 칭명하면 그 음성을 관하여 모두를 해탈케 한다고 한다. 즉 석가모니 부처님의 열반이나 미래불인 미륵불과는 달리 현실 세계에서 괴로움을 겪는 인간의 음성을 듣는 절대자이며, 인간의 간절한 기원과 요구에 의해 나타나는 구세대비자(救世大悲者)이다. 따라서 불교의 깊은 교리를 알고 모르고에 관계없이 고난에 처해 있는 어떤 중생이라도 관세음보살의 명호를 부르면 난을 피하고 복을 받을 수 있다고 한다. 중생의 원에 따라 나타나는 자비로운 부처님이다.

　관세음보살은 중생의 근기(根機)에 따라 어느 때 어느 곳에서라도 갖가지 모습으로 나타나 자비를 베푼다. 보통 관세음보살은 성(聖)·천수천안(千手千眼)·마두(馬頭)·십일면(十一面)·여의륜(如意輪)·준제(准提)·불공견삭(不空羂索) 등으로 분류된다.

　원통전에는 관세음보살상이 단독으로 봉안된다. 관세음보살은 왼손에 봉오리 상태의 연꽃과 오른손에 감로병(甘露瓶)을 들고 있다. 불상과 함께 관음탱화도 걸려 있다. 관음탱화는 무위사(無爲寺)의 양류(楊柳)관음탱화, 해인사(海印寺)의 수월(水月)관음탱화, 도갑사(道岬寺)의 관음응신도(觀音應身圖) 등이 대표적이다. 원통전의 건물형태는 다른 불전과 특별히 구별되는 점은 없다. 다만 전남 여천의 흥국사(興國寺)의 원통전은 법당 주위에 사방으로 빙 둘러 툇마루를 설치한 특이한 형태를 취하고 있다.

● 약사전(藥師殿)

　이 건물은 약사유리광여래(藥師瑠璃光如來)의 불상을 모신 불전이다. 약사여래는 동방 유리광세계의 교주로서 대의왕불(大醫王佛)이다. 약사여래는 과거에 12대원을 세워서 이 세계 중생의 질병을 치료하고 수명을 연장하고, 재난(災禍)을 소멸시키며 의복·음식 등을 만족케 하고 또 부처님의 행을 닦아 무상보리(無上菩提)의 묘과를 증득케 하겠다고 서원하였다.

약사여래 불상의 형상은 큰 연화 위에 왼손에 약병을 들고 오른손은 시무외인(施無畏印)을 맺고 있다. 약사여래의 좌우에는 각각 일광변조보살(日光遍照菩薩) 및 월광변조보살(月光遍照菩薩)이 협시해 있다. 불상 뒤에는 약사회상도가 탱화로서 현괘된다. 약사회상도는 약사정토(藥師淨土)의 특성을 도상화하고 있는데《불설약사여래본원경(佛說藥師如來本願經)》에 의하면 일광보살, 월광보살과 12신장이 호법신장으로 되어 있다. 간혹 사천왕을 12신장과 같이 그리는 경우도 있다.

강화도 전등사의 약사전은 정면 3칸 측면 2칸의 작은 법당이다. 건물형태는 팔작집의 모습을 하고 있는 18세기경의 건물이다. 이 불전의 공포 자체는 외 1출목 내 2출목의 다포계 공포로 구성되었으나 평방(平枋)을 생략하였으며 건물 전면을 제외하고는 공간포 대신에 화반(花盤)으로 교체하였다. 즉 다포계의 공포에 주심포계의 가구방식이 절충된 특이한 양식을 하고 있다. 내부에는 약사여래 불상만을 독존(獨尊)으로 봉안하였고 닫집도 생략하였다.

경남 창녕군의 관룡사(觀龍寺)에 있는 약사전은 정·측면이 모두 단칸인 매우 작은 규모의 법당이다. 이 집은 주심포 형식의 맞배지붕 형태를 한 15세기경의 건물이다. 내부의 바닥에는 오늘날과 달리 방전을 깔았다. 천정은 가구가 그대로 노출되는 연등천정이며, 실내에는 석조(石造)로 만든 약사여래좌상을 봉안하였다.

전남 승주군 송광사(松廣寺)의 약사전도 사방 1칸의 작은 법당이다. 17세기에 축조한 다포계 팔작 건물이다. 건물 내부에는 천정을 별도로 가설하지 않고 공포가 화려하게 천정을 메우고 있다.

● 팔상전(八相殿)

팔상전은 석가모니 부처님의 일생을 여덟 가지로 나누어 그린 그림을 봉안한 불전이다. 여덟 폭의 그림에서 연유하여 팔상전 혹은 부처님의 설법회상(說法會相)인 영산회상(靈山會相)에서 유래한 영산전(靈山殿)이란 명칭도 함께 사용하고 있다.

첫번째 그림인 도솔래의상(兜率來儀相)에는 탄생을 위하여 도솔천을 떠나 흰코끼리를 타고 북인도의 가비라 왕궁을 향하고 있는 풍경을 묘사하고 있다. 두번째에는 비람강생상(毘藍降生相)으로 마야부인이 산달을 맞아 친정으로 가는 도중에 산기가 있어 룸비니동산에서 부처님을 낳는 광경이다. 세번째는 사문유관상(四門遊觀相)으로 도성의 성문에 나가 노인과 아픔을 호소하는 병자와 죽어 실려 나가는 시체를 동·서·남문에서 본다. 한편 북문에서는 출가한 사문을 만나 출가를 결심하는 그림이다. 네번째 그림은 유성출가상(踰城出家相)으로 스물아홉 살 나던 해에 사랑하는 처자와 왕위를 계승할 태자의 자리를 버리고 성을 떠나 출가하는 모습이다. 다섯번째 그림은 설산수도상(雪山修道相)으로 6년 동안 갖은 고행을 겪으며 스승을 찾아다니다가 스승은 밖에 있지 않고 자기 안에 있음을 알아차리고 붓다가야의 보리수 아래에서 선정에 들어가는 광경이다. 여섯번째 그림은 수하항마상(樹下降魔相)으로 선정에 들어가자 내면적 갈등이 비등하나 맹렬히 정진하여 마군들에게서 항복을 받고 대각하는 광경이다. 일곱번째 녹야전법상(鹿野轉法相)은 대각을 한 부처님이 녹야원에서 다섯 명의 수행자에게 설법하여 그들을 귀의케 하는 그림이다. 여덟번째 그림은 쌍림열반상(雙林涅槃相)으로 수많은 사람들에게 설법을 한 후에 '제행무상 불방일정진(諸行無常 不放逸精進)'을 최후로 당부하고 사라쌍수 아래에서 열반에 드는 광경을 묘사하고 있다.

팔상전이나 영산전에는 내부에 큰 불단을 조성하지 않고 벽에 팔상도를 봉안하는 것이 보통이다. 팔상전에는 주불을 석가모니 부처님,

좌우협시로 갈라보살(羯羅菩薩)과 미륵보살을 봉안한다. 법주사 팔상전은 사천주에 친 벽체를 이용하여 두 폭씩 사면 벽에 걸었다.

● 나한전(羅漢殿)

나한전은 석가모니 부처님의 제자인 나한을 모신 건물이다. 부처님에게는 열여섯의 뛰어난 제자들이 있었다. 나한은 아라한(阿羅漢, Arhan)의 약칭으로 그 뜻은 성자(聖者)를 의미한다. 아라한은 응공(應供)·응진(應眞)의 자격을 갖춘 분들이다. 응공은 공양 받을 자격이 있는 분들을 의미하며, 응진은 진리로 사람들을 충분히 이끌 수 있는 능력의 소지자를 의미하는 말이다. 따라서 나한전을 응진전(應眞殿)이라고도 한다.

나한전에는 석가모니 부처님이 주존으로 봉안되어 있으며, 좌우에 가섭(迦葉)과 아난(阿難)이 봉안돼 있다. 그 좌우에 열여섯 분의 나한이 웃고, 졸고, 등을 긁기도 하는 자유자재한 형상이 배치되어 있다. 경우에 따라서는 나한의 숫자가 500명인 경우가 있다. 500이란 숫자는 부처님이 열반한 후에 마하가섭(摩訶迦葉)이 부처님 생전에 설법하신 내용을 모아 정리하기 위해 회의를 소집했을 때 모인 비구가 500명인 데서 유래하였다. 《법화경》의 〈오백제자수기품(五百弟子授記品)〉에 의하면 이들은 아라한의 경지에 도달한 분들로 석가모니 부처님으로부터 장차 성불하리란 예언을 받은 분들이다.

나한전의 불단은 대웅전과 같은 불전(佛殿)과 달리, 좁은 폭의 불단을 'ㄷ'자형으로 배치하여 석가모니 부처님과 나한을 차례로 배치하였다. 대웅전 등에서 볼 수 있는 화려한 불단 대신에 헝겊으로 막은 소박한 불단 모양을 하고 있으며, 일반 법당의 불상 위를 장엄하는 화려한 닫집은 보이지 않는다. 닫집이 없이 소박하게 한 것은 해탈의 경지에 이른 석가모니 부처님에 비하여 깨달음의 정도가 낮은 아라한을 주대상으로 한 것이기 때문이다. 건물평면의 간략함 외에도 나한전은 사찰의 중심에 배치되는 주불전에서 떨어진 위치에 자리하며, 건물의 외양도 주불전에 비해 격이 낮은 맞배형태의 건물인 경우가 많다.

전북 완주군의 송광사의 대웅전 후면에는 오백나한전이 자리하고 있다. 십육나한을 모신 전각과는 달리 벽면에 여러 단을 설치하여 각양각색의 표정을 하고 있는 나한을 ㄷ자형의 불단과 함께 배열하는 특이한 형식을 취하고 있다.

● 명부전(冥府殿)

명부전 안에는 지장보살을 봉안하고 있기 때문에 지장전(地藏殿)이라고 하며, 유명계(幽冥界)의 심판관인 시왕(十王)을 봉안하기 때문에 시왕전(十王殿)이라고도 한다.

원래는 고려 말까지는 지장전과 시왕전이 독립된 전각으로 각각 분리 독립되어 있었던 것으로 보인다. 조선시대에 불교를 말살하려는 억불정책 속에서도 부모에게 효도를 하고 죽은 부모를 좋은 세계로 보내기 위한 불교신앙과 의식만은 그나마 인정을 받게 됐다. 그 결과 망인의 형벌 및 새로 태어날 세계를 결정하는 심판관인 시왕과, 망인을 자비로써 인도하는 지장보살과의 결합이 보다 쉽게 이루어져, 각각 독립된 채 존재했던 지장전과 시왕전을 명부전이라는 이름으로 결합했던 것으로 생각된다. 이러한 변화는 대략 조선 초에 이루어진 것으로 보인다.

지장보살은 석가모니 부처님으로부터 사바세계에 미륵불이 출세할 때까지 고통받는 중생을 구제하여 그들이 모든 고통에서 벗어나 해탈토록 하는 부촉(付囑)을 받았다. 지장보살의 하화중생(下化衆生)에 대한 서원(誓願)은 지옥문에까지 이르러 명부시왕의 무서운 심판에서 인간을 구하는 데까지 이르고 있다. 지장보살의 모습은 일반 불상과는 약간 다른 모습을 하고 있다. 즉 머리는 두건(頭巾)을 쓰거나 삭발한 승려형의 2가지이다. 한 손에는 석장(錫杖)을 짚고 있다. 시왕은《예수시왕생칠경(豫修十王生七經)》에 근거한 것으로 시왕에게 공양하고 죄업을 참회하는 칠재의(七齋儀)를 행함으로써 죽은 뒤에 좋은 세상에 태어날 수 있다는 것이다.

명부전은 사찰 내의 불전들 중에서 그 격이 한 단계 떨어지므로 건물의 크기나 양식도 주불전과는 차이가 나는 것이 보통이다. 전각 내의 배치에서도 차이가 난다. 즉 대웅전 등에는 중앙의 불단 위에 불상을 봉안하나 명부전에서는 중앙에 지장보살을 중심으로 왼쪽에 도명존자(道明尊者)를, 오른쪽에는 무독귀왕(無毒鬼王)을 봉안하고 그 좌우에 명부시왕상·동자상·판관(判官) 2인·녹사(錄事) 2인·장군(將軍) 2인을 ㄷ자형으로 배치하게 된다.

● 대장전(大藏殿)

대장전은 대장경을 보관하기 위해 축조한 전각을 말한다. 대장전이란 편액을 단 건물로는 경북 예천군 소재의 용문사(龍門寺) 대장전과 전북 김제군 소재의 금산사(金山寺) 대장전을 예로 들 수 있다.

예천의 용문사 대장전은 인도의 고승이 대장경을 용궁에 소장하였다는 고사와 용이 나타났다는 창건설화 등에 의해 이곳에 대장전을 짓고 부처님의 힘으로 호국을 축원하기 위하여 조성한 전각이다. 전각 내에는 대장경을 보관하기 위한 용도로 쓰인 윤장대(輪藏臺)를 좌우에 각각 1기씩 설치하고 있다. 윤장대는 그 모습이 특이하고 화려할 뿐만 아니라 국내에서는 그 예가 유일한 것으로 대단히 중요한 유물이다. 윤장대는 바닥에 돌둔테를 놓고 중앙에 원형의 기둥을 세운다. 이 기둥에 의지하여 하대(下臺)·몸체·옥개부의 3부분으로 구성되었다. 하대에는 연꽃을 조각한 판재로 장식하고, 몸체에는 풍혈청판과 계자각으로 구성한 난간을 대고 기둥 사이에는 화려한 꽃살창과 살창을 대었다. 옥개부에는 닫집과 유사하게 짧은 기둥을 달고 연봉오리와 낙양각으로 장식하였다. 기둥 상부에는 다포식의 공포에 금단청을 하고 겹처마 형태의 지붕을 씌워 마감하였다.

금산사의 대장전은 본래 미륵전 전면에 위치한 목탑이었다고 한다. 지금으로서는 목탑의 형태 등에 대해서는 알 수 없고 다만 지붕에 있는 복발과 원추형 보주(寶珠) 등의 일부 잔재에 의해 탑이 있었음을 어렴풋이 유추해 볼 수 있을 따름이다. 본래 목탑에 불상과 경전을 봉안하는 것이 일반화되었으므로 목탑이 변화하여 현재의 건물로 되면서 대장전이란 전각명이 붙여진 것으로 보인다. 현재의 대장전은 정면 3칸 측면 3칸의 팔작지붕형 건물이다. 전체 규모는 아담하나 건물 내부에는 작은 평면임에도 불구하고 고주(高柱)가 2개 서 있다. 고주에는 후면과 측면으로 퇴량(退樑)을 걸었으며, 다시 45°방향으로 귀잡이보로 연결하였다. 전체 건물규모에 비해 다소 어색한 이러한 가구연결 방식은 대장전이 원래 목조 탑이었다는 것을 짐작케 한다.

● 대장경판고(大藏經板庫)

대장경은 경율론(經律論) 삼장(三藏)이나 여러 고승의 저서 등을 집대성한 경전으로 고려 때에는 외적의 침입을 막기 위하여 일심으로 대장경을 각인(刻印)하였으며 이를 보관하기 위한 경판고를 축조하였다. 오늘날 현존하는 대장경판은 경남 합천군 해인사(海印寺)에 있으며 고려대장경을 모두 81,258장의 경판에 양면으로 새겼다.

해인사의 대장경판고는 정면 15칸 측면 2칸의 장방형 평면 형태의 수다라장(修多羅藏)이 남쪽에 동서로 길게 자리 잡았으며, 같은 크기의 법보전(法寶殿)이 마당을 사이에 두고 북쪽에 동서로 길게 자리하고 있다. 두 건물의 마구리에는 정·측면 각 2칸의 잡판고(雜板庫)가 놓여 완전한 장방형의 일곽을 이루고 있다. 대장경판고의 바닥에는 흙과 소금과 숯이 켜를 이루도록 쌓여 있어 습기를 제거하기 위한 방도를 취했음을 알 수 있다. 판고의 바닥은 흙으로 마감하였고, 벽에는 통풍을 위한 창을 내었다. 위창은 작게 아래창은 크게 만들었으며 창문의 형태는 모두 살대를 끼운 모습이다. 남측 벽에 비하여 북측 벽의 광창(光窓)은 위 창문이 크고 아래 창문이 작다.

한편 북벽의 광창 위치에 따라 창의 크기를 칸마다 다르게 배치하여 어떤 조건에서도 별도의 인공적인 시설 없이 배기·환풍·제습 및 가습이 가능토록 과학적으로 축조하였다.

통일신라에서는 《법화경》이나 《화엄경》을 판석(板石)에 새겨 법전(法殿)에 보장하기도 하였다. 구례 화엄사(華嚴寺)의 각황전(覺皇殿)은 석각(石刻)한 《화엄경》을 보장하기 위해 세운 건물이다. 각황전은 정면 7칸 측면 5칸의 대규모의 중층건물이다. 문무왕 17년(677)에 화엄사에 비치할 화엄석경이 완성되었다. 현재의 건물은 임진왜란 후에 중건한 것이다. 내부는 통층으로 되어 있으며 불단 뒤의 거대한 후불벽에는 현재 탱화가 걸려 있으나, 원래는 여기에 화엄석경이 석벽(石壁)을 이루도록 장치되었던 것으로 보인다.

불단 뒤편에 화엄석경을 수장하던 관습은 오늘날에도 이어져 내려와 불단 뒤를 물건 수납하는 공간으로 쓰고 있다.

● 조사당(祖師堂)

선종(禪宗)사찰에서는 스승에 대한 공경이 지극하다. 선종은 교종과는 달리 불립문자(不立文字)·교외별전(敎外別傳)·직지인심(直指人心)·견성성불(見性成佛)을 표방하거나 염화미소(拈華微笑)의 고사에 발생의 의미를 근거하기도 한다. 즉 교종의 여러 종파가 소의경전에 그 근거를 두고 있는 데 반하여, 선종의 특질은 이심전심(以心傳心)의 심법(心法)에 크게 의지하는 데 있다. 따라서 선종에서의 조사는 후인들의 귀의처가 될 만큼 존숭받는다.

조사에 대한 존숭의 방법으로는 사리를 봉안하는 사리탑을 세우고 행장을 남기기 위한 탑비를 건립하는것 외에 사찰 경내에 조사전을 짓고 조사의 영정을 봉안하여 제의를 받들기도 한다. 국사가 배출된

절에서는 조사전 대신에 국사전(國師殿)을 짓는다. 대표적인 것으로
는 전남 송광사의 국사전을 들 수 있다. 이 건물 내에는 고려의 보조
국사 지눌을 비롯하여 송광사에 머물렀던 16분의 국사들의 영정을 보
관하고 있다. 조사전이 없는 사찰에서는 영각(影閣)을 짓는다.

조사전은 사찰 내의 가장 깊은 곳에 자리하고 있다. 이러한 배치는
살림집에서의 가묘(家廟) 혹은 유교나 서원의 후묘선학(後廟先學) 배
치법과 대동소이하다. 불교나 유교의 조령(祖靈)에 대한 제도는 유사
했음을 엿볼 수 있다.

부석사(浮石寺)의 조사당은 조사전 중에 대표적인 건물이다. 현존
하는 몇 남지 않은 고려시대의 건축물로 정면 3칸 측면 1칸의 맞배지
붕의 건축물이다. 공포는 주심포형식을 취하며, 광창의 존재, 항아리
형 단면의 보, 솟을합장의 존재, 권살하여 다듬은 포작의 수법 등은
흔치 않은 고려시대의 흔적을 보여 준다. 송광사 국사전은 역시 주심
포계 공포를 가진 정면 4칸 측면 3칸의 건물이다. 지붕은 맞배형이며
조선 초기의 건물이다. 건물 내에는 탁자가 있고 비단으로 탁의(卓衣)
를 입혔다. 그 위에 1725년에 완성한 송광사 출신 16국사(國師)의 초
상이 걸려 있다. 초상화 위에는 운궁(雲宮)을 설치하여 장엄하였다.
경북 예천군의 관룡사에는 조사당 대신에 간략한 형태의 영각을 따로
지어 조사의 초상화를 봉안하고 있다.

● 삼성각(三聖閣)

불전의 뒤쪽 한켠에는 보통 사방 한 칸 혹은 정면 3칸 측면 1칸 규
모의 전각이 있다. 이 전각 내에는 우리 민족 고유의 토속신들을 불교
적으로 수용하고 있다. 한 칸씩의 건물일 때에는 각각 산신·독성·
칠성을 따로 모시고 있으며 3칸의 건물일 때에는 삼성각이 된다.

독성(獨聖)은 천태산 위에서 홀로 선정을 닦고 계신 나반존자(那畔
尊者)를 이른다. 나반존자는 삼명(三明)과 이리(二利)의 능력을 갖추

고 있으나 중생들의 복을 키우는 복밭(福田)이 되어 미륵불이 출현하는 용화세계(龍華世界)가 올 때까지 이 세상에 머물러 계신다. 독성은 부처님의 제자로서 아라한과(阿羅漢果)를 얻은 존재이다.

우리나라의 나한신앙은 고려시대에 구복과 외침 극복을 기원하는 나한재(羅漢齋)를 많이 함에 따라 이것이 점차 나한신앙으로 자리 잡게 되었다. 이때부터 나한의 뛰어난 신통력이 현실적 행복을 강조하는 말세의 대중들에게 먹혀 들어 독성각이 사찰 내에 배치된 것으로 추정된다. 청도 운문사 사리암, 서울 수유동의 삼성암, 합천 해인사의 희랑대 등이 독성각을 가진 대표적 사찰이다.

국토의 7할 이상이 산으로 이루어진 우리나라에서 산에 대한 숭배는 오랜 전통을 가지고 있다. 불교가 재래신앙을 수용하면서 산신을 호법신중(護法神衆)의 하나로 삼아 불교를 보호하는 역할을 부여하였다. 조선 중기 이후 신도들은 복을 많이 받고 돈 많이 벌고 가족 모두 질병 없이 부귀 장수하기를 기원하는 장소로 산신각을 찾고 있다. 산신각 내에는 호랑이와 노인의 모습으로 묘사한 산신상을 봉안하거나 혹은 탱화로 도상화한 그림만을 모시기도 한다.

칠성각은 수명장수신(壽命長壽神)으로 일컬어지는 칠성(七星)을 봉안한 전각으로 북두각(北斗閣)이라고도 한다. 칠성각은 우리나라 사찰에서만 찾아 볼 수 있는 특유의 전각이다. 우리나라의 초기 불교에는 찾아 볼 수 없고 조선시대 중기에 차츰 나타나기 시작하였다. 칠성각 내에는 삼존불·칠여래·도교의 칠성신 등이 함께 봉안되어 있다.

● 강당(講堂)

불가에 출가한 수행자는 제반 절차와 학문을 먼저 익힌다. 부처님이 45년 간 설법한 내용이 기록되어 있는 경전들을 근간으로 해서 교육하는 장소가 필요하게 되는데 이곳이 바로 강당이다.

고대의 절터에서는 보통 중심이 되는 건물인 금당의 뒤편인 북쪽에 강당을 배치한다. 소위 선묘후학(先廟後學)의 배치방법이다. 강당은 한꺼번에 많은 수의 학인(學人)이 공부할 공간을 확보하기 위해 규모가 큰 건물인 경우가 많다. 금당 뒤편에 대규모의 강당 건물을 배치하는 것은 고대의 절터가 평지에 위치하여 공간이 넉넉한 경우일 때가 많다. 후대에 선종(禪宗)이 유행하면서 절이 도성 등지에서 점점 산속에 위치하게 되어 절터가 지형상의 제약으로 좁아지면서 대규모의 강당 축조가 어렵게 되었다. 따라서 고대 절터에서 볼 수 있던 질서정연한 배치를 갖춘 큰 규모의 강당 건축은 힘들어지고 지형 여건에 맞추어 적절한 위치와 규모로 조정, 변모하게 되었다.

불국사의 무설전(無說殿)은 강당 역할을 하는 건물로 고대 가람의 흔적이 그대로 잔존해 있는 모습을 보여 준다. 무설전의 편액은 무수한 설법을 하는 곳 혹은 말하는 것과 말하지 않는 법이 한가지라는 생각을 담아 명명한 것으로 보인다. 이는 석가모니 부처님이 출가자들에게 모여 앉으면 마땅히 해야 할 두 가지 일로 진리에 대하여 이야기하는 일과 침묵을 지키는 일을 권한 사실과 일맥 상통하는 것이다. 최근에는 사찰 규모의 축소로 인해 작은 사찰에서는 별도의 강당이 없이 요사채 맞은 편의 건물을 겸용해 사용하기도 한다.

● 요사(寮舍)

요사는 사찰 내의 불전, 신중문 외의 승려의 생활과 관련되는 대부분의 건물을 총괄하는 명칭으로 통용된다. 흔히 요사채라 불린다. 그 구성 요소를 살펴보면 승방(僧房) · 선방(禪房) · 부엌 · 곳간 외에 수각(水閣)과 측간까지 포함한다.

요사는 그 기능에 따라 다양한 명칭을 가지고 있다. 지혜의 칼을 찾아 무명(無明)의 풀을 벤다는 뜻으로 심검당(尋劍堂), 말 없이 명상한다는 뜻에서 적묵당(寂默堂), 참선과 강설의 의미가 복합된 설선당(說禪堂) 등이 대표적인 명칭이다. 노전채는 불전에 올리는 공양미는 향

나무를 때서 밥을 짓는다고 한 고사(古事)에 따라 향적전(香積殿), 그리고 조실스님이나 노장 대덕스님의 처소는 염화실(拈華室) 또는 반야실(般若室) 등의 이름을 많이 붙였다.

옛 절터에서 요사는 금당의 뒷부분에 위치하며 궁궐의 전조후침(前朝後寢)의 배치방법과 흡사하다. 그러나 후대로 내려오면서 요사가 법당의 전면에 배치되게 된다. 법당 앞에 요사가 배치되는 경우에는 다음의 몇 가지로 구분된다. 첫째 법당의 좌우에 대칭되게 배치하는 방식, 둘째 법당 전면의 한쪽에 요사가 있고 다른 한쪽에는 부불전을 배치하는 방식, 셋째 주불전의 맞은 편에 요사를 배치하는 경우, 넷째 가람배치 자체가 일정하지 않아 요사도 불규칙하게 배치되는 방식 등이다.

요사는 건물의 성격상 사찰 내의 법당 건물에 비하여 그 격이 낮아 건물 규모나 장엄이 소박한 것이 보통이다. 따라서 건물의 형식은 익공계임이 통상적이다. 기능상으로 툇마루가 넓은 경우가 많으며, 복합적 기능이 한 건물에 집합될 경우에는 ㄷ자형·ㄴ자형·Ⅰ자형 등의 복잡한 평면 형태를 보이기도 한다. 한편으로는 누각을 흉내내 누마루 형식의 집모양을 취하기도 한다. 안동 봉정사의 요사채인 해회루(海會樓)가 그런 예이다.

요사의 기능 중 스님과 대중들을 위한 곳간도 필요한데 남부지방의 큰 사찰에서는 사대부가에서 볼 수 있는 것처럼 2층으로 건물을 지어 1층은 요사로, 2층은 마루와 방 그리고 곳간으로 활용하는 등 사찰 내에서 가장 세속의 건물과 유사한 모습을 보인다.

● 회랑(回廊)

회랑은 건물과 건물을 연결하는 복도의 성격을 지닌 건축물이다. 특성상 지붕은 갖추고 있으나 벽체는 한편은 폐쇄하고 한편은 개방하는 형태를 취하는 것이 일반적이다. 이러한 연결의 기능을 하는 건축물의 형태는 비단 사찰에서만이 아니라 세속의 궁궐에서도 많이 볼 수 있다. 실제의 기능도 거의 유사하다.

신라의 거찰(巨刹)이었던 황룡사(黃龍寺)의 축조와 관련된 설화를 살펴보면, 원래 궁궐을 짓던 중에 꿈의 계시를 받아 궁궐 대신에 황룡사를 지은 것으로 되어 있다. 이 설화는 궁궐의 배치와 고대 가람(伽藍)의 형상이 유사했음을 반증해 주는 것이라 하겠다. 즉 세속의 왕인 군주와 종교의 교주인 석가모니 부처님의 거소는 회랑으로 둘러싸인 폐쇄성과, 위엄을 갖춘 공간이 선호된 것으로 보인다.

고대의 절터를 발굴해 보면 회랑의 존재를 확인해 볼 수 있으며, 회랑의 연결방식이 몇 가지로 구분됨을 알 수 있다. 경북 경주군의 감은사(感恩寺) 절터에서는 중심 부분에 정면 5칸 측면 3칸의 금당지, 후면에 정면 8칸 측면 4칸의 강당지를, 정면에 3칸 측면 2칸의 문지(門址)를 남기고 있다. 회랑은 이것들을 'ㅁ'자형으로 둘러싸고 있으며, 회랑의 중간 부분에서 금당의 양측면을 연결하는 형태를 취하고 있다. 이러한 회랑 형태는 통일신라 시대의 사찰인 불국사의 대웅전 일곽에도 같은 유형으로 남아 있어 복원한 바 있다.

한편 부여 동남리사지에서는 감은사지 가람과는 달리 중앙의 금당과 남북 회랑을 연결해 주는 동서 방향의 회랑 흔적이 발견되지 않았다. 이러한 유형은 군수리 폐사 발굴 혹은 금강사지의 발굴에서도 같은 모습을 보여 주고 있다.

전북 익산의 미륵사지 절터는 3개의 절을 같은 자리에 배치한 형태를 취하고 있고, 회랑 역시 타 절터에서는 유례가 없는 독특한 모습을 하고 있다. 금당과 탑지를 포함한 3개의 원(院)을 놓고서, 중앙원은 'ㄷ'자형을 아래로 놓은 형태로 회랑을 연결하였으며, 나머지는 'ㅂ'자형으로 전체를 연결하였다. 물론 금당과 회랑을 연결한 흔적은 찾을 수 없다.

● 석교(石橋)

사찰의 대부분이 심산유곡에 위치해 있기 때문에 자연히 물이 있기 마련이고 여기에 다리를 놓을 필요성이 많았다. 다리는 물을 건넌다는 기능 외에도 사찰 입구의 다리를 지나면서 세속의 온갖 번뇌를 씻고 불국정토에 들어간다는 상징적 의미도 겸하고 있다. 한편으로 다리를 놓는 작업은 불교의 선업(善業)으로 공덕을 베푸는 일이 된다. 절의 입구에 놓인 다리는 평교(平橋)도 있으나 대부분이 홍교(虹橋)이며 교각을 겸한 누교(樓橋)형식도 있다.

전남 여천군의 흥국사(興國寺)입구에는 계곡을 가로질러 아름다운 무지개 다리가 놓여 있다. 인조 17년(1639)에 가설된 것으로 홍예 폭이 11.3미터에 이르며 가운데가 높고 양끝이 낮게 축조되어 자연스러운 곡면을 유지하고 있는 수작이다. 전남 승주군 선암사(仙巖寺)에는 계류를 건너는 곳에 무지개 다리가 둘 있다. 절 가까운 쪽에는 큰 다리가, 아래 쪽에는 작은 다리가 있다. 이들은 모두 임진왜란 후에 다시 가설된 것이다. 다리의 곡선이 완전한 반원형을 이루고 있다.

전남 승주군에 위치한 송광사(松廣寺)는 사천왕문을 지나기 전에 단칸의 반원형 홍예로 구성된 아름다운 무지개 다리가 가설되어 있는데 이 다리의 이름이 삼청교(三淸橋)이다. 무지개 다리의 윗부분에 멍엣돌을 깔고 장대갓돌을 좌우 설치하였다. 다리 위에는 정면 4칸 측면 1칸의 누각인 우화각(羽化閣)이 있는데, 이러한 누교(樓橋)형식은 매우 특이한 존재이다. 전남 곡성군에 있는 태안사(泰安寺)의 능파교(凌波橋)는 사찰의 금강문을 겸한 누교이다. 계곡의 양쪽에 석축을 쌓고 여기에 의지하여 통나무보를 걸쳐 대고 직각방향으로 바닥판을 깔았다. 여기에 정면 3칸 측면 1칸의 맞배지붕의 건물을 지었다. 그 형태가 조그마한 문루를 연상케 한다.

경주의 불국사(佛國寺) 경내에도 석교가 놓여 있다. 즉 안양문 앞에 놓여 있는 연화교·칠보교 및 자하문 앞의 청운교·백운교가 그것이

다. 이들 두 쌍의 다리는 계류에 직접 놓인 다리는 아니고 계단 형식
을 취하고 있다. 그러나 계단 중간 아래는 홍예를 틀고 그 아래로 구
품연지의 물이 통과하도록 되어 있다.

● **구품연지(九品蓮池)**

  불교경전의 하나인 《관무량수경(觀無量壽經)》에 의하면 정토에 태
어나는 자의 성격이나 행위의 차이에 따라 정토에서 태어나서 받는
과보(果報)에도 아홉 가지의 종류가 있다고 한다. 즉 상·중·하의
삼생(三生)으로 나누고 이것을 다시 삼품(三品)으로 분류한 극락왕생
의 아홉 가지 단계이다.

  극락세계에 왕생하게 되면 평생 지은 업(業)의 깊고 얕음에 따라
아홉 가지의 차등이 있는 연대(蓮臺)에 앉게 된다. 연지는 연꽃을 키
우는 연못으로 연꽃은 불교의 연화세계(蓮華世界)를 상징하는 것이
다. 아미타불의 극락세계를 연화장세계라고 칭한다. 따라서 극락세계
의 상징인 구품연지를 사찰 내에 배치하는 것은 극락정토의 성중들이
연지에 둘러앉아 설법(說法)을 듣는 연화회(蓮華會)의 모습을 나타내
는 의미를 지니게 된다.

  초기에는 구품연지를 축조하기보다는 금당 전면에 석연지(石蓮池)
를 놓는 간단한 방식으로 출발한 듯하다. 법주사(法住寺)의 석연지,
공주박물관에 옮겨 놓은 한쌍의 석연지, 부여박물관에 보관되어 있는
석연지 등이 그 예에 속한다. 석연지는 차츰 실제로 연지를 파고 원림
을 조성하는 식으로 발전한 것으로 보인다. 중국의 《낙양가람기(洛陽
伽藍記)》에서도 불사의 원지(苑池)를 중요하게 보는 구절이 있으며,
돈황벽화(敦煌壁畫)에도 건물의 전면에 배치한 연지를 묘사한 그림이
있다.

  우리나라의 연지 조영은 석연지, 수조(水槽) 등을 거쳐 익산 미륵사
지의 연지, 정림사지의 동서연지 등이 발굴을 통하여 조사·확인되

었다. 정림사지에서는 동서로 나뉜 연지가 발견이 되었는데 크기는 동편 측 연지의 경우 동서 15.3m 남북 11m의 방형이며 호안은 석축을 쌓아 만들었다. 미륵사지의 연지는 남문지의 남쪽으로 약 30m거리에 노출되었는데 넓이가 약 5,500평의 거대한 규모이다. 이 연지는 특별한 호안의 석축 없이 자연경사면을 이용하였다. 불국사의 청운교·백운교 앞에는 지금은 메워져 없지만 원래 원형의 큰 연못이 있었고 여기에 배를 띄우면 다리 밑의 홍예를 통과할 수 있는 커다란 구품연지가 존재했다고 한다.

●금강계단(金剛戒壇)

계단(戒壇)의 본래 목적은 수계의식(受戒儀式)을 집행하는 장소로서, 수계자를 중앙에 앉히고 삼사(三師)와 칠증(七證)이 둘러앉아서 계법(戒法)을 전수하는 곳이다. 따라서 단순한 묘탑(墓塔)과는 다른 의미를 가지고 있다. 그러나 현존하는 계단은 대승계단(大乘戒壇)이라는 신앙 표현의 한 조형물로 사부대중(四部大衆)의 호계(護戒)를 위해 조성되었다. 이러한 예로는 통도사(通度寺), 개성의 불일사(佛日寺), 대구의 용연사(龍淵寺), 금산사(金山寺) 등에 있었으나, 현재는 통도사의 금강계단과 금산사의 방등계단(方等戒壇)이 대표적인 유례이다.

계단은 초기불교 이래 인도에서 축조되기 시작하였다. 초기의 계단은 단의 중앙에 소탑(小塔)을 두었고 여기에 석가모니 부처님의 치아를 봉안하였다고 한다. 소탑이 차츰 복발형 부도(覆鉢形 浮屠)로 변형된 것으로 보인다. 중국에서는 위대(魏代)에 이미 입단득계(立壇得戒)의 의식이 행해졌으나, 이것이 도선(道宣)의 《계단도경(戒壇圖經)》에 의해 사면방형 중층에 복발형 부도를 놓고 사자·천인상·제신상·용 등을 배치하는 것으로 정립되었다. 우리나라의 금강계단의 축조는 자장율사가 당나라에서 돌아와 통도사를 창건할 때에 계단을 설립한 것으로 전해지고 있다.

통도사의 계단은 654년 처음 세워진 이래 거듭된 중수(重修)로 당시의 모습을 찾기는 힘들며, 지금의 계단은 일부 고려 때의 석물이 섞여 있을 뿐 조선시대 후기의 후보석물(後補石物)이 대부분이다. 그럼에도 불구하고 방형의 2중 석단의 중앙에 2매의 연화대석(蓮花臺石)을 중첩시키고 종형의 사리부도를 올려 놓는 고식(古式)을 그대로 간직하고 있다. 금산사의 방형계단도 상하 2단의 기단부와 상부의 사리부도(석종형) 등으로 구성된 점은 대동소이하다. 기단에는 천부보살상(天部菩薩像) 혹은 천인상(天人像) 등을 조각하였다. 하부기단의 주위에는 난간(欄干)·사천왕석(四天王石)·신장석(神將石)을 빙 둘렀다.

● 적멸보궁(寂滅寶宮)

석가모니 부처님의 진신사리(眞身舍利)를 봉안한 불전을 지칭하여 적멸보궁이라 한다. 부처님의 진신사리를 모심으로써 부처님이 항상 그곳에서 적멸의 낙을 누리고 있음을 상징하게 된다. 부처님 생존시는 인도 마가다국 가야성의 남쪽 보리수 아래로, 《화엄경》을 설파한 적멸도량임을 뜻한다. 부처님의 진신사리는 곧 법신불(法身佛)로 부처님의 진신이 상주하고 있음을 의미하며, 여기에는 예불의 대상으로 따로 불상을 봉안하지 않고 불단(佛壇)만 있는 것이 다른 불전과의 차이점이다.

우리나라의 대표적인 5개의 적멸보궁은 경상남도 양산군 영축산 통도사의 대웅전, 강원도 평창군 오대산의 적멸보궁, 강원도 인제군 설악산 봉정암(鳳頂庵)의 적멸보궁, 강원도 영월군 사자산 법흥사(法興寺)의 적멸보궁, 강원도 정선군 태백산 정암사(淨巖寺)의 적멸보궁 등이다. 이 중에서 태백산 정암사의 적멸보궁을 제외하고는 모두 신라의 자장(慈藏)이 당나라에서 귀국할 때 가져온 불사리 및 정골(頂骨)을 직접 봉안한 것이다. 정암사에 봉안된 사리는 임진왜란 때 왜적의 노략질을 피해 통도사의 것을 나누어 봉안한 것이다.

통도사의 적멸보궁인 대웅전은 특이한 건축 형식과 금강계단의 존 재로 가장 주목할 만한 적멸보궁이다. 통도사 대웅전은 1645년에 중 건한 정면 3칸 측면 5칸의 겹처마 팔작지붕이다. 다른 전각과는 달리 정면의 너비가 측면보다 좁은 장방형을 이루고 있다. 특이한 평면형식 은 이 전각 내에 부처님을 모시지 않고 건물 후면에 있는 부처님의 진 신사리를 모신 금강계단을 향하여 정면이 위치하면서, 한편으로는 불 이문(不二門)을 들어섰을 때 마주 보이는 측면에도 합각(合閣)을 만 들어 출입상의 정면과 예배상의 정면 양쪽 모두를 강조한 모습을 하 고 있는 것이다. 대웅전의 기단은 건물의 격에 맞추어 격식을 갖춘 가 구식기단으로 장식하였으며, 건물 내부의 불단과 천정을 화려하게 조 각하고 단청을 하여 장엄하고 있다.

● 석굴승원(石窟僧院)

석굴승원은 원래 인도에서 시작하여 중국과 우리나라에 전파된 것 이다. 초기의 인도 석굴승원은 번거로운 도시에서 좀 떨어진 조용한 곳에 자연암벽을 뚫어서 석굴을 만들고 그곳에서 승려들이 수도생활 을 영위하던 곳이다.

이러한 형식의 석굴승원이 중국의 육조시대(六朝時代)에 전파되어 4~5세기에 걸쳐 돈황(敦煌)·운강(雲岡)·용문(龍門)석굴을 조영하 게 되었으며, 이것이 우리나라에 전래되어 삼국시대 이래의 석굴승원 을 조성하게 되었다. 백제의 서혈사(西穴寺), 동혈사(東穴寺) 등의 석 굴승원의 유구를 남기고 있다. 이외에도 서산 마애삼존불(磨崖三尊佛) 도 석굴승원의 퇴화한 형식의 한 가지로 보인다. 경북 군위의 석굴도 서산 마애불과 유사한 형태의 석굴승원의 일례이다.

초기의 간략한 형태의 석굴은 발전을 거듭하여 마침내 중원 미륵리 사원·경주 석굴암과 같은 완형의 석굴승원을 낳게 되었다. 중원 미륵리사원은 장방형의 돌로 인공의 석벽을 쌓았는데, 축조방식은 3단의 기단석을 쌓아 그 위에 돌기둥을 세우고 그 위를 인방이 가로지르는 등 목조건축의 구성을 연상케 하는 수법을 사용하였다. 인공 석굴의 상부에는 중층의 목조건물로 지붕을 씌웠다. 즉 인공의 석굴과 목조건축을 결합한 형식이다. 이러한 형식은 석굴암에서 목조건축과 융합한 형태로 변화한 것으로 보인다.

경주 토함산의 석굴암은 순수한 인공의 석굴로 화강암을 이용하여 돔형식으로 축조하고 그 위를 흙으로 덮어 마치 자연 형태의 굴처럼 마감하였다. 돔의 벽에는 10개의 작은 감실을 두어 보살좌상(菩薩坐像)을 봉안하였다. 석굴암 원형 공간의 전면에는 당시 방형의 전실을 만들었고 여기엔 금강역사상(金剛力士像)·사천왕상(四天王像) 등을 부조하였다. 전실의 조각들은 일반 사찰의 금강문과 사천왕문의 의미를 상징적으로 갖추고 있다. 석굴암은 비록 인공의 석굴이지만 내부의 공간구성, 조각의 뛰어남, 보존 환경의 절묘한 통제 등으로 자연석굴 사원에 뒤지지 않는 훌륭한 예술품이라 하겠다.

● 원당사찰(願堂寺刹)

원당은 죽은 사람의 명복을 비는 사찰 또는 사찰 내의 법당을 말한다. 이 법당에는 죽은 사람의 화상이나 위폐를 모셔두고 원주(願主)의 명복을 사승(寺僧)으로 하여금 대신 빌게 한 것이다. 원당은 불력(佛力)에 기대하여 인간사의 길흉화복의 문제를 해결하고자 하는 데서 출발하였다.

원당사찰은 불교가 융성했던 신라 및 고려시대에서도 유행하였다. 신라 때는 원당전(願堂典)이란 관할 관청이 있었으며, 고려에서는 예종의 화상(畫像)을 해인사(海印寺)에 봉안하여 원당으로 삼았다. 1392년 조선의 건국과 함께 새로이 내세운 억불숭유(抑佛崇儒) 정책으로 많은 사찰이 폐쇄되고, 요행히 남겨진 사찰들도 극심한 경제적인 어려움을 겪게 된다. 그러나 이러한 와중에서도 국왕 개인을 비롯한 궁중 내의 불교신앙은 좀처럼 없어지지를 않았다. 이것은 정치적으로는 불교가 철저히 봉쇄되었으나 지위나 출신성분을 막론하고 여전히 기복신앙(祈福信仰)으로서 그 뿌리가 강했기 때문이다. 원당사찰의 종류는 다음과 같이 5가지로 구분이 가능하다.

첫째 국가의 안위를 축원한다는 명분하에 건립되는 원당사찰로 황룡사의 구층탑이나 조선조의 원각사(圓覺寺) 등을 그 예로 들 수 있다. 둘째 능침수호사찰(陵寢守護寺刹)로 고려 태조 왕건이 그의 신성왕후 김씨의 정릉(貞陵) 옆에 세운 현화사(玄花寺), 조선 태조 이성계가 그의 계비 신덕왕후의 정릉(貞陵) 옆에 세운 흥천사(興天寺), 사도세자의 현륭원(顯隆園)을 수호할 목적으로 세운 용주사(龍珠寺) 등이다. 셋째 내원당사찰로 궁중 내에 있던 불당을 말하는데 조선 태조가 1401년에 만덕전을 흥덕사(興德寺)로 만들고 교종 수사찰로 삼은 것 등이다. 넷째 위축원당사찰(爲祝願堂寺刹)로 기존의 사찰을 지정하여 이를 원당으로 삼은 것으로 조선 태조 때의 진관사(津寬寺)·세조 때의 건봉사(乾鳳寺) 등을 예로 들 수 있다. 다섯째 태실봉안사찰(胎室奉安寺刹)로 쓰인 은해사(銀海寺) 등이다.

● 탑원(塔院)

탑은 산스크리트어로 스투파(stūpa)로서 묘탑(墓塔)을 의미한다. 경전에 의하면 부처님이 입멸한 이후 여덟 나라 국왕이 부처님의 사리를 8분하여 각각 자기 나라에 탑을 세우고 봉안하였다고 하며 이것이 불교에서의 탑의 기원이다. 그 이후 아쇼카왕의 출현과 함께 많은 수의 탑이 조성되는데 유명한 유적으로는 산치의 탑을 들 수 있다.

산치의 탑은 전체적으로 복발형(覆鉢形)으로 밑에서부터 기단·복발·평두(平頭)·산개(傘蓋)의 4부분으로 구성되어 있다. 탑의 내부에는 불사리(佛舍利)·불아(佛牙)·불발(佛髮) 등을 넣도록 되어 있

다. 평두 위에 장치한 산개는 당시 인도의 왕후·귀인들이 '산(傘)'을
존귀한 신분을 나타내는 상징으로 사용했던 것에서 유래하였다 한다.
부처님의 유물을 봉안하는 묘탑에서 출발한 탑은 시대가 지남에 따라
그 의미가 달라졌으며 그것에 따라 형식도 달라지게 마련이었다.

부처님의 입멸 이전에는 탑이 존재할 필요가 없었으며 자연히 가람
은 승려들이 거처할 수 있는 승방 즉 승원을 위주로 형성되었다. 초기
의 기원정사·죽림정사 등을 승원의 예로 들 수 있다. 여기에 부처님
의 묘탑으로 탑이 등장하게 됨으로써 사찰 배치에 있어 탑이 중요한
위치를 차지하게 된다.

석가모니 부처님의 묘탑으로서 부처님의 진신사리 대신에 숭배의
대상으로 사찰 내의 위치를 차지하던 탑도 불상(佛像)의 등장과 함께
가람 내의 배치에 변화가 오게 된다. 즉 부처님의 진신사리는 그 숫자
에 한계가 있으며, 부처님의 모습을 닮은 불상이 출현하여 이를 모신
당우(堂宇)를 짓게 됨으로써 비로소 승원·탑원·금당원의 세 가지를
포함한 가람이 형성되게 된다.

가람은 삼국시대에 전파될 때 이미 탑·당 및 승원을 갖춘 형식이
었다. 이때의 가람 중에 탑원·금당원·승원이 분리된 초기의 형태를
유지하고 있는 것이 있는데 고구려의 절터로 알려진 정릉사지(定陵寺
址) 등에서 3개의 원으로 분리된 가람배치를 발굴을 통하여 확인할
수 있다.

● 승원(僧院)

원시불교시대는 승려는 무주처(無住處)를 주거로 하였으므로 일정
한 주거처로서 승방은 생각할 수 없었다. 그러나 차츰 휴식처 등의 필
요에 따라 간소한 형태의 승방이 생겨나게 되었다. 당시의 부처님은 1
일1식1숙(一日一食一宿)을 원칙으로 사방으로 유행하고 있었으므로
매우 소박한 승방이었다. 즉 비바람을 간신히 피할 수 있으면 족했다.

기원정사 · 죽림정사 · 대원정사 등이 모두 이런 류의 승방이었다.

한편으로는 석굴을 승방으로 하는 경우도 있었다. 석굴 승방은 두 가지 형태를 가졌다. 첫째는 차이티야(caitya)로 전실(前室)과 주실(主室)로 이루어진 말발굽형 혹은 원형의 단일한 홀(hall)을 의미한다. 전실에는 대개 석주(石柱)가 열을 지어 있고 전실과 주실 사이에는 복도가 있고 그 위에 전실에 햇빛을 주기 위한 채광창(採光窓)이 있다. 차이티야는 단일의 성격을 갖는 승방 혹은 예배당의 기능을 가졌다. 보통 주실 안쪽의 반원형 평면의 중앙에는 스투파(stūpa)를 안치하고 있다. 후대로 내려오면서 중앙에 안치한 스투파의 장식이 화려해 진다.

둘째는 비하라(vihāra)로 굴의 평면이 방형(方形)으로 굴 내의 좌우 양측에 승방을 두어서 승려가 집단으로 기거하며 수도하도록 구성되었다.

승려의 기거 목적으로 출발한 승원은 부처님의 입멸로 말미암은 탑파와 불상의 등장으로 이에 따른 탑파의 조성과 불상을 봉안하는 당우를 가지면서 배치상의 변화가 일어난다. 고구려의 정릉사지에서는 당, 탑 및 승원의 3가지 영역이 구분된 배치 형태를 나타낸다. 그러나 대부분의 고대 가람에서는 승원이 금당과 강당의 후편에 많이 위치하는 가람배치를 나타낸다. 그 뒤에 사찰이 산속으로 들어가 소위 '사동중정형(四棟中庭形)'의 간략한 가람배치로 바뀌면서 승원 즉 승방은 불전의 전면 좌우, 불전의 맞은편 혹은 불전 전면의 한쪽 등에 축소된 채로 배치되게 된다. 그러나 후기의 사찰이라 하더라도 대규모의 사찰에서는 이와 관계없이 적절한 위치에 놓이기도 한다.

● 일탑일금당식(一塔一金堂式) 사찰

일탑일금당식의 가람배치는 주로 백제의 가람에서 많이 나타나고 있는 형식이다. 백제의 불교는 침류왕 원년(384) 승려 마라난타(摩羅

難陀)에 의해서 전래되었으며, 그 이듬해에 한산주에 불사(佛寺)를 창건한다. 이것이 백제가람의 효시라고 할 수 있다. 이때의 정확한 가람배치에 관해서는 현재로서는 알 길이 없다.

그 후 백제는 공주·부여로 남하하면서 주로 이들 지방을 중심으로 많은 수의 가람을 조영하였다. 이들 백제가람들 중에서 군수리사지·정림사지·금강사지 등을 발굴한 결과 소위 '일탑일금당식'의 정연한 배치를 하고 있음을 발견하였다.

군수리사지(軍守里寺址)는 1935년과 1936년에 발굴·조사된 옛절터로 와당 및 중공유문전(中空有紋塼)이 출토된 백제의 절터이다. 여기서는 추정 탑지(塔地)의 북쪽에 금당지, 남쪽에는 중문지가 일직선상에 놓였으며 금당지의 북쪽에는 큰 규모의 강당지가 자리하고 있다. 강당지의 좌우에는 회랑이 아닌 별도의 건물지가 노출되었다. 한편으로는 중문지의 좌우에서 남쪽 회랑이 북쪽으로 꺾여 강당지까지 연결되고 있다. 강당지 좌우의 두 개의 건물지는 종(鐘)과 경루지(經樓址)로 추정된다.

정림사지(定林寺址)는 사역(寺域)의 중심에 오층탑이 서 있으며 그 북쪽에는 금당지가 2중기단 위에 놓여 있으며 남쪽에 중문지가 배치되었다. 금당지와 중문지 사이에는 2개의 연못이 노출되었다. 강당지는 금당지의 북쪽에 현재 석불좌상(石佛坐像)이 놓여 있는 곳에서 노출되었다. 회랑지는 중문에서 강당지와 연결하여 ㅁ형으로 사역을 둘러싸고 있다.

금강사지(金剛寺址)는 앞서 설명한 가람배치와 유사하나 다만 강당지의 좌우에 별도의 건물이 없어지고 북쪽 회랑으로 연결되는 변화가 나타나기 시작하는 점이 주목할 만하다.

일탑일금당식의 가람배치 방식은 백제가 많은 영향을 미친 일본 비조시대(飛鳥時代)의 사찰인 사천왕사(四天王寺)의 가람배치와 같다.

● 일탑삼금당식(一塔三金堂式) 사찰

고구려의 가람배치는 삼국시대의 이웃 국가인 백제의 일탑일금당식, 신라의 쌍탑이금당식의 배치와는 달리 소위 일탑삼금당식의 형태를 취하고 있다.

고구려에 정식으로 불교가 전래되는 것은 소수림왕 2년(372)에 진왕(秦王) 부견(符堅)이 승려 순도(順道)와 함께 경전과 불상을 보내면서부터이다. 그 후 374년 승려 아도(阿道)가 들어 왔고, 고구려에서는 이들을 위하여 375년 성문사(省門寺)와 이불란사(伊弗蘭寺)를 짓는데 이것이 고구려의 불사 조영에 관한 최초의 기록이다. 그 후 영탑사(靈塔寺) 및 평양에 9개의 사찰이 있었다는 등의 기록이 있으나 현재는 하나도 남아 있지 않다. 현재로서는 평양 부근의 몇 개의 사지 발굴 결과를 통하여 고구려의 가람배치 방식을 확인할 수 있을 뿐이다.

평양의 청암리사지(靑岩里寺址)는 문자왕 7년에 창건된 금강사지로 추정된다. 청암리사지의 중앙에서 팔각형의 목탑지로 추정되는 건물지가 발견되었으며, 그 남쪽에서 문지가 노출되었다. 팔각전지의 북·동·서편에서는 금당지로 보이는 3개의 건물지가 확인되었다. 금당지와 팔각전지는 보도로 연결되어 있다. 이러한 배치방식은 고구려의 사지에서만 독특하게 발견되는 일탑삼금당식의 배치방식이다.

일탑삼금당식의 가람배치는 평양의 동명왕릉 앞에 위치하고 있는 정릉사지에서도 발견되었다. 사지 동서 약 200m, 남북 약 130m되는 중심곽 내에 배치되었다. 중심곽을 동서로 5개의 구역을 구분하고 각각을 회랑으로 막은 특이한 형식이다. 사역(寺域)의 중심에는 폭이 약 20m이고 한 변의 길이가 8.4m인 팔각형 평면의 목탑지가 있고 그 동서쪽에는 금당지가 탑지를 마주하고 있다. 그러나 동서 건물지가 탑지에서 떨어진 거리는 약간씩 달라 엄밀하게 좌우대칭은 아니다. 그 북쪽에는 회랑을 사이에 두고 북편 금당지가 놓여 있다.

고구려 가람배치의 특성은 이러한 일탑삼금당식이며, 중앙의 목탑지가 다각형 평면인 점이다. 고구려식의 배치로서 일본의 비조사지(飛鳥寺址)가 유사하다. 다만 비조사지의 탑지는 방형인 점이 차이가 난다.

● 쌍탑일금당식(雙塔一金堂式) 사찰

쌍탑일금당식은 신라의 전형적인 가람배치 형식을 말한다. 신라에 불교가 처음 전해진 것은 5세기 중엽 승려 묵호자에 의한 개인적인 포교였으며, 그가 모례(毛禮)의 집에 굴실(窟室)을 지었다는 기록만 있을 뿐 그 구체적 형태는 알 길이 없다. 그 이후 이차돈의 순교와 함께 법흥왕 14년(457) 불교가 공인되면서 최초로 흥륜사와 영흥사 등을 세웠으며 황룡사·분황사 등을 건축하였다. 그 후에도 감은사지·망덕사지·천군리사지·사천왕사지·불국사 등을 조영하였다.

감은사지는 문무왕 때 창건된 사찰터로 현재 동서 삼층석탑이 남아 있다. 발굴 결과에 의하면 양 석탑의 중앙 후편에 금당과 강당을 설치하고 강당의 동서에는 별도의 건물지를 설치하였다. 석탑의 남쪽에는 중문을 시설하고 중문의 좌우에서 시작되는 회랑을 북쪽으로 꺾어 강당 좌우의 별도 건물지에 접하고 있다. 한편 금당의 좌우에는 동서 회랑을 연결하는 익랑(翼廊)이 놓여 있다. 이러한 가람배치의 형식이 전형적인 신라의 쌍탑일금당식 가람의 모습이다. 일본에서는 약사사식(藥師寺式)의 가람배치가 같은 雙塔式이다.

신라의 쌍탑일금당식 가람의 조영은 경주 불국사(佛國寺)에까지 이어지고 있다. 불국사의 중문인 자하문(紫霞門)을 지나가면 좌우에는 석가탑과 다보탑이 자리하고 있다. 석가탑은 전형적인 통일신라의 석탑형태이나 다보탑은 파격적이고 우수한 형태의 공예적 탑이다. 두 탑의 중앙 후편에는 대웅전이 자리하였다. 대웅전의 뒤쪽에는 강당인 무설전(無說殿)이 배치돼 있다. 강당과 중문을 위시해 ㅁ자형의 회랑으로 둘러싸여 있으며 대웅전과 동서 회랑을 익랑으로 연결하고 있다.

쌍탑이 가람에 배치되는 형식은 주로 법화계(法華系) 사찰에서 많이 나타나는 경향을 보이고 있다. 이것은 법화계 신앙의 소의경전인 《묘법연화경(妙法蓮華經)》의 소설(所說)에서 그 이유를 찾을 수 있다. 즉 석가모니 부처님의 존재를 증명하기 위해 다보여래가 있는 다보탑(多寶塔)이 나타난다는 소설에 의해 석가탑(釋迦塔)과 함께 쌍탑 구성을 하게 되었다고 생각된다.

● 단불전형(單佛殿形) 사찰

삼국시대 이래 불교가 우리나라에 전래된 후에 사찰의 중심 불전은 백제의 일탑일금당식 혹은 신라의 쌍탑일금당식의 가람배치에서 볼 수 있듯이 단일의 건물이었다. 이 시기의 주요 불전의 명칭은 금빛나는 불상을 봉안한 건물이라는 측면에서 금당(金堂)으로 통칭되었다. 이후 고려시대에 접어들어 종파신앙이 성행하면서 각각의 소의경전에 따라 주불전의 명칭이 분화되기 시작하였다. 이러한 변화는 조선시대의 통불교화 과정을 통해 더욱 심화되었는데, 그 중에서도 단일신앙(單一信仰) 사찰의 성격을 유지해 단불전의 가람배치를 고수한 사찰도 있다. 그럼에도 불구하고 주법당의 명칭은 달라졌으며 종파에 따른 가람배치의 특징은 약간씩 구분되고 있다. 이를 살펴보면 다음과 같다.

완주 화암사(花巖寺)는 미타계 사찰로서 극락전(極樂殿)을 주불전으로 하는데 여기서 아미타불은 열반에 들지 않고 법계에 충만하므로 영탑(影塔)을 두지 않는 것이 배치의 특이한 점이다. 둘째 관촉사(灌燭寺)는 미륵계 사찰로 미륵불과 탑을 사찰의 중심축상에 배치하는 규범을 충실히 지키고 있다. 중원 미륵대원도 이러한 배치방식을 따르고 있다. 셋째 화엄계 사찰은 부분과 부분, 부분과 전체의 통일이라는 화엄사상에 따른 강력한 통합을 가람배치에도 반영하고 있다. 평창의 월정사에서는 사찰중정(寺刹中庭)의 탑을 중심으로 4동의 건물이 강력하게 통합되어 있다. 넷째 청도 운문사는 법화계의 사찰로 중정에는 두 개의 탑이 서 있다. 다른 종파의 사찰에서는 희귀하나 법화계 사찰에서는 쌍탑가람제가 일반적이다. 그 이유는 소의경전인 《묘법연화경》에서 그 이유를 찾을 수 있다. 즉 석가모니 부처님의 설법 도중 공중에 다보탑(多寶塔)이 나타나는데, 그 안에는 다보여래가 있어 부처님의 위대함을 증명한다. 석가탑과 다보탑은 이러한 경전상의 장면을 구현하는 것으로 쌍탑(雙塔)의 존재에 대한 설명이 가능하다.

● 다불전형(多佛殿形) 사찰

앞에서 이미 서술한 바와 같이 한국불교는 통일신라 전기까지만 해도 종파신앙(宗派信仰)이 일반화되지 않아 사찰 본당을 금당(金堂)으로 통칭하였으나 고려시대에 들어 유행하기 시작한 종파불교의 영향으로 금당의 명칭이 여러 가지로 다양하게 불리게 되었다. 종파신앙은 그 소의경전을 달리하며 자연히 불상도 다르고 이를 봉안하는 불전(佛殿)의 명칭도 다르게 된다. 여기서 불전이라함은 물론 사찰의 삼단(三壇)의 위계 중 부처님을 모신 상단(上壇)을 대상으로 한다.

조선시대에는 비록 종파의 개념은 희박해져 통불교(通佛敎)적 성격을 띠었으나 신앙체계의 법통은 미미하게나마 남아 있어 다양한 형식의 불전이 한 사찰 내에 조영되었다. 즉 이전까지의 단불전형 사찰에서 다불전형 사찰로 변화하기 시작한 것이다.

한 사찰 내 여러 종류의 불전이 배치된 경우를 분석해 보면 대략 다음과 같이 분류된다.

첫째 경주 불국사(佛國寺) 및 안동 봉정사(鳳停寺)는 대웅전(大雄殿)과 극락전(極樂殿)이 동등한 위계를 가지고 나란히 병렬 배치되는 형식이다. 둘째 김제 금산사(金山寺)와 같이 3층의 미륵전(彌勒殿)과 대적광전(大寂光殿)을 직교축으로 배치시켜 사찰의 중정에 강한 시각적 긴장감을 유발시키는 방법을 취하는 경우이다. 비슷한 예를 하동의 쌍계사(雙溪寺)에서도 찾아 볼 수 있는데 대웅전 영역과 금당 영역의 지형 차를 직교축으로 연결하고 있다. 셋째는 공주 마곡사(麻谷寺)로 전면에 대광보전(大光寶殿)과 후면에 중층의 대웅보전(大雄寶殿)을 나란히 배치한 것이다. 대광보전과 대웅보전은 높이 차가 있는 지형에 다른 형태의 건물을 중첩시킴으로써 시각적인 변화를 꾀하고 있다. 넷째 형식은 남원의 실상사(實相寺) 가람배치를 예로 들 수 있다. 실상사의 중정을 면한 쪽에는 보광전(普光殿)과 약사전(藥師殿)을 나란히 배치하고 여기에서 왼쪽으로 치우친 곳에 극락전(極樂殿)을 배치, 전체적으로는 3개의 주불전을 병렬한 형태이다.

● **칠당가람(七堂伽藍)**

큰 가람이 갖추고 있는 일곱 종류의 당우(堂宇)를 칠당(七堂)이라 하고 이 칠당을 구비하고 있는 가람을 칠당가람이라 한다. 그러나 칠당의 명칭과 배치 등은 시대와 종파에 따라 다르다.

① 선종에서는 부처님을 모신 불전(佛殿), 수행승들에게 설법을 베푸는 법당(法堂), 수행승들이 좌선을 하며 기거하는 승당(僧堂), 식량을 보관하고 음식을 조리하는 고리(庫裏), 삼해탈을 상징하는 삼문(三門), 목욕시설인 욕옥(浴屋), 화장실인 서정(西淨 ; 東司를 들기도 함)을 말한다. 이 중 승당과 욕옥·서정에서는 일체의 말(言語)을 하지 않기 때문에 이를 삼묵당(三默堂)이라 한다. 삼문·불전·법당·방장을 순차적으로 일렬에 배치하고 삼문의 남쪽에 총문, 방장의 북쪽에 고리를 세운다. 경당·승당·종루·북두·욕옥을 세워서 선가(禪家) 특유의 가람 배치를 이룬다. ② 진언종에서는 오중탑(五重塔)·금당(金堂)·강당(講堂)·종루(鐘樓)·경장(經藏)·대문(大門)·중문(中門)을 둔다. ③ 천태종은 쌍륜당(雙輪堂)·중당(中堂)·강당(講堂)·계단당(戒壇堂)·상행당(常行堂)·법화당(法華堂)·문수루(文殊樓)를 둔다. ④ 당(唐) 양식에서는 보탑(寶塔)·불전(佛殿)·종루(鐘樓)·북루(鼓樓)·삼문(三門)·사방장(四方丈)·동방장(東方丈)

을 둔다.

우리나라에서는 백제시대에 칠당가람제가 유행하였다고 한다. 이 가람배치 제도는 남북조시대에 백제에 들어왔으며, 또 백제를 통해 일본에 전해졌다. 이때의 칠당은 탑·법당(대웅전)·승방·강당·종루·북루 등이었다. 남중선(南中線) 상에 당탑(堂塔)이 남북으로 연하고 북쪽에 강당, 남쪽에 중문이 있는 것이 보통이었다.

현존하는 유적지로는 익산의 미륵사지와 군수리사지가 대표적이다.

제18장

유명한 절

제 18장

●

유명한 절

洪 茂 欽

1. 인도 · 스리랑카

● 죽림정사

최초의 불교사원이다. 부처님이 성도한 지 얼마 안 되어 가란타(迦蘭陀)장자가 죽림원(竹林園)을 보시하고 빔비사라왕이 그곳에 정사를 지은 것이 죽림정사(竹林精舍)이다. 왕사성(王舍城) 시가지에서 그리 멀지 않은 곳에, 지금은 빈터만 둔덕 위에 남아 있다. 부처님 당시 마가다국의 수도였던 왕사성(現在의 라즈기르)은 부처님과 인연이 아주 깊은 곳이다. 마가다국의 빔비사라왕은 부처님이 수행자이었을 때부터 친분이 있었는데 이제 부처님이 성도(成道)하여 많은 제자들과 함께 자신이 다스리는 도읍에 오게 된 것을 몹시 기뻐하였다. 그리고 설법을 듣고 새로운 눈이 열리자 다음과 같이 말했다 한다.

나는 태자 시절부터 다섯 가지 소원을 세우고 있었소. 첫째는 국왕이 될 것, 둘째는 내 영토에서 부처님이 출현하실 것, 셋째는 그 부처님을 섬기고 받들 것, 넷째는 부처님이 나를 위해 설법해 주실 것, 다섯째는 부처님의 법을 깨닫는 것이오. 나는 오늘 이 다섯 가지의 소원을 다 이루었소.

빔비사라왕은 이와 같이 말하고 불·법·승 삼보에 귀의하고 평생 동안 충실한 신자가 되었다. 그리고 부처님을 위한 거처를 마련하기로 하였다. 그 거처는 거리에서 너무 멀지도 가깝지도 않은 곳이어야 한다고 생각했다. 다니기에 편리하여 찾아가기 쉽고 낮이나 밤이나 고요하여 속세를 떠나 조용히 명상할 수 있는 적정처가 아니면 안 된다고 생각한 왕은 가란타 장자가 기증한 대숲에 정사를 지어 부처님과 스님들에게 기증하였다.

현재 이곳에는 무엇으로 쓰여졌는지 여기저기에 큼직큼직한 반석 같은 돌들이 누워 있고 그 아래쪽에는 대숲이라기보다는 대나무 다발이 심어져 있다. 인도에는 승원(僧院)이 있는 곳이면 그 가까이에 반드시 목욕지가 있는데 죽림정사의 한쪽에도 둘레의 나무들이 물에 그림자를 드리운 맑은 목욕지가 있다.

● 기원정사

기원정사(祇園精舍)는 왕사성(王舍城)의 죽림정사(竹林精舍)와 함께 불교교단의 2대 정사로 유명하다. 부처님이 45년 동안의 교화 기간 중 무려 24회의 우안거(雨安居)를 지내면서 가장 오래 머물던 곳이 기원정사이다. 오늘날 불교도들이 독송하는 수많은 경전(經典)도 주로 이곳에서 설해졌다.

불교교단의 승원 중에서도 그 규모가 가장 컸던 기원정사의 또 다른 이름은 기수급고독원(祇樹給孤獨園)이다. 그 옛날 이곳은 코살라국의 태자 기타(祇陀)의 소유지였는데 수달(須達 ; 가난한 이에게 보시를 많이 하였다 하여 給孤獨이라고도 한다.)이라는 한 부호의 신앙심에 감동하여 이 동산을 희사(喜捨)하여 승원이 세워지게 된 데서 유래된 이름이다. 즉 기타태자의 동산에 급고독장자(수달)가 세운 승원이란 뜻이다.

　가난하고 외로운 사람들에게 항상 베풀기를 좋아했던 수달은 장사 차 왕사성에 갔다가 처남의 집에 머물렀는데 그때 부처님을 만나 가르침의 뜻을 이해하고 한평생 신자가 될 것을 서약했다. 이때의 일이 인연이 되어 수달은 고향 사위성(舍衞城)에 돌아와 부처님과 그 제자들이 머물 승원을 세우고자 했다. 장소를 물색하던 중 태자의 소유지인 한 동산이 마음에 들어 기타태자에게 승원을 세울 수 있도록 수차 애원했지만 그때마다 거절당했다. 그러다가 태자가 '동산 가득히 황금을 깐다면 양도하겠다.'고 하자 수달은 황금을 수레 가득 싣고 와서 동산에 깔기 시작했다. 수달의 믿음에 감동한 태자는 생각을 돌이켜 마침내 동산을 양도했다. 그러나 입구의 빈터만은 자신이 승단에 기증하고 싶으니 남겨 달라고 했다. 이렇게 해서 세워진 승원이 기원정사이다.

　수달장자에 의한 기타태자의 원림(園林) 기증은 불교교단사상 괄목할 만한 사건이다. 후대의 불교미술 특히 불교의 전설을 소재로 한 부조에는 이 이야기를 다룬 것이 매우 많다. 바르후트 난간 기둥의 부조는 그 대표적인 것이다. 현재는 원림과 승원터가 남아 있다.

● **산치 불탑**

　산치(Sānchi)는 중인도 마디야 프라데시 주에 속해 있는 조그만 시골이다. 산치 불탑(佛塔)은 이 산치 역 맞은편 남북 350m, 동서 170m 되는 야산에 세워져 있으며 성으로 둘러싸여 있다. 그 복판에 중앙탑이 있고 약 50m 북쪽에 제3탑이, 성곽을 넘어서 약 100m 떨어진 낮은 곳에는 제2탑이 있다. 산치의 불탑은 불법의 옹호자였던 아쇼카왕과 그 왕비에 의해 기원전 3세기에 세워진 것으로 기원전 2세기에 원형보다 두 배 크게 개조됐으며 그 뒤에도 대대적인 수축이 있었다고 한다.

3개의 탑 중에서 중앙탑인 제1탑이 가장 크다. 이 중앙탑의 둘레에는 4개의 대문이 있고 여기에는 부처님의 4대 행사(탄생·성도·초전법륜·열반)가 그려져 있다. 그리고 이 네 대문 위에는 약시(Yakshi ; 불법수호신장)상이 서 있는데 그 중에서도 동쪽의 대들보를 받치고 있는 나체 약시상은 대단히 매혹적이다. 중앙탑 대문을 들어서면 각기 다른 수인(手印)의 모양을 한 불상이 놓여 있고 폭이 5m쯤 되는 통로에는 판석이 깔려 있다. 직경이 36m, 높이가 16.5m에 이르는 이 거대한 탑은 마치 밥사발을 엎어 놓은 듯한 형태인데 이를 전문용어로 복발(覆鉢)이라 한다. 탑 안에는 부처님의 사리(유골)가 모셔져 있다. 원통형의 기단 위에 반구형(半球型)의 탑신이 있고 그 꼭대기에는 우산 모양의 산개(傘蓋)와 산간(傘竿)이 세워져 있다. 기단의 둘레에 기단과 탑신이 접하는 중턱을 빙둘러 오르는 길이 있다. 신자들은 이 길을 돌면서 예배드린다.

산치의 언덕은 지금은 비록 보잘것없는 가난한 시골이지만 온갖 종류의 건조물이 있어 인도불교의 발전사를 보여 주는 전시장이라고 해도 과언이 아니다. 기원전 3세기 아쇼카왕의 석주(石柱)를 비롯하여 기원전 2세기에서 서기 1세기에 이르는 동안에 건조된 탑은 지금도 예전의 위용을 유감 없이 발휘하고 있다. 그리고 가장 최근의 유적으로는 12세기의 것이 있으므로 자그마치 1500년에 걸친 불교의 흥망성쇠를 이 언덕에서 볼 수 있는 것이다.

●보드가야 대정사

보드가야(Bodhgaya)는 2500년 전 부처님이 수도하고 해탈한 성스러운 곳이다. 사라쌍수 아래에서 여든 살을 일기로 입멸하신 부처님은 제자 아난에게 앞으로 사람들이 참배할 곳으로 부처님이 태어난 룸비니, 깨달음을 얻은 붓다가야, 최초로 설법을 시작한 사르나트(鹿野

苑), 열반지 쿠시나가라 등 4곳을 일러주었다. 또 부처님은 이곳을 순례하면서 신앙을 품고 죽은 사람은 모두 극락에 태어난다고 설교했다고 한다. 그러나 이렇게 성스러운 곳(붓다가야)에 위치한 보드가야 대정사는 오랫동안 힌두교도들에 의해 관리되다가 1953년에 이르러서야 불교도의 소유가 되었다. 스리랑카·타일랜드·미얀마의 불교도들이 부처님의 성지를 이교도에게 맡겨서는 안 된다고 농성하여 되찾은 것이다.

이곳 부처님이 깨달음을 얻은 자리에는 기원전 3세기에 아쇼카왕이 세웠다고 전해지는 대탑(大塔)이 있다. 높이가 55m에 이르는 이 거대한 탑은 3km나 떨어진 곳에서도 보인다고 한다. 이 탑은 아쇼카왕이 세운 큰 가람(sikhara) 중에서 파괴가 가장 적은 것으로 그 동안 여러 차례 보수하였다. 직선 방추형의 9층으로 된 이 탑은 복잡한 시키가 건축으로서 인도에서도 흔히 볼 수 없는 웅대한 불탑이다. 현재 대탑은 세계각국의 불교도들이 건립한 수많은 봉헌탑들로 둘러싸여 있으며 외벽 감실(龕室)에는 불상이 모셔져 있다.

대탑의 서쪽으로는 금강보좌(金剛寶座)가 있는데 그 둘레의 돌에는 아쇼카왕 시대의 기하학적 무늬의 돋을새김이 새겨져 있다. 부처님이 깨달음을 얻은 자리인 이 금강보좌에는 당나라 현장(玄奘)도 찾아와 참배하였다고 한다. 금강보좌 옆에 서 있는 큰 보리수는 금세기에 심어진 것이다. 그리고 대탑 남서쪽에는 부처님이 목욕했다는 연못이 있는데 오늘날에도 많은 불교신도들이 찾아와 목욕을 한다. 원래 이곳은 연꽃들이 아롱지게 피어 있던 커다란 연못이었다고 한다.

● 아잔타 석굴사원

인도 최대의 불교 석굴사원(石窟寺院)이다. 천년 동안 밀림에 묻혀 있다가 1819년 마드래스 사단의 영국인 장교가 훈련 도중에 우연히 발견하여 세상에 알려지게 되었다. 인도 중서부 데칸고원, 좀더 정확하게는 아우랑가바드에서 106km, 잘가온으로부터 61km 지점, 고원 지대의 계곡에 폭포가 흘러내려 말굽 모양으로 구부러진 와골라 천 (川)을 끼고 있는 인디야드리(Indhiyādri) 구릉의 중턱에 조성되어 있 다. 현재는 '위대한 민족'이란 뜻의 마하라스트라(Mahārāṣṭra) 주에 속 한다.

기원전 2세기에서 기원후 7세기에 걸쳐서 조성되었으며 총 길이 500m에 크고 작은 29개의 석굴로 이루어져 있다. 이들 석굴은 시대의 순서에 관계없이 편의상 서쪽의 입구에서부터 차례대로 번호를 붙인 것이다. 이 굴들은 탑파(塔婆)를 안치한 차이티아(Caitya)라는 탑원 (塔院)과 승려가 사는 비하라(Vihāra)라는 승원(僧院)의 두 종류가 있 는데 탑원이 4개, 승원이 25개이다.

아잔타 석굴사원의 가장 뛰어난 예술은 뭐니뭐니해도 세계적으로 이름난 벽화이다. 특히 제1, 2, 9, 10, 16, 17굴의 벽화는 스케일이나 내용, 기술면에서 인도 예술을 대표하는 최고봉이다. 벽화의 주제는 주로 부처님의 전기나 본생담이 많고 또 아름다운 장식 모양도 많이 그려져 있으며 대승의 존상(尊像)을 묘사한 것도 있다. 일반적으로 화 풍은 어두운 느낌을 주지만 석굴사원에 그린 인도 고대·중세의 회화 로서는 최고의 유품으로 꼽히고 있다.

여러 벽화 중에서도 제1굴의 천정을 장식한 주연도(酒宴圖)는 대표 적인 것으로 수많은 동물들과 온갖 꽃 그리고 여자 무용수 등이 그려 져 있다. 제2굴에는 부처님의 입멸을 새긴 부조(浮彫)가 있다. 즉 쿠 시나가라에 도착한 부처님이 사라쌍수를 북쪽으로 하여 서쪽을 보고 오른손을 베고 누은 채 열반에 들어 선 모습이다. 이외에도 제2굴에는 마야부인의 '회임도(懷妊圖)'와 '부처님 탄생도' 등의 벽화가 있다. 제 16굴은 난다의 출가를 슬퍼하는 난다의 아내를 묘사한 '죽은 공주'와 활을 당기는 싯달타태자의 벽화가 특히 뛰어나다. 제17굴은 싯달타와 야쇼다라의 다정한 궁정생활과 야쇼다라와의 재회 등이 묘사되어 있다. 제9굴과 10굴은 석굴 중에서 최초의 것으로 추정된다.

● 날란다 사원

날란다(Nālandā)는 5세기에서 12세기 무렵에 번영했던 불교대학이
있던 곳이다. 5세기경 굽타왕조 시대에 창건된 후 여러 왕조에 의해서
증축되고 확장되어 번성기에는 1만여 명의 신자와 승려들이 거주하였
으며 특히 7세기경에는 당나라 고승 현장(玄奘)이 실크로드를 거쳐
이역만리의 이곳에 와서 수행하기도 하였으나 12세기 말 이슬람교도
들에 의해 파괴되어 오늘날에는 옛날의 흔적만이 남아 있다.

1915년에 발굴된 남북 600m, 동서 300m에 걸쳐 있는 이 유적에는
네모진 안뜰을 중심으로 해서 당시의 승려들이 기거했던 승방터, 벽돌
로 쌓은 우물, 승려들이 밟아 다져 놓은 석단, 얼굴 혹은 신체의 일부
분이 깎여져 나간 불상, 무수한 탑 등의 유구가 널려 있다. 보드가야
동북 100km 지점의 평원에 펼쳐진 날란다에는 11개의 승원(僧院)터
와 5개의 정사(精舍)터가 있었다는 사실이 확인되었으며 이외에도 현
무암이나 사암 등을 소재로 한 조각이나 밀교 관계의 관음보살 · 보현
보살상 등이 많이 출토되었다.

여러 가지 의미에서 날란다 사원은 고대 인도불교의 마지막 양상을
대표한다고 할 수 있다. 5세기에 쿠마라굽타 1세가 건립한 이 사원은
곧 이어 학문연구의 중심지가 되었다. 현장(玄奘)이나 의정(義淨) 같
은 중국 승려들이 유학한 곳도 바로 이곳이며 티벳 학승들의 유학도
많이 있었다고 한다. 힌두 계통의 학문도 가르쳐 가히 종합적인 대학
의 기능을 수행하고 있었다고 할 수 있다.

7세기 중엽부터 인도불교는 급속하게 밀교적(密敎的) 색채를 띠기
시작하는데 팔라왕조의 두터운 보호 아래, 날란다 사원은 넓은 장원
(莊園)을 소유하고 고용인을 거느리고 있었다. 바로 이러한 풍요로움
속에서 학문이 발전하고 밀교의 신비주의적인 실천수도가 깊어져 갔

던 것이다. 그러나 이러한 학문적·수도적 성과와는 달리 일반신도들과의 접촉은 주로 제사의례에서만 이루어졌다. 날란다의 이러한 양상은 12세기에 이르러 이슬람세계에 의해 멸망할 무렵 인도불교의 마지막 모습이라고 할 수 있다.

●엘로라 석굴사원

엘로라(Ellora) 석굴사원은 아우랑가바드 북서쪽 30km 지점에 위치하고 있다. 불교의 석굴뿐만 아니라 힌두교와 자이나교의 석굴이 있는데, 특히 힌두교 석굴의 아름답고 힘찬 조각은 아잔타 벽화와 더불어 명성이 높다.

아잔타 석굴사원이 섬세함과 부드러움으로 예술성을 인정받고 있는 반면에 엘로라 석굴사원은 그 규모면에서 세인의 이목을 끌고 있다. 마치 인도 종교의 다양성을 입증이라도 하듯 무려 2.5km에 걸쳐서 불교·힌두교·자이나교의 석굴사원이 이어져 있다. 굴은 모두 34개이다. 석굴의 조성 시기는 무척 늦다. 대부분의 굴원은 서(西) 찰루카 왕조 시대에 만들어진 것(6~8세기)이라고 한다.

이 중 제1~12굴은 불교에 속한다. 그리고 이 가운데 제10굴은 탑원(塔院)이며 나머지는 승원(僧院)이다. 이들은 아잔타의 제3기에 속하는 굴과 같은 시기에 개착되었다고 한다. 유일한 탑원인 제10굴에는 바위를 파내어 조각한 높이 9m의 불탑과 높이 5m의 부처님 좌상이 있는데 탑을 숭배하던 종전과 달리 탑의 전면을 돌출시키고 불상을 안치한 형태를 취하고 있다. 베란다 상부는 2층 건물로 되어 발코니가 마련되어 있는데, 내실(內室) 2층과의 사이에 설치된 문과 창문을 통해서 충분한 채광을 할 수 있도록 되어 있다. 승원의 내부 구조는 종전과 달라진 것이 없으며, 탑을 둘러싸는 형태로 30개의 기둥들이 내실과 측랑을 나누어 놓고 있다.

힌두교 사원이 대부분인 엘로라의 석굴 중에서는 특히 제14굴과 16

굴이 석굴의 중심부로서 힌두 예술의 최고 걸작으로 손꼽힌다. 제14굴은 악마를 물리치는 두르가 여신상과 춤추는 시바 신상(神像)을 비롯하여 락슈미와 비쉬누 신상이 있다. 제16굴은 시바신을 모신 거대한 힌두교 사원으로 바위산을 뚫은 후 안쪽 벽을 장식한 석굴사원들과는 달리 바위를 뚫고나서 바깥쪽 벽도 멋지게 다듬어서 좌우 대칭이 되게 만들어 놓았다. 이 석굴은 기원후 756년에 착공하여 100년의 역사 끝에 완성되었으며 여기서 파낸 돌의 무게가 무려 20만 톤이 넘는다고 한다.

● 아누라다푸라 사원

콜롬보 북동쪽 250km 지점인 스리랑카 최고의 고도에 위치한다. 기원전 260~210년경에 인도에서 전래된 불교와 더불어 1300여 년 동안에 걸쳐서 번영을 누렸던 불교 유적지이자 하나의 거대한 사원이라 소개되어도 좋겠다. 이곳에서 가장 추앙받는 것은 두말할 나위 없이 수령 2300년이 된 보리수이다.

3단의 기단 위에 심어진 이 나무에 참배하기 위해 사람들은 입구에서 신발을 벗고 맨발로 들어간다. 이 보리수는 인도 아쇼카왕의 공주 상가미타가 붓다가야의 보리수 가지를 가져와 심었다는 것으로 아누라다푸라(Anurādhapura)의 살아 있는 유적이 되고 있다. 보리수 앞에 서 있는 수많은 돌기둥들은 B.C. 2세기 두타가마니왕이 세운 '로하파사다' 승원 유적지로 전해진다. 1,600개의 돌기둥 위에 9층이나 되는 승원을 지어 1천여 명의 승려를 수용했다고 전한다.

보리수와 더불어 성지순례자들이 줄을 잇는 곳은 지상 최대라고 일컬어지는 루반벨리세야 대탑이다. 아누라다푸라의 중앙에 높이 솟아오른 이 탑은 백색의 거대한 불탑으로 불사리가 봉안되어 있다. 원래 높이가 110m(현재는 55m)나 되었다고 하는 이 대탑은 B.C. 161년 두타가마니왕에 의해 기공돼 B.C. 137년에 이르러 완공됐다고 한다. 이

장엄한 돔의 층신을 받치고 있는 기단 아래는 머리를 밖으로 내민 수많은 코끼리들의 형상으로 에워싸여 있다. 거대한 예술품이라고 해야 할 이 탑 기단 끝에는 조그마한 사당이 있고, 두 손을 합장한 한 남성의 입상이 보인다. 얼굴에 온화한 미소를 띤 이 입상은 대탑을 세운 최초의 왕 두타가마니왕의 상이라고 전해진다.

이와 함께 아누라다푸라에서 가장 오래된 불탑 투파라마 대탑은 B.C. 3세기에 데바남피야 티사왕이 부처님의 진신치아사리를 모시기 위해 세웠다고 한다. 이 밖에도 아바야기리 대탑, 이수루무니야 정사 등이 유명하다. 아바야기리 대탑은 B.C. 88년에 바타가마니 아바야왕이 건립한 것인데, 훗날 대승불교의 근거지가 되기도 했다. 탑 동쪽에 있는 명상 좌불상이 특히 유명하다. 이수루무니야 정사는 기원전 3세기 최초의 불교전래자 마힌다가 커다란 인공호수의 동쪽 바위를 뚫어서 세운 것이다.

불탑 사원들이 임립하여 소승불교의 원천지로 융성했던 아누라다푸라 근교에는 이 밖에도 아쇼카왕의 왕자 마힌다가 기원전 247년에 최초로 불교를 전해 준 스리랑카 불교 성지의 하나인 미힌탈레가 있다. 또 아버지를 죽인 카사파가 아버지의 영혼을 달래기 위하여 그리게 하였다는 풍만한 육체의 열여덟 미녀의 그림인 시기리야 벽화로 유명한 시기리야 등이 같이 자리하고 있다.

● 대보리사

불치(佛齒)가 스리랑카에 전래될 무렵 스리랑카의 비구 마하나만과 우파세나는 인도의 불적지(佛跡地)를 순례했다. 그들은 귀국 후 메가반나왕에게 숙박소가 없어서 곤란했던 사정을 보고했다. 왕은 얘기를 듣고 인도 굽타왕조 사무드라굽타(Samudragupta, 335~375년경 재위) 왕에게 불적지에 스리랑카 사원의 건립허가를 요청했다. 인도측은 그 요청을 받아들여 4대성지(四大聖地 ; 탄생지인 룸비니 · 성도지 붓다가야 ·

설법지 사르나트 · 열반지 쿠시나가라) 가운데 한 곳에 사원을 세울 것을
허락했다.

스리랑카는 성도성지(成道聖地) 붓다가야에 승원을 세우기로 하고
보리수가 있는 부근에 스리랑카 비구를 위한 절을 세웠다. 이것이 마
하보디비하라 즉 대보리사(大菩提寺) 또는 대각사(大覺寺)로 불리는
승원이다. 그 후 인도로 건너간 스리랑카의 비구는 여기를 거점으로
삼았다. 이 절에는 중국을 비롯한 여러 나라의 유학승과 순례승들이
찾아와 함께 주석하기도 했다.

현장은 《대당서역기(大唐西域記)》에서 당대 초기 이 사원에는 천여
명이 넘는 승려가 있었으며 주로 대승상좌부의 교학을 학습했다고 전
하고 있다. 여기서 말하는 대승상좌부란 무외산사(無畏山寺, Abhayagi-
rivihāra)파를 가리키는데 다른 부파나 대승불교도들을 거절하지 않았
기 때문에 붙여진 이름으로 보인다. 따라서 대사(大寺, mahāvihāra)파
는 상대적으로 소승상좌부라고 부른다. 그렇지만 이 대보리사에서는
현장도 기록하고 있듯이 계율(戒律)을 엄격하게 지키고 있었다. 이것
으로 보아 무외산사파는 스리랑카에서와는 달리 해외(인도)에서는 계
율에 철저하였음을 알 수 있다.

● 불치사

불치사(佛齒寺)는 스리랑카에 있는 유명한 불교의 성지사원(聖地寺
院)으로서 콜롬보 북동쪽 116km 지점의 구릉지대 한가운데 표고(標
高) 600m의 분지에 자리잡은 아름다운 도시 캔디에 있다. 분홍빛 벽
에 붉은 기와를 얹은 전형적인 싱할라 건축양식으로 부처님의 진신치
아사리가 모셔져 있는 사원이다.

매일 한 시간씩 하루 세 번(05 : 30, 09 : 30, 18 : 30) 봉행되는 푸자
(pooja) 의식 시간에 맞춰 북과 나팔이 울리고 상아와 은을 상감한 문
이 열리면 비로소 본당 안에 들어갈 수 있다. 물론 스리랑카의 모든

사원이 그렇듯이 이곳 역시 사원 안으로 들어가려면 신발을 벗고 들어가야 한다. 본당 안쪽으로 불치(佛齒)가 봉안되어 있는 금빛 사리함(舍利函)을 볼 수 있다. 불치가 봉안되어 있는 탑 모양의 사리함은 루비·사파이어·다이아몬드 등으로 장식되어 있다. 함의 겉에는 황금이 일곱 겹으로 둘러싸여 있다.

스리랑카에서 부처님 치아사리의 유래는 4세기로 기록된다. 362년 스리매카반나왕 때 인도 남부 칼링가국의 공주 헤마말라와 그의 남편 단타쿠말라에 의해서 스리랑카로 부처님의 치아사리가 이관되어 왔다. 칼링가국은 당시 대기근과 전쟁이 그칠 날이 없었는데, 어느 날 밤 국왕의 꿈속에 부처님이 현몽하여 불교국인 스리랑카에 불치를 이관시켜 줄 것과 불치가 스리랑카에 봉안되면 대기근과 전쟁으로부터 해방된다고 말씀하셨다는 것이다. 왕은 신통력(神通力)이 있는 공주로 하여금 불치를 머리 속에 감춰 악마의 방해를 막아내고 스리랑카로 이관하여 봉안케 했다.

이리하여 부처님 치아사리는 아누라다푸라(Anurādhapura)의 담마찻카(Dhamacakka)에 봉안되어 매년 무외산사(無畏山寺)에서 불치제(佛齒祭)를 올렸다. 이후부터 부처님 치아사리는 옥쇄와도 같이 왕위계승의 상징으로서 이어져 오늘날 캔디의 불치사 황금탑에 봉안되어진 것이다. 이렇듯 불치는 스리랑카 국민들의 귀중한 신앙대상이다. 그래서 치아사리를 모시고 있는 불치사는 스리랑카에서 최고의 신앙 중심지가 되고 있으며, 매년 7월 또는 8월 보름부터 시작해서 열하루 동안에 걸쳐서 부처님의 치아를 숭배하는 행사인 페라헤라(佛齒) 축제가 열리기도 한다.

2. 동남아시아

● 스와얌부나트 사원

스와얌부나프 사원은 카트만두 시가지에서 서쪽 3km 지점의 언덕 위에 자리잡고 있는 네팔불교의 성지이다. 이 절은 카트만두 분지에서 가장 오래된 절로 알려져 있는데, 지은 지 2000년이 넘었다고 한다. 하얀 탑이 솟아 있는 언덕 위의 정상에서는 한눈에 카트만두 시가지를 내려다볼 수 있다. 이곳은 또한 네팔불교인 라마교의 성지다.

카트만두 분지는 일찍이 호수였는데, 문수보살이 호수의 물을 말려 버렸을 때 맨 처음 떠오른 것이 이 스와얌부나트 사원이었다고 전해지고 있다. 385단의 계단을 오르면 계단 양쪽으로 석조의 불상과 사자·코끼리 등의 조각이 늘어서 있고 각양각색의 탑도 경내의 분위기를 장엄하며 불교예술의 극치를 맛보게 한다. 또한 흰 돔 위에 세워진, 금빛으로 빛나는 탑에 그려져 있는 거대한 눈 모양의 그림은 카트만두를 수호하듯이 2000년 동안이나 분지를 굽어보고 있다.

경내에는 원숭이가 많이 살고 있다. 그래서 이곳은 원숭이 사원으로 불린다. 절은 연일 찾아드는 불교도들의 경건한 참배 모습과 끊이지 않는 독경소리로 찾는 이로 하여금 저절로 고개를 숙이게 한다.

● 극락사 / 열반불 사원 / 뱀 사원

① 극락사 : 피낭 힐 남동쪽 아예르탐에 있는 말레이시아 최대의 불교사원이다. 1890년부터 20년 간이나 걸려 지었다. 경내에는 높이 30m의 큰 불탑인 반후드파고다(Ban Hood pagoda)가 우뚝 솟아 있다. 이 탑의 특색은 상단이 미얀마 양식, 중단이 태국 양식, 하단이 중국 양식으로 되어 있다는 것이다. 그리고 탑 내부에는 1만 좌의 불상이

안치되어 있어 연중 신도들의 참배가 끊이지 않고 있다.

②열반불 사원 : 시가지에서 북서쪽으로 오르면 조용한 주택지인 부르마 거리에 위치한 태국식 불교사원이다. 본당에는 세계에서 세번째로 큰 길이 32.5m의 열반불(涅槃佛)이 누워 있는데 온몸에 금박을 입혀 놓았다. 또한 입구에는 원숭이신과 두 마리의 용이 열반불을 지키고 있다.

③뱀 사원 : 바얀 레파스 국제공항 근처에 있는 중국식 사원이다. 질병을 다스리는 신통력이 있었다는 승려 초수콩을 모신 절로 1850년에 세웠다. 극채색의 본전에는 지금도 60여 마리의 독사가 또아리를 틀고 있거나 기어다니는데 향에 취하여 사람을 물지는 않는다.

●셰다곤 탑 / 아난다 사원

①셰다곤 탑 : 미얀마의 랭군 시가지 북쪽에 위치하고 있다. 야자나무에 둘러싸인 언덕 위에 솟은 '성스러운 황금탑'이란 의미를 지닌 셰다곤 탑은 장려하고 순도 높은 동양문화가 남아 있는 미얀마 최대의 탑이다. 건립할 당시의 높이는 9m에 지나지 않았으나 15세기 중엽에 페구의 여왕인 신사우트에 의해서 오늘날의 대불탑이 되었다. 사각형의 기단 위에 사발을 엎어 놓은 듯한 모양의 원추형이며 전체 높이는 120m, 탑대의 둘레는 450m이다. 또한 탑이 서 있는 언덕은 근처의 흙을 파다가 쌓아 올려서 만든 인조 언덕이다. 그리고 흙을 파낸 곳은 그대로 호수가 되었다. 이 호수의 둘레는 5km나 된다. 탑의 꼭대기에는 높이가 99.4m나 되는 긴 첨탑이 솟아 있다. 탑의 맨 꼭대기의 '티'라 불리는 파라솔 모양의 부분을 비롯하여 이 파고다는 수백만 달러 상당의 금과 각종 보석으로 치장되어 있다.

셰다곤 탑에는 석가모니 부처님의 성발(聖髮) 외에도 다른 성물이 봉안돼 있다. 석가모니 부처님보다 먼저 세상에 나왔다는 구류손불의 물그릇, 가섭불의 법의, 구나함모니불의 지팡이 등이 그것이다. 이처

럼 과거세 부처님의 유물이라고 믿어지는 것들을 봉안한 탑은 세계적
으로 드물다. 때문에 이 탑은 미얀마 인들의 큰 자랑이며 신성한 예배
의 대상이 되고 있다.

이렇듯 호화찬란한 탑을 세운 것은 불교가 이 나라의 국교일 뿐만
아니라 국민들이 생명처럼 여기며 또한 정신적인 지주로서 굳게 믿고
있기 때문이다. 따라서 미얀마의 남자는 성인이 되기 위해서 10세 전
후에 몇 달 동안은 사원에 들어가 불교의 수행을 거쳐야 한다.

② 아난다 사원 : 만달레의 남서쪽 아라와디 강 연안에 위치한 옛 파
간왕조의 수도 파간에 위치하고 있다. 11세기에 미얀마 최초의 왕조
로 건립되어 250년간 번영을 누리다 몽고의 침입에 멸망했지만, 미얀
마의 전성기에 건립된 금빛과 백색의 아난다 사원은 몬 족과 인도의
문화를 흡수·조화시킨 미얀마 예술의 극치다.

12세기에 파간왕조의 찬지타왕이 세운 이 아난다 사원은 석회칠을
한 벽돌 축조물로서 커다란 4변형으로 되어 있다. 금빛의 돔과 첨탑이
솟아 있는 아난다 사원의 내부에는 입구의 홀과 이어지는 복도가 있
다. 복도의 벽에 볼록 들어간 곳에는 불상이 안치되어 있으며, 벽면엔
본생담(本生譚 ; 부처님의 전생 이야기)을 나타내는 조각품들이 늘어서
있다. 이웃 굴에는 창문으로 들어오는 빛을 받아 금빛으로 빛나는, 높
이 10m 정도의 4좌의 불상이 안치되어 있다. 외부의 열기를 차단한
내부는 다른 사원과 마찬가지로 명상하는 데 알맞은 시원함과 정적이
감돌고 있다. 아노라타왕에게 체포되어 파간으로 끌려온 몬 족의 왕
마누하가 세운 작은 사원은 아난다 사원의 웅장함에 비하여 너무나
초라하다. 사원의 내부 공간은 두 칸으로 되어 있으며 매우 협소하다.
한 칸에는 3좌의 좌불이 있고 또 다른 칸엔 열반상이 있다.

● 보로부두르 사원

인도네시아의 조크자카르타 북서 약 42km 지점 메리핀(Merapi) 산

을 비롯한 3,000m 급의 화산에 둘러싸인 평야지대에 자리잡은 세계 최대의 불교 유적지이다. 세계 7대 불가사의의 하나로 꼽힐 만큼 허다한 수수께끼를 간직하고 있다. 이토록 거대한 건조물을 언제, 누가, 어떻게 만들어 냈는가 하는 기초적인 물음조차도 아직 완전히 해명되어 있지 않다. 그런대로 현재 일반적으로 생각되고 있는 사실은 8세기 중엽부터 9세기에 걸쳐 이 지역에서 번영했던 불교 왕국인 샤일렌드라(Syailendra)왕조 시대에 건조되었으며, 조상숭배와 대승불교에서 가르치는 덕을 쌓기 위해서 당시의 지배자가 건조한 영묘(靈廟)라는 것이다.

1814년 이 지역 통치자였던 래플스(T.S.Raffles)에 의해 발굴이 시작되어 1835년 드디어 그 전모가 세상에 드러나게 되었다. 토대는 직사각형이고 그 한 변은 약 120m이다. 그 위에 안산암(安山巖)을 잘라 9층까지 쌓았으며 제일 꼭대기에는 스투파(Stupa, 塔)가 세워져 있는데 내부에 공간이 있는 부분은 오직 이 스투파뿐이다. 기단에서 6층까지는 직사각형이며 폭 약 2m의 회랑으로 되어 있는데 벽에는 석불이 들어 있는 불감이 432개나 있고 나머지 벽면은 불경에서 제재를 뽑아 창작한 1,300점의 부조로 장식되어 있다. 그뿐 아니라 건조 중에 설계 변경에 의해 기단 속으로 파묻혀 숨겨진 회랑에서도 160점의 부조가 발견되었다.

이 부조에 등장하는 소재는 부처님을 비롯해서 보살·제석천·왕족 등 1만 명이 넘는다고 한다. 인물의 사이에는 여러 가지 도구·숲 등 자연의 배경과 동물에 이르기까지 섬세하게 새겨져 있다. 모두가 그 새김이 깊고 그러면서도 부드럽고 생기가 있는 선으로 표현되어 천년의 세월이 흘렀는데도 생생한 모습을 유지하고 있다. 또한 이 부조의 모습들은 맨 아래층엔 탄생 이전 상태의 인간의 타락상이 묘사돼 있으며 점점 위쪽으로 올라갈수록 부처님의 해탈과정을 묘사하여 맨 위층에는 깨달음의 경지에 이른 부처님의 모습이 그려져 있다. 이 6층 위에 3층의 원단(圓壇)이 이어지고, 각 원단에는 아래로부터 32·24·16개의 범종형(梵鐘形) 스투파가 배치되었는데 그 속에 석불이 1개씩 놓여 있다. 모든 회랑을 돌아 맨 꼭대기의 스투파까지 올라가자면 3km 이상 걸어야 한다.

　좁은 직사각형 회랑으로부터 원단에 오르면 갑자기 시야가 트이면서 눈앞에 산과 대지가 환상적으로 펼쳐진다. 이 유적은 발견된 뒤 비바람과 태양열에 의한 풍화로 붕괴의 위험이 있었으나 세계적인 문화유산을 살린다는 취지에서 유네스코의 협력을 얻어 10여 년에 걸친 수복공사 끝에 1983년 완전히 복원되었다. 매년 5월의 보름밤에는 불교도가 모여 와이샥(waicak)이라는 제례를 올린다. 이것은 부처님의 탄생과 열반을 기리는 행사로 인도네시아 정부는 이날을 국경일로 지정하고 있다.

● 칼라산 사원

　인도네시아의 요그야카르타에서 프람바난 사원으로 가는 도중에 불교와 힌두교의 두 양식이 혼합된 높이 24m의 칼라산 사원이 있다. 이 사원은 민가와 농토에 둘러싸인 조그마한 사원으로서 외벽은 거의 붕괴되었으나 이 근처에서 발견된 칼라산 비문으로 유명하게 되었다. 비문에는 이 사원이 처음 건립된 때가 778년으로 기록되어 있으며, 현재의 모습을 갖춘 것은 100년 후인 9세기 중엽이라고 한다.

　찬디 칼라산은 칼라산 비문에서 보여지듯 다라(多羅)보살을 모신 법당이라 생각된다. 그러나 현재 이 법당의 본존상은 없다. 주실(主室)은 높이 약 2m의 기단 위에 있는데 한쪽 변이 14.20m의 정방형으로 사면에 돌출부가 있다. 주실의 돌출부 각 면 벽에는 감실이 있다. 주실의 높이는 추녀(처마) 위까지가 약 7m, 그 위에 3층이 지붕에 겹쳐 있다. 사방 입구의 좌우에는 호신상을 조각한 부조가 있고 또 각 입구와 벽 안쪽 위에는 괴물의 얼굴을 한 문양 부조가 있다.

● 믄둣 사원

인도네시아의 믄둣 사원(Candi Mendut)은 웅대한 규모나 화려함으로 말하면 보로부두르 사원에 미치지 못하겠지만 삼존불(三尊佛)을 비롯한 사원의 유적에서 볼 수 있는 '단아함' '수수함'은 찾는 이로 하여금 예외없이 매료되게 한다. 보로부두르 사원에서 동쪽으로 약 4km, 조크자카르타에서 오면 오른편의 에로 강 근처에 있는 것이 믄둣 사원이다. 믄둣 사원을 빼고는 힌두·자바 예술의 전체에 접촉할 수 없다.

넓은 경계의 거의 한복판에 서 있는 이 불교 사원은 보로부두르 사원의 반원구형(半圓球型)에 비하면 직선을 주로 한 '비모'에 우선 시선이 멎는다. 직사각형 상태의 기단(基檀) 부분은 대지에 묵직하게 뿌리를 내린 듯이 14단의 가파른 계단을 올라가면, 입구의 안에는 주위의 밝음과는 대조적인 어둠이 기다리고 있다. 눈이 점차 어둠에 익숙해짐과 동시에 눈앞에 솟아 있는 거대한 불상에 압도당할 것이다. 중앙의 불상을 포함하는 석불삼존상(石佛三尊像)은 자바 미술의 최고 걸작이다. 어느 상이나 모두 한덩어리의 돌로 조각되어 있고, 소재는 경질의 조면암(粗面巖)이다.

명확한 건립연대는 알 수 없으나 보로부두르 사원과 공통되는 부분이 있는 것으로 보아 보로부두르 사원과 거의 같은 연대나 아니면 좀더 소급되는 시대에 세워진 것이라고 전해지고 있다. 받침대를 포함한 전체의 높이는 26.5m이다. 두 사원 사이에는 일직선으로 연결되는 참배하러 다니던 길이 있었다고 전해진다.

사원의 매력은 기단과 당(堂)의 안팎 벽면에 새겨진 멋있는 부조다. 먼저 눈에 들어오는 것은 힌두·자바기의 유적 중에서 가장 크다고 하는 당의 중앙에 있는 벽(3면)의 부조로 높이 2.7m, 폭 3.5m 크기이다. 동북과 서남면의 부조에는 협시(脇侍)를 거느린 다라상, 뒤의 정면에는 관음상을 중심에 앉힌 불상이 조각되어 있다. 또 당의 입구에서 왼쪽 벽에는 귀자모신상(鬼子母神像, 높이 1.3m 폭 2m), 오른쪽 벽에는 야차상(夜叉像, 높이 1.1m 폭 2.1m)이 배치되어 있는데 양자가 모두 사람이나 아이들을 돌보고 보호하던 옛모습을 그리고 있다. 귀자모신상 위에 있는 천인비상도(天人飛翔圖)도 멋이 있다. 당의 측면 네 벽에 새겨진 부조를 돌아보는 것도 즐겁다. 중앙에 큰 부조가 있고 양쪽에 모두 8개의 부조가 있다. 각각 높이 2.5m, 폭 2.3m 속에 팔대(八大)보살상이 그려져 있다.

● 앙코르 와트

캄보디아의 앙코르 와트(Ankor Wat)는 9세기 초에 크메르 족이 이주하여 야소바르만(Yasovarman, 899~910)이 앙코르를 수도로 정하고, 수르야바르만 2세(Suryavasrman Ⅱ, 1113~1150) 때에 건축되었다. 오늘날 캄보디아 국기에 이 앙코르 와트가 그려져 있는 것만 보더라도 이 나라 사람들이 얼마나 자랑스럽게 여기고 있는지를 알 수 있다.

앙코르 와트에 쓰인 돌에는 많은 구멍이 뚫려 있는데, 이것은 아마도 사원을 지을 때 돌을 운반하기 위하여 뚫었던 것이 아닐까 한다. 이 앙코르 와트는 동서 100여 미터, 남북 800여 미터의 면적을 차지하며 둘레에는 폭 200m의 큰 인조호가 있다. 서쪽 정문에 있는 탑문으로 들어가면 폭 9.5m, 길이 475m의 두드러진 부석(敷石)의 선도(羨道)가 일직선으로 사당까지 뻗쳐 있다. 이 길 양쪽에는 나가(Naga ; 七頭蛇)의 석조 조각으로 된 난간이 길게 뻗쳐 있는데 흡사 살아 움직이는 것 같다. 이 나가는 뱀의 화신(化身)으로서 사자상(獅子像)과 함께 이 앙코르 와트의 수호신이다.

주요한 건물은 삼중의 회랑과 이것으로 둘러싸인 중앙탑으로 이루어졌으며, 회랑은 안으로 들어갈수록 한 단씩 높아지며 단형(段型) 피라밋 모양으로 되어 있다. 사원의 외곽을 이루고 있는 제1 회랑은 동서 215m, 남북 187m이다. 또한 높이 약 3m, 길이 80m나 되는 회랑 벽에는 인도의 신화를 그린 것으로 춤추는 시바신의 부조가 있는가 하면, 부처님의 생애를 그린 것 또는 전쟁과 풍속을 그린 부조가 많다.

제2 회랑에서 급경사로 높이 쌓아올린 단 위엔 최고의 신을 모시고 있다. 여기까지 쇠난간과 콘크리트의 보조 계단을 최근에 만들었다고 하는데, 참배(參拜)라기보다는 등산하는 기분을 자아낼 만큼 경사가 가파르다.

현재 안치되어 있는 불상들은 우리나라에서 보는 바와 같이 불상 뒷면이 불길 모양인 광배(光背)가 아니라, 코브라 또는 나가를 광배로 한 것이 크게 다르며, 또 연화대좌(蓮花臺座) 대신에 도사린 뱀을 대좌로 하여 그 위에 불상이 안치되어 있는 것이 또한 다르다.

● 바욘사

바욘(Bayon)사는 자야바르만 7세(Jayavarman Ⅶ, 1181~1220) 때 캄보디아의 중심에 세워진 절로 왕의 황금상이 안치되어 있다.

바욘사의 건축은 간결하게 쌓아 올린 많은 앙코르 와트의 건물들에 비해 매우 복잡하다. 크메르왕조의 황금시대에 축조된 바욘은 다양한 건축술을 보이고 있다. 계단이 미로(迷路)처럼 되어 있고, 기둥 밑동까지도 부조로 꽉 차 있다. 춤추는 아프사라스는 앙코르 와트에 있는 것보다 더 세련되어 있다. 이 선녀들은 혼자서 또는 둘이서 서로 손잡고 우아하게 춤을 추고 있다. 이 앙코르톰(당시의 캄보디아 수도)에는 선녀의 부조가 헤아리기 어려울 정도로 많다.

크메르왕국이 멸망한 뒤 이 바욘사에 있는 51의 대불상(大佛像)은 다시 발견되기까지 몇백 년 동안 좌선(坐禪)한 채로 정글만을 바라보고 있었을 것이다. 바욘사의 아주 귀중한 것으로서는 바깥 회랑 벽에 꽉 채워진 서민생활을 조각한 부조다. 동북쪽의 벽에는 높이 3m, 길이 35m에 걸쳐 전쟁하는 가지가지 모양이 파노라마처럼 펼쳐져 있다. 세 부분으로 나뉘어 아래는 해전(海戰), 가운데는 육전(陸戰) 그리고 그 위는 당시의 서민생활의 모습이 그려져 있다. 이 부조에 그려진 전쟁의 모습은 크메르 족과 참(Cham) 족과의 싸움으로서 잔학한 장면도 있다. 각 전쟁의 모습들은 세세하면서도 해학적인 모습이다.

　회랑의 다른 부분에는 고대 인도의 서사시(敍事詩)를 내용으로 한 것 또는 여러 신들의 세계를 그린 것들도 있다. 힘 겨루기를 하는 두 역사(力士), 양을 쫓는 목동 또는 우산을 쓴 사람들이 그려져 있는데, 불교적인 내용만 있는 것이 아니라 불교 이외의 것들이 다양하게 섞여 있는 점이 이채롭다.

● 와트 트라이미트 / 와트 포

　① 와트 트라이미트 : 태국의 차이나타운 동쪽 화람퐁 역에서 파둥 크룽 카셈 운하를 건너 트라이미트 거리로 나가면 황금불의 사원이라 불리는 와트 트라이미트 사원이 바로 나타난다. 1238년 수코타이왕조 시대에 건립된 이 사원은 본당에 안치된 높이 3m, 무게 5.5t의 황금 불상으로 유명하다. 이 불상도 와트 프라케오에 안치된 에메랄드의 불상처럼 석고에 싸여 있다가 우연한 사고로 인해 순금으로 만들어진 불상임이 드러나게 되었다.

　1953년의 방콕 항구 공사 때 강변의 폐사(廢寺)에 있던 불상을 와트 트라이미트로 옮기기 위해 크레인을 이용해 들어 올렸으나 불상이 무거워 땅에 떨어지면서 겉을 싼 석회가 부서졌다. 그리고 이날 따라 불어온 폭풍으로 인해 깨어진 틈 사이가 빗물에 씻겨 나가면서 황금빛 찬란한 불상의 모습이 드러나게 된 것이다.

　이 불상은 14세기 수코타이 시대에 제작된 것으로 300여 년 후 미얀마의 침공을 받았을 때 그들의 약탈을 막기 위해서 석회를 발라 위장하였던 것으로 추정된다. 순도 60%의 금으로 만들어진 이 불상은 세계 최대이자 태국에서도 가장 오래된 황금 불상으로 가격을 추정하면 현재의 시가로 약 700억 원 정도라고 한다. 본당에는 벗겨낸 석회

조각도 진열해 놓았다.

②와트 포 : 왕궁의 남쪽에 인접하여 있다. 방콕에서 가장 크고 유서 깊은 사원 가운데 하나로 1793년에 라마 1세에 의해서 건립되었다. 사원의 내부에는 누워 있는 거대한 금도금의 '리클라이닝 부다(reclining Buddha)'라는 애칭의 불상이 안치되어 있어 '열반불의 사원'이라 불리기도 하는 가장 서민적인 사원이다. 사원의 정식 명칭은 와트 프라체투판이다.

높이 50m의 본당 안에는 길이 46m, 높이 15m의 누워 있는 불상이 안치되어 있어 우선 그 위용에 압도된다. 이 불상의 발바닥은 검은 바탕에 진주조개를 사용한 수미산과 공물과 신들 그리고 동물 등 우주의 모든 것이 108격자 속에 묘사되어 있다. 부처님의 발자취를 묘사한 훌륭한 소우주인 셈이다. 팔꿈치를 괴고 누워 있는 모습은 부처님이 오랜 고행 끝에 열반의 경지에 도달했음을 뜻한다. 본당에는 394좌의 불상이 이중 회랑에 세워져 있고 넓은 경내에는 찬란하고 거대한 4기의 체디(종 모양의 탑) 외에 91기의 작은 체디가 있다. 국민학교 도서관 등이 있으며, 이곳은 학문이나 일반 교양을 배우는 곳으로서 서민 대학의 역할을 수행한 태국 최초의 대학이 되었던 곳이기도 하다.

●와트 프라케오

1784년에 아유타야의 왕궁을 모델로 라마 1세 때 건립된 와트 프라케오는 왕궁의 부지 안에 있는 건물 중 가장 격조 높은 사원이다. 이 사원은 현재 태국 왕실의 예불당으로 사용되고 있으며, 정식 명칭은 와트 프라스리 라타 나사사다람이다. 와트 프라케오 본당에는 반투명한 녹색 옥돌로 만들어진 높이 75cm, 폭 45cm 크기의 본존을 모시고 있어 일명 에메랄드 사원으로도 불리고 있다.

현재 차크리왕조의 수호 사원인 와트 프라케오는 건물의 구조와 장식·회화·조각 등 태국 문화의 정수를 모아 놓은 웅대하고 호화로운 사원이다. 특히 짙은 녹색과 오렌지색의 3층 지붕과 벽면의 화려한 모자이크, 찬란히 빛나는 황금빛 탑과 에메랄드 불상은 눈부실 정도로 빛난다.

에메랄드 불상은 1년에 세 번, 여름과 장마철, 건기 때 보석으로 수놓은 의상으로 갈아 입는다. 이때는 국왕이 직접 옷을 갈아 입히는 엄숙한 의식이 행해진다. 이 불상은 태국의 긴 역사 속에서 왕들의 수많은 싸움에 휘말린 기구한 운명을 간직하고 있기도 하다. 이 본존은 현재의 북인도 파토나에서 만들어졌으며 스리랑카를 거쳐서 태국에 들어오게 되었다. 그 후 아유타야를 거쳐 치앙마이로 건너가게 되었으며, 그곳에서 도난을 방지하기 위하여 석고를 씌우고 불탑 속에 간직하였으나 벼락으로 불탑이 무너지는 바람에 겉면 석고가 벗겨지면서 녹색의 빛나는 에메랄드 불상이 드러나게 되었다. 그 후 치앙마이의 와트 체디루앙에 안치되었다가 톤부리의 와트 아룬을 거쳐 1784년에 와트 프라케오로 옮겨져 현재에 이르고 있다.

사원 내부의 벽면에는 석가모니 부처님의 생애와 불교의 우주관을 묘사한 그림이 그려져 있어 현세에 극락정토를 실현해 놓은 듯한 느낌이 든다. 또 사원 전체를 둘러싼 복도 입구에는 불교의 수호신 나크가 서 있다. 본당 돌담과 회랑에는 힌두교 신화와 인도의 유명한 서사시 '라마야나 이야기'를 묘사한 벽화로 채워져 있으며 또 본당 북쪽에 위치한 대리석 단상 위에도 몇 개의 건물이 있다. 먼저 '프라스이 라타나체디'라 불리는 번쩍번쩍 빛나는 황금불탑, '온도프'라는 정방형 도서관, 정통 태국 양식의 뾰족한 탑이 하늘을 찌를 듯 솟아 있다. 그 옆에 있는 것이 십자형 프라삿 프라테비돈이다. 앙코르 와트의 탑처럼 울퉁불퉁한 마치 옥수수 같은 크메르 양식의 탑이 특징적이다.

● **와트 프라스리산제트 / 와트 아룬 / 와트 벤차마보피트**

① 와트 프라스리산제트 : 방콕의 와트 프라케오나 수코타이왕조 시

1074

대의 와트 마하타트와 같은 왕궁 전용사원으로 라미공원과 왕궁유적 사이에 있는 사원이다. 경내에는 1448년에서 1499년에 세운 스리랑카식 탑 3기가 남아 있다. 이 사원에는 1500년경에 만들어진 17kg의 금을 입힌 높이 16m의 불상이 있었으나 1767년에 침입한 미얀마군에 의해 사원과 함께 불타 버렸다. 현재의 사원은 차크리왕조 초기에 재건된 것이다.

② 와트 아룬 : 톤부리의 차오프라야 강변에 있는 태국의 유서 깊은 절이다. 톤부리는 아유타야가 멸망하고 방콕으로 수도를 옮기기 전의 15년 동안에 걸쳐 태국의 수도였던 곳이다. 현재 와트 프라케오에 있는 에메랄드 불상도 예전에는 이곳 와트 아룬에 있었다. 와트 아룬의 탑신에는 각양각색의 중국 도자기와 유리 조각이 박혀 있다. 이것들이 아침의 햇살을 받아 일곱 가지의 영롱한 빛으로 빛날 때 마치 보석으로 장식한 것처럼 아름답다고 하여 흔히 '새벽의 사원'이라 불리기도 한다.

아침에 떠오르는 태양빛에 빛나는 74개나 되는 프랑(울퉁불퉁한 옥수수 모양의 塔)은 장관이며, 74m의 탑의 아름다움이 특히 멋있다. 석양을 뒤로 한 실루엣 또한 그에 못지않다. 현재의 건물은 화재로 인하여 소실된 것을 라마 5세가 재건한 것이다. 경내에는 높이가 30m 정도인 사각의 프랑이 4개 배치되어 있으며 74m의 대탑은 그 중앙에 솟아 있다. 이 탑의 대좌까지는 계단을 통해서 올라갈 수 있으며 힌두교의 상징인 '에라완'과 힌두교의 인드라상이 있다. 그리고 부처님의 일생을 나타내는 4개의 불상도 있다. 탑 중간 쯤에서 차오프라야 강과 왕궁, 방콕 시가지 등을 내려다볼 수 있다.

③ 와트 벤차마보피트 : 1899년 라마 5세에 의해 건립되었다. 태국의 전통적인 양식과는 달리 이탈리아에서 직접 수입한 대리석으로 지었기 때문에 일명 대리석 사원이라고도 부른다. 그 당시 위정자의 이복 동생인 트롬프라 나리스 왕자에 의해 설계되었다. 와트 벤차마보피

트는 태국의 사원에는 반드시 있는 체디나 프랑이 없는 것이 특징이며, 정면 입구의 4개의 흰 대리석 기둥과 두 마리의 사자가 중국제의 황금빛 기와와 잘 어울리는 아름다운 건물이다. 넓은 중정은 복도로 둘러싸여져 있고 아시아 각지에서 수집한 53개의 청동불상과 벽화 그리고 '일본식 스타일'이라 적혀 있는 3개의 불상과 파카느타 라호르 박물관에나 있을 법한 고행하는 석가모니불상 등이 있다. 그리고 금박으로 장식되어 창틀에 끼워져 있는 스테인드글라스 등으로도 유명하다. 근대의 태국 건축양식으로 세워진 이 사원의 관람은 언제든지 가능하나, 승려들이 예불을 위하여 염불을 외우는 이른 아침 시간이 가장 좋다.

3. 중국 · 대만 · 홍콩

●백마사

　백마사(白馬寺)는 중국 최초의 절이다. 위치는 낙양(洛陽)에서 서쪽으로 약 40분 거리에 있다.

　《고승전》〈마등가섭전〉에 백마사의 유래에 관한 이야기가 나온다. 한대(漢代) 영평년간(永平年間)에 명제(明帝)가 꿈을 꾸니 온몸이 금으로 된 신인(神人)이 밝은 광명을 나타내며 궁전으로 들어왔다. 다음 날 문무백관(文武百官)에게 꿈에 대해서 물었다. 한 신하가 그 꿈은 인도에 대성인이 나타나셨는데 그 이름이 부처님이라 하며, 궁전 뒤로 들어온 것은 곧 황제에게 만복이 내릴 징조라고 하였다. 황제는 당장 사신을 보내어 그 성인을 친견하고 오라 하였다. 사신이 인도로 가는 길에 고승 마등(摩謄)과 축법란(쓰法蘭)을 만나 같이 중국으로 돌아왔다. 그때 그들은 불상과 《사십이장경(四十二章經)》《십지단결경(十

地斷結經)》등을 백마(白馬)에 싣고 귀국하였다. 황제는 크게 기뻐하며 찬탄하고 서문 밖에 큰 절을 창건하여 불도를 닦게 하였으며 그 절 이름을 백마사라 하였다고 한다.

백마사는 중국 최초의 절이며 약 1800년의 역사를 가지고 있는 고찰이다. 절은 한대(漢代)에 창건되었다고 하지만 여러 번 소실되어 지금의 건물은 명(明)나라 때 복원한 것이다.

대불전(大佛殿)은 백마사에서 가장 큰 본당이다. 모든 사람들이 매일같이 예불 정진을 하고 있으며, 명나라 때 지은 것이다. 본존불은 아미타불이며 양쪽에 관음과 세지 양대보살이 모셔져 있다. 그리고 삼존 양쪽으로는 십팔나한(十八羅漢)이 모셔져 있다.

또한 명대의 건물인 대웅전이 있으며 본존으로는 석가모니 부처님이 모셔져 있다. 양쪽 벽에는 십대제자가 줄지어 서 있고 벽에는 1,000불이 조각되어 있어 장관이다. 청량대(淸凉台)의 비로각(毘盧閣)은 옛날 제황(帝皇)이 쉬어 가던 곳이라고 전한다. 안에 비로자나불을 모셨기 때문에 비로각이라 부른다.

●천동사

천동사(天童寺)는 지금으로부터 1680여 년 전 서진(西晋) 영강 원년(300)에 의흥(義興)이 개산(開山)한 절이다. 절강성(浙江省) 영파시(寧波市)에서 1시간 남짓한 근구 천동리 태백산(太白山) 쪽에 자리를 잡고 있다.

옛날 의흥조사가 수도하기 위하여 명산대천을 두루 살피다가 이곳에 이르러 너무나 산세가 힘차게 흐르므로 천동사를 짓게 되었다. 그때에 이곳은 사람 한 명 볼 수 없는 깊은 산중이었다. 의지할 곳과 먹을 것을 찾던 중 한 동자를 만나 공양을 받고 이곳에 움막을 짓고 동자와 함께 정진하였다. 그러던 어느 날 동자가 작별을 고하였다.

"오늘 시간이 다 되었으니 작별해야 되겠습니다."

"가면 어디로 가느냐?"

"저는 하늘의 옥제(玉帝)께서 조사의 도심에 감복하시어 내려가 도와주고 오라 하여 왔었습니다. 그러나 이제 곧 많은 대중이 올 것이니 저는 가야 합니다. 저의 이름은 태백금성화응동자(太白金星化應童子)입니다."

조사는 감탄하여 홀연히 사라진 동자의 이름을 따서 산 이름을 태백산이라 하고 절 이름은 천동사라 하였다고 전한다.

이후 대중이 몰려들어 대가람을 일으키니 선종(禪宗)의 근본도량이 되었으며, 당(唐)·송(宋)·원(元)·명(明)을 통하여 명성을 천하에 떨쳤다. 현 천동사의 규모는 청대(淸代)에 밀운(密雲)선사가 1631년에 중창하여 이루어진 것이다.

천동사에는 산문이 3개 있는데 간격은 1,000m에 하나씩 있다. 그곳을 지나야 정식 산문에 이르게 된다. 산문을 들어서면 천왕전(天王殿)·응공당(應供堂)·종루(鐘樓)·십팔나한전(十八羅漢殿)·장경각(藏經閣)·선실(禪室)·객실(客室) 등이 이리저리 꼭 알맞게 들어서 있는데 모두 999칸이나 된다.

● 돈황천불동

돈황(敦煌)의 천불동(千佛洞) 석굴(石窟)은 중국에서 가장 오래된 석굴로 4세기 중엽에 착공된 것이다. 중수모고굴불감비(重修慕高窟佛龕碑)에 의하면 전진(前秦) 부견(符堅)의 건원(建元) 2년(366)에 사문(沙門) 낙전(樂傳)이 처음 시작했다고 기록되어 있으나 사주지지단간(沙州地誌斷簡)에는 이보다 13년이나 빠른 영화(永和) 9년(353)에 창건되었다고 한다.

이 석굴의 특이한 점은 석질이 거칠기 때문에 벽면을 먼저 석회로 바르고 그 위에 그림을 그리고 소조(塑造)의 불상을 안치한 점이다. 불상뿐만이 아니라 보살상과 제천(諸天)의 군상(群像)도 안치되어 있으며 사면의 벽과 천정에는 당시 성행했던 석가(釋迦)·미타(彌陀)·약사(藥師) 등의 정토변상(淨土變相)과 《법화경》《유마경》《보은경》《관경》《화엄경》 등의 변상(變相)과 함께 본생담·부처님의 전기 등의 그림도 그려져 있다.

이 석굴은 모두가 방형평면(方形平面)으로 인도 탑원굴(塔院窟)의 일반적 형식인 마제형평면(馬蹄形平面)인 것은 하나도 없으며, 오히려 승원굴(僧院窟)의 영향을 받아서 좌우의 벽면(壁面)에 불감(佛龕)을 만들고 여기에 불보살상(佛菩薩像)을 안치하였다. 물론 굴의 중앙에 불탑을 쌓고 그 사면에 불감을 설치하여 불상을 배치하는 탑원굴의 자취도 없는 것은 아니지만, 이미 고대의 불탑숭배에서 불상숭배로 신앙의 형태가 바뀌고 있음을 잘 나타내 주고 있다. 불상이나 벽면의 양식은 간다라에서 일어난 인도 서역풍과 중국 재래의 전통양식을 함께 보이며 후기의 것들에는 티벳양식도 섞여 있다.

이와 같은 돈황의 천불동 석굴이 일찍부터 개착(開鑿)되기 시작한 것은 돈황이 중국의 서쪽 관문(關門)에 위치하고 있어 서역과 중국의 교통요충지였기 때문이다. 따라서 불교가 일찍부터 전해졌고 불교문화 교류의 중심을 이루게 되었다.

후에 석굴 속에 깊이 장치되었던 방대한 불화와 불전들이 발굴되어 널리 소개되었다. 그 중에서도 특히 유명한 것은 신라승(新羅僧) 혜초(慧超)의 인도여행기 《왕오천축국전(往五天竺國傳)》으로 이것은 1907년 펠리오에 의하여 이곳 석굴에서 발견된 것이다.

● 운강석굴

중국 석굴의 대표적인 것으로서는 산서성(山西省) 대동(大同)의 서쪽 약 15km에 있는 운강석굴(雲崗石窟)을 들지 않을 수 없다. 이곳은 북위(北魏)의 옛 도읍에서 멀지 않은 곳으로 무주천(武周川)의 북쪽 언덕에 깊이 약 1km에 걸쳐서 21개의 대굴(大窟)과 20개의 중굴(中

窟) 그리고 무수한 소굴(小窟)과 불감(佛龕) 등이 만들어져 있다. 석질(石質)은 사암(砂岩)이며 불상조각은 돈황의 경우와는 달리 직접 새겼다. 벽에는 모두 불상이 조각되어 있으며 불상들은 모두 눈부신 색채로 칠해져 있다.

이곳에 석굴을 조영하기 시작한 것은 북위 문성제(文成帝) 때(A.D. 460)인데 당시 사문통(沙門統)의 자리에 있던 담요(曇曜)의 진청(陳請)에 의해 왕실의 힘으로 시작되었다고 한다. 처음으로 만들어진 다섯 굴을 가리켜 담요오굴(曇曜五窟)이라 부르고 있다. 이 굴의 내부의 조각이나 구조를 보면, 서방의 영향이 뚜렷이 보이는데 인도의 굽타시대의 양식을 비롯하여 중앙아시아의 기법 등을 발견할 수 있다. 동시에 중국 석굴로서의 특색이 이와 같은 외래적 요소와 융합되어서 운강석굴 자체의 양식을 만들어 내기도 하였다.

이와 같은 거창한 석굴을 조성한 민족은 북방에서 일어나 중국을 점령하였던 선비족(鮮卑族)으로 강성한 국력과 열렬한 불교신앙을 갖고 있었으며 그들만의 기풍과 습관을 지니고 있었다. 그러나 차차 중국에 동화되면서부터 석굴 조각에 중국식의 복제(服制)를 채택하는 등 변화를 보이게 되었다. 그 후 태화(太和) 18년(494) 국가의 수도가 낙양(洛陽)으로 옮겨짐에 따라서 이곳 석굴의 조성은 일단 중단하게 되었다. 비록 제작기간이 길지는 못하였으나 이때에 조성된 석굴과 그 내부의 수많은 불상조각 등은 웅건한 작풍과 더불어 중국 불교미술의 대표작을 남기게 되었다. 또 이곳 석굴에는 불상을 봉안한 것 이외에 탑을 중앙에 안치한 탑원굴도 있어서 인도의 고대 기법을 아울러 볼 수 있다.

이곳 석굴에 조성된 불상 중 규모가 큰 것으로서는 제19굴의 좌상을 들 수 있다. 좌불상의 높이는 약 15m에 달하며 당당한 체구와 근엄한 상호(相好)를 갖춘 동시에 온화한 기풍이 흐르고 있어 운강석굴 제일의 불상이라 할 만하다.

1080

● 용문석굴

　용문석굴(龍門石窟)은 북위(北魏)가 494년 낙양으로 도읍을 옮기면
서부터 동위(東魏)·서위(西魏)·북제(北齊)·북주(北周)·수(隋)·
당(唐)·북송(北宋) 등 각 시대마다 계속하여 조성하였으므로 시간적
으로 보면 약 400여 년에 걸친 작품이다.

　석굴의 수는 확실한 것을 알 수 없으나 지금까지 확인된 것이 2,100
개 가량 되고 불탑이 10개, 탑·돌비석이 3,600개 그 속에 조각된 부
처님 수는 10만이 넘는 것으로 추정된다. 인도의 석굴과 같이 깊이 들
어가 법당이 되어 있는 것이 아니라 우리나라 경주 석굴암 석실과 같
이 돌집으로 되어 불상과 보살상 및 사천왕상까지도 섬세하고 아름답
게 조각되어 있다. 큰 불상은 300m 가량 되고 작은 불상은 엄지손가
락만한 것도 있다.

　그 중 일부를 보면 보태동(普泰洞)은 굴 안에서 발견된 가장 오래
된 기록 가운데 보태원년(普泰元年)이라는 기록이 있어 그 이름을 보
태동이라 붙인 것이다. 석가모니 부처님을 본존으로 간결하게 조각하
고 그 옆 북벽에 석가모니 부처님의 열반상(涅槃像)을 세련되게 조각
하였다.

　봉선사(奉先寺)는 가장 규모가 큰 동굴이다. 주불인 비로자나불은
높이가 17.14m나 되는 데 얼굴이 준수하고 두 눈이 살아 움직이는 듯
하다. 두 제자와 두 보살 그리고 천왕역사상도 근엄하고 무게가 있으
며 웅대하여 그 뛰어난 모습은 말로 표현하기 어렵다.

　약방동(藥方洞)은 굴 양쪽에 당대의 약방이 조각된 데서 얻어진 이
름이다. 본존 2제자 2보살은 북위 때부터 당대까지 연속된 듯한 느낌
이고 약방상은 140여 개나 되는 데 이는 요위방(療胃方)·심동방(心
疼方)·요학방(療虐方)·침적방(針炙方) 등 민속요법에서 유래된 것
이 아닌가 추측하고 있다. 석굴사(石窟寺)는 방형식으로 건축양식을
제대로 갖춘 동굴이다. 정면 양측에는 보리수 밑에서 사유(思惟)하고

있는 보살상이 그려져 있고, 그 옆에는 공양인(供養印)과 예불도(禮佛
圖)가 장엄하게 드리워져 있다.

● 소림사

소림사(少林寺)는 낙양시(洛陽市)에서 떨어진 하남성(河南省) 등봉
시(登封市) 숭산(嵩山)에 자리하고 있다. 산문인 미륵전(彌勒殿)을 들
어서면 소림사의 전경이 눈앞에 전개된다. 상주원(常住院)·탑림(塔
林)·초조암(初祖庵)·달마동(達摩洞)·이조암(二祖庵) 등이 순서적
으로 전개된다. 이곳은 모두 1953년 6월 20일 하남성 제1문화보호지역
으로 공포된 곳이기도 하다.

소림사는 북위(北魏)의 태화(太和) 19년(495) 효문제(孝文帝)의 칙
명으로 건립되었다. 인도에서 안돈발타라가 존자가 많은 경전을 가져
와서 혜광(慧光)법사에게 법을 전한 곳으로 초기에는 교종사찰(敎宗
寺刹)로 명망이 높았다. 그 후 달마대사가 양무제와의 숙명적인 만남
이후 북위 소림사에 이르러 굴에서 면벽 9년을 하다가 혜가(慧可)를
만나 전법하게 된다. 소림사에서 선의 관심법(觀心法)을 선양하다 열
반에 들어 웅이산(熊耳山)에 묘를 쓰고 정림사(定林寺)에 탑을 세웠
던 것이다.

전해 오는 이야기로는 달마대사가 열반에 들 때 죽거든 돌함을 크
게 만들어 웅이산에 묻어 달라고 했다고 한다. 황제가 이 말을 듣고
그대로 행하였다. 3년이 지나 중국 사신 송운(宋雲)이 인도를 다녀오
다 총령이라는 산마루에서 신발을 벗고 지팡이 끝에 신 한 짝을 매달
고 가는 달마대사를 만났다. 어디에 가느냐고 묻자 달마는 동토와 인
연이 다되어 서천으로 가는 길이라고 하며 '제행무상 시생멸법 생멸멸
이 적멸위락(諸行無常 是生滅法 生滅滅已 寂滅爲樂)'이라는 게송을 읊
었다. 송운이 정답게 이야기하고 헤어져 낙양에 이르러 황제에게 이야
기를 하자 황제는 놀라며 웅이산 돌함을 열어 보게 하였다. 함을 열고

보니 그 큰 함 속에 짚신 한 짝만 있었다고 한다.

소림사 대웅전은 신해혁명(辛亥革命) 때 완전히 소실되었다가 현 정부에서 새로 지어 최근 완공했다. 소림굴에서 사방을 바라보면 먼 산들이 병풍처럼 에워싸고 모두 고개를 숙이고 있는 것이 천하에 명당이라고 느껴진다. 그러나 소림굴은 겨우 4, 5인밖에 수용할 수 없는 작은 굴이다. 지금은 돌부처님 한 분을 모셔 놓았고 좌우 벽에는 여러 가지 벽화가 그려져 있으며 입구에는 비문이 새겨져 있다.

● 남화사

남화사(南華寺)는 광동성(廣東省) 소관시(韶關市) 남쪽 조계산(曹溪山)에 자리잡고 있는 중국에서는 제일가는 국보사찰이다. 최초 창건은 남조(南朝) 양무제 천감(天監) 원년(504) 인도의 고승 지약삼장(智藥三藏)이 배를 타고 상륙하여 흘러가는 논물을 마셔 보고 그 향기로써 이 지방에 대찰을 지을 만한 명당이 있다는 것을 관하고 산정(山頂)에 올라 자리를 잡은 것이 바로 남화사의 옛 절터이다. 산수가 수려하고 기이한 것이 마치 인도의 보리산과 같아 당시 소관의 감찰사에게 상서하였다. 양무제에게 이 소식이 전해지자 양무제는 이 도량에 큰 절을 지어 보림사(寶林寺)란 편액을 내렸다. 그 후 혜능이 주석하였는데 때는 당(唐) 통천(通天) 원년(696)이었다.

당 중종(中宗) 원년(705)에 이르러서는 보림사를 중흥사(中興寺)라 고쳐 부르게 되었다. 또 신광(神光) 3년에는 법천사(法泉寺)라고 부르다가 송 태조 원년(968)에 황제의 칙명에 의하여 남화사(南華寺)라 고쳐 지금에 이르고 있다.

사찰 면적은 1만 2천㎢이며 전면에서부터 조계문(曹溪門)·방생지(放生池)·영조탑(靈照塔)·육조전(六祖殿)·방장실(方丈室)·보림문(寶林門)·천왕전(天王殿)·대웅보전(大雄寶殿)·장경각(藏經閣)·종루(鐘樓)·고루(鼓樓) 등이 직렬(直列)로 배치되어 있다.

달마가 선법(禪法)을 폄으로써 중국불교에 새바람을 일으켰다고는 하지만 실제 달마에 지지 않을 만큼 위대한 신불(新佛)은 혜능대사이다. 소림사는 혜능이 주석하여 선법을 폈기 때문에 더욱 명찰로 알려져 있다.

대웅보전은 우리나라 금산사(金山寺) 법당보다 조금 크나 삼존불은 상상할 수 없을 만큼 크다. 수년 전 홍콩의 한 신도가 성금을 내어 단독으로 개금(改金)하였다고 하는데 그 찬란한 금빛 광명은 마치 천일(千日)의 광명이 한꺼번에 쏟아지는 것과 같다. 영조탑을 지나 육조전으로 가면 혜능의 진신이 법당 중앙에 모셔져 있다.

● 육용사

육용사(六榕寺)는 광주시(廣州市) 중심가에 자리잡고 있으며 광주에서는 가장 오랜 역사를 자랑하는 명승고찰이다. 육조대사(六祖大師)의 동상을 중심으로 소동파(蘇東坡)의 글씨와 소동파의 파립상(破笠像)이 비각(碑刻)되어 있는 유명한 사찰이다. 남조(南朝) 양대동(梁大同) 3년(537) 담유법사(曇裕法師)가 양무제(梁武帝)의 명령을 받고 지은 절로서 1400여 년이 넘는 고찰이다.

송초(宋初, 10세기경)에 병화를 입었으나 북송(北宋) 단공(端拱) 2년(989)에 중건하였다. 그때 스님들이 중국불교의 거성인 육조혜능(六祖慧能)의 청동상을 모시고 절 이름을 정혜사(淨慧寺)라 고쳐 불렀다. 북송(北宋) 원부(元符) 3년(1100) 유명한 문장가 소동파가 유람왔다가 이 절에 여섯 그루의 용수(榕樹)가 심어져 있는 것을 보고 육용(六榕) 두 자를 제목으로 시를 지어 그때부터 육용사란 이름이 붙게 되었다.

절 안에는 북송 단공 2년(989)에 모셨다는 혜능의 청동상이 정밀하게 주조되어 있으며, 강희(康熙) 2년(1663)에 모셨다는 높이 6m의 불상과 4m의 관음상은 무게가 각각 10톤, 5톤으로 그 위풍이 당당하다.

현재 이 절에는 60세 이상의 노스님 10여 명과 젊은 스님 10여 명이 살고 있으며, 절 규모는 한국의 법주사(法住寺) 두 배 정도 되어 보인다. 그리고 9층 탑과 대웅전도 법주사 대웅전 및 5층탑의 두 배 정도 된다. 대웅전과 달마전은 중국공산당이 들어서면서 홍위병(紅衛兵)들에 의해 파괴되었다가 10년 전 국가적 차원에서 다시 복구된 것이다. 사찰운영과 스님들의 생활은 국비로 하고 있으며 근래에 관광비가 들어와 많은 보탬이 되고 있으나 실질적인 신도관리는 하지 못하여 자유로운 신행생활이 이루어지고 있지 않다. 스님들은 사찰을 관리하고 도량을 정리하느라 바쁜 시간을 보낸다.

육조당(六祖堂) 앞에는 혜능의 오도송(悟道頌)인 '깨달음엔 본시 나무가 없고 마음의 거울은 대가 없다. 본래 한 물건도 없는데 어느 곳에 티가 앉으랴(菩提本無樹 明鏡亦非臺 本來無一物 何處惹塵埃).'라는 시가 적혀 있다.

●법원사

법원사(法源寺)는 북경(北京) 시내에서 가장 오래된 절이다. 당 태종 이세민(李世民)이 요동정벌(遼東征伐)에서 희생당한 장졸들을 위하여 정관(貞觀) 19년(645)에 처음 절을 세웠는데 그 후 고종(高宗) 이치(李治)가 개축하여 무후(武后) 만통(萬通) 원년(696)에 완성했다.

천본 14년(755) 안록산(安祿山)이 이 절 남쪽에 탑을 세웠고 지덕 2년(757)에 사사명(史思明)이 서쪽에 탑 하나를 세우니 쌍탑가람(雙塔伽藍)이 되었다. 그런데 안타깝게도 882년 화재를 만나 불에 탔다. 경북 초년(892) 도사 이광위가 중건하였으나 1057년 북경의 대지진으로 인하여 도괴(倒壞)되었다. 1447년 이 절 스님 상용(相瑢)화상이 거듭 수축하였다.

처음 태종이 절을 지었을 때는 절 이름을 변리입사라 하였는데 뒤에 고종이 민충사(愍忠寺)라 하고 복구한 후에는 숭복선사(崇福禪寺)

라 불렀다. 그런데 순치황제(順治皇帝)가 옹정 11년(1733) 이 절을 거
듭 중수한 스님이 율종이므로 율종사찰로 쓰도록 명하고 법원사(法源
寺)라 사액(賜額)하였던 것이다.

사찰 내에는 천왕전 · 대웅보전 · 비로전 · 장경각을 중심으로 웅대
한 건물들이 중앙에 6개 나열되어 있고 좌우로 50여 동의 거대한 건
물이 질서 있게 나열되어 있는데 거기에는 강당(講堂) · 선실(禪室) ·
인쇄소 · 사무실 · 요사채 등이 있다.

법원사도 중국 사원의 특징처럼 산문이 모두 툭 터져 있는 것이 아
니라 사면에 벽이 있고 오직 출입문이 사각 아니면 반달형으로 되어
있다. 사천왕(四天王) 외에 위태천신(韋馱天神)을 많이 모시고 있고
특히 법원사에는 다섯 개의 포대화상(布袋和尙)의 상이 모셔져 있는
것이 특징이다. 이 포대화상의 그림과 상은 세계 곳곳에 없는 곳이 없
지만 법원사에서 진짜를 참관할 수 있다. 명나라 때에 제작된 것으로
몸에 금칠을 하였고 앉은 키가 1.12m나 된다.

법원사의 한 가지 특이한 점은 대개의 법당에 탱화(幀畵)가 없다는
것이다. 대웅보전에도 중앙에 비로자나불과 문수 · 보현을 모시고 중
앙 좌우에 십팔나한(十八羅漢)을 모셨을 뿐 탱화가 없다.

● 보제사

보제사(普濟寺)는 보타산(普陀山)에서 가장 오래된 사찰이며 관음
보살의 성지(聖地)도량이다. 산문에 들어서면 보제선사(普濟禪寺)라
는 큰 글씨가 나타난다.

당(唐) 함통(咸通) 4년(863)에 일본 승려 혜각(慧覺)이 세번째로
중국에 와서 경전과 오대산(五大山) 관세음보살상 1좌를 가지고 돌아
가는 길에 보타산 근방을 항해하다가 풍랑을 만나 조음동(潮音洞)에
머물게 되었다. 이때 이곳에서 장거사(張居士)라는 사람의 공양을 받
게 되었다. 그런데 장거사의 꿈에 관세음보살이 나타나 일본에 갈 수

없으니 이 산에 머물겠다고 하였다고 한다. 따라서 혜각은 혼자 일본으로 갔으며 장거사가 초암을 짓고 관세음보살을 모셨다.

그 후 송(宋) 신종(神宗) 3년(1080)에 임금의 명에 의해 보타에 정식으로 절을 세웠다. 처음에는 절 이름을 보타관음사(寶陀觀音寺)라고 하였다. 그 후 청(淸) 강희(康熙) 4년(1665)에 강희제가 항주(抗州)에 순찰왔다가 칙명으로 보제선사라는 절 이름을 내렸는데 그것이 지금에 이르고 있다.

몇 번의 전란으로 소실도 되고 파괴도 되다가 문화대혁명(文化大革命) 때에 내부가 모두 파괴되었다. 지금의 모든 불상과 기타 불기(佛器)는 10년 전에 새로 장만한 것이다. 사천왕전이 크게 서 있으며 대원통전(大圓通殿)에는 중앙에 관세음보살을 모시고 있다. 대웅전의 크기가 한국의 조계사(曹溪寺) 법당을 2층으로 올린 것과 같이 대단히 크다. 이곳에 가득 들어서면 3,000명이 들어선다고 한다.

● 광제사

광제사(廣濟寺)는 북경 서북쪽에 자리한 명찰이다. 명나라 때(1484) 대학사 만안(萬安)의 홍제광제사비문(弘齊廣濟寺碑文)에 의하면 언제부터인가 이곳에 절터가 있었는데 그 절이 폐하게 된 이유는 알 수 없다고 하였다. 청나라 초 여명석(餘冥碩)이 지은 《희운혜대사전(喜云慧大師傳)》에는 '송나라 말 천태종 진인의 후예를 자칭하는 유가촌(劉家村)이 있었는데 거기 사는 망운(望雲)이 한 스님을 초청하여 절을 지으니 서유가사(西劉家寺)라 하게 되었다.'라고 기록되어 있다.

그 후 이곳에서 금(金)과 불상·불기 등 여러 가지 문화재가 출토되어 보혜상인을 불러 복구하게 하고 이름을 홍자광제사(弘慈廣濟寺)라 하게 되었다. 그때가 1465년부터 1487년 사이이므로 현재 500여 년의 역사를 가지고 있는 셈이다. 청나라 순치 5년(1648)에 율사(律師) 옥광상인(玉光上人)이 이곳에서 율을 가르쳐 율원(律院)으로 이름이 높았다. 그 후 화재로 인하여 부분적인 소실이 있었으나 1931년에 현재와 같이 복구하였다.

인민공화국이 들어서면서 중국불교협회가 구성되어 1953년 본부가 이곳에 자리하였다. 정문에는 '광제사'라는 사액이 가로로 크게 걸려 있고 그 옆 기둥에 세로로 '중국불교협회'라는 간판이 따로 있다.

이 절에는 대웅보전에 과거 비바시불과 현재 석가모니불 그리고 미래 미륵불을 모신 것이 특징이고 명나라 때 동으로 주조한 미륵보살상과 위태천신상은 훌륭한 예술품이자 신앙대상으로 자리하고 있다.

법당 앞에는 풍운의 역사를 대변하는 커다란 비석 42개가 서 있고 법당의 동벽과 서벽에는 십팔나한이 각각 9분씩 모셔져 있다. 원통전(圓通殿)에는 관음보살과 다라보살(多羅菩薩)이 모셔져 있는데 다라보살은 매우 인상적이다.

● 개원선사

개원선사(開元禪寺)는 대만(臺灣)의 대남시(台南市) 북구(北區) 북원가에 있다. 본래 명나라 말엽 연평군왕(延平郡王) 정성공(鄭成功)의 사자인 정경이 그 모친 동씨를 봉양하기 위하여 세운 '북원별관(北院別館)'의 유적으로, 명나라 영력 연간(1662)에 창건되었다. 청나라 강희 28년(1689)에 순도인 왕효종과 총진인 왕화행 등이 기부금을 거두어 사찰로 개축하고 당시 '해회사(海會寺)'로 명명하였다. 건륭 14년(1749)에 순도인 서성, 건륭 42년(1777)에 대만 부지사인 장원추 등이 수리하고 가경 원년(1796)에 이르러 수륙제독 겸 대만 총진인 합당아가 중수한 뒤에 해정사(海精寺)로 개명하였다. 이어 개원선사로 개칭하여 오늘에까지 이르고 있다.

개원선사는 불교의 교주인 석가모니 부처님 및 모든 보살·조사를 봉안한 외에 연평군왕 정성공의 신위를 별도로 세워 북원의 유적을 기념하는 데 이바지하고 있다. 또 대만에서 가장 일찍 주조한 동종(銅

鐘)과 석가모니 부처님의 사리 및 뒤뜰의 원광삼탑(圓光三塔)이 있다. 탑은 1930년에 세워졌는데, 처음에는 승려들의 유골을 소장하던 곳이었으나 지금은 개원선사의 상징이 되었다.

개원선사를 처음 개창한 주지는 지중화상이다. 역대의 주지 중에 비교적 저명한 이로는 동치(同治, 1862∼1874)와 광서(光緖, 1875∼1908) 연간의 영방·전방·현정(법통) 등의 여러 선사가 있다. 영방은 일찍이 복건(福建)의 고산에 가서 계율을 받고 또 소림사에 가서 참선과 무술을 연마하였다. 게다가 그는 서화에도 정통하여 자못 일반 사회 인사들의 존중을 받았다.

대만 광복 전후에 주지의 직무를 계승한 이로는 득원·증광·인명·안정화상 등이 있다. 득원은 일찍이 적지 않은 신도를 일본에 파견하여 공부하게 하였다. 증광과 안정은 연평불학원(불교대학)과 개원불학원을 세워 승려들을 양성하였다. 이 절 안에는 예과반·정과반·연구반이 있다. 선생님은 모두 교수·학자·전문가들이다. 불교학·불교사·선강좌 외에 별도로 선화·서법(서예)·국문(중문)·영문·일문 등 대학과 전문대학의 정규 교육과정을 개설하고 있다. 학생들의 생활 등 일체의 비용은 모두 당해 학원에서 부담한다.

● 법우사

법우사(法雨寺)는 대북시(台北市) 북투구(北投區) 등산로에 위치하고 있다. 1905년에 창건된 대만의 저명한 불교 고찰이다. 원명은 대산사(大山寺)로 선현인 진기장로와 임왕거사가 사찰 건축을 발기했다.

1913년에 덕진을 주지로 초빙하고, 정련원으로 이름을 바꾸었다. 1947년 원월에 이르러 이 절의 대호법인 임제좌와 부인 묘현거사가 묘잠대사를 정중히 초빙하여 주지로 삼았는데, 대사가 직무를 이어 받은 후에 먼저 등산 도로를 넓히고, 다음으로 통소탑을 세우고, 법우사로 절의 명칭을 바꾸었다. 1953년에 대웅보전을 중건하고 1955년 봄에 절의 재산인 토지를 전부 산에 오르는 동쪽 길을 닦는 데 기증하였다. 길이 넓어져 사람이 다니는 데 편하고 이 절에 참배하러 오는 이들도 교통이 편리해진 관계로 증가하였다.

1963년 가을에 대불상이 완성된 후 처음으로 올리는 불공 의식이 있었다. 그리고 이전 상주 천녕사의 노화상(老和尙)인 증련을 초빙하여 불상 점안(點眼)식을 거행했는데, 참가한 인원 수가 1,000명을 넘는 등 대성황이었다.

1981년에 노화상인 명상이 입적하였을 때에도 이 절에서 다비식을 거행하고 선후로 모두 탑을 세워 영원히 기념하였다.

법우사는 주변 경관이 그윽하고 운치가 있으며 건물들이 장엄 웅장하여 매우 아름답다. 주지인 묘잠대사는 덕망이 높고 불학에 정통하며 자비롭고 관대하여 사람들로 하여금 가까이 하고 공경하게 하니 땅이 상서롭고 사람이 길하다고 이를 만하다.

● 보각선사

오늘날 대만불교문화의 중심지인 보각선사(寶覺禪寺)는 대만의 대중시(台中市) 북구(北區) 건행로(建行路)에 위치하고 있다. 1927년에 창건되었다. 원래 대륙 복건성(福建省) 홍화현(興化縣, 現 칭보현) 후과사의 주지인 양달장로가 대만에 와서 임제종(臨濟宗)을 선양하고 지방 유지들의 찬조를 얻어 이 절을 지었다. 3년 동안 대웅전과 승방 및 공덕당 등의 건물을 완성하였다. 대웅전은 고루식(高樓式)의 건축물로 그 안에 높이가 10자에 달하는 삼보불을 봉안하고 있다.

양달장로를 개산 종사로 하고 묘선법사(妙禪法師)가 제1대 주지가 되었다. 1945년 이후에 비로소 전 주지인 각종장로(各宗長老) 법맥의 금동사(속명은 林金同)가 주지의 임무를 이어받았다. 금동사는 불법을 널리 펴기 위하여 〈신각생(新覺生)〉이라는 월간 잡지와 국제불교문화 출판사를 운영했다. 또 승려를 배양하기 위하여 대중불학선원(台中佛

學禪院 ; 대학)을 세우는 등 많은 사업을 펼쳤다.

1955년에 일본의 전국불교회가 중일불교문화교류를 촉진시키기 위하여 특별히 수봉화상을 비롯한 방문단을 이끌고 대만에 와서 일본의 국보인 해몽관음성상 일존을 이 절에 기증하였다. 보각선사에서는 이를 위하여 특별히 대비강당을 세워서 봉안하였다.

금동사는 1976년에 일본을 방문하여 일본 조야 및 불교단체의 열렬한 환영을 받고 여러 해의 숙원을 이루었다. 정부에서는 금동사가 일본에서 다방면에 걸쳐 민간외교 임무를 달성한 데 대하여, 1977년에 중국불교회의 명의로 재차 일본을 방문하도록 했다. 금동사는 수석으로 참가단에 들었으나 애석하게도 1977년 4월 6일 심장병으로 급작스레 입적하였다. 국내외 불교계 인사뿐만 아니라 일본 불교단체에서 찾아와 추도한 이가 매우 많았다.

● **자명사**

자명사(慈明寺)는 대중시(台中市) 남구(南區) 합작가에 위치하고 있다. 1959년에 성인(聖印)대사가 처음 창건하였다. 절의 토지 5백여 평은 그의 제자인 황선자거사가 시주한 것이다. 처음에는 강당 한 건물만을 지었으나 신도들이 증가한 데 힘입어, 이듬해 대웅전을 다시 짓고 명가를 초빙하여 불상을 조성하였다. 장엄한 대웅전 안에는 600여 명이 함께 수도할 수 있다.

1963년에 안현보탑을 세우고 같은 해에 강당을 3층 건물로 증축하였다. 1964년에 토지를 더 사들여 70자 높이의 관음불상을 세웠는데, 이불상의 좌대는 2층으로 나뉘어져 있다. 1층은 탁아소와 유치원이고 2층은 도서실이다. 1967년에 2층의 대전을 증축하였다. 1969년에 건평 24평의 원통보전(圓通寶殿)을 세웠는데 네 벽에 3,333존의 보살상을 안치하고 있다. 원통보전은 내부에 기둥이 하나도 없는 독특한 구조다.

1987년에 자명사의 땅이 시내에 있어 평방 면적을 확장할 수 없어 옛 건물을 전부 허물고 7층 빌딩으로 개축하고자 했는데 공정이 장대하여 현재 공사 중에 있다.

● **현장사**

현장사(玄奘寺)는 대만의 남투현(南投縣) 일월담(日月潭) 가의 청룡산(靑龍山) 기슭에 위치하고 있다. 해발 950m이며 삼면이 호수(일월담)에 임해 있고 항주(抗州)의 서호(西湖)에 비길 만큼 산수가 빼어나고 풍경이 아름다운 천연의 명승지로 이름이 높다.

이 절은 1961년에 착공되어 1964년 3월에 준공되었는데, 1952년 9월 25일 세계불교도대회 때에 일본인 고삼룡개가 대만대표인 조항척·이자관·이첨춘 등에게 중국 당나라의 고승인 현장(玄奘)의 정골사리를 대만에 송환하여 국가간의 외교관계를 돈독하게 하고자 한다고 밝힌 데에 연원을 둔다. 이 정골사리는 고삼룡개가 1942년에 남경(南京)의 중화문(中華門) 밖에서 발굴한 것이다. 1952년 11월 15일에 중국불교회 상무이사 겸 성골 맞이 총무인 오명(悟明)대사와 대만성 부의장인 임정림 등이 일본불교 대표단 단장인 창지수봉과 단원 등 5명을 수행하여 일본에서 정골사리를 받아 왔다.

현장은 평생 불법을 널리 펴기 위해 진력하고 참된 앎을 구하기 위해 생명의 위험을 돌보지 않고 인도에 가서 경전을 구하였으며, 귀국한 뒤에는 불경 번역사업에 종사하였다. 현장은 중국에서 법상종·유식종·자은종을 연 창시자로 중국불교에서 현장이 차지하는 비중은 매우 높다.

현 주지 오명대사는 1976년 4월에 이 절 주지의 직무를 이어받은 후 현장대사의 비석을 세웠다. 비문은 93세의 고령인 육군 상장(중장과 대장의 중간 지위에 해당함) 서배근 장군의 글과 친필을 받아 대리석에 새겼는데 지극히 장관이다.

● 불광사

불광산(佛光山)은 대만 고웅현(高雄縣) 대수향(大樹鄉)에 위치한 곳으로 원래는 황량한 고개로 인적이 드문 곳이었다. 1967년에 성운대사(星雲大師)가 불광산을 매입하고 대중불사를 시작하여 현재의 불광사(佛光寺)를 완성하게 되었다. 1975년 4월에 초기의 공정을 완성했는데 동방불교대학(東方佛教大學) 교실과 기숙사·도서실·대비전·화은당·의무실·사무처·봉사부 및 연못·정자 등을 포함하고 있다. 제2의 공정은 관광호텔에 비견될 수 있는 설비를 갖춘 바 1,000명을 수용할 수 있는 식당을 가진 조산회관이 있다.

불광사는 자체에 출판사를 설치하여 불교경전과 서적을 편집 출판한다. 또한 불교문물진열관을 두고 있는데, 수장품이 매우 풍부하여 역대의 명가들이 만든 불상·화상·문물기물·불교경전 등을 전시하여 신도와 관광객들이 열람할 수 있도록 하였다. 그리고 신죽 시내에 새로 건설한 무량도서관(無量圖書館)은 장서가 1만 권이나 되고 시청각 교육 및 학습 설비도 갖추고 있다.

불광산에 처음으로 절을 세운 성운대사는 불법을 전수하고 계법을 전하는 대회와 불교학 강좌·무료진료·하계 캠프 등을 열성적으로 개최하고 있다. 특히 수차례에 걸쳐 국제적인 불교학술회의를 열기도 했다. 불광사는 대만불교가 흥성하는 기운을 이끌어 나갔을 뿐 아니라 불교가 사회에서 차지하는 지위도 끌어 올렸다.

● 죽림선원 / 만불사 / 보련사

① 죽림선원 : 홍콩 취엔완의 북쪽 부용산(芙蓉山) 위에 있는 규모가 큰 불교사원이다. 융추법사(融秋法師)가 세웠으며 과거에는 이 부근이 대나무 밭이었기 때문에 죽림선원(竹林禪院)이라 불렀다고 한다. 경내에는 천왕전(天王殿)·대웅보전(大雄寶殿)·동림염불당(東林念佛堂) 등의 건물이 있다. 붉은 기둥에 푸른 기와, 안에는 금불상 등이

있는데, 어느것이나 새롭고 번쩍번쩍하여 명승고적이라기보다는 신흥 종교의 사원 같은 느낌이다. 건물은 아주 크고 멋지다. 홍콩이라고 하면 기독교 힘이 가장 크지 않을까 하고 생각하는 사람도 많겠지만, 이 죽림선원을 보면 홍콩에도 불교가 건재하다는 감회를 느끼게 해준다.

②만불사 : 사티엔(沙田)의 북서쪽 산 위에 위치하고 있다. 이름 그대로 불당 가운데 1,200개나 되는 불상이 안치되어 있는 것으로 유명하다. 구불구불한 돌계단 431개를 올라가면 울창한 수풀 속에 있는 만불사(萬佛寺)에 도착한다. 불당 흰 벽에 '만불(萬佛)'이라고 적색 글자가 쓰여져 있고, 바깥쪽에서는 2층 건물의 빌딩처럼 보인다. 외관은 현대적이지만 안으로 들어가 본 사람은 누구나 '아!'하는 탄성을 지르게 될 것이다. 중앙에 3개의 금불상 그리고 안쪽 벽 전면에는 한손에 얹을 정도의 작은 금불상이 위에서부터 아래까지 가득 쌓아 올려져 있기 때문이다. 홍콩 사람들의 신앙에 대한 집념이나 정열을 느낄 수 있다. 경내 앞에서 9층의 핑크색 탑이나 석조의 흰 코끼리, 푸른 사자상 등이 불당 앞에 있고 불당의 오른쪽 돌계단을 올라간 산 위에는 관음전(觀音殿) · 미타전(彌陀殿) 등이 있다.

③보련사(寶蓮寺) : 홍콩에서도 규모가 큰 사찰 가운데 하나이다. 랑타오 섬의 서쪽에 있는 앙평고원(昻坪高原)에 있는데, 이곳에서부터는 봉황산(鳳凰山, 934m)이 잘 보인다. 매와(梅窩)에서 떠난 버스가 적벽의 저수지를 지나면 점점 산꼭대기로 오르기 시작하여 구불구불한 길을 필사적으로 올라가 이윽고 보련사(寶蓮寺)의 절 문 앞에 다다른다. 버스를 내리면 이 문을 통해 절 안쪽으로 향한다. 중심에는 황금색의 기와가 번쩍이는 중국식의 커다란 불당 즉 대웅보전이 있다. 대웅보전의 가운데에는 3개의 불상이 안치되어 있다. 대웅보전의 앞에는 위타전(韋陀殿), 뒤에는 태국어로 쓰어진 불교 그림이야기가 있는 대원만각(大圓滿覺)이 있다. 건물은 모두가 새롭고 명소라기보다는 지금도 신앙의 대상으로서 계속 존재하는 절이다. 이 절에는 회색

가사를 입은 비구니들이 상주한다. 비구니들은 경내나 주변의 산중에 있는 거처에서 생활하고 있다. 또 버스 정류장 바로 근처, 절 문의 반대쪽에는 커다란 돌 계단이 만들어질 예정이다. 절 안의 제당(齋堂)에서는 두부와 야채로 볶은 검소한 요리인 정진(精進)요리도 값싸게 팔고 있으며, 경내에는 숙사(宿舍)도 있어서 숙박할 수도 있다. 또 이곳은 해발이 상당히 높기 때문에 여름철에도 시원하다.

4. 한국

● 불국사

천년 고도 경주 토함산 기슭에 자리한 불국사(佛國寺)는 한국불교 문화의 정화(精華)라 해도 과언이 아니다. 경주시 동남쪽에 동해를 면하고 높이 745m로 우뚝 솟아 있는 토함산의 정상 가까이에는 또한 석굴암(石窟庵)이 있어 그 가치가 더욱 빛난다.

불국사 '고금창기(古今創記)'에는 다음과 같이 기록되어 있다.

법흥대왕의 어머니 영제부인과 왕비 기윤부인은 머리를 깎고 비구니가 되었는데, 영제부인은 그 법명을 법류(法流)라고 했고 계율을 잘 지켰으므로, 그가 창건한 화엄불국사를 또 화엄법류사라고도 불렀다.

불국사 창건 당시의 기록을 말해 주는 '고금창기'는 《삼국사기(三國史記)》의 '사중기(寺中記)'와 글자 하나 다르지 않은 기록을 보여 주고 있다. 사람들에게 가장 널리 알려진 이야기는 신라의 재상 김대성(金大城)이 불국사를 창건했다는 《삼국유사(三國遺事)》의 기록이다. 김대성의 전생 이야기와 함께 절을 창건하게 된 경위를 들려 주고 있는 이 기록에 의하면 현세의 부모를 위해 불국사를 지었으며, 전생의 부모를 위하여 석불사를 세웠다고 전한다. 석불사는 지금의 석굴암을 말하는 것이다.

불국사는 임진왜란 때 대웅전·극락전·자하문 등 2천여 칸이 불에 탔다. 그 후 40~50여 년이 지난 후 조금씩 복구되다가 1970년 2월 불국사 대복원 공사가 착수되어 1973년 6월 대역사를 마치고 다시금 불국토의 정신을 이어가게 되었다.

불국사는 석가모니 부처님을 모신 대웅전 일곽, 아미타 부처님을 모신 극락전 일곽, 비로자나 부처님의 비로전 등 종합구성 속에 각각 불국토의 염원을 담고 있다. 그래서 불국사는 석가모니 부처님의 사바(娑婆)세계 불국이자 아미타 부처님의 극락(極樂)세계이며 비로자나 부처님의 연화장(蓮華藏)세계이다.

또한 불국토에 이르는 33단계를 나타내는 청운교·백운교의 33개 돌계단, 아사달과 아사녀의 애틋한 사랑의 전설과 함께 다보여래와 석가모니 부처님을 상징하고 있는 다보탑과 석가탑 등은 불교예술의 백미다.

●화엄사

전남 구례군 지리산 남쪽 기슭에 있는 화엄사(華嚴寺)는 절 이름 그대로 화엄대도량이다. 창건주 연기(緣起)조사를 비롯 의상(義湘)·정행(正行)·낭원(朗圓)·관혜(觀惠) 등이 머물며 해동 화엄종을 꽃피웠다. 조선시대에는 선수(善修)·처능(處能)·수초(守初) 등이 《화엄경》을 강의하며 종풍을 드날렸으며 근세에는 대강사 진응(震應)이 주석했다. 진응은 1910년 이회광이 일본 조동종(曹洞宗)과 연합하려 하자 만해(萬海) 등과 함께 이를 저지하기도 했다.

화엄사 창건에 관한 기록은 《동국여지승람》《구례속지》《지리산대화엄사지》 등 여러 곳에 보이나 믿을 만한 정확한 기록은 아니다. 다만 신라 때 연기(緣起)조사가 세웠다고 하는 점에서는 대체로 일치한다.

처음 연기조사가 창건할 때는 소규모였으나 의상(義湘)대사가 오면서 화엄도량으로서 기틀을 잡게 되었고 신라 말 도선(道詵)에 의해 창건 이래 최대 규모로 중건되었다. 고려 때에는 선종대본산으로 승격되기도 했으나 임진왜란 때 완전히 불타고 말았다. 인종 때 각성(覺性)이 대웅전을 비롯한 몇 개의 건물을 중건한 뒤 선종대가람으로 승격되었다. 숙종 때 성능(性能)이 장륙전(丈六殿)을 중건하자 숙종이 각황전(覺皇殿)이라 사액(賜額)하고 선교양종대가람으로 승격시켰다. 이후 대규모 중수는 없었다.

화엄사에 현존하고 있는 건물로는 대웅전·각황전·영산전·나한전·원통전·명부전·보제루(普濟樓)·삼전(三殿) 및 요사채인 적조당(寂照堂) 등이 있다. 대웅전은 정면 5칸 측면 3칸의 단층건물로 조선중기의 대표적인 건축물이다. 각황전은 정면 7칸 측면 5칸의 중층건물로 거대하고 화려한 외관과 더불어 불단에 소장되어 있는 화엄석경(華嚴石經)으로 유명하다.

이 밖에도 각황전 앞 석등·사사자석탑(四獅子石塔)·노주(露柱)·동서(東西)오층탑 등의 문화재가 있다. 각황전 앞 석등은 통일신라시대의 것으로 신라 석등의 기본형인 8각을 따르고 있으며 우리나라 석등 중 가장 크다. 연기조사의 효심을 나타낸다는 사사자석탑은 네 마리의 사자가 받치고 있는 형상으로 불국사 다보탑과 함께 통일신라시대의 걸작품으로 손꼽힌다. 노주는 원통전 바로 앞에 네 마리의 사자가 이마로 방형(方形)의 석단을 받들고 있는 것으로 원통전전사자탑(圓通殿前獅子塔)이라고도 한다. 각황전 불단에 소장된 화엄석경은 임진왜란 때 파손되어 현재는 1만4천여 점의 조각이 보관되어 있다.

● 통도사

통도사(通度寺)는 양산군의 북쪽 끝에 높이 1,050m 영취산 남쪽 기슭에 자리잡고 있다. 통도사는 무엇보다도 삼보 가운데 가장 으뜸인 불보(佛寶)를 간직하고 있어 이름 그대로 불지종찰(佛之宗刹)이요, 국지대찰(國之大刹)이다.

신라 선덕여왕 15년(646) 자장율사(慈藏律師)에 의해 창건된 통도사는, 자장율사가 당나라에 가서 청량산의 문수상 앞에서 7일 정진한 끝에 문수보살로부터 가사와 사리 등을 얻고 이를 모실 자리까지 선정받아 세우게 된 절이라고 한다. 유학을 마치고 귀국한 자장율사는 문수보살에게 지시받은 바를 행하기 위해 신라 산야를 헤매다 지금의 통도사 터에 이르게 되었다. 그는 구룡소(九龍沼)에 사는 용을 하늘로 승천시키고 못을 메워 통도사를 창건하고 '모든 법에 통하여 모든 중생을 구제한다(通諸萬法 度濟衆生).'라는 뜻에서 절 이름을 통도사라 했다.

통도사의 가람배치는 조금 특수한 형태를 취하고 있다. 법당에 준하여 상·중·하 세 지역으로 나누어 이를 상로전·중로전·하로전이라 하고 있다. 상로전에는 대웅전·응진전·명부전 등이 속해 있다. 석가모니 부처님의 진신사리와 가사를 금강계단에 봉안하고 있어 불상이 없는 대웅전은 중앙에 대덕승려가 설법할 때 사용하는 설법상이 그 경건함을 더해 준다. 중로전에는 자장율사의 영정을 모신 해장보각과 관음전·용화전 등의 당우를 갖추고 있고, 하로전에는 일주문부터 시작하여 만세루·범종각·영산전 등을 포함하고 있다. 이외에 보광선원은 별개로 취급하여 또 하나의 구역을 형성하고 있다.

통도사에서 빼놓을 수 없는 곳 중의 하나는 바로 성보박물관(聖寶博物館)이다. 이곳에는 석가모니 부처님이 친히 입었던 가사를 비롯하여 국내 유일의 오계수호신장도·팔금강정·구룡병풍·삼신정·달마도·감로종 등 수많은 성보문화재가 보관·전시되어 있다.

통도사는 불보사찰답게 문화재가 많으며 특히 부처님에 관한 유물들이 많이 소장되어 있는 것이 특징이다. 3백여 점에 달하는 불화는 우리나라의 불교회화를 이해하고 연구하는 데 없어서는 안될 귀중한 자료이다. 또한 불교조각·공예품 등 한점 한점들이 그 내용과 문화사적 가치에 있어 이미 오래 전부터 많은 사람들의 관심의 대상이 되고 있다.

● 금산사

미륵도량으로 유명한 금산사(金山寺)는 전라북도 김제군 금산면 금산리 모악산(母岳山)에 위치하고 있다. '모악'이라는 산 이름은 산머리에 아이를 안은 어머니 형상의 바위가 있다 하여 붙여진 것이라 한다.

금산사의 창건설에는 몇 가지가 있으나 백제 법왕 원년(599)에 창건되었다는 설이 가장 유력하다. 법왕은 그 이름에서도 볼 수 있듯이 불교의 증흥에 힘썼고, 그때가 미륵신앙의 전성기였다고 한다.

국보 62호인 미륵전은 3층으로 되어 있다. 1층은 대자보전(大慈寶殿), 2층은 용화지회(龍華之會), 3층은 미륵전(彌勒殿)이다. 이 같은 3층 불전으로 법주사 팔상전과 쌍봉사 대웅전이 있지만 미륵전은 그 의장이 다르다. 법주사와 쌍봉사의 것이 목탑에서 변형된 탑파형식이라면, 이 미륵전은 본래 용화삼회(龍華三會)를 겨냥해 지은 불전으로 민중불(民衆佛)의 참뜻이 담겨 있다. 내부는 통층(通層)구조로 툭 트여 있으며, 중앙의 39척 미륵불과 29척 좌·우불이 함께 모셔져 있다.

대적광전은 지난 86년 화재로 고스란히 불탄 뒤 다시 지은 것이다. 이곳에는 목조 5여래 6보살이 새로이 조성되어 모셔져 있다. 불타 없어진 대적광전은 20칸 규모로 가람 번성기에는 대웅대광명전으로 불렸다고 한다.

대적광전 오른편 위쪽에는 송대(松台)라고 흔히 불리는 방등계단(方等戒壇)이 있다. 미륵상생사상을 상징하는 도솔궁의 재현으로, 미륵전과 더불어 미륵신앙을 표상하는 값진 곳이다. 그 아래에는 보물 21호인 육각다층석탑이 서 있다. 이 탑은 지난 65년 도난당하는 수모를 겪었는데, 이것을 계기로 당국에서는 문화재보호법을 서둘러 제정했다고 한다.

● 수덕사

대한불교 조계종 제7교구 본사(本寺)인 수덕사(修德寺)는 충남 예산군 덕숭산(德崇山)에 있는 고찰(古刹)이다.

창건에 대한 기록이 뚜렷하지는 않으나 '사기(寺記)'에 의하면 백제 말에 숭제(崇濟)법사가 창건하였고 고려 공민왕 때 나옹(懶翁)이 중수한 것으로 기록되어 있다. 구한말에 근대 한국선종의 중흥조로 일컫는 경허(鏡虛)가 이곳 수덕사에 머물면서 선풍(禪風)을 일으켰으며 그의 제자 만공(滿空)이 이 절을 중창하고 많은 후학을 배출하였다.

현존하는 당우로는 대웅전을 비롯하여 명부전(冥府殿)·백련당(白蓮堂)·청련당(靑蓮堂)·조인정사(祖印精舍)·일주문(一柱門)·범종각(梵鐘閣)등이 있다. 이 중 특히 대웅전은 1308년 건립된 우리나라 최고(最古)의 목조건물로 국보 제49호이다. 정면 3칸 측면 4칸의 주심포계 건물인 이 대웅전의 서까래에는 건립 당시에 그려진 것으로 보이는 금룡도(金龍圖)가 아직도 희미하게 남아 있다. 일주문은 작은 돌기둥 두 개에 기와 지붕을 얹었으며 지붕의 처마에는 붉은 여의주를 문 용이 조각되어 있다. 범종각에는 1973년 주성된 무게 6,500근의 종이 봉안되어 있다.

이 절의 산내에는 견성암(見性庵)을 비롯하여 금선대(金仙臺)·환희대(歡喜臺)·정혜사(定慧寺) 등이 있다. 금선대의 진영각(眞影閣)에는 만공의 영정과 유물이 보관되어 있다. 환희대와 견성암은 개화기 때의 유명한 비구니인 김일엽(金一葉)이 기거하던 곳이다.

문화재로는 대웅전 앞마당의 삼층석탑을 비롯하여 미륵불입상과 만공탑(滿空塔) 등이 있다. 여래탑이라고도 불리는 삼층석탑은 통일신라 문무왕 때 세워진 4m 높이의 탑이다. 미륵불입상은 만공이 건립한 높이 25척의 석불로 머리에 이중의 갓을 쓰고 있으며, 만공을 추모하기 위하여 제자들이 세운 만공탑은 공 모양의 둥근 돌이 올려져 있는 특이한 모습의 부도이다.

● 월정사

오대산(五大山)에 위치한 월정사(月精寺)는 달이 좋아 월정사라 이름했다는 유래와 함께 그윽함을 자랑하는 사찰이다. 6·25동란 때 불타 버린 까닭에 적광전 법당에서부터 요사채에 이르기까지 새로 지어진 절이지만 팔각구층석탑이 있어 새로 들어선 당우조차 고풍스럽기만 하다.

산 전체가 불국토라는 오대신앙을 나타내는 월정사에는 전나무 숲길로 이루어진 입구가 바로 일주문·해탈문이다. 자장율사가 초암(草庵)을 짓고 머무르면서 시작된 천년 세월의 월정사 역사는 물과 불의 재앙이 끊임없이 따라왔다. 그러나 재앙이 닥칠 때마다 새로운 불심이 모이고 또 다른 불자가 나타나 당우가 세워지고 수도승이 모여들었다. 문수진신이 살고 있다고 믿은 자장의 판단은 세월의 흐름에도 변함없이 이어져 오늘의 월정사를 이룬 것이다.

월정사를 제쳐두고 오대산을 들먹일 수 없듯 팔각구층석탑이 없는 월정사는 상상조차 할 수 없다. 월정사 전부가 석탑 속에 들어앉았다는 표현이 어울릴 만큼 오대산과 월정사가 탑신으로 집중, 탑과 절이 하나가 되고 있다.

국보 제48호인 팔각구층석탑 앞에는 석조보살좌상이 왼쪽 무릎을 세우고 앉아 있다. 일명 약왕(藥王)보살로도 불리는 이 석조보살상과 탑, 적광전 석가모니 부처님으로 이어지는 일렬구도는 월정사 신앙과 역사를 집약하고 있다.

월정사 경내에는 노장철학과 교학에 밝았던 탄허(呑虛)스님의 자취가 곳곳에 남아 있다. 주지로 있을 당시 중창한 적광전 현판과 여섯

줄의 주련(柱聯)을 비롯해 여러 당우들의 현판글씨는 탄허스님의 솜씨다.

불타 없어진 유물도 많지만 그래도 귀중한 문화재가 보장각 안을 메우고 있다. 세조가 자신의 원당중수 취지를 친필로 적은 《상원사중창권선문(上院寺重創勸善文)》 2권과 팔각구층석탑 해체 복원시 탑신에서 나온 신라시대 불상·동합·동경·향합 그리고 한암(漢岩)선사 친필 휘호도 남겨져 있다.

상원사 가는 큰길을 따라가다 눈에 띄는 남대 지장암이나 동관음암을 비롯, 영감사 북대 미륵암, 서대사도 월정사가 안고 있는 문화유산이다.

● 범어사

조계종 제14교구 본사인 범어사(梵魚寺)는 부산시 금정구 금정산(金井山)에 자리잡고 있는 대찰이다.

범어사의 창건에 대해서는 여러 가지 설이 있으나 《삼국유사》의 기록과 같이 신라 문무왕 18년(678) 의상대사에 의해서라는 것이 가장 타당하다고 보고 있다. 의상대사가 당나라에서 귀국한 뒤 창건을 하고 그의 제자 표훈(表訓) 등이 증수한 범어사는 '범어사창건사적(梵魚寺創建寺跡)'을 통해 그 연원을 살펴볼 수 있다.

신라 흥덕왕 당시 왜구의 침입을 걱정하고 있던 왕의 꿈에 신인(神人)이 나타나 이르기를 '태백산 산중에 의상이라는 한 화상이 있는데, 대왕께서 그 의상스님을 맞아 7일낮 7일밤 동안 화엄신중(華嚴神衆)을 독송하면 그 정성에 따라 미륵여래가 금색신(金色身)으로 화현하고 사방의 천왕이 왜병을 물러가게 할 것입니다.'라고 하였다고 한다. 놀라 깨어난 왕은 신인이 일러준 대로 의상을 맞아 가르쳐 준 장소의 금정산(金井山)으로 가서 일심으로 독경하여 뜻을 이루고 금정산 아래 범어사를 창건하였다고 한다. 그 후 범어사는 신라 화엄십찰의 하나로 또 왜구를 진압하는 비보(裨補) 사찰로 자리잡았다.

의상이 범어사를 창건한 후 많은 고승이 출현하였다. 주요 고승으로는 의상의 16제자 중의 한 사람인 표훈, 만행(萬行)수좌라 불리운 낙안(樂安), 스승을 제도한 영원(靈源), 전생의 업에 의해 제자에게 제도된 명학(明學) 등이 있다.

범어사는 별다른 변화 없이 조선시대까지 왔으나 위치상 왜구의 최전방에 위치해 침입의 피해가 컸다고 한다. 선조 35년에 재건하였다가 화재로 소실되고 다시 광해군 5년에 중건하여 오늘에 이르고 있다.

근자에 들어 범어사는 선찰대본산(禪刹大本山)으로 이름을 높이고 있다. 이는 무애도행(無碍道行)으로 유명한 경허(鏡虛)선사가 금강산의 유점사·석왕사와 해인사 등지로 일정한 거처 없이 떠돌다 만년에 금정산 범어사로 발길을 돌려 선원을 짓고 후학을 지도했던 것으로부터 지금까지 이어져 오고 있는 선풍(禪風)을 두고 이르는 것이다.

● 법주사

속리산 법주사(法住寺)로의 첫번째 관문은 이름하여 말티고개라는 해발 8백여 미터의 고지를 넘어서면서 시작된다. 고려 태조가 속리산에 산행할 때 닦았다는 이 길은 법주사를 찾기 전에 경건한 마음으로 하심(下心)할 수 있도록 해 준다.

‘호서제일가람(湖西第一伽藍)’인 법주사의 일주문을 들어서기 전부터 청동미륵대불상은 그 위용을 드러내며 웅대함을 자랑한다. 지난 1990년 회향식을 가진 바 있는 청동미륵불상은 미륵도량 법주사를 상징하는 불상으로, 회향식이 있던 날 오색서광이 하늘을 수놓고 백광이 치솟아 올라 많은 불자들에게 환희심과 신심을 배전시키는 이적을 보였다.

법주사의 창건주는 의신(義信)조사다. 그는 천축(天竺)에서 법을 구하고 흰 나귀에 불경을 싣고 와서 이곳에 처음으로 절을 이룩했다고 《동국여지승람(東國輿地勝覽)》은 밝히고 있다. 그 후 신라 33대 성덕왕 19년(720)에 중건되었고 고려 태조 원년 무인에 증통국사의 중건이 한차례 있었다. 그리고 조선 세조가 즉위한 뒤 자신이 지은 업보를 참회하고 불연(佛緣)의 가피를 입고자 법주사에 행차하던 중 산내 암자를 증수케 하였고, 특히 기도법회를 열었던 복천선원은 더욱 일신된 면모를 갖추게 되었다. 임진왜란 당시 모두 불탔던 법주사는 팔도도총섭(八道都摠攝) 의승대장이었던 벽암(碧巖)의 발원으로 현재의 당우를 중창·복원하였다. 해탈의 산 속리산에 부처님의 명호를 간직한 아홉 산봉우리를 이고 있는 법주사는 애초에 의신조사로부터 천년 미륵신앙의 원천지로 그 뿌리를 내려 왔다.

미륵불은 법상종(法相宗)의 주존 부처님이다. 법주사는 진표(眞表) 율사가 개창한 금산사와 더불어 영심(永深)법사의 제자 심지(心地)대사가 열었다는 동화사와 함께 신라시대 중요한 법상종의 사찰이다. 법주사가 한창 융성했을 당시에는 승려 수가 3천을 헤아렸으며, 산내 암자 또한 20여 군데나 되었음을 당시의 절터와 사적기는 알려 준다.

청동미륵불이 그윽한 눈길로 내려다보고 있는 법주사 팔상전의 뜰에는 쌍사자석등(국보 5호)·석련지(국보 64호)·사천왕석등(보물 15호) 등의 유물이 천년 세월을 간직한 채 숨쉬고 있다.

● 해인사

경상남도 합천군 가야면 치인리에 자리한 해인사(海印寺)는 세계적인 법보사찰(法寶寺刹)로 일컬어지고 있다. 그것은 고려대장경(팔만대장경)이라는 무상법보(無上法寶)를 소장하고 있기 때문이다. 해인사를 품고 있는 가야산은 인도의 붓다가야 근처에 있는 가야산에서 그 지명이 유래했다고 한다. 또한 사찰 이름인 '해인(海印)'은 《대방광불화엄경》에 나오는 '해인삼매(海印三昧)'라는 삼매경지의 이름에서 유래된 것으로, 해인사는 화엄의 철학과 사상을 천명하고자 하는 뜻에서 이루어진 화엄의 대도량이다.

해인사는 해동(海東) 화엄종의 초조 의상(義湘)대사의 법손인 순응(順應)화상과 이정(理貞)화상에 의해 신라 제40대 애장왕 3년(802)에 지금의 대적광전 자리에 창건되었다. 화엄종의 본존은 비로자나불로 해인사의 대웅전이라 할 수 있는 대적광전에도 비로자나불이 주불(主佛)로 모셔져 있다. 대적광전 바로 뒤에는 팔만사천 법문을 담고 있는 장경판고가 있으며, 고려대장경을 중심으로 또 하나의 사찰을 이루고 있는 듯, 명부전과 그 아래로 응향각·삼성각·관음전·심검당 등 총 18당우(堂宇)가 커다란 법의 촌락을 이루고 있다.

대장경을 보관하고 있는 장경판고(藏經板庫)는 법보종찰로서의 해인사의 철학과 역사를 대변해 주고 있다. 장경판고는 성종 19년(서기 1488)에 세워진 건물로 대장경을 가장 과학적으로 보관할 수 있는 완전한 걸작이라고 한다.

해인사에는 살펴볼 귀중한 자료가 많지만 보장전의 오백나한도가 많은 사람들의 관심을 모으고 있다. 우선 정교한 화법과 사경의 필법이 주목을 받았는데, 화폭은 총 27매로 병풍처럼 접게 되어 있고 총 길이가 661m이다. 그림은 모두 청나라 전융황제가 구한 보리수 잎에 그려져 있는데 연화좌 위의 42수관음과 5백 명의 나한이 여러 형태로 묘사되어 있다.

해인사는 수많은 세월동안 고승대덕들의 수련도량이었다. 해인사는 화엄사찰이므로 의상대사를 비롯하여 신림·희랑 등과 관계가 있으며, 사명·벽암·의천·경성·경허 등이 주석하기도 했다.

● 송광사

전남 승주군 조계산 안에 위치한 송광사(松廣寺)는 불교의 삼보 사찰 중 승보(僧寶) 사찰이다. 송광사는 불교의 보물일 뿐만 아니라 한국불교의 전통과 역사를 대표할 만한 사찰이다. 역사를 거슬러 올라가 볼 때, 보조국사(普照國師) 지눌(知訥)을 비롯해 고봉(高峰)에 이르기까지 16명의 국사(國師)가 송광사에서 배출되어 승보(僧寶) 사찰임을 입증해 주고 있다.

송광사는 신라시대 말기 혜린(惠燐)선사가 창건한 것으로 알려진다. 그러나 창건연대에 관한 구체적 기록은 없다. 다만 혜린선사가 지금의 송광사 자리에 절을 창건하여 길상사(吉祥寺)라고 이름지었다고 한다. 길상사란 이름 이후 송광사는 정혜사(定慧社)·수선사(修禪社)라는 이름을 거쳤다. 정혜사는 지눌이 길상사를 크게 중창할 때의 이름이고, 이를 고려 희종이 수선사라는 이름을 내림에 따라 바뀌었다.

송광사에는 대웅전·국사전 등 50여 동의 건물이 있다. 이 가운데 주요 건물들은 서쪽을 향하고 있는 형태다. 전하는 바에 의하면 옛 송광사의 건물배치는 상당히 복잡·치밀해 비가 오면 경내에선 빗방울을 맞지 않고 자유롭게 오갈 수 있을 정도였다고 한다. 지금의 송광사 건물 가운데 몇몇은 다른 절에서는 보기 힘든 독특한 형태와 내력을 갖고 있어 주목을 끈다. 대웅전 뒤쪽에 설법전과 선방이 있는 것도 독특한 배치구도이며, 죽은 혼의 관욕처인 척주각(滌珠閣)·세월각(洗月閣) 등은 다른 절에서는 보기 어려운 곳이다.

현재 송광사에 있는 주요 문화재로는 하사당(下舍堂·보물263호)과 절 내에서 가장 작은 법당인 약사전(보물 302호)·영산전(보물 303호) 등의 건물과 목조삼존불감(국보 42호), 고종제서(국보 43호), 국내에서 가장 오래된 노비문서인 노비첩(보물 572호) 등의 유물이 있다. 이 외에도 송광사에는 대각국사 의천(義天)의 속장경 등 5종의 중요 장경이 보존되어 있다.

● **유점사**

유점사(楡岾寺)는 금강산(金剛山) 4대사찰의 하나로서 31본산에 드는 거찰이다. 금강산 최초의 사찰인 유점사는 금강산에 있는 여러 사찰 중에서도 가장 유명했던 절이다.

이 사찰은 신라 남해왕 때에 창건된 것으로 53불(佛)이 월지국(月支國)으로부터 멀리 바다를 건너와 금강산에 이르러 평평한 곳인 느티나무 밑에 머물렀는데, 때마침 현의 재상이었던 노춘(盧偆)이 이를 보고 절을 지어 안치했다고 한다. 유점사에는 노춘의 소상(塑像)이 있다.

창건 이래 40여 차례 큰 화재를 당한 유점사는 세조가 재건한 건물이 현재까지 이어져 오고 있다. 법당인 능인보전(能仁寶殿)에는 이 절 최대의 자랑이자 신라 말 미술의 보배인 53불이 향나무로 만들어져 천축산을 본뜬 좌대 위에 안치되어 있다. 법당 앞에는 돌빛이 푸르고 정교하게 만들어진 화강석 9층탑이 서 있고, 절 뒤에는 오탁정(烏啄井)이라는 샘물이 있다.

유점사에는 많은 보물이 소장되어 있다. 그 중에서도 특기할 것은 고려 공민왕의 왕사였던 나옹(懶翁)화상이 스승인 인도승 지공(指空)에게서 받았다는 《보살계첩》이다. 이외에 인목대비의 친서와 정명공주의 《수사범경(手寫梵經)》 1권도 있는데, 인목대비의 친필은 은글씨로 된 〈보문품〉으로, 대비가 유폐되었을 때 쓴 것이다. 영창대군이 참변을 당한 뒤 슬하의 두 딸을 위해서 불보살의 가피를 입고자 애타는 신심을 나타낸 것이다.

또 하나 유점사와 관련해 기억해야 할 것은 임진왜란 때 사명대사가 이 유점사에서 석장을 검으로 바꿔 잡고 천하의 승병을 거느리고 왜병을 무찌른 일이다. 사명대사와 인연이 깊은 만큼 이곳 영당에는 사명당의 영상과 유물들이 보관되어 있다.

유점사에 속한 암자로는 반야 · 백련 · 명적 · 홍성 · 득도 등 다섯이 있다.

● 장안사

장안사는 금강산에 있는 4대사찰의 하나로 신라 법흥왕대에 창건된 고찰이다.

　장안사(長安寺)가 가장 흥륭했던 시기는 고려 충혜왕 때이다. 당시 고려의 여인으로서 원나라 순제의 황후가 된 기(奇)씨는 황제와 태자를 위해서 자기가 가장 좋아하는 금강산의 이 장안사에 여러 해 동안 많은 일꾼과 공인들을 보내어 전당(殿堂)과 상전(像殿)을 만들게 하였는데 그 정교함이 대단했다고 한다. 그러나 임진왜란으로 인해 건축물과 조형물들이 소실되고, 지금 남아 있는 여섯 동의 전당과 일곱의 전각, 네 개의 누각과 한 개의 문은 그 뒤에 중건한 것이다.

　기황후가 중창할 당시에는 비로자나불을 비롯하여 53위의 부처님과 1만 5천 불 등 엄청나게 많은 불상이 안치되었으나 지금은 어느것이 그때의 것인지도 분간하기 어렵게 되었다. 그러나 대법당 왼쪽 지성지전(至聖之殿)에 봉안된 여러 나한상은 크기도 하려니와 수법이 경탄스러울 정도로 뛰어나다. 열렬한 신심과 정성을 피부로 느낄 수 있다.

　'임제종제일가람(臨濟宗第一伽藍)'이라는 편액이 걸린 범왕루(梵王樓)를 지나 오른쪽으로는 대향각, 왼쪽으로는 극락전, 중앙에는 대웅전이 펼쳐져 있는 장안사는 장경암 · 안양암 · 지장암 · 영원암 등의 암자를 거느리고 있다.

　장경봉 아래 자리잡고 있는 장경암은 신라 때에 창건된 것으로 많은 청정수행자들이 수도한 곳이다. '장경(長慶)'이라는 이름은 북방천왕의 제자로서 천황을 수호한다는 인도의 신화에 의한 것이다. 천주봉 아래에 위치한 안양암은 고려 성종 때 회정선사(懷正禪師)가 창건한 것으로 이곳에서 회도화상(懷道和尙)이 수도했다고 전한다. 암자 내에는 미륵불의 석각과 나한상이 안치되어 있다. 지장봉 북쪽 기슭의 영원암은 신라 영원조사(靈源祖師)가 창건한 수선도량이며 후생선사(後生禪師)가 그 뒤를 이어 수도한 곳으로 금강산에서 가장 맑고 고요한 영장(靈場)으로 이름난 곳이다.

● 보현사

　평안북도 묘향산(妙香山)에 자리잡고 있는 보현사(普賢寺)는 크고 작은 말사를 거느리고 있는 31대 본산의 하나이다. 보현사는 고려 광종 19년(968)에 탐밀대사(探密大師)가 창건한 고찰로, 그 당시에는 안심사(安心寺)라고 하였다 한다. 그 후 굉곽대사(宏廓大師)가 경종 3년(978)에 이곳에서 주석하니, 많은 제자들이 사방에서 모여들었으므로 절이 협소하여 성종 원년(982) 임오년에 이르러 동북간 백보의 큰 사우를 세운 것이 곧 오늘날의 보현사 전당의 규모가 된 것이다.

　당시는 스물네 개의 전각이 있어 3천 명의 승려가 수도 · 안거하였다고 하니 가히 동국제일의 명찰이었음을 짐작할 수 있다. 그 뒤 고려 문종 29년(1096)에 달보화상(達寶和尙)이 중건한 데 이어 공민왕 10년에 지원(智圓)대사가 또 한차례 중창하였는데 당시의 주지는 나옹화상이었다. 조선시대에 와서는 해정 · 도천 · 일선 · 청허 · 사명 등이 이곳에 머물면서 수행했다.

　산문을 들어서면 맨 먼저 14층 여래석탑이 눈에 들어온다. 넓은 뜰 안에 우뚝 서 있는 이 여래탑은 화강암으로 만들어졌는데 높이가 36척으로 조선 선조 37년에 건조된 것이다. 그 양식은 오대산 월정사 8각9층석탑과 같다. 이 여래탑 옆에는 화강암으로 된 높이 12척의 9층석탑이 있다. 고려 정종 10년에 건조된 다보탑이다. 한쪽에는 조선 숙종 때 주조한 높이 4척의 범종이 자리잡고 있으며, 만세루 · 향악루 · 자운루 등의 누각을 지나 천왕문과 해탈문 · 조계문을 차례로 들어서면 대웅전에 이른다. 대웅전에는 중앙에 석가여래좌상과 아미타불, 비로자나불의 세 분이 모셔져 있으며 좌 · 우편에도 비로자나불이 각각 봉안되어 있다. 진상전(眞常殿)은 그 옛날 임진왜란 때 왜병을 피하여 《어용실록(御容實錄)》을 봉안해 두었던 곳이다.

　묘향산은 너무도 영산이라 왜구도 발을 붙이지 못했고 거란군이나 몽고병도 침입하지 못했다. 이러한 신산(神山)에 봉안했던 불영정사가 옛모습을 그대로 간직한 채 사람들의 발길을 그리워하고 있다.

5. 일본

● 법륭사

법륭사(法隆寺)는 일본불교의 발상지 나라(奈良)의 외곽에 있다. 고대 일본을 대표하는 세계에서 가장 오래된 목조건물이 있으며 백제의 기술자들이 건축하였다고도 한다. 또 고구려의 담징이 그렸다고 하는 금당의 벽화 '사불정토도(四佛淨土圖)'는 특히 유명하다.

이 절의 창건은 베일에 싸여 있다. 607년에 성덕(聖德) 태자가 창건하였다고 하나, 그 연대에 대해서도 또 건축연대에 대해서도 아직 논의가 분분하다. 그러나 어쨌든 고대 일본의 정신과 세계 최고(最古)의 목조건물이 이곳에 존재한다는 것은 엄연한 사실이다. 법륭사에서 특히 주목할 것은 고대 사원의 형태가 완전히 남아 있다는 것이다. 중문(中門) · 탑(塔) · 금당(金堂) · 강당(講堂) · 경장(經藏) · 종루(鐘樓)를 완비하고, 승방(僧房)과 욕탕(浴湯)까지 있으며 전체를 토담으로 둘러싸고 있다. 보통 법륭사라 하지만 정식명칭은 '법륭학문사(法隆學問寺)'라고 하는데, 그 이름이 말하는 것처럼 원래가 불교 연구의 도량(道場)이다.

절은 동원(東院)과 서원(西院)으로 갈라져 있는데 서원이 법륭사의 중심이다. 771년에 만들어진 높이 32m의 오층탑은 평면의 감소율이 크고 안정감이 있으며 탑의 첫층 북쪽은 부처님의 입적, 동쪽은 유마거사와 문수보살의 문답, 서쪽은 분사리, 남쪽은 미륵정토를 묘사해 놓았다. 목조건축물 금당은 이중 기단 위에 서 있는 모습이 전체적으로 간결하며 장중한 분위기를 감돌게 한다. 내부에는 1949년 복원수리중 내부 화재로 지금은 복사된 담징의 벽화가 걸려 있다. 이 절에 안치되어 있는 목조(木彫) 관음보살인 이른바 백제관음상은 높이 2.09m의 여성적인 채색불상으로 물병을 들고 있는 모습이 섬세하고 유연하며 부드러운 형상을 하고 있다. 서원에서 토담을 따라 동쪽으로 가면 동원(東院)이 있는데, 동원의 회랑 가운데에는 '건축의 진주'라 일컬어지는 팔각형의 몽전(夢殿)이 있다.

법륭사는 사원 건물의 배치도 백제와 비슷하며 일본에서 한반도 문화의 자취를 가장 잘 보존하고 있는 곳이다.

● 천초사

일본 성관음종(聖觀音宗)의 총본산인 천초사(淺草寺)는 동경(東京)에서도 일본 서민과 친숙한 거리인 아사쿠사에 자리하고 있다. 628년 3월 우전(隅田) 강가에서 고기를 잡던 회태빈성(檜態濱成)과 무성(武成)이라고 하는 어부 형제의 어망에 금빛 관음보살상이 걸린 것을 토사신중지(土師臣中知)라는 이 마을의 촌장이 법당을 만들어 그 관음상을 정중히 모셨는데, 이것이 오늘날 천초사의 시초가 되었다고 한다.

날이 갈수록 그 소문을 듣고 찾아오는 사람들의 숫자가 늘어나, 촌장은 법당을 개조하여 절의 형태를 갖추고 참배객들을 맞아들였다. 관음상에 대한 소문은 더욱 널리 퍼져 나아가 일본 동부지역 전역에서 찾아드는 사람들로 조용하던 아사쿠사는 삽시간에 번잡해졌다. 천초사 부근에는 객사·술집·토산품 가게가 들어서게 되었고, 심지어 점쟁이나 거리의 여자들까지도 등장하게 되었다. 그러자 덕천가강(德川家康)은 명을 내려 사찰 주변을 정비하고 천초사에 광대한 땅을 기증해 대사원으로서의 면모를 갖추게 하였다. 그럼에도 불구하고 아사쿠사의 성격은 조금도 달라지지 않았다. 천초사 주변에는 여전히 장사꾼이 모여들고, 연일 술과 여자와 노랫소리가 난무하였다.

이렇듯 천초사는 세인들이 아사쿠사에서 정신적인 위안과 세속적인 즐거움을 함께 얻을 수 있게 했으며 그로 인해 큰 인기를 누려 왔다. 천초사의 뇌문(雷門) 즉 정문에는 무게가 무려 100kg 높이가 3.3m가 되는 커다란 등이 매달려 있다. 이곳에서부터 천초사의 참배로가 시작된다.

● 동대사

동대사(東大寺)는 대불(大佛)로 널리 알려진 나라(奈良)의 대표적인 거찰로 일년 내내 많은 사람들로 붐비는 곳이다.

741년 성무(聖武) 천황에 의해 국분사(國分寺) 건립 칙서가 발표되고, 752년에 성대한 개안(開眼 ; 새로 만든 불상을 공양하는 의식) 공양이 행해졌다. 1180년과 1567년에 화재가 있었으나, 1692년에 재건되어 현재의 모습을 갖추었다. 창건 당시에 비해 규모가 축소되고 건축양식도 혼재되어 있지만, 1200년 전 불교문화가 최고조에 달했던 천평(天平) 시대를 짐작케 하는 규모이다.

금당(金堂) 내에 있는 본존 노사나불(盧舍那佛) 좌상은 높이 16m, 얼굴 길이 4.8m, 손 길이 3m, 무게 425t으로 747년 손무왕의 발원으로 주조되기 시작하여 5년 뒤인 752년에 완성되었다.

금당의 동쪽 약초산(若草山) 기슭에 있는 법화당은 동대사 창건 이전의 금종사(金鐘寺)의 자취라고도 하는데 전해문(轉害門)과 함께 천평(天平) 시대의 유적이다. 법화당은 천평시대 건축인 본당(本堂)에 겸창(鎌倉)시대 건축인 예당(禮堂)이 부설된 정면 5칸, 측면 8칸의 건물로 두 가지의 건축양식이 훌륭한 조화를 이루고 있다. 매년 음력 3월에 법화회(法華會)가 행해지므로 법화당(法華堂)이라 하고 삼월당(三月堂)이라고도 한다.

대불전(大佛殿) 북쪽의 축지굴(築地窟) 안에 있는 정창원(正倉院)은 높이 14m 정면의 폭 33m 건물 내부 9.3m의 1동(棟)이 북창(北倉)·중창(中倉)·남창(南倉)으로 나누어져 있으며, 북창과 남창은 삼각의 목재를 짜맞춘 교창(校倉) 건축양식이며 중창은 판창(板倉) 양식으로 되어 있다.

756년 광명(光明) 황후가 성무천황의 유품을 동대사에 헌납한 것을 비롯하여 대불(大佛) 개안 공양 때 사용된 도구와 법회에 사용되던 물건 등이 수장되어 있다. 약 3,000점에 이르는 보물은 불교용품·세간품·식기·악기·복식(服飾)·무구(武具)·회화·문서 등 다양하다. 실로 천평(天平)시대 미술공예의 진수다. 뿐만 아니라 한반도와 중국·인도·페르시아 등지의 도래품(渡來品)이 많아 동양 고미술의 보고라 할 만하다.

이에 못지않게 동대사(東大寺)는 오미즈토리 축제가 유명하다. 3월 1일부터 14일까지 관음보살상 앞에서 인간의 죄를 반성하여 불도로서 심신을 단련하는 것이다.

● 청수사 / 금각사

① 청수사(淸水寺) : 동산(東山) 36봉을 등지고 경도(京都) 시가를 한눈에 내려다 볼 수 있는 경승지에 위치하고 있다. 또한 청수사는 '무대(舞臺) 구조의 본당'으로 유명하여, 경도는 물론 일본의 사찰건축을 대표하는 훌륭한 건축물이다.

경도 시가지의 서쪽 청수산(淸水山) 중턱의 광대한 지역에 수많은 법당과 탑들이 솟아 있다. 특히 벼랑에 서 있는 본당의 앞면은 종횡으로 짜맞춘 139개의 기둥으로 받쳐져 있고, 그 위 즉 본당의 앞쪽은 무대처럼 되어 있는데, 이것이 옛날부터 청수사의 명성을 떨치게 하고 있는 이른바 '무대구조의 본당'이다. 이 일대는 산 중턱에 위치하기 때문에 수목이 울창하고 특히 본당 남쪽의 계곡은 봄에는 벚꽃, 여름에는 녹음, 가을에는 단풍이 아름답다. 이 높은 본당 무대에는 시가지가 눈 아래 내려다 보이고, 멀리 서산으로 지는 석양의 아름다움은 각별하다. 본당에서 계곡으로 내려가면 '음우롱(音羽瀧)'이라고 하는 조그만 폭포가 있는데, 만병에 효험이 있는 약수라고 하여 이 물을 마시려는 사람들로 붐빈다.

778년에 처음 세워진 청수사는 그 후 798년 당(堂)이 세워져 북관음사로 칭해졌으며, 807년에 가람이 건립되었다. 이것을 계기로 청수사로 고쳐 부르게 되었다.

② 금각사(金閣寺) : 경도(京都)의 북쪽을 달리는 북대로(北大路) 거리의 서쪽 끝에 있다. 금각사로 통칭되지만 정식명칭은 녹원사(鹿苑寺)이다. 1397년 당시의 실권자인 족리의만(足利義滿)이 재력을 자랑하여 건설한 별장으로 그가 죽은 후 유언에 따라 절로 탈바꿈한 것이 금각사이다.

의립산(衣笠山)을 배경으로 호수 앞에 선 3층 건물인 금각(金閣)은 북산문화(北山文化)의 상징으로서 너무나 유명하다. 2층과 3층은 건물 전체에 옻칠을 하고 그 위에 금박을 칠하였기 때문에 금각이라고 불리게 되었다. 3층으로 된 누각인 금각은 1층이 침전 및 거실이고 2층에는 관음보살을 안치하고, 3층은 선종불전으로 되어 있다. 금각은 격렬하였던 역대의 전란에서도 무사히 보존되어 왔었는데, 1950년 사미의 방화로 불타고 말았으며, 삼도유기부(三島由紀夫)의 《금각사(金閣寺)》는 이를 소재로 한 작품이다. 지금의 건물은 1955년에 재건된 것이다.

제 19 장

⋮ 불교의 미술

제 19 장

●

불교의 미술

李 基 善

● 감로도(甘露圖)

조상숭배 신앙이나 영혼숭배 신앙의 내용이 그림으로 펼쳐진 불교 그림이다. 《불설우란분경》을 그 근본경전으로 삼기 때문에 우란분경 변상도 혹은 불전의 하단(下壇)인 영가단(靈駕壇)에 거는 그림이기 때문에 영가단탱화 그리고 감로왕도(甘露王圖)라고도 한다.

《유가집요구아난다라니염구궤의경(瑜伽集要救阿難陀羅尼焰口軌儀經)》 과도 도설(圖說) 내용에서 밀접한 관련이 있음을 알게 된다. 즉 아귀도 를 떠도는 죽은 영혼에게 '단이슬(甘露)'로 상징되는 음식물을 베풀어 서 배고픔과 목마름을 달래주고 마침내 극락에 왕생토록 하는 의식을 집행하고 있기 때문이다. 감로왕은 바로 서방정토의 주불인 아미타불 로서 감로도의 맨 윗부분에는 아미타불을 비롯한 일곱 부처님이 그려 져 있다.

그런데 본래 우란분재라는 것은 중국에서 매우 성행하던 의식으로 서 음력 7월 15일 백중(百衆)날에 돌아가신 부모를 위하여 시방의 부 처님과 스님께 음식을 공양하면 지옥에 떨어진 부모를 구제할 수 있 다는 의식이다. 따라서 한국에서는 고려·조선시대를 막론하고 대단히 유행되었으며, 이 의식 때는 《우란분경》 또는 감로도를 그려 모시는 것이 통례였으므로 자연히 매우 많은 그림이 그려지게 되었다.

감로도의 내용은 대체로 상·중·하단의 3부분으로 나누어진다. 상단은 극락에 있는 아미타불 일행이 지옥의 중생들을 구제하러 오는 장면을 그렸으며, 그림 오른쪽에는 지옥의 중생들을 인도하여 극락으로 데려가는 보살인 인로왕(引露王) 보살상이 그려져 있다. 이것을 특히 극락접인도라고 한다. 또 중단에는 중앙 정면에 성반(盛飯)을 베풀고 재를 올리는 성반의식을 그렸는데, 성반의식이 없는 감로도도 많다. 성반의식을 화면 중단에 그린 것은 극락왕생의 공덕을 쌓으려는 마음을 표현한 것이다. 그리고 하단에는 각종 지옥도들이 표현되어 있고 그 옆에는 지옥문을 들어서는 중생들을 바라보고 서 있는 지장보살을 그렸다. 때때로 지옥장면 대신 생전의 생활상이 묘사되고 있는데 이는 당대의 풍속도로서 매우 흥미롭다. 지옥도 장면은 지옥·아귀·축생·아수라·인간·천상의 육도(六道)를 압축 묘사한 것으로서 육도에서 고통받는 중생의 모습을 강조하여 극락정토에 왕생하기를 촉구하는 권선징악적 의미가 함축되어 있다.

현재 전하는 감로도로는 안동 봉정사(鳳停寺) 감로왕탱화, 하동 쌍계사(雙磎寺) 감로왕탱화, 여천 흥국사(興國寺) 감로왕탱화 등이 있다. 이 가운데 봉정사 및 쌍계사 감로왕탱화는 그림 중단에 성반의식이 묘사되어 있지 않다.

● 광배(光背)

부처님의 몸에서 나는 신령스럽고 밝은 빛 또는 그것을 상징하여 불상의 한 구성요소로 불신의 뒤쪽에 표현한 것을 일컫는다. 후광(後光)·신광(身光)·광염(光焰)이라고도 한다. 32상 80종호에도 광배에 대한 항목이 있다. 부처님의 신비함과 위대함을 장엄하기 위해 빛이 발산되는 것을 표현한 것이다.

《대지도론》제8에는 '불신의 네 주위에는 각각 1장씩 되는 광명이 있는데 이것은 32상의 하나이다. 이름하여 장광(丈光)의 상이라고 한다.' 라는 말이 있다. 또《관무량수경》에는 '정수리에 원광이 있으며 그 원광 가운데에 500의 화불(化佛)이 있다. 하나하나의 화불마다에 500의 화보살이 있는데 무량제천(無量諸天)으로 시자(侍者)를 삼는다. 거신광(擧身光) 가운데에는 오도중생(五道衆生)의 일체 색상이 모두 나타난다.'라는 말이 있다. 또《다라니집경》에는 '제2 좌주(座主)를 아미타불이라고 한다. 연화좌 위에 부처님의 형상을 만들고 광염을 그 주위에 두른다.'라고 말하고 있다.

대체적으로 옛날부터 불보살 등의 모습을 만들 때에는 모두 그 뒤에 광상을 함께 만드는데 비록 그 형태는 시대·지방 혹은 불보살의 종류에 따라 조금씩 다르기는 하지만 대개 2종류로 크게 나눌 수 있다. 즉 빛이 머리에만 비추는 두광(頭光, 圓光)과 몸 전체에 두루 빛이 나는 거신광(擧身光, 全身光)이 그것이다. 두광은 머리 뒤에 바퀴 모양의 광상을 두른 것으로서 인도의 간다라 불상에서 많이 유행한 형식이다. 처음에는 아무 장식이 없는 원판(圓板) 모양이었다가 나중에 보리수 잎이나 연꽃무늬·불꽃무늬·당초무늬 등을 장식하게 되었다. 인도의 아잔타 제19호 석굴의 벽화라든가 한국의 경주 배리 3체석불·삼화령(三花嶺) 석불상 등이 두광을 하고 있다.

거신광은 전신광배라고도 하는데 불보살 등의 전신에서 뿜어져 나오는 광상의 모습을 표시한 것이다. 아잔타 제10호 석굴에 있는 벽화에는 불신 주위에 기다란 타원형의 광상을 묘사하고 있으며, 구자국(龜玆國)에서 출토된 벽화 가운데에도 그와 비슷한 모습의 거신광이 있다. 그것은 거신광 가운데서도 매우 오래된 형식으로 보인다. 거신광에는 2종류의 형식이 있다. 하나는 감실(龕室)모양의 구조물로서 그 속에 다시 두광을 묘사한 것이고, 다른 하나는 순수한 전신광배로 두광과 거신광이 겹쳐지면서 표현된 것도 있다.

● 괘불(卦佛)

법당 밖에서 불교의식을 거행할 때 걸어 놓는 예배용 불교 그림이다. 법당 바깥에 있는 당간지주 등에 내걸고 법회나 의식을 베푸는 것을 괘불재(卦佛齋)라고 하며 괘불을 거는 것을 괘불이운(卦佛移運)이라고 한다.

괘불은 본존불 뒤에 걸려 있는 후불탱화를 사용하기도 하지만 큰 재(齋)를 올릴 경우는 일반적으로 그 법회의 성격에 맞는 내용이 담긴 것을 내걸게 된다. 따라서 죽은 사람의 극락복덕을 기원하는 영산재(靈山齋)를 올릴 때는 영산회상도를, 그리고 죽은 뒤에 행할 불사를 생전에 미리 닦는 예수재(預修齋)와 물이나 육지에 있는 고혼(孤魂)과 아귀에게 법식(法食)을 공양하는 법회인 수륙재(水陸齋) 때에는 지장회상도나 명부시왕도를 내걸게 된다. 그러나 반드시 법회의 성격에 맞는 괘불을 걸지는 않는데, 그것은 대부분의 절에는 괘불이 마련되어 있지만 모든 법회에 맞는 갖가지 괘불을 완전히 갖춘 곳은 없기 때문이다.

괘물은 일반 탱화와 마찬가지로 재료의 특성상 오래된 것은 별로 남아 있지 않은데 현재 남아 있는 작품은 대부분 조선시대 후기에 속하는 것들이다. 한국 이외에 괘불을 사용하는 나라는 티벳·몽골이 있는데, 이들 지역에서는 아플리케(Appliqué) 또는 수(繡)를 놓은 괘불을 사용하고 있다. 괘불의 크기는 수미터에서부터 10여 미터가 넘는 것도 있다. 괘불에 그려진 내용을 살펴보면 석가모니 부처님이 영산에서 《법화경》을 설법하는 장면인 영산회상도가 가장 많고 그 밖에 약사불·아미타불·미륵불 등도 많이 그려졌는데, 관음재 등에 사용되는 괘불로서 보살을 그린 것도 있다.

우리나라에서 괘불이 언제 처음 만들어졌는지는 정확한 기록이 없어 알 수 없지만, 《삼국유사》 권2 〈기이(紀異)〉의 '문무왕 법민조(文武王 法敏條)'에 신라의 명랑(明朗)법사가 채백(彩帛)으로 절을 짓고

신법(神法)으로 당나라 군대를 물리쳤다는 기록이 있는데 이 '채백'이
바로 괘불을 의미하는 것으로 보여진다. 현재 남아 있는 작품 가운데
가장 오래된 것은 1623년 제작된 나주 죽림사(竹林寺) 괘불이 있다.
그 밖에도 부여 무량사 미륵 괘불탱화, 구례 화엄사 영산회상 괘불탱
화, 청주 보살사 영산회상 괘불탱화, 영주 부석사 괘불탱화, 양산 통
도사 관음보살 괘불탱화 등이 유명하다.

● 극락회상도(極樂會上圖)

아미타불의 극락세계를 묘사한 불교 그림이다. 그려진 내용에 따라
아미타설법도 · 아미타내영도 · 관경변상도 등으로 분류된다. 아미타
설법도는 서방정토에서 무량한 설법을 하는 모습을 표현한 것으로 아
미타불이 주존으로 봉안된 극락전이나 아미타전 · 무량수전에 걸린다.
또 아미타내영도는 착한 일과 염불을 많이 외운 중생을 아미타불이
서방극락으로 맞이해 가는 그림이며, 관경변상도는 《관무량수경》에
설해진 내용을 그린 것이다. 한국에서는 이 가운데서 아미타설법도가
가장 즐겨 그려졌다.

아미타내영도는 그려진 형식에 따라서 다시 ① 아미타불만 단독으
로 그려지는 경우 ② 좌우 협시보살을 나타내는 아미타삼존불의 경우
③ 아미타불과 4보살 또는 8보살을 그리는 5존도 · 9존도의 경우 ④ 아
미타불과 8보살 말고도 수많은 청문중(聽聞衆) 등이 그려지는 복잡한
형식인 경우 등으로 나누어진다. 아미타내영도는 누구나 염불만 일심
으로 외우면 극락왕생한다는 염불왕생 신앙의 영향으로 그려진 그림
이다. 이 그림 역시 아미타불 단독으로 염불수행자를 맞이해 가는 것
등 시대가 내려갈수록 점점 복잡해 지는데, 고려시대에는 즐겨 그려졌
으나 조선시대의 것은 희귀한 편이다.

관경변상도는 아미타삼부경(阿彌陀三部經) 가운데 하나인 《관무량
수경(觀無量壽經)》을 그린 것으로서 서방극락 장면을 묘사했다. 아미

타극락회상도는 고려시대는 물론 조선시대에서도 두드러지게 많이 조성되어 특히 조선시대 불교회화에서 중요한 위치를 차지하고 있는 그림이다. 그러나 다른 그림과 마찬가지로 이 그림 역시 시대가 내려갈수록 복잡한 구도를 보이는데, 특히 17·18세기의 그림들이 가장 화려한 경향을 띠고 있다.

현재 전하고 있는 대표적인 작품으로는 먼저 아미타설법도에 속하는 것으로서 가장 오래된 강진 무위사(無爲寺) 아미타삼존도, 대구 동화사(桐華寺) 아미타극락회상도, 중앙박물관 소장의 수종사(水鍾寺) 금동불감아미타회상도, 동국대 박물관 소장의 장곡사(長谷寺) 아미타극락회상도, 구례 천은사(泉隱寺) 아미타극락회상도 등이 있으며, 아미타내영도에 속하는 것으로서는 무위사 아미타내영도가 있다. 관경변상도를 그린 것으로는 서산 개심사(開心寺) 관경변상도, 일본 교토 지은원(知恩院) 소장의 관경변상도가 유명하다.

● 나한상(羅漢像)

나한을 조각 또는 그림으로 나타낸 것이다. 본래 불경에서는 나한을 성문사과(聲聞四果)의 하나로 놓으며 일체의 번뇌를 끊고 끝없는 지혜를 얻어 세상 사람들의 공양을 받는 성자를 의미한다. 그러나 일반적으로는 부처님의 직제자뿐만 아니라 역대 여러 나라의 존경받던 수많은 고승대덕들을 함께 일컫는 말로서 흔히 아라한(阿羅漢)이라고 부른다. 나한상은 바로 그 같은 불제자·역대조사·고승대덕을 조각이나 그림으로 표현한 것이다. 그런 까닭에 나한상은 출가자의 모습을 하고 있으며 다소 기괴한 표정을 짓고 있는데 그것은 노비구(老比丘)로서 많은 수련을 쌓았음을 표현한 것이다.

중국에서는 서진(西晋)시대에 나한상을 만들었다는 기록이 있는데, 한국에서는 원효대사가 입멸한 뒤 그의 뼈로 원효대사의 모습을 새겨 분황사 탑 안에 모셨다는 《삼국유사》의 기록이 보인다. 이것으로 볼 때 적어도 통일신라시대 무렵에는 이미 나한상이 만들어지고 있었음을 알 수 있다.

나한상은 십대제자상과 십육나한·오백나한상이 가장 유명한데, 십육나한을 모신 전각을 응진전(應眞殿)이라 하고 오백나한을 모신 곳을 오백나한전이라 부른다. 나한상은 단독의 석가상이나 혹은 삼존불 좌우에 아난과 가섭이 협시하고 있는 오존불을 중심으로 해서 그 좌우에 각각 배열되는데, 보는 사람을 기준으로 할 때 그 오른쪽에는 짝수 서열의 나한이 그리고 왼쪽에는 홀수 서열의 나한이 배치되는 것이 일반적이다.

현재 전하는 나한상은 조선시대 이후의 것이 가장 많이 남아 있다. 통일신라시대의 것으로 석굴암 십대제자상이 있으며, 고려시대 작품은 서울 승가사(僧伽寺)의 석굴 나한상 그리고 합천 해인사의 희랑조사상(希朗祖師像) 등이 있다. 조선시대 나한상으로는 송광사·천은사·통도사·백양사 등의 십육나한상이 유명하다.

한편 그림으로 표현된 나한 즉 나한도(羅漢圖)의 경우 그림의 구성은 십육나한의 경우 각 나한을 16폭에 그리는 경우가 있고 한 폭에 2~4명씩 그리는 경우가 있다. 또 나한의 배치는 나한상과 같다. 나한도에는 일정한 의궤가 적용되지는 않아서 도상이 다양하고 자유스러운데, 보편적으로는 깊은 산속을 배경으로 해서 동자를 옆에 두거나 용·호랑이 등을 거느리기도 한다. 또 이들의 자세나 표정·지물(持物) 등도 전부 다르게 표현된다.

● **단청(丹靑)**

목조건물에 채색으로 무늬를 그리는 것을 가리키는 건축용어이다. 단벽(丹碧)·진채(眞彩)·오채(五彩)·단칠(丹漆)이라고도 한다. 본래는 건축물이나 기물 등의 보존성을 높이고 흠을 가리며 그 건물이 지닌 격을 나타내는 데 의미를 지녔다. 불교미술에서는 불교건축물이나 기타 불교미술품에 그리는 장식화의 의미로 국한시켜서 본다. 즉 불교공예품과 조각물 등의 의장(意匠)에 오색의 안료를 칠하여 화려하게 꾸미는 것이나 건물 벽에 그리는 장식화와 탱화까지 모두 단청의 범위에 포함시키고 있다.

넓은 의미에서의 단청의 역사는 삼국시대의 여러 고분벽화에 그려진 채색·채화 등을 들 수 있겠지만 불교건축물에 칠해진 단청은 고구려 담징(曇徵)·백제의 백가(白加)·신라의 솔거(率居) 등이 사찰의 벽에 그린 불화 등을 꼽을 수 있을 것이다. 단청의 종류는 단순히 흑백의 선(線)만 간단히 긋는 긋기단청·머리초만 그리는 모로단청·오색으로 화려하게 그리는 금(錦)단청·금모로단청·갖은금단청 등 여러 가지가 있다. 단청에 쓰이는 재료는 오랜 옛날부터 진채(眞彩)라고 불리는 천연의 색암석(色岩石)에서 추출한 암채(岩彩)·석채(石彩)를 사용해 왔지만 지금은 희귀해져서 인조 암채인 안료를 사용한다.

단청의 시공과정을 보면, 우선 그리기로 결정된 무늬를 해당 부재면에 옮겨 그리기 위한 도본(圖本)을 만드는데 이것을 '출초(出草)' 작업이라고 한다. 다음에는 부재면 전체에다 청록색 칠을 하고 그 가운데의 해당 부재면에 도본을 대고서 그 위에 분가루가 들어 있는 분주머니를 두드린다. 그러면 도본에 뚫어져 있는 구멍을 통해 분가루가 도본에 그려진 무늬대로 부재에 칠해지게 되는데 이것을 '타초(打草)' 라고 한다. 마지막으로 무늬에 채색을 입히는 작업을 하면 된다.

일반적인 단청 작업에 종사하는 사람을 화사(畵師)·화원(畵員)·화공(畵工)·도채장(塗彩匠) 등으로 부르지만 특히 승려일 경우에는 화승(畵僧)·금어(金魚)라고 불렀다. 그러나 불화에 능통하여 숙달된 화승을 따로 금어라 하고 단청장만을 하는 화승은 어장(魚丈)이라고 한다. 사원 단청의 경우 고려시대 작품이 몇 남아 있다. 안동 봉정사(鳳停寺) 극락전은 해체·수리 당시에 발견된 묵서명(墨書銘)에 의해 고려시대 건물로 추정되며, 이 밖에 영주 부석사 조사당, 수덕사 대웅

전, 무위사(無爲寺) 극락전, 성불사(成佛寺) 응진전 등에서 당시의 단
청 양식을 찾을 수 있다.

● 당간지주(幢竿支柱)

당(幢)을 거는 장대인 당간을 지탱하며 세우기 위해 당간 좌우에
세우는 기둥이다. 대개는 사찰 입구에 세워진다. 재질은 금동 등의 금
속재도 있지만 대부분 돌로 만들어졌다.

설치방법은 먼저 두 기둥을 적당한 간격으로 양쪽에 세운 뒤 그 안
쪽 아래에다 당간을 설치하기 위한 기본시설인 간대(竿臺)나 기단부
를 놓은 다음 당간지주 안쪽에 간공(竿孔)을 뚫는다. 간공은 둥근 것·
네모진 것 등이 있으며 구멍의 개수도 1개이거나 2개인 것이 있다. 당
간지주에 새겨진 무늬나 장식은 시대에 따른 변화가 별로 없고 단지
선문(線紋)이나 돌대(突帶)를 장식하는 정도이지만 기단부의 안상(眼
象)이라든가 전체적인 선의 굴곡은 미술적으로 우수한 것이 많다.

현재 남아 있는 것을 보면 통일신라시대 이전의 것은 하나도 없고
전부 통일신라시대 이후에 속하는 것들이다. 그 가운데 대표적인 작품
으로는 통일신라시대에 속하는 영주 부석사 당간지주 및 숙수사 당간
지주, 김제 금산사 당간지주와 고려시대의 것인 춘천 근화동 당간지
주, 홍천 희망리 당간지주, 선산 보원사지 당간지주 등이 있다. 조선
시대에는 통일신라나 고려시대와 같은 커다란 규모의 당간지주는 만
들어지지 않았고 대체로 낮고 작은 것만이 세워졌을 뿐이다.

당간지주는 당간을 지탱하기 위한 구조물이면서 아울러 그곳이 신
성한 사찰이 있는 지역이라는 것을 나타내는 의미에서 본다면 선사시
대의 '솟대' 신앙과도 연결시켜 생각해 볼 수 있다.

한편 당간은 찰간(刹竿)·장간(長竿)·범간(梵竿)·치간(幟竿)이
라고도 부르며, 파사현정(破邪顯正)의 뜻을 지니고 있다. 그런데《범
어사 사적》에 보면 33범천을 나타내기 위해서 각 마디를 33개로 했다

는 기록이 있어 당간의 대체적인 모습을 짐작하게 해준다. 현재 남아 있는 것은 별로 없는데, 갑사(甲寺) 철당간(鐵幢竿), 청주 용두사지(龍頭寺址) 철당간 등이 대표적이다.

● 대좌(臺座)

불보살 및 비구 등이 앉는 자리를 말한다. 대좌에는 여러 종류가 있으며 그 명칭도 종류에 따라 다르다. 대좌는 부처님이 보리수 아래에서 깨달음을 얻을 당시 길상초(吉祥草)를 깔고 결가부좌했던 것에서 유래하는데, 그것이 불상을 만들고 부처님을 장엄함에 따라 금강보좌(金剛寶座)란 상징의미를 지니게 되고 따라서 대좌는 여러 가지 형식을 나타내게 되었다.

대좌의 종류는 여러 가지가 있지만 사자좌(獅子座)와 연화좌(蓮花座)가 가장 보편적인데 그것은 《대지도론》에 언급되어 있다. 즉 《대지도론》 제7에 보면 '그것을 사자라고 부르는데 실제 사자는 아니다. 사자가 뭇짐승의 우두머리이듯 부처님은 사람 가운데서 으뜸되는 까닭에 부처님이 앉는 곳은 의자이거나 혹은 땅이라도 모두 사자좌라고 부른다.'라고 말한 것이 있다. 그 밖의 대좌 종류로는 다음과 같은 것이 있다.

① 방좌(方座) : 여기에는 다시 4방좌와 8방좌가 있다. 4방좌는 인도·중국·한국에서 가장 유행했던 대좌 형식으로서 중국이나 한국에는 사자가 새겨져 있다. 이것이 점점 복잡해지면서 상·중·하대로 구분되는데 중간 대좌가 생략되는 것이 일반적이고 연화가 새겨지기도 한다. 이런 모습은 수미산과 비슷해서 수미좌라고도 한다. 한국에서는 경남 합천 청량사(淸凉寺) 석불대좌, 충남 보령 성주사(聖住寺) 석불대좌 등이 있다. 8방좌는 4방좌를 좀더 화려하게 장식한 형식으로서 4방좌보다 후대에 나타나며 한국에서는 통일신라시대에서부터 시작되었다. 경주 삼릉계 석불좌상, 용장사 석불좌상 등이 대표적이다.

② 상현좌(裳懸座) : 대좌에 불상의 옷자락을 덮어 내린 형식인데 한국에서는 삼국시대에 유행하였으며 경북 군위 삼존석굴 대좌가 유명하다.

③ 연화좌(蓮花座) : 불상 대좌 가운데 가장 많이 사용되었다. 연꽃줄기를 도안한 앙련(仰蓮)이나 복련(覆蓮)대좌 등이 있다.

④ 생령좌(生靈座) : 육도중생(六道衆生)을 대좌로 사용한 형식으로서 보통 아귀 같은 귀신을 대좌로 하는 경우가 많다. 한국에서는 사천왕, 팔부중의 신장상을 대좌로 사용했으며 석굴암 사천왕상대좌, 감은사 사리기 사천왕상대좌 등이 대표적이다.

● 법구(法具)

불교의식에 사용되는 용구로 대부분의 불교공예가 법구에 해당된다. 불교의 의식에는 반드시 장엄한 절차가 따르기 마련인데 이 의식에 사용되는 법구에다 중생들로 하여금 그것을 보고 감동을 일으켜 불심이 우러나도록 도와주는 신묘한 장엄을 하게 된다. 그럼으로써 중생들을 착한 길로 인도할 뿐만 아니라 궁극적으로는 그들을 해탈의 길로 승화시키려는 것이 법구의 의미이다.

한국에서 많이 쓰여지는 법구로서는 불교 4물인 범종(梵鐘) · 북(鼓) · 운판(雲板) · 목어(木魚)를 비롯해서 반자(飯子) · 경(磬) · 목탁(木鐸) · 금강저(金剛杵) · 석장(錫杖) · 향로(香爐) · 정병(淨瓶) 등이 있다. 그 가운데 몇 가지를 살펴보면 다음과 같다.

① 범종 : 절의 단체생활에서 시간을 알려주는 종은 필수품이기도 하지만 그 소리의 신묘 · 장중함 때문에 불교의식에 빠짐없이 사용된다. 종소리는 중생의 마음을 맑게 하고 지옥에 떨어진 중생들을 제도할 수 있다고 생각했다. 범종의 형태는 한국 · 중국 · 일본의 것이 다 다르지만 한국 범종이 모양이나 소리 면에서 가장 뛰어나다는 평가를 받고 있다.

②북 : 나무로 만들어진 둥근 몸체를 가죽으로 싸고 갖가지 그림을 그려 넣었다. 불교의식 때 범패(梵唄)와 함께 장단을 맞추던 악기의 일종이다.

③운판 : 구리나 철을 판판하게 펴서 구름 모양으로 만든 것이다. 누각이나 건물의 처마에 달아 재나 공양 때마다 친다. 허공을 헤매는 중생들의 고통을 구제한다는 뜻에서 구름 모양으로 만든다.

④목어 : 주로 중국의 선종 사찰에서 쓰였다. 나무를 물고기 모양으로 만들고 속은 비게 하여 그곳을 두드리면 소리가 나게 만들었다.

⑤반자 : 금구(禁口)·금고(金鼓)라고도 하는 대나무의 일종으로서 속은 비었고 한쪽이 터져 있으며 옆에 고리가 2~3개 달려 있다. 막혀 있는 한쪽 면에는 여러 가지 무늬를 새긴다.

⑥금강저 : 본래 인도에서 무기로 쓰이던 것이다. 따라서 금강역사·사천왕 등의 호법신이 들고 있다. 모양은 손잡이 부분이 가운데 있고 양끝이 뾰족하다. 한국에서는 고려시대에 금동으로 많이 만들었는데 손잡이에 화려한 무늬를 새겼다.

●변상도(變相圖)

부처님의 일대기 또는 불교설화에 관한 여러 가지 내용을 그림으로 나타낸 것이다. 변상이란 변현(變現)된 상이라는 뜻으로서 부처님의 본생 혹은 정토 등의 변현상을 그린 것을 말한다. 변상도는 일반적으로 부처님의 전생을 묘사한 본생도와 일대기를 나타낸 불전도(佛傳圖) 그리고 서방정토의 장엄도가 그 기본을 이루고 있다. 따라서 이러한 변상도는 대체적으로 여러 가지의 교훈적이고 감계(鑑戒)적인 내용을 담고 있다.

인도에서는 부처님의 열반 뒤에 산치탑 같은 탑파의 표면이나 탑문(塔門) 그리고 아잔타 석굴 같은 곳에 벽화로써 불전 혹은 본생 등에 관한 변상도를 그린 것이 적지 않다. 또 중국에서도 《개원석교록》에 오도현(吳道玄) 같은 유명한 화가가 대자은사(大慈恩寺) 번경당(飜經堂) 벽에 변상도를 그렸다는 기록으로 보아 변상도 제작이 매우 성행했었음을 알 수 있다. 이처럼 변상도는 여러 가지 양식의 불교미술에 고루 나타나고 있지만 한국에서는 주로 회화 형태로 표현되고 있으니, 즉 절 안팎의 벽화·탱화·사경·경판·단청 등에 모두 변상도가 그려졌다.

이들 변상도의 특징은 복잡한 경전의 내용이나 심오한 교리의 의미를 한 폭의 그림에 압축함으로써 보는 사람으로 하여금 그 뜻을 이해하고 불심을 일으키게 하는 데 있다. 그것은 바로 변상도의 가장 큰 목적이 중생교화의 한 방편이라는 것을 의미하기도 한다.

변상도의 종류는 표현된 인물에 따라서 아미타불변상도·석가모니불변상도·약사여래변상도·관음보살변상도·지장보살변상도 등의 여러 가지로 나누어진다. 현재 남아 있는 것으로 고려 이전의 것은 없고 모두 고려시대 이후의 것들이다. 그 가운데는 특히 사경(寫經) 변상도가 많은데 주된 소재로 채택된 경전은《법화경》《열반경》《금강경》《금광명경》《부모은중경》등이다. 1294년에 만들어졌고 현재 국립중앙박물관에 소장되어 있는《아미타경》〈범행품〉대비심합부(大悲心合部)나 호림박물관의《대방광불화엄경》등에 나오는 사경 변상도가 대표적인 것들이다.

● 보살상(菩薩像)

보살을 조각이나 그림으로 형상화한 것이다. 보살이란 성불하기 위하여 수행에 힘쓰는 이의 총칭인데 지장보살(地藏菩薩)과 같이 중생제도를 위해 영원히 성불하지 않는 보살도 있으므로 보살상은 대승불교의 특징을 상징하는 대표적 조형물이라고 할 수 있다. 따라서 보살상에 친근감을 느끼는 불교도들이 많다. 보살상은 숭고한 대장부나 혹은 온화한 여인의 모습으로 표현되는데 보관(寶冠)·영락(瓔珞) 등으로 장엄한다.

　보살상은 구제할 중생의 성격에 따라 다양하게 만들어졌으며 불상처럼 단독으로 예배되거나 불상의 협시(脇侍)로 봉안되었다. 한국에서 특히 많이 만들어졌던 보살상의 특징을 알아보면 다음과 같다.

　① 문수(文殊)보살상 : 문수보살은 지혜를 상징하는 보살로서 대개 석가모니 부처님 왼쪽에 안치되지만 후대에서는 비로자나불의 왼쪽 협시보살로 주로 봉안되었다. 한국에서는 예로부터 문수보살상이 특히 많았으니, 석굴암 문수보살상이 대표적이다. 후대에서는 문수전에 단독으로 봉안되기도 했으며 문수보살상만을 믿는 사찰인 문수원(文殊院)도 있었다. 문수보살은 《화엄경》 《반야경》 등에서 특히 강조되고 있다.

　② 보현(普賢)보살상 : 행원과 이(理)를 상징하는 보살로서 문수보살과 함께 석가모니 부처님이나 비로자나불을 협시하거나 보현전에 단독으로 봉안되기도 한다. 한국에서는 석굴암 보현보살 입상 등 조성의 예가 많다.

　③ 관음(觀音)보살상 : 자비를 상징하는 보살로서 대세지보살·지장보살과 함께 아미타불을 협시하는 경우가 가장 많지만 후대에서는 단독으로 봉안되기도 했다. 원통전(圓通殿)은 관음보살이 절의 주존으로 모셔질 때의 전각 이름이며 관음전은 부속 불전일 때의 명칭이다. 관음보살은 아미타불을 새긴 보관을 머리에 쓰고 있으며 보병(寶瓶)이나 연꽃을 잡고 서 있는 것이 일반적인 모습이다. 그 밖에도 백의(白衣)관음·십일면(十一面)관음·양류(楊柳)관음·수월(水月)관음·천수천안(千手千顔)관음 등이 있다.

　④ 미륵(彌勒)보살상 : 미래에 성불하리라는 수기(授記)를 받고 도솔천에 올라가 그곳을 주재하는 보살로서 법상종에서는 주존불로 봉안하고 있다.

　⑤ 지장(地藏)보살상 : 석가모니 부처님의 부촉(付囑)을 받아 천상

에서 지옥까지 일체 중생을 제도하는 보살이다. 따라서 많은 불교도들의 숭배를 받아왔다. 모습은 삭발한 머리에 두건을 둘렀으며 보주와 석장을 들고 있다.

● 복장물(腹藏物)

불상을 조성하면서 불상의 배 안에 사리·불경 등을 넣는 것으로 넓은 의미로는 불상 즉 불보살이나 나한상 등의 여러 존상 내부에 봉안되는 여러 가지 불교적 상징물 또는 그것을 넣는 행위를 일컫는 말이다.

사리는 처음에는 탑파에만 봉안되었는데 생신사상(生身思想)이 유행됨에 따라 탑뿐만 아니라 불경이나 불화(佛畫)에도 봉안하였고 점차 불상 안에도 장치하게 되었다. 즉 불상 안에 사리를 넣음으로써 그 불상에 영험이 깃드는 것으로 믿었다. 복장품은 그 밖에도 사리함·만다라·오곡(五穀)·오색실·의복 등이 있으며 조상기(造像記)나 복장기(腹藏記) 등도 장치된다. 보통은 처음 불상을 조성할 때 복장을 넣지만 후대에 그 불상을 수리하는 개비(改備) 때나 금칠을 다시 하는 개금(改金) 때에 복장을 넣기도 한다.

복장의궤를 말해주는 불경으로는 《조상공덕경(造像功德經)》《조상량도경(造像量圖經)》등이 있는데 그것들은 대개 17세기 이후에 간행된 판본들이다. 따라서 고대의 복장의궤에 대한 정확한 정황은 알 수 없다. 그러나 이러한 경 자체가 그 이전부터 있었던 복장의궤를 복합적으로 정비하여 이루어진 것이므로 어느 정도는 참고가 될 수 있다.

복장 유물은 그 불상이 제작될 당시의 사회적 배경과 함께 인성(人性)을 이해하는 데 귀중한 자료가 됨은 물론 역사학·민속학·미술사에 결정적 자료를 제공하기도 한다. 특히 발원문의 내용 가운데는 불상이 봉안된 절의 이름과 함께 승명(僧名)과 관계인명이 나와 있어 불상의 조성연대를 밝히는 단서로 삼기도 한다. 따라서 복장 유물은 당시 불교신앙의 경향, 사경(寫經)미술, 불상조성의 유래, 그것을 만든 장인, 발원자들의 신분 등을 이해하는 귀중한 자료가 된다.

중국에서 복장을 넣기 시작한 때는 8세기 무렵이라고 하지만 실제 유물이 발견된 것은 송나라 이후부터이다. 한국에서 나온 복장으로 가장 빠른 것은 고려시대 불상에서인데, 그 가운데 안성 청원사(淸源寺) 건칠아미타불좌상, 서산 부석사(浮石寺) 금동관음보살상, 화성(華成) 봉림사(鳳林寺) 목불좌상, 청양 장곡사(長谷寺) 금동약사불좌상, 서산 문수사(文殊寺) 금동아미타불좌상 등에서 발견된 복장이 대표적이다. 최근에는 경남 양산 통도사(通度寺)에서 전래되던 금동아미타삼존불에서 복장기가 발견되기도 했다.

● 부도(浮圖)

고승의 사리를 모신 조형물로 부도(浮屠)라고도 하는데 'Buddha'가 어원이다. 한국에서는 스님의 사리를 납치(納置)하기 위하여 그와 인연 깊었던 사찰에 묘탑(墓塔)을 세우고 그것을 부도라 불렀다. 부도는 불탑(佛塔) 즉 탑파와 구분되기도 하지만 둘을 합하여 그냥 탑이라고 부르기도 한다.

부도의 건립은 불교식 장례법에서부터 비롯되기는 했지만 부도가 불교 전래와 함께 바로 모든 승려에게 다 만들어졌던 것은 아닌 것으로 생각된다. 또 입적하면 반드시 부도가 건립되었던 것도 아니다. 신라의 원효대사는 그 유해(遺骸)로 상(像)을 만들어 분황사에 안치하였으며 또 자장율사 역시 그 유해를 석혈(石穴) 가운데 안치했다는 《삼국유사》의 기록이 있다. 또 《삼국유사》에는 같은 시대 때의 스님인 백제의 혜현(惠現)·신라의 원광(圓光)법사 등의 부도가 있다는 기록이 있는 것으로 보아 부도의 발생은 삼국시대 말로 추정된다.

부도와 탑파를 비교해 보면, 양자가 사리를 봉안한다는 면에서는 같지만 그 형태에 있어 대개 탑파와는 매우 다른 모습을 띠고 있다.

탑파가 절의 중심지역인 법당 앞에 세워지는데 반해 부도는 사찰 경내의 변두리나 아주 멀리 떨어진 곳에 세워지는데 이를 부도전이라고 일컫는다.

부도의 형태를 양식적으로 분류해 보면 8각원당형(八角圓堂型) · 복발형(覆鉢型) · 방형(方型) 부도 등이 있다. 8각원당형은 단층으로 기단(基壇) · 탑신(塔身) · 옥개(屋蓋)가 모두 8각형이다. 옥개는 목조건축의 양식을 모방하여 돌로 만들었으며 기단이나 탑신부에 사자(獅子) · 신장(神將) · 비천(飛天) 등을 새긴 것이다. 이 8각원당형 부도는 한국 부도의 대종을 이루고 있으며 신라 말과 고려 초기에 많이 제작되었다.

현재 남아 있는 가장 오랜 것으로는 통일신라시대 문성왕(文聖王) 6년인 844년에 세워졌고 현재 서울 경복궁으로 옮겨져 있는 전흥법사(傳興法寺) 염거화상탑(廉居和尙塔)이 있다. 또 그 밖에 장흥 보림사(寶林寺) 보조(普照)선사탑, 화순 쌍봉사(雙峰寺) 철감(澈鑑)선사탑, 여주 고달사(高達寺) 부도 등이 8각원당형의 형태를 취한 것들이다.

복발형 부도의 가장 오랜 예로는 경남 울산 태화사(太和寺) 터에 남아 있는 것으로 인도의 원탑(圓塔) 양식을 따른 유일한 부도이다.

● 불감(佛龕)

불상이나 경(經) 등을 안치하는 장치로 주자(廚子) · 두자(豆子)라고도 하는데 때로는 불감과 보각(寶閣) 그리고 주자를 구별해서 부르는 경우도 있다. 그렇지만 대체적으로 그 쓰임새들은 서로 비슷하다. 목재나 금속으로 집 · 통(筒)의 모습을 만들고 그 정면에다 여닫이 문을 달아서 칠이나 금박 등을 바르고 장식한 것인데 주로 나무로 된 것이 많다.

중국의 경우 《광홍명집》 제6에 실린 중국 양(梁)나라 간문제(簡文帝)가 쓴 〈여승정교(與僧正敎)〉를 보면 '때로 십존오성(十尊五聖)이 함께 한 감(龕)에 있기도 하며 혹은 여래와 함께 하나의 궤(櫃)에 놓여지기도 한다.'라는 말이 있다. 이것은 양나라 때에 이미 불감제도가 있었다는 것을 증명하는 기록이다.

불감을 주자라고도 한 것은 주자는 본래 부엌에서 조미료를 담던 그릇이었는데 훗날 그 모양이 마치 불감과 비슷하게 바뀌면서 그것을 불상 봉안의 장치로 삼았기 때문인 듯하다. 한국에서는 이동하기 쉽도록 여닫이 문을 닫으면 동그랗게 되는 작은 것도 있고 또 집 모양으로 된 것도 있다. 승주 송광사 불감이나 동국대 박물관 소장의 불감 그리고 전남 광양의 상백운암 불감 등은 나무로 만들어진 것이며, 또 승주 천은사(泉隱寺) 불감이나 간송미술관 소장의 불감 등은 구리(銅)로 만들어진 것인데 모두 미술적으로 훌륭한 작품들이다.

송광사 목조불감은 삼존불감으로서 지눌이 당나라에서 가져온 것으로 알려져 있는데, 불감의 조각수법이 뛰어나며 불상들의 표현이 이국적이고 중국에서 전래하는 다른 불상들과 양식이 비슷하다.

천은사 금동불감은 이른바 우진각식(隅進閣式) 불전형식(佛殿形式)을 한 불감으로서 정면 전체를 여닫이식 두 문으로 구성하여 두 문을 열면 불상군(佛像群)을 배관(拜觀)할 수 있게 만들어져 있다. 또 문을 열면 좌우문 안쪽 면에 각각 신장 1구씩이 양각수법으로 부조(浮彫)되어 있다.

동국대 목조 삼존불감에서는 불감에 봉안된 아미타본존상의 대좌 아래에서 복장기(腹藏記)가 나와 이 불감이 1637년에 만들어진 것을 알 수 있었다. 그런데 이것보다 7년 뒤에 만들어진 상백운암 목조 삼존불상과 형태가 모든 면에서 똑같아 한사람이 만든 것으로 보인다.

●불단(佛壇)

부처님을 모시기 위해 만든 단으로 법당 안에 높이 쌓은 기단을 말한다. 부처님이 깔고 앉는 것을 아사나(asana, 坐處, 坐具)라고 하는데 보통 부처님이나 보살은 연화 위에 앉는다. 본래 부처님이 자리하는 것을 대좌(臺座)라고 하여 불단의 원형으로 여기지만 현재에는 불단과 대좌가 분리되어 조성된다. 즉 불상은 부처님의 몸체와 광배 그리고 대좌가 함께 조성된 것이 일반적이며 이를 단 위에 다시 모시기 위해 제작된 것이 불단이다.

불단은 그 재료에 따라 석단·목단·토단 등으로 구분되고 형태에 따라서 방단·팔각단·원단 등으로 나뉜다. 옛날 인도에서는 본존상을 법당 정면에 있는 단상에다 안치하는 것이 일반적이었으나, 아잔타 석굴 등과 같은 여러 석굴에는 모두 석단 위에다 불상을 모셔 놓고 있다. 중국의 현장이 쓴 《대당서역기》 제8 〈마아타국(摩阿陀國)〉조에는 '정사(精舍) 안을 들여다 보니 위엄이 가득한 불상이 결가부좌를 하고 있었다. 그 대좌의 높이는 4척 2촌이고 불상의 높이는 1장 1척 5촌이다.' 라는 말이 있어 당시 인도에서 장육불을 모셔 놓았던 불단의 형태가 어떠했는지를 짐작하게 해주고 있다.

중앙아시아 미란(Miran)의 폐사 터에는 커다란 불단 위에 약사7불상을 모셔 놓은 것이 있으며, 또 돈황(敦煌) 천불동(千佛洞) 제423굴에는 요(凹)자 형의 석단 위에 약사7불좌를 모셔 놓은 것이 남아 있다. 그리고 중국에서도 대동(大同)·운강(雲岡) 및 타산(陀山) 등의 옛 석굴에 있는 불상들이 대개 방형 불단 위에 모셔져 있는 것이 보인다. 이렇듯 인도와 중국에서는 석굴사원의 조영(造營)이 유행했던 탓으로 석단이 많이 남아 있다. 그러나 한국에서는 석단이나 토단은 거의 남아 있지 않고 조선시대 후기에 크게 유행했던 목단이 많으며, 대부분의 사찰에서 아직도 목단을 불단으로 쓰이고 있다.

불단의 조성 형태는 불전 중심부에 약 1~2m 높이로 장방형의 단을 만들고 그 위에 불상을 안치하는 것인데, 불단의 정면과 양 옆면 등에는 여러 가지 꽃·새·들짐승·당초와 보상 등을 부조(浮彫)시키는 경우가 많으며 다시 거기에다 단청칠을 한다. 불단 윗면에 있는 테두리에는 난간을 두르는데 난간 역시 화려한 무늬로 장식한다.

많은 불단 가운데서도 영천 은해사(銀海寺) 백홍암(百興庵), 고창 선운사, 해남 대흥사, 김천 직지사, 구례 화엄사 등의 불단은 웅장·화려함에서 특히 훌륭한 것들이다.

● 불신(佛身)

불교 최상의 이상을 실현한 부처님의 몸 즉 부처님의 생신(生身)에 대한 여러 종류의 고찰을 말한다. 무상정각(無上正覺)을 얻은 부처님의 과체(果體)를 논하는 것이 불신론(佛身論)이다.

부처님은 출가성도하여 법륜을 밝힌 뒤 80세에 열반하였는데, 그 육신은 비록 인간의 몸이었지만 탁월한 이지로써 법계(法界)의 성상(性相)을 홀로 깨달아 사부대중의 흠모를 받았으므로 부처님의 재세 시에 이미 많은 신인(神人)의 공경을 받았었다. 그런데 열반 뒤에도 부처님은 과연 존재하는가가 불신론의 근본문제이며 그것을 설명하기 위해 여러 가지 불신설이 생겼으며 또 많은 학파·종파와 경전이 그에 대한 언급을 하였다.

장아함 제1《대본경》, 중아함 제1,312《상경》과 제41《범마경》에서 말하기를, '불신은 32대인(大人)의 상이 있다.'고 하며 증일아함 제46에서는 다시 80종호를, 또 잡아함 제39 등에서는 '창이나 칼 같은 날카로운 무기로 불신을 해쳐도 부처님은 조금도 다치지 않는다.'라는 말을 하고 있다. 이것은 부처님의 육체가 금강신(金剛身)·불가괴신(不可壞身) 즉 법신(法身)이라는 것을 의미한다.《법화경》과《금광명경》제1〈수량품(壽量品)〉,《대반열반경》제3〈수량품〉에 부처님의 장수(長壽)에 대해 말하고 있으며 또《대지도론》제9 등에서는 부처님의 법신은 시방무량(十方無量)의 세계에 두루 나타나며 색상단정(色像端正)하여 상호가 장엄스럽고 무량의 광명·무량의 음성으로 중생들에게 설법한다고 하는데, 이것은 모두 부처님의 실보신(實報身)

을 설명한 것이다. 또 《섭대승론》에서는 법신(法身 ; 自性身) · 보신(報身 ; 受用身) · 응신(應身 ; 變化身)의 삼신설이 생겨났다.

불신론은 주로 불멸 후에 생긴 문제로서 부파시대에 이미 그 논의가 있어 왔는데 상좌부가 대체적으로 현실에 입각한 것에 반해 대중부는 이상을 존중하였다. 대승불교가 성하고 보살이 성불하는 설이 나오면서 부처님에 대한 논의는 더욱 활발해졌다. 《반야경》을 비롯해서 《유마경》《수능엄경》《법화경》《열반경》《화엄경》《대일경》 등의 여러 대승경전에 심원한 불타관(佛陀觀)이 발표되었다. 한편 부처님을 우리와 같은 인간의 형상으로 조성한 것이 바로 불상이며, 이때 불상의 조형적 구성요소는 불신과 함께 광배 · 대좌가 삼대요소가 된다.

● 불의착의법(佛衣着衣法)

부처님이 입으신 옷 즉 불의를 법도에 맞추어 착용하는 방법을 말한다. 부처님이나 그 제자들이 입는 옷은 수행자의 옷차림으로 분소의(糞掃衣) 또는 가사(袈裟)라 일컫는다. 헌누더기를 여러 조각 기워서 입기 때문에 납의(衲衣)라고도 하는데 그 본뜻은 검소한 차림에 있다.

그러나 불상이 만들어지고 불화가 그려지면서 부처님을 일반 비구들과는 달리 장엄하기 위해 불의를 처음과는 달리 표현하게 되었다. 더군다나 부처님이 설법하던 인도는 더운 나라였으므로 의복이 간단했지만 서역 · 중국 · 한국에서는 추위를 막기 위한 여러 가지 옷이 필요했고 그것이 다시 불상 · 불화에 영향을 주었다. 넓은 의미에서 불의라고 한다면 부처님이 입는 불의나 보살 그리고 승려가 입는 가사가 모두 포함되겠지만, 일반적으로는 부처님이 입은 옷만을 불의라고 한다.

가장 보편적인 불의로는 삼의 즉 대의(大衣, saṅghāṭi) · 칠조의(七條衣, uttarāsaṅga) · 오조의(五條衣, antarvāsaka)가 기본이 된다. 대의는 승가리(僧伽梨) 등으로 음역되기도 하는 것으로서 부처님이 왕궁이나 마을에 갈 때 주로 입던 옷이다. 칠조의는 울다라승(鬱多羅僧)으로 음역되며 승려가 부처님을 예배할 때, 법문을 들을 때 주로 입는다. 불상의 경우는 주로 참선하는 모습에 이 옷을 표현한다. 그리고 오조의는 안타회(安陀會)로 음역되는데 역시 승려가 여행이나 노동을 할 때 또는 잠잘 때 주로 입는다. 불상에서는 열반상에 주로 나타나고 있다.

삼의는 부처님뿐만 아니라 일반 불제자들도 입는 옷인데, 이것 말고도 2가지 복장이 더 표현된다. 즉 군의(裙衣)와 상내의(上內衣)가 그것이다. 군의는 니원승(尼洹僧)이라고도 하며 아랫도리에 입는 내의이고, 상내의는 승기지(僧祇支)라고도 하는데 안쪽에 입는 윗내의이며, 입는 방법은 오른쪽 겨드랑이를 돌아서 왼쪽 어깨로 걸쳐서 입는다.

부처님이 가사를 입는 형식에는 2가지가 있다. 첫째는 우견편단(右肩偏袒)이고 둘째는 통견(通肩)이다. 우견편단법은 오른쪽 어깨는 드러낸 채 가사를 왼쪽 어깨에서 겨드랑이로 입는 방법이다. 날씨가 더운 인도의 승려들이 입는 방식이다. 그리고 통견은 가사가 양쪽 어깨를 모두 덮는 방식으로서 옷 입는 법은 우견편단과 같은데 단지 목 주위나 가슴 쪽을 좀 느슨하게 돌려 걸친다. 불상이나 불화에 표현된 불의는 대부분 이 둘 가운데 하나를 나타내고 있는데, 일반적으로 입상일 경우는 통견을 그리고 좌상일 경우에는 우견편단을 하는 경우가 많다.

● 사리장엄(舍利莊嚴)

부처님이나 스님의 유신(遺身)을 다비하고 나온 사리를 봉안하는 갖가지 장엄으로 사리를 담는 사리구와 이 사리구를 탑 속에 봉안하는 사리장치를 통틀어 일컫는 말이다. 사리는 산스크리트어인 śarira를 음역한 것으로 처음에는 신골(身骨)이나 주검을 전부 사리라 하였으나 사리신앙이 비롯된 것은 부처님이 열반에 드신 뒤 그 유신을 다비하고 얻은 사리를 봉안하기 위해 탑을 세워 예배 드린 후부터이다.

사리는 진신사리(眞身舍利)와 법신사리(法身舍利)로 구분된다. 진신사리는 부처님의 유골을 말하고 법신사리는 부처님이 설하신 가르침 곧 대승·소승불교의 모든 경전을 말한다. 그런데 탑은 본래 부처님의 진신사리를 봉안하기 위해 만들어졌으므로 진신사리이건 법신사리이건 모두 탑 안에 봉안하는 것이 원칙이며, 일반적인 사리장엄으로는 사리를 담는 사리병(舍利瓶)이 있고 다시 그것을 보호하기 위한 외호(外護) 시설로서 합(盒)이 있다. 사리병은 신라시대에서는 유리와 수정으로 만들었다가 고려시대에 들어와서는 금속재의 병이 많이 쓰여졌다.

사리장엄에는 또한 그것을 만든 제작동기·제작한 장인·발원인 등의 이름을 기록하는 것이 보편적이다. 인도에서는 카니시카왕(140~170 재위)의 원년 명문이 있는 사리기가 현재까지 발견된 것 중에서 가장 빠른 것이며 중국에서는 수(隋)대의 인수백탑(仁壽百塔) 사리기가 처음이다.

한국에서도 삼국시대 이후부터 수많은 탑파에 사리장엄구를 설치했다. 한국 사리장엄의 특징은 목탑에 안치할 경우는 심초석(心礎石)과 지하 방형부(方形部)에 봉안한 것이 가장 많으며, 석탑일 경우에는 대부분 제1층 탑신에 봉안하고 있다는 것이다.

한국에서의 사리장엄의 구체적인 예로는 목탑인 경우 부여 군수리 사지(軍守里寺址)에서 불상이, 그리고 경주 황룡사지에서 금동탑지를 비롯한 장엄구가 발견된 것이 있다. 또 석탑인 경우에는 분황사 탑에서의 석함(石函) 및 금동장식구, 감은사지 석탑의 방형 금동사리함과 수정사리병, 불국사 석가탑을 해체·수리할 때 발견된 방형 금동함과 《무구정광다라니경》 등이 있다.

이와 같은 사리장엄은 그것을 통해서 당시의 미술 특히 공예기술의 정수를 살필 수 있다. 특히 통일신라시대의 장엄구는 내용이 더욱 다양해지고 그 제작도 한층 정교해져서 통일신라의 국력과 불교에 대한 신심의 정도를 짐작하게 해준다.

● 삼불회도(三佛會圖)

석가모니 부처님을 중심으로 그 좌우에 약사불과 아미타불을 봉안한 불교 그림으로 삼세불화(三世佛畫)라고도 한다.

조선시대 후기가 되면 석가모니 부처님을 본존으로 모시는 대웅전에 약사불과 아미타불이 좌우에 함께 모셔지는데 불단 뒤에도 그와 똑같이 배치된 삼불회도를 걸게 마련이었다. 즉 석가모니 부처님을 그린 영산회상도가 가운데 놓여지고 다시 그 좌우측으로 약사불회도와 극락회도를 배치하는 것이다. 석가모니 부처님이 단독으로 모셔지는 대신에 삼불이 한 전각에 모두 봉안되는 이유는 무병장수를 기원하는 의미에서 부처님을 대웅전의 주존으로 모시면서, 무병과 장수를 상징하는 약사불과 아미타불을 좌우 보처(補處)로 함께 봉안한 듯하다. 삼세불이라고 하면 흔히 과거불로는 연등불, 현재불로는 석가모니불, 미래불로는 미륵불을 삼는 것이 통례이지만 때로는 몇 가지 형식을 혼용하기도 했는데, 조선시대 후기의 대웅전에는 보통 삼세불이 아닌 앞에서 말한 삼불의 형식을 많이 쓴 것 같다.

이 삼불회도의 구도는 1폭의 그림에다 삼불을 모두 그리거나 혹은 삼불을 3폭의 그림에 각각 따로 그리기도 한다. 특히 규모가 큰 대웅전일 경우에는 대부분 삼불을 한 폭에다 함께 그린 그림을 봉안하였는데, 조선시대 후기에서는 작은 대웅전에도 가끔 한 화면에 삼불회도를 그리기도 한다. 이 경우의 구도(構圖)는 그림 가운데에 수미단(須彌壇)으로 된 대좌 위에 석가모니 부처님이 앉아 있고 그 좌우로 보살들과 제자들 그리고 모든 분신불(分身佛)이 배치되며 이들 앞에는 사천왕이 있고 뒤에는 천룡(天龍) 등의 팔부중이나 호법신중들이 둘러싸고 있다. 기본구도는 조선시대 전기 혹은 그 이후에 보다 단순화되

는 경향도 있었지만, 대개의 조선시대 불화에는 앞의 구도가 충실하게
지켜진 것 같다. 그리고 3폭으로 따로 그릴 경우에는 가운데에 영산회
상도를 놓고 그 좌우에 약사불회도·극락회도를 놓게 된다.

어느 경우에나 삼불회도의 배치구도는 영산회상도와 마찬가지로 복
잡한 군도(群圖) 형식을 많이 취하고 있다. 삼불회도를 봉안한 전각으
로는 하동 쌍계사 대웅전, 구례 화엄사 대웅전, 해남 대흥사 대웅전
등이 있다.

● 석굴사원(石窟寺院)

산의 바위를 뚫어 인위적으로 동굴을 만들고 그곳에 불상을 안치하
여 예배와 수행을 하던 곳으로 석실(石室)·굴원(窟院)·굴전(窟殿)
이라고도 부른다.

그 축조 역사는 매우 오래되어 중국 당나라 때 인도를 여행했던 법
현(法顯)·송운(宋雲)·현장(玄奘) 등의 기행문에도 이미 나와 있다.
현재까지도 적지 않은 수의 석굴사원이 남아 있다. 그 가운데 바자
(Bhaja)와 베드사(Bedsa) 지방의 석굴은 모두 기원전 175년 무렵에 처
음 조성된 것이며 아울러 현재 전하는 것 가운데 가장 오래된 석굴로
남아 있다. 또 아잔타 석굴은 기원전 2세기부터 기원후 7세기에 이르
는 수백 년 동안 크고 작은 석굴 29곳이 끊임없이 굴착되었던 곳인데
특히 그곳에 그려진 벽화는 인도미술의 정화로 유명하다. 그 밖에도
인도 전역에 걸쳐 수십 개의 석굴사원이 조성되어 있다.

중앙아시아 지방에서도 현재까지 남아 있는 석굴이 많다. 아프가니
스탄의 바미안(Bamian), 쿠챠(Kucha, 庫車) 지방의 키질(Kijil) 및 쿰트라
(Kumtra), 투르판(Turfan, 高昌) 지방의 무르특(Murtuk) 및 중국 감숙성
(甘肅省) 및 돈황의 천불동 같은 곳은 세계적으로 유명한 석굴사원들
이다. 그 가운데 키질석굴은 타림(Tarim)강 지류에 위치하였는데 서기
5, 6세기부터 조영되어 현재 크고 작은 24개의 석굴이 있다. 이 석굴에

도 역시 여러 가지 화려하게 장엄된 벽화가 있는 것으로 유명하다. 돈황 천불동은 서기 365년 전진(前秦) 때에 개창된 이래 북위·수·당·오대 및 송나라에 걸쳐 수백 년 동안 점차적으로 증설된 석굴로서 가장 번성했던 당나라 때에는 석굴 수가 1,000곳을 넘었다고 한다. 후대에 비록 많이 훼손되기는 했지만 아직도 300여 석굴이 남아 있으며, 각 석굴마다에는 여러 가지 벽화가 그려져 있어 불교예술의 보고로서도 매우 귀중한 곳이다.

또한 산서성(山西省) 대동(大同)·운강(雲岡)석굴은 북위시대 때 개창되어 수나라 때까지 조영된 곳이다. 하남성 용문 석굴은 이수(伊水)강의 언덕에 위치해 있는데 역시 북위 때 개창된 이래 동위·북제·수·당나라 때까지 석굴 조영이 계속되었으며 특히 당나라 고종 및 측천무후 때 매우 번성했다.

이렇듯 인도와 중국에서는 석굴사원이 매우 많이 조영되었음에 반해 한국·일본에서는 자연환경 등으로 인하여 이렇다 할 조영의 예는 없다. 그러나 비록 인도·중국에서와 같은 거대한 석굴사원은 아니지만 경주 토함산 석굴암은 돌을 깎아 집을 짓듯이 인공으로 축조한 석굴로 규모는 작으나 그 독특한 건축구조와 빼어난 조각은 불교문화권에서도 으뜸이다.

● 시왕도(十王圖)

지옥을 주재하는 열 명의 귀왕을 그린 그림으로 지옥계 그림에 속한다. 염라대왕은 염마왕(閻魔王)·염마라왕(閻摩羅王)이라고도 하는데 육도에서 떠도는 중생들이 죽으면 염라대왕 앞에 끌려와 지은 죄에 대한 벌을 심판받게 된다.

염라대왕에 대한 신앙이 중국에서 더욱 발전·전개된 것이 바로 시왕(十王) 혹은 10대왕으로서, 그것을 그린 그림을 시왕도라고 한다. 본래 인도의 토속신앙이던 염마라왕 신앙은 일찍이 불교의 신중신앙으로서 호법선신(護法善神)으로 습합되었다가 불교가 중국으로 전래되면서 도교의 시왕신앙과 결합해서 독립된 신앙형태를 형성하며 시왕도가 그려지게 되었다. 이 그림의 소의경전은 《불설예수시왕생칠경(佛說豫修十王生七經)》이다.

《석문정통(釋門正統)》 제4에 보면 시왕도는 당나라 장과(張果)가 처음 그리기 시작했다고 한다. 그 뒤 중앙아시아·한국·일본에서도 잇달아 시왕도를 그리게 되어 현재 그 유품이 적지않이 남아 있다. 영국의 탐험가 스타인이 돈황 천불동에서 발견한 지장시왕도를 보면 가운데에 지장보살이 왼손에는 석장을 들고 오른손은 무릎 위에 올려 놓고 앉아 있으며 그 앞에는 백사자(白獅子)가 옆에 있는 한 비구보살을 향해 합장하고 있는 구도를 하고 있다. 10대왕을 전부 따로 한 장면씩 묘사하는 시왕도일 경우에는 대개 사자(死者)를 재판하고 있는 그림이 대부분이다.

중국과 한국에서는 시왕을 봉안한 곳을 명부전이나 시왕전이라고 하며 일본에서는 염마단(閻魔壇)이라고 부른다. 대개 명부전 중앙부에 지장보살이 그리고 그 좌우에 시왕상과 시왕도가 배치되어 있는데 통도사 명부전의 시왕탱화처럼 보통은 홀수서열(1, 3, 5, 7, 9) 대왕의 그림은 왼쪽에, 짝수서열(2, 4, 6, 8, 10) 대왕의 그림은 오른쪽에 배치되는 것이 일반적이다. 그리고 그림의 상단부는 각 대왕을 중심으로 해서 시녀·신장·판관들이 둘러서 있으며 하단부는 구름을 경계로 해서 사자(使者)·귀졸(鬼卒)·판관(判官)·사자(死者)·지장보살 등이 그려진다. 특이한 것은 10대왕 가운데 전륜대왕만이 투구와 갑옷을 입은 무장한 모습일 뿐, 나머지 대왕들은 전부 관을 쓰고 붓과 홀(笏)을 든 모습인데 그 앞에는 각각 책상이 놓여 있고 그 위에 필기도구가 마련되어 있다.

현재 남아 있는 것으로서는 여주 신륵사, 강화 전등사, 양산 통도사 명부전의 시왕탱화가 유명하다.

1144

● 신중상(神衆像)

불교나 부처님을 지켜주고 중생에게 이익을 주는 여러 신중(神衆) 들을 조각으로 나타낸 것이다. 신중상들은 인도 재래의 토속신앙에 있 는 여러 토착신들이 대부분인데 그들이 불교에 습합되어 불교화된 것 이다. 한국·중국의 재래 토속신이 불교화된 것으로는 칠성신이나 산 신 등이 있다. 한국에서 많이 보이는 신중상으로는 제석천(帝釋天)· 범천(梵天)·사천왕(四天王)·인왕(仁王)·팔부중(八部衆)·가릉빈가 (迦陵頻伽) 등이 있는데, 그들의 자세한 내용은 다음과 같다.

① 제석천 : 고대 인도에서 범천과 함께 대표적인 신이다. 도리천(忉 利天)의 주인이며 수미산(須彌山) 위의 희견성(喜見城)에 거처하는데 석가모니 부처님 생전부터 부처님을 호위했었다고 한다. 한국에서는 경주 석굴암 제석천이 가장 유명하다.

② 범천 : 바라문교에서 매우 숭상되던 신으로 불교화되어서는 제석 천과 함께 중요한 신중으로 여겨졌다. 욕계의 모든 욕심을 버리고 청 정하게 부처님의 정법을 실천한다. 손에 불자(拂子)를 든 모습이며 부 처님의 설법 때마다 빠짐없이 듣는다고 한다. 그 조상의 예는 많지 않 은데 석굴암 범천상이 대표적이다.

③ 사천왕 : 본래 세상을 수호하는 수호신인데 불교화되면서 사방 (四方)과 불법을 수호하는 호법신이 되었다. 불전이나 탑의 사방을 수 호하는 신장으로 많이 조성되었다. 방위별로는 동방 지국천(持國天)· 서방 광목천(廣目天)·남방 증장천(增長天)·북방 다문천(多聞天)으 로 배치된다.

④ 인왕 : 이왕(二王)이라고도 하며 흔히 금강역사라 부른다. 인왕문 등의 절문 좌우에서 불법을 수호하는 것이 본래 임무로서 대개는 상 체를 벗은 채 주먹을 쥐고 눈을 부릅뜨고 있는 분노상을 하고 있거나 금강저를 들고 있는 독특한 모습을 하고 있다. 석굴암 인왕상, 분황사 탑 인왕상, 장항사탑 인왕상 등이 대표적이다.

⑤ 팔부중 : 인도 재래의 여덟 신들이 불교화되어 불법을 보호하는 제
신(諸神)이 된 것으로 그 격은 사천왕보다 낮다. 신의 이름과 모습이 일
정하지 않지만 한국에서는 대체로 손에 지물을 든 무장한 모습이 많다.
불타팔부중과 사천왕팔부중의 두 종류가 있으며 석굴암 팔부중, 경주
남산리탑 팔부중, 양양 진전사탑 팔부중, 경주 사천왕사탑 소조팔부중
등이 유명하다.

● 심우도(尋牛圖)

수행자가 수행을 통해 본성을 깨닫는 과정을 잃어버린 소를 찾는
일에 비유해서 그린 선화(禪畫)로 그 과정을 10단계로 구분하고 있어
십우도(十牛圖) 혹은 목우도(牧牛圖)라고도 한다. 심우도에는 송나라
때 곽암(廓庵)이 만든 것과 그와 같은 시대 보명(普明)이 만든 것의
두 종류가 있으나 한국에서는 곽암의 심우도가 주로 그려졌다. 심우도
10단계의 내용은 다음과 같다.

① 심우(尋牛)는 처음에 사람이 들에서 뛰어다니는 소를 찾으러 가
는 모습을 그렸다. 즉 수행자가 사람에게 본래부터 갖추어져 있는 원
성(圓成)인 마음의 소(心牛)를 잃어버린 뒤 그것을 찾으러 나선 것을
비유한 것이다.

② 견적(見跡)은 수행자가 이제 소의 발자국을 발견한 것을 그린 것
으로서, 이제 점차 심우(心牛)의 자취를 보기 시작했다는 것을 비유한
것이다.

③ 견우(見牛)는 수행자가 소의 울음소리를 듣고 소가 있는 곳에서
소의 모습을 어렴풋이 본 것을 그렸다. 즉 문법수학(聞法修學)의 공에
의해 마음의 소(心牛)를 발견한 것을 비유한 것이다.

④ 득우(得牛)는 수행자가 소를 잡았지만 아직 길들여지지 않아 소
에 채찍질하는 모습을 그렸다. 즉 이제 본성을 찾았지만 아직 번뇌가
완전히 없어지지 않았으므로 더욱 열심히 수련해야 한다는 것을 비유

한 것이다.

⑤ 목우(牧牛)는 소에 고삐를 물리고 돌아오는 모습을 그린 것이다. 깨달음 뒤에 오는 방심을 더욱 조심해야 한다는 것을 비유했다.

⑥ 기우귀가(騎牛歸家)는 길들여진 소를 타고 피리를 불며 돌아오는 모습을 그렸다. 즉 드디어 망상에서 벗어나 본성의 자리에 들었음을 비유한 것이다.

⑦ 망우존인(忘牛存人)은 집에 돌아왔지만 소는 간데없고 오직 자기 혼자만 남아 있는 것을 그렸다. 즉 본각무위(本覺無爲)로 돌아왔으나 쉬지 않고 수련해야 한다는 것을 비유한 것이다.

⑧ 인우구망(人牛俱忘)은 소를 잊고 또 자기도 잊는다는 것을 뜻하기 위해 텅 빈 원만을 그려 놓았다. 즉 정(情)을 잊고 세상의 물(物)을 버려 공(空)에 이르렀다는 것을 비유한 것이다.

⑨ 반본환원(返本還源)은 티끌 하나도 없는 수록산청(水綠山靑)의 광경을 그렸다. 즉 그의 본심은 본래 청정하여 아무 번뇌가 없어 산은 산대로 물은 물대로 보게 되며 있는 그대로를 볼 수 있는 참된 지혜를 얻었음을 비유한 것이다.

⑩ 입전수수(入鄽垂手)는 중생제도를 위해 자루를 들고 자비의 손을 내밀며 중생 있는 곳으로 향하는 모습을 그렸다. 즉 이타행(利他行)의 경지에 들어 중생제도에 나선 것을 비유한 것이다.

● 업경대(業鏡臺)

지옥의 염라대왕이 갖고 있는 거울로 업경륜(業鏡輪) 혹은 그냥 업경이라고도 하는데 여기에 비추어 보면 죽은 이가 생전에 지었던 선악에 대한 행적이 그대로 나타난다고 한다. 즉 업경이란 명도(冥途)에서 죄인의 업을 밝히는 거울이다.

《사분율행사초자지기(四分律行事抄資持記)》 권하에 보면 '일년에 3번, 정월과 5월과 9월에 명계(冥界)의 업경륜이 남섬부주(南瞻浮洲)

를 비친다. 만약 선과 악이 보이면 그것이 모두 거울에 나타나게 된다.'라는 말이 있다. 또 《지장보살심인연시왕경(地藏菩薩心因緣十王經)》에는 '사방팔방마다 업경을 달아 두어 일체중생의 업이 마치 바로 눈앞에 펼쳐지는 것같이 볼 수 있다.'라고 하였다. 《능엄경》에 '악이 나타나는 업경과 화주(化主)가 있어 지은 죄를 드러내고 모든 일을 비추어 본다.'라고 한 것은 명계에 간 중생이 육도로 갈 방향은 업경대에 낱낱이 비춰지는 전생에 지은 선악에 의해 결정되며 그 죄의 무게에 따라 중생에게 내려질 벌이 가감된다는 것을 말한 것이다. 이 같은 경전의 설에 따라 시왕을 봉안하는 지장전·명부전 등에 업경대를 설치하는 절이 많다.

한편 인도·중국에서의 업경대 조성의 역사를 보면 현장(玄奘)의 《대당서역기》 제7〈바라니사국(婆羅泥斯國)〉조에 '정사(精舍)의 서남쪽에 부도가 있다…. 그 앞에 돌기둥을 세웠는데 그 높이가 10여 척이나 된다. 돌은 매우 깨끗하고 맑아서 거울처럼 비춰진다. 그곳에는 간절히 기도하면 중상(衆像)의 모습이 나타나며 선악에 대한 것도 때때로 나타난다.'라는 말이 있으니 그것이 바로 인도의 업경대에 관한 기록임을 알 수 있다. 또 중국의 예를 보면 《석씨육첩(釋氏六帖)》 제6에 수나라 때 경사(京寺)에 자영석(紫英石)이 있었는데 높이가 8촌이고 두께가 6촌으로서 사람의 선악에 따라 그 돌에 불상이 나타나곤 한다는 말이 있다.

보통 업경대는 나무로 만들어진 것이 대부분이지만 때로는 금속으로 된 것도 있다. 업경대 중에는 공예적으로도 우수한 것이 있다. 업경대에 관한 불교설화도 많이 남아 있는데 그것은 불교의 내세관이 강조된 때문인 것으로 보여지며, 그런 때문인지 법당 안에 설치된 업경대는 일반 불교도들에게 있어 하나의 감계(鑑戒)가 되곤 한다. 따라서 업경대는 비단 불교에 국한되는 것이 아니라 일반적인 권선징악의 상징물이 되었다.

● 여래상(如來像)

부처님의 모습을 그림이나 조각으로 형상화한 것이다. 여래는 '여실(如實)히 도래(到來)하신 분'이라는 뜻으로 진실·진리에 도달하여 피안에 이르신 분이라는 의미이다. 대승불교에서는 누구나 진리를 깨우칠 수 있다고 보기 때문에 과거·현재·미래를 통해 수많은 여래가 있다고 여긴다. 따라서 여래상이라고 한다면 어느 특정한 부처님만을 이르는 것이 아니라 석가여래·아미타여래·약사여래 등 그 종류가 여러 가지이다. 한국에서 많이 만들어진 여래상과 그 특징은 다음과 같다.

① 석가상(釋迦像) : 역사상 가장 많이 그리고 가장 일찍 만들어진 불상이다. 인도에서도 초기 불상은 대부분 석가불이었다. 그것은 한국도 마찬가지로서, 초기에는 입상일 경우 시무외·여원인의 인계를 표현하고 좌상일 경우에는 선정인을 나타내었다가 조선시대부터 항마촉지인을 지었다. 주로 대웅전에 모셔지지만 응진전·나한전·영산전·팔상전 등에도 주불로 모셔진다.

② 비로자나상(毘盧遮那像) : 비로자나불은 산스크리트어로는 Vairo-cana라고 하는데 광명이 두루 비친다는 뜻이다. 따라서 이 불상이 봉안되는 곳을 대광명전(大光明殿)·대적광전(大寂光殿)이라고 부른다. 협시보살로는 문수·보현보살이 좌우에 있거나 노사나불(盧舍那佛)·석가불이 좌우 협시하는 경우가 많다. 인계는 지권인(智拳印)을 한다. 대표적인 작품으로 전남 장흥 보림사(寶林寺) 비로자나철불, 철원(鐵原) 도피안사(到彼岸寺) 철불, 대구 동화사(桐華寺) 비로자나석불 등이 유명하다.

③ 아미타상(阿彌陀像) : 아미타불은 무량수불(無量壽佛)·무량광불(無量光佛)이라고도 하며 영원한 수명과 무한한 광명을 가져다 주는 부처님이다. 착한 일을 하거나 아미타불의 명호(名號)를 외우면 누구나 서방정토로 인도해 주기 때문에 민중들의 절대적인 애호를 받아

그 조성의 예도 매우 많다. 정토종은 특히 이 부처님만을 숭배하는 종파이다. 현재 남아 있는 것으로는 불국사 금동아미타상이 유명하다. 인계는 아미타정인과 구품인을 하고 있다. 좌우 협시보살로는 관음·대세지보살인 경우가 보편적인데, 관음·지장 혹은 팔대(八大)보살이 협시하는 경우도 있다. 아미타불을 주존으로 모신 곳을 무량수전·극락전·아미타전 등이라고 한다.

이 밖에 약사상·미륵상 등도 조성되었다.

● 영산회상도(靈山會上圖)

부처님이 《법화경》을 설법하는 모습을 표현한 불교 그림으로 석가모니 부처님이 주존으로 모셔지는 대웅전의 후불탱화로서 《법화경》의 변상을 주제로 해서 그리는 것이 원칙이다. 따라서 영산회상도는 넓은 의미에서는 법화경 변상도라고 할 수 있다.

이 그림은 대웅전 후불탱화로서의 영산회상도와 순수한 탱화로서의 영산회상도의 두 종류가 있다. 대웅전 후불탱화는 시대·지역에 따라 조금씩 다르기는 하지만, 보통은 석가모니 부처님을 중심으로 왼쪽에 약사불, 오른쪽에 아미타불을 모시는 삼존불 형식을 하고 있다. 또 중앙에 석가모니 부처님이 단독으로 모셔져 있고 그 좌우에 팔대보살·십대제자·대범천·제석천·사천왕·팔부중·화불(化佛) 등이 그려지며 이들을 모든 호법신중이 둘러싸는 그림도 있다. 대개의 조선시대 불화에는 이 같은 기본적인 구도가 충실히 지켜진 듯하다. 그리고 단독으로 그려지는 순수한 영산회상탱화는 보통 사찰의 대적광전(大寂光殿)이나 영산전(靈山殿)에 주로 봉안되는데, 대웅전 후불탱화로서의 영산회상도와 특별히 다른 점은 별로 없고 단지 대웅전 후불탱화보다 훨씬 많은 보살상·비구상·화불 등을 묘사한 것이 특징이다.

영산전은 영산회상도를 모시기 위해 지은 전각으로서, 승주 송광사 영산전 영산회상탱화가 대표적인 작품이다. 우리나라 대부분의 사찰에서는 석가모니 부처님을 봉안하고 그 뒤에 영산회상탱화를 후불탱화로 삼게 되는데 이 탱화를 봉안함으로써 모든 대웅전이 영산회상이 되고, 그럼으로써 불범일여(佛凡一如)의 경지에 이른다는 신앙을 표현하고 있다. 또 이 탱화를 조성하는 의미는 신(信)·문(聞)·주(主)·중(衆)·시(時)·처(處)의 육성취(六成就)에 있으니, 즉 영산회상도를 그리고 예배드리는 것은 믿음(信)과 설법을 들으려 하는 마음(聞)에 있는 것이고 이에 영산회상의 주인(主)인 석가모니 부처님이 12,000의 비구와 보살 등의 청중(衆)에게 어느 때(時)나 영산회상(處)에서 설법한다는 뜻이다.

현재 전하는 것 가운데 대표적인 것으로는 청주 보살사(菩薩寺) 영산회상도, 하동 쌍계사(雙磎寺) 탱화, 여천 홍국사(興國寺) 탱화, 구례 천은사(泉隱寺) 탱화, 영동 영국사(寧國寺) 탱화, 승주 송광사 탱화, 영주 부석사(浮石寺) 탱화 등이 있다. 현재 전하는 탱화는 고려시대 작품이 일본에 80여 점, 유럽 등지에 상당수 있다고 하지만 국내에는 5점 정도만이 남아 있다.

● 위의(威儀)

위엄 있는 의용(儀容)이라는 뜻이다. 즉 어떤 사람이 내면에 갖춘 인격이 겉으로 드러나서 보는 사람으로 하여금 숭배·경외하는 마음이 저절로 일어나게 하는 모습을 말한다. 또는 넓은 의미로서 불제자들은 일상의 세수·목욕·끽다(喫茶)·끽반(喫飯)·배변(排便) 등에 있어서도 늘 법도에 맞추어 행동하여야 한다는 말이기도 하다.

예를 들면 누워 잠자리에 들 때는 '잠자리에 들어 마땅히 중생제도를 서원하며 몸가짐을 편안히 하여 마음을 편정케 하리라(若睡眠時 當願衆生 身得安穩 心無動難).'라는 게(偈)를 외우며 정념(正念)으로 잠자리에 들어야 한다. 또, 목욕할 때에는 '목욕하여 몸을 닦으면서 마땅히 중생제도를 서원한다. 안팎을 고루 깨끗이 하여 몸과 마음이 때

묻지 않게 하리라(沐浴身體 當願衆生 內外光潔 身心無垢).'하는 게를 외우는데, 이것은 욕조를 아뇩달지(阿耨達池)로 여기기 때문이다.

이 밖에도 승려가 지켜야 할 위의는 여러 가지가 있어서《법계차제초문(法界次第初門)》에서는 '3천 가지 위의와 8만 가지의 율의(律儀)가 있다.'라는 말이 있으며 또《팔종강요(八種綱要)》에는 '비구에게는 3천의 위의와 6만의 지켜야 할 세부행동이 있으며 비구니에게는 8만의 위의와 12만의 지켜야 할 세부행동이 있다.'라는 말이 있다. 더욱이《대비구상천위의경(大比丘上天威儀經)》이라든가《사미위의경(沙彌威儀經)》등에는 그에 대한 상세한 설명이 있다.

《보살선계경(菩薩善戒經)》제5에는 사위의에 대한 언급이 있다. 즉 '첫째는 행(行)이요 둘째는 주(住), 셋째는 좌(坐)이고, 넷째는 와(臥)이다.'라고 하는데 이것은 보통 때의 몸가짐, 집에 들 때의 행동 그리고 앉거나 누웠을 때 모두 법도에 따라야 한다는 것을 의미한다.

보통 계(戒)라고 하면 중요하게 생각하면서도 위의라고 하면 가벼이 여기기 쉽지만 넓은 의미로 본다면 제교(諸敎)의 계도 역시 결국은 모두 위의에 속하는 것이라고 할 수 있다. 이러한 위의는 불상을 비롯한 여러 존상을 조성할 때 일정한 규범 또는 법식의 바탕이 된다.

● 윤장대(輪藏臺)

경전을 넣은 책장에 축을 달아 회전하도록 만든 나무로 된 책장으로 전륜장(轉輪藏)·전륜경장(轉輪經藏) 혹은 그냥 윤장이라고도 한다. 이것을 돌리기만 하면 경전을 읽지 않아도 공덕을 쌓을 수 있다고 한다. 즉 깨우치지 못한 우매한 신도들도 이것을 돌림으로써 불도(佛道)의 승연(勝緣)을 미리 얻을 수 있다고 한다. 경장은 비단 경전뿐만 아니라 율(律)과 논(論) 그리고 여러 고승들의 장소(章疏)도 함께 넣어 두는 곳인데 윤장대는 경장의 일종이다.

《속고승전》제25와 《경덕전등록(景德傳燈錄)》제27 등에 있는 〈부흡전(傅翕傳)〉을 보면 양(梁)나라 때의 선혜대사(善慧大師) 부흡이 윤장대를 처음 만들었다고 하지만 그것이 사실인가에 대해서는 회의적이다. 그러나 당나라 때 이미 윤장이 설치되어 있었음은 사실이다. 《백씨문집(白氏文集)》 제10 〈소주남선원 천불당 전륜경장〉에 있는 석기(石記)를 보면 '불당 중앙에 경장이 있는데 그것은 8면으로 되어 있으며 경장 안에는 바퀴를 달아서 돌릴 수 있게 했다. 또 멈출 수 있게 손잡이도 만들어 놓았다.'라고 해서 윤장대에 대한 설명이 있는 것을 볼 수 있다. 대체로 당나라 이후 경장을 만드는 수량이 점차 많아지게 되면서 윤장도 함께 만들어진 것으로 생각된다. 후대에 만들어진 윤장대에는 정면에 가사를 입은 승려상과 함께 2명의 동자상을 그리고 있는데 그것은 윤장대를 처음으로 만들었다고 전해지는 부흡과 그의 두 아들인 보건과 보성을 그린 것이다.

한국에서는 예천 용문사(龍門寺)에 윤장대 2좌가 있다. 이 용문사의 대장전(大藏殿)은 고려 명종(明宗) 3년(1173)에 자엄대사(資嚴大師)가 세운 것인데 인도의 고승 최운이 용궁에 대장경을 봉안했다는 고사(故事)에 따라 용이 나타났던 용문사에 대장전을 짓고 함께 윤장대를 만들어 7일 동안 법회를 열었다고 한다.

● 인계(印契)

산스크리트어의 mudrā를 의역한 말로서 불상 표현의 경우 부처님 손의 특정한 모습을 의미한다. 부처님의 자내증(自內證)의 덕을 표시하기 위하여 열 손가락으로 여러 모양을 만드는 표상이다. 인상(印相)·밀인(密印)·계인(契印) 혹은 그냥 줄여서 인(印)이라고도 한다. 또 빈손으로 어떤 모양을 나타낸 것을 수인(手印)이라 하며 손에 무엇을 들고 있는 것을 계인이라고 하기도 한다.

인계는 교리적으로 중요한 의의가 있으므로 불상을 만들 때 함부로 형태를 바꾸지도 않으며 다른 부처님의 인계를 취해서도 안 된다. 그러므로 인계는 여러 종류의 부처님을 분별할 수 있는 가장 중요한 방법이다. 이 인에는 여러 가지가 있는데 석가불의 근본 5인에서부터 아미타 구품인(九品印), 비로자나 지권인(智拳印) 등 매우 다양하다. 석가모니 부처님의 근본 5인에 대해서만 간략히 설명하면 다음과 같다.

① 선정인(禪定印) : 결가부좌하며 참선 즉 선정할 때의 인이다. 왼쪽 손은 손바닥을 위로 해서 배꼽 앞에 놓고 오른손도 손바닥을 위로 해서 그 위에 겹쳐 놓으면서 두 엄지 손가락을 서로 맞대 놓는 형식이다. 이 자세로써 선정을 하여 삼매경에 들어가기 때문에 삼마지인(三摩地印)이라고도 한다.

② 항마촉지인(降魔觸地印) : 부처님이 마귀를 항복시키고 성도한 뒤 자신의 깨달음을 지신(地神)에게 증명해보라고 말하면서 지은 수인이다. 선정인에서 왼손은 그대로 두고 위에 얹은 오른손을 풀어 손바닥을 무릎에 대고 손가락으로 땅을 가리키고 있는 모습이다.

③ 전법륜인(轉法輪印) : 부처님이 성도 후 다섯 비구에게 첫 설법을 하며 취한 수인으로 시대에 따라 약간씩 다른데 우리나라에서는 그 예가 많지 않다. 안압지 출토 금동삼존상의 본존상이 이 수인을 하고 있다.

④ 여원인(與願印) : 여원인은 부처님이 중생에게 자비를 베풀고 중생이 원하는 바를 달성하게 하는 덕을 표시한 수인이다. 손의 모습은 손바닥을 밖으로 하고 손가락을 펴서 밑을 향하고 손 전체를 아래로 늘어뜨린다.

⑤ 시무외인(施無畏印) : 시무외인은 중생에게 무외를 베풀어 우환과 고난을 해소시키는 덕을 보이는 수인이다. 손의 모습은 다섯 손가락이 가지런히 위로 뻗치고 손바닥을 밖으로 하여 어깨 높이까지 올린 형태이다. 이 시무외인과 여원인은 여래마다 두루 취하는 수인이라서 통인(通印)이라고도 한다.

● **장생표(長生標)**

신라·고려시대에 사찰이 소유한 토지와 다른 토지를 구별하기 위해 사찰이나 나라에서 세운 경계표시이다. 장생표탑(長生標塔)·장생표주(長生標柱)·밥수·벅수 혹은 그냥 장생이라고도 하며, 사찰의 재산을 관리하던 장생고(長生庫)가 그 기원이라고도 한다. 그러나 당간지주와 마찬가지로 선사시대의 '솟대' 라든가 입석(立石)신앙과 관련있다는 견해도 있다. 아무튼 장생표는 사찰의 경제력과 사회적 영향력에 관한 것뿐만 아니라 그 시대의 사회·경제를 이해하는 데 있어 중요한 참고가 되며 풍수지리설과 함께 민속 신앙과도 관계가 깊다.

장생표는 재질에 따라 목장생(木長生)과 석장생(石長生)으로 구분된다. 석장생은 형태에 따라 다시 입석형(入石形)·석비형(石碑形)·석적형(石積形) 등으로 나누어 지는데, 주로 석비형이 많다. 석적형은 작은 돌을 여러 층으로 쌓아 올려 만든 것이다.

기록에 있는 최초의 장생표는 통일신라시대인 759년(경덕왕 18년) 전남 장흥의 보림사에 세워진 것이다. 그 밖에도 청도 운문사에 12개, 원주 봉은사에 1개, 오대산 월정사에 1개 그리고 영암 도갑사에 2개 등 여러 곳에 장생표가 세워졌었다. 그 가운데 특히 나라의 명에 의해 세운 것을 국장생(國長生)이라고 하는데 도갑사의 1개와 통도사의 12개가 바로 국장생이다.

이 가운데 특히 통도사 국장생은 통도사에서 그 건립을 나라에 요청하여 1085년(선종 2)에 세워진 것인데, 처음에는 사찰 입구에 목장생 2개와 사방에 석비형 및 석적형 석장생 10개가 있었다고 한다. 그 가운데서 통도사 동남방 2km 지점의 국도변에 하나가 현재 남아 있어 보물 제74호로 지정되었다. 이것은 높이 166cm·너비 60cm의 화강석으로서 그 설치 경위가 해서체의 한자로 새겨져 있는데 내용은 다음과 같다. '通度寺 孫仍川 國長生一坐段寺所報尙書戶部 乙丑五月日 牒前 判兒如改立令 是於爲了等以立 太安元年 乙丑十二月日記.' 이 명

문은 당시 사찰과 국가와의 관계를 알려줄 뿐 아니라 이두문(吏頭文)
이 섞여 있어 금석문(金石文)으로서도 매우 가치가 높은 자료다.

● **장엄(莊嚴)**

　좋고 아름다운 것으로 위엄 있게 꾸며 놓는다는 뜻이다. 즉 여러 종
류의 아름다움으로 도량이나 불국토 그 밖에 모든 불교건축·불교공
예·불교회화 등을 장식엄정(莊飾嚴淨)케 하는 것을 말한다. 《화엄
경》제1〈세간정안품(世間淨眼品)〉에는 다음과 같은 말이 있다.

　　옛날 부처님이 마갈제국(摩竭提國)의 적멸도량에서 비로소 정각을
　얻으셨다. 그곳은 금강으로 엄정하게 꾸며졌으며 세상의 모든 보물
　로 장식되어 그 엄밀 청정함과 장엄함이 마치 큰 바다와도 같았다.
　보당번개(寶幢幡蓋)에 광명이 두루 비추고 향기가 묘한 연꽃이 온
　통 피어 있었으며 칠보 비단이 그 위를 덮고 있다. 보석비가 끝없이
　내리고 여러 가지 보석나무가 빛나고 있다. 부처님의 신통한 힘으
　로 이 도량을 널리 엄정케 하시며 밝게 빛나게 한 것이니 모든 기이
　한 보물이 쌓이고 한없는 선근(善根)이 도량을 장엄했다.

　또 《대품반야경》제1 서품에는 '그때 이 삼천대천 국토가 이루어지
면서 전부 보화(寶花)로써 땅을 덮었으며 향기나는 꽃과 나무로 장엄
했다.'라는 말도 있다. 이것은 바로 부처님이 《화엄경》 및 《반야경》
을 설법하실 때 그곳을 여러 가지 묘한 색으로 장엄하였다는 말이다.
그 밖에도 수많은 불교경전에 여러 가지 장엄에 대한 내용이 강조되
어 있는데, 그것은 장엄이 불교의식에 있어 매우 중요한 활동 가운데
하나라는 것을 뜻한다.
　특히 예로부터 불전을 세울 때는 그 불전 안이나 주변에 여러 가지
장식을 하고 기둥이나 난간 등에는 불보살·천인 등의 모습을 그리거

나 새기는 것이 성행하였다. 그것은 부처님을 공경함과 아울러 부처님께 예배드리는 사람으로 하여금 경건한 마음이 들게 하기 위함이었다. 인도의 아잔타 석굴과 같은 곳은 석굴 정면에 불상이나 탑을 안치해 두고 기둥 표면에다는 불보살과 연꽃 등을 그렸으며 또 천정이나 사면의 벽에 불전도·본생도 및 꽃무늬 등으로 채색을 했다. 그리고 부처님의 광배에는 연화를 중심으로 해서 인등·동초·보관·영락 등의 장엄을 매우 화려하게 꾸며 놓았다.

한국에서도 불보살을 봉안한 불전은 말할 것도 없고, 사리를 봉안하는 사리기, 탑파와 부도, 종과 북 같은 의식법구(儀式法具), 향로·꽃병·물병같이 부처님께 공양 올리는 데 쓰이는 공양구, 불단이나 천개·당번(幢幡)·기와 같은 장엄구 등에도 여러 가지 아름다운 장엄을 했었음은 남아 있는 것을 통해 잘 알 수가 있다.

●점안(點眼)

새로 그렸거나 조각한 불화·불상을 전각에 처음으로 봉안하고 예배대상으로 성화(聖化)시키는 의식을 일컫는다. 개안(開眼)·개광명(開光明)이라고도 하는데 구체적으로는 개안공양이라고도 한다. 점안식을 거행하여 점안을 해야만 비로소 영험 있는 신앙의 대상이 된다고 믿는다.

여러 경전에 이 점안·개안에 대한 언급이 있는데, 《설법명안론》〈개안품〉 제10에는 다섯 가지 개안에 대한 설명이 있다.

만약 불보살상이라든가 천부중상(天部衆像)을 완성하려면 반드시 다섯 가지의 개안을 해야만 한다. 첫번째 이개안(理開眼)은 삼승권교문(三乘權教門)에 약속하는 것이고, 두번째 평등개안(平等開眼)은 불성에 약속하는 것이며, 세번째 절상개안(絶想開眼)은 돈오(頓悟)에 약속하는 것이며, 네번째 원통개안(圓通開眼)은 일승(一乘)에 약속하는 것이며,

다섯번째 종자개안(種子開眼)은 비장(秘藏)에 약속하는 것이다.

　이것은 점안·개안이 매우 중요한 의식이었음을 상징하는 말이다. 흔히 거행되는 점안식으로는 불상점안·사천왕점안·조탑점안·불화점안 등이 있는데, 점안되는 대상에 따라 의식내용도 조금씩 달라진다. 점안식의 절차를 구체적으로 알아보면, 먼저 점안의식이 행해지는 도량을 깨끗이 정화한 뒤 새로 조성한 불상이 32상 80종호의 특징을 지니고 여래10호의 전지전능한 능력을 갖춘 불상이 되어 신앙의 대상이 되어줄 것을 발원한 뒤 권공(勸供)예배한다. 그 뒤 불상의 눈을 그림으로써 점안식이 끝나게 된다. 또 흔히 오안이라고 해서 육안(肉眼)·천안(天眼)·혜안(慧眼)·법안(法眼)·불안(佛眼)이 있는데, 점안식에서 불상의 눈을 최종적으로 그리기 전에 불상의 눈이 이 오안을 구득하고 원만하기를 기원하며 또한 육신통 등의 불상이 되기를 발원한 뒤, 개안광명진언(開眼光明眞言)·안불안진언(安佛眼眞言)·관욕진언(灌浴眞言)·시수진언(施水眞言)·안상진언(安相眞言) 등을 외워서 신비력을 가지게 한다.

　나한점안·사천왕점안·시왕점안 등도 불상점안과 거의 같은 절차에 의해서 의식을 치르게 되지만, 나한·사천왕·시왕 등이 가지는 상호(相好)의 특징에 따라서 점안에 대한 발원이 달라지게 된다.

　이렇게 점안식이 모두 끝나면 다시 그 불상이 영험을 지니게 되었음을 증명하는 의식을 치르게 되는데 그것을 불상증명창불(佛像證明唱佛)이라고 한다.

● 지물(持物)

　불상·보살상·신중상 등에서 권능과 자비를 상징하기 위해 들고 있는 물건이다. 그 종류는 매우 다양한데 대체적으로 법구류(法具類)·무구류(武具類)·악기류(樂器類)·동식물류·옥기류(玉器類)·건축물류·장식물류·해와 별 등의 성신류(星辰類) 등으로 분류할 수가 있다.

그러나 약사불이 약합을 든 경우를 제외하고는 여래상이 지물을 들고 있는 경우는 거의 없다. 주로 보살이나 신중 등이 각자 자기 고유의 지물을 들고 있음으로써 깨달음과 서원·본원 등을 상징적으로 표현하고 있다.

예를 들면 보살의 경우 관음보살은 정병(淨瓶)을, 지장보살은 석장(錫杖)과 명주(明珠)를, 문수보살은 칼을 지니고 있다. 정병은 중생의 고통을 씻어주는 감로수를, 석장은 지옥문을 열어줌을, 명주는 어둠을 밝혀주는 것 그리고 칼은 번뇌를 끊어주는 지혜를 상징한다. 또한 사천왕도 각각 지물을 들고 있는데, 일정한 것은 아니지만 대체적으로 지국천(持國天)·증장천(增長天)·광목천(廣目天)은 무구류를 들고 있고 다문천(多聞天)은 탑을 들고 있다.

여러 지물 가운데 흔히 볼 수 있는 것으로는 연꽃·금강저·석장·여의주·정병 등이 있다. 이 가운데 특히 연꽃은 다양한 형태로 표현되었는데 그것은 연꽃이 불교를 상징하는 대표적인 꽃이기 때문이다. 연꽃은 꽃 빛깔에 따라 네 종류로 나눈다. 청색의 꽃을 우발라(優鉢羅), 붉은 색의 꽃을 파두마(把頭摩), 흰색의 꽃을 분타리(芬陀利), 황색의 꽃을 구물타(拘物陀)라고 한다. 또 꽃이 핀 모양과 함께 꽃잎의 숫자 그리고 꽃의 위치와 방향도 존상에 따라 변화가 있다.

그 밖에 금강저를 들고 있는 존상도 많다. 금강저는 고대 인도에서부터 무기로 쓰여지던 것으로서, 제석천이 그것으로 아수라를 무찔렀다는 고대 인도의 전설이 불교에 습합(習合)되어 무기로서의 금강저가 중생의 무명번뇌를 부수는 굳세고 날카로운 지혜로 비유되어서 나한·조상 등에 많이 표현되게 되었다. 처음에는 무기로서의 금강저가 점차 집금강신(執金剛神)·금강역사·금강수보살·대일여래로 바뀌어지는 것으로 보아 금강저가 불교의 교리발달과 매우 관계가 깊다는 것을 알 수 있다.

또 석장은 승려의 지팡이로서 머리부분을 탑 모양의 고리(環)로 만들고 여기에 작은 고리를 여러 개 달아 지팡이가 움직이면 고리와 고리가 부딪혀 소리가 나게 만들었다. 석장의 고리 수는 4환·6환·12환 등 여러 종류가 있지만 6환이 가장 일반적이다. 석장은 보통 지장보살을 상징하고 있다. 그리고 여의주는 그것을 지니는 사람의 모든 소망을 이루어 준다는 구슬로서, 지장보살과 용이 가지고 있다.

● 지옥도(地獄圖)

지옥의 모습을 그린 불교 그림으로 지옥변(地獄變) 또는 지옥변상도(地獄變相圖)라고도 한다. 즉 권선징악을 위해 지옥의 고통스런 모습을 그림으로 묘사한 도상(圖相)을 말한다.

지옥도는 인도에서부터 그려졌는데, 중앙아시아의 베제크리크 지방에서 출토된 9세기 무렵의 벽화는 지옥도 가운데서도 가장 정교한 것으로 손꼽힌다. 그 그림을 보면 상부는 훼손되어 잘 알 수 없지만, 중앙부의 연꽃 위에 앉아 있는 불보살을 향해 여러 줄기의 빛이 뻗어나가면서 화면을 몇 가지로 구획하여 그 안에 아귀·축생·인간 등을 묘사하였고 다시 하반부에는 지옥 세계를 구체적으로 나타냈다.

그 가운데는 이른바 '칼의 산'에서 한 귀신이 죄인을 산속으로 끌고 가고 있고 뱀 두 마리가 역시 죄인을 칭칭 감고 있는 모습을 그린 그림, 새빨간 불꽃이 벌겋게 타오르는 그림, 또 2명의 옥졸(獄卒)이 칼과 창으로 절구 속의 죄인을 찧고 있으며 그 옆에 명관(冥官)과 독사가 그것을 바라보는 그림, 불 속에서 옥졸이 죄인을 추궁하는 모습을 그린 그림, 귀신이 노파의 혀를 베는 그림, 두 귀신이 펄펄 끓는 가마솥 속으로 죄인을 밀어 넣는 그림, 얼음처럼 차가운 가마솥으로 죄인을 밀어 넣는 그림, 작두 위에 올려진 죄인을 막 내리치려는 모습을 그린 그림 등이 있다.

그 밖에 돈황(燉煌)의 천불동(千佛洞)에서 발견된 단편적인 지옥도도 유명하다. 중국에서는 당나라 이후 지옥도가 특히 많이 그려져 장효사(張孝師) · 오도자(吳道子) 같은 유명한 화가들의 그림이 알려지고 있다. 그 가운데서도 화성(畫聖)이라 일컬어지는 오도자의 그림이 가장 유명한데, 그가 경공사(景公寺) 중문 동쪽 벽에 지옥변상도를 그렸더니 사람들이 그것을 보고서는 무서워하며 모두 고기를 먹지 않았다는 고사가 있다.

지옥도의 근본경전은《지장경》또는《시왕경》등이다. 불화의 경우 지장보살이 지옥의 중생들을 제도하는 의미가 있으므로 주로 지장보살도를 중심으로 그 좌우에 명부(冥府)의 십대왕과 지옥의 관리 · 사자(使者) 그리고 묶여 있는 죄인이 형벌을 받는 모습들을 그린다.

현재 남아 있는 지옥도로는 구례 화엄사(華嚴寺) 시왕도 속의 지옥 그림, 수원 용주사(龍珠寺) 감로도 속의 아귀 그림, 그리고 호암미술관에 있는 봉서암(鳳瑞庵) 감로도의 아귀 그림 등이 있다.

● 진영(眞影)

조사(祖師)나 고승대덕의 초상을 그림으로 표현한 것으로 영정 · 진 · 영 등으로 부른다. 일반적으로 진영 혹은 영정이라고 하는 것은 인물화의 한 부분으로서 사람의 용모를 그린 회화를 뜻하지만 불교미술에서는 승상(僧像)을 그린 것만을 뜻하게 된다.

《고승법현전》을 보면 '나갈성(那竭城)의 남반유연(南反由延)에 석실박산(石室博山)이란 곳이 있는데 그곳에서는 서남쪽을 향해 부처님의 영정을 걸어 놓았다.'라는 기록이 있다. 또 일본의 고승 원인(圓仁)이 쓴 《입당구법순례행기》 제3 〈죽림사조〉에는 죽림사에서 고승의 영정을 봉안했다는 기록도 보인다.

한국에서는 비록 현재 남아 있는 것은 없지만 통일신라시대부터 승려의 영정 제작이 역시 활발했었음을 쌍계사 진감선사비명을 비롯한 각종 비석 그리고《조당집》에 전래되는 범일국사(梵日國師)의 진영에 대한 시(詩) 등을 통해 알 수 있다. 조선시대에서는 유교를 숭상하던 사회 분위기 때문에 통일신라·고려시대에 비해 진영제작이 많이 줄어들었지만 각종 조사상은 여전히 계속 그려져 절 안의 조사당이나 국사당에 봉안되었다.

조선시대 승상의 특징은 지물·자세 등에서 거의 일정한 형식을 취하고 있으며, 영정을 앞에 놓고 분향 예배 등을 하여 그림이 변형되거나 본래 상태에서 손상된 것이 많다.

현재 남아 있는 진영으로는 호림박물관에 있는 원효·의상조사 진영과 하동 쌍계사 진감선사 진영, 구례 화엄사 연기조사 진영, 승주 선암사 도선국사 진영 등이 삼국·통일신라시대의 고승 진영으로 유명한 것들이다. 그러나 전부 원본(原本)이 계속 그려진 것으로는 볼 수 없고, 후세에 그에 대해 전해져 오는 외모 및 인품을 상상하여 그린 것이다. 또 고려시대 고승을 그린 것으로서는 선암사의 대각국사 의천의 진영, 대구 동화사(桐華寺) 보조지눌 진영, 은해사(銀海寺) 백흥암(百興庵) 홍진(弘眞) 진영, 송광사(松廣寺) 16국사 진영 등이 유명하다. 이 가운데 특히 송광사 16국사 진영은 16점 전부 규격이나 제작기법이 동일하며 같은 시기에 같은 화가에 의해 그려진 대단위 작품이다. 조선시대 고승 진영은 통도사의 휴정 진영과 사명대사 유정 진영 등이 유명하다.

한편 고승 진영에는 그림 한쪽에 주인공의 인격이나 덕망에 대해 그것을 기리고 추모하는 글을 지어 써 넣은 것이 있는데 그것을 찬문(讚文)이라고 한다.

● 탄생불(誕生佛)

석가모니 부처님 출생 당시의 모습을 조형으로 표현한 것이다. 석가모니 부처님이 인도 룸비니 동산의 무우수(無憂樹) 아래에서 탄생한 뒤 사방으로 일곱 걸음을 걸으면서 바른손으로는 하늘을, 왼손으로는 땅을 가리키며 '하늘 위와 하늘 아래에 오직 나만이 가장 존귀하다. 온 세상의 모든 고통 내가 마땅히 편하게 하리라(天上天下唯我獨尊 三界皆苦我當安之).'라고 하는 유명한 탄생게(誕生偈)를 읊었다.

탄생불은 바로 이때의 모습을 표현한 것이다. 따라서 불상으로 조성될 때는 상의를 벗은 아기 부처님이 오른손을 올리고 왼손을 내린 모습을 하고 있다. 그리고 팔상도 같은 불화 속에 그려질 때는 일곱 송이 연꽃을 그려서 부처님이 일곱 걸음을 걸었다는 것을 표현하고 있다.

한국에서는 신라시대에 탄생불이 특히 많이 조성되었던 것으로 생각된다. 탄생불의 양식은 거의 일정하며, 일반적인 소금동불(小金銅佛)보다도 크기가 한층 작다. 더욱이 표현된 기법도 비교적 단조로운 편으로서 소금동불 가운데서도 특이한 형식을 갖추고 있다. 탄생불은 사월 초파일 부처님 오신 날의 관정(灌頂)의식 때 주로 사용되기 때문에 후대에도 많이 조성되었다. 목조(木彫)로 된 것은 전하지 않으며 현재 남아 있는 탄생불은 20cm 정도의 소형 금동·청동불이 대부분이다.

현재 남아 있는 것 가운데 대표적인 것으로는 경기도 강화 십이사(十二寺) 터에서 출토된 것이 우수하며, 그 밖에 국립박물관 소장 및 개인 소장품이 있다. 그런데 탄생불은 크기가 매우 작기 때문에 이동이 쉬우므로 그것의 출토지 또는 전래되는 소재지가 반드시 정확한 것이라고 말할 수는 없다.

현재 남아 있는 작례(作例)를 보면 어느것이나 한결같이 무릎 위까지 내려오는 짧은 치마나 군의(裙衣)를 입고 있으며, 머리 뒷면에 광배가 달려 있는 경우도 있다. 대좌(臺座)가 있는 경우는 대좌 부분까지 한꺼번에 주조(鑄造)한 것이 대부분이다.

중국에서는 남북조시대 이래로 관불회(灌佛會)가 매우 성행했다는

기록으로 보아 관불용의 탄생불이 많이 제작되었을 것으로 생각되지
만 현재 남아 있는 것은 매우 드물고, 석상 등의 광배에 부조(浮彫)로
표현된 것이 몇 남아 있다. 또 일본에서도 오래 전부터 탄생불이 만들
어졌는데, 특히 7세기 무렵에 만들어진 것은 우리나라의 영향을 많이
받아 구별이 쉽지 않을 정도로 형식면에서 거의 똑같다.

● 탑비(塔碑)

　불승(佛僧)의 사적(事蹟)을 돌 · 나무 · 쇠 등에 새겨놓은 비(碑)이다.
본래 비란 어떠한 사실 · 사적을 기록하여 후대에 남기기 위해 글씨를
새긴 것 모두를 지칭하는 것으로서, 그 기록된 내용에 따라 묘비 · 신도
비 · 송덕비 · 사찰사적비 · 기적비(紀蹟碑) · 순수비(巡守碑) · 정려비(旌
閭碑) 등으로 나누는데 특히 불승의 행적을 기록한 비를 탑비라고 한다.
　탑비는 해당되는 승려의 부도와 가까운 곳에 위치하는 것이 보통이
다. 삼국시대부터 고려시대에 이르는 석비 가운데 가장 많은 부분을
차지하는 것이 바로 탑비인데 그 형식은 보통의 석비와 엇비슷하다.
　탑비의 형태를 밑에서부터 말하면, 맨 아래에 비석을 받치는 대좌,
그 위에 비문을 새긴 비신, 그리고 다시 그 위에 비신을 덮고 있는
옥개석(屋蓋石)을 갖추는 것이 통일신라시대 이후의 전형적인 탑비
양식이다. 대좌는 거북 형태로 만든 귀부(龜趺)와 네모 형태로 만든
방부(方趺) 두 가지가 있다. 비신은 기다란 장방형으로서 비문을 새기
는 앞면을 비양(碑陽), 뒷면을 비음(碑陰)이라고 하는데 보통 글씨는
앞뒷면에 모두 새긴다. 옥개석을 이수(螭首)라고 부르는데 세 마리 이
무기가 가운데의 여의주를 놓고 서로 엉켜 있는 모습을 하고 있는 것
이 가장 일반적이다.
　탑비의 명칭을 적은 것을 제액(題額)이라고 하며 제액은 비신의 맨
윗부분이나 이수에 새긴다. 제액은 전서(篆書)로 쓴 것을 전액, 그리
고 예서(隷書)로 쓴 것을 예액이라고 하며 또 가로로 쓴 것은 횡액(橫

1164

額), 세로로 쓴 것은 종액(縱額)이라고 한다.

비문에 새기는 내용은 비문의 글을 지은 사람과 쓴 사람 그리고 비의 건립에 관계했던 사람들의 이름을 밝히게 된다. 현재 남아 있는 탑비는 9세기 통일신라시대 이후에 속하는 것뿐이다. 보통 석비의 경우는 가장 오래된 것이 5세기 무렵에 세워진 고구려 광개토왕비이며 국내에 있는 것으로는 414년에 세워진 중원 고구려비가 있지만 탑비의 경우는 통일신라시대 이전의 것은 아직 발견되지 않았다.

현재 남아 있는 대표적인 탑비로는 통일신라시대의 것인 충남 보령 성주사(聖住寺) 낭혜화상백월보광탑비(朗慧和尚白月寶光塔碑), 경남 하동 쌍계사(雙磎寺) 진감국사대공탑비(眞鑑國師大空塔碑) 등이 있고 고려시대의 것으로서는 강원도 원성의 법천사 지광국사현묘탑비(智光國師玄妙塔碑), 문경 봉암사 정진대사원오탑비(靜眞大師圓悟塔碑) 등이 있다. 그리고 조선시대 탑비로서는 충북 중원 청룡사 보각국사정혜원융탑비(普覺國師定慧圓融塔碑), 서울 원각사비(圓覺寺碑) 등이 대표적인 것들이다.

● 탑영(搨影)

금석(金石)이나 나무에 새겨진 글씨·무늬 등을 종이에 대고 찍어내는 것으로 탁본(拓本)·탑본(塔本)·사출(寫出)이라고도 한다. 탁본은 중국에서 비롯되어 여러 나라로 전래된 것으로 보여진다. 따라서 탁본의 방법도 나라에 따라 조금씩 다른 점이 있으나 전체적으로는 서로 비슷하다. 중국 당대에는 타본·탑본이라는 말을 썼었고 또 송나라 때는 탁본이라고 했다. 이 당시 탑영의 목적은 서법(書法)을 배우기 위한 법첩(法帖)을 만드는 데 있었다.

탁본의 종류에는 습탁(濕拓)과 건탁(乾拓)의 두 종류가 있다. 습탁은 물을 적신 종이를 대상물에 밀착시키고 어느 정도 물기를 빼낸 뒤에 솜이나 곡식 등을 넣어 만든 둥그스름한 방망이에 먹을 묻혀서 대상물을 두드리는 방법인데, 이렇게 하면 대상물의 튀어나온 부분에는 먹이 묻고 들어간 부분은 여백으로 남아 글씨가 선명하게 나타나게 된다. 그리고 건탁은 대상물에 밀착시키는 종이에 물을 묻히지 않는 방법으로서 고형묵(固形墨)을 사용한다. 대부분의 탑영은 습탁으로 하는 것이다. 습탁은 다시 묵색이 마치 까마귀 날개처럼 진하게 반짝이는 듯하다고 해서 이름붙여진 오금탁(烏金拓), 굵은 방망이에다 먹을 묻혀서 치기 때문에 매미날개 같은 촘촘한 공백이 생긴다는 뜻의 선익탁(蟬翼拓), 그리고 마치 마처럼 거칠게 표현된다고 해서 이름 붙여진 격마탁(隔麻拓) 등으로 세분된다.

한국에서 언제부터 탑영이 행해졌는지 확실히 알 수는 없지만, 기록에 나타나는 것을 보면 세종 때인 1442년에 전국의 사사(祉寺)에 있는 비문을 모아서 인쇄하고 그 탑본을 여러 신하들에게 나누어 주었다는 기록이 《세종실록》에 있다. 그리고 후대에 이우(李俁)·이간(李侃) 형제가 금석문 수집에 힘을 쏟았었는데 특히 낭산군(朗山君) 이우가 삼국에서 조선에 이르기까지의 이름있는 금석문 300여 종을 모아 《대동금석서(大東金石書)》라는 책을 간행하였다. 이 책은 최초의 금석학 전문서적으로서 현재까지 전하여 온다. 영조 때에는 김재로(金在魯)가 여러 탑본을 모아 246책에 달하는 방대한 분량의 책을 내기도 했다. 그리고 김정희(金正喜)·조인영(趙仁永) 등이 펴낸 《해동금석원(海東金石苑)》도 탑본을 수집하여 편찬한 책이다.

최근에 이르러서는 황수영(黃壽永)의 《한국금석유문(韓國金石遺文)》이 출판되었는데, 이로써 일반인에게 금석문과 탑영에 대한 인식을 높이는 계기가 되기도 했다.

● 탑파(塔婆)

부처님의 사리를 봉안하기 위해 만든 건축 조형물이다. 탑파라는 말은 본래 산스크리트어의 스투파(stūpa)를 음역한 말로서 그냥 탑이라고도 한다. 탑파를 나타내는 말로는 이 밖에도 솔도파(率都婆)·수두파(數斗婆)·부도(浮屠) 등이 있으며 방분(方墳)·원총(圓塚)·고현처(高顯處)라는 말은 뜻을 새긴 말이다. 스투파는 본래 '불신골(佛身骨)'을 모시고 그 주위에 토석(土石)을 쌓아 올려 부처님의 진신사리를 봉안하는 묘'라는 의미로서, 부처님의 진신사리를 봉안하는 것이 건립의 목적이었다.

초기불교시대 부처님이 사라쌍수(沙羅雙樹) 아래에서 열반한 뒤 당시 인도의 여덟 나라가 불신(佛身)을 다비(荼毘, jhāpita)하여 나온 진신사리를 나누어 봉안하고 각 나라마다 탑을 세웠던 이른바 '분사리(分舍利)' '사리팔분(舍利八分)'의 고사(故事)는 유명하다. 이때 세운 8기의 탑을 일러 '근본팔탑'이라 한다. 그러나 불교가 널리 퍼지면서 사리를 봉안하여 탑을 세우는 일이 일반에 유행함에 따라 수량이 한정된 진신사리만으로는 수요를 맞출 수 없어 진신사리가 아닌 법신(法身)사리사상이 생기게 되었지만 탑파는 여전히 예배 대상의 중심으로 숭배되었다.

한국에서는 4세기 후반 불교가 중국으로부터 전래되면서 사찰이 건립되었으며 탑파도 그때 함께 세워졌을 것이다. 다만 그 당시에 세워진 탑파로서 남아 있는 것은 현재 하나도 없지만, 아마도 탑파 양식의 형성 과정으로 보아 한국의 초기 탑파는 목조탑(木造塔)이었을 것으로 추측되고 있다. 탑은 만들어진 재료에 따라 목탑·석탑·전탑(塼塔) 등으로 구분된다. 또 그 형태에 따라 전형탑(典型塔)과 이형탑(異型塔) 등으로 나누어진다.

목탑은 재료의 특성상 고려시대 이전에 속하는 것은 남아 있지 않지만 그 터는 남아 있으므로 당시 상황을 짐작할 수는 있다. 석탑은 현재까지 남아 있는 것이 천여 기가 알려져 있으며, 가장 오래된 석탑으로는 전북 익산 미륵사터에 있는 석탑, 충남 부여의 정림사 5층석탑 그리고 경북 경주의 감은사지 동서(東西) 3층석탑과 고선사지 3층석

탑 등이 있다. 전탑은 벽돌을 쌓아 올려 만든 탑으로서 한국에서는 그
유례가 매우 적지만 분황사 전탑이 대표적이다.

● 탱화(幀畵)

　종이나 비단 또는 베(布) 바탕에 불보살의 모습이나 경전 내용을
그려 벽에 걸도록 만들어진 불교 그림이다. 현재 전하는 고려 · 조선
시대 불화 가운데 대부분이 이 탱화의 범주에 드는 그림들인 까닭에
탱화하면 곧 불화를 떠올리거나 같은 뜻으로 쓰고 있지만 이는 불화
의 한 형식일 뿐이다. 탱화의 종류는 그려진 주제의 내용에 따라서 상
단(上壇) · 중단(中壇) · 하단(下壇) 탱화로 구분된다.

　상단탱화는 전각의 상단 즉 불전(佛殿)의 중앙에 모셔진 불보살상
의 뒷면에 거는 탱화로서 다음과 같은 종류가 있다.

　① 석가모니불탱화 : 대웅전 후불탱화로서 영산회상도를 바탕으로
해서 아미타불과 관음보살 · 대세지보살 그리고 약사불과 일광보살 ·
월광보살이 각각 좌우에 협시한 구도가 가장 일반적이다.

　② 아미타불탱화 : 극락전 탱화로서 서방정토에서 아미타여래가 설
법하는 모습을 그린 것이 보통이지만 대웅전 후불탱화와 같은 영산설
법도의 내용을 그린 것도 있다.

　③ 비로자나불탱화 : 대광명전 · 대적광전 후불탱화로서 《화엄경》의
설법장면을 그린 것이다. 대웅전이 주불전일 경우에는 비로전이나 문
수전 · 화엄전 중앙에 배치된다. 대적광전은 대웅전과 거의 비슷한 비
율로 건립되었기 때문에 비로자나불탱화 역시 석가모니불탱화 못지
않게 조성되었고 또 그만큼 많이 남아 있다.

　④ 약사불탱화 : 약사전 후불탱화로서 약사정토의 특성을 묘사했다.
일광 · 월광보살을 협시보살로 하고 사천왕이 호법신중을 하고 있다.
단독으로 배치되기보다는 삼불탱화의 하나로 많이 그려졌다. 국립박
물관 소장의 회암사(檜巖寺) 약사삼존탱화가 유명하다.

중단탱화는 불단의 좌우측에 있는 영가단(靈駕壇)에 거는 탱화로서 주로 신중(神衆)이나 호법신(護法神) 등을 그린 탱화이다.

① 칠성(七星)탱화 : 중국 도교의 북두칠성에 대한 신앙이 칠성신앙으로 불교에 습합되면서 그려진 탱화이다.

② 산신(山神)탱화 : 토속신앙의 산신신앙이 불교에 습합되어 독립된 신앙체계를 이루게 되면서 산신각에 봉안된 탱화로 산신과 그의 화신인 호랑이를 그렸다.

하단탱화는 명부전의 지장보살·시왕상 뒤에 거는 탱화이다. 대체로 불전의 좌우측 벽면에 설치되는 하단의 전면에 영가의 위패나 사진을 봉안하고 그 뒷면에 감로탱화를 건다.

제20장

불교와 민속

제20장
●
불교와 민속

高 榮 燮

1. 인도 · 스리랑카

● **재전법륜일과 암베드카르 탄생일 축제**

암베드카르의 개종을 기념하여 생긴 재전법륜일(再轉法輪日)축제는 매년 10월 20일 인도의 나그뿌르에서 열린다. 이 축제는 인도의 독립운동과 인도 현대불교의 중흥운동을 전개한 암베드카르(1891.4.14~1956.12.6)의 개종선언을 기념하여 생긴 행사이다. 그는 1956년 불기 2500년을 맞아 나그뿌르의 '딕샤부미'에서 불교로 개종하는 선언을 함으로써 인도인에게 잊혀져 왔던 부처님의 가르침을 되살려 내었다.

10월 18일이 되면 벌써부터 이 재전법륜일 행사를 위해서 전국의 인도인들이 나그뿌르에 모여든다. 200여 곳의 불교사원이 밀집해 있는 이 도시에서 매년 10월 19일에 열리는 전야제는 '딕샤부미'와 시립운동장 옆 공터 두 곳에서의 연설회로부터 시작된다. 전야제는 초저녁부터 새벽 1시까지 마라티어와 힌디어 그리고 영어로 집회가 거행된다. 이 시간에 상인들은 부처님과 암베드카르의 그림사진과 불상과 책

1172

등을 주로 판매한다. 대부분의 사람들이 전야제일부터 밤을 새우면서 재전법륜일을 그곳에서 맞는다. 당일 오전 11시에는 상가탄이 열리며 저녁 7시부터는 기념식이 열린다. 이 행사에 참가한 사람들은 암베드 카르의 유골이 봉안된 탑과 소상 앞과 법당에서 그를 기리는 의식을 거행한다. 참가자들은 자신이 준비한 음식으로 끼니를 해결하면서 전 야제부터 다음날 새벽까지 약 2박3일을 이곳에서 보낸다.

또 매년 암베드카르의 탄생일(4.14)을 맞아 거행되는 각종 학술대 회 및 기념행사는 이제 이 날이 인도인들의 국가공휴일로서의 의미를 지닐 정도로 정착되고 있다. 지난 1991년 인도정부는 그의 탄생 100 주년을 맞아 탄생일을 국가공휴일로 지정했다. 이날 인도정부는 기념 주화 및 우표를 발행하고 다채로운 전시회도 개최했다. 탄생일 기념행 사는 수상의 집전에 의해 국회의사당에서 거행된다.

이날 행사에 참여한 사람들은 평생을 불가촉천민제(不可觸賤民制) 의 폐기와 불교사상에 기초를 둔 평등사상의 건설을 주장한 그의 슬 로건을 내걸고 자신의 생각을 되돌아 본다. 한 사람 한 사람이 갖는 가치를 중요시한 그는 불가촉천민제의 철폐를 궁극의 목적으로 삼고 그 목표의 달성을 위해 오직 한길로 나아간 인물이었다. 인도인들은 매년 이 날이 되면 그의 이 정신을 가슴 깊이 새기면서 인도 현대불교 를 가슴 속에 새기는 행사를 각 가정에서도 거행하고 있다.

암베드카르는 하급계층 집안의 14명 형제 중 막내로 태어나 구미에 유학하여 법률과 경제를 공부했다. 귀국한 그는 봄베이 주정부의 요직 에서부터 관료생활을 시작하여 중앙정부의 정무장관이 되기도 했다. 학생시절 케르스카르가 쓴 《부처님의 생애》를 읽고 감명받은 것이 불 교와의 인연이 되었다. 이어 부처님의 입멸지인 쿠시나가라에 머물고 있던 우찬드라마서 장로의 감화를 받고 불교인이 되었다. 1955년 봄 베이에서 인도불교협회를 창설하여 새로운 불교운동을 전개하였다. 다르마팔라에 의한 대각회운동이 지식인과 출가자들의 조직에 의한

‘위로부터의 불교부흥운동’이라면, 그의 신불교운동은 하층계급 특히 불가촉천민들의 교화에 힘쓴 ‘아래로부터의 불교부흥운동’이라는 점에서 사뭇 의의가 크다고 할 수 있다.

그는 인도의 고질적인 풍습인 카스트제도의 폐기를 주장하였다. 그는 계급차별의 폐습은 인간평등의 불교정신에 위배되므로 불교의 사회적 실천에 의해서만 이 인습은 타파될 수 있다고 확신했다. 이 운동은 주로 하층계급에 속해 있는 불가촉천민에게 많은 호응을 얻었으며, 그 결과 1971년 통계에 의하면 불교도는 3백81만 2천325명으로 집계되었다. 가난하고 무지한 사람들에게 불교정신을 가르치기 위해서 2개의 대학을 세우는 등 교육운동 및 계몽운동을 전개한 그의 이 운동은 인도국기 안에 부처님의 가르침을 상징하는 법륜(法輪)을 모시게 함으로써 인도 현대불교를 인도인들의 가슴 속에 새기는 계기가 되었다.

매년 그의 탄생을 맞아 그의 업적을 재조명하는 행사와 그의 개종선언일을 기념하는 재전법륜일 축제는 인도인들의 가슴 속에 부처님의 가르침이 소생하고 있음을 읽게 한다. 민속행사로 자리잡아 가고 있는 이 두 행사가 모두 인도 현대불교를 중흥시킨 ‘인도의 불교인’인 암베드카르를 기리는 행사가 되고 있다는 점에서 매우 고무적이라 할 수 있다.

● 페라헤라 축제

스리랑카에는 국민의 76%를 차지하는 싱할라족이 있다. 이들은 다수민족으로 아리안계의 언어를 사용한다. 그들은 불교가 전래된 지 2500년이 되면 디야세나라고 하는 땅이 나타난다고 한다. 그들은 이 땅이 불국토가 되면 온 세상에 빛을 발하는 위대한 스리랑카의 시대가 열릴 것이라는 믿음을 갖고 있다. 불교의 완성이 곧 싱할라족의 삶의 완성이며 스리랑카 역사의 완성이라는 확신이다. 이것은 스리랑카인들의 일종의 선민의식(選民意識)이다. 불치축제(佛齒祝祭)는 이 선민의식을 상징하는 대표적인 행사이다.

부처님의 치아(佛齒)를 보호하고 봉양하게 된 유래는 다음과 같다. 기원전 543년 석가모니 부처님이 쿠시나가라에서 입적했을 때 두개골·쇄골 두 개·치아 네 개가 남았다. 이 중 왼쪽 송곳니 한 개를 케마(kema)가 칼링가(Kalinga)의 그하시바왕에게 바치고 부처님의 치아(佛牙)를 극진히 봉양했다. 이후에 판두(Pandu)의 왕이 이것을 트집잡아서 침략해왔다. 그는 일단 침략에는 성공했으나 성치의 기적을 보고는 성치를 되돌려 주고 돌아가 버렸다.

칼링가왕은 성치를 지킬 만한 힘이 없었다. 하여 이를 싱할라의 왕에게 보내기로 하고 딸과 사위에게 그 임무를 맡겼다. 변장한 공주부부는 아누라다푸라(Anuradhapura)왕이 통치하던 스리랑카에 도착했다. 그리하여 왕궁 내의 담마찻카(Dhamacakka) 대웅전에 불치를 안치시키고 성대한 불치제(佛齒祭)를 무외산사(無畏山寺)에서 열었다. 이후 국가는 이 불치를 매년마다 한 번씩 왕궁에서 무외산사로 옮겨 성대한 행사를 베풀었다. 이것이 곧 스리랑카 국민의 종교행사로 발전하게 되었다.

스리랑카의 불치축제는 '페라헤라'라고 한다. 매년 8월에 10일간 매우 성대하게 거행된다. 페라헤라는 아름답게 장식된 60마리 혹은 108마리의 코끼리와 민속의상을 입은 무희들이 참가하는 스리랑카 최대의 축제이다.

축제가 열리기 열흘 전부터 국왕의 명을 받은 사자(使者)가 왕의 옷을 입고 장식된 코끼리에 올라탄다. 그리고 북을 치면서 이제 곧 불치제가 열릴 것이라고 알리면서 걷는다. 그는 부처님이 전생에 보살로서 갖가지 자비행을 했다는 얘기를 한다. 즉 이생에서 행한 여러 가지 고행·성도·설법·교화와 지금도 사람들은 그 뜻을 기리는 생각이 간절하다는 내용을 사람들에게 알린다. 또 열흘 후에는 불치를 무외산사로 옮기는 행사가 있다고 말한다. 아울러 복덕을 쌓고자 하는 사람들은 불치가 지나갈 길을 청소하고 길가를 장식하며 공양할 꽃과 향을 준비하도록 말해 준다. 그러면 사람들은 부처님 본생담(本生譚)에 나오는 사슴·말 등의 동물 형태의 모조물을 만들어 진열한다. 이때에 거리는 생동감이 넘친다.

성내의 불치정사에 봉안되었던 불치를 꺼내 옮기는 날 불치의 행렬은 무외산사로 향한다. 행렬이 지나갈 때면 각지에서 모여든 사람들은 꽃과 향을 뿌리며 불치에 공양을 하고 성대한 축제를 벌인다. 무외산사로 도착한 불치는 이곳에서 3개월 간 공양을 받는다. 얼마 뒤 다시 성 내의 불치정사로 되돌아가 다음해를 기다리게 된다.

이 같은 불치공양과 스리랑카의 불치 전래 사실은 이 축제가 시작된 40년쯤 뒤에 이곳을 방문한 법현(法顯)이 《불국기(佛國記)》에 기록을 남기고 있다.

● 신년행사

스리랑카의 새해는 별자리의 변화를 기준으로 하여 정해진다. 이 나라의 달력으로 계산하면 주로 4월 13일 내지 14일경이다. 한해에서 다음해로 넘어가는 신·구년의 1시간 동안 스리랑카 국민들은 아무 일도 하지 않고 먹지도 않는다. 다만 종교적 행사로 사찰에서 그 시간을 보낸다. 이때 스리랑카 국민들은 스님의 법문을 듣는 법회에 참석하거나, 명상·기도를 하며 부처님께 공양을 올린다.

또 새해 아침에는 사찰이나 집에서 발원을 한다. 발원시에는 언제나 닭 모양의 램프에 불을 붙인다. 특히 이 풍습은 모든 행사나 의례에 앞서 행해지는 스리랑카의 고유풍습이다. 불교의 영향을 매우 많이 받은 풍속이다.

새해 축제는 일주일 동안 진행되는데 멀리 떨어진 식구들도 이때에는 다 집으로 돌아와 온 가족과 함께 식사를 한다. 이때 먹는 밥은 돌그릇에 쌀을 넣어 우유와 함께 짓는 게 특징이다. 이것이 가족의 번영을 가져다 준다고 하여 우유밥을 접시에 담아 부처님께 공양한다. 또 스님 그리고 마음으로 존경하는 어른에게 공양한 후 밥을 먹는다.

설빔은 매년 별자리의 변화에 따라 옷색깔을 달리한다. 또 집을 떠난 사람과 어른들은 새해가 되면 부녀자들에게 행운을 갖다 주는 나뭇잎에 동전을 싸서 준다. 이 행운의 동전은 우리나라 세뱃돈에 해당되는 것이다.

1주일 동안 마을에서는 전통적인 복싱과 민속경기가 열린다. 민속경기는 노인까지 참여할 수 있는 가족경기이다. 이것은 노인을 존경하고 가족들의 재결합을 도모하는 종교적 행사이다. 또 지난날의 잘못을 잊고 새로운 날을 맞이한다는 뜻도 있다. 특히 이 신년축제 동안에 스리랑카 국민들은 형제와 친척 그리고 이웃들과의 불화 및 적대시했던 감정을 해소한다. 아랫사람은 웃사람에게 잘못을 빌며, 웃사람은 아랫사람에게 행운을 빌어 준다.

또 새해 첫날에는 마을의 최고 어른이 기름통을 머리 위에 올려 놓고 목욕을 하는데 이것은 마을의 행운을 비는 행사이다.

● 베사카(Vesakha) 축제

베사카축제는 스리랑카의 중요한 불교행사 가운데 하나다. 대만에서 거행하는 욕불절(浴佛節 ; 북방전래의 표현)·위색절(衛塞節 ; 남방전래의 표현) 행사와 같이 부처님의 탄생과 성도(成道)와 입멸(入滅)을 기념하는 행사이다. 즉 불교의 사대명절인 사월 초파일과 성도일과 열반일과 출가일 중에서 위색절의 설에 따르면 출가일을 뺀 성도와 열반과 탄생일의 세 명절을 5월 15일에 한꺼번에 거행한다. 이 위색절의 뿌리가 바로 이 성도일과 열반일을 경축하는 스리랑카의 베사카축제라 할 수 있다.

베사카축제는 스리랑카 불교의 흥망에 관계없이 이어져 온 행사 중의 하나이다. 이때가 되면 각 가정에는 불기(佛旗)와 등(燈)이 걸리고 길가에는 무료 휴게소 겸 공양소(供養所)가 설치된다. 그리고 뜻 있는 불교도는 대탑 주위를 돌며 예배를 하거나 홀로 조용히 보리수 아래에서 명상에 잠긴다. 이 행사는 미얀마의 수제(水祭)와 비슷하다.

스리랑카는 정치적으로 복잡한 문제를 안고 있다. 국민의 대다수를 차지하는 싱할라족과 타밀족 간의 인종분리 문제와 언어의 차이, 토지개혁의 문제 등이 얽혀 있다. 뿐만 아니라 전통적인 불교국가인 스리랑카는 불교상가와의 관계 설정에 고민하고 있다. 게다가 오랫동안 불교가 담당해 왔던 교육과 사회복지 문제가 해결되지 않은 채로 남아 있다. 또 계율과 자원개발의 충돌문제 그리고 무속화된 신앙에 대한 방향의 모색 등 불교상가는 해결해야 될 많은 문제점을 안고 있다.

이러한 어려운 여건에서도 스리랑카의 불교는 건재하다. 베사카축제의 존재는 바로 이러한 모습을 우리에게 보여 주고 있다. 과거의 찬란한 불교의 전통을 되찾고 국민의 대다수를 차지하는 싱할라인의 민족 자립정신을 표현하고 있는 스리랑카의 나라 이름이 이것을 지탱해 주고 있다.

페라헤라 불치축제와 닭 모양의 램프불을 켜고 발원하는 신년 행사와 더불어 이 베사카축제는 스리랑카 역사의 과거와 현재와 미래를 동시에 보여 주는 주요한 행사다. 이들 행사가 지켜지는 한 스리랑카의 불교전통은 무너지지 않을 것이다. 약 6천 개에 이르는 사원과 2만여 명에 이르는 승려, 그리고 6백만여에 이르는 불교인들이 있는 한 현재 보이는 스리랑카의 내분은 지혜롭게 극복될 것이다.

● 피리트(Pirit)

스리랑카가 포르투갈에 의해 식민지배(1506년)를 당하게 되자 불교는 심한 압박을 받았다. 유럽인들은 불교뿐 아니라 이교(異敎)인 힌두교에 대해서도 마찬가지로 박해를 멈추지 않았다. 그러나 상가(sam gha, 僧伽)나 재가의 뜻 있는 불자들은 이런 상황 속에서도 호교호법

1178

(護敎護法)의 정신을 잃지 않았다.

역사적으로 테라바다(상좌부) 불교에는 독특한 전통이 있었다. 즉 어느 나라 상가의 힘이 기울어져서 법통을 잇기 어려운 상황에 직면하면 상좌부불교라는 공통분모를 가진 인접한 다른 나라에 가서 법통을 이어와 불교의 부활을 꾀하는 것이다. 이런 상황에서 일반 불교도 사이에서 불법의 횃불이 꺼지지 않도록 하는 데에 중요한 역할을 했던 것이 호주경전(護呪經典)이다.

불교신도들은 불탑과 보리수에 예배할 때 향이나 꽃·등불을 공양했다. 동시에 찬가를 불러서 삼보에 귀의하는 마음을 더욱 돈독히 해왔다. 이와 같은 찬가가 민간에 쉽게 보급된 것은 민간신앙인 야카(Yakkha)숭배와 이와 결부된 피리트(Pirit)라고 하는 일련의 호주경전의 보급 덕택이었다.

호주경전, 즉 피리트 혹은 파리타(Paritta)라는 것은 《밀린다팡하》 가운데 '사마(死魔)의 함정에서 벗어나는 문제'부분에 《라타나수타(寶經)》《칸다파리타(護呪經)》《모라파리타(孔雀護呪)》《다짓가파리타(幢首護呪)》 《아타나티야파리타》 《앙굴리마라파리타(鴦崛利摩羅護呪)》라고 나와 있는 것을 말한다. 이들은 모두 5부 니카야 속에 들어 있다. 그 경전이 설해진 유래와 설법 내용으로 보면 모두 호주(護呪)로 쓰기에 적절한 것들임을 알 수 있다. 파리타는 이 내용에 근거하여 재편집되었다. 그것은 왕과 왕실의 번영을 기원하기도 하고, 도성의 안전을 기원하고 주민들의 질병을 치유하기를 기원하는 데에 불리워지기도 했다.

왕실에서는 각종 행사에 이것을 채용했으며 국민들에게 수지독송(受持讀誦)하도록 널리 권했다. 이렇게 확대될 수 있었던 것은 민간에서 뿌리 깊이 행해졌던 데바(Deva, 天)신앙과 야카숭배, 그리고 나타신앙 또는 아담스피크의 수호신에서도 볼 수 있는 힌두교 신들에 대한 숭배와 결부되었기 때문이었다. 즉 야카와 같은 귀신도 파리타의

위력으로 인간에게 피해를 줄 수 없게 되고 오히려 인간을 수호하게
된다고 믿어졌던 것이다.

호주경전은 스리랑카의 상가와 민간 모두에게서 신성시되고 존중되
었다. 따라서 상가가 쇠퇴했을 때에도 파리타를 통해 민간신앙과 습합
한 불교는 민중의 지지를 상실하지 않을 수 있었다.

2. 태국 · 미얀마

● 송크란축제

태국의 신년맞이 축제를 송크란축제라고 한다. 정월 초하루에 행해
지는데 예전에는 4월 13일에 행해졌다. '송크란'이란 '상크란타'라는
범어의 태국식 발음으로 '태양이 쌍어궁(雙魚宮)을 나와 백양궁(白羊
宮)으로 들어가는 날'이란 뜻이다. 옛날의 달력에 따르면 새해의 시작
은 이 날로부터 비롯되었다. 따라서 송크란은 정월의 축제로 일년 중
가장 큰 행사였다.

이 날이 되면 태국 사람들은 아침 일찍 새 옷을 갈아입고 마을의 절
로 간다. 정성스럽게 만든 아침식사를 승려들에게 공양한다. 이렇게
태국인들은 승려에게 음식물을 공양하는 것으로 새해 아침을 맞는다.

또 이 날 태국에는 부처님과 승려 그리고 가족에게 축복의 물을 끼
얹어 주는 풍습이 있다. 물에 정화의 의미가 있듯이 축복의 물은 묵은
것을 씻어 내고 새 것으로 승화되기를 축하하는 의미를 지닌다.

방콕에서는 달력이 바뀌는 1월 1일 아침, 왕궁 앞 광장에서 '공양개
시'를 한다. 공양은 불전이나 승려들에게만 올리는 것이 아니다. 왕궁
앞 광장에는 수많은 국민들이 모여 살아 있는 것들에 대한 무궁한 공
양을 거행한다. 목숨 가진 것들은 모두 이 공양을 받을 자격이 있으며

아울러 공양할 의무가 있다.

우리나라의 방생(放生)에 해당되는 이 행사에서는 살아 있는 물고기나 새를 사서 놓아 주는 관습도 있다. 이러한 방생은 가족 및 사찰 단위로 널리 행해지는 것이다. 새해 놀이로는 보트경주와 물뿌리기가 유명하다.

태국 사람들은 죽은 뒤에 천국에 태어나기보다는 살아 생전에 행복한 생활을 하기를 원한다. 그들은 윤회의 지옥고를 받는 것을 두려워하지만 사바세계의 고통을 초월한 아라한(阿羅漢)이 되기를 원하지도 않는다. 그들은 현실주의자들이다. 현실에서 행복한 생활을 원한다.

송크란축제에 참여하는 태국인들은 행복한 생활의 유지를 위해 절에 가서 참배하고 승려들에게 보시한다. 그들에게서 보시물이 깨끗해야 한다든가 베푼 후의 공덕을 바라지 않는다는 마음가짐을 찾아 볼 수는 없다. 그것은 오히려 거추장스러운 사치이다. 아무튼 태국인들이 보여 주는 모습은 불상에 입힌 금박을 통해 공덕이 자신들에게 돌아오기를 바라는 소박한 현실주의의 모습들이다.

● 영전출가(靈前出家)

태국 사람들은 태어나면서부터 불교도가 된다. 불교도가 되기 위한 특별한 의식이나 절차는 없다. 다만 가족이 외우는 삼귀의를 어릴 적부터 합장하고 따라 외우는 데서 불교도로서의 삶이 시작된다.

불교신자로서 그들의 목적은 죽은 다음에 좋은 곳에 태어나는 것이 아니다. 단지 이 세상에서 행복한 삶을 누리는 것을 최선으로 여긴다. 재가신자에게 가장 중요한 것이 '탐붕' 즉 공덕을 쌓는 일이다. 탐붕은 단순히 고통에서 해방되기 위해서라는 소극적인 목적이 아니다. 탐붕은 보다 적극적으로 행복을 만들어 내는 원천이라는 것이 그들의 믿음이다.

'붕'이란 팔리어 '푼냐'의 태국식 발음이다. '복덕' '선행' '공덕'을 뜻한다. 그 '붕'을 만들어 내는 행위가 '탄붕'이다. 탄붕의 기본이념은 복이란 신이 내려 주는 것이 아니라 스스로 쌓은 공덕의 결과로 얻어진다고 하는 것이다. 이러한 관념은 태국인의 종교생활의 중심이 되고 있다.

공덕을 쌓는 방법에는 여러 가지가 있다. 새벽에 절을 나와 탁발하는 승려에게 공양한다든지, 매년 정월이나 건물을 새로 지었을 때 혹은 생일날에 승려를 초청해 점심식사를 공양하기도 한다. 식사뿐 아니라 옷을 물들이는 물감·비누·보온병 등 수행자들의 일용품을 공양하기도 한다.

이러한 공덕쌓기 가운데 특이한 것은 영전출가(靈前出家)의 관습이다. 대승불교권에 '한 사람이 출가하면 구대(九代)가 하늘에 태어난다.'고 하는 말이 있듯이 태국에서도 출가의 공덕을 매우 크게 여긴다. 더욱이 그들은 자신의 출가 공덕이 이미 별세한 부모에게까지 미친다고 믿는다. 그래서 부모가 죽으면 자손이 3일 내지 15일 가량 출가하기도 한다. 영전출가는 이런 것을 말한다.

이러한 믿음에 의하면 한 사람의 출가가 미치는 공덕의 영역이 이렇게 길고 넓다. 출가한 공덕이 살아 있는 부모나 자신 그리고 자식이나 손자들에게만 미치는 것이 아니라 자신의 시점을 역류하여 이미 돌아가신 부모에게까지 미친다는 것은 출가의 공덕이 얼마나 큰 것인가를 돌아보게 하는 것이다. 부모가 죽으면 자손이 한시적으로 출가한다는 영전출가의 전통은 태국불교의 오늘을 읽을 수 있는 척도이다.

영전출가와 더불어 돌아가신 부모의 업장을 소멸시키기 위해 공덕을 전송(轉送)하는 의식도 있다. 이 의식은 물을 작은 병에 넣어서 승려들의 독경에 맞춰 조금씩 떨어뜨리는 것이다. 즉 '아누모타나'라고 말할 때부터 떨구기 시작해서 '사피'라고 할 때 끝나도록 해야 한다. 이 의식은 자식이 이 세상에서 쌓은 공덕을 저승의 부모에게 보내 그의 업을 없앤다는 믿음에서 행해지고 있다. 스리랑카에도 이와 비슷한 의식이 있다.

● 황금의 탁발

11세기 파간왕조의 아나라타왕(1044~1077 재위)때에 전래된 이래 불교는 미얀마의 정신사를 이끌어 오고 있다. 이 나라에는 세계에서 가장 큰 높이 120미터 둘레 450미터의 불탑(페구 所在)과 60미터의 와불(페구 所在)과 450여 개 탑의 대리석 판에 새겨진 불경(만달레이 所在)이 간직되어 있다. 약 2천8백만의 인구 중 85%가 불교도라는 점에서 또 그들이 보유하고 있는 세계에서 가장 큰 이 세 가지의 불교 문화재에서도 미얀마인들의 불교적 정열을 읽어볼 수 있다.

4백50만 개의 불탑을 가진 '탑의 나라' 미얀마는 아시아 불교의 원형을 간직하고 있는 몇 안되는 나라이다. 미얀마 문화의 원형을 간직하고 있는 파간왕조의 수도 파간은 온갖 파괴와 지진에도 불구하고 2천5백여 개의 완전한 유적을 지닌 '유적의 도시'이다. 미얀마 불교인들은 폐허가 된 이곳 유적에 와서도 부처님의 위대한 법력 앞에 감동하고 뜨거운 눈물을 흘리곤 한다.

미얀마에는 황금빛 정경이 자주 벌어진다. 인위적이든 인위적인 것이 아니든 황금빛깔은 미얀마를 상징하는 색깔이다. 때문에 미얀인들은 자신의 나라를 '황금의 미얀마'라고 부른다. 수확기가 되면 금으로 입혀진 사원의 지붕과 추수기의 들판이 절묘한 조화를 이루어 나라 전체가 황금빛으로 물든다. 노란 법의를 입고 황금빛으로 물든 들판을 발우(鉢盂)를 들고 눈을 지그시 내린 채로 걷는 승려들의 모습은 장관이다.

탁발은 주는 자와 받는 자의 이분을 전제로 한다. 따라서 이 탁발을 통해 미얀마의 문화를 읽을 수 있다. 수행자들이 발우를 들고 거리로 나서면 미얀마 불교인들은 너도 나도 시주를 한다. 미얀마인들의 일상 생활에서 탁발은 가장 중요한 의식적인 의미를 갖는다. 하루의 일정한 시간에 일정량의 음식을 준비하여 두었다가 제공하는 것이 미얀마인들의 삶의 규칙이 되고 있다. 이는 탁발하는 승려들의 규칙적인 생활 못지않게 미얀마인들의 종교의식과 신앙형태를 엿볼 수 있는 중요한 모티프이다.

국민들은 가장 깨끗한 밥이나 음식을 준비하여 두었다가 수행자들이 탁발하러 오면 경건한 마음으로 시주를 한다. 시주는 금전이나 상품이 아니라 정성스레 만든 음식이다. 따라서 국민 85%가 불교신자이며 약 12만의 출가자들이 수행하는 이 나라 생활문화에서 우리는 인도 초기불교 수행자들의 탁발 모습 그대로를 연상해 볼 수 있다.

오늘날 수행자들의 탁발문화가 사라진 현실 속에서 인도 초기불교 수행자들의 수행 모습을 살펴보려면 이 미얀마의 탁발을 통해서만이 가능하다고 해도 지나친 말은 아닐 것이다. 미얀마의 황금 탁발문화는 지금도 불교와 민속 또는 불교와 생활이라는 두 축 속에서 오랫동안 어긋나지 않고 팽팽히 균형을 유지해 오고 있다. 스리랑카와 더불어 상좌부불교의 원형을 가장 잘 지켜오고 있다는 점에서 이 황금의 탁발문화는 미얀마 출가자들의 의식뿐만 아니라 미얀마인들의 심성을 읽을 수 있는 귀중한 문화현상이다.

● **나트신앙**

미얀마에서는 정령(精靈)을 '나트(nat)'라고 말한다. 이 나트신앙은 자연숭배·조상숭배·영웅숭배와 결합되어 오래전부터 민간신앙의 뿌리가 되어 왔다. 이 신앙은 9세기경부터 왕성해졌다고 한다. 민간신앙적인 요소는 하부 미얀마보다 상부 미얀마 쪽에서 오히려 두드러지게 나타난다. 이 신앙은 단순히 미얀마 종족뿐 아니라 다른 종족 사이에서도 복잡한 형태로 믿어져 오고 있다.

나트는 크게 세 가지로 분류될 수 있다. 첫째는 천신·귀신을 의미하는 것이다. 둘째는 대지·허공·삼림·산·계곡 내지는 집에 깃드는 정령을 뜻하는 것이다. 셋째는 조상·영웅 등의 영혼을 뜻하는 것 등으로 분류될 수 있다. 이외에도 다양한 갈래가 있다. 이들은 미얀마·몬·산·카친·카렌·친 족 등에 공통되는 것이 있는가 하면 종족마다의 독특한 것도 있다.

미얀마인의 촌락에는 나트를 모시기 위한 나트싱이라고 하는 사당이 있다. 여기에 모셔진 나트상은 머리에 앞이 뾰족한 관을 쓰고 눈알이 앞으로 튀어나온 듯한 괴상하고 무서운 모습을 한 것이 많다. 미얀마인은 이런 나트에는 선령과 악령이 있다고 여긴다.

카친 족 중에는 나트소오라는 악령만을 인정하는 자도 있다. 어쨌든 나트를 인정하는 이상 선령에게는 수호를 간절히 기원하고 악령에게는 재앙을 내리지 말기를 기원하는 수밖에 없다. 이 때문에 나트 사당에는 항상 과일·음식·물 등이 공양된다. 가장 두려워하고 있는 것은 악한 나트가 인가에 접근해 와 집안으로 들어오는 일이다. 미얀마인들은 모든 재앙이나 불행이 이로 말미암아 일어난다고 믿고 있다.

몬 족 사이에는 마을의 수호신과 집안의 수호신을 모시는 관습이 있다. 이들은 재앙과 질병을 막기 위해 이들 수호신에게 제사를 올린다.

나트에 대한 제사는 농부들이 수확을 하기 전에 정기적으로 행한다. 지방에 따라서는 1년에 두 번씩 하는 곳도 있다. 예로부터 잘 알려진 나트 제사는 포파 산과 타웅본에서 하는 것이다. 과거에 비구생활을 한 적이 있는 민돈왕은 1876년 나트신앙 금지령을 내렸다. 하지만 제사의 금지에는 성공하지 못했다. 현재도 성행하고 있는 팅잔이라는 수제(水祭)는 나트숭배와 관련된 것이다.

● 수제(水祭)

미얀마의 새해는 4월에 시작된다. 이 달이 되면 나트들의 왕 타자밍(힌두교의 인드라 신)이 3일간 지상으로 내려온다고 해서 팅잔이라는 수제(水祭)가 미얀마 각지에서 성대하게 열린다. 이날은 남녀노소를 막론하고 길거리에 나와 서로에게 물을 끼얹는다. 불교사원에서는 여인들이 물로 불상을 깨끗이 씻는다. 불상을 물로 씻는 것은 7세기경 인도에서 행해지던 관욕작법(灌浴作法)을 당나라의 의정(義淨)이 그의 《남해기귀내법전(南海寄歸內法傳)》에서 소개한 바 있다. 미얀마에서는 이 수제를 대중적인 행사로 개최하고 있다.

불상을 씻을 때는 은으로 된 그릇에 물을 가득 담아 쓴다. 이 물은 부처님께 올렸던 길상수(吉祥水)이다. 그리고 불상에는 향수를 바른 뒤 닦아 내고 다시 향수를 뿌려 씻는다. 이런 의식이 진행되는 동안에 음악이 연주된다.

관욕식은 물로만 하는 것은 아니다. 물 대신에 차로 하는 나라도 있고 대만과 같이 향료로 하는 경우도 있다. 물은 정화한다는 의미가 있다. 정화한다는 것은 묵은 때를 씻어 낸다는 것이다. 정화는 씻어 내기 이전과 씻어 낸 이후의 경계선이 분명하다는 의미를 지닌다.

불탄일마다 거행되는 관욕식은 이러한 의미를 갖는다. 즉 사바세계의 어둠을 밝히러 오신 부처님 자신이 이미 정화의 의미를 간직하고 있다. 이 사바세계 전체를 정화한다는 상징적 의미가 네 바다의 물을 길어 부처님의 전신을 씻는 것에 상응되는 것이다.

미얀마의 수제는 이러한 의미를 잘 계승하는 것이다. 은으로 된 그릇에 담은 물로 불상을 닦고 향수를 뿌리는 이 의식이 바로 정화의 의식이다. 미얀마인들에게 이 정화의 의미는 불상을 닦아 낸다는 것에 머물지 않는다. 이웃과의 정화, 사회와의 정화로 전개된다. 그것은 곧 함께 산다는 인식에서 솟아나오는 나눔의 기쁨이다.

이날 미얀마인들은 대문을 모두 열어제치고 길가는 사람을 위해 차·과일·담배 등을 무료로 제공한다. 이는 미얀마인들의 무주상보시로 마치 스리랑카의 베사카(Vesakha)축제와 비슷하다. 이렇게 3일 동안 축제를 벌이면 타자밍은 다시 범천계로 돌아간다고 믿는다.

3. 싱가포르 · 베트남 · 발리

● 종이집 천도

싱가포르의 장례의식 가운데 특이한 것은 화려한 종이집으로 영혼을 천도하는 것이다. 장례의식은 모두 사찰에서 행해진다. 사람이 죽으면 먼저 화장하여 뼈는 가루로 만들어 납골당에 안치한다. 싱가포르인들은 법당 한쪽에 무척 아름답고 화려하고 큰 종이집을 만들어 놓는다. 그들은 죽은 이가 그 화려한 집에서 영원히 살기를 기원하는 영혼천도 의례를 거행한다.

종이집의 규모는 들이는 비용에 따라서 다르다. 화려한 경우는 네온사인도 장식한다. 심지어는 진짜 시계까지 꼭대기에 장식하기도 한다. 종이집 천도행사는 신선세계(仙界)에 대한 현대적 상상력을 총동원하여 황홀한 광경을 자아낸다.

절에서 49재를 올릴 때면 대웅보전의 왼쪽 옆에는 엄청나게 화려한 종이집이 벽면을 향해 놓인다. 종이집 앞에는 '이 옷상자를 건네 받은 망자시여! 한 신위라도 가시는 길에 거둬 쓰시도록 삼가 올립니다(此衣箱交付亡者! 一位正魂冥途收用謹封).'라는 글귀를 써 놓는다. 그리고 망자의 이름과 돌아간 날짜가 함께 쓰여진 옷상자가 몇십 개 놓인다. 그 속에는 종이로 만든 정교한 옷들이 가득 담겨 있다.

또 한쪽에는 검은 비닐주머니가 쓰레기 더미처럼 커다란 덩이로 몇십 개 놓인다. 거기에는 모두 종이돈(紙錢)이 들어 있는데 그것은 직접 액수를 지불하고 사는 것이다. 이 돈은 귀신들이 가면서 쓸 노자이다. 종이돈은 귀신들과의 교류를 상징한다. 노자가 없으면 귀신은 떠나지 않는다.

가족들은 승려들의 독경에 따라 죽은 이 앞에서 절하거나 읍(揖)을 한다. 또는 독경을 경청하기도 한다. 49재 마지막 날에는 그 집과 옷 상자와 돈보따리를 한꺼번에 불태운다. 이러한 풍습은 여러 나라에 있다. 우리나라만 해도 사람이 죽으면 그 사람이 살아 생전에 입던 옷을 모두 불태운다. 그래야만 죽은 자와 산 자가 정화가 된다고 믿기 때문이다. 이 불은 바로 죽은 자와 산 자의 만남을 끊는 경계선이다.

싱가포르인들은 이 불꽃이 크면 클수록 영혼은 화려한 신선세계(仙界)에 머무르게 된다고 믿는다. 하여 죽은 자도 산 자도 모두 행복한 삶을 이어갈 수 있게 된다는 것이다.

● 화호교(和好敎)와 고태교(高台敎)

베트남은 중국과 인접한 국경에서 카모우 곶까지 남지나해를 따라 남북으로 가늘고 길게 놓여 있다. 베트남은 월남(越南)이라고도 한다. 그것은 고대 중국에서 월(越)나라의 남쪽이란 뜻으로 사용한 데서 유래한다. 베트남은 전역사를 통하여 유교·불교·도교 등의 중국의 문화적 영향이 넓고 깊었다. 그럼에도 불구하고 정치적으로는 두드러지게 반(反)중국적인 경향을 띠었다. 그것은 중국의 지배와 강압에 대한 항쟁과 독립을 쟁취하고 유지하기 위한 것이었다.

19세기경 베트남 사회에서는 정토교 색채가 짙은 불교가 남과 북에서 발전하였다. 그것은 오랜 동란에 시달려 온 민중의 마음에 극락정토에 태어나기를 설하는 가르침이 쉽게 받아들여졌기 때문이다. 그 후 프랑스의 무력침략에 의해 굴욕적인 불평등조약을 강요당하고 단계적으로 식민지화되어 가자, 불교는 더욱 민중적인 종교로 변화되어 갔다. 절에서 행하는 신앙행사도 민족적인 정령숭배 또는 조상숭배와 혼합되어 있었다. 의식도 도교적 색채가 강했다. 뿐만 아니라 절에 부처님과 나란히 공자와 맹자의 상이 모셔져 있어도 결코 이상하지 않았다.

프랑스 침입의 어수선한 분위기 속에서 1848년 메콩 델타에 있는 안강성(安江省)에서 보산기향(寶山奇香)과 단명완(段明緩)은 '절도 없고 승려가 아니더라도 나무아미타불만 염하면 된다(無寺無僧念佛).'고 하는 정토교 계통의 신흥교단 보산기향파를 탄생시켰다. 이 간단한 신앙과 교의는 급속히 메콩 델타지역 농민들 사이에 확대되어 갔으며 반(反)프랑스 독립운동의 주체가 되었음은 두말할 나위도 없다.

1939년 안강성에서 다시 그 맥을 이어서 황부수(黃富數)는 화호교(和好敎)를 시작하여 중요한 정치집단으로 활동하였다.

신흥 불교교단으로 화호교와 함께 고태교(高台敎)가 있다. 고태교는 화호교보다 먼저 메콩 델타지역에서 성립한 신흥교단으로 베트남의 통일 전까지 사이공 정부에 대해 비판적 입장을 취하고 있었다.

고태교는 화호교보다 더욱 혼합 종교의 성격이 강해 불교의 분파로 넣지 않기도 한다. 그렇지만 신앙형식과 근본을 이루는 것은 역시 정토교와 도교를 복합한 세계관이라는 점에서 완전히 배제할 수 없는 것이다. 고태교는 도교·불교·기독교 외에도 전통적인 민간신앙과 유교·그리스철학의 사상을 융합한 특이한 종교체계를 교의로 했다. 고태교 신자는 더욱 늘어나 가톨릭과 비슷한 정도로까지 조직을 이루었다. 하여 프랑스와 독재정권에 반대하는 정치세력은 남베트남 정치에 커다란 영향을 미치게 되었다.

● 페단다 바웃다

발리섬에서는 성직자를 페단다(Pedanda)라 한다. 페단다는 사회적인 승인을 받은 특정한 스승으로부터 직업적인 훈련을 받은 사람으로 예배하는 주신(主神)에 따라 둘로 나뉜다. 즉 쉬바교의 성직자인 페단다 사이바와 불교의 성직자인 페단다 바웃다이다.

그들은 아침예배 때 기도로 정화된 성수(聖水)를 팔아 생활한다. 때로는 제사와 법요(法要)를 의뢰 받아 임시수입을 얻고 있다. 두 그룹 사이의 반목은 전혀 없다. 지방의 쉬바교와 불교는 고대 자만부도의 두 개의 종파를 이루고 있다. 쉬바와 부처님은 형제로서 신봉된다.

불교 성직자인 페단다 바웃다의 기도소를 '구리야'라고 한다. 이것
은 범어의 '집(家)'을 뜻하는 '구리하'라는 단어의 와전이다. 페단다가
구리야에서 기도하는 과정은 다음과 같다.

페단다는 기도 전에 먼저 자신이 있는 곳의 안팎을 깨끗이 한다. 의
식을 시작할 때는 먼저 동쪽을 향해 엎드린다. 앞에는 령(鈴)·고(鉏)·
향·등불·물병·가루·꽃을 놓는다. 이러한 용구의 이름은 모두 범어
다. 이 용구들은 진언종에서 의식을 할 때 사용하는 것과 같다.

페단다는 꿰맨 곳이 없고 흰색이며 무늬가 없는 네모진 천조각을
두 장 입고 머리에는 아무 것도 쓰지 않는다. 사이바는 머리를 묶어서
조그만 꽃으로 장식한다. 바웃다는 머리를 묶지 않고 목언저리에서 짧
게 자른 단발이다.

신분이 천한 자나 일반인들을 위한 의식이 아닌 경우 페단다는 진
언을 외우고 결인(結印)을 한다. 그리고 팔찌를 끼고 귀걸이를 달고
백팔염주를 갖고 관을 쓴다. 그러나 발리섬 사람들은 누구도 페단다가
무엇을 하든 개의치 않는다. 의식이 행해지는 일정시간 동안만 페단다
가 전문가로서 필요하다고 생각하기 때문이다. 페단다는 의식에 참석
한 사람들 속에서 잊혀진 존재와 같다. 사람들이 관심을 갖는 것은 페
단다가 가지기도(加持祈禱)를 한 성스러운 물이다. 페단다가 전념으
로 기도한 부처님이나 신에 대해서는 아무 관심도 없는 것이다. 페단
다는 말하자면 의식전문가라고 여겨질 뿐이다.

4. 티벳·몽골

● 천장(天葬)

천장은 조장(鳥葬)이나 견장(犬葬) 그리고 풍장(風葬)을 포괄해서

말한다. 조장(鳥葬)은 보통 독수리나 까마귀 등 천조(天鳥)에게 시신을 넘겨주는 것이다. 그러나 조장다운 조장은 비용이 많이 들어 극소수 부자들만 하고 있을 뿐이다.

절대 다수인 서민들의 장례는 보통 시신을 새에게 적당히 나눠 준다. 새는 눈동자나 살점을 주로 파먹는다. 새가 먹고 남은 뼈에 붙은 살점이나 굳은 살점들은 모두 개의 차지이다. 이것이 바로 견장(犬葬)이다. 시신의 부드러운 부분이 새의 몫이라면 그 나머지 뼈 등은 개의 몫이다. 티벳인들은 자신의 살과 뼈를 먹은 개가 죽으면 사람으로 환생한다고 굳게 믿고 있다. 이 때문에 티벳인들은 개에게도 인격을 부여할 정도로 극진한 대접을 하고 있다.

장례는 그 밖에도 토장(土葬, 埋葬)·화장(火葬)·수장(水葬)·영장(靈葬, 塔葬) 등의 장례법도 같이 실시되고 있다. 영장(靈葬)은 국왕인 달라이라마나 왕승인 림포체의 시신을 미이라로 만들어 탑에 모시는 왕장(王葬)이다. 화장(火葬)은 일반인은 엄두를 못 낸다. 큰 부자나 고승들의 전유물일 뿐이다. 옛날 숲이 울창했던 시절엔 티벳인 모두가 화장을 했다. 그러나 지금은 흙탑을 쌓아 전신주로 만들 만큼 나무가 귀하다.

수장(水葬)은 어린아이나 거지가 죽으면 물고기 밥이 되게 한다. 물에 잠긴 시체는 부패하여 이내 물고기들의 뱃속으로 들어간다. 토장(土葬)은 30cm만 파도 바위층이 드러나 곤란하다. 암벽지대인 티벳에서 매장은 거의 불가능하다. 따라서 이 토장법은 전염병 환자나 범죄자의 전용 장례법으로나 사용할 뿐 일반인들은 누구나 기피한다. 뿐만 아니라 이 장례법은 땅을 오염시키고 온갖 벌레의 온상이 되기 때문에 기피되고 있다.

티벳인들은 기왕 먹이가 될 바엔 베푸는 마음으로 새나 동물의 먹이가 되는 것이 바람직하다고 생각하였다. 하여 조장이나 견장이라는 독특한 장례법이 생겨났다. 시신을 독수리나 개의 먹이가 되게 한다는 것을 사체에 대한 불경으로 보는 나라에서는 끔찍한 일이다. 매장을 통해 조상의 음덕을 기대하는 중국과 국경을 맞대고 있는 나라(현재는 티벳 자치구)에서 이러한 풍습이 거행되고 있다는 것은 놀라운 일이다.

그러나 티벳인들은 주검에 별로 집착하지 않는다. 주검이란 혼이 더 이상 존재하지 않는 단순한 물체이며 부패해 가는 부정(不淨)한 것이라고 생각한다. 이 같은 세계관은 불교의 윤회설과 접목되어 불교 의식의 하나로 자리잡아 지금에 이르고 있다.

● 불교적 성씨(姓氏)인 자시

티벳의 오랜 역사는 불교와 토착 종교인 본교(Bon-po)와의 습합 속에서 이어져 왔다. 불교 중에서도 인도의 유가행 중관학파와 비밀불교를 수용한 티벳은 특히 힌두이즘과 습합된 비밀불교와 토착종교인 본교와의 갈등 속에서 역사를 지속해 왔다. 7세기 초 송첸캄포 왕대에 통일국가가 성립된 뒤부터 불교는 국교로서 국가통치이념을 제공하는 역할을 해 왔다. 즉 초대 달라이라마에서 현재 14대 달라이라마에 이르기까지 불교적 이념으로 국가를 통치해 옴으로써 티벳의 문화·풍속 곳곳에는 불교적 요소가 뒤섞여 있다.

티벳에는 씨족사회 때의 모계풍습이 아직도 강하게 남아 있다. 도시나 상류층에서는 일부일처의 부권 우위로 변해가고 있다. 하지만 도심에서 조금만 벗어나면 여성상위의 일처다부제가 주류를 이루고 있다. 귀족이나 행세하는 집안은 가문이나 혈통을 중요하게 여긴다. 그런데 성씨(姓氏)만은 아버지나 어머니의 성씨를 따르지 않는다. 티벳인들에게 아버지나 어머니의 성씨는 중요하지 않다. 부모와 태어난 아이와의 성씨는 무관하다.

티벳인들의 성(姓)은 월·화·수·목·금·토·일의 일곱 가지이다. 가령 월요일에 난 아이는 달님을 뜻하는 '다와'로 불린다. 화요일 태생은 명마(名馬)의 뜻인 '형마'라는 성씨를 갖는다. 수요일에 난 아이의 성씨는 바람의 뜻인 '라마'이다. 목요일에 생겨난 아이는 난다 (飛)는 뜻인 '푸부'의 성씨를 갖는다. 금요일에 태어난 아이의 성씨는 별(星)을 뜻하는 '바상'이다. 토요일에 난 아이의 성씨는 횃불을 뜻하는 '빔바'이다. 일요일에 태어난 아이는 해를 뜻하는 '니마'라는 성씨를 갖는다.

요일을 딴 성(姓)씨 이외에도 행복이나 불교의 법륜(法輪)을 뜻하는 '자시', 훌륭한 아들이 되어 달라는 '생케' 같은 성도 있다. 특히 부처님의 가르침을 상징하는 법륜 즉 진리의 수레바퀴를 표현하는 '자시'는 대개 불교인들이 붙이는 성이다. 요일을 따서 붙인 성씨는 아니지만 이것은 한국이나 중국 그리고 일본 등에서 부처님의 제자인 출가자들이 부처님의 아들임을 나타내어 붙이는 '석씨(釋氏)'의 의미를 지니고 있다.

이름은 한 사람이 보통 서너 개, 많으면 수십 개도 갖고 있다. 아기가 탄생하면 라마승에게 가 별자리를 찾아 이름을 짓기도 한다. 라마승은 하늘의 별자리를 살펴서 그 이름을 따 붙이거나 또는 새로이 짓기도 한다. 이것은 법륜을 나타내는 '자시'와 마찬가지로 불교적 이름을 가지는 계기가 된다. 티벳인들은 자라면서 몹쓸 병을 앓고 나면 새로 태어난 것으로 보고 새 이름을 짓는다. 그리고 사원에 들어가면 승려의 이름을 받게 된다. 사원에서 받는 이름은 법명(法名)이자 법호(法號)의 역할을 한다. 또 성인이 되면 새 이름이 붙고 관직에 오르면 다시 새 이름을 갖는다.

이러한 제도는 모계나 부계가 불분명한 풍습이 낳은 현명한 제도인지도 모른다. 오랜 세월 이어오던 일처다부제나 일부다처제는 20세기 초 영국의 영향과 50년대 중국의 정책에 따라 일부일처제로 바뀌고 있다. 그러나 아직도 여자가 절대권을 쥐고 있다. 그것은 장녀가 중심이 되어 대물림을 하고 있는 것에서도 알 수 있다.

결혼제도가 점차 일부일처제로 바뀜에 따라 부권의 우위가 강화되는 티벳에서도 성씨만큼은 아직도 아버지의 성씨를 따르지 않는다. 태어난 아이가 어머니나 아버지 두 사람의 성씨를 따르지 않는 나라는 아마 이곳 티벳이 유일할 것이다.

● 만전(萬殿)

만전이란 이동식(移動式) 제단이다. 불단(佛壇)처럼 화려한 조각을 한 직사각형 나무통인 만전의 한쪽에는 볶은 보리가 놓여있다. 다른 한쪽에는 티벳인들의 주식인 볶은 보리를 간 '참파'라는 보릿가루와 야크젖으로 만든 버터가 놓여 있다. 또 그 위에는 갖가지 색깔로 물들인 보리·조·밀·수숫대가 타르초처럼 꽂혀 있다. 늘 볼 수 있는 만전의 풍경이다.

만전은 티벳 사람이면 집집마다 차려 놓고 있는 불단과 함께 빼 놓을 수 없는 신주(神主)단지 같은 것이다. 이 이동식 제단은 옮겨 다닐 때마다 설치되어 티벳인들의 종교의식이 거행된다. 티벳의 이동식 제단인 만전은 티벳인들의 의지처다. 불교국가인 티벳에서 이 만전은 이동식 불단의 역할을 한다. 옮겨 다닐 때마다 이 만전을 가장 먼저 설치하고 예배하고 공양한다. 공양물은 가장 깨끗한 햇곡물을 올린다. 티벳인들의 정성이 담긴 표현이 이동식 제단 만전의 풍경이다. 직사각형의 나무통으로 조각된 만전이 없는 티벳인의 처소는 어디에도 없다. 만전은 티벳인들의 상징이며 티벳인의 길을 지켜 주는 제단이다.

티벳에서는 귀한 손님을 맞이하는 환영식에 다음과 같은 특이한 의례가 행해진다. 크게 네 단계로 나뉘진다. 환영식은 먼저 카타라고 부르는 기다란 흰 명주수건을 목에 걸어 주는 것으로 시작한다. 흰 목수건인 카타는 귀한 손님을 접대하는 행운의 징표이다. 카타가 없는 티벳은 상상할 수 없을 정도로 그것은 귀중한 예물이다. 카타를 목에 건 손님은 만전의 볶은 보리를 엄지와 식지로 몇 알을 집어 하늘을 보고 두 번 던진다. 두번째는 몇 알을 집어 맛을 본 후 참파를 버터에 묻혀 앞서 한 것처럼 한다. 이것은 부정(不淨)이 있다고 생각되는 대상을 향하여 거행하는 정화(淨化)의 주술을 상징하는 의미를 지닌다. 이어 참파를 누룩으로 해서 만든 티벳 토속주 창을 엄지와 가운데 손가락으로 찍어 두 번을 하늘에 튕긴다. 이것도 정화의 의미를 머금고 있는 주술 상징이다. 마지막으로 가운데 손가락의 창을 맛보고 한 잔을 쭉 들이키는 것으로 환영식이 끝난다.

이 밖에도 티벳을 상징하는 것으로 흰 집과 타르초를 들 수 있다. 띄엄띄엄 서 있는 길가의 집은 모두가 두부처럼 빚은 직사각형의 하얀 집이다. 티벳인들은 흰색을 귀신이나 악령을 쫓고 행운을 가져다 주는 색깔로 믿는다. 집집마다 지붕 위에는 불경이나 그들의 염원을 쓴 다섯 가지 색깔의 깃발인 타르초가 펄럭인다. 다섯 색깔이란 파랑·빨강·초록·노랑·하양을 말한다. 푸른색은 하늘을 나타낸다. 흰색은 구름을 표현한다. 붉은색은 불을 상징한다. 초록은 물을 표시한다. 노란색은 땅을 의미한다. 타르초는 티벳의 모든 골목에서 볼 수 있는 깃발이다.

● 차(茶)문화와 연찹

티벳인들은 차를 생활화하는 민족이다. 티벳의 하루일과는 차로 시작해서 차로 끝난다. 적게 마시는 사람이 하루 20~30잔이고, 보통은 50~60잔 정도이다. 차를 티벳에서는 '차' '자' '쟈'로 발음한다. 티벳의 차는 주로 버터차를 말한다.

왕대나무를 통으로 자른 듯한 '똥모(지름 15~18cm, 길이 1.5m정도)'라는 차를 만드는 통 속에 야크젖으로 만든 버터를 넣고 그 위에 끓는 차를 붓는다. 거기에다 소금과 입맛에 맞는 향료를 넣고 피스톤같이 생긴 자루를 두 손으로 잡고 절구질하듯 아래 위로 골고루 섞는다. 이렇게 해서 단백질과 지방질, 풍부한 비타민과 카페인이 함유된 버터차가 된다.

티벳에서는 가정집이나 사원의 불전(佛殿)에 모두 차를 올린다. 먼저 불상 앞에는 '연찹'이라는 맑은 물(井華水) 일곱 잔이 놓여진다. 이 물을 '츄'라고 부른다. 일곱이라는 숫자는 부처님이 태어나자 일곱 걸음을 걷고 그 발자국마다 핀 일곱 송이 연꽃을 뜻한다.

연찹의 오른쪽에는 차가 오른다. 특히 그들의 수호신인 여신 '타라' 앞에는 보리로 빚은 술인 '창'까지 올려진다. 불전에 놓인 츄와 차 그리고 창은 이들이 가장 신성시하는 성수(聖水)이다. 사원에서는 부자든 거지든 참배객이 불전에 합장을 하면 불전 옆을 지키고 있던 스님이 독경을 해주면서, 그가 스님 앞에 오면 불전에 올려진 일곱 잔의 성수인 츄를 오른손 바닥에 몇 방울 떨어뜨려 준다. 그것을 받은 참배객은 이것으로 입술을 적시고 나머지는 머리 위를 적시는 엄숙한 모습을 볼 수 있다.

또 스님들은 차를 만들어 거리에서 대중들에게 공양하기도 한다. 저녁 6시는 조캉사원 앞 바르코르 시장의 차공양 시간이다. 이때는 스님들이 김이 무럭무럭 나는 차를 싣고 나오면 남녀노소 할 것 없이 모두 지니고 있던 찻잔을 내민다. 티벳인들은 그 성스러운 차를 한 잔씩 받아서 각자 자기 길로 가곤 한다.

● 토장(土葬)

재래식 몽골 장례에는 개방식과 폐쇄식의 두 가지가 있었다. 개방식이란 죽은 이를 땅 위에 그대로 놓은 채 머리 위에 장대를 세워 두는 것이다. 장대 끝에는 불꽃과 함께 해와 달을 상징하는 토템(Totem)을 장식한다. 이때 장대 끝의 불꽃은 죽은 이의 자손이 끊이지 않고 번성하기를 기원하는 것이다. 샤먼(Shaman)의 죽음일 경우에는 시체를 화장한 뒤에 그 재를 나무에 박아 넣기도 했다. 폐쇄식이란 토장(土葬)을 말한다. 지금은 문화와 인지의 발달로 토장만이 행해진다. 그 절차는 다음과 같다.

몽골에서는 사람이 죽으면 일정 기간 아무도 시체에 손을 댈 수가 없다. 죽은 이를 그대로 둔 채 겔(Ger ; 몽골식 천막 집) 안의 모든 물건을 밖으로 꺼낸다. 시체는 특별한 주단을 깔고 그 위에 사자 형상으로 눕혀 놓는다. 오른쪽 엄지손가락으로 코를 막고, 그 손 위에 머리를 놓는다. 왼손은 몸에 평행하게 뻗게 한다. 죽은 이가 여자면 겔의 동쪽에 모시고 죽은 이가 남자면 겔의 서쪽에 모신다. 그리고 나서 꼬박 이틀 동안을 겔 천장문을 닫고 기도를 한다. 이틀 뒤에는 죽은 이의 영혼이 하늘 나라에 갈 수 있도록 겔 천장문을 활짝 열어 놓는다. 이 수일간 겔 안에는 촛불이 켜져 있으며, 시체는 '하닥'으로 얼굴만 가려 놓는다.

장례일은 물론 시체에 먼저 손을 댈 수 있는 사람의 자격까지도 상세히 적은 책자가 따로 있다. 모두 이 책에 근거해서 장례식을 치른다. 장례날은 죽은 해와 날짜와 시간 등을 고려하여 택한다. 장례식 하루 전에 시체를 흰 천으로 싼 다음 향과 함께 흰 주머니에 넣는다. 시체는 달구지나 낙타에 실려 백마를 탄 사람의 안내로 매장지까지 간다. 이때 몇몇 사람들이 시체와 함께 매장할 물건과 음식을 담은 쟁반·차 등을 갖고 시체의 뒤를 따른다.

매장지에서는 땅에 차와 하닥·돈 등을 놓고 사슴뿔로 선을 그은 다음 그 안에 시체를 묻는다. 이때 죽은 이가 대지(大地)를 존경했다는 뜻으로 머리 밑에 흰 돌과 값진 물건을 함께 묻기도 한다. 마지막으로 몽골의 특색인 독특한 독경을 하면서 곡식의 이삭을 뿌린다. 이 의식은 죽은 이의 자손이 곡식의 이삭처럼 번성하기를 기원하는 뜻이 담겨 있다.

장례를 마친 후에는 돌아오는 도중에 절대로 뒤를 돌아보지 않는다. 매장지에 갈 때와는 다른 길로 되돌아 온다. 집에 도착해서는 두 곳에 모닥불을 피운다. 모닥불 사이를 지나가면서 부정한 몸을 깨끗이 해 달라고 기원한다.

장례 후에는 죽은 이를 추모하는 검소한 기도회가 열린다. 장례 후 21일째 되는 날에는 죽은 이가 숭배하던 신(神)의 상을 그리고 불교식의 49재를 지낸다. 요즘에는 장례 후 불로 정화하던 것을 손 씻는 것으로 대신한다. 49재 때에는 무덤 앞에 쌀을 담은 접시를 놓고 술을 무덤가에 뿌리는 것으로 그 격식을 대신하기도 한다.

5. 중국 · 대만

● 화장(火葬)

화장이라는 것은 본래 인도에서 대중화된 장례법이다. 화장은 죽은 뒤에 주검을 태워 그 가루를 땅속에 묻거나 강물 위에 뿌리는 의식으로 인도에서 불교에 의해 보편화되었다. 이후 중국에도 불교와 더불어 전래되어 후한 이후에는 이 장례법이 일반화되었다.

중국에서는 화장을 화화(火化)라고 불렀다. 후한 명제 때에 중국에 불교가 공식 전래된 이래 불교의 화장법은 중국 전래의 노장이나 유교의 장례법과 충돌을 일으켰다. 본래 중국에서는 부모가 낳아준 육신을 태울 수 없었다. 육신은 모두 부모로부터 받은 것이므로 훼상하지 않는 것이 효도의 제일로 여겨졌다. 죽은 조상의 시체는 매장을 통해서 땅속에 묻어야만 그 후손이 음덕을 입는다고 여겼다.

특히 중원지구에 살았던 한대(漢代) 이전의 한민족에게 이 화장은 가장 치욕스런 것이었으며 가장 극심한 형벌의 하나였다. 전국시대에 연나라가 제나라를 공격할 때 제나라 사람들의 무덤을 파서 시체를 불태웠다. 이에 제나라 사람들은 그것를 보고 모두 슬피 울며 전쟁에 나가 싸웠는데 노하기가 백열 배나 되었다고 《사기》 〈전단열전〉은 전한다. 그만큼 한대 이전에 있어 화장은 가장 치욕스런 형벌이었다.

그러나 한대 이후 위진 남북조와 수당대에 불교문화가 중국문명의 심장부로 들어가서 문명의 기선을 잡자 당대 불교인들에게 있어 화장은 보편적인 장례법이 되었다. 불교 승려들은 부처님의 가르침을 따라 죽은 뒤에는 반드시 화장(茶毘)하였다. 그 이후 화장법은 민간에도 널리 보급되기에 이르렀으며 심지어는 왕실에서도 이 장례법이 실행되었다.

송대 이후에는 화장법이 하나의 풍속으로 정착했다. 앞 시대에 상대적으로 우세했던 불교가 송대를 거치면서 신유학인 성리학에 밀리게 된다. 중앙에서 영향력을 잃어 가던 불교가 점점 민간신앙과 습합되면서 새로운 형태의 불교의 모습을 띠고 전개된다. 이때에 화장법은 서민들에게까지 일반화되었다.

그러나 명·청대에는 조정에서 이 화장법을 금지하였다. 국가에서 공식적으로 화장을 금지하게 되자 이 장례법은 점차 쇠락해 갔다. 다만 고대소설의 소도구로나 동원될 뿐 화장은 점점 민간에서도 거부되는 의례가 되었다. 자연히 매장의 풍속이 우세하게 되었다. 민국기에 들어와서 불교신자가 늘어나자 화장법은 다시 활기를 띠고 새로 거행되고 있다.

● 춘절(春節)

대만의 새해는 우리나라와 같이 음력으로 지내고 있다. 음력 설날로부터 15일까지를 '춘절'이라 한다. 대만에서는 이때가 1년 중 가장 화려하고 중요한 날이다. 폭죽소리와 함께 사묘(寺廟)는 선남선녀의 참배로 붐빈다. 관광지는 유객으로 가득차며 상점은 휴업하는 곳이 많다. 새해에 각 가정은 아침 일찍 일어나 신과 부처님 그리고 조상의 위패에 절을 한다. 또한 문이나 벽에는 행복·장수·번영을 비는 '춘(春)' '재(財)' '복(福)' 자의 춘련(春聯 ; 붉은 종이에 먹 또는 금색으로 축하하는 시를 쓴 것)을 거꾸로 붙이며 재앙을 쫓는다. 이것은 새해의 풍

요로움을 상징하기도 하며 객실 중앙에는 많은 접시에 먹을 음식을
쌓아 놓기도 한다.

사묘를 찾는 경우에는 꼭 스님에게 세배를 한다. 세배 후에는 빨간
봉투에 공양비를 넣어 스님에게 전하며, 가족의 부를 기원한다. 섣달
그믐에는 반드시 집에 와서 가족과 식사를 하는 풍습도 있다. 식사는
주로 떡만두국을 먹는다. 만두를 만들 때 1원짜리 동전을 깨끗이 씻어
만두 속에 넣는다. 만두를 떡국과 함께 끓여 먹다가 이 동전을 깨무는
사람은 그 해에 복이 있다고 한다.

음력 정월 15일은 새해 축제의 마지막 날로서 '원소절(元宵節)'이라
고 한다. 이날 사찰에서는 제등재(提燈齋)가 열린다. 민가와 상점의
추녀 밑에는 등을 걸어 놓고, 용과 사자춤으로 시가지를 누비며 밤 늦
게까지 사람들은 축제를 즐긴다. 새해 축제기간 동안 가족들은 주로
마작놀이를 하는데 남녀노소 구별 없이 온 가족이 함께 즐긴다.

연등불을 들고 행진하는 등불놀이는 정월 대보름날의 달맞이하고도
연결되고 있다. 중국에서는 대보름날을 '떵지에(燈節)' 또는 '쌍으위엔
지에(上元節)'라고 부르는데, 산에 올라가 보름달을 감상하며 새해의
농사일을 점치기도 한다. 이 풍습은 우리나라와 매우 비슷하다. 중국
사람들은 이 날 등불을 들고 부처님을 모신 절로 향하는 사람이 많으
며 이는 불교와도 깊은 관계를 가지고 있다.

● 욕불절(浴佛節) / 위색절(衛塞節)

욕불절(북방불교 전래의 표현)·위색절(남방불교 전래의 표현)은 부
처님의 탄생에서 비롯된 것이다. 욕불은 말 그대로 부처님을 목욕시킨
다는 뜻이다. 인도에서는 전륜성왕이나 성자가 태어나면 네 바다(四
海)의 물을 길어 태어난 아이의 몸을 씻기는 풍습이 있다. 하지만 이
러한 의식이 보편화된 것은 사월 초파일 아기 부처님의 관욕식(灌浴
式)에서부터라고 해야 할 것이다.

석탄절인 사월 초파일은 남방과 북방에 따라 그 셈법이 달라 약 두 달 차이를 두고 치뤄진다. 하지만 북방불교에서는 모두 음력 4월 8일을 부처님 탄생일로 여겨 이 관욕식을 거행한다. 북방불교에서는 특히 이 사월 초파일과 열반절을 중심으로 불교의식을 거행한다. 사월 초파일 절에서는 욕불절 법회를 열며 나라에서는 이날을 기념하여 죄인들을 석방한다.

욕불을 할 때는 반드시 물로만 하지 않는다. 요즈음 대만에서는 갖가지 진귀한 향료로 관욕을 하기도 한다. 예로부터 서역이나 남방에서는 물 대신에 진귀한 향료로 거행되었다. 적당량의 향료를 잘 조절하여 관욕식은 진행되었다. 아름다운 향기가 주위를 덮으며 불교도들은 모두 합장 예배로 성자의 탄생을 축하하곤 했다. 대만의 전국 사찰에서는 이 날 모두 욕불절 의식을 거행한다.

남방불교 전래의 표현인 위색절은 특히 탄생과 성도와 열반의 세 시기가 모두 달이 둥근 때(月圓)라고 하여 삼기동일경(三期同一慶)이라고 표현한다. 즉 사월 초파일과 12월 8일의 성도일 그리고 2월 15일의 열반일이 주요 경축 명절이었다. 이 세 명절이 불교의 최대 경축일로 자리잡았다.

원래 대만은 중국대륙의 민남지구였다. 따라서 대만의 불교신앙은 전통적으로 북방불교의 욕불절 기념행사의 맥을 이어 총림행사 및 경축행사를 거행해 왔다. 그런데 남방불교의 위색절에서 중요시하는 음력 4월 8일과 12월 8일의 성도절 그리고 2월 15일의 열반절도 수용하여 음력 5월 15일 보름에 집중적으로 경축 작법을 해왔던 중국불교 총림의 전통을 대만불교는 초파일과 열반절을 중심으로 바꾸어 따로 경축행사를 거행하였다. 하지만 이 두 경축의 방식은 달력을 보는 계산법에 따른 차이일 뿐 그 기념의 의미는 같다.

당나라 현장의 《대당서역기》 제6권에 전하는 것들이 다 그런 예들이다. 즉 상좌부가 전하는 달과 날짜와 다른 부파가 전하는 달과 날짜가 같지 않다. 하지만 이러한 차이는 달력의 계산법에 의해 달리 셈한 것일 뿐이다.

● 동령탁발(冬鈴托鉢)

대만불교의 특징은 활발한 사회봉사와 비구·비구니의 높은 자질이다. 성직자의 높은 자질은 사회봉사 활동으로 회향된다. 사회봉사 활동 가운데 주목할 만한 것은 매년 연말에 대대적으로 행해지는 동령탁발이다. 동령탁발은 연말에 스님들이 거리에 나가 염불을 하여 받은 시물(施物)을 사회복지 기관에 희사하는 행사이다.

사회복지 활동은 중국불교회 산하 각급 지회와 사찰·단체 등에서 의무적으로 실천되고 있다. 신도단체로는 1968년 창립된 중화불교거사회(中華佛敎居士會)와 대학생들의 모임인 불교학사(佛敎學社)가 대표적이다. 불교학사는 전문대학을 포함한 전국 38개 대학에 모두 창설되어 있다.

대만의 승려들은 활발한 사회활동뿐 아니라 일반인들의 존경을 받을 수 있는 자질을 함양하기 위해 노력한다. 그들은 사찰에 소속되어 있는 불학원(佛學院)과 불학연구소(佛學硏究所)에서 철저한 교육을 받는다. 불학원은 한국의 강원과 같은 곳으로 이곳에서는 일반학교의 교과목과 불교과목을 함께 가르친다. 현재 고웅동방불학원(高雄東方佛學院)을 비롯하여 대만에는 20개소의 불학원이 있다. 대학원 과정인 불학연구소는 5개소가 있다. 학제는 3년~4년이며, 매년 600~800명이 배출된다. 이 가운데는 승려가 아닌 일반신자들도 다수 포함되어 있다. 대만의 5만여 승려 가운데 비구는 1만3천 명에 지나지 않는다. 나머지 3만7천여 명은 모두 비구니이다. 이들은 같은 사찰에서 생활하면서 교화와 사회봉사에 헌신하고 있다.

대만불교의 교육과 사회봉사는 이제 괄목할 만한 성과를 거두고 있다. 전국에 불교계에서 세운 고등학교와 직업학교가 6개 있다. 이들

학교에는 각종 장학금도 20여 종이 넘는다. 이 밖에 의료복지를 위해 3개의 불교병원이 운영되고 있다. 치료비의 반액 또는 전액을 면제해 주는 시의진소(施醫診所)도 10여 개가 넘는다. 무의탁 노인을 위한 양로원도 5개소가 운영되고 있다. 수행자들이 동령탁발로 걷은 보시물은 모두 이들 기관에 기탁된다.

이렇게 폭넓은 사회활동을 가능하게 하는 모티브는 부처님의 가르침인 연기중도행에의 사무친 통찰이다. 따라서 대만불교 수행자들의 수행정신의 상징인 이 동령탁발은 이러한 통찰에서 솟아나오는 자발적인 보살행이다. 절대 결혼하지 않는 출가자들은 그러나 부모님들을 가까이 모시며 효도한다. 탁발하여 거둔 시물은 철저히 사회로 다시 되돌린다. 이러한 회향의 밑거름은 모두 탁발의 정신에서 나오는 것이다. 이 동령탁발은 대만 국민들과 호흡을 같이하며 진행되므로 활력 있는 불교행사가 되고 있다.

● 우란분절(盂蘭盆節)과 중원보도(中元普度)

중국에서는 우란분절과 중원보도가 있는 7월을 '귀신의 달(鬼月)'이라 여긴다. 그래서 7월 내내 그들은 귀신들을 마치 형제 대하듯(好兄弟) 조심스레 행동한다. 불교명절인 우란분절은 《목련경》과 《우란분경》에 근거한 명절이다. 이날은 수행자들이 음력 4월 15일에서부터 음력 7월 15일까지 안거를 한 뒤, 그 안거(수행)의 힘으로 중생을 제도한다는 상징적인 의미가 있는 날이다.

이들 경전에 따르면 부처님은 지금 살아 있는 부모나 7대의 죽은 부모를 위하여 7월 15일에 밥이나 여러 가지 음식과 다섯 가지 과일을 담은 바구니와 기름·등촉·평상·좌복 등을 갖추어 세간의 여러 가지 맛난 음식으로써 시방의 여러 공덕 있는 수행자들에게 공양하라고 말씀하신다.

목련은 안거(수행)를 하여 여섯 가지 신통력을 얻었다. 목련은 신통력의 눈으로 지옥을 살펴보았다. 자신의 친어머니 청련(靑蓮)부인이 살아 생전에 지은 온갖 업으로 말미암아 지옥에서 고통 받는 것을 발견했다. 목련이 그 고통을 덜어 주려고 한 날이 바로 이 날이다. 그래서 우란분회를 열어 어머니의 고통을 덜고 끝내는 괴로움의 구렁텅이에서 건져 내었다. 그 때문에 7월 15일에는 풍성한 제품(祭品)들을 공양하는 습속이 오래 전부터 내려오고 있다.

사실 우란분회는 불교의 명절이지만 불교와 도교가 습합된 중원보도는 사람들이 중요시하지 않는 듯했다. 일반적으로 말하면 중원보도는 대만 국민들에게 하나의 종교의 경축일로 여겨져 왔다. 하지만 이 날에 대해 전통종교의 습속의 연장으로서 혹은 존중으로서의 깊은 역사적 이해와 심각한 종교심리적 반성은 없었다.

도교적인 습속이 가미된 표현이기도 하지만 상원(上元 ; 1월 15일 대보름)과 중원(中元 ; 7월 15일 百種)과 하원(下元 ; 음력 10월 15일)으로 일년을 삼분하여 태일(太一)이나 성수(星宿)를 모신 도관(道觀)에서 제사를 올렸다. 도교에서는 일년에 세 번 인간의 선악을 살피는 때를 '원(元)'이라 하였다. 따라서 중원인 이 날 사람들은 초제(醮祭)를 지내고 있다. 중원보도는 1년 중 가운데에 들어 있는 '중원'의 행사인 것이다.

매년 7월 1일이 되면 대만 사람들의 대화나 행동 가운데에 '귀신의 달을 형제를 대하듯'이라는 갖가지 금기사항으로 가득 차 있다. 예를 들어 연애를 하는 젊은 남녀들은 이 달을 피해 6월이나 8월에 혼례를 올린다. 7월에 혼례를 올려 아내를 취하면 이른바 '귀신의 마누라(鬼婆)'가 해코지를 한다고 믿기 때문이다. 또 이사를 하거나 개인사업을 시작할 때는 반드시 7월을 피해야 된다고 믿고 있다. 따라서 이 달은 사람들이 진실로 두려워하고(惶恐) 삼가하는(戒愼) 마음으로 전전긍긍하여 '귀신의 달을 형제를 대하듯이'라는 기운으로 가득 차 있는 기간이다.

대만 사람들은 이 달이나 이날에 잘못하면 죄를 짓는다(得罪)고 하여 부드러운 미소와 정성스런 우의를 표현하는 등 행동거지에 사뭇 진지함을 싣고 생활한다.

중원보도이자 우란분절인 7월 15일은 대만 전국민의 약 50% 이상이 불교신자인 현실에서 꾸준히 지켜 오는 명절이다. 집안의 사랑이나 사당에 관음보살과 노자를 모시고 있는 것처럼 대만에는 불교와 도교가 혼용된 민속신앙으로서의 중원보도와 불교의 전통 명절인 우란분절이 이 날 서로 만나고 있는 것이다.

● 납팔죽(臘八粥)

납팔죽은 납월(12월) 8일에 먹는 죽의 이름이다. 납월 팔일은 부처님이 성도하신 날이다. 불교에는 초파일·출가일·열반일·성도일의 사대 명절이 있다. 하나를 더 치면 우란분회가 열리는 우란분절이다. 이 가운데 깨달은 사람(覺者) 즉 부처님으로 새로 태어난 날이 이 성도절이다. 따라서 불교명절 중 가장 중요한 날이다.

이날 절에서는 죽을 쑤어 먹는다. 음식은 대개 황미(黃米)·백미(白米)·강미(江米)·소미(小米)·능각미(菱角米)·밤알(栗子)·홍강두(紅江豆)·껍질 깐 대추(去皮棗) 등을 씻어서 물을 붓고 삶아 익힌 뒤 붉은 복숭아·은행알·조자(瓜子)·화생(花生) 등을 섞어 만든다. 조리법과 드는 재료는 워낙 많고 다양하여 다 헤아릴 수가 없다. 때문에 이 음식에 드는 주요 재료를 줄여서 부르다가 '칠보(七寶)' '오미(五味)'라는 말이 생겨났다.

사람들은 이날 납팔죽을 만들어 정성스럽게 불전에 올린 뒤 여러 집으로 돌려 나누어 먹는다. 이 납팔죽은 원래부터 절에서나 만들 수 있는 절 음식이었다. 진귀한 재료와 여러 손이 가야 만들 수 있는 별미식이었기 때문에 일반인들은 만들어 먹을 수가 없었다.

모든 사찰음식들이 그렇듯이 음식들이 일반인에게 전해지면 그 조리법이 생략되기 마련이다. 납팔죽도 마찬가지이다. 원래 성도일에 절에서나 만들어 먹던 고유한 납팔죽이 이제는 일반인들도 만들어 먹을 수 있는 음식으로 전해졌다. 이렇게 해서 납팔죽은 중국인들에게 일반적인 별식이 되었다. 여기에서 불교문화의 보편화 과정을 확인할 수 있다.

납팔죽에 쓰이는 재료는 매우 다양하다. 주로 쓰이는 과일류 다섯 가지는 붉은 대추·밤알·낙화생(落花生)·능각(菱各)·향우(香芋) 등이다. 또 이 죽에는 다양한 쌀이 들어간다. 그러나 이렇게 다양한 과일과 쌀 등이 들어가기 때문에 일정한 규칙이나 특징은 없다. 오히려 특징이 없기 때문에 어떠한 고유한 이름을 붙이지 못하고 사람들이 그냥 납월 팔일에 먹는 죽이라는 뜻에서 ‘납팔죽’이라고 부른 것이다. 이것이 납팔죽이 보편화된 사회적 정황이다.

소설 《홍루몽》 제19회에도 납팔죽의 고사가 보인다. 뿐만 아니라 송대의 여러 민간 자료에도 납팔죽의 요리법이 자세히 보인다. 이러한 정황으로 보아 아마도 당대를 지나 송대부터 이 납팔죽은 절에서만 먹는 음식이 아니라 이미 서민에게까지 전달된 별미식이었을 것으로 보인다. 이것은 곧 불교가 중앙에서 밀려나 민간으로 습합해 들어가면서 불교의 고유 명칭인 ‘납월 팔일에 먹는 죽’이라는 부정칭(不定稱)의 이름에서 ‘납팔죽’이라는 하나의 명사로 정착된 것을 보여주는 것이다.

6. 한국

산신(山神)

산신은 산군(山君)·산령(山靈)·산신령(山神靈)이라고도 표현된다.

모두 산을 수호하는 신령들의 다른 이름이다. 우리 민속에서는 산악을 신성한 것으로 여기고 거기에 신령이 깃들어 있다고 보았다. 치성을 드리는 행위로부터 산신에 대한 신앙이 생겨났다. 산신신앙·산신제·산신탱화·산신각·산신놀이(제주도)·산신교 등이 산신을 매개로 해서 생겨난 파생어들이다. 이러한 파생어 중에서 가장 널리 알려진 것이 산신신앙과 산악숭배다.

산신신앙은 산악을 신성하게 생각하여 믿음을 바치는 일련의 행위를 의미한다. 산악숭배는 천지 및 천체신앙과 함께 자연신앙의 가장 중요한 부분을 이루고 있다. 산신신앙과 산악숭배가 자연숭배의 일단으로 상고대 북방계열의 사회에서 오래 전부터 지켜져 왔음은 중국측 사료에서도 확인할 수 있다.

우리나라 산악신앙의 물줄기는 단군신화와 수로왕신화에서 비롯된다. 단군신화에서의 산은 신이 내려오는 곳이며 동시에 신의 거주처로 나타나고 있다. 단군의 죽음이 입산 뒤 산신이 된 것으로 나타나고 있기 때문이다. 《삼국유사》〈기이편〉'혁거세왕'조의 기사나 '선도성모수희불사'조 기사는 산신신앙의 뿌리를 보여 주는 근거들이다. 또 신라 제5대왕 파사이사금이 메뚜기들이 주는 농사피해를 이기기 위해 산천에 두루 제사지냈다는 기록이 있다. 제7대 일성이사금이 몸소 북쪽으로 순례하여 태백산에 제사지냈다는 기록도 있다. 뿐만 아니라 백제 제5대 초고왕 시대에는 단(壇)을 모아서 천지산천에 제사드렸다는 기록도 있다

신라에는 나력(奈歷)·골화(骨火)·혈례(穴禮) 등 대사(大祀)를 바친 삼산(三山)과 토함·지리·계룡·태백산과 부악(父岳) 등 중사(中祀)를 드린 오악이 왕가의 산악숭배의 벼리였다. 또 소사(小祀)를 바친 상악(霜岳)·설악(雪岳)·감악(紺岳)·서술(西述) 등 전국에 걸쳐 스물 네 개의 산들이 있었다. 이들 산들은 특히 국가수호와 재해방지를 위한 기도와 기우 등을 비는 신앙의 대상이었다. 고려왕조 역시 태

조의 유훈에 따라 신라처럼 국가 수호와 왕실 보존의 진산(鎭山)으로 산악을 숭배했다. 고려왕조의 산악신앙은 다시 조선왕조에 의해 계승되었다. 동의 금강산 · 남의 지리산 · 중의 삼각산 · 서의 묘향산 · 북의 오대산 등의 5악(岳)과 동의 오대산 · 남의 속리산 · 중의 백악산 · 서의 구월산 · 북의 장백산 등의 5진(鎭)이 태조 때에 제사지내는 산으로 이미 정해져 있었다.

이들 왕조의 산악숭배는 국가 수호와 왕조 보존 및 천재지변의 극복 등과 연관되었다. 진산(鎭山)은 이러한 산악신앙의 개념이 포괄된 용어이다. 따라서 산신과 산악은 지역 수호신의 성격을 강하게 띠고 있다. 따라서 산신은 산신령 또는 산령으로 관념화되어 노인으로 나타나거나 호랑이로 나타나기도 한다.

이러한 산신신앙과 산악숭배사상을 토착화 과정에서 수용한 불교는 사찰 속에다 전각을 지어 산신각이라 부른다. 원래는 불교와 무관한 산신이지만 불교의 진리를 보호하는 호법신중(護法神衆)이 되어 호랑이의 모습으로 혹은 노인의 모습으로 묘사되어 산신각 안의 탱화 위에 형상화된다. 환조로 빚어진 것도 없는 것은 아니나 도상화(圖像化)한 것만 모시는 경우가 대부분이다. 허나 이러한 산신각의 유래는 조선시대에 들어와서야 겨우 나타나기 시작했을 뿐이다.

● 칠성(七星)

원래는 천체의 하나인 별로서의 칠성을 말했다. 그 중에서도 남두칠성과 북두칠성 가운데에서 우리나라는 특히 북두칠성을 신앙해 왔다. 칠성은 비가 내리기를 비는 대상신 또는 인간의 장수와 재물을 관장하는 신 등으로 다양하게 신앙되는 신적 존재의 하나이다. 그리고 천체의 대상에 대한 신앙이 많은 도교의 주요 신격이기도 하다.

칠성에서 파생된 용어는 칠성각 · 칠성굿 · 칠성교 · 칠성당 · 칠성본풀이 · 칠성새남 · 칠성탱화 · 칠성풀이 등 다양하다.

칠성각은 수명장수신을 봉안하는 곳으로 사찰 당우의 하나이다. 칠성굿은 수명장수 발원을 위하여 행하는 무속의례의 명칭이다. 칠성교는 1922년 창립된 도교계의 신종교이다. 칠성당은 하늘의 북두칠성을 인격신화한 칠성신을 모셔 놓은 신당이다. 칠성본풀이는 제주도의 무당굿에서 심방이 노래하는 부신(富神)의 신화인 동시에 그 신화를 노래하고 기원하는 제차(祭次)의 이름이다. 칠성새남은 뱀신(蛇神)인 칠성에게 걸린 병을 치료하는 제주도 무당굿의 하나이다. 칠성에게 걸린 병은 칠성이라는 뱀을 죽였거나 죽은 것을 보았기 때문에 걸린 병을 말한다. 칠성탱화는 불교탱화의 하나로서 칠성을 불교의 호법선신(護法善神)으로 수용하고 이를 의인화하여 묘사한 불화이다. 칠성풀이는 호남지역 일대에서 전승되는 서사무가를 말한다. 이와 같이 칠성은 우리 민족에게 굉장히 친근한 신앙형태로 간직되어 오고 있다.

우리나라에서는 오래 전부터 기우제를 지내면서 칠성신을 모신 기록이 나타난다. 조정에서는 태일(太一)을 지낼 때 칠성신에게 제사를 지냈고 무속에서는 지금도 칠성신을 모시고 있다. 태일초(太一醮)에서 기우제를 지냈다는 기록으로 알 수 있는 것은 이러한 기우제의 대상신이 민간에까지 영향을 미쳤을 것이라는 점이다. 뿐만 아니라 민간신앙과 도교신앙과 불교신앙이 습합된 형태가 오늘날 사찰에 남아 있는 칠성각이다.

칠성과 불교의 습합된 모습은 다음과 같이 몇 가지로 정리될 수 있다. ① 칠성은 비를 비는 신앙에서 물로 상징화되고 비를 내리는 신으로 믿어진다. ② 칠성은 인간의 수명을 관장하는 신으로서 병 없이 건강하고 오래 살도록 수호하여 준다. ③ 칠성은 재물과 재능을 관장하는 신으로 믿어진다.

이와 같이 불교적 행사일인 칠석에 비가 내리면 풍년이 든다고 하는 것이 불교적인 의미와의 결합이다. 칠성님께 빌면 오래 산다는 것처럼 민간신앙에서 칠성은 수명장수의 모티프로서 관념화되어 있다.

그리고 제주도 전설에서와 같이 칠성이 부자가 되게 하는 재물신앙으로까지 관념화되어 있다.

결국 이러한 칠성의 관념은 잘 분화되지 않은 채 복합적인 형태로 뒤섞여 사찰 안에까지 자리잡게 되었다.

● 독성각(獨聖閣)

독성은 스승 없이 혼자서 깨친 독각(獨覺)의 성자이다. 즉 독수선정(獨修禪定)하여 도를 깨달은 자를 말한다. 우리나라에서는 나반존자(那畔尊者)를 봉안하는 것이 통례이다. 본래 독성은 부처님의 제자였다. 아라한과를 얻고 석가모니 부처님의 수기를 받아 남인도의 천태산에서 머물다가 말세 중생의 복덕을 위하여 출현한다 하여 특별히 복을 희구하는 신도들의 경배대상이 되고 있다.

흔히 칠성(칠성각)과 산신(산신각)과 이 독각(독성각)을 합쳐서 삼성(三聖)이라 한다. 우리나라 사찰 안에는 삼성각(三聖閣)이란 전각을 지어 모시고 있는 절도 있다. 그런데 우리나라에서는 이 독성신앙에 특유의 단군신앙을 가미시켜 새롭게 수용하고 전개시켰다. 따라서 이 독성을 모신 독성각은 우리나라 사찰 특유의 전각 중의 하나이다. 이것은 한국불교의 토착화 과정을 보여 주는 좋은 예가 된다.

독성각에는 나반존자상을 비롯하여 후불탱화인 독성(獨聖)탱화를 모신다. 사찰에 따라서는 탱화만을 봉안하는 경우가 대부분이다. 하지만 사료에 의하면 이 독성각은 삼국시대나 고려시대에는 거의 존재하지 않았다. 지금 삼국·고려시대 것으로 남아 있는 전각은 없다. 아마도 조선시대에 널리 보급되어 한 전각으로 자리잡은 것으로 보인다.

이것은 조선조가 주요정책으로 내세웠던 숭유억불의 기치 아래에서 불교가 어려움을 겪고 있을 때 생겨났을 것이다. 불교도들의 눈에 조선조가 말법시대라고 부정적으로 비칠 때, 강력한 자각에 의해 말법중생에게 복을 주고 소원을 성취시켜 주는 나반존자에 대한 신앙이 싹튼 것으로 보인다. 이것이 산신각이나 칠성각과 더불어 사찰 안에 삼성각이라는 전각이 자리잡게 된 배경이라 할 수 있다.

지금도 대웅전을 중심으로 하는 불공 못지않게 독성각을 중심으로 불공이 거행되는 것도 우리나라 서민층의 의식을 반영하는 것이다.

또 독성탱화는 독성존자를 형상화한 불화이다. 대개 독성각에 단독으로 모셔지거나 삼성각 안에 칠성탱화와 산신탱화와 함께 봉안된다. 독성탱화는 수독성탱(修獨聖幀)·나반존자도(那畔尊者圖)라고도 한다. 보통 16나한탱화와 같은 구도법으로 그려진다. 독성탱화는 나무와 산이 무성한 천태산을 배경으로 그려진다. 늙은 비구가 석장(錫杖)을 짚고 앉아 있는 모습이 이 탱화의 특징이다. 하지만 때때로 동자가 차를 달이는 모습도 있다. 또 동자와 문신(文臣)이 양쪽 협시로 나타나 나반존자와 나란히 배치되는 경우도 있다.

● 용왕(龍王)

나라에 따라 용은 사람들의 마음속에 상서로움으로 간직되어 있다. 예로부터 용은 기린(麒麟)·봉황(鳳凰)·거북(龜)과 함께 네 가지 영물(四靈)로 인식되어 왔다. 고대 이집트·바빌로니아·인도·중국 등 문명의 발상지 어디에서나 이미 오래 전부터 이 용은 상상적인 동물로서 신화나 전설의 중요한 제재로 등장했다. 뿐만 아니라 민간신앙의 대상으로서 중요한 역할을 해 왔다. 용은 상상의 동물이기 때문에 민족에 따라 또는 시대에 따라 그 모습이나 기능이 조금씩 달리 이해되어 왔다. 그 근거는 용을 형상화한 각종 조각이나 그림에서 잘 나타나고 있다.

용의 우리말은 '미르'이다. 이것은 물(水)의 옛말인 '믈'과 상통한다. 또 '미리(豫)'의 옛말과도 관련이 있다. 용을 지칭하거나 용과 관련된 말은 다양하다. 용이 되려다 못 된 특별한 능력을 가진, 깊은 물속의 큰 구렁이인 이무기, 이무기의 방언으로 사람이나 짐승을 잡아먹는 이시미, 하늘에서 내려온 가상적 동물신인 영노(비비), 경상도 일대에서 말하는 용이 채 못 된 뱀인 꽝철이, 그리고 바리 등으로 불려진다. 또 용신신앙에서는 용이 물과 깊은 관계를 가지고 있음에 따라 수신(水神)으로 상징되어 용왕·용왕할머니·용신할머니·용궁마나님 등으로도 불린다. 이러한 용을 보는 관점은 각색이다. 민간신앙·풍수·설화·불교 등의 관점에 의해 용은 각기 다양하게 묘사되거나 원용된다.

불교에서는 용을 호법중(護法衆)으로 수용한다. 원래는 인도에서 뱀을 신격화한 것이 용이다. 용왕의 관념은 코브라 중 가장 큰 종류인 킹 코브라의 형상에서 비롯되었을 것이다. 인도 원주민들의 사신(蛇神) 숭배신앙의 대상인 용은 불교와의 오랜 대립을 통해 불교의 호법중이 된다. 따라서 불교에서 말하는 용왕·용신은 호법중인 천룡팔부(天龍八部；天·龍·夜叉·乾達婆·阿修羅·迦樓羅·緊那羅·摩睺羅迦)의 하나로서 불법을 수호하는 반신반사(半神半蛇)의 존재로 그려지고 있다.

인도백과사전인 《번역명의집》 팔부중편 나가(Nāga)조에서는 용을 세 가지로 분류하고 있다. ① 천궁을 수호하는 용 ② 비를 부르는 용 ③ 지룡(地龍)·회전륜왕(回轉輪王)·대복팔장(大福八藏)을 윤(輪)으로 하는 용이다. 불교에서의 용은 선악 양면의 관계를 표현한다. 선룡(善龍)은 불법을 수호하는 용이다. 난타(難陀)·발난타(跋難陀)·사가라(娑迦羅)·화수길(和修吉)·덕차가(德叉迦)·아나바달다(阿那婆達多)·마나사(摩那斯)·우발라(優鉢羅)는 불법의 선신으로 존경 받는 여덟 용왕이다. 용왕은 불법을 옹호할 뿐만 아니라 비를 오게 하여 오곡풍작을 가져오게 한다. 이들 중 사가라 용왕은 바다의 용왕으로 비를 내리는 본존(本尊)으로 신앙되어 왔다.

용에 대한 신앙은 민간에서 지속적으로 이어져 오고 있다. 특히 비를 비는 유형으로서 음력 6월 15일에 지내는 용신제(流頭祭)나 용왕

1212

굿은 용과 관련된 대표적인 민간신앙의 의식이다. 이는 용이 마음대로 비를 오게 하거나 멈추게 할 수 있는 조화능력을 지닌 수신으로 신앙 되었기 때문이다. 용은 가뭄 때 비를 내리는 주요한 대상신이 되어 주 었다.

이처럼 용신앙은 여러 측면에서 접근될 수 있다. 크게 두 측면을 살펴보면 불교적 측면에서는 호법중의 의미로 규정되고 있으며, 민간신앙에서는 풍요의 원천인 비를 비는 것을 버리로 하는 신앙으로 이어져 오고 있는 것이다.

● 범패(梵唄)

범패는 불교의 의식음악이다. 범음(梵音)·어산(魚山)·인도(印度, 引導)소리라고도 한다. 절에서 주로 재를 올릴 때 부르는 소리이다. 또 가곡·판소리와 더불어 우리나라 3대 성악곡 중의 하나이다. 범패는 장단이 없는 단성선률(單聲旋律)의 음악이다. 재를 올릴 때 쓰는 의식음악이라는 점에서 서양 가톨릭 음악의 그레고리안 성가(Gregor-ian Chant)와 비슷하다.

우리나라의 범패는 신라의 진감(眞鑑)선사에서 비롯된 것으로 보인다. 하동 쌍계사에 세워져 있는 진감선사대공탑비문(眞鑑禪師大空塔碑文)이 그 근거라 할 수 있다. 진감선사와 같은 시대의 사람인 일본의 구법승려 원인자각(圓仁慈覺)대사가 쓴 《입당구법순례기(入唐求法巡禮記)》에 따르면 범패에는 고래로부터 당풍(唐風)과 향풍(鄕風 ; 신라풍)과 고풍(古風 ; 일본풍)의 세 가지 유형이 있었다고 전한다. 이 가운데에서 진감선사가 중국에서 배워온 것은 당풍이었다.

우리나라에서는 불교를 국교로 한 삼국시대와 고려시대의 사찰에서 범패의식이 자주 거행되었던 것으로 보인다. 사료가 부족하지만 남은 《범음종보》(1748)나 《신간산보범음집》(1713) 등을 보면 상당수의 범패승들의 이름이 기록되어 있다. 하지만 1911년 6월에 일본 총독부의 사찰령 반포에 의해 범패와 작법(作法)이 금지되었다. 지금은 안산(서울 소재) 봉원사를 중심으로 그 전승의 맥이 이어지고 있다. 특히 효동범음대학과 동방불교대학 범패과에서는 범패를 집중적으로 교육시키고 있다. 이 두 기관은 우리 음악사에 매우 귀중한 양식을 고스란히 전수시키는 데 중추적인 역할을 하고 있다.

음악적 형식으로 범패를 분류하면 크게 네 가지로 나눠진다. 재를 올리는 절 안의 유식한 병법(秉法) 또는 법주(法主)가 유치(由致)·청사(請詞) 같은 축원문을 요령을 흔들며 낭송하는(염불) 안채비소리, 범패승이 다른 절에 초청을 받고 가서 소리하는 바깥(겉)채비들이 부르는, 즉 7언4구 또는 5언4구의 한문 정형시의 안짝(1·2구)과 밧짝(3·4구)으로 된 홋소리와 한문의 산문 또는 범어의 사설로서 주로 합창으로 불리는 짓소리, 그리고 대중이 잘 알아들을 수 있는 우리말 사설을 민속적 음악에다 붙여 그 교리를 쉽게 이해시키고 믿게 하는 화청(和請)이 있다.

범패의 종류로는 상주권공재(常住勸供齋)·시왕각배재(十王各拜齋)·생전예수재(生前預修齋)·수륙재(水陸齋)·영산재(靈山齋) 등 다섯 가지 재로 분류된다. 상주권공재는 가장 규모가 작은 재로서 49재이다. 주로 소상(小祥)·대상(大祥) 때 죽은 자를 위하여 하룻동안 지내는 재이다. 범패승이 처음 소리를 배울 때는 가장 기본이 되는 이 상주권공부터 배우게 된다.

시왕각배재는 대례왕공문(大禮王供文)이라고도 한다. 주로 재수를 위하여 드리는 의식으로서 저승에 있다는 10대왕에게 자비를 비는 것이다. 생전예수재는 죽어서 극락왕생하게 해달라고 생전에 미리 지내는 재이다. 무속의 진오귀굿에 해당하는 재의식이다. 수륙재는 수중고혼을 달래고 위무하기 위한 재이다. 무속의 용왕굿에 비교된다. 대개 절에서 영산재를 지내고 나서 강이나 바다로 나아가 수륙재를 행한다. 영산재는 재 가운데에서 가장 규모가 큰 재이다. 3일이 꼬박 걸린다.

이 재는 국가의 안녕과 무운장구를 위해서 또는 큰 단체를 위해서나 죽은 자를 달래기 위해서도 거행된다.

● 송파산대(松坡山臺)놀이

탈놀이는 일종의 연극이다. 한 사람 또는 여러 사람의 연기자가 가면으로 얼굴이나 머리 전체를 가리고 본래의 얼굴과는 다른 인물이나 동물 또는 초자연적 존재(神) 등으로 분장하여 극적인 장면을 연출하기 때문이다. 사실 탈을 쓰는 목적은 얼굴을 감추는 것이 아니라 탈이라는 가면의 얼굴을 드러내는 것에 그 목적이 있다.

이 탈놀이 가운데에서 중요 무형문화재(無形文化財)로 지정된 것은 모두 열두 가지이다. 양주별산대놀이·통영오광대·고성오광대·북청사자놀음·봉산탈춤·동래야류·강령탈춤·수영야류·송파산대놀이·은율탈춤·하회별신굿놀이·가산오광대 등이다. 이 열두 가지 중 특히 중요무형문화재 제49호인 송파산대놀이는 그 서정적 자아가 승려로 묘사되고 있어 불교와 민속의 뒤섞임이 노골적으로 드러나고 있는 탈놀이이다.

송파산대놀이는 경기지방에서 연희되어 온 산대도감계통극(山臺都監系統劇)의 중부형의 한 분파이다. 양주별산대놀이와 함께 현재까지 전승되어 오고 있는 중요한 무형문화재의 하나이다. 송파산대놀이가 전승되어 오던 송파나루는 오강(五江 ; 松坡·漢江·西冰庫·龍山·麻浦)의 하나였다. 예로부터 물길이나 뭍길이 자유로와 조선후기 전국에서 가장 큰 향시 열다섯 중 하나였던 송파장이 서던 곳이다. 상업근거지로서 경기일원에서는 부유한 마을이었으므로 송파산대놀이가 유지될 경제적 여건이 갖추어져 있었다.

송파산대 놀이는 모두 7과장으로 구성되어 있다. 제1과장은 '상좌춤(上佐舞)'으로 첫째 상좌와 둘째 상좌가 차례로 나와 타령 장단에 맞추어 화장무·곱사위춤을 춘다. 제2과장은 '옴중과 먹중'인데 먹중 ①

이 등장한다. 제3과장은 '연닢과 눈끔적이'인데 팔먹중 ①②③이 등장한다. 제4과장은 '팔먹중'인데 다시 제1경(북놀이)·제2경(곤장놀이, 염불놀이)·제3경(침놀이) 셋으로 나눠진다. 제5과장은 '노장'이며 다시 제1경(파계승놀이)·제2경(신장수놀이)·제3경(취발이놀이)으로 나눠진다. 제6과장은 '샌님'과장이며 다시 제1경(의막사령놀이, 말뚝이놀이)·제2경(샌님과 미얄할미)·제3경(샌님과 포도부장)으로 나눠진다. 제7과장은 '신할아비와 신할미'로서 마지막 지노귀굿을 하면서 굿과 함께 연희자 전원이 나와 춤을 추다가 퇴장한다. 이 놀이에 소용되는 가면의 수는 32개나 된다.

조선시대에 승려들은 약 500여 년 동안 서울의 사대문 안에 들어가지 못하였다. 승려들은 창녀·광대·백정 등과 함께 8천민(賤民) 중의 하나였다. 그들은 유자(儒者)들에게뿐만 아니라 일반 서민들에게서도 자주 희화화되었다. 그 희화화의 극명한 표출이 이러한 연희양식으로 형상화된 송파산대놀이다. 탄압의 시대에는 탄압 받는 대상들의 일거수 일투족이 서민층에 침투되어 연희양식으로 희화되기 마련이다. 그 희화된 모습은 연희 속에 묻힘으로써 서민들로 하여금 웃음을 자아내게 하였지만 그 웃음 속에는 불교도들의 한숨과 그늘이 엿보이고 있다.

● 제석도량(帝釋道場)

제석은 불교의 수호신이다. 범어로는 샤크라데바남 인드라(Śakrā-devānāmindra)이다. 석제인다라(釋提因陀羅)·석가제바인다라(釋迦提婆因陀羅)라고 한역된 것을 줄여서 제석(천)이라 한 것이다. 우리나라 고전에서는 《삼국유사(三國遺事)》〈기이편〉에서 처음으로 출현한다. 제석에서 파생된 용어는 제석도량·제석굿·제석본풀이·제석사·제석제·제석천·제석탱화 등 다양하다.

이 가운데에서 제석도량은 불교의 신중(神衆)신앙에 근거를 두고 행하는 의식도량을 말한다. 제석굿은 제석신을 제향하는 굿거리이다. 제석본풀이는 전국적으로 전승되는 서사무가이다. 제석사는 경상북도 경산군 자인면 비사리 도천산(到天山) 기슭에 있는 절이다. 전라북도 익산군 왕궁면 왕궁리 궁평(宮坪) 마을에도 제석사라는 절이 있었다. 제석제는 제주도에서 추곡의 풍년을 빌던 마을제 형식의 제의다. 제석천은 제석천이 머무르는 도리천을 말한다. 제석탱화는 불교탱화의 하나로서 불교의 수호신인 제석천을 묘사한 불화이다.

이와 같이 제석을 어원으로 하여 파생된 많은 용어들은 대부분이 불교의 영역으로 남아 있거나 아니면 불교와 습합된 형식으로 전해오고 있다. 그 중에서도 습합된 유형으로서 대표적인 것을 뽑으면 아마도 제석도량이 해당될 것이다.

제석도량은 재래의 토속신을 수용하여 불교의 호법신중으로 제석을 원용한 신앙형태이다. 이 신앙은 제석이라는 고유의 성격을 지닌 신중신앙의 형태이다. 일반적으로 신중이라고 하면 재래의 토속신으로서의 신격과 그 기능은 사라지고 불교 호법신으로서의 신격과 기능만 가지게 된다. 그러나 제석은 원래적인 성격을 가지는 호법신중이다. 제석도량은 제석을 신앙의 대상으로 한 신앙의 한 형태로서 제석신앙의 의식행사를 총칭하여 제석도량이라 한다.

신라 때에는 승려 홍경(洪慶)이 대장경의 일부를 중국에서 가져왔을 때 이를 제석원에 두어 제석도량을 열었다고 한다. 고려시대에는 궁중에서 자주 제석도량이 열렸다. 우리나라에서는 민족 고유의 숭천(崇天) 관념이 있었기 때문에 천제(天帝)라고 하는 천신의 관념이 쉽게 습합되었다. 따라서 재래의 숭천신앙과 제석신앙이 습합되어 민간신앙으로서 깊이 뿌리를 내릴 수 있었다. 기도의 목적에서 이룩된 숭천신앙 형태가 제석도량으로 정착된 것이다.

제석도량에 걸리게 되는 제석탱화의 신중들은 원래 불교의 호법선신 가운데 하나였다. 허나 언제부터인가 신중(神衆)탱화 속에 다른 신

들도 함께 형상화되고 있었다. 고대부터 우리나라에서는 천신과 제석
의 습합이 이루어져 농업국으로서 풍년을 기원하는 제천의식이 끊임
없이 행해져 왔다. 제석탱화의 독자성 추구는 호법신으로서의 신중신
앙에서 제석신앙이 독립신앙으로 분리되는 과정을 맞이하게 된다. 따
라서 제석신앙에 의해 제석이 따로 독립 탱화로 봉안된 것이다.

제석탱화는 제석을 중앙에 배치하고 왼쪽에 바수루나천자(波數蔞那
天子)를, 오른쪽에 이사나천자(伊舍那天子)를, 그리고 그 주위에 32천
왕이 묘사된다. 때로는 제석과 범천이 함께 묘사되는 경우도 있다. 하
지만 이때에도 어디까지나 제석이 중심이며 범천은 버금가는 비중을
차지할 뿐이다. 아무튼 제석도량과 제석탱화는 제석신앙을 떠받치는
상징공간이며 상징물이다.

● 회심곡(回心曲)

회심곡은 불교음악의 한 곡명으로 회심곡(悔心曲)이라고도 한다.
불교의 대중적인 포교를 위해 마련된 노래이다. 알아듣기 쉬운 한글
사설을 민요 선율에 얹어 부르는 것이 특징이다. 본격적 불교음악인
범패에 비하여 음악형식과 사설이 쉽게 짜여 있다. '모든 사람은 석가
여래의 공덕으로 부모의 몸을 빌려 이 세상에 태어났다가 이생에서
부처님을 믿고 좋은 업을 많이 지으면 극락세계로 가고 악업을 지으
면 지옥으로 떨어지게 된다.'는 것이 이 곡의 주요 내용이다.

같은 사설의 기본 줄기는 크게 네 가지로 나눠진다. 고사염불로 불
릴 때, 화청(和請)으로 불릴 때, 민요명창들이 부를 때, 또는 지방의
상엿소리 중에 삽입되어 불릴 때마다 약간의 넘나듦이 보인다. 화청의
회심곡은 '걸청걸청 지심걸청 일회대중 지심걸청'과 같이 4·4조의
사설을 5박 단위 엇모리 장단으로 부르거나 8박 단위인 3·2·3 장단
으로 부른다.

선율은 각 지방의 민요토리와 같다. 서울 봉원사 범패승들의 화청

1218

회심곡은 경토리로 되어 있다. 팔공산제는 메나리토리로 부른다. 고사
(告祀)의 평조염불 중 《부모은중경(父母恩重經)》부분을 대개 회심곡
이라 한다. 이 《부모은중경》의 회심곡은 '일심으로 정녕은 극락세계라'
와 같이 7·5조의 구어식 사설로 되어 있고 또한 불규칙한 장단으로
노래한다.

경기명창들이 부르는 회심곡은 평염불 회심곡을 바탕으로 짠 곡이
다. 가사는 '일심으로 정녕 아하아아미이로다.'로 시작된다. 이어 '우
리 부모 날 비실제 백일정성이며 산천기도라 명산대찰을 다니시며 온
갖 정성을 다 들이시니'와 같이 《부모은중경》의 내용이 노래로 표현
된다. 장단은 가사를 적당히 붙여 나가는 불규칙한 장단이다. 즉 한
구절이 끝날 때마다 꽹과리를 쳐서 리듬도 잡고 공백도 메워 준다. 노
래의 곡조는 창부타령조의 경토리로 되어 있다.

이 밖에도 각 지방에서 상엿소리로 부르는 회심곡은 대개 《부모은
중경》의 사설 일부를 상엿소리에 넣어 메기기 때문에 그것을 회심곡
이라 부르는 것이다. 이 경우 회심곡의 음악적 내용은 각 지방의 상엿
소리와 음악적 특징을 함께한다. 이 상엿소리를 '상두가' 또는 '향두가'
로 부르는 것도 이러한 이유 때문이다.

또 이 회심곡은 조선시대 승려인 휴정이 지은 불교가사이기도 하
다. 장편가사인 이 회심곡의 일부를 딴 것이 불교의 곡으로 선택된 것
이다. 내용은 말법적인 풍속에 물들어 충효와 신행을 다 버리고 애욕
망(愛慾網)에 걸려 골육상쟁으로 멸망하지 말고, 자기의 봉심(封心)
을 바로 가져 일념으로 염불하자는 것이다. 또 수행득도(修行得道)하
여 극락 연화대에 올라 태평곡을 부르자는 것이다.

이 작품에는 유교사상이 불교사상과 자연스럽게 융합되어 나타나고
있다. 임진왜란과 병자호란을 겪는 동안에 흉흉해진 신도들의 신앙심
을 정화시키기 위해 불려졌다. 따라서 이 노래는 큰 감화력을 가지고
많은 사람들에게 읊어졌다. 이렇게 애송된 이 가사와 노래는 불교음악

인 범패의 화청으로 편입되어 지금도 애창되고 있다.

● 조왕(竈王)

불교에서는 예로부터 조왕을 황신(荒神)이라 불렀다. 즉 조왕은 부엌을 관장하는 신이며 그 기원은 불을 다루는 데서 비롯되었다. 부엌은 불을 사용하여 음식을 만드는 곳이다. 또 부엌에서는 음식을 만들 때 자연 물을 이용한다. 때문에 불과 물을 동시에 사용하는 곳이기도 하다. 그래서 조왕신이 물로 상징되기도 하지만 실제로 대부분 불로 상징화된다.

우리나라 남부지방에는 부엌 부뚜막에 물을 담은 종지를 놓아 조왕신을 모시는 풍습이 있다. 이것을 흔히 '조왕중발' 또는 '조왕보시기'라고 한다. 조왕신에게 물을 바치는 것은 불을 끄고자 하는 것이 아니라 부엌에서 물과 불을 동시에 다루는 것에서 생긴 것으로 보인다.

우리나라에서는 부엌을 관장하는 조왕신을 여신으로 간주하여 '조왕각시' 또는 '조왕할망'이라고도 한다. 여기에는 이 신의 집안을 보호하는 기능이 반영된 것이다. 또 영동신이 부엌에 일시 강림한다는 신앙이 겹쳐지고 있으며 조상신과 관련된 경우도 있다. 이렇듯 다양한 모습을 보이고 있으나 조왕신앙은 부엌의 불씨를 신앙하는 화신신앙(火神信仰)이 그 뿌리이다. 이러한 신앙은 우리나라뿐만 아니라 이웃 주변 민족에서도 볼 수 있다.

재래 민간신앙으로 전해 오던 조왕신앙은 불교의 토착화 과정에서 불교적으로 정화되어 수용되었다. 따라서 이 조왕신앙은 그 성격에 따라 크게 일차적인 조왕으로서의 역할과 불교적으로 정화된 뒤의 조왕으로서의 역할 등 두 갈래로 갈라진다.

일차적인 조왕은 호법선신중(護法善神衆)의 하나로 포용되었다. 신중탱화의 하단위목(下壇位目)에 위치하여 인사(人事)를 검찰하고 선악을 분명히 가려내는 신으로서 참여한다. 그러나 이와 같은 신중으로서의 조왕은 다시 불교적으로 정화된 뒤 독립되어 각자의 역할을 지니게 된다. 여기서 조왕단과 조왕탱화가 생기게 된다. 이 탱화에는 조왕대신을 중앙에 배치하고 왼쪽에 담자역사(擔紫力士)를, 오른쪽에 조식취모(造食炊母)를 묘사한다. 때에 따라서는 조왕단에 조왕탱화 대신 '나무조왕대신(南無竈王大神)'이라는 글자로 봉안을 대신하는 경우도 있다.

● 정화수(井華水)

정화수는 첫새벽에 길어 올린 맑고 깨끗한 우물물이다. 정안수라고도 한다. 정화수는 맑음의 상징이다. 부정한 것이 개입되지 않은 청정한, 즉 화학적인 맑음보다는 신앙적인 맑음이 강조되는 상징이다. 신앙의 대상이자 매체인 정화수는 우물을 전제로 성립된다. 신성시되는 우물은 신령이 깃든 집이다. 그 집에서 신성성을 길어올렸기 때문에 정화수가 신앙의 매체가 될 수 있다고 보는 것이다.

경주의 알영정(閼英井)이나 개성의 대정(大井)은 동제(洞祭)를 모시는 신앙의 대상으로서의 마을 우물의 보기가 될 수 있을 것이다. 정화수가 지니는 의미를 두 가지로 요약해 보면 다음과 같다.

첫째 정화수는 신령에게 빌 때 신령에게 바치는 제수(祭水)이자 공물이다. 가장 간소하나 정갈한 제수로서 신령에게 비는 사람이 지닌 치성의 극치를 상징하게 된다. 새벽의 맑음과 정화수의 맑음에 비친 치성의 맑음이 서로 투영되어 삼투현상을 일으킨다. 삼위일체가 되어 치성드리는 자와 치성의 대상인 정화수와 새벽이 하나가 되어 몰입되는 것이다. 이는 신령과 인간이 '맑음'이라는 교감을 통해 서로 오고 감을 상징하는 것이다. 비념이나 집안의 작은 고사에 자주 사용되는 소반상 위의 정화수와 황토 중에서 정화수만이 유일한 제수 구실을 한다. 부엌의 조왕신에게 바치는 정화수도 마찬가지이다. 이와 같이 맑음과 정성을 실은 믿음의 표현이 바로 정화수인 것이다. 따라서 정화수는 치성드리는 자와 치성신앙의 매체역할을 하는 것이다.

둘째 정화수는 정화력을 발휘하는 주술물의 역할을 한다. 물 자체가 지닌 맑음으로 해서 환경이나 사람 또는 물건 등의 부정함을 물리치거나 막는 힘이 있다고 믿어진다. 불교신앙에서 부처님이나 전륜성왕이 태어날 때 사방 바다의 물을 길어 관욕식(灌浴式)을 하는 것뿐만 아니라 기독교신앙에서 세례(洗禮, 領洗)하는 물과 같은 관념이 정화수에는 담겨 있다.

불단 위에 정화수를 담은 다기물은 바로 이러한 정화의 의미를 담고 있는 것이다. 따라서 부정(不淨)이 있다고 생각되는 대상을 향하여 손가락 끝으로 세 번을 흩뿌리는 것으로 정화의 주술이 베푸어지는 것이다. 절에서 아침 예불이나 사시 마지 때 반드시 떠 올리는 다기물의 의미도 바로 이 정화수의 의미와 동일한 것이다.

또 이러한 정화주술로 쓰이는 것에 소금이 있다. 소금은 썩음을 방지하는 방부제이자 소독제이다. 소금으로 절여 놓는 것은 이 정화의 의미를 담고 있는 것이다. 새벽의 맑음과 정화수의 맑음과 치성드리는 자의 마음의 맑음이 소금의 썩지 않음과 동일하다면 정화수는 이 소금의 의미로까지 그 의미의 외연을 넓힐 수 있다.

아침 저녁으로 장독대 위에 정화수를 올려 놓고 치성을 드리던 조선 아낙네들의 신앙은 이러한 맑음의 희구이자 정화(淨化)의 소망이다.

● 연등회(燃燈會)

연등회는 불교적 성격을 띤 국가적 행사의 하나이다. 이 행사는 진흥왕 12년(551)에 팔관회(八關會)의 개설과 함께 국가적인 행사로 열리게 되었다. 특히 고려시대에 성행했다. 연등회는 불교문화권에서 성행한 불교의례의 하나이다. 먼저 불전에 등을 밝히는 등공양과 향을 사르는 향공양으로부터 비롯되었다. 즉 불전에 등을 밝혀서 자신의 마음을 밝고 맑고 바르게 하여 부처님의 덕을 기리고 대자대비한 부처님께 귀의하려는 의미를 머금는 의식에서 출발한 것이 연등회다. 《법화경》〈약왕보살본사품〉에는 등공양의 공덕을 헤아릴 수가 없다고 하듯이 연등은 무명의 오탁악세(五濁惡世)를 밝힌다.

일반적으로 등을 밝히는 것이 연등이다. 등을 보면서 마음을 밝히는 것을 관등(觀燈)·간등(看燈)이라고 한다. 《삼국사기》〈신라본기〉에는 관등행사가 매년 정월 15일에 있었다고 전한다. 또 《동국세시기》에는 정월을 등절(燈節)이라고 한다. 이날 사람들은 등을 밝히면서 밤을 새웠다고 한다. 대보름에는 횃불을 들고 높은 곳에 올라 달맞이를 하면서 풍년과 흉년을 점치고 풍년을 빌었다고도 한다. 이러한 풍속은 고대로부터 전해 내려온 풍년기원제의 성격을 지닌 것이다.

《동국세시기》에는 2월 초에 제주도에서 있던 영신제(迎神祭)와 함께 연등회에 관한 기록이 있다. 여기에 따르면 연등회는 우리 고대사회에서 농경과 밀접한 관계를 가진 것이었다는 사실을 알 수 있다. 즉 신라의 정월 15일 연등회는 풍우신인 용신에 대한 시농기원제(始農祈願祭)인 용동제 및 농사와 밀접한 관계가 있는 천문태일성수제(天文太一星宿祭)가 불교 전래 후 불교의 등공양과 습합되어 팔관회와 함께 국가적인 행사로 거행된 것 등에서 엿볼 수 있다.

신라의 연등은 사농(司農)과 호국과 호법으로서의 용신(龍神)에 대한 제사, 태일성제(太一星祭), 그 밖에 민족적 행사가 불교의 등공양과 습합된 종합적 가무제로 행해졌다. 이 행사는 주로 호국신앙의 대본산(大本山)인 황룡사에서 거행되었다.

고려시대에는 태조의 '훈요십조'에 의해 연등회가 거국적인 행사로 치뤄졌다. 초기에는 정월 15일에 연등회가 있었으며 잠시 중단되었다가(981년) 다시 2월 15일에 열리어 고려 말까지 지속되었다. 《고려사》 등의 기록에 따르면 1067년(문종 21)의 흥왕사(興王寺) 낙성 때에는 축제와 함께 5일 밤낮 동안 연등회를 열었다고 한다. 1073년 2월에는 봉은사에서 불상을 새로이 조성하고 경찬(慶讚)을 위한 연등회가 열려 관등과 주연이 밤늦도록 베풀어졌음도 알 수 있다. 아무튼 연등날은 공휴일이었고 이 연등회의 사무를 관장하기 위해 국가에서는 연등도감(燃燈都監)을 설치하기까지 했다.

조선초기에는 상원(上元 ; 1월 15일) 연등회와 초파일 연등회가 계속되다가 1415년(태조 15년) 중단되었다. 이후부터는 정월 연등을 대신하여 물과 뭍에 사는 수많은 무주고혼을 달래고 위무하고 공양하는 수륙재가 열리었다. 이것은 불교신자였던 태조가 유생들의 반대를 물리치고 호국신앙의 성격을 띤 봄 가을의 수륙재를 통하여 연등회와 팔관회를 정기적 행사로 합리화시킨 노력의 일환으로 볼 수 있을 것이다.

아무튼 이러한 역사적 맥락을 가진 연등회는 오늘날까지 이어 오면서 사월 초파일의 연등회와 1980년대 말부터 복원된 10월(下元 ; 10월 15일)의 연등회 및 부처님 성도절(음력 12월 8일)의 연등회를 통하여 그 역사적 맥을 잇고 있다. 가난한 여인의 등불과 같이 꺼지지 않고 어둠의 세상을 환히 밝히는 연등의 끈질긴 생명력을 여기서 확인할 수 있다.

● 장승

민간신앙의 한 형태인 장승은 마을 입구나 길가에 세운 목상이나 석상을 일컫는다. 마을의 수문신이나 수호신의 역할을 하거나 사찰이나 지역간의 경계표와 이정표 등의 구실을 한다. 나무기둥이나 돌기둥의 윗부분에 사람의 얼굴 형태를 소박하게 그리거나 조각하고 아랫부분에 천하대장군이나 지하대장군 등의 글씨를 새겨 '거리'를 표시한다. 보통 남녀 한쌍이 나란히 서 있거나 마주 보고 서 있다.

장승은 동제(洞祭)의 주신(主神) 또는 하위신으로서 신앙의 대상이 되기도 한다. 또 솟대·돌무더기·신목(神木)·서낭당·선돌(立石) 등과 함께 동제의 복합문화를 이루기도 한다.

1224

   신라와 고려시대에는 장승을 장생(長生)·장생표주(長生標柱)·목
방장생표(木榜長生標)·석적장생표(石積長生標)·국장생석표(國長生石
標)·황장생(黃長生)이라고 한 기록이 보인다. 또 고려후기 이후부터
조선시대에는 승(栍)·장승(長栍, 長丞, 長承)·장승우(長栍偶)·후
(堠)·장성(長性, 長城)·장선주(長先柱)·장선(長先, 長仙)·더승·쟝
성·장신 등 다양한 명칭이 문헌에 기록되어 있다. 최세진의《훈몽자
회(訓蒙字會)》에 의하면 ‘장승’이라는 명칭은 16세기 이후 일반적으로
쓰인 명칭인 것을 알 수 있다.

   전라북도와 경상남도 해안에서는 장승·장성·벅수·벅시·법수·
법시·당산할아버지로 부른다. 충청남북도에서는 장승·장신·수살
막이·수살이·수살목으로 부른다. 경기도에서는 장승으로 부른다.
평안도와 함경도에서는 당승·돌미륵으로 부른다. 제주도에서는 돌하
루방·우석목(偶石木)·옹중석(翁仲石)·거오기·거액 등으로 부른
다. 이처럼 지역과 문화에 따라 장승의 명칭이 제각각으로 달리 전해
지고 있다.

   장승의 재료는 나무와 돌이 가장 흔하게 사용된다. 재료로 구분하
면 소나무와 밤나무를 주로 사용하는 목장승, 선돌형·돌무더기·석
적형·석비형·신장조상형의 석장승, 그리고 흙무더기와 돌무더기에
솟대와 석인의 복합형태인 복합장승으로 분류된다.

   장승의 모양은 여러 가지 형태로 나타나고 있다. 인면형(人面形)이
있는가 하면 귀면괴수형(鬼面怪獸形)·미륵형(彌勒形)·남근형(男根
形)·문무관형(文武官形) 등이 있다. 특히 미륵형은 일반적인 불교조
각과는 다르게 질박하며 자비스럽고 친밀감이 있다. 사찰 입구에는 이
미륵형이 많이 서 있다.

   장승의 형태나 크기도 다양하다. 천하대장군과 지하대장군류, 상원
주(上元周)장군과 하원당(下元唐)장군과 같은 도교적 장군류가 있다.
또 동방청제(靑帝)장군과 서방백제(白帝)장군, 남방적제(赤帝)장군과

북방흑제(黑帝)장군 등의 방위신장류가 있다. 불교의 영향을 받은 호법선신(護法善神)과 방생정계(放生定界), 금귀(禁鬼)와 수소대장(受昭大將) 등의 호법신장류도 있다. 풍수도참과 결부된 진서(鎭西)장군과 방어(防禦)대장군 등의 비보(裨補)장승류도 있다. 이 밖에도 두창(痘瘡)장승류가 있다. 이 가운데에는 천하대장군과 지하대장군 또는 천하대장군과 지하여장군의 명문(銘文)이 가장 흔하다.

사찰의 토지경계표로 사용되는 장승은 남원 실상사의 석장승과 통도사 국장생석표, 충남 천원군 광덕사와 경북 상주시 남장동의 석장승, 경남 창녕의 관룡사 석장승, 나주 운흥사와 불화사의 석장승 등이 잘 알려진 것들이다. 목장승으로는 하동 쌍계사와 승주 선암사, 함양 벽송사의 목장승 등이 알려진 사찰의 장승들이다.

● 백중(百中)

예로부터 음력 7월 15일을 백종(百種)·중원(中元) 또는 망혼일(亡魂日)이라 불렀다. 이 무렵에는 과일과 소채(蔬菜)가 많이 나온다. 따라서 백중은 백 가지 곡식의 씨앗(種子)를 갖추어 놓았다는 데서 비롯된 이름이다. 중원(中元)은 도가의 표현이다. 일년에 세 번(上·中·下元) 인간의 선악을 살피는 때를 ‘원(元)’이라 하였다. 삼원(三元) 가운데 그 중앙에 있는 음력 7월 15일을 중원이라고 했다. 또 이 삼원일마다 초제(醮祭)를 지내기도 했다. 망혼일은 돌아가신 어버이(亡親)의 혼을 달래기 위해 술과 음식과 과일을 차려 놓고 천신(薦新 ; 그 해에 난 새로운 과실을 조상신에게 먼저 올림)을 한 데서 유래한다.

불교에서는 이날 목련(目蓮)이 어머니의 영혼을 구하기 위해 7월 15일에 오미백과(五味百果)를 공양했다는 《목련경》의 기록에 따라 우란분회(盂蘭盆會)를 열어 공양을 하는 풍속이 있었다. 이 우란분회는 신라나 고려 때에는 일반인들까지 참여한 큰 행사였으나 조선시대 이후로는 민간에서는 사라지고 사찰에서만 이어져 오고 있다.

백중날 행사는 다양하다. 집에서는 익은 과일을 따서 조상의 사당에 천신(薦新)을 먼저 올리는 천신차례를 지냈다. 이 풍속은 종묘(宗廟)에 이른 벼를 베어 천신을 드렸던 것에서 유래한다.

신라 때에는 백중을 기해서 비로소 삼(麻) 삼기가 시작되었다. 도성 안의 부녀자들을 두 파로 나누고 공주가 각 파를 이끌어 한 달 동안 삼을 삼아 8월 가윗날에 그 성적을 심사하여 진 편이 이긴 편에게 한턱 내도록 하는 것이다. 이것은 아마도 백중 무렵이 되면 삼이 자라서 그 껍질을 벗기기에 가장 알맞은 때이므로 직조작업을 권장하는 뜻에서 왕녀를 중심으로 집단작업인 두레 삼 삼기를 시작하게 된 것으로 보인다. 이처럼 나라에서 국가 경제적인 차원을 고려하여 놀이를 만든 것도 적지 않다.

농가에서는 백중날이 되면 머슴을 하루 쉬게 하고 용돈을 주었다. 머슴들은 그 돈으로 장에 가서 술도 마시고 음식을 사 먹고 물건도 샀다. 또 백중에 서는 장을 백중장이라 한다. 이날은 구매가 많아 장꾼들은 수를 알 수 없을 정도로 몰려 장판은 줄지어 늘어선다. 취흥에 젖은 농군들은 농악을 치며 하루를 즐긴다. 놀이판에는 씨름판이 벌어지고 홍행단이 들어와 재주를 보인다.

백중 명절은 아무래도 중부 이남 지방이 성대하다. 이날 그 해에 농사가 가장 잘 된 집의 머슴을 뽑아 소에 태우고 마을을 돌며 위로하고 노는 '호미씻이'가 잘 알려진 놀이다. 하지만 제주도에는 이날 일손을 쉬지 않고 바다에 나가 일을 더 많이 한다. 왜냐하면 백중날에는 살진 해산물들이 더 많이 잡힌다고 여기기 때문이다. 따라서 밤 늦게까지 횃불을 들고 해산물을 따기도 한다. 제주도에는 이날 산신제를 지내기도 한다. 백중을 고비로 익은 오곡과 산과실을 사람들이 따가면 한라산 산신인 '백중와살'이 시샘을 낸다고 생각하기 때문이다.

백중놀이 중 잘 알려진 것이 경남 밀양의 백중놀이다. 특히 작두말타기는 이 지방 사람들이 참여하는 대표적인 놀이다. 또 백중 때 하는 당굿인 마불림제도 잘 알려진 백중행사 중의 하나이다.

● 부적(符籍)

부적은 원래 종이 위에 글씨나 그림이나 기호 등을 그린 것이었다. 그러던 것이 점차 주술적 성격을 띠게 되었다. 즉 부적을 지닌 이에게 악귀가 붙지 않는다고 믿었다. 나아가 부적은 복을 가져다 준다고까지 믿게 되었다. 부적의 기원은 인류가 바위나 동굴에 주술적인 형상을 그리던 원시시대까지 거슬러 올라간다. 이미 발견된 우리나라의 암각화에는 주술적인 목적을 지닌 것으로 추측되는 것들이 더러 나타나고 있다.

《삼국유사》 권1 진흥왕대 기록에는 죽은 임금의 혼백과 도화녀(桃花女) 사이에서 태어난 비형(鼻荊)이 귀신의 무리들을 다스렸다는 내용이 있다. 또 잘 알려진 것처럼 처용이 그의 아내를 범한 역신을 노래와 춤으로 감복시킨 뒤 처용의 화상(畫像)을 그려서 문에 붙인 곳에는 절대로 들어가지 않겠다고 약속을 한 사실 역시 이 당시의 주문(呪文)과 주부(呪符)의 실례라 할 수 있다. 조선 말기 동학혁명 때에도 13자가 쓰인 궁을부(弓乙符)를 불에 태워 먹으면 총과 화살을 피할 수 있다고 하여 부적을 사용한 적이 있다.

우리나라에서 현재 통용되고 있는 부적이 어디서 온 것인지는 알 수 없다. 한자로 만들어진 것 가운데에는 중국의 영향을 받은 것이 있다. 또 절에서 나온 것 중에는 인도의 영향을 받은 것이 있다. 예를 들어 부적에 자주 등장하는 '옴마니반메훔'이나 '옴'자가 쓰여진 부적은 모두 산스크리트어를 한역하면서 만든 '실담(悉曇)'자 이거나 이것의 변형이다.

부적은 아무렇게나 만드는 것이 아니다. 일정한 과정을 밟아야만 영험 있는(?) 부적이 만들어 진다. 민간에서는 부적을 만드는 사람이나 사용하는 사람은 바른 마음을 가지고 이 부적을 사용해야 한다고 믿고 있다. 부적을 만든 뒤에도 그 부적이 쓰일 목적에 따라 사용하기 전에 제각기 다른 경을 읽도록 되어 있다. 대개 모든 경을 읽기 전에 불교의 《천수경》을 먼저 읽으라고 권한다.

부적의 종류는 매우 많다. 사용목적과 기능에 따라 크게 두 가지로 나눠진다. 하나는 주력(呪力)으로써 좋은 것을 증가시켜 이를 성취할 수 있게 하는 부적이다. 또 하나는 사(邪)나 액(厄)을 물리침으로써 소원을 이루는 부적이다. 일반적으로 후자가 전자보다 부적의 의미를 많이 담고 있는 듯하다. 전자에 속하는 것은 수명연장·재물성취·자손획득·관직진출·입학성취·가족안녕·만사의 형통을 기원하는 부적 등이다. 후자에 해당하는 부적은 삼재를 예방하거나, 부정을 축출하거나, 악귀의 침범을 막기 위한 부적 등 다양하다.

부적의 종류를 형태에 따라 나누면 그림부적과 글자부적이 있다. 그림부적에는 구상적인 것과 추상적인 것이 있다. 구상적인 형태는 대개 물고기나 새 등의 동물과 태양이나 인형(人形) 그리고 안면(顔面)이나 귀면(鬼面) 등이 있다. 추상적인 형태로는 와문형(渦紋形)·탑형(塔形) 또는 계단형 등 갖가지가 있다. 글자로 된 부적에는 해와 달(日月)·하늘(天)·빛(光)·왕(王)·쇠(金)·신(神)·불(火)·물(水)·용(龍) 등 다양한 소재들이 동원되고 있다. 글씨는 대개 한자로 된 것도 있지만 한자의 파자(破字)를 써서 여러 가지로 결합하거나 줄을 긋는 형태가 많다. 이런 경우는 칙령(勅令)이라는 글자가 부적 꼭대기에 적히는 것이 보통이다.

대개 부적은 노란색 바탕에 빨간색 글씨나 색깔로 그린다. 이것은 아마도 색채 상징을 통하여 악귀를 쫓아 내는 것을 상징하는 것이다. 왜냐하면 황색은 광명의 상징이며 악귀들이 가장 싫어하는 빛깔이기 때문이다. 부적은 아픈 곳에 붙이거나 이를 불살라서 마신다. 또 벽이나 문 위에 붙이든가 몸에 지니고 다니기도 한다.

● 신중탱화(神衆幀畫)

　신중탱화는 불교의 호법신을 묘사한 불화이다. 대개 법당의 중심부에서 왼쪽과 오른쪽 벽에 봉안된다. 그런데 이 신중탱화에 나오는 대부분의 호법신들은 불교 고유의 신중들뿐만 아니라 우리나라 고유의 신들이 많이 섞여 있다. 이것은 재래 토속신앙의 불교적 전개를 의미한다. 아울러 토착신앙에 대한 불교의 적극적 수용의 면을 엿볼 수 있다. 이들 토속신들의 기능은 대개 호법선신(護法善神)의 역할을 담당하고 있다. 이런 점에서 일반적인 불교탱화에 비하여 신중탱화는 토착성 또는 고유성이 강한 불화이다.

　《석문의범》 등에 따르면 불교의 신중은 삼분되어 상단·중단·하단 각각 104위에 이른다. 상단 신중에는 대예적금강 및 8대금강, 4대보살, 10대광명 등으로 구분된다. 이어 중단 신중에는 대범·제석천왕 및 사대천왕, 대승제천·공덕천·위태천신 등의 제천신 및 용왕·모신·수신 등, 칠원성군 및 삼배육성, 아수라 등 팔부신중으로 구분된다. 계속해서 하단 신중에는 호계신·복덕신, 토지신·도량신·가람신·산신·강신·풍신·목신·축신·방위신 등으로 구분된다.

　우리나라 최초의 신중탱화는 화엄신중탱화에 바탕을 둔 것으로 39위의 신중탱화가 그 원형이 된다. 하지만 조선시대에 불교가 차츰 민간신앙과 습합되어 보다 많은 신중을 수용하게 되어 104위의 신중탱화를 이루게 된다. 신중탱화는 다시 본래의 신앙적 기능에 따라 네 단계로 분화된다.

　첫째는 대예적금강신을 중심으로 하는 탱화이다. 이 신중이 전체 탱화의 3분의 1을 차지한다. 왼쪽에 제석천을, 오른쪽에 대범천을, 아래에 동진(童眞)보살을 그림으로 설명한다. 주위에는 성군(星君)·명왕(明王)·천녀(天女) 등을 형상화한다.

　둘째는 제석천과 대범천과 동진보살을 주축으로 하는 신중탱화이다. 이 탱화의 특징은 왼쪽은 천상(天像)을 중심으로 한 이중구조를

1230

이루고 있다는 점이다.

셋째는 제석천과 대범천을 주축으로 하는 탱화이다. 이것을 달리 제석탱화라고도 한다. 이 불화는 모든 신중을 제석의 주위에 배치한다. 여기서는 무장하지 않은 보살이나 왕의 모습으로만 표현되는 것과 무장한 신장까지 포함되는 경우가 있다.

넷째는 동진보살을 중심으로 하는 신중탱화이다. 이 탱화는 동진보살을 주축으로 왼쪽에 팔부신장이, 오른쪽에 십이지신장이 형상화된다. 이것은 신장만을 묘사하기 때문에 신장(神將)탱화라고 한다.

오래 전부터 전해 오던 삼장(三藏)탱화도 우리나라 특유의 신중탱화다. 신중탱화는 상단과 중단과 하단의 삼중구조에 의해 그림으로 설명된다. 이와 달리 삼장탱화는 천상과 지상과 명계중(冥界衆), 다시 말하면 천장(天藏)과 지지(地持)와 지장(地藏)의 삼장구조에 의해 설명되는 것이 다르다.

그런데 삼장탱화의 천장회상 중의 도설(圖說)은 제석탱화의 구도와 같다. 마찬가지로 지지회상 중의 도설은 신장탱화의 구도와 같으며, 지장회상 중의 도설은 지장탱화의 구도와 같다. 그리고 이 삼장탱화는 천상계와 지상계와 지하계의 삼계 우주관을 가지고 있는 재래신관과도 잘 부합되고 있다.

이처럼 신중탱화는 우리나라 고유의 재래적인 신들을 수용하여 탱화의 변용을 꾀하였으며 그러한 습합형태는 우리 민족의 관용적이고 역동적인 신앙관을 반영하는 것이다. 불교 고유의 것만을 고집하지 않고 여러 문화에 대해 열린 자세를 보인 열린 정신이 끝내는 다른 문화조차도 불교화시키는 데에 크게 이바지한 모습을 이런 탱화에서도 확인할 수 있다.

7. 일본

● 수험도(修驗道)

일본의 산악신앙과 불교 수행형태의 하나인 산속의 고행이 결합한 것이다. 신도(神道)·불교(佛敎)·도교(道敎)·유교(儒敎)가 마구 혼합된 종교이다. 수험도는 산악수행에 의해 영험력을 얻음으로써 서민의 기도와 요구에 답하려고 한 일종의 신앙형태이다.

수험도의 개조라고 숭앙되는 엔노오즈노(役小角 ; 役優婆塞)는 대화(大和)의 갈성산(葛城山)에서 수행하여 귀신을 부리는 힘을 얻었다고 한다. 사람들은 수험자(修驗者)의 영험력에 의지하여 병을 다스리고 액란을 없애기를 기원했다.

헤이안(平安)시대 중반부터 죽은 이들의 영령을 위로하는 어령신앙(御靈信仰)에서 점차 가지기도(加持祈禱)의 요청이 높아졌다. 영험 있는 길야(吉野)나 웅야(熊野)를 참예(參詣)하여 경전을 땅에 묻거나 정진을 행하는 풍조가 생겨났다. 이와 더불어 다음의 가마쿠라(鎌倉)시대에 이르기까지 금봉(金峰)·대봉(大峰)·웅야(熊野)의 세 명산을 중심으로 한 산복집단(山伏集團)이 조직화되기 시작했다.

이 가운데 웅야(熊野)는 고래로 삼웅야(三熊野)라고 불리며 수험도의 거점이 되어 왔다. 본궁(本宮)·신궁(新宮)·나지(那智)를 총칭하여 웅야삼산(熊野三山) 또는 웅야삼소권현(熊野三所權現)·웅야삼사(熊野三社)·삼어산(三御山)이라고 하였다. 이 삼산에 각각 십이사(十二社)를 제사하고 있기 때문에 웅야십이소권현(熊野十二所權現)이라고도 불린다.

본궁(本宮)은 가진어자대신(家津御子大神)을 제신으로 한다. 또 신궁(新宮)은 속옥대신(速玉大神)을 제신으로 한다. 그리고 나지(那智)

1232

는 웅야부수미대신(熊野夫須美大神)을 제신으로 한다. '가진어자'는
성분이 수목으로 울창하게 번창하여 산을 덮은 숲을 말한다. '속옥'은
산 위력이 빨리 나타남을 의미한다. '수부미'는 맺음이라는 뜻으로 삼
신할머니(產靈)를 나타낸다고 해석된다. 이 삼신은 점차 죽음과 관계
맺어 사후의 영혼이 머무는 곳에 함께 있는 것으로 알려진다. 산악이
중첩되어 오묘한 웅야의 '곰'이라는 것은 으슥한 곳에 있어서 신령을
진정시키기에 적합한 산이다. 따라서 죽은 자의 나라라고 하는 저 세
상의 관념이 관음의 보타락가신앙과 아미타의 정토신앙과 결부될 가
능성을 갖고 있다. 그러한 의미에서 본궁은 아미타불, 신궁(新宮)은
약사불, 나지(那智)는 십일면천수관음보살이라고 한다.

  이후에도 웅야(熊野)와 길야(吉野)는 수험집단의 이대(二大) 중심
지가 되었다. 가마쿠라시대 말기에는 웅야를 중심으로 한 천태밀교
(台密)의 성호원(聖護院)과 길야를 중심으로 한 흥복사(興福寺)는 나
중에 진언종의 제호삼보원(醍醐三寶院) 계통이 되었다.

  무로마치(室町)시대에 이르면 전자를 본산파(本山派) 후자를 당산
파(當山派)라고 하였다. 토쿠가와(德川)시대에는 전국의 수험도가 모
두 이 두 파로 통합되었다. 메이지(明治)시대에 이르러서는 폐지되어
천태종과 진언종에 귀속되었다. 2차대전 후 종교의 자유로 인하여 수
험도는 여러 가지 교파로 갈라지게 되었다.

  그 실천법에는 정진(精進)·결재(潔齋)·참롱(參籠)·봉폐(奉幣)
등 여러 가지 신도(神道)의 의례가 포함된다. '수험도'가 밀교로부터
독립된 것은 중세 이후이다. 밀교가 성했던 헤이안(平安)시대에는 산
에 들어가 수련하는 경우가 많았다. 불교와 산악신앙이라는 기존의 신
앙이 결합하여 이와 같은 수험도가 생겨난 것이다.

● 신도(神道)와 불교의 습합
  신도(神道)는 일본 고유의 민족종교이다. 주로 자연신을 숭배하는

다신교다. 신(神)은 청정하므로 사람이 신에게 가까워지려면 신에게 제사지내고 액란을 떨치며 몸의 더러움을 씻어내고, 금기를 지켜 몸가짐을 삼가해야 한다. 사람의 혼은 죽으면 더러워지지만 시간이 지남에 따라 정화되어 이윽고 신이 된다. 신은 인간세계와는 다른 깨끗한 세계에 있다가, 제사 때와 같은 경우에 신목(神木)이나 기둥(柱), 거울 등을 빌려서 강림한다. 제사가 끝나면 신은 돌아간다고 한다. 예전에 신도는 교의와 조직을 갖추지 않은 민중신앙이었다. 이것을 고신도(古神道) 또는 원시신도(原始神道)라고 한다.

그런데 불교가 전래됨에 따라 신상(神像)이 만들어지고 신전(神殿)이 설치되었다. 본지수적설(本地垂迹說)이 제창되어 신불습합(神佛習合) 현상이 나타났다. 본지수적설에 의하면 신도에서 숭배하는 신도 본래는 불(佛)이나 보살(菩薩)과 같다. 이 설은 세상에서 숭배하는 신의 모습으로 자취를 보여서 세상을 이롭게 한다고 말한다. 다시 말하면 신도와 불교의 융화를 도모하려는 것이었다.

본지수적설도 처음에는 이와 같은 불본신적(佛本神迹)설이었다. 가마쿠라(鎌倉)시대에 이르면 신도의 세력이 강화되고 조직화되어 오히려 신본불적(神本佛迹)설도 말해지게 된다.

마침내 무로마치(室町)시대부터 에도(江戶)시대에 이르기까지는 신불습합의 반동으로 순수 신도설을 주장하는 이세신도(伊勢神道)·길전신도(吉田神道)가 일어났다. 동시에 유교와 습합한 일길(日吉)·도회(度會)·수가(垂加)의 신도 그리고 국학(國學)과 결합한 복고신도(復古神道)도 설해지게 된다. 이러한 신도는 이론적인 것이었다.

토쿠가와(德川) 말기부터 메이지(明治) 초기에 걸쳐서는 민중 사이에 흑주교(黑住敎)·천리교(天理敎)·금광교(金光敎) 등의 교파신도(敎派神道)라고 불리는 신도도 생겨났다.

메이지시대부터 제2차 세계대전까지는 국가신도(國家神道)가 종교의 틀로부터 시작되어 정치적 이데올로기로 존재했다. 전쟁 이후에는

1234

국가신도는 해체되었다. 이후 신도는 일반서민 사이에서 신사의 제례·습속 등으로 민중생활 속에 남아 있다.

● 피안회(彼岸會)

피안회(彼岸會)는 춘분과 추분을 중심으로 전후 삼일간의 일주일 동안 열리는 법회이다. 이 기간에 절에서는 피안회의 법요를 열고, 일반인들은 선조의 묘에 참배한다. 가정에서는 경단이나 모란병을 빚어 불단에 공양 올리고 선조에게도 공양한다.

'피안(彼岸)'이란 불교의 목적인 열반의 저 언덕에 이르기(度彼岸) 위한 수행을 의미한다. 그런데 그 수행 시기와 춘분 또는 추분의 시기가 일치하는 점이 특징적이다.

명치(明治) 11년에는 춘계황령제(春季皇靈祭)와 추계황령제(秋季皇靈祭)의 축제일이 있었다. 소화(昭和) 22년에는 춘분일(春分日)과 추분일(秋分日)이라는 축제일이 있었다. 피안회와 비슷한 행사로 중국에는 춘분과 추분의 전후에 선조에게 제사드리는 습관이 있었다.

추전현(秋田縣) 산본군(山本郡) 부근에서는 피안회의 마지막 날에 '잘 가소서, 피안으로!'라고 말하며 인형을 태운다. 소나무 가지로 인형을 다섯 개 만들어서 빚어온 경단을 공양하고 피안꽃을 들고 태운다고 한다.

이 밖에도 추분에 거행되는 행사로서 납궤제(納櫃祭)가 있다. 납궤제는 연못의 주신인 용신에게 공양하는 것이다. 팥을 넣은 찰밥을 상자에 가득 채워서 연못 바닥에 던진다. 일주일 내지 열흘쯤 지나서 상자가 떠올라 오면 용이 찰밥을 먹었다고 여겨서 기원이 성취되고 찰밥이 남아 있으면 기원이 성취되지 않았다고 생각한다. 납궤제를 행하는 자는 17~18세부터 27세~28세까지의 헤엄칠 수 있는 젊은 사람이라고 한다. 7일 밤낮 동안 집을 떠나 육식을 끊어 정진 결재하고 매일 밤 해변가에서 75회 정도 거센 물결에 몸을 깨끗이 하여 때를 없앤다.

연못 아래 던져진 상자는 노송나무로서 높이가 25.5cm, 직경이 36cm
의 원통형이다. 찰밥은 신의 밭으로부터 수확한 쌀이며, 쌀을 익힐 때
는 얼굴을 감싸고 말없이 불을 땐다. 불을 붙일 때는 노송나무를 비벼
서 일으킨다.

● 조령신앙(祖靈信仰)과 33회기(三十三回忌)

33회기는 죽은 자를 제사하고 공양하는 마지막 해의 기일(忌日)이
다. '조문 올리는 날'이라고도 한다. 장례일부터 49일 동안의 중음법
요(中陰法要)·백일째 기일·1주년 기일·3주년 기일 등으로 해마다
의 기일법요를 거듭한다. 33주년 기일까지 추모회향이 행해진다.

거기에는 일찍부터 불교가 관련되어 있다. 49재는 인도에 기원이
있고, 3년 기일까지의 열 가지 불사(十佛事)는 중국에서 생겨난 것이
라고 한다. 12세기경까지는 일본에도 중국형의 열 가지 불사가 있었
다. 그 이후 14세기경까지는 7회기(七回忌)·13회기(十三回忌)·33회
기(三十三回忌)를 더한 열세 가지 불사(十三佛事)를 행하게 되었다.
게다가 16세기부터는 17회기·25회기를 포함한 열다섯 가지 불사(十
五佛事)가 행해졌다.

7회기 이후 33회기까지의 추모회향 풍습은 일본불교 특유의 형식이
다. 이렇게 몇 년마다 올리는 공양을 어떤 일정한 연도까지 한정시킨
풍습이 일본에는 전국적으로 보인다. 49년 혹은 50년까지 하는 곳도
있다. 빠른 곳에서는 7년이나 13년까지 하는 곳도 있다. 늦게까지 하
는 곳에서는 61년이나 100년의 예도 있지만, 일반적으로는 33년의 경
우가 많이 보인다.

호도케(ホトケ；佛 또는 死者) 또는 미다마(ミタマ)라고 불리는 개
인의 특성을 지닌 죽은 이의 영혼은 이 시기를 거쳐서 조령(祖靈)이
라는 집단적인 영체(靈體)에 합일된다. 그럼으로써 개개의 특성을 잃
는 동시에 청정한 신(カミ；神)이 된다. 33회 기일을 경계로 하여 호

도케인 죽은 이의 영혼이 카미라는 조령(祖靈)이 된다. 이 때문에 팥밥과 팥떡을 만들어 공양하고, 축하에 준한 공양이 행해진다.

또 33회 기일이 추모제(佛祭)의 마지막 날이다. 추모제가 끝나면 불단에 모셔둔 위패를 태워 버리거나 또는 절이나 묘, 신사에 모시기도 한다. 이 날 이후에 죽은 이의 영혼은 조령이 된다. 늘 집 근처 산에 있으면서 자손의 소원에 항상 응하여 내려와서 여러 세대에 걸쳐 집안을 지켜 준다. 일본의 독특한 조령신앙(祖靈信仰)은 33회 기일을 중심으로 거행된다. 이것은 죽은 이에게 불교의 공양을 중단하는 기회와 의례를 시설해 주는 것이라고 할 수 있다.

● 꽃축제(花祭り)

일본에서는 관불회(灌佛會)를 꽃축제(花祭り)라고 하여 성대하게 행한다. 특히 오오사카의 사천왕사(四天王寺)와 웅야당(熊野堂)의 꽃축제가 유명하다.

이 행사는 석가모니 부처님의 탄생을 축하하는 축제이다. 추고천황(推古天皇) 14년 재회(齋會)라고 했던 것이 《일본서기(日本書紀)》에 처음 보인다. 그 뒤에는 승화(承和) 7년(840)에 청량전(清凉殿)에서 관불회(灌佛會)가 행해진 이후 계속적으로 행해진다. 이 행사는 석가탄생법회(佛生會)라고도 한다. 화견당(花見堂)을 지어서 탄생하신 부처님을 기리며 그의 머리 위에서부터 감로차를 붓는다. 참석한 사람은 모두 이 감로차를 마신다. 또 집안에 재앙이 없고 무병장수하기를 기원하면서 집에 가져가서 마시기도 한다.

이 꽃축제는 음력 11월부터 정월까지 행해진다. 행사진행 모습을 살펴보면 다음과 같다. 먼저 춤추는 곳 중앙에 움을 판다. 다음에는 거기에 큰 쟁반을 건다. 다시 쟁반 위에는 오색종이로 만든 흰 덮개를 매단다. 이어 덮개 네 모서리의 기둥에 자제치(ザゼチ)를 붙인 신도(神道)를 당긴다.

춤추는 곳에서 떨어진 밭의 가운데에는 백산(白山)이라고 부르는 네모진 구조물이 있다. 춤을 다 춘 사람들은 흰 옷을 그 속에 싸서 묶어 넣는다. 일본인들은 이것이 죽음과 환생을 의미한다고 생각한다. 즉 옷에 깃든 영성(靈性)을 백산이라는 곳에 모아 넣음으로 인해 이승과 저승 또는 죽음과 삶이 교차한다고 여기는 것이다. 네모진 이 백산에 묶어 싼 흰 옷은 바로 산 사람들이 보내는 희구(希求)의 응축된 덩어리를 나타내는 것이다. 그 결과는 정토에 들어간다는 확신이다. 꽃축제는 이러한 믿음 때문에 거행된다.

● 단가(檀家)제도

일본불교는 전래 초기인 6세기경부터 국가불교적인 성격이 강했다. 특히 에도시대(江戶, 1603~1861)의 봉건제도 아래서 행해진 국가의 불교관리는 오늘의 일본불교를 지탱하는 단가(檀家)제도를 확립시켰다는 점에서 매우 중요한 의미를 갖는다.

토쿠가와(德川) 막부(幕府)시대의 불교는 자유로운 포교활동의 금지, 사원건립 제한, 출가자의 제한 등을 당했다. 그러나 국가권력에 의한 본말사(本末寺) 행정체계 확립이라는 새로운 제도를 채택할 수 있게 된다. 단가제도는 본산(本山)을 통하여 막부의 명령을 곧바로 말사(末寺)까지 하달하는 체계이다. 이를 통해서 불교계는 각 종파의 행정을 중앙집권화할 수 있게 되었다. 이 무렵 본말사가 불확실한 사원은 모두 폐쇄되었다.

한편으로 막부는 기독교 금지를 위하여 불교를 이용하였다. 불교는 정치의 일단을 청부받아 기독교 금지를 강화하였다. 기독교는 1549년 일본에 전해졌다. 기독교도들은 신사(神社)에 참배하지 않고 봉건무사의 풍습인 할복(割腹)을 부정하였다. 이것이 일본의 전통과 배치된다는 이유로 배척되었다. 기독교를 믿던 사람은 개종하여 반드시 불교 사원에 신자로서 등록하고 그 증거로 사찰에서 증명서를 받아야만 하였다.

이런 일은 점차 기독교인에게만 한정하지 않고 일반민중에게도 보급시켜 혼인·여행·이사 등에서도 반드시 사찰이 발급한 증명서를 막부에게 제출하도록 하였다. 이것은 일종의 호적제도로서 막부가 불교를 억압하면서 동시에 불교를 위무하기 위한 하나의 방편이었다.

막부의 이 같은 관리는 현재 일본불교의 특색인 단가(檀家)제도를 확립하는 계기가 되었다. 모든 주민이 어떤 형태로든 불교사원과 관계를 갖지 않을 수 없었다. 이로 말미암아 자연스럽게 민중은 불교를 신앙케 되었던 것이다.

이 단가제도로 인해 승려의 사회적 지위가 크게 향상되었지만 불교는 점차 체제순응적으로 변해갔다. 결국 승려는 관료화되고 타락하여 에도시대 말기에는 극심한 부패상을 노출시키게 되었다. 메이지유신을 맞게 되어 배불론자(排佛論者)들에 의해 폐불훼석(廢佛毀釋)이 자행된 이유 중의 하나도 이러한 불교의 타락에 있다.

메이지(明治) 초기, 국학자(國學者)와 신도자(神道者) 및 그들을 지지하는 정치세력은 신불(神佛)을 분리하는 정책을 취했다. 이와 더불어 일어난 배불운동은 전통적인 유명사찰을 폐허화하고 불상과 경전까지 불태웠다. 정치권력으로부터 격리된 불교는 과거보다 더욱 신불일치(神佛一致)를 강조하였다. 천황과 군국주의에 대한 충성도 더욱 강조했다. 이후 2차대전을 치르면서 일부 양심적인 불교도들은 신앙쇄신운동을 일으켜 불교정신 회복에 앞장서기도 했다. 그러나 파시즘으로 흐른 국가체제에 의해 탄압되고 말았다.

불교가 이러한 우여곡절을 겪었으나 지금도 모든 일본국민은 사찰과 깊은 관련을 맺고 있다. 흔히 '교회에서 결혼하고 절에서 죽는다.'라는 말을 할 정도로 모든 국민이 각 지역구의 사찰에 등록되어 있다. 일본인들은 죽으면 화장을 하며 뼈는 그 사찰의 납골당에 안치한다.

제21장

불교의 상징과 법구

제21장

●

불교의 상징과 법구

崔貞喜

1. 불교의 상징

● 만(卍)자

불교 또는 사찰의 상징마크로 쓰이는 卍자는 길상만덕(吉祥萬德)을 뜻한다. 한자로는 만복을 상징하여 '萬'으로 표기한다.

만자는 인도 전설에 나오는 비쉬누신(神)의 가슴에 있는 선모(旋毛)가 그 기원으로 알려지고 있다. 태양의 방광을 본뜬 표시로 태양숭배를 하던 아리안족이 사용했다는 卍자는 예로부터 각지에서 쓰였다. 그리스 정교에서는 장식으로, 아메리카인디언은 방향이나 바람의 상징으로, 중국에서는 난간 무늬로 사용했다. 이렇게 볼 때 만자 표지는 어떤 소망의 상징적 기호로 사용된 것이 분명하다.

卍자는 범어로 '슈리바차' '스바스티카'라고 하는데 모발이 말리고 겹쳐 해운(海雲) 같다는 뜻이다. 그러나 이 말의 뜻은 다양하다. '슈리'는 행복·번영, '바차'는 송아지란 뜻이기도 하고, 아리안어가 범어화된 것으로 '행복한 나무'가 본래 의미라는 학자도 있다.

역사적으로 이 표지가 불교와 최초의 관계를 맺는 것은 《수행본기
경》에 나오는 부처님의 성도설화에서이다. 이에 따르면 부처님은 보
리수 아래서 수도할 때 풀방석을 깔고 앉았는데 방석재료인 풀의 끝
이 卍자 모양의 길상초였다. 그 후 이 표지는 불교를 상징하는 기호가
됐다. 대승불교시대의 불교인들은 부처님이 보통 사람과 다른 32가지
의 특징(32相)이 있다고 믿었다. 그 중 하나가 가슴・수족・두발・허
리에 이 만자 덕상이 있다는 것이다. 불상을 조성하면서 가슴에 卍자
를 그려 넣는 것도 이런 이유에서다.

卍자의 가운데 교차점을 떼어내면 영어의 L자가 4개 나온다. 현대
의 서구 불교학자들은 이 4개의 L자를 생명(Life)・광명(Light)・자
비(Love)・자유(Liberty)를 뜻하는 머리글자로 해석하고 있다. 미국의
불자들은 이 해석에 따라 만자를 생활지침으로 삼았으나 2차대전 후
나치를 연상시킨다 하여 별로 사용하지 않는다. 그래서인지 불교에서
도 언제부터인가 만자 표지를 기피하는 경향을 보이고 있다.

만자에는 우만자(卐)와 좌만자(卍)가 있고, 끝 부분이 다시 꺾인
모양도 있다.

● **불교기(佛敎旗)**

청・황・적・백・주황 등 5색을 가로 세로로 배치한 불교기는 부
처님의 상호(相好)와 가르침을 상징한다.

불교기는 1950년 스리랑카에서 열린 제1회 세계불교도우의회에서
제정된 회기(會旗)였는데 현재 모든 불교국가와 불교단체에서 사용하
고 있다. 이 기는 가로 세로의 비율이 3:2이며 바탕의 5가지 색깔은
부처님의 상호를 의미한다.

가로로 그은 선은 부처님의 가르침을, 세로로 그은 선은 부처님의
가르침이 영원히 변함없다는 뜻을 나타내고 있다. 이 같은 불교적 의
미와 함께 불교기의 바탕색은 세계 인종의 색을 상징하고, 가로 세로

선은 부처님의 가르침이 사바에 널리 퍼져 영겁토록 인류가 화목하길 발원하는 자비를 의미한다는 해석도 있다.

맨 위쪽과 세로의 첫번째 색인 청색은 마음을 흐트러뜨리지 않고 불법을 구하는 정근을 상징한다. 부처님의 모발색에서 비롯됐다고 한다. 두번째의 황색은 찬란한 부처님의 몸빛과 같이 변하지 않는 굳건한 마음을 나타낸다. 건장한 몸매에 확고부동한 부처님의 태도가 금강에 비유되는 이치와 같다. 세번째의 적색은 더운 피의 색깔로서 항상 쉬지 않고 열정적으로 정진에 힘쓸 것을 표현한 것이다. 네번째의 백색은 깨끗한 마음으로 온갖 번뇌를 맑게 하는 청정을 뜻한다. 석가모니 부처님이 사자후를 하실 때 보이신 치아의 색을 상징한다. 맑은 마음으로 온갖 악업과 번뇌의 괴로움을 물리쳐 청정세계를 가꾸자는 뜻이다. 마지막의 주황색은 부처님의 성체를 두른 가사색으로 온갖 유혹과 굴욕 그리고 수치스러움을 참고 견디며 성내지 않는 인내를 상징한다.

우리나라에서는 조계종이 1966년 8월 11일 제13회 임시중앙종회에서 불기(佛紀)연대 통일과 함께 불교기 사용에 대해 논의했다. 그 결과 종회 다음날인 8월 12일부터 불교기를 '조계종기'로 게양할 것을 만장일치로 결의했다. 그 후 각종 불교행사에서는 종파를 초월하여 불교기를 게양하고 있으며 불상을 대신하는 경우도 있다.

● 법륜(法輪)

법륜은 범어 dharma-cakra의 번역으로 부처님의 가르침을 전륜성왕의 윤보(輪寶)에 비유한 말이다. 전세계를 통솔하는 이상적인 제왕인 전륜성왕이 윤보로써 모든 적을 굴복시키듯이, 부처님이 교법으로 일체 중생의 번뇌를 제거하는 것을 법의 수레바퀴로 표현했다.

법륜의 바퀴인 윤보는 본래 무기로서 비쉬누신이 갖고 다니는 휴대품의 하나다. 고대 경전에 의하면 법륜은 전륜성왕을 상징적으로 나타내는 것이라고 한다. 전륜성왕은 숙세에 닦은 복덕으로 윤보를 얻는데, 성왕이 나아가는 곳에는 이 윤보가 앞에서 땅을 평평하게 하는 한편 적군을 굴복·평정시킨다고 한다.

또 수레바퀴가 때와 장소에 구애받지 않고 굴러갈 수 있듯 부처님의 가르침 역시 어느 한 사람 어느 한 곳에 머물지 않고 중생을 교화한다는 뜻에서 수레바퀴를 전법(傳法)의 상징 즉 법륜으로 채택했다. 진리의 수레바퀴 법륜은 초기교단에서는 부처님의 설법을 뜻하는 말로 사용했다. 그래서 부처님이 설법하시는 것을 전법륜(傳法輪)이라 하고 사르나트(녹야원)에서 다섯 비구에게 법을 설한 최초의 설법을 초전법륜이라고 부른다.

그러나 중국에서는 부처님의 가르침을 분류하는 교상판석에 많이 붙였다. 대표적 주창자 축도생은 부처님의 일대 교설을 선정·방편·진실·무여 등 4법륜으로 분류했다. 길장은 근본법륜·지말법륜·섭말귀본법륜으로, 진제는 전법륜·조법륜·지법륜으로, 현장은 사제법륜·무상법륜·요의법륜으로 분류했다. 우리나라에서 이 같은 법륜설을 널리 채택한 고승은 신라의 원효스님이다.

진리의 전파를 상징하는 법륜은 고대 불교미술, 특히 조각에 자주 등장한다. 그 대표적인 작품은 초전법륜상이다. 5세기 작품으로 사르나트에서 출토된 초전법륜상(사르나트 고고박물관 소장)은 대좌 아래 중앙에 법륜을 입체적으로 조각했다. 그 양옆에 다섯 비구도 있다. 이 작품은 인도미술을 대표하는 걸작이다. 같은 시기의 작품으로 사르나트에서 출토된 초전법륜상(인도박물관)과 2세기경 간다라에서 출토된 초전법륜상에도 대좌 아래에 평면형 법륜이 부조되어 있다. 법륜은 범륜(梵輪)이라고도 하며, 불교의 상징마크로도 쓰이고 있다.

●옴(唵)

범어 oṃ의 음역이다. 우주의 모든 진동을 응축시킨 기본 음(音)으로 신성하다는 뜻을 지닌 진언(眞言 ; 만트라)이다.

인도에서는 옛날부터 기도하는 말로 쓰였고 철학·종교서의 첫머리에 놓여져 있는 밀어(密語)이다. 불교에서는 진언이나 다라니의 첫부분에 붙이는 경우가 많다. 옴은 원래 아(a)−우(u)−움(m)의 3자가 합성된 것이다. 진언요가에서는 상투적으로 진언을 세 부분으로 분해하는데 이것은 호흡과정의 세 부분인 흡식(吸息)·지식(止息)·호식(呼息)과 연관되어 있다. 또 옴의 3자는 비쉬누·쉬바·브라만 등 3신을 뜻하기도 했다.

대승경전 《수호국계주다라니경(守護國界主多羅尼經)》에서는 옴을 법신·보신·화신의 삼신을 나타낸 것이라고 하여 옴자를 관(觀)할 것을 권하고 그 공덕으로 무상보리를 이룰 수 있다고 가르친다. 옴자에는 귀명(歸命)·공양(供養)·삼신·깨달음·섭복(攝伏) 등 다섯 가지의 뜻이 있다. 옴자로 시작되는 불교의 대표적 진언으로는 '옴 마니 반메 훔(관세음보살본심미묘육자대명왕진언)'을 들 수 있다.

라마교도들이 '오오, 연화상의 마니주여'라는 뜻으로 부르는 이 진언은 연화수보살에게 귀의하여 극락왕생을 기원하는 주문으로 '육자대명주'라고 한다. 라마교에서는 이 진언을 모든 복덕지혜의 근본이라 하여 입으로 부르고 이것을 써서 몸에 지니거나 집에 두어도 생사해탈의 씨앗이 된다고 한다. 또 라마교도들은 연화수보살이 아미타불과 같아서 극락에서 기도하는 이를 구제하여 생사에서 벗어나게 한다고 믿어 이 진언을 독송한다. 여섯자 중에서도 옴자를 한 번 부르면 그 공덕이 능히 천상계의 유전을 막아 준다고 한다.

우리나라 불자들은 이 육자진언을 진언 가운데 대명왕진언이라 하여 복덕지혜를 구족케 하고 탐·진·치 삼독에 물들지 않게 하는 위신력을 믿어 왔다. 옴 마니 반메 훔(oṃ maṇi Padme hūṃ)을 요가적으로 해석하면 '마니'는 남성 '반메'는 여성을 암시하므로 이 진언은 탄트라불교의 성(性) 요가적 실천을 상징화한 것으로 이해할 수 있다.

● 불족상(佛足像)

　불교에서는 부처님의 족상을 숭배하는 풍습이 있다. 현재 우리들이 예배하고 있는 불상이 조성되기 전에 인도의 초기불교에서는 나무나 돌 등으로 부처님의 형상을 만드는 것이 철저히 금지되었다. 그 이유는 무한한 존재인 부처님, 신성한 교조 부처님을 유한의 형상으로 한정시켜 표현한다는 것은 부처님에 대한 존엄성을 모독한다고 생각했기 때문이다. 그러나 부처님에게 존경을 표하고 싶은 인도인들은 부처님을 대신하는 상징물을 숭배하게 됐다.

　처음에는 부처님이 남긴 가사·발우·머리칼·사리 등 유물과 유품을 숭배했으나 양적인 제한이 있어 보편화될 수가 없었다. 그래서 생각해 낸 것이 원하는 곳이면 어디서든지 무제한으로 만들어 분배할 수 있는 보편성을 지닌 상징물이다. 상징물들은 많았지만 그 중에서도 가장 널리 숭배된 것은 보리수·법륜·불족·일원상 등이다.

　불족상은 부처님의 32상과 80종호의 한 부분으로 보통 사람과는 특별히 다르다는 점에서 자연히 숭앙의 대상이 됐다. 또 《법현전》에서 말한 바와 같이 '부처님께서 인연 깊은 마갈타국의 수도인 화씨성을 지나면서 남쪽에 있는 바위에다 발자국을 남겨 두시고 곧 열반에 드실 것을 예언하셨다.' 하여 후대에 이를 새겨 받들어 경배하게 됐다고 한다. 그러나 불자들이 불족상을 예배하는 이유는 부처님께서 열반에 드실 때 후계자인 가섭존자에게 두 발을 관 밖으로 내보이신 데 의의가 있다. 선종에서는 이를 이심전심(以心傳心)의 법문인 삼처전심(三處傳心)의 끝이라 하여 귀중하게 여긴다.

　부처님 열반을 상징한 불족숭배신앙은 여러 나라에서 성행했다. 왕현책이란 사람이 인도에서 모형을 처음으로 중국에 가져온 후 우리나라와 일본으로 전해졌다.

　우리가 불족을 숭배하는 데는 또 다른 이유가 있다. 불족은 중생을 보살피기 위해 동분서주한 부처님을 상징한다. 인도 사람들은 맨발로 걸어 다닌다. 부처님도 맨발로 다녔다. 자기를 필요로 하는 곳이면 어디든지 찾아 다닌 맨발의 성자 부처님의 발길이 닿는 곳에는 항상 진리의 비가 내렸기 때문이다.

● **합장(合掌)**

합장은 열 손가락과 좌우 손바닥을 얼굴과 가슴 앞에 모아서 부처님 또는 보살을 공경 예배하는 불교의 예법이다. 이러한 합장은 정숙한 자세로 자신의 진실과 상대에 대한 신뢰와 공경을 나타내는 불자들의 인사예절이기도 하다.

합장은 글자 그대로 두 손바닥을 모아서 경례한다는 뜻이지만, 여러 불전에는 부처님을 공경 합장하고 높으신 덕을 찬탄한다 하였다. 이때에는 합장하는 것이 경례에만 그치지 않고 우주의 만법을 절대적인 한마음의 경지로 모은 통일된 자세를 말한다. 따라서 합장은 곧 수행하는 자세다. 합장은 고대 인도에서 시작되어 오늘날까지 이어지는 인사법으로 인도·스리랑카·미얀마·태국·베트남 등에서는 일상적으로 행해지고 있다.

인도에서는 오른손은 신성한 손, 왼손은 부정한 손이라고 구분해 사용하는 습관이 있다. 그런 양손을 합하는 일은 인간 내면의 신성한 면과 부정한 면을 합일시키는 데에 인간의 진실된 모습이 있다는 사상의 표현이다.

합장에는 모양에 따라 여러 가지가 있다. 《법원주림(法苑珠林)》제20권의 〈치경편〉에서는 합장차수라 하여 손바닥을 합하고 손가락을 서로 엇갈리게 교차시키는 방법도 경례법으로 행해진다 했다. 예를 들면 《관무량수경》에서는 수행자가 아미타불·관세음보살·대세지보살 등 삼존께 합장차수하고 제불을 찬탄하면 일념 동안에 극락국 칠보의 연못 속에 태어난다고 기록되어 있다. 밀교에도 12합장설이 있는데 견실심합장·허심합장·미부연화합장 같은 것이 많이 행해진다. 그 밖에 초할연화합장·지수합장·귀명합장·현로합장 등이 있다.

합장하는 법은 두 손바닥과 손가락을 합하여 어긋나거나 틈이 생기지 않게 해야 한다. 또 팔꿈치를 들어 올려서도 안 된다. 손목은 가슴 한가운데의 움푹 들어간 곳에서 손가락 두 마디 정도 떨어지도록 하고, 두 팔은 겨드랑이에서 약간 떨어지게 한다. 손끝은 코끝의 높이 정도로 하고 고개는 반듯이 세워 마음을 한곳에 모은다. 반배를 할 때는 합장한 채로 허리를 60도 정도 구부렸다 편다.

● 3대 성수(三大聖樹)

3대 성수란 부처님의 탄생·깨달음·열반과 관계된 무우수·보리수·사라수 등 3종의 나무를 말한다.

무우수(無憂樹)는 부처님이 룸비니 동산의 이 나무 아래에서 탄생했으므로 탄생의 성수로 불리운다. 경전에 의하면 마야부인이 오른손으로 이 나뭇가지를 잡았을 때 오른쪽 옆구리로 부처님이 태어났다고 한다. 무우수는 아수가수(阿輸迦樹·아쇼카)의 번역어로 두과(荳科)에 속하고 화려한 붉은 꽃을 피운다.

깨달음의 성수 보리수(菩提樹)는 인도 전역 어디서나 무성하게 자라는 뽕나무과에 속하는 상록 활엽교목이다. 본래 이름은 핍팔라 혹은 아슈바타인데 부처님이 이 나무 아래서 보리(깨달음)를 이루었다 하여 보리수가 된 것이다.

2천5백여 년 전 부처님이 정각을 이룬 보드가야(대탑 뒤편)의 그 자리에는 여러 세대를 거친 손자뻘 되는 보리수가 무성한 가지를 펼치고 있다. 그 보리수 아래의 성도지에는 장방형 대리석에 연꽃무늬가 새겨진 금강보좌가 놓여 있다. 이 보리수와 금강보좌는 인도의 4대 성지로 꼽히는 보드가야에서 가장 신성한 장소로 세계 불교도들의 숭앙을 받고 있다. 그러나 깨달음의 성수 보리수는 과거에 이교도들에 의해 몇 번이나 베어지고 불에 탄 일이 있다.

부처님의 열반을 상징하는 사라수(沙羅樹 또는 沙羅雙樹)는 부처님
이 열반에 들었던 중인도의 쿠시나가라 부근에 번성했던 나무다. 부처
님은 입멸 직전 사라나무 숲으로 들어가셔서 시자 아난다에게 두 그
루의 사라수 사이에 누울 자리를 준비시킨 후 그 자리에 누웠다. 부처
님은 이 사라수 아래서 '모든 것은 변천한다. 게으르지 말고 부지런히
힘써 정진하라.'라고 하는 마지막 말씀을 남기고 위대했던 80년의 생
애를 마쳤다. 부처님이 열반의 경지에 들었을 때 사라수에는 때아닌
꽃이 피어서 부처님의 몸 위로 꽃잎이 흩날렸다. 지금도 쿠시나가라의
열반당 앞에는 두 그루의 사라수가 커다란 타원형의 잎을 단 채 하늘
높이 서 있다.

범어로 '견고하다'는 뜻의 이 나무는 뒤에 절이란 뜻으로도 쓰였다.

● 연꽃(蓮花 · 蓮華)

연꽃은 진흙 못에서 피어난다. 물이 더럽고 지저분하여도 그 속에
서 청정하고 아름답고 귀한 꽃을 피워내는 모습이 사바세계에 존재하
는 부처님 가르침(佛法)에 비유되어 불교의 꽃으로 상징되고 있다. 또
무명 속에서 깨달음을 얻어 성취되는 진리를 의미하기도 한다. 처염상
정(處染常淨)이라는 말은 연꽃의 성격을 잘 나타내고 있다. 더러운 곳
에 처해 있어도 항상 맑은 본성을 간직하고 있다는 말이다. 그래서 부
처님은 청정하거나 지혜로운 사람을 곧잘 연꽃에 비유했다.

연꽃을 일러 만다라화(曼茶羅華)라고도 한다. 삼라만상을 상징하는
오묘한 법칙이 연꽃에 드러나 있기 때문이다. 유명한 염화시중(拈華示
衆)의 미소에서 부처님이 들어 보인 꽃이 바로 연꽃이다. 또 부처님이
룸비니 동산에서 태어나서 사방으로 일곱 걸음을 걷고 있을 때 땅에
서 연꽃이 솟아올라 태자를 떠 받들었다고 경전은 적고 있다.

인도에서는 연꽃을 진귀한 꽃으로 여겼으며, 청 · 홍 · 황 · 백련화
등으로 나누었다. 그 중에서 백련화는 번뇌에 오염되지 않은 청정무구

의 불법성에 비유되었다. 연꽃에는 각 부분마다 불교의 원리를 말하는 의미가 숨겨져 있다. 활짝 핀 연꽃잎은 우주 그 자체를 상징하고, 줄기는 우주의 축을 의미한다. 연합에는 9개의 구멍이 있는데 이는 9품을 말하며 3개의 연뿌리는 불·법·승 삼보를 뜻한다. 연꽃의 씨는 천 년이 지나도 심으면 꽃을 피운다 하여 불생불멸(不生不滅)을 상징한다. 또 꽃이 피면서 열매가 생기는 것은 인과가 동시에 나타나는 것으로 풀이되고 있다.

연꽃은 불교의 이상적 인간상인 보살을 상징하기도 한다. 연꽃이 진흙 속에서 아름다운 꽃을 피우듯, 불자들은 부처님 가르침을 실천하여 이룩해야 한다는 의미가 포함되어 있다.

많은 불교예술품들은 연꽃을 형상화하여 그 깊고 오묘한 뜻을 나타내고 있다. 특히 불보살의 좌대는 모두가 연꽃이다. 예술작품뿐 아니라 《묘법연화경》《화엄경》등 경전의 제목도 연꽃과 관련돼 있다.

● 우담바라(優曇波羅)

우담바라(優曇婆羅·優曇波羅·烏曇跋羅·優曇華·優曇跋羅華·優曇鉢華, Udumbara)는 다양하게 표기되고 있다. 영서(靈瑞)·서응(瑞應)·상서운이(祥瑞雲異)의 뜻으로 풀이된다. 인도에서 전륜성왕(이상적인 왕)이 나타날 때 꽃이 핀다는 가상의 식물이다. 3천년 만에 한 번 꽃이 핀다는 신령스런 꽃으로 매우 드물고 희귀하다는 비유로 쓰이고 있다.

우담바라는 경론에 자주 나타난다. 《법화의소(法華義疏)》제3 끝에는 '하서도랑(河西道郞)이 말하기를 이것은 영서화라 하며 또는 공기화(空起花)라 한다. 인도에 그 나무는 있지만 꽃이 없고 전륜성왕이 나타날 때면 이 꽃이 핀다.'고 하였다. 또 과거7불 중 제5 구나함모니불이 이 나무 아래서 성불하였다고 한다.

《혜림음의(慧琳音義)》제26에도 '우담바라는 하늘꽃이며 여래가 세상에 태어날 때 피고 무력과 권력을 쓰지 않고서도 이상적인 통치를 하는 전륜성왕이 세간에 표출하면 대복덕으로 말미암아 감득해서 이 꽃이 핀다.'고 하였다. 또《불본행집경(佛本行集經)》제31에는 구원의 뜻으로 번역되고 있으며 《대반야바라밀다경(大般若波羅蜜多經)》제 171에는 '여래의 묘음을 듣는 것은 희유한 것으로 우담바라와 같다.' 고 비유하였다. 《연화면경(蓮華面經)》상에는 부처님이 아난에게 말하기를 '여래의 32상을 보는 것은 우담화가 3천년 만에 나타나는 것보다 백년만억 보기 어렵다.'고 했다.

《무량수경(無量壽經)》에는 이 나무는 은화식물로서 그 꽃이 사람의 눈에 띄는 것은 상서로운 일이 생길 징조라고 했으며, 《법화경》제1권 〈방편품〉에는 '모든 부처님의 지혜는 끝이 없어 적은 지혜로는 알 수 없으며 마치 우담바라가 때가 되어야 피는 것과 같다.'고 했다.

식물학상의 우담화는 뽕나무과의 교목인 무화과 속(屬)에 딸린 한 종이다. 학명은 피쿠스글로메라타로 인도와 스리랑카에서 자라고 꽃은 무화과처럼 은두화서(隱頭華序) 속에 들어 있으므로 겉에서는 보이지 않는다. 남방의 따뜻한 기온에서 자라는 활엽수로서 한 길 이상 되는 은화식물이다. 열매는 엄지손가락만한 것이 보통이며 별미다. 인도에서는 보리수와 더불어 신성한 나무로 취급되고 있다.

● 가릉빈가(迦陵頻伽)

가릉빈가는 경전에 나오는 상상의 새로서 범어 kalaviṅka의 음역이다. 가릉비가·가라빈가·갈라빈가·갈비가라·가비가라 등 다양하게 부르며, 줄여서 빈가라고도 한다. 호성(好聲)으로 번역되는 이 새는 정토만다라 등에 인두조신(人頭鳥身)에 용꼬리가 달린 모양으로 그려져 있다. 자태가 매우 아름답고, 소리 또한 묘하여 묘음조·호음조·미음조(美音鳥)라고도 한다. 극락에 깃들인다 하여 극락조라 부르기도 한다.

머리와 팔은 사람의 형상을 하였고 몸체에는 비늘이 있다. 머리에는 새의 깃털이 달린 화관을 쓰고 악기를 연주하고 있는 모습으로 나타난다. 원래의 형태는 봉형(鳳形)에서 발전한 형상이라 생각되며, 일설에는 인도의 히말라야 산 기슭에 산다고 하는 불불조(bulbul鳥)라는 공작의 일종이라고도 전한다.

이 새의 반인반수상은 여러 지역과 각 시대에 걸쳐서 묘사된 것을 비교해 보면 동물 형상을 의인화하고 있는 공통점이 있다. 중국에서의 가릉빈가 형상은 한(漢)나라 이후에 등장하며 그 뒤 고분벽화 또는 분묘의 화상석각에서 찾아볼 수 있다.

우리나라에서는 고구려 고분인 덕흥리 벽화고분과 안악 1호분에 가릉빈가와 유사한 형상이 보이고 있다. 또한 당(唐)나라의 가릉빈가문(紋) 형상은 우리나라 통일신라 시대의 경주 월주지·용사지·탑동부근·창림사지·보문사지 일대에서 발견되는 와당에서 유사하게 나타난다. 와당(瓦當)에 나타나는 가릉빈가문은 머리 위에 특이한 초화형(草花形) 화관을 얹고 연화좌에 서 있는 등 불교적 요소가 짙다. 가릉빈가문은 석조유물 중 부도·석탑 등의 조각에서도 나타난다. 석탑에서는 주로 통일신라기의 유물에서 보인다.

쌍봉사 철감선사탑(국보 57호)은 상대석 위의 탑신과 굄돌 각 측면에 안상(眼象)을 만들고 그 안에 주악상인 가릉빈가를 부조해 넣었다. 또 봉암사지 증대사적조탑(보물 137호)에서는 하대석(下臺石) 윗면 각 면에 날개를 펼친 모습이 새겨져 있다. 고려시대 것은 연곡사 동부도·서부도·북부도의 안상무늬 안에 가릉빈가문이 새겨져 있다.

가릉빈가의 춤은 불공양 법회 때 행한 고대 무악(舞樂)으로 이름이 있었다.

● 용(龍)

용은 관념상의 동물이지만 불교에서는 천룡팔부(天龍八部) 중의 하나로서 불법을 수호하는 반신반사(半神半蛇)로 등장한다. 범어 nāga 의 번역으로 인도백과사전 '팔부중'편에 보면 용을 ① 천궁을 수호하는 용 ② 비를 부르는 용 ③ 지룡(地龍)과 회전륜왕(回轉輪王) 대복팔장(大福八藏)을 관장하는 용으로 분류하고 있다.

인도에서는 뱀을 신격화한 개념으로 용이 등장한다. 인도에는 독사의 위험이 많아 원주민들은 사신(蛇神) 숭배 신앙을 가지고 있었다. 아리안 민족은 인도를 정복한 뒤 원주민들의 신앙을 이어받았고 용은 마침내 불교의 호교자가 되었다. 이러한 용은 원시불교 성전 이래 등장하며 선악 양면을 보이고 있다.

특히 난타(難陀)·발난타(跋難陀)·사가라(娑伽羅)·화수길(和修吉)·덕차가(德叉迦)·아나바달다(阿那婆達多)·마나사(摩那斯)·우발라(優鉢羅)는 8대 선신으로 존경받는 용왕이다. 용왕들은 불법을 옹호할 뿐 아니라 적시에 비를 오게 하여 오곡풍작을 가져 오게도 한다. 그 중에서도 사가라 용왕은 기우(祈雨)의 본존으로 신앙되어 왔다. 이처럼 용이 기우의 대상이 된 것은 수중에 살면서 구름을 부르고 비를 오게 한다고 믿었기 때문이다. 《80화엄경(華嚴經)》제43에 보면 용왕·대룡이 큰 비를 오게 한다는 내용이 있고 《대지도론(大智度論)》에도 비슷한 내용이 있다.

용왕이 사는 궁전을 용궁이라 하는데, 불법이 유행하지 않게 될 때 용왕은 용궁에서 경전을 수호한다고 한다.

여러 경론에는 용에 대한 설화가 많다. 그 예로 《과거현재인과경(過去現在因果經)》《수행본기경(修行本起經)》 등에 보면 부처님 강탄(降誕)시 난타와 발난타 용왕은 허공 중에서 청정수를 토하여 부처님의 몸에 물을 뿌렸다.

중국에는 불교가 전래되면서 원래의 중국 용에 새로운 인도 용의 관념이 혼입됐다. 우리나라는 삼국통일 이후 불교가 호국신앙으로 발전함에 따라 용은 호국 용으로 대두됐다. 황룡사는 그 예의 하나다.

한국에는 '용'자가 들어가는 절 이름이 많다. 또 용상(龍象 ; 큰스님), 용상방(龍象榜) 등 용을 비유·상징한 불교용어도 꽤 있다. 우리나라에서는 범종의 용두를 비롯 사원건축·벽화와 불단·요령·촛대 등 각종 불구에도 용을 조각하여 호법·호국의 뜻을 새기고 있다.

● 만다라(曼茶羅)

만다라는 우주 만물의 조화와 연관성 및 차별성을 부처님 모양의 그림으로 나타낸 것이다. 흔히 기하학적인 구조로 그려진 불보살의 그림(탱화·불화)을 만다라라고 부르는데 깨달음의 세계를 상징적으로 표현한 것이다. 대체로 이 세상에 있는 것은 어느 하나도 무의미한 것은 없으며 각기 고유한 존재의미를 지니는 동시에 상호연관성을 갖는다는 것이 만다라의 세계관이다. 따라서 넓은 의미에서 보면 우주 전체가 만다라이다.

주술적 도형만다라는 중심점의 둘레에 일정한 세계관과 교리에 맞춰 여러 부처님과 존자들을 배치하여 우주 전체를 나타내고 있다. 대일여래를 중심으로 하는 태장계(胎藏界)만다라와 금강계(金剛界)만다라가 기본적인 것이다.

진언밀교 수행에서는 제존(諸尊)의 모습을 그린 대(大)만다라, 제존을 상징하는 법륜과 연화를 그린 삼매야(三昧耶)만다라, 산스크리트 문자로 표현된 법(法)만다라, 상(像)을 새긴 갈마(羯磨)만다라 등 4종의 만다라를 사용한다.

부동존(不動尊) 등 대일여래 이외의 부처님을 중심에 두는 만다라와 《법화경》 등에 나타난 성중(聖衆)을 그린 경법(經法)만다라 등 만다라의 종류는 많다.

만다라는 범어 maṇḍala라고 하는 말의 음을 그대로 한자로 옮긴 말로 '원(둥근 것)' '전체' 등의 의미이다. 그래서 '윤원구족(輪圓具足)'이라고 한역되기도 한다. 인도에서는 수행법을 행할 때에 마법의 방해가 없도록 원형 속에서 수행법을 행했다. 여기에서 일반적으로 원형이나 방형을 구획한 것을 만다라라고 부르게 되었다.

만다라를 중시하는 밀교에서는 만다라에 4가지 의미를 부여하고 있다. 첫째로 만다라를 '만다'와 '라'로 나눈다. 만다는 '본질' '정수'이고 '라'는 '본질을 갖는다'는 뜻이다. 이 경우 본질이란 깨달음을 말하는 것으로 만다라는 '깨달음을 완성한 경지'를 의미한다. 둘째로 깨달음을 얻는 장소라는 도량의 의미를 갖는다. 또 제불(諸佛)을 모시는 단(壇)도 만다라라고 부른다.

● 일원상(一圓相)

둥근 원을 불교에서는 일원상이라고 하는데, 우주만유의 본원 또는 원융무애한 법을 상징한다. 그래서 선가에서는 일원상을 1천7백 공안(화두)의 하나로 삼고 있다. 시작도 없고 끝도 없는 일원의 근본을 추구하는 것이 ○자 화두다. 예로부터 선방에서는 일원상을 벽에 그려 놓고 참선정진해 오고 있다. 이는 언어도단(言語道斷)의 입정처인 일원의 진경에 들어가기 위한 수행방법이다.

서산대사가 쓴 《선가귀감(禪家龜鑑)》에 보면 중국의 육조 혜능대사가 이르기를 '여기 한 물건이 있는데 본래부터 한없이 밝고 신령스러워 일찍이 나지도 않았고 죽지도 않았다. 이름지을 길 없고 모양 그릴 수도 없다.'고 했다. 서산대사는 주해(註解)에서 한 물건을 일원상으로 표시했다. 또 삼조 승찬대사는 일원상을 《신심명(信心銘)》에서 '허공같이 뚜렷하여 모자랄 것도 없고 남을 것도 없다.'라고 말했다.

법정은 《선가귀감》 역주에서 일원상을 다음과 같이 풀이하고 있다.

마음·성품·진리·도라 하여 억지로 이름을 붙였으나 어떤 이름으로도 맞지 않고 무슨 방법으로도 그 참모양을 바로 그려 말할 수 없는 것이다. 그것이 무한한 공간에 가득 차서 안과 밖이 없으며 무궁한 시간에 사뭇 뻗쳐 고금(古今)과 시종(始終)도 없다. 또한 크다, 작다, 많다, 적다, 높다, 낮다 시비할 수 없으며, 거짓·참 등 온갖 차별을 붙일 길이 없어 어쩔 수 없이 한 동그라미로 나타낸 것이다.

이것을 더 자세히 설명하기 위해 당나라 혜충국사(慧忠國師, ?~775)는 97가지 그림으로 가르쳐 보이기도 했다. 그러나 아무리 애써 보아도 도저히 그 전체를 바로 가르칠 수 없어 이것을 가르치려 한다면 '입을 열기 전에 벌써 그르친다.'며 '알거나 알지 못한 데에 있지 않다.'고 했다. 그러므로 일원상의 이치를 분명히 알면 팔만대장경이나 모든 성인이 소용없다고 법정스님은 설명을 덧붙였다.
　불문에 들어와 이러한 공안을 참구한 뒤 원불교를 개교한 소태산은 일원상을 원불교의 상징 즉 종지(宗旨)로 삼았다. 따라서 원불교는 일원상을 신앙의 대상, 수행의 표본으로 삼고 있다.

● 법계도(法界圖)

　법계도는 화엄교학의 대가 의상(625~702)이 《화엄경》의 광대무변한 진리를 압축한 게송을 하나의 도인(圖印)으로 나타낸 것이다. 원래 이름은 《화엄일승법계도(華嚴一乘法界圖)》이나 흔히 '법계도' '해인도'라고 하며, 게송은 '법성게(法性偈)'라 한다. 법성게는 7언30구 210자의 짧은 시문(詩文)이고, 법계도는 이 시문을 54각(角)의 네모꼴 도인(圖印)에 합쳐서 만든 인장(印章)이다.
　의상이 법계도를 완성한 것은 668년 7월이다. 스승 지엄(智儼)화상은 자신이 그린 72인(印)보다 의상의 1인(印)이 더 훌륭하다고 칭찬하고 인가했다.
　의상은 인(印)이란 형식의 법계도를 짓게 된 까닭을 이렇게 설명하고 있다.

부처님께서 가르치신 그물과 같은 교법이 포괄하는 삼종세간(三種世間)을 해인삼매를 좇아 드러내, 이름에만 집착하는 무리들로 하여금 이름마저 없는 참된 근원으로 돌아가게 하기 위해서다.

삼종세간이란 물질의 세계(器世間), 인간들의 세계(衆生世間), 지혜의 세계(智正覺世間)를 말한다. 흰 종이에 붉은 도인(圖印)의 줄(길)과 검은 글자를 써서 만든 법계도의 백지는 기세간, 검은 글자는 중생세간, 붉은 줄은 지정각세간을 나타낸 것이다. 3종세간이 별개의 것이 아니면서도 따로 이해해야 함을 표현했다.

법성게는 의상이 자증(自證)한 화엄사상의 요체다. 의상은 법성게를 자리·이타·수행방편·공덕 등으로 구분하여 풀이하고 있다. 지극히 과학적이고 조직적인 법계도의 게송은 중앙에서 '법(法)'자로 시작해서 다시 중앙에서 '불(佛)'자로 맺고 있다.

우리나라에서는 불교의식이 집행될 때 반드시 법계도를 그리고 법성게를 독송하면서 회향한다. 그래서 불자들은 법계도·법성게와 친숙하다.

《화엄일승법계도》의 주석서로는 의상의 《법계도기》《법계도기총수록》, 균여의 《일승법계도원통기》, 김시습의 《화엄일승법계도주병서》 등이 있다.

● **사성지(四聖地)**

사성지는 부처님의 생애 중 중요한 사건이 있었던 네 곳으로 탄생지 룸비니, 정각을 이룬 보드가야(붓다가야), 최초로 법을 설한 사르나트(녹야원) 열반에 드신 쿠시나가라 등이다. 불교에서는 부처님 생애와 관계가 깊은 곳에 탑을 세우고 생전의 행적을 되새기고자 했다. 초기성전에는 이미 그런 장소로 사성지가 열거되고 있으며 불교도에게 그곳을 순례할 것을 권하고 있다.

룸비니 동산은 네팔 영토에 있다. 아름다운 동산이란 옛 문헌의 묘사와는 달리 지금은 황량하다. 이런 벌판에 마야부인당(堂)이 있는데 그 지하실에 대리석으로 새겨 놓은 태자 탄생상이 안치되어 있다. 마야부인당 바로 옆에는 태자가 태어났을 때 두 마리의 용이 나타나 목욕을 시켰다는 연못이 있다. 마야부인당 뒤쪽에는 이곳이 부처님 탄생지임을 증명해 준 아쇼카왕의 석주(石柱)가 있다. 룸비니 동산은 오랫동안 정글에 묻혀 있었는데 1896년 12월 독일의 고고학자 휼러가 확인, 성지로 개발됐다.

보드가야는 부처님이 가야에서 성도함으로써 붓다가야가 변형되어 생긴 지명이다. 이곳에는 높이 52m의 대탑과 대보리사 그리고 부처님 성도의 자리인 금강보좌와 성스러운 보리수가 있다. 보리수와 금강보좌는 성지 보드가야의 가장 신성한 장소로 온세계 불교도들의 숭앙을 받고 있다. 대탑에서 200m쯤 떨어진 곳에 수자타가 부처님께 우유죽을 공양 올린 네란자라 강이 흐르고 있다.

다섯 비구에게 최초로 설법을 한 녹야원에는 초전법륜지를 상징하는 다메크탑(大法眼塔)이 우람하게 솟아 있다. 또 사르나트 고고박물관에는 최고 걸작으로 꼽히는 초전법륜상이 있다.

부처님 열반의 땅 쿠시나가라에는 아쇼카왕이 세운 뒤에 보수된 돔 형식의 사리탑과 1927년 두 버마스님이 세운 열반당이 있다. 열반당에는 5세기경 조성된 거대한 열반상이 모셔져 있다. 두 그루의 사라수와 아난다의 탑도 흔적이 남아 있다. 4성지는 부처님의 탄생·성도·전법·해탈의 의미를 일깨우는 불자들의 영원한 고향이다.

●5대 보궁(五大寶宮)

석가모니 부처님의 진신사리를 봉안한 전각을 적멸보궁이라 한다. 우리나라에는 신라의 자장율사가 당나라에서 가져온 부처님 사리와 정골을 나눠서 봉안한 5대 적멸보궁이 있다. 양산 통도사, 강원도 오대산 중대에 있는 상원사 보궁, 설악산 봉정암, 태백산 정암사, 사자산 법흥사 적멸보궁이 바로 성지로 꼽히는 5대 보궁이다.

보궁은 석가모니 부처님이 《화엄경》을 설한 중인도 마가다국 가야성의 남쪽 보리수 아래 금강좌에서 비롯됐다. 그 후 보궁은 불사리(佛舍利)를 봉안함으로써 부처님이 항상 그곳에서 적멸의 법을 법계에 설하고 있음을 상징하게 됐다. 그래서 적멸보궁에는 불상을 안치하지 않는다. 대신 보궁의 바깥쪽에 사리탑을 세우거나 계단(戒壇)을 만들기도 한다.

통도사는 대형 금강계단에 부처님 진신사리를 안치해 계율근본도량 불보종찰이 됐다. 금강계단을 받들어 기도하고 예불을 올리는 대웅전(보물 144호)에는 전면에 '금강계단' 측면에 '대웅전' 서쪽에 '대방광전' 북쪽에 '적멸보궁'이라고 쓴 편액이 걸려 있다.

오대산 중대의 적멸보궁은 자장율사가 '문수진성의 주처'라는 생각에서 부처님 사리를 모신 성지로, 4방불 신앙의 중심인 비로자나 법신불로 상징되고 있다. 이 보궁의 불사리는 어디에 안치됐는지 아무도 모른다. 다만 보궁 뒤에 1m 높이의 판석에 석탑을 모각한 마애불탑이 상징적으로 서 있을 뿐이다.

설악산 봉정암은 해발 1224m의 고지대에 있는 적멸보궁이다. 이 절 역시 자장율사가 창건하고 5층 석탑에 불사리를 안치했다. 강원도 정선의 정암사도 통도사처럼 법당에 불상을 두지 않은 보궁이다. 자장율사가 꿈에 문수보살의 가르침을 받아 지었는데 보궁과 함께 세운 수마노탑(보물 410)이 천의봉 중턱에 서 있다. 영월 사자산 법흥사 적멸보궁은 대웅전에서 5분 거리에 있다. 보궁 뒤에는 진신사리가 안치된 보탑이 서 있고 그 옆에 자장율사가 도를 닦았다는 토굴이 있다.

● **삼보사찰(三寶寺刹)**

삼보(三寶)는 부처님(佛)과 부처님이 가르치신 진리(法) 그리고 부처님을 따르는 스님들(僧)이다. 절에는 어느 절이나 불교에서 보배로 삼는 삼보가 갖추어져 있으나, 그 중에서도 불법승 삼보를 상징하는 대표적인 절을 삼보사찰이라고 한다. 우리나라의 삼보사찰은 통도사 (佛寶)·해인사(法寶)·송광사(僧寶)이다.

통도사가 불보사찰의 으뜸으로 꼽히게 된 것은 부처님 진신사리를 금강계단에 안치했기 때문이다. 통도사는 이 금강계단을 법당 뒤쪽에 배치하여 절의 중심으로 삼고, 법당에는 불상을 안치하지 않았다. 통도사를 개창한 자장율사는 당나라에서 문수보살의 계시를 받고 불사리와 부처님 친착가사 한 벌을 가지고 643년 귀국했다. 사리는 3분 (分)하여 황룡사와 울산 태화사에 두고, 나머지는 통도사를 창건하여 (646년) 가사와 함께 안치했다. 그 후 통도사는 불보종찰(佛寶宗刹)로서 창건정신을 오늘에 전하고 있다.

경남 합천 해인사는 부처님의 가르침인 경전을 목판에 새긴 고려대장경(팔만대장경)을 봉안하고 있는 법보사찰(法寶寺刹)이다. 팔만대장경이 봉안된 장경각은 법보종찰 해인사의 핵심 당우(堂宇)이므로 법당 뒤 높은 위치에 자리하고 있다. 팔만대장경은 초조본 고려대장경이 몽고 침략으로 불타 없어진 후(1234년) 외침을 막기 위해 호국안민의 염원을 담아 다시 각판한 재조본 고려대장경이다. 고종 23년(1236년) 대장도감을 설치하여 고종 38년에 완성한 팔만대장경은 세계적인 성보로 꼽히고 있다.

16국사를 비롯 부휴·효봉·구산에 이르는 근세의 걸출한 고승들을 배출한 전남 승주군 조계산 송광사는 불일 보조국사 지눌의 정혜사 (定慧社) 개창 정신이 살아 있는 수선도량이다. 때문에 송광사는 승보종찰(僧寶宗刹)이다. 한국불교의 거성 보조지눌(牧牛子)이 길상사(송광사의 초기 이름)를 정혜결사 도량으로 삼아 정혜사(나중의 修禪社)를 열면서 송광사는 수선도량으로 그 기능을 다해 왔다. 송광사는 가람의 면모를 일신하고 수선사의 정신을 오늘의 구도사상으로 꽃피우기 위해 1987년 '보조사상연구원'을 설립했다.

● 불자(拂子)

불자는 수행자가 마음의 티끌·번뇌를 털어내는 상징적 의미의 법구로 불(拂) 또는 불진(拂塵)이라고도 하며 범어로는 vijana라고 한다. 짐승의 털이나 삼(麻) 등을 묶어서 자루 끝에 맨 것으로 원래는 벌레를 쫓는 데 쓰는 생활용구였다. 생김새는 우리나라의 총채와 비슷하며 인도에서는 일반이 다 사용한다.

《마하승기율》과 같은 율에는 불가에서 비구가 불자를 사용하되 화려한 것은 금하도록 규정하고 있다. 불가에서는 흰 말의 꼬리로 만든 백불(白拂)을 귀중히 여긴다.

《다라니집경》제6에 관음보살은 왼손에, 보현보살은 오른손에 백불을 잡은 모습으로 그리는 것이 원칙이라고 하였다. 관음보살 40수 중의 하나로서 불자를 지물(持物)로 하는 뜻은 신상의 악한 장애나 환란을 없애기 위함이라고 한다. 우리나라에서는 조사(祖師)의 영정에 백불을 지물로 그리는 경우가 많다. 불자의 자루에는 장식으로 흔히 용의 문양을 새긴다.

중국에서는 특히 선종의 장엄구로서 주지 또는 수좌가 불자를 잡고 법좌에 올라 대중에게 설법을 했다. 이를 병불(秉拂)이라고 한다. 병불의 자격이 있는 사람은 전당수좌(前堂首座)·후당수좌·동장주(東藏主)·서장주·서기(書記)로서 5두수(五頭首)라고 한다. 또 불자는 전법의 증표로 사용되기도 했다.

6조 혜능대사가 어떤 승려를 보자 불자를 세워들고 물었다.(祖堂集)
"보았느냐?"
"보았습니다."
혜능조사는 불자를 등 뒤로 던졌다.
"보았느냐?"

1262

"보았습니다."

"몸 앞에서 보았느냐, 몸 뒤에서 보았느냐?"

"볼 때엔 앞뒤를 말할 수 없습니다."

"그렇다. 그렇다. 이것이 묘공삼매니라."

한 승려가 수산성념(首山省念) 선사에게 물었다.(傳燈錄)

"옛 사람이 방망이를 들거나 불자를 세운 뜻이 무엇입니까?"

"외로운 봉우리엔 자는 손이 없느니라."

"그게 무슨 뜻입니까?"

"나무 그루를 지키는 사람은 아니겠지."

● 코끼리(象)

코끼리가 불교를 상징하는 동물이 된 것은 부처님의 어머니인 마야부인이 흰코끼리(白象)가 품안으로 들어오는 태몽을 꾸고 부처님을 잉태한 데서부터 시작된다.

부처님이 보살로서 도솔천에 있을 때였다. 시기가 되어 인간세계에 내려와 부처를 이루려 할 때 어떤 모습으로 어머니의 태에 들어야 좋을지 하늘 무리들에게 물었다. '동자' '해와 달' '흰코끼리' 등 여러 의견이 나왔다.

"성문이나 연각은 마치 토끼와 말 같아서 비록 생사의 바다를 건너도 법의 근본을 요달치 못합니다. 대승보살은 마치 흰코끼리와 같아서 삼계와 십이인연이 본래 공한 것임을 알아 그의 이익을 받지 않는 이가 없나이다."

늦은 봄, 보살은 6개의 이빨이 있는 백상을 타고 해의 정기를 머리에 인 모습으로 변화하여 마야부인의 태로 들어가는 꿈을 보이셨다.

부처님 탁태(託胎)에 관한 내용을 새긴 부조가 바르후트 난간 기둥에 있다.(B.C. 2세기경. 인도박물관 소장) 이 작품에는 촛대 · 물항아리 · 먼지털이 등 오늘날 법구로 쓰이는 용구가 보인다.

힘이 세면서도 유순한 코끼리는 부처님의 오른쪽 협시보살로 덕(德)을 상징하는 보현보살이 타는 동물로 등장한다. 보현보살은 《법화경》〈보현보살권발품〉에서 흰코끼리를 타고 법화경을 수지독송하는 이들을 공양·수호할 것을 부처님께 말하고 있다. 불화(佛畫)에서 보현보살은 6개의 어금니가 있는 흰코끼리 등에 앉아 합장하고 있다.

불교에서는 위용과 덕상을 상징하는 코끼리와 관계된 일화 또는 용어가 많다. 흔히 쓰이는 용어로는 고덕하고 학식 있는 고승을 뜻하는 용상(龍象), 큰 불사를 치를 때 소임을 붙이는 용상방(龍象榜), 전륜성왕이 가지고 있는 칠보의 하나인 상보(象寶), 의식용구 상로(象爐) 등을 들 수 있다. 덕망 있고 존귀한 사람의 탈 것을 뜻하는 상가(象駕)는 코끼리가 경을 싣고 동쪽으로 왔다 하여 불교의 동점(東漸)을 비유하는 말로 쓰인다. 오직 부처님은 대용상과 같다고 설한 《용상경》도 있다.

인도 신화에 자주 등장하는 코끼리는 범어 gaja(gayā·kāya, 迦耶)로서 상(象)으로 번역됐다.

● **십바라밀정진도(十波羅蜜精進圖)**

십바라밀정진도는 십바라밀의 가르침을 도식화한 10개의 기호다. 흔히 십바라밀도라고 한다.

십바라밀이란 대승불교에서 깨달음으로 가는 길을 닦는 보살의 10가지 실천 수행덕목으로서 육바라밀의 연장이다. 즉 육바라밀(보시·지계·인욕·정진·선정·지혜)에 방편·원(願力)·력(正力)·지(智)를 더한 것이 십바라밀이다. 이러한 십바라밀을 도식화한 십바라밀도는 ① 둥근달(圓月, 보시) ② 반달(半月, 지계) ③ 신날(靴經, 인욕) ④ 가위(剪刀, 정진) ⑤ 구름(鬌鬒, 선정) ⑥ 금강저(金剛杵, 지혜) ⑦ 좌우우물(左右雙井, 방편) ⑧ 전후우물(前後雙井, 원) ⑨ 두개의 고리(卓環二周, 력) ⑩ 별 가운데 둥근달(星中圓月, 지)이다.

둥근달을 보시로 나타낸 것은 이웃과 함께 나누는 보시행(財·法·無畏)을 주어도 준 바 없이 어두운 밤에 온누리를 밝히는 보름달에 비유한 것이다. 반달로써 지계를 표현한 뜻은 계와 율을 견고히 지켜 마치 반달이 둥근달이 되어가듯 마음의 청정을 얻어야 한다는 뜻이다.

신날은 진땅·마른땅·자갈밭 등 어디를 가든 발을 보호하여 목적지에 도달하게 하므로 인욕도 그와 같아야 함을 일깨우는 그림이다. 가위를 정진으로 묘사한 것은 물건을 자르는 데 물러섬이 없는 가위처럼 정진해야 한다는 비유이다.

선정을 구름으로 그린 것은 뜬구름 같은 허황된 생각이나 애욕을 구름처럼 흘려버릴 때 선정에 들 수 있다는 뜻이다. 금강저는 번뇌를 부수는 보리심의 상징이므로 반야지혜를 나타냈다. 좌우·전후의 쌍우물은 우물물이 목마른 중생의 갈증을 풀어주듯 방편과 원력으로 전법교화·중생제도해야 한다는 뜻이다.

두 개의 고리는 고리 두 개가 맞물려 조화롭게 돌아갈 때 바른 힘이 생긴다는 가르침이다. 별 가운데 둥근달은 법신·반야·해탈을 나타내는 원이삼점(圓伊三點)과 그 모양이 같아 삼세를 두루 비추는 큰 지혜를 해·달·별로 상징하고 있다.

《석문의범》에서는 십바라밀도를 법성게와 함께 해설하고 있으나 학자들은 중국에서 밀교가 성할 때 도식화된 것으로 보고 있다.

2. 불교의 법구

● 범종(梵鐘)

우리나라 절에서 조석예불 때 사용하는 사물(범종·법고·운판·목어)의 대표적인 법구(法具)다. 의식이나 행사 때 또는 대중을 모이게 하거나 때를 알리기 위해서 친다.

범(梵)이란 우주만물이며 진리란 뜻으로 바로 그런 소리를 내는 것이 범종이다. 따라서 범종의 신앙적 의미는 모든 중생이 종소리를 듣는 순간 번뇌가 없어지고 지혜가 생겨 악도(惡道)에서 벗어나게 되므로 지옥중생까지 제도하는 데 있다.

원컨대 이 종소리 법계에 두루 퍼져 무쇠 둘레 그 어둠에서 다 밝아지소서. 삼악도의 고통 여의고 도산(刀山)을 허물어 모든 중생이 정각을 이루게 하소서.

중생제도의 간절한 발원이 담긴 새벽예불의 종송은 미망의 잠을 깨우는 28번의 타종 소리에 실려 허공계로 울려 퍼진다. 저녁예불 때는 36번 타종한다.

범종의 기원은 자세하지 않으나 옛날 인도에 건치(犍稚)라는 악기가 있었다. 증일아함 제14에 의하면 다문제일(多聞第一) 아난이 건치를 쳐서 교단의 사람을 한곳에 모았다. 이 건치가 종과 비슷하다고는 하나 그 유물이 남아 있지 않아 생김새를 알 수 없다. 중국에서는 은(殷)과 주(周)나라에 종(鐘)이 있었고 춘추전국시대에는 동탁이 있었다. 우리나라에서도 청동기시대부터 동탁이나 풍탁이 만들어졌는데 이처럼 작은 금속악기들이 변형된 것이 범종이라고 보고 있다.

우리나라에는 삼국시대부터 범종이 있었다는 기록이 있으나 지금 남아 있는 종은 8세기 이후 통일신라 때부터의 것들이다. 조선시대까지의 현존하는 한국 범종은 오백여 구 이상된다.

한국 범종은 용뉴·음관·천판·유곽·유두·비천·당좌·종구 등으로 겉모양을 갖추고 있는데 음관(용통)은 외국 종에서 찾아볼 수 없는 우리나라 범종의 특징이다. 한국 범종은 '한국종'이라는 학명을 얻을 정도로 독자적이다. 특히 신라 종은 매우 과학적이어서 그 우수성은 국내외에서 독보적인 위치를 차지하고 있다. 남아 있는 신라 범종 중에서 제일 오래된 상원사 종(725년, 국보 36호)은 가장 아름다운 종으로 꼽히고 있다.

● 법고(法鼓)

법고는 '법을 전하는 북'이라는 뜻으로 범종과 같이 절에서 조석예불 또는 의식 때 치는 사물 중의 하나인 법구다.

북은 그 소리가 장중하고 무거워 부처님의 소리(사자후)를 상징한다. 즉 북소리가 세간에 널리 울려 퍼져 불법의 진리로 중생의 마음을 깨우친다는 의미가 담겨 있다. 또 법고는 축생제도를 위해 친다고 한다. 짐승을 비롯한 땅에 사는 중생의 어리석음을 깨우치기 위하여 법고는 예불시간에 사물 중에서 제일 먼저 친다. 법고를 칠 때는 두 개의 북채로 마음심(心)자를 그리면서 두드린다.

법고 소리는 마치 진을 치고 있던 군사들이 북소리에 따라 적군을 무찌르는 것에 비유된다. 즉 부처님의 가르침으로 중생의 번뇌와 마구니를 쳐부수는 것을 상징한다.

경전 속에는 여러 종류의 북 이름이 기록되어 있지만 우리나라 사찰에서 사용되고 있는 북은 홍고(弘鼓)·대고(大鼓)·소고(小鼓)가 있다. 홍고는 범종과 같이 범종각에 두고 조석예불 때 치며 법고라고 한다. 대고는 염불의식 때 많이 사용하며, 예술의 하나인 승무에는 소고가 필수적으로 등장한다. 티벳 등지에서는 독경시 바라와 함께 소고를 사용한다. 그 밖에 소고보다 더 작은 흔드는 북(搖鼓)도 티벳 등지에서 사용된다. 인도에서는 원래 북의 원형인 건치(犍稚, ghaṇṭā)라는 것이 있었다. 그러나 이것은 지금 우리가 알고 있는 북이 아니라 일종의 금속판이었다고 한다.

북을 만드는 재료에는 금·옥·나무·돌·소가죽 등이 있다. 법고를 만들 때는 잘 건조된 나무로 몸통을 구성하고 두드려서 소리내는 양면은 소의 가죽을 사용한다. 법고의 양면 중 한 면은 수소의 가죽으로 다른 면은 암소의 가죽으로 만들어야 좋은 소리가 난다는 속설이 있다. 이는 음양의 조화 즉 화합의 가르침으로 풀이되고 있다.

경전에는 북에 대해 언급한 구절이 많다.《화엄경》제13의 '진리의 북을 두드려 온누리를 깨우리.'《대반열반경》권상의 '대지는 18가지로 진동하고 하늘의 북이 저절로 울렸다.' 등은 알려진 경구다.

● 운판(雲板)

운판은 청동이나 철로써 구름 모양의 넓은 판을 만들어 치는 사물 중의 하나인 법구다.

판의 모양이 구름과 같다고 해서 운판이라 부르는데 판위에 보살상이나 '옴마니 반메훔' 등의 진언을 새기기도 한다. 가장자리에는 두 마리의 용이 승천하는 듯 호위하는 모습을 조각하기도 한다.

운판은 사물 중에서 가장 알려지지 않았다. 그러나 운판의 소리는 공중을 날아다니는 조류, 허공을 헤매는 영혼을 천도한다고 한다.

운판이 인도에서 사용되었는지는 알 수 없다. 중국의 선종사찰에서는 부엌이나 재당(齋堂)에 달아 놓고 대중에게 공양시간을 알리기 위해 쳤다고 한다. 끼니 때에는 길게 치므로 장판(長板), 죽이나 밥을 끓일 때에는 세 번 치므로 화판(火板)이라고도 한다.

운판이 구름 모양으로 만들어진 것은 구름은 비를 머금고 있기 때문에 불을 다루는 부엌에 걸어두고 화재를 막는다는 주술적인 뜻이 담겨 있다. 오행의 원리에 입각하여 수(水)와 화(火)는 상극이기 때문이다.

우리나라에서는 고려시대 공양간(부엌)에서 많이 사용하였으나 차츰 사물(四物)의 하나로 바뀌어 범종·목어·큰북과 함께 범종각에 봉안해 조석예불 때 치는 의식법구가 됐다.《선림상전패기문(禪林象箋唄器門)》에는 운판의 유래를 다음과 같이 적고 있다.

송 태조는 궁전 안의 북소리가 너무 커서 잠을 방해하므로 경쇠를 북 대신 치게 했다. 이 경쇠가 후대로 내려가면서 보다 간편한 구름 모양의 쇠판이 된 것이다. 이것이 오늘날 우리가 볼 수 있는 운판이다.

미얀마의 운판은 그 모양이 구름 모양이 아니라 지붕 모양의 삼각형인데, 그 소리가 맑고 높아서 마치 하늘의 음이 울리는 듯한 느낌을 준다. 치는 법은 한끝을 쳐서 운판 전체를 소용돌이 꼴로 회전시킨다. 이렇게 운판이 회전하면서 그 소리가 사방으로 퍼져나가기 때문에 절묘한 소리가 난다. 미얀마 양곤의 셰다곤에 가면 지금도 크기와 두께가 다른 갖가지 운판을 치고 있다.

● 목어(木魚)

목어는 나무를 깎아 잉어 모양을 만들고 속이 비게 파내어 안쪽의 양벽을 나무 막대기로 두드려 소리를 내는 법구다. 물 속의 중생을 제도하고 게으른 수행자를 경책하는 뜻이 담긴 목어는 조석예불·염불·독경 때 쓰는 사물의 하나로서, 때를 알리기 위해서도 사용된다. 본래 중국의 선원(禪院)에서 아침 죽 때와 낮의 밥 때에 쓰던 것이다. 어고(魚鼓)·목어고(木魚鼓)·어판(魚板) 또는 나(梛)라고도 부른다.

사찰에서 물고기 모양의 목어를 두드리는 데는 두 가지 의미가 있다. 《칙수백장청규(勅修百丈淸規)》 권하 〈법기장(法器章)〉 목어조(木魚條)에 보면 물고기는 밤에도 눈을 뜨고 있으므로 수행자로 하여금 잠을 자지 않는 물고기처럼 항상 깨어 있어 부지런히 정진하라는 뜻에서라고 밝히고 있다. 또 다른 의미는 물 속에 사는 중생을 제도하기 위해서다. 이런 뜻이 담긴 목어가 만들어진 유래에 대해서는 《증수교원청규(增修敎苑淸規)》 권하 〈법기문(法器門)〉 목어조(木魚條)에 잘 나타나 있다.

옛날 스승의 가르침을 어기고 계율에 어긋나는 속된 짓을 한 승려가 죽어 물고기의 과보를 받고 태어났다. 어느 날 스승이 배를 타고 강을 건너는데 등에 커다란 나무가 난 물고기가 뱃전에 머리를 대고 슬피 울었다. 스승이 물고기의 전생을 살펴보니 자신의 제자였다. 스승은 수륙재를 베풀어 물고기의 몸을 벗어나게 해주었다.

그날 밤 제자는 스승의 꿈에 나타나 감사드리며 서원하였다. '저의 등에 난 나무를 깎아 저와 같이 생긴 물고기 형상을 만들어 나무막대로 쳐 주십시오. 그 소리는 수행자에게는 좋은 교훈이 될 것이고 물고기들에게는 구원의 인연이 될 것입니다.'

그 후 스승은 이 나무로 목어를 만들어 대중을 경책했다.

목어는 대부분 물고기 모습이나 물고기 형상에 용의 얼굴을 한 것도 있다. 용의 얼굴을 한 목어는 거의 여의주를 물고 있다. 이는 잉어가 용으로 변하는 어변성룡(魚變成龍) 즉 해탈을 상징한 듯하다.

길고 곧은 고기 모양으로 만들어 걸어 놓고 치는 목어는 후대로 내려오면서 둥글게 변형됐고, 둥근 것이 다시 변형돼 목탁(木鐸)이 됐다. 그러니까 목어는 목탁의 원형이다.

● 목탁(木鐸)

목탁은 목어가 변형된 불교의식 법구다. 나무를 파서 물고기의 꼬리 부분을 둥글넓적스럽게 표현하고, 방울 모양으로 된 고리 같은 손잡이(머리부분)를 제 몸에 달아서 만든 것이다.

목탁채로 두드려 소리를 내는데 예불을 올릴 때나 염불·독경할 때 여러 사람들의 음성을 조절하고 박자를 맞추는 데 사용한다. 또 새벽에 깊은 잠을 깨우는 경종이나 신호하는 기구로, 식사 때나 울력 혹은 비상소집으로 대중을 크게 모이게 하거나 통솔할 때도 사용한다.

우리가 둥근 목탁을 손에 들고 치는 것과 달리 중국 등지에서는 물고기 모양으로 된 긴 것을 받침대 위에 올려 놓고 사용하며 어탁(魚鐸)이라고 부른다.

본래 목탁은 중국 고대 악기인 탁(鐸)이라는 것의 한 종류다. 구리로 작은 종 모양을 만들고 가운데 줄을 달아서 흔들면 소리가 나는 것을 금탁이라 하였고 이것을 나무로 파서 만든 것을 목탁이라 하였다. 상고(上古)시대에 천자가 중대한 정사를 의논하려 할 때나 천하에 새로운 법령을 공포하려 할 때에 이 탁을 흔들어 천지를 진동하게 하였다. 글과 춤을 즐길 때는 목탁을 흔들어 문교(文敎)의 진흥함을 보이고, 무술과 춤을 즐길 때는 금탁을 흔들어 무교(武敎)의 진흥을 보이는 데 사용하면서부터 목탁이라는 명칭이 생기게 된 것이다.

그러나 불교에서는 그 모양과 용도와 유래가 전혀 다르다. 목어를 원형으로 하는 목탁은 일체중생에게 부처님의 법음을 일깨워 주고 이고득락(離苦得樂)과 열반해탈을 성취하라는 뜻에서 사용되는 불교의 의식법구다. 따라서 일반 사회에서는 세상을 바르게 이끄는 사람이나 기관을 가리켜 목탁에 비유하고 있다.

목탁을 지닐 때는 어산상(경·목탁·요령 등을 놓는 상) 앞에 가서 왼손으로 목탁을, 오른손으로는 채를 집는다. 섰을 때는 목탁 잡은 손을 명치 위에 고정시켜서 목탁을 반듯하게 들어야 한다. 앉았을 때에도 목탁을 무릎에 대지 않도록 하고, 역시 명치 앞에 반듯하게 들어야 한다. 목탁을 칠 때는 한결같이 고르게 쳐야 한다.

● 염주(念珠)

염주란 글자 그대로 '생각하는 구슬'이란 뜻이다. 불보살님께 예불할 때나 염불·진언을 외울 때 그 횟수를 헤아리기 위해서 사용하므로 수주(數珠)라고도 한다.

오늘날 염주는 번뇌를 끊는 도구 즉 수행하는 데 도움을 주는 법구로 광범위하게 사용되고 있다. 염주 한 알을 굴릴 때마다 번뇌가 끊어짐을 상징하므로 일념으로 염주를 돌림에 따라 부처님 광명이 자신에게 충만해지고 죄업이 소멸된다는 의미를 갖는다. 또 염주는 인간과 자연의 조화와 합일의 의미를 갖고 있다. 즉 여러 개의 염주알이 한 줄에 꿰어져 있듯 인간들도 서로 인연으로 얽혀 상대가 없이는 존재할 수 없다는 의미가 포함돼 있다. 염주는 불보살께 예배할 때는 팔에 감거나 목에 걸기도 한다. 요즘은 합장주라 하여 손목에 차고 다니는 짧은 염주도 있다. 염주는 108개를 기본수로 한다. 이는 백팔번뇌를 끊는다는 의미이며 최승주(最勝珠)라고 한다. 그 절반인 54개로도 하는데 이는 보살수행의 계위인 사선근·십신·십주·십행·십회향·십지를 나타낸다. 또 그 절반인 27개로 된 것은 27현성을 표시한다고 한다. 이외에도 천주·천팔십주·삼천주 등과 단주도 있다.

염주를 만드는 재료에는 보리자·금강자·목환자·율무·연자·흑단향·자단향·수정·마노·산호·진주 등이 있는데 근래에는 화학제품이 많이 보급되고 있다.

일반적으로 염주에는 모주(母珠)라는 큰 구슬이 있어 부처님이나 보살을 표시하여 모시고 있다.

염주의 공덕을 찬양한 경전은 《교량수주공덕경》《금강정유가염주경》《목환자경》 등이 있다. 《목환자경》에 의하면 부처님께서는 '만약 번뇌와 업고를 없애려면 목환자로 백팔염주를 만들어 항상 몸에 지니며, 지성으로 불법승 삼보의 이름을 부르면서 염주알을 20만 번을 세면 산란이 없어지고 백만 번에 이르면 백팔번뇌가 끊어져 해탈한다.'고 말씀하였다. 《교량수주공덕경》에서 문수보살은 '염주 재료로는 보리수 열매가 가장 좋다.'고 했다.

남방계 불자들은 염주를 쓰지 않는다.

● 금강저(金剛杵)

금강저는 주로 밀교의식에 쓰이는 작법용 불구로 번뇌를 없애는 보리심을 상징한다. 제불존상이 가진 법구 또는 승려들의 수행도구로 사용된다.

원래는 고대 인도의 무기였다. 밀교에서 불구로 채용한 것은 제석천이 금강저를 무기로 삼아 아수라를 쳐부순다는 신화에서 비롯됐다. 우리나라의 밀교계 종파에서는 진언을 외면서 수행할 때 항상 금강저를 휴대하게 되어 있다. 그 근본 뜻은 여래의 금강과 같은 지혜로써 능히 마음속에 깃든 어리석은 망상의 악마를 파멸시키려는 데 있다. 밀교의 만다라에는 금강부의 여러 존상이 모두 금강저를 가지는 것으로 되어 있다. 《열반경》에는 금강역사가 부처님의 위신력을 받들어 금강저로 모든 악마를 티끌같이 쳐부수는 것으로 묘사되어 있다. 이에 근거하여 우리나라의 신중(神衆)탱화에서는 동진(童眞)보살이 반드시 금강저를 들고 있다.

금강저는 금·은·동·철 등으로 만들어지며 불교의 금속공예에서 중요한 위치를 차지하고 있다. 형태는 손잡이 양쪽이 뾰족한 끝을 가졌다. 모양에 따라 뾰족한 끝이 하나인 것은 독고(獨鈷), 2·3·4·5·9 갈래로 갈라진 것은 2고저(鈷杵)·3고저·4고저·5고저·9고저라 한다. 최초에는 그 형태가 무기형(武器形)으로 뾰족하고 예리했으나 불구로 사용되면서 끝의 가락이 모아지는 형태로 바뀌었다. 이들 중 독고가 가장 오래된 형태이다. 손잡이 좌우에 불꽃 모양을 조각한 것은 보저(寶杵)라 하고, 탑을 조각한 것은 탑저(塔杵)라고 한다. 독고와 2고·3고 그리고 보저와 탑저를 5종저라 한다. 이들은 밀교의 단(壇)에 봉안되는데 탑저는 중앙에, 나머지는 사방에 배치한다.

현존하는 금강저로는 국립중앙박물관에 길이 22cm의 고려시대 청동 5고금강저가 소장돼 있으며 일반 사찰에서는 조선시대의 금강저를 볼 수 있다.

고려시대의 사경·변상도에는 가장자리를 금강저문(金剛杵紋)으로 장엄한 예가 자주 나타나며, 현존 신중탱화에서는 대부분 금강저를 볼 수 있다.

● 금강령(金剛鈴)

금강령은 불교의식에 사용되는 불구의 하나다. 진언을 송경할 때나 성현 또는 천인 그리고 망령들을 초청할 때에 많이 쓰인다. 일반적으로 요령(搖鈴)이라고 부른다. 금속으로 만들며 청동제품이 대부분이다. 밀교의식에서 유래된 작법용 법구로서 제존(諸尊)을 모시거나 또는 기쁘게 하기 위해 수법(修法) 중에 흔든다.

형태는 풍령(風鈴)과 같은 일종의 작은 종이다. 소리를 내는 종신과 손잡이 부분으로 구성되었다. 종신과 손잡이에는 여러 가지 장식문양을 조각하고 특히 종신부분에는 용 또는 불상과 사천왕상 등의 문양을 조각하기도 한다. 범종과 더불어 불교의 금속공예 중에서 중요한 위치를 차지하고 있다.

요령은 손으로 흔들어 청아한 소리를 내는데 마음 심(心)자를 쓰듯이 흔든다. 범종소리와는 달리 작은 종신에 비하여 고음을 낸다. 종소리는 사람의 마음속 깊이 사무치는 특성이 있다. 종을 울려서 번뇌를 끊는다고 하는 것은 종소리가 활활 일어나는 생각을 가라앉히기 때문이다. 그래서 종소리를 들으면 마음이 평화로워지고 지옥불이 꺼진다고 한다. 그리하여 마침내는 깨달음의 빛을 보고 성불하게 된다.

요령은 비록 작지만 중생의 번뇌를 쉬게 하고 미혹의 업(業)이 만든 장벽을 허물게 하는 위력을 갖고 있다. 그 소리는 진언의 법력이 온누리에 두루하게 하고 여러 성현이나 고혼(孤魂)들 세계에도 통하는 뜻을 지니고 있다.

현존하는 금강령으로는 승보종찰 송광사 소장의 금동요령(보물 176호)이 가장 유명하다. 고려 초에 제작된 이 요령은 높이 20.6㎝ 구경 6.6㎝ 크기로 현존하는 작품 중 가장 오래된 것이다. 손잡이에는 중앙에 굵은 마디가 있다. 몸에는 네 모서리에 다시 굵은 선을 쳐서 네면

1274

으로 구획하고 각 면마다 당초문(唐草紋) 형식의 구름 무늬 속에 매우 사실적인 비룡을 한 마리씩 양각한 아주 섬세하고 우수한 작품이다. 송광사에는 제작 연대를 알 수 없는 금강저 형식의 4고형(四鈷形) 금강령도 있다. 이 작품은 당나라 것으로 전해지고 있다.

● 향로(香爐)

향을 사르는 데 사용하는 분향기구를 총칭하나, 불교적인 향로는 불보살에게 향을 공양할 때 사용하는 불구를 말한다.

불보살에 대한 공양은 원래 향·꽃·등불 등 3종(種)이 기본을 이룬다. 이 3종의 기본 공양물을 올리는 공양구 즉 향로·화병·촛대를 불단 삼구족이라 하고, 향로와 한 쌍의 촛대, 한 쌍의 화병을 오구족이라 하는데 그 중에서 향로를 으뜸 공양구로 꼽는다.

향은 원래 고온다습하여 몸에서 냄새가 많이 나는 인도에서 크게 성행했다. 귀인을 맞을 때 향을 뿌려 악취를 제거하는 관습이 마침내는 불교의 설법 장소에서까지 사용하게 되었고 불보살 공양의 한 요소가 되었다.

향을 공양 올리기 위해 필요한 용구가 향로이다. 형태에 따라 거향로(지정된 장소에 배치하는 것)·병향로(들고 다니는 것)·현향로(걸어 두는 것) 등으로 나눈다. 만드는 재료에 따라 토제·도제·금속제·석제·목제로 구분한다. 통일신라 때까지는 토제 향로가 성행했고, 고려시대에는 청자와 청동제가 많이 사용됐다. 억불시대였던 조선조에는 불교적 향로보다 일반 제기로서 백자와 유제가 애용됐다.

용도에 따라 예배(불단)용·완향용·의식행렬용으로 분류한다. 불단용 향로에는 부처님께 올리는 발원문이 특징으로 나타나는데 은입사나 선각 또는 점각으로 새겼다. 표충사 청동은입사 향완(국보 75)과 통도사 은입사 동제향로(국보 334)는 현존하는 대표적 향로다.

향은 꽃과 함께 불경에 가장 많이 등장하는 공양물이다. 우리나라에서도 묵호자가 삼보전에 향공양을 올린 후 중요한 공양물이 되었다. 쌍영총 벽화의 귀부인 행렬도, 단석산 마애불, 비암사 반가사유상 등에 나타난 향로는 이를 잘 입증한다. 석굴암의 사리불과 목련존자도 병향로를 들고 있다.

향은 스스로를 태우면서 향기를 뿜어 이웃을 맑고 밝게 가꾼다. 이는 바로 대승불교의 상징이다. 사찰에서 조석예불 때 오분향례를 올리는 것도 오분법신을 향에 비유한 공양이며 발원이다.

● 풍경(風磬)

법당이나 불탑의 처마 또는 지붕 부분에 매달아 소리를 나게 하는 장엄불구의 하나다. 풍령(風鈴) 또는 풍탁(風鐸)이라고도 한다.

요령이 손으로 흔들어서 소리를 내는 데 반하여 풍경은 바람에 흔들려서 소리를 내는 것이 다르다. 특히 풍경은 경세(警世)의 의미를 지닌 법구로서 수행자의 방일이나 나태함을 깨우치는 역할도 한다.

풍경의 형태에도 그와 같은 의미가 담겨 있다. 즉 풍경의 방울에는 물고기 모양의 얇은 금속판(요령판)을 매달아 두는 것이 상례로 되어 있는데 잠잘 때도 눈을 감지 않는 물고기처럼 수행자는 잠을 줄이고 언제나 깨어 있어야 한다는 가르침이 담겨 있다. 이것은 목어가 만들어진 유래와 그 교훈적 의미가 같다. 이런 이유로 우리나라의 사찰에서는 규모의 크고 작음을 불문하고 법당이나 불탑에는 반드시 풍경을 매달아 두고 있다.

풍경은 요령에서와 같이 화려하고 다양한 조각은 볼 수 없으나 일반 범종의 형태를 취하고 있다. 큰 것은 20cm가 넘는 것도 있으나 대부분 10cm 내외의 소형이다. 현존하는 풍경 중에 신라 감은사지에서 출토된 청동 풍경이나 백제 미륵사지에서 출토된 금동 풍경은 특히 유명하다. 이같이 풍경에 도금을 하는 경우는 극히 드문 일이나 그 절의 사격(寺格)을 이해하는 귀중한 자료가 된다.

1276

바람에 울리는 산사의 풍경소리는 선가(禪家)의 선문답이나 시(詩 또는 노래가사 등에 자주 등장한다. 서천이십팔조(西天二十八祖)의 저 18조 가야사다(迦耶舍多)가 제17조 승가난제(僧伽難提)에게 출가했을 때 승가난제가 바람에 풍경 우는 소리를 듣고 가야사다에게 물었다.

"방울이 우느냐 바람이 우느냐?"

"바람도 아니요, 방울도 아니며 제 마음이 웁니다."

노산 이은상이 쓴 우리 가곡 '성불사의 밤'에 나오는 풍경소리는 한 국적 정서를 물씬 풍긴다.

성불사 깊은 밤에 그윽한 풍경소리. 주승은 잠이 들고 객이 홀로 듣는구나. 저 손아 마저 잠들어 혼자 울게 하여라.

● **바라(嬰囉)**

바라는 불교의식 무용의 하나인 바라춤을 출 때 두 짝을 양손에 들고 마주쳐서 소리를 내는 무율(無律)타악기다. 바라는 놋쇠 또는 놋쇠와 무쇠와의 합금으로 냄비뚜껑같이 만든다. 중앙의 불룩하게 솟은 부분에 구멍을 뚫고 헝겁 끈을 꿰어 그 끈을 손에 감아 양손에 한 짝씩 잡고 서로 부딪쳐서 소리를 낸다.

법당 앞 불전에서 재를 올릴 때 추는 바라춤은 모든 악귀를 물리치고 도량을 청정하게 정화하는 춤이다. 양손에 바라를 들고 빠른 동작으로 전진 후퇴 또는 회전을 하며 활달하게 추는 바라춤은 범패에 맞추어 춘다.

바라춤에는 천수(千手)바라 · 명(鳴)바라 · 사다라니(四茶羅尼)바라 · 관욕게(灌浴偈)바라 · 막(먹)바라 · 내림게(來臨偈)바라 등 6종류가 있다. 바라춤을 추는 순서는 대개 막바라 → 명바라 → 천수바라 → 내림게바라 → 사다라니바라의 순인데 명바라는 규모가 큰 재가 아니면 잘 추지 않는다. 막바라는 징과 북소리에 맞춰 춘다. 바라춤을 추는

이가 사전에 약속을 하여 신호로써 자리를 바꾼다든지 또는 바라를
돌리거나 붙인다. 명바라 역시 징과 북소리에 맞춰 추는데 잠깐 호적
(胡笛)소리가 나오기도 한다. 천수바라는 범패에 맞추어 추며 사다라
니바라와 같다. 다만 가사가 다를 뿐이다. 내림게바라는 징·북·호
적이 반주되며, 서 있는 자세에서 바라를 맞대어 울리는 동작이다. 사
다라니바라는 천수바라와 같이 범패에 맞춰 춘다. 관욕게바라는 막바
라와 같이 춘다. 호적과 태징으로 반주하고 삼현육각을 사용하는 경우
도 있다.

　회색장삼에 붉은 가사를 입고 두 발을 언제나 고무래 정자(丁字)로
떼어 놓고 무릎과 허리를 동시에 굴절시키는 이 춤은 바라를 맞부딪
치거나 비벼서 내는 소리가 춤의 리듬 속에 장중함을 더한다.

　일반 악기로 칭할 때는 한자를 바라(哱囉)라고 쓴다. 일명 자바라·
발·제금이라고도 한다. 바라는 그 크기에 따라 요발·동발·향발 등
이 있으며 그 용도가 다르다. 인도에서 유래된 악기로 오늘날의 심벌
즈는 바로 바라가 발달된 것으로 추측되고 있다.

● 가사(袈裟)

　가사는 승려가 출가 수행자의 표지로 입는 법의(法衣)의 하나다.
산스크리트어 kaṣāya의 음역으로 적갈색(아름답지 않은 탁한 색)을 의
미한다. 원래 인도에서는 날씨가 더우므로 하의(下衣)위에 직접 입는
옷이었으나 중국과 한국·일본 등에서는 추워서 가사만을 입을 수 없
으므로 장삼을 입고 가사를 걸치게 되었다.

　가사의 규격에는 5·7·9·11·13·15·17·19·21·23·25조가
사 등 여러 가지가 있지만 대부분 왼쪽 어깨로부터 오른쪽 옆구리에
걸쳐 두른다.

　부처님은 의식주 중에서 가장 집착하기 쉬운 의복을 엄하게 단속하
여 평상복을 분소의(糞掃衣)라 정하였다. 글자대로 풀면 화장실 청소

할 때 입는 옷이란 뜻이지만 무덤 근처의 죽은 사람 옷이나 쓰레기장에 버린 옷을 골라서 천조각을 모아 만든 남루한 누더기 옷이다. 가섭 존자는 평생 동안 분소의만 입은 두타(頭陀)제일의 제자였다. 그러나 많은 제자들이 분소의만 입기 곤란하다 해서 부처님은 아마포 등으로 재료를 변경, 의식용 예복과 외출복 그리고 계절에 따라 입는 내의 등 삼의로 제한했다. 부처님께서 3벌의 옷과 1벌의 발우 즉 삼의일발(三衣一鉢)을 비구의 전재산으로 삼게 하신 것은 수행승의 청빈을 강조한 가르침이다. 비구니는 오의(五衣)를 입도록 허용했다.

삼의란 안타회(安陀會)·울다라승(鬱多羅僧)·승가리(僧伽梨)를 말한다. 안타회는 내의·중숙의(中宿衣)라고 하며 일상의 작업이나 취침시에 입고 다섯 조각의 천으로 만든다. 울다라승은 7조의(條衣)로 예송·청강·포살 등을 행할 때 입는다. 승가리는 9품대의 또는 중의(重衣)로 거리에 나갈 때나 입궐할 때 입고 9~25조각의 천을 이어 만든다. 가사 만드는 법은 《십송율》(권 제27) 《사분율》(권 40) 등에 기록돼 있다.

삼의는 승통확립과 법계제도 정착으로 형식화되었다. 중국에서는 여러 가지 의식용 가사가 만들어졌으며, 속에 입는 법의도 차츰 화려해 졌다. 우리나라의 경우 고려 때는 위로 금란가사에서 아래로는 거사의·백저착의까지 다양했다. 현재 통도사에는 부처님 가사와 자장율사 가사로 알려진 한국 최고(最古)의 가사가 전해지고 있다.

가사는 복전의(福田衣)라고도 부른다.

● 바루(鉢盂)

부처님 때부터 공양하던 스님들의 밥그릇을 바루라고 한다. 발우(鉢盂)라고도 쓰는데 발(鉢)은 범어 pātra의 음사인 발다라(鉢多羅)의 준말로 응량기(應量器)라 번역한다. 우(盂)는 중국말로 밥그릇이라는 뜻이다. 따라서 바루는 범어와 중국어의 복합어로서 우리말로는 흔히 바리때라고도 한다.

바루의 색과 재질에 대해서는 여러 가지로 언급되고 있다. 《사분율》에 의하면 6종의 바루를, 《십송율》 제56권에는 8종의 바루를 열거했으나 대체로 비구들은 철발(鐵鉢)과 와발(瓦鉢)을 많이 썼고 부처님은 홀로 석발(石鉢)을 사용했다고 되어 있다. 우리나라에서는 목발(木鉢)을 주로 쓰는데 한때는 외도의 기물이라 하여 금지하기도 했다.

목발은 대추나무 · 단풍나무 등의 통나무에서 크고 작은 것을 여러 개 파서 매끄럽게 손질하고 옻칠을 하여 큰 것에 작은 것을 포개어 4개 1벌이 된다. 이 중에서 밥그릇이 제일 크고 국그릇 · 물그릇 · 찬그릇 순으로 작아진다. 보통 때는 이를 포개어 하나로 하고 식사 때는 넷을 정방형으로 편다.

바루는 부처님 당시 인도에서는 1개뿐이었으나 중국을 거쳐 우리나라에 들어오면서 4합이 되었다.

스님들이 바루를 가지고 밥을 비는 것을 탁발(托鉢)이라 한다. 스님들의 식사량도 바리때 한 그릇으로 한정되어 있다. 지금도 남방불교 계통에서는 걸식할 때 하나의 바루를 사용한다.

바루의 색은 공작새 · 가릉빈가 · 비둘기의 색 등 3색을 불에 쪼여낸다고 하였으나 매우 추상적이다.

국내에 현존하는 바루 가운데 와발은 흔하지 않고 철발의 경우는 고려시대 것이 있다.

사찰에서는 식사에 대한 고마움과 공덕을 의례화하여 바루공양을 한다. 바루공양은 단순한 식사법이 아니라 수행의 한 과정이므로 많은 대중이 모여 공동생활을 할 때는 필수적이다. 바루공양을 할 때는 예배 · 감사 · 반성 · 자비의 뜻이 담긴 《소심경》을 암송하면서 절차에 따라 식사를 한다. 따라서 규범과 법식에 따르는 바루공양은 평등 · 청결 · 절약 · 단결과 화합의 의미를 갖고 있다.

1280

● 석장(錫杖)

석장은 비구가 지니는 십팔물(十八物) 가운데 하나이다. 범어 khak-khara 또는 kikkhara의 번역으로 극기라(隙棄羅) · 끽기라(喫棄羅)라 음역한다. 유성장(有聲杖) · 성장(聲杖) · 지장(智杖) · 덕장(德杖)이라고도 한다.

형태는 지팡이의 일종으로 머리부분의 석(錫)과 나무자루와 금속의 촉 등 세 부분으로 이루어져 있다. 머리부분에는 보통 6개의 고리가 달려 있으므로 육환장(六環杖)이라고 한다. 드물게는 12개의 고리가 달려 있는 것도 있다. 이 고리는 석장이 흔들릴 때마다 소리가 나도록 하기 위하여 단 것이다.

비구가 길을 갈 때 석장의 소리를 듣고 기어 다니는 벌레들이 물러가도록 하여 살생을 피하고 독사나 해충을 막는다. 또 걸식을 할 때는 이것을 흔들어 소리를 내서 비구가 온 것을 알린다. 《삼국유사》에 의하면 신라의 유명한 조각승 양지(良志)는 포대를 단 석장을 허공에 날려 보내 시주의 문전에서 소리를 내게 하여 시물을 거두었다고 한다. 그래서 양지스님이 거처하던 절을 석장사(경주)라고 불렀다. 석장은 비구스님들이 늙어서 몸을 의지하는 것으로도 사용한다.

의정의 《남해기귀내법전》에 의하면 인도의 석장 역시 머리부분에 2~3치 가량의 철권이 있고 아래에는 촉이 있으며 장대는 나무로 되었으며, 높이는 어깨높이와 같았다고 한다. 《대당서역기》에는 부처님의 석장은 백철로써 고리를 만들고 전단향 나무로 대를 삼았다고 했다. 국내의 현존하는 석장은 금속으로 된 머리부분 석환 중앙에 불상을 배치하고 그 주위에 두광과 신광 형태의 원형고리를 넓게 돌렸다. 그 고리부분에 다시 6환을 배치했으며 상부 중앙은 여러 층의 탑형을 이루고 있다.

스님들이 널리 포교하는 것을 비석(飛錫), 승려가 다른 절에 가서 오래 머무는 것을 유석(留錫)이라 하는 것은 비구가 석장을 반드시

휴대하는 데서 비롯됐다. 밀교에서는 석장을 의인화하여 보살이라고
도 한다. 근래에는 석장을 사용하는 스님을 보기 어렵다.

● **경상(經床)**

　절에서 스님들이 불경을 얹어 놓고 읽는 데 사용하는 책상이다. 중
국 당나라 · 송나라 시대의 제탁(祭卓) 양식에서 영향을 받아 독특한
모양을 가지고 있다. 상판(床板)의 양쪽은 두루마리형으로 말려 있고
호족형(虎足形) 네 다리에는 아름다운 운당초(雲唐草)나 죽절형(竹節
形)의 조각 장식이 있다. 몸체에는 한두 개의 서랍이 달려 있고, 흔히
앞뒤로 안상문(眼象文)이나 여의두문(如意頭紋)이 음각되어 있다. 오
래된 것일수록 검정 무쇠의 둥근 고리가 달려 있고 근래에 가까울수
록 달개지형 주석장식을 쓰고 있다.

　불교가 융성하였던 고려시대에는 사찰의 필수품으로 사용되었다.
형태가 아름다워 불교의 강력한 시주자였던 왕실과 귀족계층에서도
사용했던 것으로 보인다. 이러한 경향은 조선시대에도 이어져 부유한
양반계층의 사랑방에서 사용되었다. 고고한 사대부 선비들은 검소함
을 미덕으로 여기어 과다한 장식이 곁들인 경상을 기피하였다.

　의자생활을 하는 중국 경상의 높이는 높고 둔탁한 느낌을 주는 데
비하여 조선조 경상의 형태는 좌식생활에서 오는 조형감각에 맞게 높
이가 낮고 소형이다. 말린 두루마리형의 좌우 변죽도 중국 것에 비해
매우 경쾌하고 날렵해 세련미를 보여 준다.

　경상의 변형으로 두루마리 상판(床板)에 곧은 다리를 가진 서안(書
案) 형태도 있다. 대개 서랍이 하나씩 달려 있고 족판 너비가 상판 너
비보다 좁은 것이 기본형이다. 구조의 특징으로 상판 양쪽이 날렵하게
들린 형태를 들 수 있으며 두 가지 방법으로 제작된다. 하나는 따로
재단된 두루마리 부분을 상판에서 낸 혀에 붙이는 방법과 다른 하나
는 상판에 홈을 파서 이에 맞추는 방법이다.

1282

재료는 소나무·죽장(竹粧)·오동나무·피나무가 쓰이지만 무늬가
아름답고 결이 고운 괴목이 제일 좋다. 이 밖에 가문비나무·산유자
나무가 단단하고 색이 좋아 많이 사용되었다.

80년대 들어 오옥진(吳玉鎭·鐵齋)씨가 몸체 앞뒤에 경구를 양각한
여러 종류의 전통 경상을 선보여 주목을 끌었다.

● 죽비(竹篦)

죽비는 선가(禪家)에서 수행자를 지도할 때 사용하는 법구로서 통
대나무 혹은 나무의 가운데를 갈라 만든다. 약 40~50cm 길이의 대
나무를 길이 3분의 2쯤은 가운데를 타서 두 쪽으로 갈라지게 하고 가
르지 않은 3분의 1은 그대로 손잡이를 만든다.

죽비를 사용할 때는 오른손으로 손잡이 부분을 잡고 갈라진 부분을
왼손 바닥에 쳐서 '착' 소리를 낸다. 좌선할 때 입선(入禪)과 방선(放
禪)의 신호로 사용된다. 또 예불·입정·참회·공양·청법에 이르기
까지 죽비 소리에 맞춰 대중이 행동을 통일하게 되어 있다. 죽비자(竹
篦子)라고도 한다.

죽비의 기원은 자세하지 않으나 중국의 선림(禪林)에서 유래되어
널리 보급된 것으로 추측되고 있다.

중국 선가에서는 죽비가 화두의 역할도 했다.《무문관(無門關)》제
43칙에 나오는 '수산죽비(首山竹篦)'는 대표적인 죽비화두다.

수산성념(首山省念)선사(993입적)는 임제의현 선사의 4대 법손으로
풍혈(風穴)선사에게서 법을 받은 이름 높은 선지식이었다.

어느 날 수산선사는 죽비를 들어 대중에게 보였다.

"그대들이 만약 이를 죽비라고 불러도 어긋나고 죽비라고 부르지
않아도 어긋날 것이니라. 그대들은 얼른 말해보라. 무어라고 부르겠는
가(首山和尙이 拈竹篦示衆云하되 汝等諸人이 若喚作竹篦則觸이요, 不喚
作竹篦則背이니 汝諸人은 且道하라. 喚作甚麼오..)."

이에 대해 무문혜개(無門慧開, 1183~1260)은 《무문관》에서 '죽비를 죽비라 불러도 안 되고 죽비라 부르지 않아도 안 되는 이치를 알면 자유로울 수 있다.'고 송(頌)을 읊었다. 무문은 선을 공부하는 이들을 위하여 1228년 공안 48칙에 평(評)과 송을 붙여 이듬해 남송 이종황제(理宗皇帝)가 즉위한 기념으로 헌납했다. 이 책이 《무문관》이다.

선가에서 좌선할 때 수행자의 졸음이나 자세 등을 지도하는 장척(長尺)이 있는데 이를 대형의 죽비라 하여 장군(將軍)죽비라고 한다. 경책사가 이것으로 어깨부분을 쳐서 경책한다. 불교사전에서는 장척을 장군죽비라 함은 잘못된 말이라고 풀이하고 있다.

● 다기(茶器)

다기는 부처님에게 차(茶)를 올리는 헌다의식에 사용하는 공양 법구다. 맑고 신성한 성품의 차는 불교의 공양 육물(향·등불·차·꽃·과일·음식)의 하나다. 《다라니집경》에 의하면 부처님 앞에 예배할 때나 불공을 올릴 때는 공양 육물을 갖추지 않으면 안 된다고 했다. 따라서 다기는 향로·촛대·화병 등과 함께 불단의 필수적인 불구다.

처음에는 토제의 다기에서 출발하여 구리제품 또는 청자의 아름다운 상감을 지닌 다기가 만들어졌으나 오늘날에는 대부분 유기제품과 도자기가 주류를 이루고 있다. 대체로 뚜껑이 있는 잔의 형태에 받침을 지니고 있으며 크기는 15cm 내외이다. 청자 계통의 다기는 뚜껑이 없이 잔받침 위에 연꽃 형태의 잔을 갖춘 경우가 많다. 대표적인 유물로는 국립중앙박물관의 청자탁잔과 태평양박물관의 청자상감국화문탁잔 등이 있다. 또 찻잔을 들고 있는 석굴암 문수보살상과 청량사의 보살상(9세기), 법주사 희견보살이 머리에 이고 있는 큰 석조 헌다기 등은 불교의 차공양 정신을 잘 나타내고 있는 유물이다.

고려시대까지는 불전에 차공양을 올렸으나 조선조의 억불정책으로 차 대신 청정수를 다기에 담아 공양하게 됐다.

법당의 부처님께 차를 올릴 때는 다기를 받침에 받쳐서 법당에 들어간다. 다기는 왼쪽 어깨 위 눈 높이 정도로 올려서 들고가 차를 부처님 앞에 올린 후 반배하고 뒤로 조용히 물러난다. 다기를 모시는 자리는 부처님 앞 중앙에 있는 향로의 왼쪽이다. 차를 올리면 대중이 다 함께 다게(茶偈)를 염불한다. '아금청정수 변위감로다 봉헌삼보전 원수애납수(我今淸淨水 變爲甘露茶 奉獻三寶前 願垂哀納受)'이 다게는 각 단에 따라 '봉헌미륵전' '관음전' 등 주불 이름만 바꾼다.

차공양은 각단예불·사시마지뿐 아니라 사리이운·괘불이운·불상 점안식 등 각종 의식에서도 올린다.

불교에서는 부처님의 최초 설법 《화엄경》에 차 이야기가 나온다. 우리나라의 차는 불교와 함께 전래된 것으로 보고 있다. 그 후 불교의 헌다의식과 그 정신은 한국의 전통 차문화를 이끌어가고 있다.

● 촛대(燭臺)

촛대는 불보살에게 촛불을 켜 공양 올리는 법구다. 제불보살에게 촛불을 밝혀 올리는 뜻은 육법 공양물의 하나인 등불공양과 그 맥을 같이한다. 즉 부처님의 지혜 광명으로 시방삼세의 무명을 타파하고 그 불지(佛智)를 믿고 찬양하며 정진하여 자성을 밝히려는 발원이 곧 촛불공양의 본뜻이다. 특히 초는 자기의 몸을 태워 주위를 밝히므로 촛불공양에는 이웃을 위해 보살행을 하겠다는 다짐과 서원이 짙게 깃들어 있다. '남을 위한 자기희생'이란 점에서 촛불공양은 대승불교 정신의 상징이라고 볼 수 있다. 촛대는 향로·꽃병과 함께 삼구족(三具足)이라 하여 불교의 모든 종파에서 공통으로 사용하는 법구다.

촛대의 모형은 잔대 중앙에 못이 있는 것과 초를 그대로 끼울 수 있는 통형이 있으며, 초를 여러 개 켜는 다등가(多燈架)도 있다. 만드는 재료는 은이나 청동을 비롯하여 놋쇠·도자기·함석·백통·나무 등 다양하다. 나무 촛대는 요즘 만들지 않으나 선조들의 불심이 스며 있으면서 목공예의 정수를 보여 주는 뛰어난 작품이 남아 있다. 나무 촛대 역시 단순한 조형적 균형을 이룬 기하학적인 것에서부터 복잡하고 화려한 것에 이르기까지 종류와 모양이 다양하다. 위봉사 불전에 있는 쌍 촛대는 거북과 사자 모양을 하고 있다. 통도사의 운룡문 촛대는 단순한 원통형이지만 촛대를 휘감고 올라가는 용과 구름이 생동감 있게 표현되고 있다.

요즘은 유기와 백자 촛대를 많이 사용하며 원통형은 거의 만들지 않는다. 유기제품의 경우 대부분 용 문양으로 장식하고 있다. 소형에서부터 높이가 1m 이상 되는 대형이 있다.

불전에 촛불을 공양할 때는 먼저 불단 앞에서 합장하고 반배한 다음 오른손으로 불을 켜서 초에 붙인다. 부처님께 올린 촛불은 입으로 불어서 끄지 않고 손가락으로 심지를 잡아서 끄거나 손으로 바람을 일으켜서 끄기도 하고 기구를 이용하기도 한다.

우리나라에서는 낙랑시대에 촛대를 사용했음을 입증하는 청동유물이 출토됐다.

● 경쇠(磬)

경쇠는 예불을 올릴 때 대중의 일어서고 앉고 절하는 행위를 인도하기 위해 치는 법구이다. 경쇠를 칠 때는 목탁을 치지 않는다. 놋쇠로 주발처럼 만든 것인데 가운데에 구멍을 뚫어 자루를 달고 노루뿔 같은 것으로 쳐서 울린다. 독경할 때 또는 부처님을 예경하기 위해 법당에서 독경하면서 부처님 주위를 도는 행도(行道) 의식 때에도 친다. 곡형(曲形) · 소라형(螺) · 구름형 · 연화형 등이 있는데 선종에서는 주로 주발형을 사용한다. 주발형의 경우 자루를 잡고 치거나 받침대 위에 봉안하고 의식을 주도하는 승려(導師)가 친다.

크기에 따라 소경(小磬) 대경(大磬)이 있다. 대경의 경우 크기가 일정하지는 않으나 대개 구경(口徑)이 1~2척 정도이다. 전해 내려오는 이야기에 의하면 경쇠 소리는 범종·운판·요령·징소리와 함께 동물의 마음을 감화시키는 5가지 쇳소리의 하나라고 한다. 종소리가 일체 중생을 제도한다는 뜻으로 볼 수 있다. 경쇠는 경자(磬子)·경자(鑵子) 또는 동발(銅鉢)이라고도 하며, 경(磬·鑵)·금(金)으로 쓰기도 한다.

경쇠는 옥이나 돌 또는 놋쇠로 만든 타악기의 일종이기도 하다. 악기분류법에 의하면 석부(石部) 또는 금부(金部)에 들고 체명(體鳴)악기에 속한다. 사용되는 경우에 따라서 그 모양이나 재료가 서로 다르다. 아악기의 하나인 특경(特磬)은 경석으로 제조되었고 그 모양은 ㄱ자형으로 네모진 틀(架)에 매달아 친다.

경쇠는 원래 중국 악기였다. 옥이나 돌로 만들어지다가 6조시대 이후에 구리 등 금속제가 나왔다. 길이 50cm 넓이 35cm 크기의 판(板)으로 한 가운데가 굽어 두 끝이 아래로 드리워 있으며, 두 개의 끈으로 틀(架)에 매달게 되어 있다. 12율에 맞추어 12개로 한 조를 이룬다. 이러한 악기형 경쇠가 법구로 사용된 것은 당나라 초기부터다. 부처님 앞 불단의 오른쪽 경가(磬架)에 걸어 두고 법회 때에 쳐서 울렸다.

● **경통(經筒)**

경통은 경전수호를 위해 불경이나 경문을 넣어 보관하는 통 모양의 법구다. 옛날에 불경을 길이 후손에 전하기 위하여 경전을 땅속에 묻을 때에 경전을 담기 위해서 만들었다.

청동·돌·도자기·질그릇 등으로 만들었는데 대개 원통형·육각형·팔각형으로 되어 있다. 형태는 복잡하지 않고 단순하지만 바깥 몸체에 양각이나 음각으로 경전의 명칭 혹은 매몰할 때의 연월일 원주(願主)의 이름을 기입하는 경우도 있다.

불법(佛法)을 후세에 영원히 전하기 위해서 경통을 땅속에 묻고 경총(經塚 ; 무덤)을 만들기도 했다. 중국의 혜사(慧思, 515~577)는 말법시대에 불교가 멸하게 되면, 56억 년 후에 미륵불이 출현할 때까지 불전(佛典)이 전해지길 발원하여 불경을 경통에 담아 경총을 만들었다는 설도 있다. 혜사는 중국 천태종의 제2조로 15세에 출가하여《법화경》을 공부하여 법화삼매를 얻었다. 경총에는 경통뿐 아니라 경문(經文)을 작은 돌에 새긴 경석(經石)·경와(經瓦)·경권(經卷 ; 두루마리에 기록한 경) 등도 묻는다. 이처럼 경총을 만드는 것은 경전수호와 함께 공양의식으로도 행해졌다.

일본에서는 선망부모의 명복을 빌거나 중생결연(중생이 미래에 반드시 해탈할 인연을 맺는 것)을 위하여《법화경》과 정토경전 등을 발원문과 함께 경통에 담아 묻었다.

우리나라에서는 발견된 예가 거의 없으며 국립중앙박물관에 소장되어 있는 통일신라시대의 금동 경통이 유일한 예이다. 높이 15cm의 이 경통은 원통형으로 밑에는 복판8엽의 연화를 조각하고 몸체 중앙 가까이에는 쌍구체로 범(梵)자를 새겼다. 뚜껑은 납작하며 중앙에 꼭지가 있는데, 이 꼭지는 원형의 3단 마디로 되어 있어 석탑의 상륜부에서 보이는 보륜과 유사한 모습을 하고 있다. 매몰 때에는 보통 금속제나 석제 또는 토제로 만든 외부용기 속에 넣어 묻는 것이 통례이다.

경통은 경궤처럼 경전보존 불구로도 사용됐다.

● 등(燈)

등은 범어 dipa의 번역으로 등명(燈明) 또는 등불이라고 한다. 등명은 어둠을 밝히는 것이므로 불교에서는 이를 지혜에 비유하고, 부처님의 지혜와 가르침을 대명등(大明燈)이라고 한다. 부처님의 법등이 중생의 어리석음과 세상의 어둠을 밝혀 준다는 뜻이다.

불자들이 부처님 전에 등불을 켜 공양 올리는 것은 이처럼 큰 부처님의 지혜를 예경하고, 그 가르침을 배우고 실천하고 널리 펴서 온 세상에 진리의 법등을 밝히겠다는 발원이며 다짐이다. 그래서 공양 육물의 하나인 등은 향 공양과 더불어 매우 중요시되고 있다.

절에서 법구로 사용하는 등의 종류는 촛대를 비롯하여 등대·등롱·석등 등 용도와 형태에 따라 다양하다. 불전에 불을 밝히는 것을 인등(引燈)이라고 하는데, 밤낮없이 켜는 등을 장명등(長明燈) 또는 속명등(續明燈)·무진등(無盡燈)이라고 한다.

등명의 본뜻은 '자신과 진리를 등불로 삼아 의지하라(自燈明 法燈明).'는 부처님의 마지막 유훈에 기인한다고 볼 수 있다. 이 가르침은 참나를 찾아 자신과 진리를 등불처럼 밝힌다는 뜻으로 자신이 삶의 주인임을 강조하고 있다.

경전은 곳곳에서 등을 밝히는 근본 뜻과 그 공덕을 언급하고 있다. 《현우경》의 '가난한 여인의 등불(貧者一燈)'은 그 대표적인 가르침이다. 또 《시등공덕경》《법화경》 등에서도 등명의 한량없는 공덕을 설하고 있다. 때문에 불교에서는 큰 행사 때면 천등회·만등회 등의 연등(燃燈)행사를 아울러 갖는다.

우리나라에서 가장 큰 연등행사는 부처님오신날 등을 달고 제등행진을 하는 초파일 연등법회다. 신라시대부터 정월과 이월에 민속행사로 거행된 연등회와 팔관회 등은 고려 말부터 초파일 행사로 정착됐다. 우리의 선조들은 초파일이면 기도 내용에 따라 연꽃을 비롯 각종 꽃과 과일과 어류 또는 동물 모양의 등을 만들어 소원을 빌었다. 이러한 등은 예배·공양·수행·수호등으로 크게 구분되는데 현재 30여 종을 재현할 수 있다. 요즘은 불교의 상징인 연꽃등과 팔정도를 나타내는 팔모등·주름등을 가장 많이 켜고 있다.

제22장

⋮ 숫자로 본 불교

제 22 장

●

숫자로 본 불교

韓 庸 愚

● 대장경의 종류

대장경은 결집 이후 10여개 국에서 50여 판이 간행되었다. 대장경은 전파경로에 따라 크게 팔리삼장·티벳대장경·한역대장경 등 셋으로 나누어 지는데 가장 먼저 이루어진 것은 팔리삼장이다. 부파불교(部派佛敎)의 삼장을 완전하게 보존하고 있는 팔리삼장은 기원전에 성립되었으므로 대승경전을 포함하고 있지 않으며, 소위 남방불교경전이 이에 속한다.

팔리삼장은 유럽에서 이미 1855년 파우스 뵐에 의해《법구경》이 간행된 이후 현재 모두 출판이 완료되었다. 타이·미얀마·스리랑카는 각기 자국어로 삼장을 출판했으며, 인도에서도 산스크리트어로 출판하고 있다. 또 영어·독어·불어 등으로도 다수 번역되어 있다. 일본에서는 1935년 남전대장경 65권을 일본어로 완역했다. 티벳어로 번역된 티벳대장경은 9세기에 대부분 완성되었으며, 소멸된 후기 인도불교의 경·논이 남아 있다. 13세기경 나르탕 고판(古版)이 목판에 의해 인쇄된 이후 수차례에 걸쳐 출판되었다. 1730년 달라이라마 7세의 명에 의해 대규모로 개정된 신판이 정본이 되었다. 중국에서는 1480년 명나라 때 최초의 서역대장경으로 영락판(永樂版)이 완성된 후 만력판(萬曆版)·강희판(康熙版, 北京版)이 선보였다. 티벳대장경의 원문은 일본의 서역대장경연구회가 1954~1959년 영인북경판 서역대장경 151권으로 출판하였고, 그 밖의 속편 13권을 1962년에 출판하였다.

우리가 일반적으로 대장경이라고 부르는 것은 한문으로 된 한역대장경이다. 필사(筆寫)에 의해 전해진 대장경은 971년 송나라 때 최초로 목판본인 촉판(蜀版) 대장경 5천 권이 간행된 이후, 원판(元版)·명판(明版) 등 각 시대별로 수차례 간행되었다. 중국 밖에서 간행된 것으로 글안판(契丹版)과 고려대장경 및 일본의 황벽판(黃檗版)을 들 수 있다. 오늘날 한역대장경의 간행은 일본에 의해 가장 활발한데 1885년 최초의 활자인쇄인 대일본교정축쇄대장경에 이어 신수(新修)대장경까지 3차례에 걸쳐 간행했다. 이 밖에 번역대장경으로 한글대장경과 일본의 국역일체경이 있다.

● 해인사 대장경판 수

고려대장경 또는 팔만대장경으로 일컬어지는 국보 32호 해인사 대장경판 수는 총 81,258판이다. 고려 고종 24년(1237)부터 고종 39년(1252)까지 16년 간에 걸쳐 판각됐다.

해인사 대장경은 고려 현종 때 글안병(契丹兵)을 물리치려고 새겼던 고려초본대장경 1,076종 5,048권이 고종 19년(1232)에 몽고병의 침입으로 불타자 다시 국난극복의 발원을 담아 재판각한 것이다. 고종은 강화(江華)에 대장도감(大藏都監) 본사(本司), 진주 등지에 분사(分司)를 설치하고 수기(守其) 등 학승으로 하여금 엄밀한 교정을 보게 하였다.

대장경의 분류는 대장경목록에 수록돼 있는 경을 정장(正藏)이라 하고, 《종경록(宗鏡錄)》 등을 보유판(補遺板)이라 부른다. 그러나 보통 대장도감에서 판각한 국간판(國刊板)과 사찰이나 개인이 판각한 사간판(私刊, 寺刊)으로 나누고 있다. 국간은 대장경 목록에 수록된 1,497종 6,558권과 보유판 15종 가운데 《종경록》 등 4종 150권으로 모두 1,501종 6,708권이다. 보유판인 나머지 11종 97권은 사간판으로 조선조에 판각한 것까지 포함되어 있다.

판본의 크기는 세로 24cm내외, 가로 69.6cm내외, 두께 2.6cm내외로 양끝에 뒤틀리지 않게 각목을 끼웠으며, 네 귀에는 구리판을 붙여서 탄탄하게 장식하고 전면에 얇게 칠을 하였다. 판목은 남해 지방에서 많이 나는 후박나무로 되어 있고 무게는 3~4kg가량 된다. 판면은 위 아래에 줄을 치고 1면 23항, 1항 14자로 322자를 새겼으며 판의 한 끝에 경 이름, 권 수, 장 수, 천자문으로 함호를 새겼다.

경판이 수장되어 있는 경판고는 정면 33칸 측면 5칸 반으로 된 목조창고 2동이며, 칸마다 통풍과 채광을 위한 영창이 짜여져 있다. 그리고 판고의 내부에 5층의 판가(板架)를 짜 천자문 순서대로 매긴 함호를 권차(卷次) · 정수(丁數)의 순으로 격납하였다.

처음 이 경판은 강화에 판당을 짓고 봉장하였다가 얼마 안 되어 강화의 선원사(禪源寺)에 옮겼다. 그 후 조선 태조 7년(1398)에 서울 지천사(支天寺)로 임시 옮겼다가 다시 지금의 해인사에 이장했다.

● **위경의 수**

산스크리트어로 쓰여진 원본 등으로부터 번역된 한문경전을 진경(眞經) 또는 정경(正經)이라 하는 데 반하여 위경(僞經)은 그로부터 번역된 경전이라 보기에는 의문의 여지가 있는 경전을 말한다.

이러한 의미에서 위경을 의경(疑經)이라고도 하는데 중국에서 편찬된 경전목록(經錄)에 의하면 한역된 경전이라 보기에는 의문의 여지가 있는 경전을 의경이라 하고 위조된 것임이 확실한 경전을 위경이라 한다.

여러 가지를 종합해 볼 때 결국 진경과 위경을 가리는 기준은 원전이 불교의 본산지인 인도에서 제작되었느냐의 여부와, 그 원전의 언어가 산스크리트어인가 아닌가의 여부에 있다. 팔리어의 경우엔 한역된 예가 드물어서 크게 문제되지 않는다.

현재 알려지고 있는 위경은 302권이다. 이 숫자는 남북조(南北朝)시대의 46부 56권, 수나라시대 209부 490권, 당나라 초기의 406부 1,074권에 비해 현저히 줄어든 것으로 그 이유는 경전으로서의 권위를 인정받지 못함으로써 대부분이 모습을 감추었기 때문이다. 수·당시대에 대단히 유행했던 위경의 전성은 송대 이후 거의 사라졌다.

위경 중에는 우리에게 널리 알려져 많이 신봉되고 있는 경전들도 있다. 대표적인 것으로 부모님의 10가지 은혜를 소상히 밝힌 《부모은중경》, 지장보살의 공덕을 찬탄한 《지장보살경》, 최초의 한역경전으로 알려진 《사십이장경》《선악인과경》《천지팔양경(天地八陽經)》 등을 들 수 있다. 호국의 법을 밝힌 것으로 유명한 《인왕반야경》도 위경이며, 이를 바탕으로 보살의 계위를 논했던 《범망경(梵網經 ; 초기 경전 중의 범망경과는 다름)》은 남북조시대에 통치자의 비법(非法)과 승려의 비행을 바로 잡으려는 의도로 제작되었다고 한다.

위경의 출현은 혼란했던 당시 사회적 배경과 무관하지 않아 우리가 특히 주의해야 할 비불교적 요소가 많이 삽입됐다. 《점찰선악업보경(占察善惡業報經)》《안택신주경(安宅神呪經)》 등이 그것이다. 점찰법이란 나무 바퀴를 가지고 과거 세상의 선악법과 현세의 고락길흉 등을 점치는 것이고, 안택이란 집안이 이사하거나 터를 잡거나 할 때 터주에게 비는 것을 말한다.

● 한역 4아함에 나오는 경의 수

아함경(阿含經)은 근본불교를 아는 데 없어서는 안 될 중요한 경전이다. 그만큼 자주 듣게 되는 이 경전을 일반 사람들은 하나의 책으로 된 경전인 것으로 착각하기도 한다. 그러나 아함이란 아가마(āgama)

라는 원어를 음사한 말로 전승(傳承)을 뜻하므로 실질적으로는 '전래
된 경전들'을 가리킨다. 즉 아함경이란 불멸 후 전승된 수천의 짤막한
경전으로 된 일군의 경전을 총칭하는 말이다.

아함의 성립은 제1결집 이후 전승되던 법(法)과 율(律)이 기원전 1
세기경 마가다어로 추정되는 프라크리트(Prākrit)어로 문자화되고 이
것이 스리랑카로 전해져 팔리5부(Panca nikāya)로 성립됐다. 이 경전
들은 어느 시기에 이르러 실크로드를 통해 전해졌고, 대략 377~435
년 사이 한문으로 번역됐다. 한역 4아함이 바로 그것이다.

아함경은 주로 문장의 길이에 따라 장(長)·중(中)·잡(雜)·증일
(增一) 등 4아함으로 구분하는데 현존하는 경의 수는 총 200권 2,479
경이다.

① 장아함 : 22권 30경. 문장의 길이가 중간 길이의 경전(중아함)보
　다 긴 것을 편집한 것이다. 편찬의 방침이 확실하지는 않지만, 4
　부분으로 되어 있다. 제1부분은 부처님을 밝히고, 제2부분은 부
　처님이 깨달은 법을 밝히고, 제3부분은 수행도를, 제4분은 《세기
　경(世記經)》으로 이루어져 있다.

② 중아함 : 60권 224경. 중간 길이의 경전을 모아 편찬한 것으로 초
　기불교 전반에 걸친 교리가 5송(五誦)으로 편집되어 있다.

③ 잡아함 : 50권 1,362경. 짧은 경전을 모아 편집한 것이다. 내용이
　구체적이고 교훈적이며 매우 간략해 최초 경전의 원형에 가장 가
　까운 경이 바로 이 가운데 존재한다고 생각된다. 다른 번역 즉
　별역(別譯) 잡아함 17권 391경이 있다.

④ 증일아함 : 51권 472경. 1에서 11이 되기까지의 숫자를 기준으로
　편집했다. 즉 오온(五蘊)은 5집(五集)에, 육처(六處)는 6집에 넣
　었다. 거의 짧은 경전들로 대승불교의 영향이 나타나 주목되고
　있다.

● 결집의 횟수

오늘날 경전은 부처님 입멸 후 4차례의 결집(結集)을 통해 이루어
졌다. 당시는 문자로 정리하지 않았던 시대였기 때문에 부처님이 설하
신 말씀을 합송(合誦, Saṃgiti ; chorus)함으로써 그곳에 모인 사람 모두
가 같은 말씀으로 기억한다는 형식으로 이루어졌다. 그러한 이유로 결
집은 합송이라 부르기도 했다.

제1결집은 불멸(佛滅)후 백 일이 채 못 되어 라자가하(왕사성) 교
외의 비파라(毘婆羅)산에 있는 칠엽굴(七葉窟)에서 교단 제일의 장로
인 대가섭을 상수(上首)로 5백 명의 비구가 모여 거행되었다. 이 결집
은 7개월에 걸쳐 다문(多聞)제일인 아난다(阿難)이 법을, 지계(持戒)
제일 우파리(優波離)가 율(律)을 암송해 낸 것을 모두 확인하여 불설
(佛說)이라고 승인한 것이다. 이를 왕사성결집, 오백결집 또는 상좌결
집이라 한다.

제2결집은 불멸 후 약 1백 년경에 계율엄격주의자인 야사(Yaśa)의
제의로 7백 명의 비구가 베살리에 모여 결집됐다. 베살리성결집 혹은
칠백결집이라 부르는 이 결집은 8개월 간 십사비법(十事非法)에 관해
논의해 유법(遺法)의 전체가 교정됐다. 그러나 십사의 논쟁은 교단을
야사를 중심으로 한 상좌부와 진보적인 대중부로 나누는 ‘근본분열’을
가져와 부파불교시대를 여는 계기가 되었다.

제3결집은 불멸 후 2백 년경 외도들로부터 불교를 보호하기 위해
아쇼카왕이 제수(帝須)에게 요청, 1천 명의 승려들이 9개월 간 논의
한 끝에 결집되었다. 이 결집은 화씨성(華氏城, pāṭaliputta)에서 이뤄
졌다고 해서 화씨성결집 혹은 일천결집이라 부른다. 이 3차 결집 후에
구전되어오던 경전이 비로소 문자화되었으며 경·율 외에 논장도 결
집되었다고 한다.

제4결집은 불멸 후 6백 년경 대월씨국(大月氏國) 카니시카왕이 부
파의 이설을 통일시키고자 협존자(脇尊者)에게 의뢰해 이루어졌다.

세우(世友)를 상수로 5백 명의 대비구들이 모여 경·율·논장의 주석서 30만 송 660만 언(言)의 대주석을 만들어 결집했다. 오늘날에는 논장의 주석서인 《아비달마비바사》만 남았으나 삼장 주석에 관한 결집이었기에 불설 편찬에서 제외하기도 한다.

● **한국에서 찬술된 불교문헌**

조선시대까지 한국에서 찬술된 불교문헌 중 밝혀진 현존 본은 288종 694권이다. 이 수치는 동국대학교에서 발간한 《한국불교전서》에 수록된 것으로 3단간(斷簡)과 12편(篇)의 문헌까지 포함한다면 709권이 된다. 또한 한 편의 서문(序文)이라도 저술을 남긴 사람은 236명이다.

시대별로 살펴보면 신라시대에는 22명의 스님들이 59종 145권 3단간 7편을 찬술했다. 대부분 통일신라시대 스님들인 이들은 경·율·논 삼장에 대한 주소(注疏)를 내용으로 하는 문헌을 남겨 한국 불교학의 기초를 마련했다.

48명이 64종 268권 4편의 저술을 남긴 고려시대는 대체로 짤막한 에세이풍의 글이거나 선서(禪書)·사서(史書)·행장(行狀)·영험전(靈驗傳) 등이 주조를 이룬다.

166명이 저술을 남긴 조선시대에는 개인 문집이 압도적으로 많고 일부 서장(書狀)·선요(禪要)·선종관계 경전의 사기(私記)류가 중요한 위치를 차지한다. 165종 281권 1편이 현존하고 있다. 실학자이며 천주교인으로 알려진 다산(茶山) 정약용(丁若鏞)의 《대동선교고(大東禪教考)》라는 불교 저술이 현존한다는 점이 이채롭다.

236명의 찬술자 중 가장 많은 현존 저술을 남긴 사람은 원효로 유일본인 《이장의(二障義)》 등 23종 30권 2단간이 남아 있다. 그러나 그의 저서가 100여 종 240권에 이른다는 기록을 볼 때 70여 종 210여 권이 없어졌다는 것은 안타깝기 그지없는 일이다. 다음으로 조선시대

휴정의 저술 13종 20권 1편이 현존하며, 지눌과 균여의 문헌이 각각 9종 10권과 5종 18권씩 남아 있다.

한편 동국대 출판부가 펴낸《한국불교찬술문헌총록(韓國佛敎撰述文獻總錄)》(1976년)에 따르면 총 176명이 삼국·신라시대에 359종, 고려시대 128종, 조선시대 199종 등 686종의 문헌을 찬술한 것으로 나타나 있다. 따라서 조선시대까지 약 4백여 종의 불서가 일실(逸失)된 셈이다. 특히 삼국·신라시대 문헌의 일실본은 총 3백여 종에 달해 아쉬움을 더한다.

● **부처님의 전기 수**

문자가 없었던 고대의 인도에서 오늘날과 같은 식의 부처님의 전기(傳記)가 작성될 수 있었던 것은 경전이 성립되는 과정에서 부처님을 찬탄하는 불전문학(佛傳文學)으로 발전되면서부터이다. 이 과정에서 과장과 비약의 단계를 거쳐 신비화되기도 했다.

이처럼 성립된 부처님의 전기에 관한 경전들은 상당한 양이 저술되어 45종 250여 권에 이른다. 그래서 오늘날 각국의 학자가 지은 불전은 많건 적건 간에 이에 의거하고 있다. 특히 서양학자들이 많이 이용하는 것은 팔리어 《자타카》의 서문인 〈인연담〉이다. 부처님 전생을 담은 이것은 전기로서는 가장 완비된 것이라 할 수 있다.

그 이전에 성립된 가장 정리된 형태의 전기로는 불교시인 마명(馬鳴)이 지은 《붓다차리타》이다. 같은 계통의 희곡 《사운다라난다의 시》도 지은 마명은 이 작품에서 도솔천에서 입멸까지 부처님의 생애를 시극으로 묘사하고 있다. 《부처님의 생애라고 이름하는 대궁전시》라는 티벳역도 있으며, 한역으로는 보운(寶雲)이 번역한 《불소행찬(佛所行讚)》 5권이 있다.

그보다 더 이전의 전기로는 산스크리트어로 쓰여진 《마하바스투》와 《라리타비스타라》가 있다. 부처님을 초인적으로 취급한 이 두 경전 외에 《불본행집경(佛本行集經)》 60권과 《보요경(普曜經)》 8권, 《태자서응본기경(太子瑞應本起經)》 2권이 각각 있다. 《라리타비스타라》는 티벳어로 번역된 《성유희설법이라고 이름하는 대승경전》과 한역된 《방광대장엄경(方廣大莊嚴經)》 12권이 있다.

팔리 장부경전의 일부인 《위대한 열반에 관한 경전》에도 부처님의 입멸을 전후로 한 상황이 묘사되어 있다. 한역으로는 《불반니원경(佛般泥洹經)》《반니원경》《열반경》《대반열반경》《유행경》과 《설일체유부비나야잡사》 등이 있다. 그러나 부처님의 수행에 관해 보다 사실적으로 그려진 내용은 율장에서 찾을 수 있다. 팔리 율장의 《대품》과 후대의 작품인 《승자의 생애》가 그것이며, 《사분율》 60권 등으로 한역됐다. 산스크리트어나 팔리어가 아닌 한역만 있는 불전도 있는데 《중본기경》을 비롯한 10여 종 40여 권에 이른다. 그 외에 중국서 간행된 불전으로 《석가여래성도기》 등 여러 종이 있다.

● 국보와 보물 중 불교문화재

93년 3월말 현재 정부가 지정한 국보와 보물 1,427점 중 불교문화재는 총 892점으로 62.5%의 비율을 차지한다. 국보는 모두 275점이 지정됐는데 이 가운데 68%인 187점, 보물은 1,152점 중 61% 705점이 불교문화재다.

불교문화재는 불보살상 · 탑 · 비 · 석물 · 공예 · 건물 · 경서류 · 불화 · 기타 등으로 구분할 수 있는데 가장 많은 비율을 차지하는 것은 불보살상으로 모두 232좌에 이른다. 철원 도피안사 철조 비로자나불좌상(63호)을 비롯해 국보급만 38좌이며, 고창 선운사 지장보살좌상(280호) 등 194좌가 보물로 지정돼 있다.

다음으로 많은 것은 탑(塔)이다. 223기(基)가 지정문화재이다. 국보는 서울 원각사지 10층석탑(2호)을 비롯 31기이며, 보물은 남원 실상사가 소장하고 있는 증각대사응료탑(證覺大師凝蓼塔, 38호) 등 192

기이다.

의외로 많은 양이 문화재로 지정된 것이 경서(經書)류이다. 모두 201점으로 통도사 감지은니대방광불화엄경주본(紺紙銀泥大方廣佛華嚴經周本, 757호) 등 41점이 국보이며, 보물로는 부석사 고려각판(高麗刻板, 735호)등 153점이다. 재미있는 것은 경전 중 국보급으로는 《화엄경》(21점)이 많으며, 보물로는 《법화경》(25점)이 많다는 사실이다.

국보급 문화재 수만 볼 때 고승들의 행적이나 사찰의 사적을 기록한 비(碑)도 불보살상이나 경서류와 같은 38점에 이른다. 국보로는 쌍계사 진감선사대공탑비(47호) 등이 있으며, 전남 강진의 월남사지 석비(313호) 등 보물은 8점이다. 범종·사리장엄구·향로·불감 등 공예품도 국보 14점과 보물 24점 등 38점이 지정문화재다.

문화재로 지정된 70동의 건물 중 국보급으로는 강진 무위사 극락전(13호)를 비롯 12동이며, 보물은 충남 홍성군 무량사 대웅전(399호) 등 59동이다. 석등과 석조·당간지주 등 석물은 66점이 지정문화재로 국보와 보물이 각각 9점과 57점이다. 불화는 호암미술관 소장 아미타삼존도(218호) 등 2점이 국보로 지정돼 있고 보물은 상주 남장사 보광전 목각탱화(922호) 등 12점으로 총 14점이다. 이 밖에도 석굴암석실(24호)과 군위 삼존석굴(109호) 등 2개의 석굴사원이 국보로 지정돼 있다.

● **절에서 스님들 소임의 종류**

보편적으로 '스님'이라 하면 출가수도하는 승려를 총칭하는 말이지만 스님들은 각 사찰에서 맡은 일에 따라 여러 이름으로 불린다. 승려의 소임을 적은 것을 용상방(龍象榜)이라 한다. 용상방은 대중들이 많이 모이는 결제 또는 불사 때에 모든 사람이 잘 볼 수 있는 곳에 붙여놓고 숙지토록해 규칙적인 생활과 일의 원활한 추진을 도모했다.

이 같은 승려 소임의 제정은 중국 백장회해(百丈懷海, 720~814)에 의해 창제되었다. 그는 총림을 창설하고 청규(淸規)를 만들어 각자 직책에 맞는 일을 하도록 했다. 중국 선종의 기초를 닦은 이 청규는 환주지현(幻住智賢)의 《치문경훈》, 종색(宗賾)의 《구경문》 등 후대 스님들에 의해 증보·발전되었다. 우리나라에서는 태고보우(太古普愚)에 의해 정착되었다.

종색은 《구경문》에서 '대중 가운데 소임을 맡은 자는 그 권리로 자신을 망령되이 높이지 말고 중승(衆僧)을 공양하라.'고 해 소임은 벼슬이 아니라 대중을 위한 일임을 강조했다.

초기 용상방에는 대체로 23개의 직명을 기록하였다. ① 장로(長老) : 선종의 주지 ② 수좌(首座) : 선방의 우두머리 ③ 감원(監院) : 절 전체의 살림을 총괄 ④ 유나(維那) : 사무적인 일을 총괄 ⑤ 전좌(典座) : 좌구·침구·음식 등을 관장. 별좌(別座)라고도 한다. ⑥ 직세(直歲) : 각종 건물, 기물 관리·보수 ⑦ 고두(庫頭) : 금전·곡물 등 관리 ⑧ 서장(書狀) ⑨ 장주(藏主, 知藏) ⑩ 지객(知客) ⑪ 시자(侍者) ⑫ 요주(寮主) ⑬ 당주(堂主) ⑭ 욕두(浴頭) ⑮ 수두(水頭) ⑯ 탄두(炭頭) ⑰ 노두(爐頭) ⑱ 화주(化主) ⑲ 원두(園頭) ⑳ 마두(磨頭) ㉑ 장주(莊主) ㉒ 정두(淨頭) ㉓ 정인(淨人) 등이다.

이와 같은 초기 총림의 제도가 우리나라에 와서 사찰 운영과 형편에 따라 추가·변경 됨에 따라 용상방도 차이를 나타내 현재는 약 80여 개의 직책이 있다. 보통 선원에서는 우두머리인 조실 또는 방장을 비롯 31개의 직책이 있고 강원에서도 증명, 원장 등 31개의 소임이 있다. 대법회 때에는 38개의 직책으로 구성된 용상방이 짜여지며, 대법회 준비과정에서는 21개 직책으로 짜여진 육색방(六色榜)을 따로 두어 준비에 만전을 기했다.

● 한국의 범종 수

신라시대부터 1960년까지 주조된 한국의 범종(梵鐘)은 철종(鐵鐘) 5

구(口)와 동종(銅鐘) 318구 등 총 323구다.

우리나라에 남아 있는 중국 종 8구를 포함시킬 경우 현존하는 범종은 총 331구가 된다. 그러나 이들 중 일본과 프랑스에 각각 61구와 1구가 있어 실제로 우리나라에는 269구의 범종이 있는 셈이다. 이중 북한에 12구가 있다. 결과적으로 남한에 남아 있는 범종은 총 257구다.

331구의 범종을 주조된 시대별로 살펴보면 신라시대 종이 12구이나 6구는 일본에 있다. 고려시대 종은 160구로 가장 많은 비율을 차지한다. 160구 중 일본에 52구, 프랑스 파리에 1구, 북한에 2구가 있어 우리나라에는 105구만 남아 있다. 조선시대에 주조된 종은 모두 142구이다. 3구가 일본에, 10구가 북한에 있고 129구가 남한에 있다. 실질적으로 현존하는 한국 범종의 주조를 이루고 있다. 그 밖에 기타 종은 1960년 이전 종 4구를 비롯해 철종과 중국 종 등 17구다.

정확한 연대가 밝혀진 180구의 종 가운데 가장 오래된 범종은 강원도 오대산 상원사 종으로 신라 성덕왕 24년(725)에 주조됐다. 높이 167cm의 상원사 종은 봉덕사 종과 더불어 한국 범종의 원형인 동시에 규범이 되는 종이라 할 만큼 아름답다.

가장 큰 종은 봉덕사 성덕대왕 신종이다. 일명 에밀레종으로 불리우는 이 종은 구경이 222cm 높이가 366cm로 보통 종의 2~3배에 가깝다. 771년 주조된 상원사 종 다음으로 오래됐다. 이와 반대로 가장 작은 종은 연대미상의 구경 81cm 높이 12cm의 고려 후기 종으로 동국대 박물관에 소장되어 있다. 이들 중 국보로 지정된 종은 성덕대왕 신종(29호), 상원사 동종(36호), 용주사 범종(120호) 등 3구이며, 보물로 지정된 종은 총 8구이다.

한편 일본에 있는 한국 범종 중 복정현(福井縣) 상궁신사(常宮神社)에 소장된 신라시대 범종은 일본 국보로 지정된 유일한 범종이다. 높이 111cm 구경 66cm로 임진왜란 이전에 왜구들이 약탈해 갔던 범종으로 추정되고 있다.

● 한국의 가장 오래된 목조 건축물

우리나라에서 가장 오래된 목조건축은 경상북도 안동군 서후면 태장동 901에 위치하고 있는 국보 15호 봉정사(鳳停寺) 극락전(極樂殿)이다. 몇 년 전만 해도 부석사 무량수전이 우리나라 최고(最古)의 목조건물로 교과서에 기록되어 왔다. 그러나 1972년 봉정사 극락전의 완전 해체 복원시 확인된 상량기문(上樑記文) 기록에 의해 이 건물이 가장 오래된 것으로 밝혀졌다.

복원 전 안동 봉정사 극락전 상량기문에는 지정(至正) 23년(1363, 공민왕 12)이라는 기록이 있었으나 복원 후 옥개(屋蓋) 부분이 고쳐졌음을 알게 됐다. 따라서 이 전각의 건립은 적어도 지정 23년보다 150~200년 앞선 12세기 초나 말경으로 추정된다. 이처럼 건립연대를 올려보게 된 것은 옥개를 중수하게 되는 기간을 기록이나 자료에 의해 산출해냈기 때문이다.

그 외에도 건물의 기둥머리와 소로의 굽이 곡면으로 내반되어 있는 점, 대들보 위에 산 모양에 가까운 복화반대공을 배열하고 있는 점, 첨차 끝에 쇠서를 두지 않는 점 등 통일신라시대 이후 고려까지 계승된 이른바 고식(古式)의 특징이 건물에 나타나 있다.

부석사 무량수전을 최고의 건축물로 보았던 이유는 이 건물이 1376년 재건된 것이라는 기록을 봉정사 극락전보다 앞선 1916년에 발견했기 때문이기도 하지만 더 근본적인 까닭은 부석사 사당이 1377년에 재건됐다는 기록과 비교하여 학계에서는 건물양식으로 보아 조사당보다 100년 내지 150년은 더 앞서는 건물로 추정했었기 때문이다.

그러나 건립연대가 확실한 우리나라 최고의 목조건물은 수덕사 대웅전(국보 제49호)이다. 1937년 건물을 뜯어서 수리할 때 발견된 묵서명(墨書銘)에 의하여 1308년에 지은 것임이 밝혀졌기 때문이다. 이 건물의 양식적 특징과 비교하여 고려 중기 및 후기 건물에 대한 연대 추정이 시도되었으며 그 결과 봉정사 극락전, 부석사 무량수전이 더

1304

오래된 건물임이 밝혀졌다.

● 현존하는 최고(最古)의 사경(寫經)

현존하는 최고의 사경은 통일신라 경덕왕 때 화엄사를 창건한 연기(緣起)법사가 백지에 먹으로 쓴 백지묵서(白紙墨書)《대방광불화엄경(大方廣佛華嚴經)》으로 국보 196호이며 삼성미술문화재단에서 소장하고 있다.

아버지의 은혜와 법계의 모든 중생이 불도를 이루도록 발원하며 쓴 이 사경은 신라 경덕왕 13년(754) 8월 1일에 시작하여 다음 해인 755년 2월 4일까지 6개월 14일이 걸려 완성됐다. 현재 전래되고 있는 것은 권1에서 10까지와 권44에서 50까지 두루마리(卷子本)로 제본된 2축이다. 이 가운데 권1에서 10까지의 한 축은 불탑에서 나올 때부터 응고되어 내용을 알 수 없었는데 1988년 가을 일본 경도박물관 문화재 보존수리소 강묵광당(岡墨光堂)에서 온 기술자가 풀고 보수하여 내용을 알 수 있게 되었다.

2축의 사경 모두 10권과 권50의 뒷부분에 발원문이 실려 있어 10권씩 8축으로 제본하여 마지막 권에는 발원문을 의도적으로 실었음을 짐작할 수 있다. 이 발원문은 제작연대뿐만 아니라 제작방법·법식(法式)·의식(儀式) 등이 상세하게 기록되어 있어 당시 사경 제작이 신앙의식 차원에서 이루어졌음을 알 수 있다. 또 사경 제작은 종이를 만드는 사람(紙作人), 필사자(筆寫者), 경심장(經心匠), 화사(畫師), 경의 제목만을 쓰는 필사(經題筆寫)가 따로 있어 철저한 분업에 의해 이루어졌음을 밝혀 주고 있다. 이 밖에 사경에 참여한 19명의 인명, 출신지, 관등(官等)이 나열되어 있어 당시 신라 사회의 신분관계를 알 수 있는 중요한 사료가 되고 있다.

그리고 이 사경과 함께 권머리를 장식한 그림 2쪽(片)이 나왔다. 이 그림은 자색(紫色)의 종이에 보상화문(寶相華文)이 묘사되어 있으며, 한쪽에는 신장상이 화염문과 함께 일부 묘사되어 있다. 이 그림은 8세기의 것으로 발문에 기록된 불보살상 화사(畫師)의 작품으로 볼 수 있다.

참고로 우리나라에서 가장 많이 필사한 경전은 《묘법연화경》이며 그 다음으로 《대방광불화엄경》《금강경》《금광명경》《아미타경》《지장보살본원경》《부모은중경》 등이다.

● 세계 최고(最古)의 금속활자 경전

고려 흥덕사지본 백운화상초록(白雲和尙抄錄)《불조직지심체요절(佛祖直指心體要節, 직지심경)》은 현존하는 세계 최고(最古)의 금속활자 경전이다.

청주목(淸州牧, 청주) 교외에 있던 흥덕사(興德寺)에서 고려 32대 우왕 3년(1377)에 찍어낸 이 경은 세계 최고로 알려진 프랑스 구텐베르그 성경보다 60여 년이나 앞선 것으로 현재 프랑스 국립도서관에 한 권만 간직되어 있다. 일개 사찰에서 금속활자를 주조하여 책을 찍어냈다는 사실을 증명해준 이 경은 1972년 유네스코 주최로 프랑스 국립도서관에서 열렸던 '책의 역사' 종합전에서 발견되었다. 《직지심경》은 우리가 최초로 금속활자 인쇄를 창안해 발전시킨 문화민족임을 만천하에 알린 귀중한 자료다. 또한 당시 원나라의 굴욕적인 지배로 중앙관서의 금속활자 인쇄가 마비된 지 1세기 남짓 되었을 때였으므로 금속활자의 맥을 이어주었다는 면에서 그 의의는 더욱 크다.

이 경은 사찰 나름의 재래방법으로 활자를 만들었기 때문에 활자의 크기와 모양이 고르지 않고 조잡하며, 한 줄의 글자 수가 한두 자 드나들긴 했지만 근래에 같은 활자로 찍은 《자비도량참법집해(慈悲道場懺法集解)》 상하권의 번각본(翻刻本)이 발견됨으로써 당시 흥덕사 주조본이 널리 사용되었음을 알 수 있게 됐다.

그러나 세계 최고의 금속활자 인쇄술의 창안 시기는 이보다 최소한

140여 년 앞선 1234년까지 앞당길 수 있다. 이 같은 사실은 최근 주자(鑄字)로 찍은 《남명천화상송증도가(南明泉和尙頌證道歌)》 번각후쇄본(翻刻後刷本)이 발견됨으로써 확인됐다. 《증도가》는 1234년 고려가 수도를 강화로 옮긴 후, 그 이전에 찍은 금속활자판 《증도가》를 바탕으로 1239년 거듭 새겨서 널리 보급한 것이다. 따라서 새김이 정교하고 금속활자 인쇄의 특징을 잘 나타내고 있는 원판본이 발견된다면 세계 최고의 금속활자 불전이 되는 셈이다. 이와 함께 1966년 10월 경주 불국사 석가탑에서 발견된 《무구정광대다라니경》은 현존하는 세계 최고의 목판 권자(卷子 ; 두루마리) 본으로 서기 715년 이전에 간행되었다.

● 한국 석탑의 시원

우리나라 석탑의 시원(始原)은 전라북도 익산군 금마면 기양리 미륵사지에 있는 백제시대 석탑(국보 제11호)이다. 높이 14.24m로 우리나라 최대의 석탑이기도 한 이 탑은 현재 노상마을의 남방 원위치에 서 있는데, 거의 전면이 도괴되고 동북면 한 귀퉁이만 6층까지 남아 있으나 본래는 평면방형탑(平面方形塔)으로서 6층 이상의 탑신을 형성하였을 것으로 추정된다.

이 석탑을 우리나라 석탑의 시원으로 보고 있는 이유는 보는 순간 목탑과 비슷함을 느낄 수 있을 정도로 그 이전에 성행했던 목탑의 각 부 양식을 나무 대신 돌로써 충실하게 재현하였기 때문이다.

각 부의 구조를 살펴보면 기단부는 목탑과 같이 낮고 작은 편이며, 초층옥신(初層屋身)은 각 면이 3칸씩인데 중앙 1칸에는 사방에 문호(門戶)를 마련하여 내부로 통하게 하였다. 그 내부 중앙의 교차되는 중심에는 거대한 방형석주(方形石柱), 곧 찰주(擦柱)를 세워 탑을 지탱하게 하였는데 이러한 형식도 목탑과 같은 것이다. 각 면에는 엔타시스(Entasis ; 배흘림)가 있는 방형석주를 세우고 그 위에 평방(平枋)

과 창방(昌枋)을 가설하였으며, 그 위에 두공양식을 모방한 3단의 받침으로 옥개석(屋蓋石)을 받치고 있는데 이것 또한 목조건물 가구의 수법을 본받고 있다. 2층 이상의 옥신은 초층보다는 훨씬 낮아졌으나 각 층 높이의 차이는 심하지 않으며, 각 부의 가구수법(架構手法)은 약화되었다. 옥개는 얕고 넓은데 네 귀퉁이의 전각(轉角)에 이르러 약간의 반전(反轉)을 보이며, 2층 이상의 옥개석은 위로 올라갈수록 폭이 줄어들었을 뿐 두공양식의 3단 옥개받침이나 전각의 반전 등은 초층과 같은 수법을 보이고 있다.

이 석탑의 원형은 20m에 달하는 거대한 석탑이었으리라고 생각되나 최근 발굴조사 과정에서 노반석(露盤石)이 출토되어 9층설이 대두되었다. 또한 건립연대에 관해 여러 설이 있지만 《삼국유사》 권2 무왕조(武王條)에 보이는 기록 및 탑형식으로 보아 백제 말기 무왕대(600~641)로 보고 있다.

● 돈황 막고굴의 불상 수

1천 개의 석굴이 조성되어 천불동(千佛洞)이라 불리는 중국 감숙성 북서부의 돈황 막고굴(莫高窟)은 불교미술의 보고(寶庫)이다. 바람이 모래를 울리는 사막 한가운데의 명사산(鳴沙山) 절벽 1,611m에 벌집같이 펼쳐진 석굴군으로 이루어진 이곳에는 총 2,415좌의 불상이 봉안되어 있어 사막의 대화랑으로 손색없기 때문이다.

막고굴은 A.D. 366년 동진(東晉)의 낙준이 첫 굴을 판 이래 14세기까지 위(魏)·주(周)·수(隋)·당(唐)·송(宋)·서하(西夏)·원(元)·명(明)·청(淸) 등 10대 조에 걸쳐 만들어 졌다. 1978년 현재 조사 정리된 막고굴은 아직 묻혀 있는 것을 빼고 492개의 번호가 붙어 있다.

굴 내에는 4벽과 천장에 벽토를 칠하여 전체에 벽화를 걸었다. 벽화의 길이는 자그마치 총 4,511m나 된다. 이들 벽화는 시대적으로 5세기 북위시대부터 13세기 원나라에 걸쳐 제작됐으며, 초기에는 석가모니 부처님 중심에서 수·당시대는 아미타불·약사여래·미륵불·관세음보살 등을 중심으로 경전의 광범위한 내용이 묘사되었다.

2,415존이나 되는 불상은 한두 개의 예외적인 석조를 제외하고는 대다수가 소상(塑像)이다. 소상 및 벽화는 각 시대의 양식을 나타내며 미술사상 매우 중요하고 귀중한 자료로 평가되고 있다. 특히 제17호 장경동(藏經洞)에서는 신라의 구법승인 혜초의 《왕오천축국전》과 함께 서화·경전 등 5만 점이 쏟아져 나와 돈황학의 근원이 되기도 했다.

돈황 막고굴이 세상에 알려진 것은 20세기 초부터이며, 지난 1979년부터 외국인에게 개방되기 시작했다. 그러나 최근 1년에 15만 명이나 되는 관람객이 몰려들어 훼손을 방지하기 위해 2개의 원형동굴과 1993년까지 건설될 8개의 모조 동굴만을 개방하고 나머지 4벽 90개의 굴은 사람의 발길을 차단, 원형을 보존키로 했다.

●세계 최고(最古)의 불화

기원전 2세기 무렵에 그려진 아잔타 벽화가 지금까지 알려진 가장 오래된 불화(佛畫)이다. 이같이 보는 까닭은 불화가 불교 조각과 같이 불교의 성립과 비슷한 시기에 비롯되었을 것으로 짐작되지만 아잔타 벽화 이전 초기의 것으로 남아 있는 예가 하나도 없기 때문이다.

불화가 인도의 불교사원에 등장한 것은 B.C. 2~3세기경부터이지만 불화의 기원을 명확하게 알 수는 없다. 다만 불멸 후 3백 년경에 결집된 율장 《근본설일체유부비나야잡사》 제17에 불화의 기원을 엿보게 하는 자료 하나를 찾을 수 있다. 이에 따르면 부처님이 머물고 계셨던 기수급고독원의 건물(祇園精舍)에 급고독장자가 단청하기 위해 화공을 부르자, 부처님이 야차·용지옥변상·여래의 모습 등을 그리라고 지시했다는 기록이 있다. 이와 함께 불화가 예배의 대상으로 만들어졌다는 기록은 일부 대승경전에서도 확인되고 있다. 그리고 그림을 그리는 화사(畫師)들이 부처님의 형상을 그려 예배 공양했다는 이야기도

《현우경(賢愚經)》이나 《현겁경(賢劫經)》에 나오고 있다.

아잔타 벽화는 인도 아잔타 석굴의 흑벽천장·기둥 등에 그려진 그림으로 불교적인 것, 세속적·풍속화적인 것, 장식무늬 등 3종으로 대별된다. 불화로는 불보살상을 비롯 상징적 형상 등이 있지만 본생도(本生圖)가 특히 많고 유려한 윤곽과 선염을 한 입체적인 채색으로 매우 자유롭고 자연적으로 묘사되어 있다. 특히 A.D. 500년경으로 추정되는 제1굴의 연화를 쥔 보살도는 일본의 법륭사 금당벽화와 관련이 있어 주목된다. 제17굴의 벽화 중에는 지옥그림의 하나인 오취생사륜도(五趣生死輪圖)가 그려져 있다.

한편 우리나라에 남아 있는 벽화로서 가장 오래된 작품은 부석사 조사당 벽화이다. 이 벽화는 고려 때 것으로 32대 우왕 3년(1377)에 그려진 것이다. 부석사 조사당 벽화는 고려 말기 불화양식을 잘 나타내고 있다. 국보 46호로 지정돼 있다.

● 세계 최대의 불탑

보로부두르 대탑은 인도네시아 자바섬에 있는 세계 최대의 불탑이다. 전체 높이 31.5m, 한 변의 폭은 기단의 밑바닥 127.6m, 방형층의 밑바닥 127.6m로 단일 불교 탑으로서 이것보다 큰 것은 없다. 9층으로 쌓아 올린 웅장한 계단식 피라미드를 이루고 있는 보로부두르 대탑은 거대한 종 모양을 하고 하늘을 찌를 듯 솟아 있다.

이 탑은 불교우주론의 3단계인 욕계·색계·무색계를 나타낸 받침부·중앙부·상층부로 나뉜다. 욕계인 받침부분에는 선과 악 등 끝없는 윤회를 묘사한 160여 점의 부조 연작과 짧은 글이 새겨져 있다. 색계는 1,300여 장이 넘는 설화적인 부조와 1,212개의 장식용 부조에 부처님의 생애와 선재동자의 지칠 줄 모르는 고행 이야기를 담았다. 무색계를 상징하는 상층부는 색계와는 대조적으로 아무런 조각이나 장식이 없다.

3개의 원형 테라스에는 종 모양의 72개 불탑들이 중앙의 거대한 원형지붕을 에워싸고 있다. 벽에 구멍이 뚫린 이 작은 불탑 속에는 불상이 하나씩 들어 있다. 이들의 불상은 모두 등신대(等身大)로 만들어져 균제가 아름답고 양감이 풍부한 조상이다. 특히 엷은 옷의 수법이나 전체의 이상화된 표현 등은 인도의 굽타 불상과 거의 동일한 양식으로 되어 있어 특징적이다. 그 세련된 조법 등은 자바 미술의 초기에 갑자기 출현된 것이 아니라 인도의 우수한 공인들의 솜씨가 복합된 것으로 추정된다.

보로부두르란 '보살이 되기 위한 10단계의 산' 또는 건축 용어로는 '층층이 계단져 있는 산'이란 뜻이다.

이 탑은 9세기경 사일렌드 왕조의 한 임금이 세운 것으로 추측되고 있다. 버려져 묻혀 있던 것을 1814년 영국의 스탬포드래플즈 경이 찾아냈다. 1971년부터 본격적인 복원사업에 착수, 2천만 달러를 투입하여 1983년에 준공됐다.

보로부두르 대탑의 기획성이라든가 건축의 장대함과 조각의 우수성은 불교 미술사상 걸작품으로 불자들의 순례의 발길이 끊이질 않고 있다.

● 세계 최대의 사원

단일사원으로 세계 최대는 캄보디아의 앙코르와트이다. 앙코르와트는 인도차이나 반도의 크메르족이 남긴 세계적인 불교유적으로 세계 8대 불가사의 중 하나다.

이 사원은 동서 1,040m 남북 820m의 지역을 차지하고 있으며, 둘레에 폭 200m의 해자(垓字)를 파 둘렀다. 서쪽에 정문을 세웠고 235m에 달하는 긴 탑문을 두르고 있다. 탑문으로 들어가면 폭 9.5m 길이 450m의 성도(聖道)가 일직선으로 사당까지 통하게 건립됐다.

주요 건물은 3중의 회랑과 거기에 둘러싸여진 중앙사당으로 되어 있지만 회랑은 안으로 들어감에 따라 1단씩 높아지고 마치 단성(段聖) 피라미드와 같은 구성을 이루고 있다. 제1회랑은 동서 215m, 남북 187m로 광대하며 안쪽의 벽면에는 인도의 《마하바라타》《라마야나》등의 시가 부조로 조각되어 있으며, 대중을 위한 교전(敎典)으로 되어 있다. 제2회랑 및 제3회랑의 네 귀퉁이에는 포탄형의 탑이 있으며, 중앙사당의 탑과 함께 낮은 2등변삼각형의 입면을 구성하고 있다.

이 같은 기하학적 평면과 입면의 양식은 힌두교 사회의 계급제도를 만족시키는 일과 인도 보드가야의 5탑제(五塔制) 영향에 의해 크메르인들이 수세기에 걸쳐 연구한 결과 도달한 것으로 생각된다. 구조는 홍토(紅土)를 쌓고 그 표면에 사암(砂岩)을 두껍게 붙인 뒤에 조각을 했지만 그 세부 장식에는 인도적인 면과 비인도적인 면이 교차하고 있다.

이 건물은 당초 비쉬누신을 제사지내기 위해 세워진 힌두교의 사당(祠堂)이었지만 후세에 불교사원으로 변경되었다. 그러나 13년 간의 캄보디아 내전으로 인해 신비의 유적 앙코르와트가 파괴되고 있다. 1982년 집계된 바에 의하면 앙코르와트의 중요 유물 300점 이상이 없어졌고, 전체 유적의 70%가 복원불능의 상태로 파괴되었으며 사원 근처 왕궁의 유물 1,000여 점이 도난당했다. 이 같은 파괴는 고고학계는 물론 불자들을 매우 안타깝게 하고 있다.

●인도의 석굴사원 수

인도 전역에 걸쳐 있는 크고 작은 석굴사원은 약 2,200개에 이른다. 이들 석굴사원 중 80%에 이르는 약 1,800개가 지금의 마하라쉬트라주를 중심으로 하는 서부 데칸지역에 집중되어 있다.

그 까닭은 서방 로마와의 교역이 활발했던 스팔라 등 아라비아 해안도시로부터 데칸 내륙도시인 나시크·오랑가바드·푸나 등지까지 포교와 전법의 열의로 가득찬 승려들이 모여들었기 때문이다. 승려들

1312

은 가는 곳마다 사람들의 귀의를 받고 승원을 기증받았다. 사람들은 점차 데칸의 언덕 복판을 파서 석굴사원을 만들기 시작했고, 일단 개착된 석굴은 내부가 매우 시원했다. 또한 지상보다 비용이 적게 들었으며, 살기에도 편리했다.

석굴들은 힌두교나 자이나교의 석굴도 물론 있지만 약 75%는 불교 석굴이다. 석굴은 주거처인 정사(비하라)굴과 예불당(차이타)굴로 이루어 진다. 굴을 뚫는 작업은 대체로 기원전 2세기 말엽 내지 기원전 1세기 초엽부터 시작되어 도중에 일시 중단된 적도 있었지만 서기 9세기까지 계속되었다. 그러나 고고학적인 유적으로서 가장 오래된 석굴은 기원전 3세기 중엽 비하루주의 가야 북방 25km지점에 위치한 4개의 석굴이다. 아쇼카왕이 아지비카교도에 하사한 것이라는 각문(刻文)에 의해 확인된 이 석굴은 모두 예배당(차이타)이다.

기원전에 개굴된 대표적인 석굴은 세계적인 건축양식과 회화·조각으로 유명한 아잔타석굴이다. 기원전 1세기 초엽부터 시작된 이 석굴은 총 29개로 제9·10·19·26·29굴을 제외한 나머지가 비하라굴이다. 1819년 마드래스사단의 영국장교가 발견했다. 이 밖에도 기원전에 조성된 석굴군 지역은 나시크·트리라슈미·피타르콜라·콘디부테·베두사·바자·쥰나르 등지다.

기원후에 개굴된 것으로 기원전의 아잔타와 대비되는 세계적인 것은 엘로라이다. 아잔타와 달리 12굴까지 불교굴이고, 29굴까지는 힌두교, 34굴까지는 자이나 석굴이다. 아라비아해로 향한 카넬리, 마하라쉬트주 남쪽의 카라두·세라르바티·암비바레·마핫드·구타 등지도 서기 1~2세기 전반에 개굴된 석굴군 지역이다.

●일본 전법승
일본에 불교가 전래된 공식 기록은 《일본서기(日本書紀)》에 의하면 흠명천황(欽明天皇) 13년(552)이다. 흠명천황 시절은 백제의 성왕(聖

王, 523~554) 때로 성왕이 552년 10월 사신 달솔(達率)·노리사치계(怒利斯致契) 등을 통해 금동석가모니 불상 1좌, 미륵석불 1좌, 번개(幡盖), 경론 등을 일본에 전해줌으로써 불교가 처음으로 전파되었다.

이후 각종 문헌에 나타나는 고구려·신라와 함께 일본에 불교를 전한 승려 중 이름이 밝혀지고 확인된 수는 57명에 이른다. 전법승려들을 국적별로 살펴볼 때 고구려 12명, 신라 9명, 백제 36명으로 일본불교에서 삼국, 특히 백제의 영향은 절대적이었다.

《일본서기》와 《본조고승전(本朝高僧傳)》에 의하면 노리사치계 이후 처음으로(554) 일본에 불교를 전한 승려는 백제의 도심(道深)·담혜(曇慧) 등 9명에 이른다. 그러나 일본불교의 초석을 다지는 데 큰 역할을 한 스님은 고구려 스님 혜자(惠慈)이다. 595년 일본으로 건너간 혜자는 일본불교의 교조(敎祖) 성덕태자(聖德太子, 574~622)의 스승이 되어 태자가 불교를 국가의 통치이념으로 채택하는 데 큰 영향을 미쳤다.

일본불교가 토착화되던 나라(奈良)시대에 성립된 남도육종파(南都六宗派)에도 고구려의 혜관(惠灌)이 삼론종, 백제의 도장(道藏)이 성실종의 시조가 되었으며, 신라의 심상(審祥)은 화엄종의 비조가 되었다.

이 밖에 백제의 관륵(觀勒)은 602년 일본에 건너가 첫 승정(僧正)이 되었고, 고구려 담징(曇徵)은 공예 및 종이·붓·먹·칠 등을 만드는 법을 전하는 한편 유명한 법륭사(法隆寺) 금당벽화를 그렸다. 이 밖에도 백제 혜총(惠聰)은 일본에 불사리를 전했으며, 고구려 혜편(惠便)은 사마달(司馬達)의 세 딸을 출가시켜 일본 최초의 비구니로 만들었다.

이렇듯 일본불교의 기초와 확립에 큰 공헌을 한 우리나라가 근세 이후 일본으로부터 불교를 수입하고 또 유학을 가고 있는 일은 아이러니가 아닐 수 없다.

● 인도 구법승

　인도는 예나 지금이나 불자들에게는 동경의 대상이 아닐 수 없다. 꼭 한번은 가보고 싶은 부처님 나라이다. 그러나 1500여 년 전 당시 인도를 간다는 것은 목숨을 건 긴 여행이었다. 그럼에도 우리 선조들은 죽음을 마다 않고 구법(求法)의 길을 나섰다.

　《조선불교통사》《삼국사기》《삼국유사》《광함구법고승전》《대당서역구법고승전》 등에 의하면 고구려 때부터 근세에 이르기까지 인도로 법을 구하기 위해 떠난 승려는 16명이다. 신라 승려가 13명으로 가장 많고, 고구려·백제승려가 각 1명씩이다. 고려·조선시대에는 단 한 명의 승려도 없었으나, 근세에 들어 1명의 승려가 부처님 법을 배우기 위해 인도로 떠났다.

　기록상 가장 먼저 인도를 다녀온 승려는 백제 성왕(聖王) 4년(526) 뱃길로 인도 중천국에 간 겸익(謙益)이다. 겸익은 상가나의 대율사(大律寺)에서 산스크리트어를 배우고 율(律)을 연구한 후 인도 승려 배달다(培達多)와 함께 귀국, 백제에 율종(律宗)을 전파했다. 이후 백제의 인도 구법에 대한 기록은 나타나지 않고 있다. 현유(玄遊)도 고구려에서는 유일한 인도 구법승으로 당나라에 가서 승철(僧哲)을 따라 인도 불적지를 순례하고 동인도에 머무르다 그곳에서 입적했다. 신라 승려로는 최초로 의신(義信)이 553년(진흥왕 14) 속리산 법주사가 창건될 당시 서역(西域)에서 법을 구하고 돌아오면서 흰 노새에 경을 싣고 와서 주석해 법주사(法住寺)라 했다는 기록이 있으나 확실치 않다.

　인도 구법승의 주축을 이루는 신라 승려들 대부분이 당(唐)시대에 구법을 결행한 것은 당시 신라와 당나라와의 교역과 교류가 활발했기 때문이다. 따라서 이들 대부분이 중국 구법승이기도 하다. 그러나 대부분의 승려들이 고국의 땅을 밟지 못하고 입적한 것은 안타까운 일이 아닐 수 없다. 1927년 근세 최초로 일본 유학 중 인도로 간 영재(英宰)는 2년 뒤 스리랑카에서 병으로 입적했다.

● **중국 구법승**

고구려시대부터 근세에 이르기까지 중국대륙을 향해 구법의 길에 오른 스님들은 122명에 이른다. 신라의 승려들이 80명으로 가장 많았으며, 고려의 스님은 24명으로 다음으로 많은 수를 차지하고 있다. 불교를 가장 먼저 받아들였던 고구려에서는 10명의 승려가 중국을 찾았으며, 백제는 3명 그리고 근세에 들어 5명의 승려들이 중국에서 선진불교를 배웠다. 이름이 명확치 않은 한 명의 발해 승려도 있다는 기록이《송고승전》에 있어 흥미롭다.

이처럼 많은 구법승 중 최초의 승려는 고구려의 승랑(僧朗)으로 불교전래 110여 년 후인 서기 470년경이다. 540년에는 신라의 각덕(覺德)이 554년에는 백제의 담혜(曇慧)가 중국에 들어가 구법활동을 펼쳤다.

실상산문(實相山門)의 개조(開祖) 홍척(洪陟)을 비롯 구산선문(九山禪門)을 개산한 승려들과 우리가 알고 있는 대부분의 고승들은 모두 중국 구법승이다. 우리나라 불교학 발전과 의례의식의 밑바탕을 이룬 불교사상뿐만 아니라 각종 경전과 부처님 사리 등이 들어오게 된 것은 구법승들의 구법 결과였다.

이 중에는 교학·역경·선법수행에 뛰어나 당시 중국불교의 큰 스님으로 존경받는 등 출중한 활동을 펼친 승려들 또한 적지 않다. 대표적인 승려로 고구려의 승랑(僧朗), 신라의 원측(圓測)·지장(地藏)·혜초(慧超)·무상(無相)·영조(靈照)와 고려의 나옹(懶翁)·의통(義通)·체관(諦觀) 등을 들 수 있다.

이 중 우리에게 익숙치 않은 무상은 중국 정중종(淨衆宗)의 완성자다. 중국의 삼론학(三論學)을 확립한 승랑이 신(新)삼론종의 터전을 마련하며 중국인을 가르친 최초의 교학승이라면 무상은 마조도일(馬祖道一)과 규봉종밀(圭峰宗密)이 그의 제자였음에서 알 수 있듯이 중국에서 선을 배워 중국인을 교화한 최초의 선승(禪僧)이었다. 영조는 우리나라 승려로는 극히 드물게 그의 법문 중 몇 편이 《경덕전등록(景德傳燈錄)》에 수록되어 있다.

● 경전상 가장 높은 하늘

불교 경전상 가장 높은 하늘은 비상비비상천(非想非非想天, 有頂天)이다. 불교의 세계관인 욕계·색계·무색계의 삼계 중 무색계의 제4천으로 그 아래로 29개의 하늘세계(天上界)가 있다.

무색계는 색계 위에 있으며 유정천 밑으로 무소유천(無所有天)·공무변천(空無邊天)·식무변천(識無邊天) 등 4개 천으로 구성된다. 중생이 사는 가장 깨끗한 세계로 물질을 여읜 정신적이며 형이상학적인 곳이어서 국토가 따로 있는 것은 아니다.

색계는 욕심은 떠났지만 미세한 진심(瞋心)이 남아 있는 세계로 비교적 맑은 세계다. 선정이 차츰 깊어진다는 초선천(初禪天)과 그 위의 2선천·3선천·4선천·정범천(淨梵天)으로 구성된다. 정범천에는 다시 대자재천(大自在天)·화음천(和音天)·색구경천(色究竟天)·선견천(善見天)·선현천(善現天)·무열천(無熱天)·무번천(無煩天) 등의 하늘계가 있으며, 무번천 아래 광과천(廣果天)·복생천(福生天)·무운천(無雲天)이 사선천을 이루고 있다. 삼선천에는 변정천(邊淨天)·무량정천(無量淨天)·소정천(少淨天) 등이 있으며, 극광정천(極光淨天)·소광천(少光天) 등 이선천이 그 아래 하늘세계다. 초선천은 대범천(大梵天)·범보천(梵輔天)·범중천(梵衆天)·범천(梵天) 등 사범천으로 나누어 진다.

우리가 일반적으로 말하는 하늘은 육도(六道 ; 지옥·아귀·축생·아수라·인간·천) 즉, 욕계 가운데 최상의 세계를 일컫는다. 이 최상의 세계에는 타화자재천(他化自在天)·낙변화천(樂變化天, 化樂天)·도솔천(兜率天)·야마천(夜摩天)·33천(忉利天)·사천왕중천(四天王衆天, 四王天) 등 육욕천(六欲天)으로 구성되어 있다. 부처님이 태어나기 전

에 계셨다는 도솔천은 욕계의 육욕천 중 네번째에 해당하는 하늘이며,
세계의 중심지라는 수미산(須彌山)도 그 정상에 33천이 있고, 중간에
사왕천이 있다고 한 것을 볼 때 불교에서의 하늘세계는 무한히 광대
한 것임을 알 수 있다.

그러나 결국은 이처럼 나눠지는 30개의 하늘세계는 윤회하는 '헤매
임의 세계'이다.

● 경전상 가장 고통스런 지옥

지옥(地獄)은 악업을 쌓은 사람들이 죽어서 가는 '지하에 있는 감옥'
이다. 산스크리트어 나라카(naraka)를 의역한 지옥의 본래의 뜻은 '행복
이 없는 곳(無幸處)'을 의미했다. 행복이 없는, 바꿔 말하면 고통스런
이곳은 경전마다 다소의 차이는 있지만 136개가 있다고 한다.

《구사론(俱舍論)》과 《대비바사론(大毘婆沙論)》에 따르면 가장 지옥
같은 지옥은 팔대지옥(八大地獄)이다. 팔열(八熱)지옥이라고도 부르
는 이 여덟 곳의 지옥에는 어느 곳에나 네 벽에 하나씩 문이 있고, 그
문마다 4종의 소지옥(小地獄 ; 副地獄. 한역으로는 增이라고 표기)이 딸
린다. 따라서 소지옥은 각 지옥마다 16개이며, 전체는 128개의 소지옥
이 있는 셈이다. 결과적으로 전체 지옥 수는 팔대지옥과 128개 소지옥
등 136개가 되는 것이다.

팔열지옥은 경전에 따라서 이름을 달리하기도 하지만 다음과 같이
번호가 클수록 깊은 곳에 있고 고통도 극심한 것으로 되어 있다. ①
등활(等活) ② 흑승(黑繩) ③ 중합(衆合) ④ 호규(號叫) ⑤ 대규(大叫)
⑥ 염열(染熱) ⑦ 대열(大熱) ⑧ 무간(無間) 순이다. 따라서 가장 고통
스런 지옥은 무간(Avici) 지옥이다.

장아함 제19권 《세기경(世紀經)》에는 지옥의 위치를 수평적으로 묘
사하고 있으며 광명으로 비추어 미칠 수 없는 곳에 팔대지옥이 있다
고 했다. 중아함 제12권 《천상경》에는 한량없이 깊은 땅 밑에 지옥이

있다고 하여 수직적으로 지옥의 위치를 나타내고 있다.

팔대지옥은 그 고통도 헤아일 수 없을 만큼 심하지만 그 중 무간지옥은 지옥 중의 지옥이라 해서 가장 극심한 고통을 느끼는데 이곳에는 부모를 죽였거나, 부처님 몸에서 피를 흘리게 하거나, 승가의 화합을 깨뜨리고 또 아라한을 죽인 못된 자들이 온다. 필바라침(必波羅鍼)이라고 하는 악풍이 끊임없이 불어오고 고통 또한 끝없이 엄습해 무간이라고 하며, 이 지옥의 이름만 들어도 사람들은 무섭고 놀라서 기절한다고 한다.

●계율의 종류

계율은 불자로서 지켜야 할 행동규범을 총칭하는 것이지만 엄밀하게 말하면 계와 율은 다르다. 계는 범어 śila의 번역으로 시라(尸羅)라고 하며 포괄적이고 자율적인 개념으로 오계(五戒)와 같은 지악득선(止惡得善)의 덕목이다. 이에 반해 율은 범어 vinaya의 번역으로 발음 그대로 비나야(毘奈耶)라고도 한다. 규칙·규범·규율을 뜻하는 율은 위반시에는 벌칙이 뒤따르게 되며 출가인만이 지켜야 하는 타율적 덕목이다. 그러나 율이라는 말의 원래 의미는 경·율·논 삼장의 하나인 율장을 총칭하는 말로 쓰인다.

현재 율장에 담겨 있는 계율의 종류는 14종에 이른다. 이 14종의 계율은 출·재가와 대·소승계로 나눌 수 있다. 출가 즉 비구(니)·식차마나·사미(니) 등 5중(五衆)이 지녀야 할 계는 비구 250계·비구니 348계·식차마나 육법(正學女의 六法)·사미 십계·사미니 십계로 구분하며, 재가자인 우바새·우바이가 지켜야 할 계는 오계·팔재계(八齋戒, 八關齋戒)·십계이다.

이 같은 계율은 대승불교로 오면서 더욱 늘어나 삼귀계·십종계·십선계·보살계(十重禁戒·四十八輕戒)·삼취정계 등으로 이들을 소위 대승계율이라 부른다. 대승계율의 총항목은 731항목이다. 계율의 항목이 이같이 늘어난 것은 교단 내 승려들의 비행이 있을 때마다 그것을 규제하는 금지조항을 제정했기 때문이다. 초기교단에서 부처님께 귀의하는 사람들은 출가·재가를 막론하고 삼귀·오계만 약속하면 모두 제자가 됐다는 것은 이를 잘 증명해 주고 있다.

출가인의 계는 모두 초기경전에 나와 있다. 오계는 잡아함 권33에, 팔재계는 중아함 권55에 기록돼 있다. 사미십계는 근책율의(勤策律儀)라고도 하는데 《사미십계법병위의》에, 사미니십계와 식차마니계는 《사미니계문》에 나타난다. 구족계라고도 불리는 비구(니)계는 《사분율》에 기록돼 있다. 이에 반해 보살이 지니는 십종정계·십중금계·사십팔경계·십선계·삼취정계는 모두 대승경전에 수록돼 있다.

● 불기(佛紀) 기산 학설

역사적 실존 인물로 80세의 생애를 살았던 부처님의 생몰연대는 애석하게도 정확히 알 수가 없다. 고대 인도에서는 역사를 기록으로 남기지 않았기 때문이다.

그렇다면 지금 우리나라에서 사용하고 있는 불기 2537(서기 1993)년은 어떻게 산출된 것일까. 그것은 1956년 11월 네팔에서 열린 제4차 세계불교도대회에서 남방불교국가들이 자신들의 전설에 따라 그해가 부처님 입멸 후 2500년이 되는 해임을 주장, 여기에 참석한 많은 불교국가들이 공식적으로 채택했기 때문이다. 따라서 부처님 출생연도는 2500-1956+80=624가 되는 셈이다.

이처럼 불기가 공식적으로 결정되기 전까지는 중성점기설(衆聖點記說), 아쇼카왕 즉위연대설, 주서이기(周書異記)설 등 4가지 설로 부처님의 출생시기를 추측했었다.

중성점기설이란 남방불교에서 전승되던 것으로 불멸 후 율장을 전한 비구들이 매년 1회씩 실시하는 우기(雨期)의 안거나 끝날 때까지 점을 한 개씩 새겨서 경과된 햇수를 표시한 것이다. 이에 따르면 부처님 탄생은 기원전 566년이 된다. 이 같은 설은 상가바드라라는 승려가 중국 남부의 광주 지방에 전해 알려졌다. 그러나 이 설에는 점을 찍기 시작한 시기와 점의 수효가 모두 명확치 않기 때문에 확정적일 수는 없다.

아쇼카왕이 부처님 입멸 후 200년 만에 즉위했다는 전승을 근거로 한 아쇼카왕 즉위연대설은 이로부터 산정하여 기원전 463년이라고 보는 것이다. 아쇼카왕의 즉위 연대를 기준으로 해서 북방으로 전해진 여러 경전과 전설들을 근거로 했으나 아쇼카왕의 즉위연대가 명확치 않다는 점에서 정확한 것은 아니다.

주서이기설은 《주서이기》라는 책에 의한 것으로 주소왕 24년(B.C. 1029) 갑인년 4월 8일에 서방에서 대성인이 태어났다는 기록에 의한 것으로 중국에서는 이를 근거로 B.C 10세기경 부처님이 탄생했다고 주장해왔다. 한국에서도 60년대까지는 이 설을 따르고 있었다. 그러나 이 설은 불교와 도교의 우열논쟁 과정에서 부처님이 노자보다 먼저 태어났고 노자는 부처님의 재생이라는 주장을 펴기 위한 조작설로 해석된다.

● 고려시대의 불교법회 수

고려시대에 시행됐던 총 법회 수는 1,038회에 이른다. 고려를 개국한 태조 왕건(王建)은 '훈요십조(訓要十條)'에서 알 수 있듯이 불교를 개국이념으로 삼았다. 이후 고려왕들은 국가사회의 어려운 문제를 극복·해결하려 불교를 수용하면서 불보살의 공덕과 불교의 호국사상을 재래의 민간신앙 등과 융합시켜 법회·법석·대회(大會)·설재(設齋)·도량(道場) 등과 같은 구체적 방법으로 신앙을 전개시켰다. 태조 때부터 공양왕 때까지 매년 매월 개설되지 않았던 때가 거의 없었던 이 같은 불교행례(佛敎行禮)는 《고려사(高麗史)》〈세가(世家)〉에만 팔관회·화엄법회·무차대회(無遮大會)·구명도량(救命道場)·연등회를 비롯 백좌인왕도량(百座仁王道場)·오백나한재·오교법석(五敎法

席) 등 69종이 나타난다. 이 밖에도 《동국이상국집(東國李相國集)》 등에 미륵보살회·미타불회·백련회·담론도량(談論道場)·참경회(懺經會) 등이 나타나고 있어 고려시대에 행해진 각종 불교행사는 모두 83종에 이르고 있다.

이와 같이 한 나라에서 80여 종의 불교행사가 개최되었음은 우리나라 불교역사상 초유의 일일 뿐만 아니라 다른 나라에서는 그 유래를 찾아볼 수 없는 일이다. 이들 중 정기적으로 치러진 것은 팔관회(매년 11월 15일)·연등회(2월 15일)·보살계도량(6月中) 등을 들 수 있으며, 그 외 것들은 모두 비정기적으로 개최되었다.

《고려사》를 중심으로 살펴보면 시행 횟수가 가장 많은 법회는 연등회로 총 157회가 치뤄졌으며, 소재도량(消災道場)이 147회, 팔관회 115회, 인왕도량 121회 순으로 시행됐다. 구명도량 등 24종의 법회는 단 1회만 행해졌다. 이처럼 83종의 법회·도량들이 시행된 1,038회 중 23대 고종(高宗)이 가장 많은 121회의 각종 불교의식을 봉행했다. 명종(明宗)은 105회, 의종(毅宗)이 90회, 예종(睿宗) 89회, 충렬왕(忠烈王) 80회 순으로 법회를 개최했다. 다만 이 같은 수치는 《고려사》〈세가(世家)〉의 기록에 의한 것이므로 법회 수는 이를 훨씬 상회할 수 있다.

● 공안의 수

참선 수행하는 운수납자가 깨달음을 얻기 위하여 참구하는 공안(公案 ; 話頭라고도 한다.)은 대개 부처님이나 조사의 말씀·언동으로 구성된다. 운서주굉(雲棲袾宏)은 그의 저서 《선관책진(禪關策進)》에서 이러한 공안이 무려 1,700가지나 된다고 하고 이 숫자는 《전등록(傳燈錄)》에 실린 조사(祖師)의 수가 1,700인 것에 근거한다고 밝혔다.

본래 공안이란 '관청의 공문서'라는 말이었다. 국가의 법령과 같이 범치 못 할 법칙이라는 의미로 선종의 조사들이 깨달음에 이르게 하는 방편으로서 누구든지(公) 이대로만 하면 성불할 수 있는 방안(案)이 된다는 뜻이다. 이 공안은 의미상 과거의 조사들이 남긴 언행을 내용으로 하는 고칙공안(古則公案)과 현재 생성되어 있는 것은 모두 움직일 수 없는 진리라는 입장에서 보는 현성공안(現成公案)이 있다. 오늘날 우리가 이야기하는 공안은 대부분 전자를 일컫는다.

선가(禪家)에서는 부처님이 일찍이 가섭존자에게 보이셨던 이심전심을 공안의 효시로 보고 있다. 소위 삼처전심(三處傳心)이라고 하는 염화미소(拈華微笑)·다자탑반분좌(多子塔半分座)·곽시쌍부(槨示雙趺)가 그것이다.

이러한 화두를 중국에 직접 전한 승려는 중국 선종의 개조(開祖) 달마대사다. 달마가 중국에 와서 양무제(梁武帝)와 만났을 때 양무제가 '나와 대화하고 있는 분은 누구입니까.'하고 묻자 '모르겠다.'고 한 달마불식(達摩不識)이 그것이다.

우리나라 고승들이 가장 많이 도를 깨달았다고 하는 화두는 조주스님의 무(無)자 화두다. 이 밖에도 또 '이뭐꼬(是甚麽)'(혜능스님), '뜰 앞의 잣나무(庭前栢樹子)'(조주스님), '삼서근(麻三斤)'(수초선사), '마른 똥 막대기(乾屎橛)'(문언선사) 등이 있다. 이뭐꼬는 오늘날과 같은 비논리적 경향의 선을 주창하며 중국 선불교의 확고한 위치를 심어 놓은 육조혜능의 가르침으로 무자 화두 다음으로 널리 채택되었다.

● 한국의 전통사찰 수

문화부가 지정한 우리나라의 전통사찰 수는 93년 3월말 현재 850개사다. 90년 12월 문화부에서 펴낸 자료집 '한국의 종교현황'에 의한 전국 9,231개 사찰 수의 10%에도 못 미치는 수치다. 그러나 전통사찰이 역사적으로 시대의 특색을 지니고 있고, 고유문화 및 건축사를 이해할 수 있게 하며, 한국문화 생성과 변화의 전형적 모형이 된다는 점에서 우리나라 사찰을 대표한다 해도 지나치지 않다.

'전통사찰'이란 명칭이 등장한 것은 87년 11월 28일 제정된 전통사찰보존법에서다. 이 법을 88년 5월 28일 그 시행령이 공포되었다. 악법이란 여론에 의해 폐지된 불교재산관리법 이후 불교재산을 지속적으로 정부관리 아래 둘 목적으로 제정됐던 전통사찰보존법에 의해 88년 5월 당시 586개 사(寺)가 확정됐다. 그해 8월 2차로 236개 사찰이 추가로 지정돼 대부분의 문화재급 사찰 등 주요사찰이 전통사찰로 확정됐다. 이후 89년에는 2개사가 지정됐으나 이전의 전통사찰 중 4개 사찰이 재심사 과정에서 해지됐으며 92년까지 30개 사찰이 새로 지정돼 현재의 수치에 이르고 있다.

분포 현황을 15개 시·도별로 살펴보면 경상북도가 가장 많은 169개 사찰을 보유하고 있고 이어 경상남도에 104개 사찰이 지정돼 있어 경상도에만 32%의 전통사찰이 몰려 있다. 다음은 전라북도(100개)·경기도(95개)·전라남도(80개)·충청북도(79개) 순으로 지정돼 있으며, 인천직할시에는 용궁사 한 사찰만이 지정돼 있다.

소속 종단별로 살펴보면 조계종이 전체의 85%가량인 710여 개 이르며 태고종·대한법화종·선학원 순으로 분포돼 있다. 한편 이들 전통사찰 중 가장 많은 국보를 소장하고 있는 사찰은 불국사로 모두 5개를 보유하고 있다. 그러나 보물을 포함한 국가지정 문화재를 가장 많이 소장하고 있는 사찰은 송광사로 11개의 보물을 포함한 총14개의 국보와 보물이 사찰 곳곳에 놓여 있다. 실상사도 보물만 11개가 있어 총 갯수에서는 12개로 송광사 다음이다. 다음은 해인사 11개(국보3, 보물8), 금산사 10개(국보1, 보물9) 순이다.

● **31본산(本山)**

일제가 식민지 정책의 하나로 우리나라 전국 사찰을 31개 구역으로 나누고 본말사(本末寺)로 구분해 통제했던 제도이다.

한일합방을 통해 조선을 손아귀에 넣은 일본은 1911년 6월 3일 조선사찰령(朝鮮寺刹令)을, 같은 해 9월 1일에는 사찰령시행규칙을 공포해 전국의 1,300여 사찰을 30본산(本山)으로 나누어 지배하기 시작했다. 처음은 30본산이었지만 1924년 11월 20일 사찰령시행규칙을 개정해 전라남도의 화엄사(華嚴寺)을 본산으로 승격시킴으로써 이때부터 31본산제도가 확립되었다. 이 법령은 31개의 본산을 정하여 전국의 사찰을 분할·관리하게 하고 본사 및 말사에는 주지를 두되 본사의 주지는 총독의 인가를, 말사의 주지는 각도지사의 인가를 얻어서 취임하도록 규정하였다.

　31본산은 경기도의 봉은사(奉恩寺)·봉선사(奉先寺)·용주사(龍珠寺)·전등사(傳燈寺), 충청북도의 법주사(法住寺), 충청남도의 마곡사(麻谷寺), 경상북도의 동화사(桐華寺)·은해사(銀海寺)·고운사(孤雲寺)·김룡사(金龍寺)·기림사(祇林寺), 경상남도의 해인사(海印寺)·통도사(通度寺)·범어사(梵魚寺), 전라북도의 위봉사(威鳳寺)·보석사(寶石寺), 전라남도의 대흥사(大興寺)·백양사(白羊寺)·송광사(松廣寺)·선암사(仙巖寺)·화엄사(華嚴寺), 강원도의 건봉사(乾鳳寺)·유점사(楡岾寺)·월정사(月精寺), 황해도의 패엽사(貝葉寺)·성불사(成佛寺), 평안남도의 영명사(永明寺)·법흥사(法興寺), 평안북도의 보현사(普賢寺), 함경남도의 석왕사(釋王寺)·귀주사(歸州寺) 등이다.

　1912년부터 1913년 전반까지는 각 본사가 각기 사법(寺法)을 제정, 총독의 인가를 얻어 시행하였다.

　그러나 일제가 제정한 사찰령에 의해 실시된 본산제도로 인해 불교교단의 자율적인 발전은 봉쇄당했으며, 주지를 관권으로 임면함으로써 종래의 민주적이었던 산중공의제도(山中公議制度 ; 대중공사)는 퇴색하고 주지의 전횡이 시작되었다.

　현재 대한불교 조계종의 25교구본사 제도는 이 제도의 골격을 이어받은 것이다.

● 한국불교 종단 수

1992년 10월 5일 선교종(禪敎宗)이 창종됨에 따라 92년 말 현재 우리나라의 불교종단 수는 무려 54개에 이른다.

88년 6월 '불교재산관리법'의 대체법인 '전통사찰보존법'이 발효되면서 기존 18개 종단은 임의단체로 전락되고 당시 문화공보부 등록이 필요 없게 된 신생종단이 우후죽순처럼 늘어나게 됐다. 18개 종단이란 조계종을 비롯 태고·천태·진각·불입·대한법화·원효·총화·일승·보문·한국법화·진언·법상·화엄·용화·미륵·천화불교·법륜종 등으로 70년을 전후한 당시 불교재산관리법에 의해 문공부에 등록된 사찰을 말한다.

한국불교의 교단 형성은 멀리 신라시대 오교 구산(五敎九山), 고려시대 오교양종(五敎兩宗)까지 거슬러 올라가지만 현재와 같은 종단이 성립된 것은 해방 후다.

본래 종단이라 할 때는 동일한 입장이나 견해를 지지하고 실천하는 사람들의 집단과 조직을 뜻하게 되므로 여러 종파가 있다는 것을 불교의 분열상이나 혼란상으로 볼 수는 없다. 그러나 유감스럽게도 우리나라 불교의 종단들은 분규와 사감(私感)으로 인한 분종(分宗)·탈종(脫宗)으로 인해 창종된 것들이 많은 수를 차지한다. 태고종이 조계종과의 정통성 문제로 15여 년 간의 분쟁 끝에 70년 창종됐으며, 69년 창종된 총화종도 조계·태고 양종단의 분규로 인한 결과다.

이 같은 현상은 88년 8월 일승종으로부터 대승종이 분리돼 창종되면서 급속히 늘어난다. 일붕선교종은 조계종에서, 법륜종은 태고종에서, 여래종은 법화종에서 그리고 총지종은 진각종에서 각각 분종되는 등 전통사찰보존법 발효 1년 뒤인 89년 7월에 전체 종단은 40개까지 늘어났다. 그 후 매년 평균 5개 정도의 종단이 창종, 현재에 이르고 있다. 앞으로도 창종은 계속될 것으로 보인다.

54개 종단 중에는 세계에서 유일한 비구니 종단인 보문종(45년 창

종)이 있으며, 재가법사 중심의 불승종이 창종돼(88년 8월 12일) 재가
법사종단의 확산여부가 주목되고 있다. 한편 법적인 보장을 받기 위한
일환으로 법인등록을 마친 종단도 조계·진각·법화·보문·총지·
관음·태고종 등 일곱 개 종단이다.

● 현존하는 북한의 사찰 수

해방 전인 1939년 말 조선총독부 학무국 조사에 의하면 약 4백여
개의 사찰이 있었고 31본산 중 9개의 본사가 북한에있었다. 그러면 현
재 북한에는 몇 개의 사찰이 남아 있을까.

북한의 〈조선중앙년감〉과 〈북한학보〉 3집에 따르면 91년 말 현재
북한에는 54개의 사찰이 있는 것으로 확인됐다. 그러나 최근 2개의 사
찰이 복원되고 있어 조만간 북한에는 56개의 사찰이 있게 될 것으로
보인다. 북한이 복원 중인 사찰은 평안남도 순천(順川)에 있는 고구려
사찰 안국사(安國寺)와 평양 중원의 고구려 동명성왕 원찰인 정릉사
(定陵寺) 등이다. 지난 해 이미 광법사를 복원한 북한은 또 평양시의
모란봉에 대규모의 조선불교도연맹 청사를 짓고 있다.

54개 사찰의 분포를 살펴보면 평양특별시에 광법사·용화사·법운
암 등 3개 사찰이 있다. 평남에는 정신사 등 3개가 있고, 평북에는 가
장 많은 11개가 산재해 있다. 황해남도에는 패엽사 등 7개, 황해북도
에는 성불사 등 5개 사찰이 있다. 또 관음사·안화사 등 2개 사암이
경기도에 있으며, 강원도에는 석왕사·보현사 등 7개 사암이 편재해
있다. 함경북도에 2개, 양강도에는 1개가 있다. 이 밖에도 내금강산
산내 암자로 칠보암·불지암·소광암이 있으며 묘향산 능인사·금강
굴·축성전 하비로사가 보현사의 산내 암자로 있다.

이들 중 북한의 대표적 사찰은 묘향산 보현사와 평양의 용화사이
다. 보현사는 76년 복원되어 80년대부터 내국민 및 국제관광지로 공
개되었고 특히 해외 귀빈의 당연한 관광코스가 되었다. 89년 1월 20

일 조국통일기원법회가 열리기도 했으며, 북한사회과학원 산하 민족
고전연구소가 7년간에 걸쳐 88년 5월 마무리 한 해인사본《팔만대장
경해제본》25권이 소장돼 있다.

　용화사는 성도·열반절 등 봉축기념법회를 보는 사찰이다. 이 밖에
평양 광법사는 현재 조선불교도연맹본부와 박태호 위원장이 있는 곳
으로 함경도 갑산 중흥사에 있던 승려양성소 불학원(佛學院)을 이곳
으로 옮겨 본격적으로 승려를 양성하고 있다.

표제어 찾아보기

표제어 찾아보기

〈ㅊ〉

필자 소개

姜 明 嬉

덕성여대 국어국문학과 졸업. 동국대학교 불교학과 석사 졸업. 현재 동대학원 박사
과정 재학중이다. 논문에 〈보성론의 여래장사상 연구〉가 있다.

高 榮 燮

동국대학교 불교학과 졸업. 동대학원 불교학과 재학중이다. 편저로 《석굴암 관세음
을 기리는 노래》가 있고, 논문에 〈불교경전의 수사학적 표현의 연구〉 등이 있다.

金 吉 原

고려대학교 상과대학 졸업. 동대학교 경영대학원 수료. 현재 공인회계사, 불광법회
명교사 집전위원. 저서로는 《법인세신고서작성실무》《불자예절과 의식》이 있다.

金 大 羽

동국대 인도철학과 졸업. 동대학원 인도철학과 수료. 현재 방송작가로 활동중이다.
논문으로 〈인도의 사회사상〉 등이 있다.

金 奉 建

런던대 도시계획학과 졸업. 서울대학교 건축학과 박사과정 수료. 현 문화체육부 문
화재연구소 근무. 논문으로 〈닫집, 건축과 자재〉〈한국석탑의 보존정책〉 등이 있다.

金 榮 國

동국대 불교학과 졸업. 현재 포교사 활동. 저서에 《일제하 한국불교사》가 있으며,
논문으로 〈삼계교 연구〉 등이 있다.

金 永 德

동국대학교 불교학과 졸업. 동대학원 불교학과 박사과정 재학중이다. 논문으로 〈밀
교의 五相成身觀 研究〉가 있다.

金 浩 星

동국대 인도철학과 졸업. 동대학원 박사과정 수료. 동국대 인도철학과 강사. 저서로
《천수경이야기》 역서 《초기불교교단과 계율》 등이 있다.

東　　峰

해인승가대학 졸업. 해인사 도서관장역임. 현 원각사 주지. 저서에 《나룻배와 행
인》 외 다수가 있으며, 역서로는 《코스모스와 만다라》《선의 진수》 등이 있다.

李 基 善

동국대학교 미술학과 졸업. 동대학원 미술사 전공. 현재 불교조형연구소 소장. 저서
로 《지옥도》가 있으며, 논문으로 〈토함산 석불사 십대제자상의 연구〉 등이 있다.

李 允 洙

서울여대 국어국문학과 졸업. 월간 대원지 기자 역임. 현재 방송작가. 불교방송의
'무명을 밝히고' '아침저널' 등 집필. 불일회보에 '전통을 잇는 사람들' 연재.

李　政

동국대 승가학과 졸업. 정보산업대학원 전자계산학과 졸업. 현재 불교방송 조사자료부 차장. 저서로《진리의 문》이 있으며, 편저로《한국불교 인명사전》이 있다.

在　梵

동국대 선학과 졸업. 21세기 불교연구회 회원으로 활동하면서 부천 보성암에서 포교정진중이다.

車次錫

동국대 불교학과 졸업. 동대학원 박사과정 수료. 현재 동국대 불교학과 강사. 역서로《불교정치사회학》이 있으며, 논문에 〈반야사상의 사회적 실천 고찰〉 등이 있다.

崔貞喜

1975년부터 불교신문사 기자로 근무. 현 편집국 부국장대우로 재직중이다. 저서로는《한국불교 전설 99》와 공저《불교의 여성론》이 있다.

河春生

동국대 불교학과 졸업. 현 법보신문사 편집국 기자. 논문으로 〈원효의 일심사상〉과 〈부처님 오신날에 대한 소고〉 등이 있다.

韓鏡洙

고려대학교 농업경제학과 졸업. 동국대학교 대학원 불교학과 졸업. 역서로《불교사의 전개》가 있으며, 논문으로 〈阿含經에 나타난 修行觀 硏究〉가 있다.

韓庸愚

한양대학교 전기과 졸업. 1987년부터 불교신문사 기자로 근무. 현재 편집부 차장대우로 재직하고 있다.

韓定燮

동국대 불교학과 졸업. 현재 불교통신대학 대학원장. 한국불교교화원 이사장이다. 저서로《석문의범해설》《한국토착신앙연구》《불교설화대사전》외 다수가 있다.

慧　潭

동국대 승가학과 졸업. 일본 불교대학원 석사 수료. 현재 불광법회 법사. 저서로는《반야경의 신앙》, 역서로《대품반야바라밀경》이 있다.

洪茂欽

영남대학교 졸업. 전 민족불교연구원 부원장. 저서로 《불교의 첫걸음》이 있으며, 논문으로 〈팔공산 불교성지의 민족사적 고찰〉이 있다.

洪思誠

동국대학교 불교학과 졸업. 불교신문 편집부장을 거쳐 현재 불교방송 편성부장이다. 저서로《세계의 불교》, 역서로《동남아 불교사》《근본불교의 이해》등이 있다.

(가나다 순)